KB265326

근본설일체유부비나야파승사
根本說一切有部毘奈耶破僧事

근본설일체유부비나야파승사

根本說一切有部毘奈耶破僧事

三藏法師 義淨 漢譯 ｜ 釋 普雲 國譯

혜안

추천의 글

중앙승가대학교 총장 웅산원종

한국에 세존의 가르침이 전래한 이후부터 율장은 승가의 화합과 연속성을 위하여 중요한 근본을 이루고 있습니다. 일찍이 중국에서도 남산율종이 성립하였던 사례에서 찾아볼 수 있듯이 율장의 의미는 매우 많이 강조하여도 지나침이 없을 것입니다. 조계종단의 중추적인 교육기관인 중앙승가대학교에서는 학술적인 연구와 승가교육에 많은 역할을 담당하고 있습니다.

중앙승가대학교는 현대적인 승가교육의 중심도량이지만 또한 승가학을 깊게 연구하는 풍토를 지향하는 교육의 목표점을 지니고 있습니다. 이러한 맥락에서 승가의 근간인 율장과 선학 및 불교문화의 전반을 아우르는 승가의 결사체이자 교육기관입니다. 본교의 겸임교수인 보운 스님께서 지금까지 단편적으로 번역되었던 상좌부의 근본설일체유부의 율장으로 약 170여 권에 이르는 방대한 분량을 번역하였습니다.

한국에서 전통적으로 많이 연구되었던 율장은『사분율(四分律)』로서 60권으로 결집되었던 내용과 비교하면 매우 방대한 분량이고, 다른 율장에서 살펴볼 수 없는 여러 내용이 다양하게 나타나고 있습니다. 이 율장의 완역으로 율장의 다양한 연구가 활성화가 되어 한국불교의 발전과 불자들의 수행에 큰 도움이 되리라고 기대됩니다.

한국불교는 삼국시대부터 상좌부의 대승 율장을 활발하게 연구하여 왔고, 승가의 화합을 율장의 기초에 의지하여 시행하였습니다. 현대의 승가도 역시 율장에 의지해 수행과 교화를 펼쳐야 하고 학문의 토대도 쌓아야 합니다. 중앙승가대학교는 이와 같은 역량을 충분하게 보유하고 있고 불교학의 발전과 수행의 증장에 노력하고 있습니다.

또한 본교에서는 불전번역이 오랫동안 이어져 오고 있고, 이러한 전통이 이어져 또 하나의 성과물로 나타나게 되었습니다. 이러한 성과를 바탕으로 상좌부의 전체율장과 더불어 대승율장에 이르도록 풍부한 연구가 더욱 활발하게 이루어지기를 기대하면서 여러 현실의 어려운 과정에서도 번역을 마친 보운 스님에게 축하를 보냅니다.

불기(佛紀) 2563년(2019년) 1월

추천의 글

대한불교조계종 종회의장 겸 중앙승가대학교 동문회장 범해

현대는 다양성의 추구와 독창적인 개성이 중시되는 개인주의의 관념이 여러 분야에서 표출되고 있습니다. 이러한 변화의 물결 속에서 종교의 풍토와 역할도 다양하게 분화하는 모습을 추구하게 되었고 고전적인 학문을 재해석하려는 노력도 많이 감지되고 있습니다. 역사를 살펴보아도 종교가 인간사회에 영향을 끼치는 형태에서 시대와 지역의 특성을 반영하여 독자적인 문화를 구성하게 됩니다.

삼계의 대성자이신 세존께서는 보편적이고 평등하며 항상 존재하는 달마를 인간세상에 열어서 보여주셨으나, 고대의 인도라는 지리적이고 문화적인 특성에 적합한 형태의 계율을 완성하셨으며, 또한 사문들의 처소에 알맞은 형태의 율장의 개방적인 가능성도 함께 열어두셨습니다. 초기의 계율이 완성된 시대에는 1차산업이 주류를 이루던 사회이었고, 율장의 경계도 인도에서 한정된 지역을 중심으로 전개되고 있었습니다.

이후에 많은 시간이 지나간 현대사회는 서비스업이 주류인 3차산업이 중심에 서있고, 율장의 경계는 하나의 지구촌으로 확대되고 있습니다. 『사분율』에서 언급하고 있듯이 과거 세상에서 다른 세존들께서도 시대에 적합한 율장을 제정하셨고 나아가 수행의 근본으로 수용되었습니다. 따라서 율장의 핵심은 수행의 근본이고 수행자의 지침서입니다.

한국에서 율장의 연구가 매우 성행하였던 시대는 통일신라로서 대승계율과 상좌부의 계율까지도 많이 연구되었던 것을 살펴볼 수 있습니다. 이러한 전통은 이후에 깊이 각인되어 계승되었고, 『고려대장경』에는 『오분율』을 비롯한 대승율장과 상좌부의 여러 율장을 충실하게 보존하고

전승하고 있습니다. 대한불교조계종은 남산율종의 율맥을 이어받아『사분율』을 중시하고 있으나, 근본설일체유부의 율장들은 고대 인도의 율장을 확연하게 살펴볼 수 있는 한국불교의 소중한 자산입니다.

『근본설일체유부비나야』는 약 170권에 이르는 방대한 분량으로 당시 승가의 여러 문제를 상세하게 서술하고 있어 다른 율장과 비교하여 결락된 부분들을 보충할 것으로 기대하고 있습니다. 많은 시간에 이와 같은 율장을 여러 학자와 스님들이 나누어 번역하였으나, 한 사람에 의하여 일관된 논리로 번역되지 못한 데 아쉬움이 있었습니다. 여러 현실적인 어려운 과정에서도 5년에 걸쳐 일관되게 번역을 마친 보운 스님에게 찬사를 보냅니다.

불기(佛紀) 2563년(2019년) 1월

역자의 말

보운

　사문의 길에 들어섰던 시간이 엊그제와 같은데 20여 성상(星霜)이 흘러 갔고 머리가 하얗게 변한 모습을 보면서 한 인간으로서도 삶의 책임이 마음에 무겁게 다가온다. 상좌부 율장을 중심으로 연구하는 학자의 길을 걸어온 과정도 많은 시간이 흘러 여러 번민과 아쉬움도 많이 남아있는 수행자의 길이었다.

　율장은 세존의 가르침을 재해석하고 실천하는 구체적인 지침서이다. 따라서 진리의 등불이 보편적이고 평등하게 인간세상에 존재할 수 있었던 중요한 요인의 하나도 율장이 지닌 광대한 법력이 존재하였던 까닭이었으리라. 모든 역대 조사들에게 행원의 지침서로서 수용되었고 유정에게는 삼세의 걸친 번민을 태우는 연꽃과 같은 불꽃의 청정함이었으리라.

　2014년 여름에 번역을 시작하여 5년에 걸쳐서 약 3만 5천장의 원고지 분량을 번역하면서 마음에서 일어나는 오뇌와 번민이 중도의 포기를 생각하던 때도 많았다. 번역의 과정에서 극단적인 번민의 불꽃을 억제하지 못하여 몇 번의 병원을 전전하였고, 일부분의 과정에서는 전생에 지은 이숙(異熟)의 영향으로 마음에 극단적인 한계점에 부딪혔으며, 육체적으로도 상처의 흔적을 남기고 있다.

　그렇지만 이 땅을 유행하였던 여러 역대 조사들은 현대사회의 이익에 많은 혜택을 누리며 학업과 수행을 병행하는 나 자신보다도 더욱 매섭고 칼날같은 역사의 격랑을 헤쳐갔으리라! 5년의 번역의 과정은 일생의 가운데에서 가장 행복스러웠고 스스로에게 만족하였던 시간이었다. 이제 는 5부의 광율을 하나의 밑그림으로 머릿속을 채웠고, 남아있던 의문들이

하나하나 마음에 담겨진다.

설일체유부의 율장의 특징 중에 하나의 세존과 여러 대덕 성문들의 전생담이 풍부하게 실려있다는 점이다. 대략적으로 30%정도를 차지하고 있는 것으로 생각되는데, 다른 율장과는 많이 다른 점이다. 또한 여러 역사적 사실들을 시간적으로 자세하게 서술하고 있어 역사적인 관점에서 세존의 가르침을 비교적 쉽게 이해할 수 있을 것이다. 따라서 앞으로 많은 연구를 통하여 더욱 수승한 번역과 연구성과가 성취되기를 발원한다.

번역을 마치면서 법계의 불보살님께 올바른 수행의 길을 걷는 사문이 될 수 있도록 발원하며, 연구와 번역을 위한 학문적 연구와 번역에 항상 관심과 격려를 보내주시는 은사이신 세영 스님과 도반 스님들, 교육원장 스님과 중앙승가대학교 동문회장 스님 및 동문 스님, 지도교수이신 신대현 교수님, 5년의 번역 과정에서 건강을 살펴주신 유정한의원의 천병태 원장님과 여러 사찰의 신도님들께도 깊이 감사드린다.

불기(佛紀) 2563년(2019년) 1월
김포 금정산 자락의 정진관에서 삼가적다

차 례

추천의 글ㅣ중앙승가대학교 총장 웅산원종 5

추천의 글ㅣ대한불교조계종 종회의원 겸 중앙승가대학교 동문회장 범해 7

역자의 말 9

일러두기 14

근본설일체유부비나야파승사 해제 15

근본설일체유부비나야파승사 제1권 19

근본설일체유부비나야파승사 제2권 48

근본설일체유부비나야파승사 제3권 75

근본설일체유부비나야파승사 제4권 107

근본설일체유부비나야파승사 제5권 140

12

근본설일체유부비나야파승사　제6권　172

근본설일체유부비나야파승사　제7권　201

근본설일체유부비나야파승사　제8권　229

근본설일체유부비나야파승사　제9권　256

근본설일체유부비나야파승사　제10권　287

근본설일체유부비나야파승사　제11권　318

근본설일체유부비나야파승사　제12권　347

근본설일체유부비나야파승사　제13권　378

근본설일체유부비나야파승사　제14권　408

근본설일체유부비나야파승사　제15권　437

근본설일체유부비나야파승사　제16권　467

근본설일체유부비나야파승사 제17권 502

근본설일체유부비나야파승사 제18권 530

근본설일체유부비나야파승사 제19권 560

근본설일체유부비나야파승사 제20권 589

회향 발원문 618

일러두기

1. 이 책의 저본(底本)은 고려대장경(高麗大藏經) 37권 『근본설일체유부비나야파 승사』이다.
2. 원문은 20권으로 구성되어 있으나 이 책에서는 각 권수를 표시하되 한 책으로 번역하였다.
3. 번역의 정밀함을 기하기 위해 여러 시대와 왕조에서 각각 결집된 북전대장경과 남전대장경을 대조 비교하며 번역하였다.
4. 원문 속 의정 스님의 주석은 [ ]으로 표시하였다. 또 원문에는 없으나 독자의 이해를 위해 번역자의 주석이 필요한 경우 본문에서 ( ) 안에 표시했다.
5. 원문에 나오는 '필추', '필추니'는 각각 현재 보편적으로 '비구', '비구니'라고 부르지만, 이 책에서는 원의를 최대한 살리는 뜻에서 원문 그대로 '필추', '필추니'로 썼다.
6. 원문에서의 '속가(俗家)'는 '재가(在家)'로, '속인(俗人)'은 '재가인(在家人)'으로 번역하였다.
7. 원문의 한자 음(音)과 현재 불교용어로 사용되는 음이 다른 경우 현재 용어의 발음으로 번역하였다.
   예) 파일저가법(波逸底迦法) → 바일저가법
8. 원문에서 사용한 용어 중에 현재는 뜻이 통하지 않는 것이 상당수 있다. 원문의 뜻을 최대한 살려 번역하였으나 현저하게 의미가 달라진 용어의 경우 현재 사용하는 단어 및 용어로 바꾸어 번역하였다.

근본설일체유부비나야파승사 해제

1. 파승사의 특징

　『근본설일체유부비나야파승사』는 근본설일체유부의 율장 가운데에서 가장 늦은 시기에 결집되었고, 하나의 지역과 부파에서 체계적으로 결집한 것이 아니며, 설일체부파에서 분파된 여러 지역에서의 단편을 모아서 정리한 것으로 생각된다. 따라서 서술의 특징은 지극히 무질서하고 불완전하게 종결되고 있다. 이를테면, 인명의 용어를 살펴보면 '라호라(羅怙羅)'와 '라후라(羅睺羅)'를 혼용하고 있고, '사리불(舍利弗)'은 '사리불달라(舍利弗呾囉)'로, '대목련(大目蓮)'을 '모온갈라연나(毛嗢揭羅演那)' 등으로 서술하고 있으며, 다른 용어로 아유솔만(阿瑜窣滿), 달타갈다(怛他揭多)·아라한(阿羅漢)·삼먁삼불타(三藐三佛陀) 등이 사용되고 있는 점이다.

　이러한 여러 용어 등의 혼재는 특정의 시기와 지역에서 결집된 형태가 아니고 설일체유부의 다양한 해석 등이 존재하고 있었다는 추정을 가능하게 한다. 또한 이전에 결집된 『근본설일체유부필추니비나야』와 『근본설일체유부비나야잡사』 및 『근본설일체유부비나야약사』에서 설하고 있는 전생담과 연기 등이 중복되어 수용되고 있으므로 전체적인 율장에 걸쳐서 종합적이고 심층적인 연구가 필요할 것으로 판단된다.

2. 파승사의 성립

『근본설일체유부비나야파승사』는 1부 20권으로 이루어졌으며, 부파 불교의 전기(前期)적 특징과 후기(後期)적 특징이 나란히 나타나고 있다. 그렇지만 결집에 있어서 시대적인 체계를 중시하고 있는 것도 아니다. 파승사는 『십송율(十誦律)』의 조달사(調達事)와 상당한 부분이 유사한 형태로 나타나고 있어 이전의 형태를 근거로 작성한 것으로 생각되는데, 세존과 제바달다는 같은 왕족으로 같은 시기에 태어났으며, 세존께서 무상정등각을 증득하였으므로 제바달다는 현왕석종(賢王釋種) 등과 더불어 출가하였고, 아사세왕의 즉위 시기에 여러 파승가를 일으켰던 인연으로 삼무간업(三無間業)을 지어 살아있는 몸으로 지옥에 떨어지게 된다. 악업을 마친 뒤에는 오히려 구골(具骨)이라는 연각의 계위를 성취하여 승가에 돌아오고 있음을 보여주고 있다.

이후의 문답에서 파승가(破僧伽)는 무엇인가와 파승가에는 몇 종류가 있는가를 설명하고 있으며, 무간죄를 이루는 것과 무간업을 짓는 것에는 어떠한 것이 있는가를 문답하여 파승가에 대한 문제를 완결짓고 있다. 또한 파승사의 오랜 옛날의 연기와 세존의 전생담 및 상수인 제자들의 전생담을 통하여 당시의 이상적인 교단의 형태를 제시하고 있으며, 세존의 법에 대한 정당성과 영원성을 뒷받침하고 있다. 따라서 파승사에서는 제바달다가 승가를 파괴하고 교단을 어지럽힌 사건을 중심으로 세존이 재세시(在世時)의 모습을 보여주고 극복하는 과정을 통하여 미래의 승단에 대한 영속성의 발원을 표현하였던 것으로 생각된다.

3. 파승사의 구성과 내용

제1권에서는 대목련이 세존의 부촉으로 인간이 세상에서 문화를 발전시키고 종족을 이루는 과정과 석가종족의 유래와 왕조의 계승을 설하고 있고, 제2권에서는 세존의 조부와 부모의 연기와 세존이 도솔천에서 겁비라성에 강림하시는 연기와 탄생과 관상가의 예언 등을 설하고 있다.

제3권에서는 아사타 선인이 방문하였던 일과 가전연 존자와의 인연, 보살의 성장 과정과 사문유관, 태자비들의 간택 과정 등이 설해져 있고, 제4권에서는 세존의 출가 과정과 사천왕의 옹호, 파가파 선인과 빈비사라왕과의 첫 만남, 첫째의 고행과 첫째의 아차리야인 가라라와 만남, 둘째의 아차리야인 수달산정과의 만남, 오필추와의 만남과 스스로의 고행정진 등을 설하고 있다.

제5권에서는 극단적인 고행과 초선의 증득, 천마의 장애와 정득각의 증득, 라호라의 출생과 성도 후의 최초의 공양 등을 설하고 있고, 제6권에서는 초전법륜에서의 범천의 권청, 오필추의 교화와 아라한과의 증득, 야샤의 출가와 과위의 증득, 다섯 장자의 아들과 50호족 아들의 출가, 60현부의 교화와 오파색가들의 성립, 우루빈라가섭(優樓頻螺迦攝)과의 인연 등을 설하고 있다.

제7권에서는 우루빈라가섭과 500권속의 교화 및 출가, 나제가섭(邢提迦攝)과 가야가섭(伽倻迦攝) 및 500권속의 교화 및 출가, 성도 후의 빈비사라왕과의 첫 만남과 교화 등을 설하고 있고, 제8권에서는 우루빈라가섭과 나제가섭 및 가야가섭의 전생담, 죽림정사의 연원, 급고독장자와의 첫 만남, 사리불과 외도의 신통 대결 및 기원정사의 기원 등을 설하고 있다.

제9권에서는 성도 후의 승군왕과의 첫 만남과 교화, 오타이의 출가와 겁비라성의 방문, 현석종왕(賢釋種王)과 무멸(無滅) 및 제바달다와 석가족 500인의 출가, 오파리의 출가와 전생담 등을 설하고 있고, 제10권에서는 미생원의 교화, 연화색 필추니의 입멸과 제발달다와의 전생담, 제바달다의 파승사의 오법, 제바달다의 죽음과 지옥에서의 고통, 사리불과 대목련의 지옥에서의 제바달다의 위문, 제바달다의 지옥 고통의 소멸과 미래불의 수기, 제바달다와 세존의 전생담을 등을 설하고 있다.

제11권에서는 오파리의 파승사의 문답, 파승사(破僧事) 18구(句), 승가요란(僧伽擾亂)과 파승사의 차이점, 세존과 아야교진여의 전생담, 세존의 6년 고행의 전생담 등을 설하고 있고, 제12권에서는 라호라의 출가와 세존과의 전생담, 야수타라와 세존의 전생담, 현왕석종의 전생담, 최승밀 필추의 전생담 등을 설하고 있다.

제13권에서는 오파리가 이발사가 되었던 전생담, 아난타의 탄생과 출가, 아난타와 세존의 전생담, 승군왕의 전생담, 제바달다가 신통을 얻은 연기, 제바달다와 아사세가 야합한 연기, 제바달다와 네 필추의 파승사 등을 설하고 있고, 제14권에서는 세간에서의 다섯 종류의 망령된 교사, 제바달다와 네 필추의 파승사와 필추승가의 충고의 갈마, 제바달다와 십력가섭파의 전생담, 제바달다와 아사세의 전생담, 세존과 시박가의 전생담 등을 설하고 있다.

제15권에서는 세존의 부정취와 제바달다의 은혜를 몰랐던 전생담 등을 설하고 있고, 제16권에서는 세존께서 보살로 계실 때의 보시하였던 내용과 제바달다와의 전생담, 아사세의 역모의 시작, 보덕 장자의 아들의 출생과 성장 등을 설하고 있다.

제17권에서는 보덕 장자의 아들인 필추의 출가와 과의의 증득 및 전생담, 제바달다의 은혜를 배신한 전생담, 제바달다의 부추김과 아사세의 왕위 찬탈, 빈비사라왕의 죽음과 천상계의 환생 등을 설하고 있고, 제18권에서는 빈비사라왕의 전생담, 제바달다가 부처가 되기 위한 시행하였던 삿된 법의 시현과 전생담, 세존을 해치려는 여러 행위, 금비라 약차의 죽음과 전생담, 세존의 상처와 지혈의 문제, 십력가섭파의 전생담 등을 설하고 있다.

제19권에서는 세존과 제바달다의 악연의 전생담, 세존을 해치려 하였던 코끼리의 연기와 전생담, 세존과 아난타의 전생담 등을 설하고 있고, 제20권에서는 제바달다를 따랐던 무리가 받았던 악한 전생담, 제바달다의 사람들을 기만하였던 연기와 전생담, 제바달다의 파승사와 사리불과 목련에 의한 승단의 화합, 제바달다의 분한인 전생담 등이 있고, 마지막에 아사세왕이 사문과에 대한 증득의 사실을 문답, 육사외도인 네 스승의 학설을 서술하면서 끝을 맺고 있다.

근본설일체유부비나야파승사 제1권

삼장법사 의정 한역

석보운 번역

어느 때 박가범(薄伽梵)께서는 겁비라성(劫比羅城)의 니구율타원(尼俱律陀園)에서 대필추들과 함께 머무르셨다.

이때 이 성안에서 여러 석가자(釋迦子)들이 함께 한곳에 모여앉아서 모두가 서로에게 알려 말하였다.

"만일 어느 사람이 와서 우리들에게 와서 '석가종족은 누가 최초이고, 어디에서 태어났는가? 누구를 계승하여 존귀하며, 그 주자(胄子)[1]는 대체 누구인가?'라고 묻는다면, 우리들은 어떻게 대답해야 하는가? 그러나 우리는 이와 같은 차례를 알지 못합니다. 우리들은 마땅히 모두 세존께 나아가서 이러한 일을 묻고, 세존께서 말씀하시는 것과 같이 우리들은 마땅히 받들어 지닙시다."

이렇게 의논을 짓고서 여러 석가자 등은 세존의 처소에 나아가서 세존의 발에 정례(頂禮)하고 세존 주위를 세 번을 돌았으며 한쪽에 앉아 합장하고 세존을 향하여 앞의 일을 갖추어 자세히 말하였고, 아뢰어 말하였다.

"세존이시여. 만약 사람이 있어 저희들에게 '석가종족은 어디에서 태어났고, 누가 가장 먼저 태어났으며, 누가 존귀하고, 누가 주족(胄族)인가?'라고 묻는다면, 어떻게 대답해야 합니까? 이와 같은 일을 까닭으로 와서 청하여 묻습니다. 오직 바라옵건대 세존께서는 애민하게 생각하시어

---

1) 임금에서부터 경대부(卿大夫)에 이르기까지 대(代)를 잇는 맏아들을 가리킨다.

설하여 주십시오. 세존의 가르침과 같이 저희들은 마땅히 받들어 지니겠습
니다.”

이때 세존께서는 이 말을 듣고서 묵연(默然)히 사유(思惟)하셨다.

‘만약 내가 석가종족 가운데에 존귀한 자가 있다고 스스로가 말한다면,
여러 외도들은 <사문 교답마(喬答摩)가 스스로 석가 종족이 존귀하기를
바라면서 찬탄한다.>고 비난하는 것이 두렵구나.’

다시 이러한 생각이 생겨났다.

‘나의 제자 가운데에서 누가 능히 석가 종족을 설명할 수 있는가?’

대목련(大目連)이 이러한 일을 선설(善說)하는 것을 아시고서 목련에게
알려 말씀하셨다.

“나는 지금 정에 들어갈 것이니, 그대가 석가 종족을 위하여 그 인연을
설명하도록 하게.”

목련은 묵연히 세존의 교칙(敎勅)을 받들었다. 이때 세존께서는 승가지
(僧伽胝)를 취하여 네 겹으로 접어 머리에 베고 오른쪽 옆구리로 누워서
두 발을 포갰으며, 광명상(光明想)과 정념기상(正念起想)을 지었고, 이와
같이 선정에 들어가셨다. 이때 구수(具壽) 대목건련은 이렇게 생각을 지었
다.

‘내가 지금 이와 같이 정에 들어가서 사유하고 관찰한다면 석가종족을
알 수 있을 것이다.’

곧 대중 앞에 나아가서 높은 자리에 올랐고 결가부좌를 하고서 여러
석가종족에게 알려 말하였다.

“당신들은 지금 잘 들으십시오. 이 세계가 처음 생성되었던 때에 이
대지는 하나의 바닷물이었고, 바람에 세차게 흔들려 하나의 부류로 화합하
였던 까닭으로 오히려 끓는 우유와 같았습니다. 이미 그것이 차가워져서
응결이 생겨나고 있었습니다. 그 바닷물 위도 역시 다시 이와 같아서
지미(地味)[2]가 생겨났고 색(色)과 향(香)과 맛(美) 등이 모두 갖추어졌습니

---

2) 대지로부터 생겨나는 아주 기름지고 좋은 음식물을 가리킨다.

다. 이 세계가 생성되었을 때에 한 부류의 유정(有情)이 복명(福命)이 모두 끝났고, 광음천(光音天)에서 죽어서 이곳에 와서 태어났는데, 여러 근(根)을 구족하였고, 몸에는 광채가 있었으며, 허공을 타고 오고 갔으며, 희락(喜樂)으로 음식을 삼았고, 장수하며 머물렀습니다.

이때 이 세계에는 해·달·별·밤·낮·계절도 없었고, 역시 남녀와 귀천도 능히 분별할 수 없었으며, 다만 서로가 "살타살타(薩埵薩埵)"라고 불러 말하였습니다. 이때 대중의 가운데에서 한 유정이 있었는데 성품이 탐욕을 즐거워하였으며, 갑자기 손가락으로 지미(地味)를 맛을 보았습니다. 맛을 본 것을 따라서 마음에 애착이 생겨났고, 애착을 따랐던 까닭으로 단식(段食)[3]이 자량이었습니다. 이때 비로소 처음으로 단식을 받았다고 이름하였고, 여러 나머지의 중생들도 이것을 보고 곧 서로가 먹는 것을 배웠습니다.

이미 지미를 먹었으므로 몸이 점차 굳어졌고 무거워졌으며, 광명(光明)도 없어져 모두가 어두워졌고, 이러한 음식을 조절하지 못하였던 까닭으로 얼굴빛이 점차 손감(損減)되어졌습니다. 얼굴빛이 점차 감소하였던 까닭으로 서로가 알려 말하였습니다.

"나는 몸은 빛나서 기쁜데 그대의 몸은 빛은 손감되었다."

그 빛나서 즐거운 자는 몸의 빛을 자만하였던 까닭으로 마침내 교만심이 생겨났고 불선근(不善根)이 일어났으며, 이 불선근을 인연하였던 까닭으로 지미는 드디어 소멸하였습니다. 지미가 소멸하였으므로 여러 유정들이 모두가 서로에게 모였고 서로에게 원망과 한탄이 생겨나서 슬프게 울면서 근심하고 고뇌하면서 이와 같이 말하였습니다.

"기이하구나. 아름다운 맛이여. 기이하구나. 아름다운 맛이여."

지금의 세상 사람들이 일찍이 좋은 음식을 먹고서 뒤에 항상 이전의 때의 좋은 맛을 기억하면서 곧 이렇게 말을 지었습니다.

"기이하구나. 아름다운 맛이여. 기이하구나. 아름다운 맛이여."

비록 이렇게 말을 지었으나 오히려 그 뜻이 좋은 것인가? 나쁜 것인가?

---

3) 단식(團食)이라고도 말하며 밥·국수·나물·기름·음료 등과 같이 형체가 있는 음식을 가리킨다.

무슨 인연을 까닭으로 지미가 사라졌다고 말했는가를 알지 못합니다. 유정의 업을 까닭으로 지병(地餠)이 곧 출현하였는데, 색깔과 향기와 좋은 맛을 모두 구족하여 오히려 금빛 꽃과 같았고, 새로 익은 꿀을 먹는 것과 같았으므로 이 지병으로 장수하며 머물렀습니다. 만약 소식(少食)을 하였으면 몸에 광채가 있었던 인연으로 서로가 경멸하고 업신여겼고, [자세한 설명은 앞에서와 같다.] 나아가 지병은 모두 사라졌습니다. 이때 여러 유정들이 모두 한곳에 모여 근심하고 번민하며 서로를 보고 이와 같은 말을 지었습니다.

"괴롭구나. 괴롭구나. 우리들은 옛날에 일찍이 이와 같은 나쁜 일을 만났었던가?"

이 여러 유정들에게 지병이 없어진 때에도 역시 다시 이와 같았으나 이것이 무슨 뜻인가는 완전히 알지 못하였습니다. 그대들은 마땅히 아십시오. 지병이 없어졌던 때에 여러 유정들의 복력을 까닭으로 임등(林藤)이 나왔는데, 색깔과 향기와 맛을 갖추어서 옹채화(雍菜花)와 같았고 새로 익은 꿀과 같았습니다. 이 임등을 먹으면서 장수하면서 머물렀습니다. 만약 적게 먹은 자는 몸에 광명이 있었고 서로 경멸하고 업신여겼던 인연으로 인하여 [자세한 설명은 앞에서와 같다.] 나아가 임등이 사라졌던 까닭으로 그때 여러 유정들은 모두 한곳에 모여 근심하고 서로 바라보면서 이와 같이 말하였습니다.

"그대는 내 앞에서 떠나시오. 그대는 내 앞에서 떠나시오."

오히려 사람들은 서로에게 극심한 진한(嗔恨)이 있어 마땅히 앞에 있는 것을 용납하지 않겠다는 것과 같으며, [자세한 설명은 앞에서와 같다.] 임등이 사라졌습니다. 이때 여러 유정들은 묘하고 향기로운 벼를 가지고 있었는데, 심지 않아도 스스로 자라났고, 왕겨나 쭉정이가 없었으며, 길이는 손가락 네 마디였습니다. 아침과 저녁에 베어서 거두어도 싹이 곧 따라서 생겨났고, 아침과 저녁에 이르면 익었으며, 비록 다시 자주 취하여도 이상이 없었으므로 이것을 먹으며 장수하며 머물렀습니다.

이때 그 유정들은 단식을 까닭으로 찌꺼기가 몸속에 쌓였으며, 없애고자 하였으므로 곧 두 길(道)이 이루어졌고, 이것을 까닭으로 드디어 남녀의 근(根)이 생겨나서 곧 서로에게 염착(染着)이 있었으며, 염착이 생겨났던 까닭으로 마침내 서로가 친근하여 비법(非法)의 인연을 만들었습니다. 여러 나머지의 유정들은 이러한 일을 보았던 때에 다투어 오물과 기와 조각과 돌멩이를 그들에게 던지면서 이와 같이 말하였습니다.

"그대들은 악한 유정이다. 이러한 비법을 지었구나! 쯧쯧. 그대들은 무슨 까닭으로 유정을 더럽히는가?"

첫날밤부터 나아가 칠일 밤까지 함께 기거하지 않았고 대중들의 밖으로 쫓아냈고, 지금에 처음으로 시집가고 장가가는 날에 모두가 향과 꽃과 여러 물건을 흩뿌리면서 "항상 안락하십시오."라고 발원하는 말과 같았습니다.

당신들은 마땅히 아십시오. 옛날의 때에는 법(法)이 아니었으나 지금은 법이 되었고, 옛날의 때에는 율(律)이 아니었으나 지금은 율이 되었으며, 옛날의 때에는 싫어하고 천박하였으나 지금은 아름답고 미묘하게 되었습니다. 그때 사람들이 쫓겨났던 까닭으로 악행을 즐거워하면서 마침내 함께 모여서 집과 방을 세우고 그 몸을 덮고 가렸으며 비법을 지었습니다. 이것이 최초로 집을 세우고 경영한 것이었고, 곧 집과 방이 있게 되었습니다.

당신들은 마땅히 아십시오. 옛날에 탐욕과 음심을 인연하였던 까닭으로 방과 집을 지었고, 그들은 여법하게 짓고 비법을 짓지 않았어야 하였으나, 이러한 비법을 법으로 삼았습니다. 그 여러 유정은 날이 저무는 때와 날이 밝는 때에 굶주렸던 까닭으로 매일 벼를 취하여 충족시켰고 남겨두지 않았고, 한 유정이 있어 게을렀던 까닭으로 아침에 일어나 벼를 취하면서 마침내 저녁때에 가져올 벼까지 합하여 가지고 왔습니다. 저녁때에 이르렀고 한 동반(同伴)이 있어 함께 벼를 취하자고 부르면 이 사람은 알려 말하였습니다.

"그대는 혼자 취하러 떠나시오. 나는 아침에 취하여 오는 때에 이미 두 때의 양식을 한꺼번에 취하였소. 그대는 마땅히 혼자 떠나시오. 나는 번거롭게 떠나지 않겠소.”

이때 그 동반은 이러한 말을 듣고 곧 마음으로 찬탄하며 말하였습니다.

“이것은 역시 매우 좋소. 나도 지금 취하는 때에 이틀치 양식의 벼를 가지고 와야겠소.”

이때 다른 한 동반이 있어 이러한 말을 듣고 다시 말하였습니다.

“나는 3일치의 벼를 가지고 오겠소.”

다시 다른 동반이 있어 이러한 말을 듣고 다시 말하였습니다.

“나는 7일치의 벼를 가지고 오겠소.”

곧 7일치의 벼를 가지고 돌아왔습니다. 다시 한 동반이 와서 그 사람에게 함께 벼를 취하러 가자고 불렀는데, 그 사람은 알려 말하였습니다.

“나는 이전에 이미 7일치의 벼를 취하였으니, 번거롭게 다시 떠나지 않겠소.”

그 사람은 듣고 마음으로 환희하며 외쳐 말하였습니다.

“이것은 역시 매우 좋소. 내가 지금 오늘 떠나가면 보름이나 한 달치의 벼를 가지고 오겠소.”

이와 같이 점차 이전의 숫자에 배가 되었고 탐하는 마음이 날마다 더욱 불어난 까닭으로 벼의 가운데에서 쌀겨와 쭉정이가 생겨나게 되었습니다. 이전의 처음 때에는 아침에 베면 저녁에 생겨나고 저녁에 베면 아침에 생겨났어도 그 열매가 오히려 좋았으나, 이와 같은 탐심과 애욕으로 까닭으로 한 번을 베었다면 뒤에 다시는 생겨나지 않았고, 설령 생겨나는 때에도 그 열매가 점점 작아지고 나빠졌습니다. 이렇게 여러 사람들이 다투어 와서 베어서 갔으므로, 혹은 남아 있었어도 점차 작아지고 나빠졌습니다. 이때 여러 유정들이 다시 한곳에 모여서 거듭하여 서로가 슬프게 탄식하며 말하였습니다.

“우리들은 옛날의 때에 몸이 빛났고, 자유롭게 날아다녔으며, 단엄(端嚴)을 갖추었고 환희를 음식으로 충당하였다. 뒤에는 지미(地味)로서 음식으로 삼았어도 오히려 향기롭고 맛이 있었는데, 그 지미를 많이 먹었던 까닭으로 우리들과 여러 사람들은 몸이 곧 굳어졌고 무거워졌으며, 광명이 마침내 없어졌고 신통도 곧 사라졌던 인연으로 여러 종류의 어둡고 손해되는 일이 남았구나!"

여러 사람들이 슬프게 울면서 느꼈으므로 해와 달과 별들이 생겨났습니다. [자세한 설명은 앞에서와 같다.] 많이 먹었던 사람은 몸의 빛이 어두워졌고 적게 먹었던 사람은 오히려 몸이 빛났습니다. 이러한 두 가지로 먹었던 까닭으로 마침내 두 종류의 얼굴의 모습이 생겨났고, 이 두 종류의 얼굴 모습을 까닭으로 점차로 서로 경멸하고 헐뜯으면서 말하였습니다.

"나는 단정(端正)하고 그는 추루(醜陋)하다."

이렇게 여러 사람이 서로를 경멸하고 헐뜯었던 인연으로 착하지 않은 마음이 생겨나서 전전(展轉)하였던 까닭으로 이때에 지미도 아울러 모두가 사라졌고 사람들은 이를 슬프게 한탄하였습니다. 뒤에 지병(地餅)이 생겨났고 색깔과 향기와 훌륭한 맛을 모두 갖추어졌으므로 우리들은 그것을 먹고 장수하며 머물렀는데, 그것을 많이 먹으면 몸의 광채가 어둡게 변했고 적게 먹은 사람의 몸은 오히려 빛나고 있었습니다. 이러한 두 종류의 얼굴의 모습을 까닭으로 마침내 두 종류의 좋고 나쁜 부류가 생겨났고, 나아가 점차 서로가 경멸하고 헐뜯었으며, 경멸하고 헐뜯었던 까닭으로, 전전하여 각자 착하지 못한 마음이 생겨났던 까닭으로, 지병도 다 사라지게 되었으므로 우리들은 슬퍼하고 고뇌하게 된 것입니다.

이와 같은 인연을 까닭으로 다시 임등이 생겨났고, 색깔과 향기롭고 아름다운 맛이 모두 갖추어졌으므로 우리들은 그것을 먹고서 수명이 오래도록 세상에 머물렀으며, 많이 먹은 자는 몸의 광채가 줄어들어 어두워졌고, 적게 먹은 자는 몸에 오히려 빛났습니다. 나아가 임등이 사라졌던 까닭으로 다시 벼라는 곡식이 생겨났습니다.

심지 않아도 저절로 생겨났고, 여러 쌀겨와 쭉정이가 없었고, 네 손가락과 같았으며, 향내와 맛이 갖추어져 우리들은 먹고 몸이 충만(充盛)하였습니다. 이 벼를 먹은 사람은 수명이 오래도록 세상에 머물렀으며, 탐욕의 마음이 쌓였던 까닭으로 그 벼는 작고 부실하게 되었으며, 쌀겨와 쭉정이는 더욱 심해졌습니다. 그 벼는 힘이 없게 되었고, 거두면 다시는 생겨나지 않았으며 혹은 있더라도 조금 남았습니다. 여러 사람들이 보고서 다시 서로에게 알려 말하였습니다.

"우리는 땅의 경계를 취하여 나눕시다."

이때 땅을 헤아려서 경계를 만들었고 각각 그것을 나누었으며, "이것은 그대의 땅이고, 이것은 나의 땅입니다."라고 말하였고, 이러한 뜻의 인연을 까닭으로 세간에서는 땅에 농사를 짓기 시작하였으며, 마침내 경계와 밭두렁을 세웠습니다. 또한 하나의 유정이 비록 스스로가 개인의 밭이 있었으나, 다른 사람의 곡식을 훔쳤는데, 한 유정이 보고 알려 말하였습니다.

"그대는 지금 무슨 까닭으로 다른 사람의 벼와 곡식을 훔치는가? 이렇게 한 번은 훔쳤으나 뒤에는 다시는 훔치지 말라."

그러나 그 유정은 훔칠 생각을 멈추지 않았고 그 둘째 날도 셋째 날도 역시 훔쳐갔습니다. 여러 사람들은 그것을 보고 다시 알려 말하였습니다.

"그대는 이전에 세 번씩이나 개인적으로 훔쳤고, 자주 충고하였으나 멈추지 않았소."

여러 유정들이 있어 곧 붙잡았고 대중의 가운데에 나아가서 앞의 일을 갖추어 자세히 말하였습니다. 대중들은 함께 알려 말하였습니다.

"그대는 자기 개인 밭이 있는데, 어찌하여 세 번이나 다른 사람의 밭에 있는 곡식을 훔치는가?"

이렇게 충고하고서 곧바로 놓아주었습니다. 그 벼를 훔친 자가 대중에게 알려 말하였습니다.

"이렇게 유정들이 작은 벼를 위하여 지금 나를 일부러 붙잡아 대중을 마주하고서 나에게 헐뜯고 욕하는 것인가?"

대중은 다시 알렸습니다.

"어찌하여 작은 벼와 곡식으로써 유정을 붙잡고 헐뜯었다고 대중을 향해 마주하고 그렇게 욕하는가?"

뒤에 마땅히 그러하지 않았습니다. 이렇게 훔치는 인연을 까닭으로 점차 서로 헐뜯고 욕하였고, 이러한 인연을 까닭으로 대중들은 모두 모여서 점차 서로에게 알려 말하였습니다.

"그대들이 다른 사람의 곡식을 훔치는 이러한 일을 함께 보았다고 대중을 마주하고 점차 서로를 헐뜯고 욕하고 있소. 이 두 사람의 가운데서 누가 죄인가를 알 수 없으니, 우리들의 뜻은 대중의 가운데서 유정의 얼굴빛이 단정하고 그 모습이 갖추어졌으며 지혜를 통달한 사람을 지주(地主)로 세워서 허물이 있는 자는 벌(罰)로 다스리고 허물이 없는 자는 양육(養育)하도록 하겠소. 우리들도 여러 사람이 농사짓는 밭을 각자 법에 의지하여 여섯으로 나누고 그 하나를 지주에게 주도록 하겠소."

이때 대중의 가운데에서 앞에서와 같은 덕을 갖춘 사람을 뽑아서 곧바로 지주(地主)로 삼았고, 그때 대중들은 지주에게 알려 말하였습니다.

"대중 가운데에서 만약 범한 자가 있다면 여법(如法)하게 벌로써 다스리고, 만약 어기지 않는 자가 있다면 마땅히 양육하도록 청합니다. 우리들 여러 사람도 농사짓는 밭을 각각 법에 의지하여 여섯으로 나누어 그 가운데 하나를 주겠습니다."

이러한 인연을 까닭으로 지주가 생겨났습니다. 그때 지주는 여러 사람들을 만약 허물이 있는 자는 여법하게 벌로써 다스리고, 만약 범하지 않은 자는 여법하게 양육하였습니다. 그때 여러 사람들은 곡식을 심을 만한 밭을 각각 법에 의지하여 여섯으로 나누었고, 그 하나를 주었습니다. 대중들이 이미 동의하여 지주로 세웠던 까닭으로 대동의(大同意)라는 이름을 얻었고, 능히 열등하고 약한 자를 옹호하였던 까닭으로 찰제리(刹帝利)라고 이름하였으며, 여법하게 나라를 다스려서 능히 일체의 중생에게 계행(戒行)과 지혜를 환희(歡喜)하게 하였던 까닭으로 또한 대동의왕(大同意王)이라고 이름하였습니다.

그 왕을 세우는 때에 사람들은 유정대등의왕(有情大同意王)이라고 서로가 불렀고, 그 왕의 자식은 의요(意樂)라고 이름하였는데, 곧 즉위하여 왕이 되었습니다. 그때 유정들은 그를 근래의요왕(近來意樂王)이라 이름하였고, 그 왕의 자식은 선덕(善德)이라고 이름하였습니다.

대중들이여. 선덕왕(善德王) 때에 일체 유정들은 염자선덕왕(髯子善德王)

이라고 이름하였고, 자식이 있어 최승선(最勝善)이라고 이름하였는데, 즉위하여 왕이 되었습니다. 그때에 유정들은 운인최승선왕(雲咽最勝善王)이라고 이름하였고, 자식이 있어 장정(長淨)이라고 이름하였는데, 즉위하여 왕이 되었습니다.

그때에 유정들은 다라상가장정왕(多羅尙伽長淨王)이라고 이름하였고, 정수리의 위에 하나의 종기가 있었는데 유연(柔軟)하여 오히려 부드러운 목화솜의 꽃과 같았고, 비록 다시 커졌으나 일찍이 아프거나 괴로운 것이 없었습니다. 뒤에 점차 익었고 터져서 한 동자가 나왔는데, 얼굴과 용모가 단정하고 32대장부상(大丈夫相)을 갖추었고 그 몸을 장엄하였습니다. 정수리로부터 태어난 까닭으로 정생(頂生)이라고 불렀습니다.

이때 장정왕(長淨王)은 6만의 부인이 있었습니다. 그때 부왕(父王)이 정생을 데리고 후궁(後宮)으로 들어갔습니다. 이때 6만의 부인은 정생을 보고서 각자 애념(愛念)이 생겨나서 모유가 모두 흘러나왔고 함께 왕에게 아뢰어 말하였습니다.

"내가 기르겠어요. 내가 기르겠어요."

이러한 뜻을 까닭으로 다시 지양(持養)이라고 이름하였습니다. 지양은 즉위하여 왕이 되었는데, 그때 중생들은 모두 사유(思惟)하였고 서로에게 묻고 의논하여 좋고 나쁨을 분별하였으며, 각자 한 가지의 재주를 익혔습니다. 이때 그 유정들은 자세히 헤아렸던 까닭으로 미노사(未努沙)는 [이곳에서는 사람(人)이라고 이름한다.] 앞의 여섯 왕과 같이 수명이 무량한 세월을 오래 세상에 머물렀습니다.

이때 지양왕은 오른쪽 넓적다리에 종기가 하나 있었는데, 유연하여 오히려 부드러운 목화솜의 꽃과 같았고, 비록 다시 커졌으나 일찍이 아프거나 괴로운 것이 없었습니다. 뒤에 점차 커져서 터졌고, 한 동자가 나왔는데 형모(形貌)가 단정하였고 32대장부상을 갖추어 그 몸을 장엄하였습니다. 단정한 까닭으로 단엄(端嚴)이라고 이름하였습니다. 즉위하여 왕이 되었고 큰 위력이 있어서 왕은 사대주(四大洲)에서 크게 자재하였습니다.

단엄왕은 왼쪽 넓적다리에 종기가 하나 있었는데, 유연하여 오히려 부드러운 목화솜의 꽃과 같았고, 비록 다시 커졌으나 일찍이 아프거나 괴로운 것이 없었습니다. 뒤에 점차 커져서 터졌고, 한 동자가 나왔는데 형모가 단정하였고 32대장부상이 있어 그 몸을 장엄하였습니다. 왕의 단엄함에 가까웠으므로 근단엄(近端嚴)이라고 이름하였습니다. 곧 그는 왕이 되었는데, 역시 위력이 있어 왕은 삼대주(三大洲)의 풍화(風化)에서 자재하였습니다.

근단엄왕의 오른쪽 발 위에 갑자기 종기가 생겨났는데 유연하여 오히려 부드러운 목화솜의 꽃과 같았고, 비록 날마다 커졌으나 일찍이 아프거나 괴로운 것이 없었습니다. 뒤에 점차 커져서 터졌고, 한 동자가 나왔는데 형체(形體)가 단정하였고 32대장부상이 있어 그 몸을 장엄하였습니다. 오른쪽 발에서 태어난 까닭으로 단엄족생(端嚴足生)이라 이름하였고, 즉위하여 왕이 되었습니다. 위덕(威德)이 자재하였으므로 2대주(大洲)의 왕이었습니다.

단엄족왕의 왼쪽 발 위에 갑자기 종기가 생겨났는데 유연하여 오히려 부드러운 목화솜의 꽃과 같았고, 비록 날마다 커졌으나 일찍이 아프거나 괴로운 것이 없었습니다. 뒤에 점차 커져서 터졌고, 한 동자가 나왔는데 형용(形容)이 단정하였고 32대장부상이 있어 그 몸을 장엄하였습니다. 왼쪽 발에서 단엄하게 태어난 까닭으로 극단엄(極端嚴)이라고 이름하였습니다. 그는 즉위하여 왕이 되었고, 위덕이 자재하여 1대주(大洲)의 왕이었습니다.

이렇게 대동의왕(大同意王)의 자식은 의요(意樂)라고 이름하고, 의요왕의 자식은 선덕(善德)이라고 이름하며, 선덕왕의 자식은 최승(最駱)이라고 이름하고, 최승왕의 자식은 장정(長淨)이라고 이름하며, 장정왕의 자식은 지양(持養)이라고 이름하고, 지양왕의 자식은 단엄(端嚴)이라고 이름하며, 단엄왕의 자식은 근단엄(近端嚴)이라고 이름하고, 근단엄왕의 자식은 유단엄(有端嚴)이라고 이름하며, 유단엄왕의 자식은 극단엄(極端嚴)이라고 이름하고, 극단엄왕의 자식은 애락(愛樂)이라고 이름하며, 애락왕의 자식은 선락(善樂)이라고 이름하고, 선락왕의 자식은 능사(能捨)라고 이름하며, 능사왕의 자식은 극사(極捨)라고 이름하고, 극사왕의 자식은 지거(支車)라고 이름하며, 지거왕의 자식은 엄거(嚴車)라고 이름하고, 엄거왕의 자식은 소해(小海)라고 이름하고, 소해왕의 자식은 중해(中海)라고 이름하며, 중해왕의 자식은 대해(大海)라고 이름하고, 대해왕의 자식은 서조(瑞鳥)라고 이름하며, 서조왕의 자식은 대서조(大瑞鳥)라고 이름하고, 대서조왕의 자식은 향초(香草)라고 이름하며, 향초왕의 자식은 근향초(近香草)라고 이름하고, 근향초왕의 자식은 대향초(大香草)라고 이름하며, 대향초왕의 자식은 선견(善見)이라고 이름하고, 선견의 자식은 대선견(大善見)이라고 이름하며, 대선견의 자식은 극애(極愛)라고 이름하고, 극애의 자식은 대애(大愛)라고 이름하며, 대애의 자식은 묘성(妙聲)이라고 이름하고, 묘성의 자식은 대묘성(大妙聲)이라고 이름하며, 대묘성의 자식은 작광(作光)이라고 이름하고, 작광의 자식은 유위(有威)라고 이름하며, 유위의 자식은 광대(廣大)라고 이름하고, 광대의 자식은 대미루(大彌樓)라고 이름하며, 대미루의 자식은 유미루(有彌樓)라고 이름하고, 유미루의 자식은 광혜(廣慧)라고 이름하며, 광혜의 자식은 염광(艶光)이라고 이름하고, 염광의 자식은 유염(有艶)이라고 이름하며, 유염의 자식은 대염(大艶)이라고 이름하였습니다.

그 대염왕의 아들·손자·증손·현손 등이 있었고 부다라성(富多羅城)에서 다시 자손들을 낳아서 백대(百代)에 이르렀으며, 그 최후의 왕은 조원(調怨)이라고 이름하였습니다. 여러 원적(怨敵)들을 능히 조복(調伏)하였던 까닭으로 조원왕이라고 이름하였습니다. 이 조원왕은 무투성(無鬪城) 가운데에서 자손이 왕이 되었고 나아가 5만 4천대(代)에 이르렀으며, 그 성안에서 정법(正法)으로 세상을 교화하였습니다.

그 최후의 왕은 무능승(無能勝)이라고 이름하였고, 바라니사성(波羅尼斯城)에서 자손이 왕이 되었으며, 나아가 6만 3대(代)에 이르도록 그 성안에서 정법으로 세상을 교화하였습니다. 그 최후의 왕은 난당난당왕(難當難當王)이라고 이름하였고, 옛날의 금비라성(金毗羅城)에서 자손이 왕이 되었으며, 나아가 8만 4천대에 이르렀습니다. 그 최후의 왕은 범수(梵授)라고 이름하였고, 범수왕은 상조성(象造城) 안에서 자손이 왕이 되었으며, 나아가 3만 7천대에 이르도록 정법으로 세상을 교화하였습니다. 그 최후의 왕은 상수(象授)라고 이름하였고, 이 상수왕은 삭석성(削石城) 가운데에서 자손이 왕이 되었으며, 나아가 5천대를 지났습니다.

그 최후의 왕은 급시왕(及時王)이라고 이름하였고, 급시왕은 광견골성(廣肩骨城)에서 자손이 왕이 되었으며, 나아가 3만 2천대를 지나도록 정법으로써 세상을 교화하였습니다. 그 최후의 왕은 동승력(童勝力)이라고 이름하였고, 다시 다음으로 승력왕(勝力王)이 무승성(無勝城) 가운데에서 자손이 왕이 되었으며, 나아가 3만 2천대(代)가 지나도록 정법으로써 세상을 교화하였습니다. 그 최후의 왕은 상승(上勝)이라고 이름하였고, 다시 다음으로 그 상승왕이 묘동녀성(妙童女城)에서 자손이 왕이 되었으며, 나아가 1만 2천대를 지나도록 정법으로 세상을 교화하였습니다.

그 최후의 왕은 승군(勝軍)이라고 이름하였고, 승군왕은 섬바성(瞻婆城)에서 자손이 왕이 되었으며, 나아가 1만 8천대를 지나도록 바른 법으로 세상을 교화하였습니다. 그 최후의 왕은 용천(龍天)이라고 이름하였고, 그 용천왕은 말리성(末利城)에서 자손이 왕이 되었으며, 나아가 2만 5천대를 지나도록 정법으로 세상을 교화하였습니다. 그 최후의 왕은 인천(人天)이라고 이름하였고, 인천왕은 다마율지성(多摩栗坻城)에서 자손이 왕이 되었으며, 나아가 1만 2천대를 지나도록 정법으로 세상을 교화하였습니다.

그 최후의 왕은 해천(海天)이라고 이름하였고, 해천왕은 환희성(歡喜城)에서 자손이 왕이 되었으며, 나아가 1만 8천대에 이르도록 정법으로 세상을 교화하였습니다. 그 최후의 왕은 선혜(善惠)라고 이름하였고, 이 선혜왕은 왕사성(王舍城)에서 자손이 왕이 되었으며, 나아가 2만 5천대에 이르도록 정법으로 세상을 교화하였습니다. 그 최후의 왕은 제암(除闇)이라고 이름하였고, 이 제암왕은 바라니사성에서 자손이 왕이 되었으며, 나아가 백 대에 이르도록 바른 법으로 세상을 교화하였습니다.

32

그 최후의 왕은 대제군(大帝軍)이라고 이름하였고, 그 대제군왕은 구시나성(俱尸那城)에서 자손이 왕이 되었으며, 나아가 8만 4천대에 이르도록 바른 법으로 세상을 교화했습니다. 그 최후의 왕은 해신(海神)이라고 이름하였고, 그 해신왕은 포다라성(布多羅城)에서 자손이 다시 왕이 되었으며, 나아가 1천대에 이르도록 바른 법으로 세상을 교화하였습니다. 그 최후의 왕은 수행(修行)이라고 이름하였고, 그 수행왕은 구시나성에서 자손이 왕이 되었으며, 나아가 8만 4천대에 이르도록 바른 법으로 세상을 교화하였습니다.

그 최후의 왕은 광면(廣面)이라고 이름하였고, 그 광면왕은 역시 바라니사성에서 자손이 왕이 되었으며, 나아가 10만 대가 지나도록 정법으로써 사람들을 교화하였습니다. 그 최후의 왕은 지주(地主)라고 이름하였고, 그 지주왕은 무전성(無戰城)에서 자손이 왕이 되었으며, 나아가 1천대에 이르도록 정법으로 세상을 교화하였습니다.

그 최후의 왕은 지대지(持大地)라고 이름하였고, 그 지대지왕은 미치라성(彌恥羅城)에서 자손이 왕이 되었으며, 나아가 8만 4천대에 이르도록 바른 법으로써 세상을 교화하였습니다. 그 최후의 왕은 대천(大天)이라고 이름하였고, 그 대천왕은 역시 미치라성 중에서 자손들이 대천이란 이름으로 왕이 되었으며, 아울러 선통(仙通)을 얻었고 계행을 닦았으며 정법으로 사람들을 교화하였습니다.

그 최후의 왕은 이미(爾彌)라고 이름하였고, 이미왕에게 자식이 있어 정사왕(正謝王)이라고 이름하였으며, 그의 왕에게 자식이 있어 견(堅)이라고 이름하였고, 다음은 거로(佉努)라고 이름하였으며, 다음은 근거로(近佉努)라고 이름하였고, 다음은 유거로(有佉努)라고 이름하였으며, 다음은 극거로(極佉努)라고 이름하였고, 다음은 선견(善見)이라고 이름하였으며, 다음은 정견(正見)이라고 이름하였고, 다음은 군청(軍聽)이라고 이름하였으며, 다음은 오료(悟了)라고 이름하였으며, 다음은 대오(大悟)라고 이름하였고, 다음은 오군(悟軍)이라고 이름하였으며, 다음은 무(無憂)라고 이름하였고, 다음은 이우(離憂)라고 이름하였으며, 다음은 속과(續果)라고 이름하였고, 다음은 선합(善合)이라고 이름하였으며, 다음은 대성(大聲)이라고 이름하였고, 다음은 살대성(殺大聲)이라고 이름하였으며, 다음은 명단(明旦)이라고 이름하였고, 다음은 방주(坊主)라고 이름하였으며, 다음은 투전(鬪戰)이라고 이름하였고, 다음은 생포(生怖)라고 이름하였으며, 다음은 경희(慶喜)라고 이름하였고, 다음은 경문(鏡門)이라고 이름하였으며, 다음은 능생(能生)이라고 이름하였고, 다음은 보생(普生)이라고 이름하였으며, 다음은 최승(最勝)이라고 이름하였고, 다음은 음식(飮食)이라고 이름하였으며, 다음은 다음식(多飮食)이라고 이름하였고, 다음은 난승(難勝)이라고 이름하였으며, 다음은 극난승(極難勝)이라고 이름하였고, 다음은 안립(安立)이라고 이름하였으며, 다음은 선립(善立)이라고 이름하였고, 다음은 대력(大力)이라고 이름하였으며, 다음은 승대력(勝大力)이라고 이름하였고, 다음은 선혜(善慧)라고 이름하였으며, 다음은 승견고(勝堅固)라고 이름하였고, 다음은 십궁(十弓)이라고 이름하였으며, 다음은 백궁(百弓)이라고 이름하였고, 다음은 신궁(新弓)이라고 이름하였으며, 다음은 묘색궁(妙色弓)이라고 이름하였고, 다음은 승궁(勝弓)이라고 이름하였으며, 다음은 견궁(堅弓)이라고 이름하였고, 다음은 십만(十轡)이라고 이름하였으며, 다음은 백만(百轡)이라고 이름하였고, 다음은 천만(千轡)이라고 이름하였으며, 다음은 묘색만(妙色轡)이라고 이름하였고, 다음은 뇌만(牢轡)이라고 이름하였습니다.

다시 다음으로 대중들이여. 뇌만왕은 선의성(善議城)에서 자손들이 7만 7천 대를 이어갔고, 그 최후의 왕은 과선왕(果仙王)이라고 이름합니다. 다시 다음으로 대중들이여. 이 과선왕에게 자식이 있어 용호(龍護)라고 이름하였고, 용호는 그 바라니사성에서 자손들이 대를 이어서 백한 대에 이르렀습니다. 그 최후의 왕은 길지(吉枳)라고 이름하였고, 그때 가섭파(迦葉波) 여래·응공(應供)·정변지(正遍知)·명행족(明行足)·선서(善逝)·세간해(世間解)·무상사(無上士)·조어장부(調御丈夫)·천인사(天人師)·불박가범(佛薄伽梵)께서 세상에 출현하셨으며, 이때 그 석가모니보살(釋迦牟尼菩薩)이 가섭불의 처소에서 아뇩다라삼먁삼보리심을 일으켜 청정한 범행을 닦고,

도사다천(都史多天)에 태어났습니다.

다시 다음으로 대중들이여. 길지왕에게 자식이 있어 선생(善生)이라고 이름하였습니다. 다시 다음으로 대중들이여. 선생왕은 보다라성(補多羅城)에서 자손들이 백일(百一) 대(代)를 이어갔고, 그 최후의 왕은 이생(耳生)이라고 이름하였습니다. 다시 다음으로 대중들이여. 이생왕에게 두 자식이 있었는데, 첫째는 교답마(喬答摩)이고, 둘째는 파라타사(波羅墮闍)였습니다.

그 교답마는 출가하려는 생각이 있었고, 파라타사는 국왕이 되려는 생각이 있었습니다. 교답마가 그 부왕을 보았는데, 비법(非法)이 법이 되었고 법이 비법이 되었으나 나라의 정무를 다스리고 교화하고 있었습니다. 곧 이렇게 생각을 지었습니다.

'만약 부왕이 죽는다면 내가 마땅히 왕이 될 것이다. 법이 비법이 되었고 비법이 법이 되었으니, 이와 같이 나라를 다스린다면 나는 틀림없이 지옥에 떨어질 것이다. 이미 이러한 어려움이 있는데 나는 마땅히 어찌해야 하는가? 무슨 방편을 베풀어야 곧 출가하고 괴로움을 벗어날 수 있을까?'

이렇게 생각을 짓고서 부왕의 처소로 나아가서 정례(頂禮)하고 합장하고서 부왕께 아뢰어 말하였습니다.

"대왕께서는 마땅히 아십시오. 저는 출가하고자 하며 집을 떠나겠습니다."

왕은 아들에게 알려 말하였습니다.

"마음에 이익을 까닭으로 많은 사람들이 재물을 보시(捨施)하여 천신(天神)에게 공양하고 불을 섬기며 고행하면서 국왕의 자리를 구하느니라. 그대는 지금 이미 얻어서 내가 죽는다면 그대가 마땅히 자리를 이을 것이다. 무슨 까닭으로 그대는 이것을 버리고 떠나고자 하는가?"

교답마가 아뢰어 말하였습니다.

"제가 보니 국왕께서는 비법을 법으로 삼았고 법을 비법으로 삼으시므로 이러한 죄업을 까닭으로 마땅히 지옥에 떨어질 것입니다. 저는 지금 두려워서 출가를 구하니, 대왕께서는 자비로 저의 이러한 소원을 받아

주십시오.”

이때 그 왕은 그 아들이 마음에서 결국 출가하고자 한 것을 알고서 곧바로 알려 말하였습니다.

“내가 지금 그대를 놓아주겠으니, 뜻을 따라서 떠나가라.”

이때 그 왕자는 이러한 말을 듣고 마음에서 크게 환희하였습니다. 이곳에서 멀지 않은 곳에 한 선인(仙人)이 있었고 흑색(黑色)이라고 이름하였습니다. 이때 그 왕자는 부왕과 여러 권속들에게 무릎을 꿇고 예배하여 하직하고서 떠나가서 흑색 선인의 처소로 나아가서 여법(如法)하게 호궤(胡跪)하여 두발에 정례하고서 선인에게 알려 말하였습니다.

“원하건대 선인께서는 자비로 나를 출가시켜 주십시오.”

이때 그 선인은 곧바로 허락하였고, 이때 그 왕자는 출가하게 되었습니다. 과일과 나무껍질 그리고 나무뿌리를 구하여 양식으로 충당하였고, 세상에서는 곧 교답마 선인이라고 불렀습니다. 이때 부왕은 곧바로 명하여 둘째 왕자인 파라타사를 곧 왕으로 세웠습니다. 그때 교답마 선인은 항상 과일과 나뭇잎을 먹었고 마침내 곧 병을 얻었으므로, 오파타야(鄔波馱耶)에게 알려 말하였습니다.

“나는 지금 마을로 들어가서 음식을 걸식하고자 합니다.”

흑색 선인이 알려 말하였습니다.

“선인에게 법이 있으니 이를테면, 6근(根)은 보호하고 6경(境)은 멀리 벗어나는 것이네. 산골짜기에 있거나 혹은 취락에 들어가더라도 두려워할 것이 없네. 만약 능히 이와 같은 선법(仙法)을 지녔다면 뜻을 따라서 떠나가게. 보다라성(補多羅城)의 가까운 곳에서 초막을 짓고 의지하여 머물도록 하게.”

이때 교답마는 친교사(親教師)에게 정례하고 하직하고서 떠나갔으며, 보다라성으로 나아가서 한 조용한 숲속에 초막을 짓고 걸식하면서 살아갔습니다. 이때 보다라성에는 한 음녀(淫女)가 있어 초현(招賢)이라고 이름하였는데, 모습과 얼굴이 단정하여 여러 사람들이 애착(愛着)하였습니다. 이때 선하지 않은 한 사람이 있어 밀날라(密捺羅)라고 이름하였는데, 음욕과 욕심을 까닭으로 여러 영락과 좋은 옷으로써 그 음녀에게 보내었고 반드시 아내로 맞이하고자 하였습니다.

이때 그 여인은 여러 영락과 좋은 옷을 입고 나가서 그에게 가고자 하였습니다. 이때 문 옆에 한 사람이 있는 것을 보았는데 500은전(銀錢)을 가지고 그녀에게 주면서 곧 이렇게 말을 지었습니다.

"그대여. 오시오. 그대여. 오시오. 그대와 함께 즐기겠소."

그 여인은 이렇게 생각하였습니다.

'나는 지금 500은전을 얻을 수 있는데 어찌 내가 취하지 않겠는가? 내가 만약 취하지 않는다면 곧 마땅한 이치가 아니다.'

곧 금전을 취하고 그와 함께 즐겼습니다. 이때 음녀는 여인을 시켜서 밀날라의 처소에 나아가서 이렇게 말하게 하였습니다.

"나는 아직 단장이 끝나지 않았으니 조금 뒤에 곧 가겠습니다."

그 시종(侍從)인 여인은 이러한 말을 받들고 밀날라의 처소로 나아가서 앞의 일을 갖추어 자세히 말하였습니다. 이때 은전의 주인은 다른 일이 있어서 잠시 있고서 떠나갔습니다. 이때 음녀는 다시 이렇게 생각을 지었습니다.

'이 사람이 이미 떠났으니 이전의 처소에 가더라도 때가 역시 늦지 않겠구나.'

여노비에게 알려 말하였다.

"밀날라의 처소에 가서 이와 같이 말하게. '나는 단장을 끝났는데 나와 어느 숲에서 서로가 만나는가를 알지 못합니다.'"

이때 그 여노비는 이러한 말을 받들어 그 밀날라의 처소에 나아가서 앞의 일을 갖추어 말하였습니다. 이때 밀날라는 알려 말하였습니다.

"그대의 어리석은 아씨인 여인은 혹은 아직 단장하지 못하였다고 말하였고, 혹은 단장을 마쳤다고 말하는구나."

이때 그 여노비는 이전에 대가(大家)에게 싫어함과 한(恨)을 소유하였으므로 곧 그에게 알려 말하였다.

"나의 대가는 아직 단장하지 못한 것이 아니고, 마음에서 그대의 영락과 좋은 옷으로 그 몸을 단장하고서 다른 사내를 보러 갔던 것입니다.”

이때 밀날라는 이러한 말을 듣고 음욕의 마음은 곧 사라졌고, 해치려는 뜻이 생겨나서 시녀에게 알려 말하였습니다.

“그대는 음녀에게 단장을 끝냈으면 어느 원림(園林)으로 오라고 알리시오.”

이때 그 시녀는 음녀에게 나아가서 앞의 일을 자세히 말하였습니다. 이때 그 음녀는 이러한 말을 듣고 영락으로 몸을 장식하고 그 숲으로 나아가서 밀날라를 보았습니다. 밀날라는 곧바로 성내어 말하였습니다.

“쯧쯧. 음녀여. 어찌하여 나의 영락과 옷을 지니고 다른 남자를 만났는가?”

음녀는 곧 알려 말하였습니다.

“성자(聖子)여. 여인은 항상 이와 같은 과실이 있으니 바라건대 과실을 용서하십시오.”

이때 밀날라는 곧 분한(忿恨)을 일으켜 곧 날카로운 칼을 꺼내어 그 음녀를 살해하였습니다. 이때 음녀의 여노비는 곧 큰 소리로 이렇게 말하였습니다.

“도둑이 나의 대가(大家)를 살해하였습니다.”

사람들은 듣고서 그곳으로 모두 모였고, 이때 이 숲속에는 교답마 선인이 초막에서 머무르고 있었습니다. 이때 밀날라는 군중들이 모여드는 것을 보고 마음에 두려움이 생겼으나 피할 곳이 없었으므로 마침내 피가 묻은 칼을 가지고 선인의 처소로 가서 초막 앞에 칼을 놓아두고서 군중을 따라서 서 있었습니다. 이때 군중들은 음녀가 죽은 것을 보고 마침내 종적(蹤迹)을 찾았고 초막 앞에서 그 피가 묻은 칼을 보고, 곧 선인(仙人)을 붙잡았고 곧 이렇게 말하였습니다.

“그대는 이러한 선인의 모습으로 어찌하여 이러한 악업을 지은 것이오?”

이때 선인이 알려 말하였습니다.

“나에게 무슨 허물이 있는가?”

군중은 알려 말하였습니다.

"그대는 여인과 비법을 행하였고, 다시 그녀를 죽였소."

선인은 알려 말하였습니다.

"나는 진실로 이와 같은 악업을 짓지 않았소."

군중은 믿지 않았고, 곧바로 선인을 묶어서 왕의 처소로 데리고 가서 대왕에게 아뢰어 말하였습니다.

"이 사람은 음녀와 함께 비법을 행하였고, 곧 그 여인을 죽였습니다."

왕은 이 말을 듣고 다시 심문하지 않고서 명하여 장차 그 선인을 뾰족한 나무 위에 앉히고. 머리에는 붉은 가발을 씌웠으며, 푸른 옷을 입은 전다라(旃陀羅)[4]들이 각자 날카로운 칼을 잡고 주위를 둘러싸고서, 그 선인을 데리고 북을 치며 널리 성안을 돌아다니면서 여러 사람들에게 알려 말하였습니다.

"마땅히 그 선인이 이와 같은 죄를 지었음을 모두 아십시오."

남문으로 나와서 뾰족한 나무 위로 선인을 던졌습니다. 이때 흑색 선인은 와서 이 선인을 찾았으나 어디에 있는가를 알지 못하여 여러 곳을 찾아다녔고 나아가 뾰족한 나무 위에 내던져진 것을 보고 마음에서 매우 슬퍼하며 오뇌(懊惱)하고 울면서 물었습니다.

"그는 무슨 일의 인연으로 이와 같은 고통을 만난 것인가?"

이때 교답마 선인은 목메어 슬프게 울면서 오파타야에게 알려 말하였습니다.

"이것은 이전의 업이 성숙되었는데 누가 능히 피하고 벗어날 수 있겠습니까?"

오파타야가 알려 말하였습니다.

"선자(善子)여. 그대는 지금 상처를 입었는데 여러 법을 행함에서 몸과 마음이 물러나지 않겠는가?"

---

4) 산스크리트어 Caṇḍala의 음사로서 인도(印度)의 사성(四姓)에서 가장 낮은 신분으로서 서로 다른 계급 사이의 결혼으로 생겨난 자와 외래 또는 지방부족을 가리키며, 직업으로서는 도살업이나 죄인의 사형집행을 맡고 있다.

선인이 스승에게 알려 말하였습니다.

“나는 지금 몸이 비록 상처를 입었으나 마음은 손해(損害)되지 않았습니다.”

친교사가 알려 말하였습니다.

“내가 어떻게 알겠는가?”

선인이 스승에게 알려 말하였습니다.

“나는 진실을 말하였고 일찍이 거짓말은 하지 않습니다. 만약 나의 마음을 행하면서 진실로 바뀌지 않았다면, 오파타야의 검은 얼굴이 금빛으로 바뀌는 것을 원합니다.”

이렇게 말을 마치니 그 선인은 금빛으로 변하였고, 사방에 전하여 알려졌습니다. 흑색 선인이 금빛으로 변하였고 그 스승에게 이렇게 진실로 발원하였으므로 마음에서 괴이함과 기쁨이 생겨나서 희유(希有)하게 된 것을 찬탄하였습니다. 교답마 선인은 다시 알려 말하였습니다.

“내가 지금 목숨을 버린다면 마땅히 어느 도(道)에 태어나겠습니까?”

스승이 대답하여 말하였습니다.

“선자여. 외도인 진실한 바라문법에서는 아들이 없는 자는 선도(善道)를 얻을 수 없다고 말하네. 그대는 아들이 있는가?”

대답하여 말하였습니다.

“나는 옛날에 궁전 안에서 동자 때부터 수도(修道)를 마음에서 즐거워하였고, 곧 집을 버리고 항상 범행(梵行)을 닦았는데, 어떻게 자식을 얻었겠습니까?”

친교사가 알려 말하였습니다.

“만약 이것과 같다면 마땅히 과거 때의 일을 생각해 보게.”

대답하여 말하였습니다.

“나는 지금 상처를 입었고 지극히 고통스러워 마디마디를 나누어 칼로 자르는 것과 같아서 오직 목숨을 버리고자 생각하는데, 어찌 다시 다른 생각이 일어나겠습니까?”

이때 그 친교사는 신통력으로 큰 비바람을 일으켜서 교답마의 몸을 씻겨주었고, 그 고통을 마침내 쉬게 하였으므로 지나간 음욕(淫慾)의 일이 생각났으며, 몸의 가운데에서 마침내 두 방울의 정혈(精血)이 흘러나와 몸에서 땅에 떨어졌고, 업력(業力)을 까닭으로 곧 두 개의 알이 생겨났습니다. 다른 경전의 가운데에서 설하여진 것과 같이, 네 가지의 부사의(不思議)한 일이 있습니다. 첫째는 모든 세존의 경계가 부사의한 것이고, 둘째는 용(龍)이 부사의한 것이며, 셋째는 세간의 심의(心意)가 부사의한 것이고, 넷째 일체 유정들의 업인 이숙(異熟)이 부사의한 것입니다. 그 업력의 인연으로 마침내 알이 이루어진 것입니다.

그 알은 햇볕을 쪼여서 따뜻해진 까닭으로 점차 성숙되었고 각각 한 동자(童子)가 태어났습니다. 그 태어난 곳에서 멀지 않는 곳에 감자원(甘蔗園)이 있었는데 그 두 동자는 마침내 그 동산 안에서 놀았고, 복력(福力)을 까닭으로 얼굴이 날마다 좋아졌으나 그 교답마는 햇볕에 그을렸으므로 마침내 곧 목숨을 마쳤습니다. 이때 금색으로 변했던 선인이 다음 날 아침에 와서 그 교답마가 목숨을 마친 것을 보았고, 다시 땅 위에 알이 깨어져 있는 것을 보았습니다. 동자의 발자국을 따라서 찾았고 감자원에 이르러 동자를 보았습니다.

이때 선인은 선정에 들어가서 이 두 동자는 어디에서 왔으며 누구의 아들인가를 관찰하였습니다. 곧 교답마의 몸의 자식인 것을 알고서 곧 사랑하는 마음이 생겨났습니다. 두 동자를 데리고 그의 주처(住處)로 돌아와서 매일 보살피고 키웠으므로 점차 장대(長大)해졌습니다. 곧 이름을 지어서 난생(暖生)이라고 불렀는데, 이것을 인연하여 일종(日種)이라고 부르게 된 것입니다. 다시 교답마의 몸을 인연한 자식인 까닭으로 교답마(喬答摩)라고 이름하였고, 또한 본래의 몸에서 태어난 까닭으로 신생(身生)이라고 이름하였으며, 다시 감자원에서 얻었던 인연으로 감자종(甘蔗種)이라고도 이름하였습니다. 이러한 네 가지의 인연을 까닭으로 이러한 네 가지의 이름이 있습니다.

뒤의 다른 때에 파라타사왕(波羅墮闍王)은 아들이 없이 죽었으므로 여러 신하들은 함께 의논하였습니다.

“왕에게 아들이 없으니 누가 후사를 이을까 두렵습니다.”

어느 신하가 말하였습니다.

“그 왕에게 교답마라는 형이 있었는데 이전에 수도(修道)하고자 산으로 들어갔습니다. 그 왕족의 차례에 의하면 그가 왕위를 잇는 것이 매우 합당합니다.”

이렇게 논의하고서 곧 금색으로 변한 선인의 처소로 가서 이르러 합장하고 정례하고서 알려 말하였습니다.

“대선(大仙)이여. 우리 국왕의 형이신 교답마 선인은 지금 어느 곳에 있습니까?”

금색 선인이 알려 말하였습니다.

“그대들에게 이전에 살해되었소.”

이때 여러 신하들은 다시 선인에게 알려 말하였습니다.

“그 교답마께서 스스로 출가하신 이래로 일찍 보지 못하였는데, 어떻게 살해하였겠습니까?”

금색 선인이 알려 말하였습니다.

“내가 그대들에게 마땅히 스스로 그것을 알게 하겠소. 교답마는 일찍이 죄가 없었으나 누명을 쓰고 그대들에게 살해되었소.”

여러 신하들이 다시 알려 말하였습니다.

“어떻게 살해하였습니까?”

이때 그 금색 선인은 곧 앞의 일들을 설명하였습니다. 여러 사람들이 듣고서 함께 알려 말하였습니다.

“진실로 우리들의 죄입니다.”

이렇게 말을 지었는데 두 동자가 곧 금색 선인의 좌우에 이르렀습니다. 여러 사람들이 물어 말하였습니다.

“이 두 동자는 어느 종족입니까?”

금색 선인이 대답하여 말하였습니다.

“이 두 동자는 교답마의 아들이오.”

여러 사람들은 다시 말하였습니다.

"어떻게 그들이 있었고 이름은 무엇입니까?"

이때 금색 선인은 곧 앞의 일을 설명하였고 여러 사람들은 그것을 듣고 모두 크게 환희하면서 곧 선인의 처소에서 큰 동자를 청하였습니다. 시위(侍衛)하고 귀국하여서 곧 왕으로 삼았으나, 그 왕도 나라를 다스리며 오래지 않은 사이에 곧바로 자식이 없이 죽었습니다. 이때 여러 신하들은 다시 산중(山中)에서 그의 아우인 동자를 맞이하여 왕위를 잇게 하였고 감자왕(甘蔗王)이라고 이름하였습니다.

다시 다음으로 대중들이여. 이 감자왕은 보다륵가성(補多勒迦城)에서 [당나라 말로 유소(幼小)이다.] 자손들이 서로가 이어갔고, 백일(百一) 대(代)를 지냈으며, 둘째 왕부터 모두 감자종(甘蔗種)으로 이름하였습니다. 그 최후의 왕은 군장왕(軍將王)이라고 이름하였고, 여러 사람들은 마땅히 감자군장왕(甘蔗軍將王)으로 알았으며, 역시 증장(增長)이라고도 이름하였습니다.

네 명의 대부인이 있어 각자 한 아들과 한 딸을 낳았는데, 그 네 왕자는 첫째는 화거면(火炬面)이라고 이름하였고, 둘째는 대이(大耳)라고 이름하였으며, 셋째는 상행(象行)이라고 이름하였고, 넷째는 보천왕(寶釧王)이라고 이름하였습니다. 이윽고 네 부인이 모두 함께 죽었고, 이때 감자군장왕은 궁전 안의 처소에서 슬프게 고뇌하였습니다. 여러 사람들이 입궁하여 군장왕이 우수에 젖어서 즐겁지 않은 것을 보고 왕에게 아뢰어 말하였습니다.

"왕께서는 지금 무슨 까닭으로 이렇게 우수에 젖어 괴로워하십니까?"

왕이 곧 알려 말하였습니다.

"나라의 대부인들이 지금 모두 죽었는데, 내가 지금 어찌 근심과 고뇌가 생겨나지 않겠소?"

이때 여러 신하들이 함께 왕에게 아뢰어 말하였습니다.

"왕께서 만약 이러한 까닭으로 근심하신다면 이웃 나라의 여러 왕들에게 모두 훌륭한 공주들이 있습니다. 왕께서는 마땅히 저희들에게 후비(后妃)를 책봉토록 명하십시오."

왕이 다시 알려 말하였습니다.

"나에게는 네 명의 아들이 있고 모두 장대하면 후사가 될 수 있소. 이러한 뜻을 까닭으로 누가 마땅히 여인으로서 나의 왕비가 되겠소?"

여러 신하들이 알려 말하였습니다.

"왕께서는 다만 신들에게 명하십시오. 왕을 위하여 사방으로 찾아보겠습니다."

이때 어느 한 나라에 공주가 있어 매우 단정하여 왕비로 책봉될 수 있었습니다. 여러 신하들이 알아보고 곧 와서 왕에게 아뢰었습니다.

"신 등이 지금 알아보았는데, 어느 나라의 왕녀가 얼굴과 용모가 단정하여 왕후가 될 수 있습니다."

왕은 말하였습니다.

"좋소."

곧 국사(國使)는 떠났고 그녀의 처소로 가서 보았고, 그 나라 왕에게 문신(問訊)하고 기거하였습니다. 왕이 사신에게 물어 말하였습니다.

"이 나라는 멀리 떨어진 나라인데, 어찌하여 이곳에 이르렀소?"

이때 사자가 그 왕에게 아뢰어 말하였습니다.

"우리 군장왕께서 국대부인(國大夫人)이 이미 죽었는데, 들으니 왕에게 따님이 있는데 왕후가 될 수 있는 까닭으로 우리를 보내었고 그 일을 의논하고자 왔습니다."

왕은 듣고 곧바로 허락하였고, 다시 사신에게 알려 말하였습니다.

"그대의 왕이 만약 나와 함께 친하겠다면 마땅히 먼저 나와 함께 맹세해야 하오. 나의 딸에게 아들이 있다면, 반드시 왕위를 이어야 하오."

사자는 듣고서 그 왕에게 아뢰어 말하였습니다.

"우리들이 본국에 돌아가면 마땅히 이러한 뜻을 갖추어 말하겠습니다."

이때 사자는 본국에 돌아가서 머리숙여 왕에게 예배하고 앞의 일을 갖추어 말하였습니다. 왕은 말하였습니다.

"나에게는 장자(長子)가 있소. 그녀가 설령 아들을 낳더라도 어찌 왕위를 잇게 할 수 있겠소?"

이때 여러 군신들은 함께 왕에게 의논하며 말하였습니다.

"왕께서는 다만 책봉하고 취하십시오. 그녀는 혹은 아들을 낳을 수 있고, 혹은 다시 딸을 낳을 수도 있습니다. 혹 석녀(石女)일 수도 있습니다. 왕께서는 지금 어찌 먼저 이러한 일을 걱정하십니까? 원하건대 왕께서는 일찍 찾아서 환락(歡樂)하십시오."

왕은 말하였습니다.

"좋소."

곧 한 사자에게 명하여 빠르게 그녀의 나라로 가서 먼저 맹세를 하였고, 곧 국법에 의지하여 맞이하여 돌아왔으며 왕후로 삼았습니다. 이때 증장왕(增長王)은 그의 부인과 함께 궁전 깊숙이 있으면서 오락(娛樂)과 쾌락(快樂)을 탐애(貪愛)하였고 더욱 심해져서 잠시의 때에도 멈추지 않았던 인연으로 곧 임신하였습니다. 10개월이 지나서 한 아들을 낳았는데, 얼굴과 위의가 단정하여 사람들의 사랑을 받았으며, 증장왕은 8명의 유모에게 함께 양육하게 하였습니다. 이전에 그녀를 취할 때에 왕과 신하들은 함께 모여 맹세하였습니다.

"이 부인이 아들을 낳으면 마땅히 왕으로 세우고 애락(愛樂)이라고 이름하겠소."

뒤의 때에 점차 자라났는데 비유하면 연꽃이 물 위로 솟아나는 것과 같이 얼굴빛이 피어났습니다. 이때 증장왕은 책립(冊立)하면서 장자를 태자로 삼았고, 애락을 태자로 삼지 않았습니다. 이때 왕후의 부왕(父王)은 이러한 말을 듣고 곧 사자에게 서찰을 가지고 증장왕에게 알렸습니다.

"무슨 인연으로 이전의 맹세를 어기는가? 만약 이전의 맹세를 어긴다면 나는 마땅히 군대를 일으키고 가서 그대의 나라를 벌하겠다. 그대는 마땅히 군사를 정비하고 나를 기다려라."

이때 증장왕은 이 서찰을 보고 여러 신하들을 모아놓고 보이면서 알려 말하였습니다.

"황후의 부왕이 지금 앞의 일을 갖추어 서찰을 보내왔소. 우리들은 무슨 계책을 세우고 그를 기다려야 하는가?"

여러 신하들이 의논하여 말하였습니다.

“그 왕은 큰 위력이 있습니다. 애락을 태자로 책립해야 합니다.”

증장왕은 말하였습니다.

“나에게 장자가 있는데, 어떻게 그 작은 아들을 태자로 책립하겠소?”

이때 여러 신하들은 다시 왕에게 말하였습니다.

“그 국왕은 사병(四兵)이 강성합니다. 왕께서 만약 허락하시지 않는다면 반드시 서로를 침략할 것입니다. 지금 대왕께 청하오니 애락을 태자로 책립하고 나머지 네 아들은 국경 밖으로 내보내십시오.”

이때 증장왕은 신하들에게 알려 말하였습니다.

“나의 네 아들은 아무 죄도 없소. 어떻게 나라 밖으로 내쫓는단 말이오?”

여러 신하들은 아뢰어 말하였습니다.

“우리들은 왕의 신하이고 이익되게 하려는 것입니다. 우리들도 진실로 능히 죄가 없는 사람을 곧바로 쫓아내고자 하는 것이 아닙니다. 죄가 있는 사람이라면 머물 수가 없습니다.”

왕은 이 말을 듣고 묵연(默然)히 머물렀습니다.

이때 여러 대신들은 한 곳에 모여서 모두 서로가 의논하였습니다.

“여러분들은 마땅히 아십시오. 모두가 의논하여 도모해야겠습니다. 우리들이 일을 꾸며서 왕이 그 네 왕자를 미워하게 합시다.”

인연으로 한 정원을 보수하였고 물을 뿌려 땅을 쓸었으며 여러 향과 꽃을 뿌렸고 여러 깃발도 달았으며 일산도 세워서 엄숙하게 꾸몄습니다. 이때 네 왕자는 나가서 유희(遊戲)하였던 인연으로 멀리서 그 정원을 보고 마음에 탐애가 생겨나서 그 정원의 문에 이르렀습니다. 그때 정원을 보수하던 관리가 장엄을 끝마치고 문으로 나왔는데 네 왕자들이 물어 말하였습니다.

“지금 이 정원은 누가 소유한 것이오?”

그 관리가 대답하여 말하였습니다.

“국왕의 정원입니다.”

네 왕자는 듣고 곧 돌아서 떠났는데 신하가 다시 알려 말하였습니다.

"정원으로 들어가시지 않고 어찌하여 되돌아가십니까?"

네 왕자가 알려 말하였습니다.

"이곳은 부왕의 정원인데 우리들이 어찌 감히 들어가겠습니까?"

여러 신하들이 알려 말하였습니다.

"왕과 왕자께서 함께 유희하여도 이것에 무슨 허물이 있겠습니까?"

왕자들은 듣고 곧 들어가서 유희하였습니다. 여러 신하들은 보고 왕의 처소로 달려가서 왕에게 아뢰어 말하였습니다.

"대왕께서는 마땅히 아십시오. 왕께서 보수하라고 명하신 정원이 지금 깨끗하고 꾸며졌으므로 직접 가시어 유희하십시오."

이때 증장왕은 곧 칙명하여 말하였습니다.

"누가 이곳에서 놀고 있는가?"

여러 신하들이 아뢰어 말하였습니다.

"네 왕자가 있으면서 오락하고 있습니다."

왕은 이 말을 듣고 곧 크게 진노하여 말하였습니다.

"그대들은 가서 나를 위해 곧 그들을 죽이시오."

여러 신하들이 함께 모두 꿇어앉아 왕에게 아뢰어 말하였습니다.

"원하건대 왕께서는 자비로 목숨만은 끊지 마십시오. 왕께서 만약 싫지 않으시다면 나라 밖으로 내쫓으십시오."

왕은 듣고 청을 받아들였습니다. 이때 여러 신하들은 왕명을 받들어서 왕자들을 불러들였고 와서 왕의 처소에 이르자 곧 나라 밖으로 나가라고 알렸습니다. 이때 네 왕자들은 사지를 땅에 붙이고 합장하고 왕에게 아뢰어 말하였습니다.

"저희들 네 명은 한 가지의 소원을 청합니다. 소유한 권속들이 따라가고 자 한다면 원하건대 왕께서는 자비로 그들이 따라가는 것을 허락하십시 오."

왕이 왕자들에게 알려 말하였습니다.

"그대들의 소원을 따르겠노라."

이때 네 왕자들은 각자 누이들을 데리고 나라 밖으로 나가고자 하였습니다. 이때 나라 사람들이 역시 따라가는 것을 원하여 일주일 안에 나라의 많은 백성들이 모두 따라가고자 하였습니다. 이때 신하들은 왕에게 아뢰어 말하였습니다.

"만약 이 성문을 닫지 않는다면 백성들이 남아 있지 않을 것입니다."

왕이 신하들에게 알려 말하였습니다.

"급히 성문을 닫아서 백성들이 떠나지 못하게 하시오."

근본설일체유부비나야파승사 제2권

삼장법사 의정 한역

석보운 번역

그때 네 왕자와 여러 사람들은 점차 앞으로 걸어가서 설산(雪山) 아래의 강가하(强伽河) 옆의 겁비라(劫比羅) 선인의 주처에 이르렀습니다. 이때 네 왕자와 여러 사람들은 각자 풀을 베어 이것으로 집을 지었고 이곳에 의지하여 머물렀습니다. 이때 여러 사람들은 서로가 함께 나물을 캐었고 사냥하여 스스로 생활하였습니다. 이때 네 왕자는 날마다 세 끼니의 때마다 겁비라 선인의 처소로 가서 직접 공양하였습니다. 네 왕자는 이미 나이가 차고 장대하였으나 아내가 없어 몸이 마르고 수척하였습니다. 선인이 물어 말하였습니다.

"그대들은 무슨 인연으로 점점 초췌(憔悴)해지는가?"

왕자들이 대답하여 말하였습니다.

"우리들은 젊은데 아내가 없어 밤낮으로 근심합니다. 어찌 초췌하지 않겠습니까?"

이때 선인이 알려 말하였습니다.

"그대들은 누이들을 서로가 배필(配匹)로 삼으라."

왕자들은 알려 말하였습니다.

"우리들은 합당한가? 아닌가를 알지 못하겠습니다."

선인이 알려 말하였습니다.

"이미 어머니가 같지 않으므로 이러한 일을 허락하는 것이다."

그때 왕자들은 각자 사유하였습니다.

‘우리 형제들은 이미 본국을 떠나서 왔고 이곳엔 우리와 혼인할 상대도 없으므로 선인의 이러한 가르침이 우리의 소원에 매우 적합하구나.’

곧 크게 환희하면서 서로 혼인하여 부부가 되었고 오래지 않아서 각자 아들과 딸을 낳았습니다. 이때 네 왕자는 마음에 기쁨과 즐거움이 생겨나서 처자(妻子)를 데리고 선인의 처소에 자주 찾아갔고, 이것을 인연하여 곧 시끄러워졌습니다. 선인은 이것을 보고 마음이 안정되지 못하여 왕자들에게 알려 말하였습니다.

"그대들은 마땅히 이곳에 잘 안주(安住)하라. 나는 이곳을 떠나야겠다."

왕자가 알려 말하였습니다.

"무슨 까닭으로 떠나고자 하십니까?"

선인이 알려 말하였습니다.

"그대들이 시끄러워 나의 선정을 어지럽게 하므로, 오히려 맨발로 가시를 밟는 것과 같구나."

왕자들은 알려 말하였습니다.

"원하건대 선인은 이곳에 머무십시오. 우리들이 다른 살기 좋은 곳을 찾아서 살겠습니다."

선인은 말하였습니다.

"알겠네."

그 선인이 신통력이 있었고 그 즐겨하는 것을 따라서 모두를 성취하였으므로, 곧 금병(金甁)에 물을 가득 채워서 다른 곳으로 나아가서 물을 뿌려 경계를 만들고 왕자에게 알려 말하였습니다.

"그대들은 이 땅에서 안주하게."

이때 왕자들은 선인의 가르침을 받들어 곧 성벽을 쌓고 그 안에 거주하였으며, 그 선인은 물을 뿌려서 국경을 만들었는데 이것을 인연하여 겁비라성(劫比羅城)이라고 이름하였습니다. 백성들이 점차 많아져서 성이 이전보다 비좁았으므로, 이때 천신(天神)이 있어 이러한 일을 보고 곧 다른 땅을 가르쳐 주었습니다. 그 땅은 넓고 넉넉했으므로 곧 그곳으로 가서 다른 한 성을 지었고 천시(天示)라고 이름하였습니다. 이때 여러 왕자는 모두 모여서 의논하였습니다.

"우리들의 부왕께서는 후처를 얻었던 까닭으로 우리 형제를 본국에서 떠나게 하셨네. 우리들은 여럿이 함께 약속하여 지금부터 오직 한 아내만을 얻고 다시 얻는 일이 없도록 하세."

이때 증장왕은 여러 신하들에게 물어 말하였습니다.

"나의 네 왕자는 지금 어디에 있는가?"

여러 신하들은 알려 말하였습니다.

"왕자들은 과오가 있었던 인연을 까닭으로 왕에게 쫓겨났고 자매들과 함께 지금 설산 아래의 천시성(天示城)에 있으며, 스스로가 성읍을 널리 경영하고 있습니다."

증장왕은 말하였습니다.

"나의 여러 아들이 어찌 능히 이와 같이 스스로 성취하였는가?"

여러 신하들이 알려 말하였습니다.

"능히 하였습니다."

이때 증장왕은 곧 크게 용약(踊躍)하였고, 단정히 앉아서 손을 들고 여러 신하에게 알려 말하였습니다.

"나의 아들들이 크게 능하구려(大能). 나의 아들들이 크게 능하구려."

대위덕(大威德)이라는 말을 까닭으로 "크게 능하다(大能). 크게 능하다."는 까닭으로 석가(釋迦)란 이름을 얻었습니다. 뒤의 다른 때에 증장왕이 죽었고, 애락(愛樂) 태자가 곧 왕위를 이어 왕이 되었습니다. 이때 애락왕도 역시 자식이 없이 뒤에 곧 목숨을 마쳤습니다. 이때 여러 신하들은 서로 함께 의논하고 천시성으로 가서 첫째 왕자인 거면(炬面)을 책봉하여 왕이 되었는데, 그의 자식이 곧 죽었고 왕도 자식이 없이 목숨을 마쳤습니다.

뒤에 대이(大耳)를 왕으로 책봉하였는데 대이도 아들이 없이 다시 곧 목숨을 마쳤고, 다시 곧 상행(象行)을 왕으로 책봉하였는데 상행도 아들이 없었으므로, 다시 보천(寶釧)을 왕으로 책봉하였습니다. 보천에게는 아들이 있어 근보천(近寶釧)이라고 이름하였고 뒤에 왕위를 이었습니다. 근보천에게는 아들이 있어 천문(天門)이라고 이름하였고, 역시 왕위를 계승하였습니다.

다시 다음으로 대중들이여. 그 천문왕은 겁비라 대성(大城)에서 자손이 서로 계승하며 5만 5천대(代)를 지나도록 정법으로 나라를 다스렸고, 그 최후의 왕은 십거(十車)라고 이름하였으며, 십거에게 아들이 있어 백거(百車)라고 이름하였고, 백거에게 아들이 있어 엄거(嚴車)라고 이름하였으며, 엄거에게 아들이 있어 승거(勝車)라고 이름하였고, 승거에게 아들이 있어 견거(堅車)라고 이름하였으며, 견거에게 아들이 있어 십궁(十弓)이라고 이름하였고, 십궁에게 아들이 있어 백궁(百弓)이라고 이름하였으며, 백궁에게 아들이 있어 구십궁(九十弓)이라고 이름하였고, 구십궁에게 아들이 있어 최승궁(最勝弓)이라고 이름하였으며, 최승궁에게 아들이 있어 엄궁(嚴弓)이라고 이름하였고, 엄궁에게 아들이 있어 견궁(堅弓)이라고 이름하였습니다.

다시 다음으로 대중들이여. 그 견궁왕은 두 아들이 있었는데, 첫째는 사자협(師子頰)이라고 이름하였고, 둘째는 사자후(師子吼)라고 이름하였습니다. 이 섬부주(贍部洲)에서 소유한 일체의 활을 잘 쏘는 자들이 있으나 이 사자협왕이 최고로 상수(上首)였습니다. 그 사자협왕은 네 아들이 있었는데, 첫째는 정반(淨飯)이라고 이름하였고, 둘째는 백반(白飯)이라고 이름하였으며, 셋째는 곡반(斛飯)이라고 이름하였고, 넷째는 감로반(甘露飯)이라고 이름하였습니다. 사자협왕은 다시 네 명의 딸이 있었는데, 첫째는 청정(淸淨)이라고 이름하였고, 둘째는 순백(純白)이라고 이름하였으며, 셋째는 순곡(純斛)이라고 이름하였고, 넷째는 감로(甘露)라고 이름하였습니다.

정반왕은 두 아들이 있는데, 그 최고의 큰 태자(太子)가 곧 우리의 박가범(薄伽梵)이시고, 그 둘째가 곧 구수 난타입니다. 백반왕도 두 아들이 있는데, 첫째는 항성(恒星)이라고 이름하고, 둘째는 현선(賢善)이라고 이름합니다. 곡반왕도 두 아들이 있는데, 첫째는 대명(大名)이라고 이름하고, 둘째는 아나율(阿那律)이라고 이름합니다. 감로반왕도 두 아들이 있는데, 첫째는 경희(慶喜)라고 이름하고, 둘째는 천수(天授)라고 이름합니다.

그 딸인 청정(淸淨)은 한 아들이 있는데 선오(善悟)라고 이름하고, 순백(純白)에게 아들이 있어 유만(有鬘)이라고 이름하며, 순곡에게 아들이 있어 승력(勝力)이라고 이름하고, 감로(甘露)에게 아들이 있어 대력(大力)이라고 이름합니다.

우리 박가범에게 아들이 있어 라후라(羅睺羅)라고 이름하는데, 처음의 지주대왕(地主大王)으로부터 시작되어 이 라후라에 이르러 그 후사가 끊어졌습니다. 왜 그러한가? 라후라는 무생과(無生果)를 증득하여 생사(生死)의 종자를 끊었던 까닭으로 그러한 후사를 잇는 것을 끊은 것입니다.”

존자 대목련은 여러 석씨 종족의 대중을 위하여 그 석가족에 대하여 설하고서 곧바로 물러나서 묵연히 머물렀다. 이때 세존께서는 석가 종족에 대하여 대목련의 설명이 끝난 것을 아시고, 곧 누웠던 몸을 일으켜 단정하게 앉으셨으며 대목련에게 알려 말씀하셨다.

“옳도다. 옳도다. 그대가 여러 필추들을 위하여 우리 석가종족의 옛날 세상부터 지금까지 소유한 종족의 부류를 여법하게 설하였네.”

다시 목련에게 알려 말씀하셨다.

“만약 다시 사람이 있어 다른 사람을 위하여 석가 종족을 설명한다면, 이러한 선남자는 장야(長夜)의 가운데에서 큰 이익을 얻고 항상 안락할 것이네.”

이때 세존께서 거듭 다시 여러 대중 필추와 필추니에게 알려 말씀하셨다.

“그대들은 마땅히 알지니라. 마땅히 나의 옛날 세상부터 왔던 석가종족의 소재(所在)와 여러 지방을 여법하게 기억하고 다른 사람을 위하여 널리 설명하라. 왜 그러한가? 능히 그대들에게 큰 이익을 얻게 하고 이익되는 뜻을 갖춘 까닭이고, 법의(法義)를 갖춘 까닭이며, 범행(梵行)을 갖춘 까닭으로 마땅히 앞에서 소유한 공덕과 같은 것을 얻는 것이니라. 이러한 까닭으로 그대들 필추는 마땅히 수지(受持)하고 독송하며 다른 사람을 위하여 널리 설명해야 하느니라.”

이때 겁비라성 가운데의 여러 석가 종족들은 이러한 본래의 종족의 역사를 설한 것을 듣고 모두가 크게 환희하며 곧 자리에서 일어나서 세존의 발에 정례하고 본래의 처소로 돌아갔다. 이때 세존께서는 다시 여러 필추들에게 알리셨다.

“그대들은 자세히 들을지니라. 옛날 때에 사자협왕(師子頰王)은 겁비라성에서 정법으로 사람들을 교화하였고, 그 국토는 매우 크고 풍족하여 두려움이 없었으며 백성들이 환락(歡樂)하였느니라. 그 선오왕(善悟王)은 천시성(天示城)에서 정법으로 사람들을 교화하였는데, 국토는 안은하고 집들은 매년 풍족하여 쇠퇴나 괴로움이 없었으며, 선오왕의 왕비는 묘승(妙勝)이라고 이름하였고, 얼굴과 용모가 단정하여 보는 것이 즐거웠으며, 일체의 유정들은 항상 안락하였느니라.

천시성 안에 한 장자(長者)가 있어 길상(吉祥)이라고 이름하였는데, 재산과 보물이 매우 많아서 창고에 채우고 넘쳤으며, 동산이나 밭과 집도 그 숫자가 적지 않았고, 여러 권속이 많았으며, 소유한 보배와 재물은 벽실라말라(薜室羅末拏)[1]와 다르지 않았다. 이때 그 장자에게 한 방원(芳園)이 있었는데 여러 꽃과 과일, 흐르는 샘물과 욕지(浴池), 여러 종류의 새들이 조화롭게 지저귀는 아름다운 소리는 세상과 따르게 뛰어났다. 국왕과 왕자와 여러 후비(后妃)들이 항상 가서 유희하였는데, 이때 왕의 부인이 이 원림(園林)을 보고 탐애(貪愛)가 생겨나서 그 왕에게 아뢰어 말하였다.

“이 정원이 너무 좋으니, 제발 저에게 주십시오.”

왕이 곧 알려 말하였다.

“지금 이 정원은 장자의 소유인데, 내가 지금 어찌 그대에게 곧 주겠소. 그대가 반드시 필요한 것이라면 내가 우리 성안에 별도로 스스로 이 정원보다 수승하게 만들어서 이 동산에서 그대가 유희하게 하겠소.”

이때 그 왕은 부인을 위하였던 까닭으로 왕성(王城) 안에 곧 한 동산을 만들었는데 이전의 원림보다 두 배나 수승하였고, 이 원림은 묘승(妙勝) 부인을 위하여 만들어졌던 까닭으로 인연하여 이 원림을 묘승이라고

---

1) 산스크리트어 vaiśravaṇa의 음역으로 비사문(毘沙門)이라 음사되고 다문(多聞)이라 번역된다.

이름하였다. 사자협왕은 항상 스스로가 사념하면서 하나의 소원을 빌었다.

'만약 나의 종족 가운데에서 한 금륜왕(金輪王)이 나타난다면 나의 원이 이루어지게 하십시오.'

그 선오왕 역시 한 가지 소원을 빌었다.

'원하건대 내가 빨리 사자협왕의 권속이 되게 하십시오. 나의 원이 이루어지게 하십시오.'

이때 선오왕의 첫째 대부인이 곧 임신한 인연으로 10개월을 채우고 한 딸을 낳았는데 얼굴과 용모가 단정하여 세상에서 희유하였다. 이 공주가 매우 단정한 까닭으로 왕과 부인, 후궁과 권속의 일체의 보는 사람들이 우러러보지 않는 자가 없었다. 모두가 서로에게 의논하여 말하였다.

"지금 이 왕녀는 사람으로 태어났으나 선교천(善巧天)이 와서 변화하여 지은 것이다."

삼칠일(三七日)이 지나자 곧 국법과 같이 여러 경사를 지었고 곧 여러 신하들에게 이 왕녀에게 무슨 이름을 지을 것인가를 서로가 의논하게 하였다. 여러 신하들은 아뢰어 말하였다.

"이 천시성 안에서 모두가 서로에게 의논하여 말하였습니다. '이 왕녀는 이전의 업의 과보를 까닭으로 이러한 단정함을 얻었습니다.'"

다시 의논하여 말하였다.

"이 왕녀는 사람이 능히 낳을 수는 없고 선교천의 변화로 지어졌습니다."

함께 왕에게 아뢰어 말하였다.

"이 왕녀는 환화(幻化)라고 이름지어야 합니다."

곧 이 왕녀를 8명의 유모에게 명하여 함께 서로가 양육하게 하였다. 점차 장대한 때에 한 관상가(占相師)가 와서 왕에게 아뢰어 말하였다.

"지금 왕의 성스러운 딸은 뒤에 반드시 아들을 낳는데 여러 상(相)을 갖추고 큰 위덕이 있어 역륜(力輪)의 지위에 얻을 것입니다."

왕은 이 말을 듣고 매우 크게 환희하였다. 뒤에 선오왕의 대부인이 다시 회임하여 10개월을 채우고 한 딸을 낳았는데, 그녀의 몸에서 광명이 성안에 널리 비쳤고, 얼굴과 상호(相好)는 세상에 비교할 수 없었다. 삼칠일에 이르러 경사스러운 축하를 마치고, 곧 여러 신하들을 모으고 이름을 짓고자 의논하였으며, 작은 공주가 환화보다 수승한 까닭을 인연으로 곧 대환화(大幻化)라고 이름하였다. 다시 이 공주도 8명의 유모에게 명하여 함께 서로가 양육하게 하였다. 점차 장대한 때에 한 관상가가 와서 왕에게 아뢰어 말하였다.

"지금 왕의 성스러운 딸은 뒤에 반드시 아들을 낳는데 32대장부상(大丈夫相)을 갖추고 큰 위덕이 존중하므로 전륜왕(轉輪王)의 지위에 이를 것입니다."

왕은 이 말을 듣고 두 배의 환희심을 품었다. 이때 선오왕은 곧 사자에게 명하여 서신을 가지고 사자협왕에게 나아가서 그 왕에게 알려 말하게 하였다.

"나의 대부인이 두 딸을 낳았습니다. 그 첫째 딸이 태어났던 때에는 얼굴과 모습이 단정하여 세상에서 희유하였고, 관상가가 딸에게 뒤에 마땅히 아들을 낳는데 역륜의 지위를 얻는다고 말하였습니다. 둘째 딸은 몸의 광채가 두 배나 수승하였는데, 관상가가 그녀를 보고 뒤에 반드시 아들을 낳을 것이고, 전륜왕의 지위를 얻는다고 말하였습니다. 내가 들으니 대왕께서는 큰 아들이 있고 정반(淨飯)이라고 이름하는데, 두 딸의 가운데 한 명으로 정반의 비(妃)로 삼기를 바라는 까닭으로 사신을 보내어 알려드립니다. 그가 이르면 갖추어 자세히 말하십시오."

왕은 이 말을 듣고 매우 환희하면서 본국으로 돌아가는 사자 편에 선오왕에게 알려 말하였다.

"왕의 두 딸은 모두 상호를 갖추었으므로 나는 지금 모두를 취하여 정반의 비(妃)로 삼고자 합니다. 그러나 우리의 선왕(先王)께서는 맹세하여 두 왕비를 취하지 않겠다고 하셨으므로 지금 또한 전륜왕을 낳는다는 작은 공주를 왕비로 취하고자 합니다. 그 큰 공주도 시집보내지 마시고 내가 신하들과 여러 권속들을 모으고 이 일을 논의하겠으니 기다려 주십시오."

　이때 선오왕은 이 말을 듣고 곧 국법으로써 작은 공주를 장엄하고 아울러 500의 채녀(綵女)로 에워싸고 시종(侍從)시켰으며 그 나라에 이르러 정반의 비(妃)로 주었다. 이때 사자협 국왕에게는 산의 계곡에 기거하는 반다파(般茶婆)라고 이름하는 한 보용국(輔庸國)이[2] 있었는데 홀연히 배반하여 이웃의 여러 나라들을 침략하고 겁탈(劫害)하였다. 이때 이웃 국경에 거주하던 여러 석가 종족들이 그들의 침략을 당해 핍박을 받았으므로 모두 달려가서 사자협왕에게 알렸다.

　“우리들의 촌락이 모두 어느 적군들에게 밤낮으로 침해를 당하고 있으니 원하건대 왕께서 직접 가서 항복을 받아 주십시오.”

　사자협왕은 말하였다.

　“나는 지금 나이가 많아서 전투를 맡지 못하겠소.”

　그 여러 사람들이 말하였다.

　“청하건대 왕의 태자인 정반에게 가서 그들을 잡게 하십시오.”

　왕은 곧 알려 말하였다.

　“그대들 여러 사람들이 만약 태자가 구하는 한 소원을 허락한다면 내가 곧 파견하겠소.”

　대중들은 왕에게 대답하여 말하였다.

　“알겠습니다. 명을 따르겠습니다.”

　이때 사자협왕은 성안에서 북을 울리고 명을 선포하고 사병(四兵)에게 엄숙하게 칙명하여 태자를 따라가서 그들을 토벌하게 하였다. 이때 정반 태자는 부왕의 명을 받들어 사병을 거느리고 그들이 있는 곳에 이르러 함께 서로 싸웠는데, 큰 위력을 까닭으로 이때 그 적군들은 태자의 군대에게 혹은 죽었고, 혹은 붙잡혀서 남은 적군이 없이 궤멸되었다. 정반 태자는 군대를 거느리고 본국으로 돌아갔고, 이때 여러 석가 종족들은 태자의 군대가 적군을 이미 평정하였음을 모두가 크게 용약(踊躍)하면서 왕에게 아뢰어 말하였다.

---

　2) 큰 제후국(諸侯國)에 부속된 작은 나라를 말한다.

"정반 태자가 원수들의 피해를 없애주어 신 등의 여러 사람들은 말할 수 없이 기쁩니다. 왕께서는 이전에 태자께서 소원이 있다고 하셨습니다. 청하건대 왕께서는 신 등을 위하여 말씀하십시오."

이때 사자협왕이 여러 석가족들에게 알려 말하였다.

"그대들 석가 종족들은 선대부터 두 아내를 취하지 않겠다고 맹세하지 않았는가?"

여러 석가 종족들이 말하였다.

"왕께서는 지금 어찌하여 선대의 맹세를 저버리려고 하십니까?"

왕이 말하였다.

"그런 것이 아니오. 다시 굳게 결속이 필요하오, 그러나 나의 뜻은 오직 정반 태자를 위하여 그 두 명의 비를 취하게 하려는 것이오. 다른 사람들은 마땅히 취할 수 없소."

여러 석가 종족들은 말하였다.

"이번 일은 가능합니다."

이때 사자협왕은 곧 사자에게 선오왕의 처소로 가서 그 일을 알려 말하였다.

"내가 지금 여러 석가 종족들과 함께 서로가 상의하였는데, 모두가 함께 정반 태자를 위하여 장녀를 비(妃)로 맞이하는 것을 허락하였으니, 왕은 장녀를 우리에게 주시오."

선오왕은 이 말을 듣고 매우 기뻐하면서 곧 500의 채녀를 시종으로 삼았고 여러 종류의 보배 옷으로 공주의 몸을 장엄하여 겁비라국으로 보냈다. 이때 사자협왕은 장녀를 얻었고, 곧 국법과 같이 군신들을 모으고서 기악(伎樂)을 연주하면서 그녀를 맞아들여 태자비로 삼았다. 오래지 않아서 사자협왕은 목숨을 마쳤고, 그 정반 태자로서 부왕의 왕위를 계승하였는데, 정법으로 사람을 교화하여 국토가 안락하고 오곡이 풍성하였으며 여러 슬픔과 번뇌가 없었으므로 그 백성들이 여러 곳에 충만하였다.

다른 때의 가운데에서 대환화(大幻化) 부인과 함께 여러 누각에 올랐는데, 후궁과 채녀들이 에워싸고 시위하였으며, 여러 여인들이 악기를 연주하며 편안하게 유희하였다. 보살이 도사다천(覩史多天)에 있으면 항상 다섯의 법으로 세간을 관찰하는 것이 있다. 무엇이 다섯의 법인가? 첫째는 태어날 처소를 관찰하는 것이고, 둘째는 국토를 관찰하는 것이며, 셋째는 시절(時節)을 관찰하는 것이고, 넷째는 종족을 관찰하는 것이며, 다섯째는 낳아줄 부모를 관찰하는 것이다.

무슨 까닭으로 보살이 태어날 처소를 관찰하는가? 도사다천궁에 있으면서 항상 이렇게 생각하는 것이다.

'과거 보살들은 어떤 처소에서 태어났는가?'

곧바로 관찰하여 보았는데 혹은 정행바라문(淨行婆羅門) 가문에 태어났고, 혹은 찰제리귀족(刹帝利貴族)의 가문에 태어났으며, 혹은 바라문의 스승이 되었고, 혹은 찰제리의 스승이었다.

'그러므로 마땅히 지금 때에는 찰제리가 존귀하므로 나는 찰제리 가문에 태어나야겠다. 왜 그러한가? 만약 내가 그 가난하고 하천한 집에서 태어난다면, 혹은 내세의 중생들이 있어 나를 비방하는 까닭이다.'

이러한 인연을 까닭으로 보살은 자재한 복력으로써 그가 생각하는 것을 따라서 그곳에 태어나는 것이다. 이러한 뜻을 까닭으로 보살이 태어나려는 때에 먼저 마땅히 그 먼저 태어날 곳을 관찰하는 것이다.

무슨 까닭으로 보살이 국토를 관찰하는가? 도사다천궁에 있으면서 항상 이렇게 생각하는 것이다.

'과거 보살들은 어느 국토에서 태어났는가?'

곧 그 국토를 살펴보았는데 그 땅은 사탕수수·벼·보리·밀·황소·물소들이 집마다 충만하여 걸식하여 얻을 것이 쉽고, 10악(惡)이 없으며, 10선(善)을 닦고 있으면, 보살은 사유한다.

'중천축국엔 이와 같은 물건들이 모두 구족되어 있으므로 나는 지금 그 중천축국에 태어나겠다. 왜 그러한가? 만약 변두리 나라에 태어난다면 혹은 때에 유정들이 나를 비방할 까닭이다.'

이러한 까닭으로 보살은 이런 복덕의 힘으로써 그가 생각하는 것을 따라서 그곳에 태어나는 것이고, 세존이 말하는 것과 같아서 허망함이 없느니라.

무슨 까닭으로 보살이 국토를 관찰하는가? 도사다천궁에 있으면서 항상 이렇게 사유하는 것이다.

'과거 보살들은 어느 시절에 인간세상으로 하생(下生)하였는가?'

만약 그 나라 중생의 수명이 상수(上壽)는 8만 세(歲)이고, 하수(下壽)는 백 세에 이른 것을 보는데, 보살은 이때에 그 나라에 태어난다. 왜 그러한가? 만약 사람들이 8만 세 이상일 때에는 여러 중생들은 근심·괴로움·어리석음·완고함·둔함·교만함이 없고, 즐거움을 집착하여도 정법의 그릇이 아니라면 교화를 수용하기 어려운 까닭이며, 만약 사람의 수명이 백 세 이하로 짧아지는 때에는 여러 중생들은 오탁(五濁)의 흐름이 두려워지는 까닭이다. 무엇이 오탁인가? 첫째는 명탁(命濁)이고, 둘째는 번뇌탁(煩惱濁)이며, 셋째는 유정탁(有情濁)이고, 넷째는 견탁(見濁)이며, 다섯째는 겁탁(劫濁)이다. 보살은 이때 이렇게 사유하였다.

'만약 내가 악한 세상의 때에 세상에 출현한다면 많은 여러 외도들이 마음으로 비방하고 오탁이 증장되어 바른 법기(法器)가 아니므로 오히려 과거의 일체의 보살들과 같이 오탁(惡濁)의 세상의 때에는 세상에 출현하지 않아야 한다. 왜 그러한가? 여러 세존이 출현하시어 정법을 설하시어 일으키셨던 것을 모두 헛되지 않게 해야 한다.'

이러한 뜻을 까닭으로 시절을 관찰하는 것이다.

다시 다음은 무슨 까닭으로 보살이 종족을 관찰하는가? 보살은 도사다천에 있으면서 항상 이렇게 사유하는 것이다.

'어느 종족을 관찰하여 태어나야 하는가?'

만약 사람이 있어 선세(先世) 이래로 내외(內外)의 친족 가운데서 능히 비방할 수 없는 자이고, 곧 그곳에 태어나는 것을 보았다면, 보살은 그때 이것을 관찰하여 짓는 것이다. 나아가 석가 종족은 청정하고 존귀하여 전륜왕(轉輪王) 종족으로 감당할 수 있는 것을 보고 출현하는 것이다. 왜 그러한가? 보살이 만약 하천(下賤)한 집안에 태어나면 세간의 유정들에게 혹은 비방이 생겨나는 것이다. 보살은 무량한 겁부터 자재(自在)한 힘을 얻었고, 소유한 욕념(欲念)을 모두 뜻에 따라서 얻는 것이며, 소유한 설법도 일찍이 허망함이 없다. 이러한 인연을 까닭으로 보살은 태어날 종족을 관찰하는 것이다.

다시 다음은 무슨 까닭으로 낳아줄 어머니를 관찰하는가? 보살은 도사다천궁에 있으면서 이렇게 사유하는 것이다.

'다른 보살들과 같이 어느 어머니에게 태장(胎藏)을 받을 것인가?'

그 여인의 7대 종족을 살펴보았는데 모두가 청정하여 음란하거나 더럽지 않았고, 모습과 얼굴이 단엄하며, 계품(戒品)을 잘 닦았으므로 보살을 구족하여 10개월을 그 태장 안에 감당할 수 있었다. 이 여인이 태어난 그 업은 오고 가며 나아가고 멈춤에 일찍이 장애가 없었다. 다시 다음으로 대환화 부인은 일찍이 과거의 여러 세존께 무상(無上)의 발원을 일으켰다.

"내가 내세(來世)에 낳은 아들은 깨달음의 종족을 이루어 얻게 하십시오."

이것을 까닭으로 여러 보살들은 여러 중생들이 이렇게 비방하는 말을 짓는 것을 두려워한다.

"무슨 까닭으로 보살은 그 무상(無相)한 여인의 태의 가운데에서 세상에 출현하였는가?"

이러한 까닭으로 보살은 무시(無始)의 이래로 여러 종류의 선근을 심었고 모두 성취한다. 이러한 뜻을 까닭으로 보살은 자기를 낳아줄 어머니를 관찰하는 것이다.

이때 보살은 이렇게 다섯 종류를 널리 관찰하고서 곧 은근하게 육욕천(六欲天)에게 세 번을 외치면서 이와 같이 말을 지었다.

"나는 지금 도사다천에서 인간의 세상에 하생하여 백정왕(白淨王)의 첫째 대부인의 태의 가운데에서 그 태자가 되어 탄생한 뒤에 상주과(常住果)를 증득할 것이네. 그대 여러 천인들이 나를 따라서 이 과(果)를 증득하기를 원하는 자는 나와 함께 그 인간세계에 태어나게."

천인들에게 세 번을 이러한 말로 알렸고, 그때 여러 천인들은 이 말을 들은 같은 소리로 알려 말하였다.

“그렇습니다. 보살이시여. 아십니까? 그 섬부주는 드세고 거칠어서 교화하기 어렵고 여러 혼탁함과 어지러움이 많으며, 육사외도(六師外道)들과 육수외도성문(六隨外道聲聞)들과 아울러 육정외도(六定外道)의 무리들이 그 땅에 가득하고 사견에 깊이 집착하여 구제하기 어렵습니다.

누구를 육사(六師)라고 말하는가? 첫째는 포랄나(脯剌拏)이고, 둘째는 말게리자(末揭利子)이며, 셋째는 산서이비라지자(珊逝移毘羅胝子)이고, 넷째는 아말다계사감바라(阿末多雞舍甘婆羅)이며, 다섯째는 각구타가전연(脚拘陀迦旃延)이고, 여섯째는 니게란타야제자(呢揭爛陀若提子)입니다.

누구를 육수외도성문이라고 말하는가? 첫째는 구달다바라문(拘達多婆羅門)이고 둘째는 수나다(輸那陁)이며, 셋째는 차미(遮彌)이고, 넷째는 범수(梵壽)이며, 다섯째는 연실(蓮實)이고, 여섯째는 적해자(赤海子)입니다.

누구를 육정외도(六定外道)라고 하는가? 첫째는 울다가라마자(鬱多伽羅摩子)이고, 둘째는 라라가라마(囉囉哥囉摩)이며, 셋째는 선범지(善梵志)이고, 넷째는 최승유동(最勝儒童)이며, 다섯째는 흑선(黑仙)이고, 여섯째는 우루빈나가섭야지라(優樓頻螺迦葉若胝羅)[당나라 말로는 털이 많다는 말이다.]입니다.

이와 같은 외도(外道)가 삿된 법으로 그 여러 중생들을 교화하여 사견에 탐착하므로 제도(濟度)하기 어려운데, 어찌하여 보살은 지금 그곳에 가고자 하십니까? 지금 우리들의 도솔천궁은 하나하나의 여러 천인들이 법을 듣는 자리가 가로와 세로가 똑같이 12유선나(踰膳那)이므로 마땅히 우리들이 있는 이곳에서 설법하신다면 우리들이 듣고 깊은 신심이 생겨나서 받아 지닐 것입니다. 능히 우리들이 장야(長夜)의 가운데에서 안락하고 이익되게 하십시오.”

그때 여러 천인들이 이렇게 말을 지었으므로 보살이 그때 여러 천인들에게 알려 말하였다.

“그대들 여러 천인들은 마땅히 각자 뜻을 따라서 여러 음악을 지으시게.”

이때 그 천인 대중들은 곧 모두가 동시에 음악을 지었고, 그 소리가 시끄럽게 들끓었다. 이때 보살이 곧 큰 소라(大螺)를 불었고 여러 음악

소리는 모두가 꺾여 멈추었다. 보살은 이때 다시 천인들에게 물어 말하였다.

"여러 음악 가운데에서 어느 소리가 가장 큰 것인가?"

여러 천인들이 대답하여 말하였다.

"소라 소리가 가장 큽니다."

"여러 선남자들이여. 그대들은 마땅히 알라. 큰 소라 소리가 능히 일체의 여러 음악 소리를 모두 꺾어 멈추게 하는데 나도 또한 이와 같으니라. 섬부주의 가운데에 하생하여 설하는 법이 있다면 능히 육사외도들과 육수외도성문과 육정외도들이 모두 꺾여 없어질 것이네. 일체의 중생들에게 감로법(甘露法)을 얻게 하고 모두가 포만(飽滿)하게 할 것이네. 무상(無常)의 소라(螺)를 불어서 여러 외도들의 가상(假常)의 계책을 모두 꺾어 없애겠으며, 크고 빈 소리를 불어 여러 외도들의 있다고 집착하는 견해를 모두 꺾어 없앨 것이네."

이때 보살이 가타(伽他)로 설하여 말하였다.

사자는 능히 여러 맹수들을 조복시키고
금강은 일체의 견고함을 잘 꺾으며
제석은 능히 아소라(阿蘇羅)를 조복시키고
일체의 빛 가운데에서는 햇빛이 수승하다네.

이때 보살은 이러한 게송을 설하여 마치고서 여러 천인들에게 알려 말하였다.

"그대들이 만약 청정한 감로법(甘露法)으로 포만하게 하겠다면 중천축국(中天竺國)의 여섯 대성(大城)의 가운데에 태어나도록 하게."

이때 석제환인(釋提桓因)은 자리의 가운데에 있으면서 이렇게 사념(思念)을 지었다.

'석가보살(釋迦菩薩)이 마야부인(摩耶夫人)의 태장(胎藏)의 안에 의탁할 것이 틀림없다. 우리들은 마땅히 신통력으로써 그녀의 몸을 청정하게

하여서 더러움이 없는 강건(强健)한 몸으로써 보살을 기다리게 해야겠다.’

이렇게 생각을 짓고서, 곧 신통력으로써 그 마야부인 태장의 안을 청정하게 하였다. 보살은 이때 도사다천궁에서 다섯 종류를 관찰하고서 은근(慇懃)하게 여러 천인들에게 세 번을 외쳐서 알렸다. 곧 밤중에 여섯 상아를 가진 흰 코끼리의 모습으로 천축에 하생하여 마야부인의 청정한 태(胎) 안으로 들어갔다.

이때 마야부인은 곧 그 밤에 네 종류의 꿈을 보았다. 첫째는 여섯 상아를 가진 흰 코끼리가 태 안으로 들어오는 것이고, 둘째는 그녀 자신이 허공으로 날아오르는 것이며, 셋째는 높은 산의 꼭대기를 보았던 것이고, 넷째는 많은 사람들이 둘러싸고 정례하는 것을 보았다. 이러한 꿈을 꾸고서 정반왕에게 앞에 일과 같이 말하였다. 이때 정반왕은 곧 점술사(相師)를 불러 꿈의 일을 말하였고, 점술가는 대답하여 말하였다.

“저의 점술과 같다면 왕의 대부인께서는 반드시 왕자를 낳을 것이고, 32대장부상을 구족하여 그 몸을 장엄할 것이며, 만약 왕위를 계승한다면 마땅히 금륜(金輪)에 올라 사천하(四天下)를 조복시킬 것이고, 만약 출가하여 수도(修道)한다면 법왕의 위(位)를 증득하여 이름이 시방(十方)에 들려서 중생들의 아버지가 될 것입니다.”

안의 섭송(內攝頌)으로 말하겠노라.

내가 내려와 태어나던 때에
사천왕이 수호하였고
명월주와 같았으며
여러 물건에 얽히고 싸였어도
역시 보물 실(寶線)과 같아서
지혜로운 자는 명료(明了)하였으며
스스로 5계(戒)를 지녔으므로
여러 욕념(欲念)이 없었다네.

여러 보살에게는 상법(常法)이 있나니 도사천을 따라서 모태로 하생하는 것이다. 마땅히 이때에 시방의 대지가 모두 진동하였고 큰 광명이 있어 아울러 모두 주위에 두루하였고 육취(六趣) 중생이 업(業)의 경계를 따라서 해와 달의 위광(威光)이 이르지 못하는 곳까지 널리 모두 밝게 비추었다. 그 가운데의 중생들은 서로에게 말하였다.

"지금의 이러한 광명은 일찍이 있었던 것이 아니다. 장차 우리들이 별도의 생을 받은 것은 아닌가?"

다시 보살이 모태로 강림할 때에 석제환인은 곧 사천왕신(四天王神)을 보내어 어머니를 호위(營衛)하게 하였는데, 이 네 신(神)들은 첫째는 날카로운 칼을 잡았고, 둘째는 견삭(羂索)을 잡았으며, 셋째는 극(戟)을 잡았고, 넷째는 활과 화살을 잡고 있었다. 왜 그러한가? 여러 악마들이 그 어머니에게 위해를 주는 것을 두려워한 것이다.

여러 보살들이 강림하여 태어날 때에는 그 어머니의 태중의 피와 더러움 등은 모두 멀리 떠났으므로 염착(染着)이 없는 것이다. 명월주(明月珠)는 비록 여러 물건에 묶이고 얽혔어도 물들거나 더렵혀진 것이 없음과 같이 보살이 어머니의 태중에 있을 때에도 역시 이와 같다. 여러 보살의 상법은 그 어머니가 태에 있는 보살을 항상 본다면 오히려 청·황·적·백색 등의 비단으로 청정한 보배를 감싸더라도 여러 혜안(慧眼)의 사람들은 그 보물과 비단을 분별하여 분명히 알듯이 그 어머니가 태에 있는 보살을 보는 것도 역시 이와 같다.

여러 보살의 상법은 어머니의 태중에 있을 때에 능히 그 어머니의 신체가 온화하고 즐거우며 피로와 부족함이 없게 한다. 여러 보살이 어머니의 태중에 있을 때에는 그 어머니가 자연히 오계(五戒)를 항상 지녀서 살생하지 않고 도둑질하지 않으며 사음하지 않고 거짓말하지 않으며 술 마시지 않는 것이다. 다시 여러 보살의 상법은 그 어머니의 태중에 있을 때에 그 어머니가 자연히 탐욕과 애착을 없애느니라.

다시 다음으로 마야부인은 갑자기 스스로 사유하였다.

'사대해수(四大海水)를 모두 마시고 싶구나.'

정반왕에게 그 마음의 소원을 말하였다. 이때 겁비라성 가운데에는 한 외도가 있어 적안(赤眼)이라고 이름하였는데, 여러 환술(幻術)을 잘하였다. 왕은 사자에게 적안을 부르게 하였고 앞에서의 뜻과 같이 말하였다. 적안이 알려 말하였다.

"부인과 함께 높은 누각에 오르기를 원합니다."

이미 누각에 올라서 곧 환술로 사대해수를 만들었고 그 해수를 가지고 부인에게 주어 마시게 하였다. 이미 물을 마셨고 이때 부인은 그 뜻이 곧 사라졌다. 이때 마야부인은 다시 거듭 사유하였다.

'일체의 유정들이 묶여 있고 갇혀 있다면 모두 풀어주고 싶구나.'

이렇게 사유하고서 왕에게 말하였다. 왕은 이 말을 듣고 곧 옥관(獄官)에게 칙명하여 옥에 가두었던 죄수를 모두 풀어주었다. 이때 부인은 그 생각이 곧 사라졌다. 마야부인은 또한 다시 사념하였다.

'뜻에서 재물을 보시하고 싶구나.'

이렇게 사유하고서 왕에게 말하였다. 왕은 이 말을 듣고 곧 여러 종류의 재물들을 보시하였다. 이때 부인은 그 생각이 곧 사라졌다. 또한 다시 사념하였다.

'원림(園林)에 가서 유해(遊行)하며 관망(觀望)하고 싶구나.'

곧 왕에게 말하였고 왕은 이 말을 듣고 곧 부인을 데리고 여러 동산(園苑)으로 가서 관망하였고, 그 생각이 곧 사라졌다. 또한 다시 염의(念意)가 생겨났다.

'부왕(父王)의 동산에 머물고 싶구나.'

곧 왕에게 알려 말하였다. 왕은 이 말을 듣고 곧 사자에게 선오왕의 처소에 가서 알리게 하였다.

"지금 마야부인이 부왕의 람비니원(藍毘尼園)의 가운데에 나아가서 머물고자 합니다."

왕은 이 말을 듣고 곧바로 사람을 뽑아서 깨끗이 청소하고서 마야부인과 여러 시종 및 채녀들을 람비니원에서 유관(遊觀)하도록 하였다. 나아가 한 그루의 무우수(無憂樹)의 잎과 꽃이 무성한 것을 보고 부인은 태자를 낳고자 하였고 곧 손으로 나뭇가지를 잡았다. 이때 천제석(天帝釋)은 보살의 어머니가 마음에 사람이 많아 부끄러워하여 곧 그 태자를 출산하지 못하였으므로 곧 방편(方便)을 지어 큰 비바람을 일으켜서 여러 사람들이 스스로가 흩어지도록 하였다. 이때 천제석은 늙은 유모로 변화를 지어 부인 앞에 섰으므로 부인은 곧 낳았다. 이때 천제석은 선의(仙衣)를 취하여 들고 있었는데, 이전부터 배 안에 있으면서 마음에 번민이 많았으므로 제석에게 알려 말하였다.

"그대는 땅에 놓으시오."

이때 제석은 잠시 멀리에서 머물렀다. 보살이 태어나던 때에 대지는 진동하였고 하늘과 땅은 광명이 햇빛과 달빛이 미치지 못한 곳까지 나아가 모두 밝게 비추었다. 그 중생들은 모두 서로를 보았고 각자 서로에게 말하였다.

"오직 내 몸이 홀로 이곳에 태어난 것이 아니고 역시 다른 사람들도 함께 이곳에 있구나."

일체의 보살에겐 항상한 법식이 있는 것이다. 태(胎)로부터 출생하는 때에 진한 피와 다른 더러움도 없고, 보살의 어머니가 출산하고자 하는 때에 앉거나 눕지도 않고 나무를 잡고 서 있으며, 여러 고통과 후유(後有)가 없는 것이다. 보살의 상법에는 태어나서 땅에 있으면 붙잡고 모시지 않아도 일곱 걸음을 걷고 사방을 관찰하고서 곧 이렇게 말을 짓는 것이다.

"이곳은 동방(東方)이다. 나는 일체의 중생 가운데에서 최상이다. 이곳은 남방(南方)이다. 나는 중생의 공양을 감당할 수 있다. 여기는 서방(西方)이다. 나는 지금 결정적으로 다음 생을 받지 않는다. 여기는 북방(北方)이다. 나는 지금 이미 생사의 큰 바다를 벗어났다."

이때 여러 천인들은 손에 흰색 일산과 흰색 불자(拂)를 지녔고, 보배를 모아서 보살의 머리 위를 엄숙히 장엄하여 덮었으며, 여러 용왕 등은 각자 두 종류의 청정한 향수(香水)를 지녔는데 이를테면, 찬물과 더운물을 조화시켜 보살을 목욕시켰다. 여러 보살의 상법에는 보살이 탄생하는 처소에 그 어머니의 앞에 큰 연못의 물이 나타나서 그 어머니가 씻고자 하는 것을 모두 충족시키는 것이다. 여러 보살의 상법에는 탄생할 때에 여러 천인과 선인의 대중들이 허공에 있으면서 여러 종류의 하늘의 묘한 화향(和香)·말향(末香)·도향(塗香)·전단향(栴檀香)·침수향(沈水香)을 보살에게 흩뿌리고, 여러 종류의 하늘의 음악이 허공의 가운데에서 자연히 울려 퍼지는 것이다.

이때 아사타(阿私陀) 선인은 길실지미산(吉悉枳迷山)의 석굴의 가운데에 있었는데, 그 선인은 항상 일체 세간의 일어나고 쇠퇴하는 모습을 알고 있었다. 그 선인에게는 외생(外甥)이[3] 있어 나라타(那羅陀)라고 이름하였는데, 때때로 와서 공경스럽게 공양하였고, 이때 선인은 인연을 따라 가르침을 보여주었는데 나라타가 알려 말하였다.

"그 선인께서 수기하는 것을 듣고 믿음이 깊고 허망하지 않으므로 기쁨이 몸과 마음에 넘칩니다."

출가를 청하여 구하였고 제자가 되었다. 보살이 처음 탄생할 때에 천지광명(天地光明)의 상서로움을 나라타가 보고 곧 선인에게 알려 말하였다.

"친교사시여. 악세(惡世)에 두 개의 해가 있어 함께 비추는 것입니까? 만약 해가 둘이 아니라면 무슨 까닭으로 이 굴에 광명이 있습니까?"

이때 아사타 선인은 가타로 설하여 말하였다.

햇볕은 매우 뜨거우나 밝고 맑지 못한데
이 광명은 밝고 맑으며 청량(淸涼)하며
빛이 흘러 산의 굴까지 밝게 비추니
나는 분명히 모니(牟尼)의 빛인 것을 알겠네.

보살의 신통과 크신 위덕으로
모태에서 나오면서 이러한 빛을 나타내었고

---

3) 누나 또는 여동생의 아들을 가리키는 말이다.

청정하고 밝은 진금색(眞金色)이
세간의 여러 대지를 두루 채우네.

나라타가 알려 말하였다.
"친교사시여. 나는 지금 친교사를 따라서 그 보살을 보고자 합니다."
이때 선인이 알려 말하였다.
"그대는 지금 아는가? 그 보살은 큰 위덕이 있어서 천룡팔부(天龍八部)에
게 둘러싸여 있으므로 우리들이 가더라도 볼 수가 없네. 만약 그 보살이
겁비라성에 들어가서 3호(號)를 세우고서, 그리고 뒤에 내가 간다면 보살을
볼 수 있을 것이네."
보살이 태어나는 때에 500의 궁인(宮人)이 각자 한 아들을 낳았는데
이를테면, 찬탁가(贊鐸迦)가 상수(上首)이고, 500의 궁인들이 각자 한 딸을
낳았는데 전니(旃尼)가 상수였다. 500의 대신(大臣)들이 각자 한 아들을
낳았는데 오타이(鄔陀夷)가 상수이었고, 500의 코끼리가 각자 한 새끼를
낳았는데 보쇄타자(報灑陀子)가 상수였으며, 500의 말들이 각자 한 새끼를
낳았는데 라가마자(囉呵馬子)가 상수였다. 500의 보장(寶藏)이 스스로 열려
서 나타났고, 사방에 있는 여러 국왕들이 모두 항복하여 여러 종류의
물건들을 바쳤고 와서 받들어 섬기었다. 이때 대신들이 이러한 모습을
보고 와서 대왕께 아뢰었다. 이러한 일을 듣고 왕은 곧 깊이 사념하였다.
'나의 지금 이 아들은 일체의 선한 사업(事業)을 성취할 것이다.'
이것을 인연하여 대왕은 이 태자를 성취일체사(成就一切事)라고 이름하
였다. 이것을 까닭으로 보살은 처음으로 이러한 이름을 얻은 것이다.
이때 겁비라성에 한 약차(藥叉)가 있어 석가증장(釋迦增長)이라고 이름하였
는데, 성안에서 만약 석가 종족에게 있어 아들이나 딸을 낳았다면 먼저
약차에게 데리고 가서 예배하였다. 이때 그 대왕은 곧 신하들에게 칙명하여
그 태자를 데리고 석가증장 약차의 처소에 가서 예배하게 하였다. 신하들은
왕의 가르침를 받고 칠보의 수레에 태자를 태우고, 곧 약차의 처소로
나아갔다. 겁비라성의 여러 석가 종족들은 성품이 사나움을 품고 있고

뜻이 흉맹(兇猛)하였으며, 사람들에게 인아(人我)의 굳센 포악(惡暴)함이 많이 일어났는데 그 보살을 보고 모두가 적정(寂靜)하여 묵연(默然)히 머물렀다. 이때 정반왕은 사념을 짓고 말하였다.

"이 겁비라성의 여러 석가 종족들은 성품이 사나움을 품고 있고 뜻이 흉맹하였으며, 사람들에게 인아의 굳센 포악함이 많이 일어났는데 그 태자가 성으로 들어오는 것을 보고 모두가 모니(牟尼)와 같이 묵연히 머무는구나. 이러한 인연을 까닭으로 태자를 석가모니(釋迦牟尼)라고 불러야겠다."

이때 석가모니보살이 약차의 묘소(廟所)에 이르니 그 석가증장 약차는 보살이 점차 묘소에 가까워지는 것을 멀리서 보고 곧 자리에서 일어나서 오체투지(五體投地)하고 보살에게 정례하였다. 대중들은 이것을 보고 매우 크게 놀라고 괴이하게 생각하여 곧 정반왕의 처소로 가서 알려 말하였다.

"대왕이시여. 지금 약차신이 멀리서 태자를 보고 묘소에서 나와서 두 발에 정례하였습니다."

이때 왕이 듣고 매우 크게 환희하면서 이와 같이 말을 지었다.

"만약 천신까지 태자에게 예배한 까닭이라면 태자가 하늘 중에서도 하늘인 것을 알겠구나."

이러한 인연을 까닭으로 천중천(天中天)이라고 이름하였다. 이때 대왕은 곧 태자를 데리고 본궁으로 돌아와서 궁중의 유모들에게 명하여 때에 의지하여 양육하게 하였다. 그 유모들은 매우 크게 환희하면서 곧 부왕에게서 태자를 두 손으로 받들어 받았으며 궁궐 안에서 정성으로 양육하였다. 그 유모들은 날마다 향수로 목욕시키고 묘한 향을 발라서 여러 종류로 장엄하였으며 날마다 왕의 처소에 데리고 갔다.

왕은 태자를 안아서 무릎 위에 앉히고 모습과 얼굴을 바라보면서 매우 크게 환희하였다. 나라에는 상법이 있어 만약 왕궁에서 왕자가 태어나면 곧 범행을 닦은 관상가를 불러서 모습과 얼굴의 관상을 보는 것이다. 왕은 관상가를 불러 태자를 점치게 하였는데, 관상을 보고서 왕에게 대답하여 말하였다.

"지금 이 태자는 진실로 32상(相)을 성취하였습니다. 만약 집에 있다면 금륜성왕(金輪聖王)이 되어 사천하의 왕이 되어 선법(善法)으로 다스리며 교화할 것이고, 7보를 갖출 것입니다. 첫째는 금륜보(金輪寶)이고, 둘째는 상보(象寶)이며, 셋째는 마보(馬寶)이고, 넷째는 말니보(末尼寶)이며, 다섯째는 여보(女寶)이고, 여섯째는 주장신보(主藏臣寶)이며, 일곱째는 병장보(兵將寶)입니다. 일천 명의 아들을 갖출 것인데 용건(勇健)하고 단엄(端嚴)하여 다른 군대를 항복시킬 것입니다. 이 대지에서 소유한 사람들에게 서로 범하는 자가 없게 하고 모두에게 수승하고 묘한 선법을 행하게 할 것입니다. 만약 마땅히 출가한다면, 법왕의 지위를 얻어 여래·응·정등각의 명칭(名稱)이 되어 널리 알려질 것이며, 32상을 갖출 것입니다."

왕이 곧 물어 말하였다.

"무엇이 그 32대장부의 상인가?"

"첫째는 땅의 모양처럼 평평하여 잘 머무르는 대장부의 발을 갖춘 것이고, 둘째는 두 발바닥 밑에 천 바퀴살 륜(輪)의 모양이 나타나는 것이며, 셋째는 대장부의 가늘고 긴 손가락을 갖춘 것이고, 넷째는 발꿈치가 둥글고 긴 것이며, 다섯째는 손발이 가늘고 부드러운 것이고, 여섯째 손가락과 발가락 사이에 물갈퀴가 있는 것이며, 일곱째는 팔을 드리우면 무릎에 닿는 모습이고, 여덟째는 장딴지가 의니사(醫泥邪) 사슴의 모습이며, 아홉째는 몸이 구부러지지 않고 반듯한 것이고, 열째는 남근이 깊이 감추어진 것이며, 열한째는 몸 모양이 니구타수(尼瞿陀樹)⁴⁾와 같이 원만한 모습이고, 열두째는 항상 빛이 한 심(一尋)이며, 열셋째는 몸의 털이 위로 솟은 것이고, 열넷째는 온몸의 털구멍마다 검은 털이 나오는데 감청색의 나선형으로 오른쪽으로 돌아가는 것이며, 열다섯째는 몸의 피부가 황금색이고, 열여섯째는 살결이 부드럽고 매끄러워 때가 붙지 않는 것이며, 열일곱째는 몸 위의 두 손·두 발·양 어깨와 목의 일곱이 원만한 것이고, 열여덟째는 상반신이 사자왕과 같은 것이며, 열아홉째는 어깨가 좋고

---

4) 니구류수(尼瞿類樹)라고도 하는데, 가지와 잎이 무성하여 나무 그늘이 많아 더위를 피하기 알맞고, 가섭불은 이 나무의 아래에서 성도하였다고 전한다.

원만한 것이고, 스무째는 어깨뼈가 충실한 것이며, 스물한째는 몸이 크고 건강하고 곧은 것이고, 스물두째는 40개의 이가 모두 가지런한 것이며, 스물셋째는 이빨 사이가 틈이 없음이고, 스물넷째는 그 이빨이 곱고 하얀 것이며, 스물다섯째는 턱이 사자와 같은 것이고, 스물여섯째는 그 혀가 넓고 얇아서 만약 입에서 내민다면 얼굴을 덮고 귀 털의 끝까지 닿는 것이며, 스물일곱째는 여러 맛의 가운데에서 최상의 맛을 얻는 것이고, 스물여덟째는 대범음(大梵音)을 얻어 음성이 온화하고 아름다워 능히 대중의 마음을 기쁘게 하는 것이 비유하면 가라빈가(羯羅頻迦)의 소리 같고 그 소리는 뇌진(雷震)으로 오히려 천고(天鼓)와 것과 같은 것이며, 스물아홉째는 눈동자가 검고 푸른 것이고, 서른째는 속눈썹이 우왕(牛王)과 같은 것이며, 서른한째는 그 정수리가 오솔니사(烏率膩沙)가[5] 나타난 것이고, 서른두째는 눈썹 사이에 털이 있는데 그 빛깔이 희고 반짝이며 나선형으로 오른쪽으로 말려 있습니다. 만약 출가하지 않는다면 전륜성왕의 지위를 얻어 사대주(四大洲)주의 왕이 될 것입니다.”

보살의 상법은 그 보살의 어머니는 보살을 낳고서 7일이면 목숨을 마치고 삼십삼천(三十三天)에 태어나는 것이다. 보살의 상법에는 태어났다면 그 몸이 단엄하여 여러 세간을 초월하고, 대중에게 사랑을 받으며 보는 자는 싫어함이 없어 오히려 솜씨가 있는 공교인(巧工人)이 염부단금(閻浮檀金)으로써 여러 형상을 짓고 천의(天衣)로 위로 덮으면 큰 광명이 널리 두루 비치는 것과 같이 그 보살의 몸도 역시 이와 같다. 그 연꽃이 대중의 사람들에게 사랑을 받듯이 보살도 역시 이와 같다.

보살은 상법은 삼십삼천과 같이 눈이 항상 어둡지 않으므로, 과업(果業)을 까닭으로 밤낮으로 항상 4유(維)와 위·아래의 1유순(由旬)의 안을 보는 것이다. 범음은 심원(深遠)하여 마치 설산(雪山)에 사는 새의 소리와 같이 맑고 묘하다. 보살은 태어나면 자연히 넓고도 큰 지혜를 구족하였고,

---

5) 오솔니사(烏率膩沙), 오슬니사(烏瑟尼沙), 오슬니쇄(烏瑟抳灑, 塢瑟膩灑)로 음사되며 육계라고 번역된다. 부처의 정수리에 상투처럼 우뚝 솟아오른 혹과 같은 것. 불정(佛頂)·무견정상(無見頂相)·정계라고도 한다.

일체 세간의 바른 교화를 잘 이해하였으며, 부왕의 국법도 모두 명료하게 알았다. 이때 나라타 선인이 스승에게 와서 알려 말하였다.

"지금 보살이 겁비라성에 들어왔고 부왕인 정반이 이미 3호(號)를 세웠습니다. 원하건대 스승께서는 함께 가서 예배하고 우러러보게 하십시오."

그 스승이 의논하여 말하였다.

"지금 그대의 뜻을 따르겠네."

두 선인이 서로를 따라서 예경하고 참알(參謁)하고자 하였으나, 보살의 힘을 까닭으로 마침내 신통을 잃어서 평소와 같이 허공에 올라서 떠나지 못하였고 곧 함께 걸어서 겁비라성으로 갔다. 이미 성에 들어가서 왕문(王門) 밖에서 수문인(守門人)에게 알려 말하였다.

"그대는 우리를 위해서 대왕께 아뢰게. '아사타 선인이 지금 문 밖에 와서 대왕을 뵙기를 원합니다.'"

이때 수문인은 곧 왕의 처소에 이르러 앞의 일을 갖추어 말하였다. 왕은 이 말을 듣고 즉시 향과 꽃을 가지고 그 두 선인을 맞이하여 궁 안으로 모시고 그들이 앉자 부드러운 말로 문신(問訊)하였다.

"지금 대선(大仙)께서 무슨 인연으로 멀리서 오셨으며, 무슨 일을 구하고자 하십니까?"

두 선인이 대답하여 말하였다.

"우리들은 일부러 왔고 보살을 보는 것을 원합니다."

왕은 선인에게 알려 말하였다.

"나의 태자가 지금 한창 잠자고 있으니 잠시 기다리시면 반드시 아이를 서로가 볼 수 있게 하겠습니다."

이때 두 선인이 다시 왕에게 알려 말하였다.

"비록 다시 깨어나지 않았더라도 우리 뜻은 잠시 보고자 합니다."

이때 대왕은 곧 두 선인을 인도하여 보살의 처소로 가서 곧 보살을 보게 하였는데, 비록 잠을 자고 있었어도 그 눈을 뜨고 있었다. 이때 아사타 선인이 이러한 일을 보고 게송으로 설하여 말하였다.

진실로 날아오르는 용마(龍馬)와 같이
잠시 잠자고 오히려 다시 깨어나고
일을 잘 경영하는 사람과 같아서
졸음이 능히 눈을 덮지 못하는구나.

이때 그 유모(嬭母)가 곧 앞에서 태자를 안고 와서 두 선인에게 건네주었다. 이때 아사타 선인은 곧 두 손으로 꿇어앉아서 받았으며 온몸을 두루 살펴보고 대왕에게 아뢰어 말하였다.

"대왕께서는 이미 여러 바라문과 점술사 등에게 태자의 상을 보이셨습니까?"

부왕이 대답하여 말하였다.

"이미 관상을 보였습니다."

아사타 선인은 다시 아뢰어 말하였다.

"그 여러 사람들이 태자의 관상을 보고 어떤 상이 있다고 하였습니까?"

부왕이 알려 말하였다.

"만약 왕위를 이으면 금륜보(金輪寶)를[6] 부릴 것이고, 명성이 시방의 일체 국토에 드릴 것이라고 하였습니다."

이때 아사타 선인이 찬송(贊頌)으로 말하였다.

대왕은 지금 마땅히 아십시오.
관상은 능히 헤아릴 수 없고
말겁(末劫)에는 윤왕이 없으므로
반드시 보리도(菩提道)를 증득하리라.

일체 금륜왕일지라도
상은 오히려 빛날 수 없으므로

---

6) 전륜왕(轉輪王) 칠보(七寶)의 하나로서 전륜왕이 즉위하던 날에 하늘에서 날아 왔다고 전하는 수레이다.

내가 지금 태자의 상을 보건대
마땅히 법왕(法王)의 지위를 취하리라.”

근본설일체유부비나야파승사 제3권

삼장법사 의정 한역

석보운 번역

이때 아사타 선인은 이미 태자가 반드시 정각(正覺)을 이룰 것을 알고서 곧 스스로가 수명의 길고 짧음을 관찰하였고, 나의 지금 생에서 보살이 보리를 증득하는가를 보았다. 이미 자세히 관찰하고서 곧 보살은 29살에 출가하여 6년을 고행하고 감로과(甘露果)를 얻는 것을 보았다. 다시 자신의 몸은 먼저의 때에 죽어서 보살이 설법으로 사람들을 제도하는 것을 만나지 못하는 것도 알았으며, 곧 스스로가 슬퍼하며 흐느껴 울면서 오뇌하였다. 이때 정반왕은 이것을 보고 크게 놀랐으며 게송으로 물어 말하였다.

장부와 여인들이
보는 자는 모두 기뻐하는데
대선인은 지금 무슨 까닭으로
아이를 마주하고 홀로 슬피 우십니까?

장차 내가 태자를 그르치거나
여러 상서롭지 못한 상이 있는가를
옳으신 대선인께서는
원하건대 나를 위해 빨리 말해 주십시오.

이때 아사타 선인은 게송으로 대답하여 말하였다.

설령 그 허공의 가운데에서
갑자기 금강의 비(金剛雨)가 내리더라도
이 태자의 몸에는
털끝 하나도 손상시키지 못한다네.

사나운 바람과 뜨거운 불꽃과
나아가 날카로운 여러 칼날과
독기를 악한 뱀이 물더라도
역시 모두 태자를 해칠 수 없다네.

일체의 공포스러운 사람도
태자께서 옹호하시는데
어찌 자비로운 왕에게
근심과 해침이 있겠습니까?

자재한 여러 범천도
모두 와서 시위하고
이와 같이 최고로 존중되고 수승한데
어찌 근심하고 두려워하리오?

나는 지금 늙고 쇠하여 한스럽고
죽을 때가 장차 멀지 않으니
법륜을 굴리는 것을 보지 못하므로
이것으로써 스스로가 슬피 운다네.

마땅히 내세간(來世間)의 사람이
이 보살을 만나서
반드시 묘법을 듣는다면

그는 적멸과(寂滅果)를 증득하리라.

이때 아사타 선인은 이렇게 게송을 설하고서 곧 고뇌와 한을 품고서 이와 같이 생각하였다.

'이러한 태자의 위덕의 힘을 까닭으로 나는 신통력이 퇴실(退失)되었고 능히 허공으로 날아서 떠나갈 수 없게 되었구나. 나는 지금 이 성문을 걸어서 나가게 되었고, 여러 사람들은 나를 보면 반드시 경만(輕慢)이 생겨날 것이다.'

이렇게 생각을 짓고서 부왕에게 아뢰어 말하였다.

"왕께서는 일찍이 발원하였습니다. '원하건대 아사타 선인이 성안에 출입하게 하십시오.' 내가 지금 걸어왔으니 왕의 오랜 염원을 갚은 것입니다. 지금 역시 걸어서 떠나가겠으니 왕께서는 마땅히 나를 위하여 성의 길을 수리하여 주십시오."

이때 부왕은 곧 대신에게 칙명하여 여러 사람들에게 거리를 엄숙히 꾸몄고, 여러 깃발과 일산을 달게 하였으며, 백성들에게 알려 말하였다.

"아사타 선인께서 지금 걸어서 성문을 나갈 것이오. 그대들 여러 사람들은 뜻을 따라서 구경하시오."

이때 그 선인은 고뇌와 한을 품고서 정반왕과 그 신하·장자·거사·바라문 등에 앞뒤로 둘러싸여 성문(城門) 밖으로 나왔다. 선인이 왕에게 알려 말하였다.

"왕께서는 궁전으로 돌아가십시오. 나는 지금 떠나겠습니다."

이미 서로 헤어졌고 아사타 선인은 점차 앞으로 나아갔고 신타산(辛陀山)에 이르러 곧 산으로 올라서 수승한 땅을 선택하였던 인연으로서 머물렀다. 이때 그 선인은 먼 길에 피로하였으므로 이미 앉아서 휴식하였고, 마침내 선정(仙定)에 들어갔으며, 입정(入定)에 들어갔던 까닭으로 본래의 신통(神通)을 얻었다. 뒤의 다른 때에 마침내 곧 병이 들었고 선인의 제자들이 여러 탕약으로써 치료하였지만 낫지 않았다. 대중들이 스승에게 물어 말하였다.

"스승님의 지금 이 병환을 약으로 치료하여도 낫지 않으니, 세간의 무상(無常)함은 어긋남이 없습니다. 우리들의 여러 제자는 모두 적정(寂靜)을 구합니다. 스승께서는 이미 상락(常樂)을 얻으셨는데 어찌 가르침을 남기지 않으십니까? 청하건대 스승께서는 가르침을 보여주시어 우리들이 깨달음에 들어가는 것을 소유하게 하십시오."

그 스승이 알려 말하였다.

"나는 비록 출가하여 감로를 간절히 구하였으나 아직 증득하지 못하였고, 부끄럽게도 전할 것이 없네. 지금 석가 종족에서 태어난 동자는 반드시 마땅하게 무상(無上)의 묘과(妙果)를 획득할 것이고, 능히 감로로써 이러한 중생들의 이익을 증가시킬 것이네. 그대들 여러 제자들은 그에게 나아가서 출가할 것이고, 만약 출가하였다면 높은 성종(姓種)이라고 과시하지 말게. 마납박가(摩納薄迦)는 부지런히 정근하고 항상 범행을 닦는다면 법을 얻게 되는 까닭이므로 오로지 정밀하게 행하게. 만약 이러한 행이 이루어진다면 마땅히 감로를 얻을 것이네."

이 말을 짓고서 가타를 설하여 말하였다.

이곳에서 동쪽을 따라서
그대는 마땅히 가서 구하고 찾을 것이고
여러 세존은 진실로 만나기 어려우니
만났다면 부지런히 닦을지니라.

무상법을 게송으로 설하여 말하였다.

쌓이고 모인 것은 모두 흩어지는 것이고
높고 높은 것은 반드시 무너지나니
모여서 화합하면 모두가 이별하며
생명이 있다면 모두가 죽음으로 돌아간다네.

이때 아사타 선인은 이 게송을 설하고서 곧바로 목숨을 마쳤다. 이때 제자인 나라타(那羅陀)는 여러 종류의 여법한 공양구로서 때를 따라서 장례를 마치고서, 곧 바라니사성으로 나아가서 그곳에 머물면서 500의 마납박가들과 함께 그 바라문의 벽타주(薜陀呪)를 가르치고 보여주었다. 그 나라타는 성이 가전연(迦旃延)이었던 인연으로 가전연이라고 이름하였고, 만약 석가보살이 마땅히 정각을 이루고 가전연이 세존의 처소에 나아간다면, 그 세존은 곧 대가전연(大迦旃延)이라고 부를 것이며, 곧 법을 가르치고 보여주어 그에게 생사의 큰 고해(苦海)를 건너서 최상의 적정인 구경열반(究竟涅槃)에 머물게 할 것이다. 마침내 그것으로써 대가전연이라고 이름할 것이고, 후세에는 마땅히 이것을 감로라고 이름할 것이다.

이때 보살은 유모(嬭母)의 무릎 위에서 금쟁반 안의 향기로운 쌀밥을 먹고 있었는데, 쉬지 않고 너무 많이 먹었다. 유모가 너무 많이 먹는 것을 보고 마침내 밥그릇을 빼앗고자 하였으나 보살은 손으로 황금 소반을 움켜쥐었으므로 그 유모는 능히 이 밥그릇을 뺏을 수 없었다. 나아가 8명의 유모가 이 밥그릇을 빼앗고자 하였으나 역시 모두가 빼앗지 못하였으므로 그 유모들은 함께 왕에게 나아가서 앞의 일을 갖추어 왕에게 아뢰었고, 왕과 여러 궁인들이 함께 이 그릇을 빼앗고자 하였으나 역시 빼앗지 못하였다.

왕은 다시 여러 신하들에게 명하여 모두가 그 그릇을 빼앗게 하였으므로, 여러 신하들은 줄과 갈고리로서 밥그릇을 끌어당겼으나 역시 빼앗지 못하였다. 여러 신하들은 빼앗지 못하였던 까닭으로 곧 500의 큰 코끼리를 취하여 밧줄을 묶고 그 밥그릇을 끌어당겼으므로 보살은 이때 여러 사람들이 은근하게 여러 종류의 방편으로 밥그릇을 당기려는 것을 보았고, 보살은 사념하였다.

'이 여러 사람들이 나의 힘을 시험하고자 하는구나.'

보살은 마침내 손가락으로 그 밥그릇을 움켜잡았으므로 그 코끼리들이 끌어당기는 힘도 미치지 못하여 모두가 다시 물러났다. 이때 정반왕은 이 일을 보고서 곧 이렇게 생각을 지었다.

'이 보살은 한 손가락으로 그릇을 움켜잡고 500의 큰 코끼리가 모두 곧 물러났다. 만약 두 손을 사용하였다면 반드시 일천의 코끼리도 대적하였을 것이다.'

이러한 까닭으로 그를 천상력(千象力)이라고 이름하였는데, 이것이 보살의 네 번째 명호가 되었다. 보살이 태어날 때에는 항상 법식이 있는 것이다. 만약 입학(入學)하고자 한다면 5백의 동자와 시종으로써 따르게 하는 것이다. 보살이 서업(書業)을 학습하는 때에 박사(博士)가 있어 채광갑(彩光甲)이라고 이름하였으며, 그는 5백 종류의 서적을 분명하게 이해하였다. 그때 정반왕은 보살과 여러 동자들을 데리고 채광의 처소로 나아가서 수업을 받게 하였다. 이때 채광 박사가 한 종류의 책을 지어서 그 보살에게 보여주면서 그것을 배우게 하였는데, 보살이 대답하여 말하였다.

"이러한 종류의 책은 나는 이미 이해하고 있습니다."

다음으로 두 번째의 이와 같은 책을 보여주면서 배우게 하였는데, 보살이 대답하여 말하였다.

"이와 같은 종류의 책은 내가 이전에 이해하였습니다."

다음으로 세 번째의 이와 같은 책을 보여주면서 배우게 하였는데, 보살이 대답하여 말하였다.

"이와 같은 종류의 책은 내가 이전에 이해하였습니다."

채광 선생은 나아가 5백 번째의 이와 같은 책을 보여주었으나, 역시 다시 이와 같이 "나는 이미 이해하였다."고 말하였다. 보살이 박사에게 물어 말하였다.

"다시 다른 책이 있다면 나에게 주어서 배우게 하십시오."

박사가 대답하여 말하였다.

"500종류의 이와 같은 책들을 세간에서 행하고 이용합니다. 나는 오직 이 책들을 이해하고 나머지는 이해하지 못합니다."

이때 보살을 곧 한 일반적인 책을 스스로가 지어 선생에게 건네주었고, 선생에게 물어 말하였다.

"이것은 무슨 글자이고 또한 다시 무엇이라고 이름합니까?"

선생이 대답하여 말하였다.

"나는 이와 같은 문자와 이름을 알지 못합니다."

보살이 대답하여 말하였다.

"만약 세간의 가운데라면 두 종류가 출현합니다. 첫째는 보살이 태어난 것이고, 둘째는 금륜왕이 태어난 것입니다. 이와 같은 종류의 문자는 세간을 따라서 스스로가 나타나는 것입니다."

이때 허공에서 범천대왕이 곧 나타나서 말하였다.

"보살이 말한 두 종류의 출현과 문자는 반드시 마땅하게 진실입니다."

정반대왕과 여러 신하들은 이러한 말을 듣고서 매우 크게 환희하였다. 그때 보살은 곧 선생을 위하여 다른 종류의 새로운 책을 펼쳐서 널리 담설(談說)하였고, 범천대왕은 이러한 특이함을 보고, 이 일이 반드시 마땅하게 진실임을 증명하였다. 이러한 특이함을 까닭으로 이 책을 범천서(梵天書)라고 이름하였다.

보살은 스스로가 여러 종류의 책들을 이해하였으므로 보살의 외삼촌은 마나리(摩那利)라고 이름하였는데, 보살 등을 데리고 가서 승마의 법을 가르쳤다. 또한 겁비라성에 한 박사가 있어 동신(同神)이라고 이름하였고, 활 쏘는 법과 싸우는 법을 명료하게 이해하였다. 와서 보살과 나머지의 석가족의 동자들에게도 가르쳤는데 마나리가 박사에게 알려 말하였다.

"이 보살에게는 큰 자비심(慈悲心)이 있습니다. 일체의 묘법을 원하건대 그에게 가르쳐 주십시오. 또한 나머지의 여러 동자들도 역시 가르침을 감당할 수 있습니다. 오직 제바달다(提婆達多)는 본래 스스로가 악한 성품이고 자비심이 없으므로 청하건대 박사는 그에게 묘한 살생의 법을 가르쳐 주지 마십시오. 왜 그러한가? 이러한 악한 성품의 사람에게 박사가 그것을 가르친다면 반드시 일체의 중생들을 죽이는 일을 멈추지 않을 것입니다. 이것을 위하여 가르치지 마십시오."

박사는 이러한 말을 듣고서 곧 보살 등에게는 모든 묘법을 가르쳤으나 제바달다에게만은 가르치지 않았다. 보살은 그날에 다섯 종류의 활 쏘는 법을 습득하였으니, 첫째는 멀리 있는 여러 물건을 맞추는 법이고, 둘째는 그곳에 소리는 들리고 보이지 않더라도 그 마음을 따라서 모두를 곧 쏘아서 맞히는 것이며, 셋째는 쏘고자 하는 곳에 모두 어긋나지 않게 쏘는 것이고, 넷째는 사람 몸의 급소(要穴)를 잘 알고 그 생각을 따라서 죽이고자 하거나, 죽이지 않고자 한다면, 곧 그 급소를 모두 마음을 따라서 쏠 수 있는 것이며, 다섯째는 멀거나 가까움을 묻지 않고 지극히 마땅하게 쏘는 것이다.

보살은 이 다섯 종류의 기예에 밝았고, 그것을 사방에 전하였는데, 석가 태자에게는 이와 같은 앞의 기예가 있었다. 그때 벽사리성(薜舍離城)의 여러 사람들은 좋은 코끼리 한 마리를 얻었는데 모습과 용모를 갖추었다. 여러 사람들은 모두 모여서 서로에게 의논하여 말하였다.

"그 정반왕에게 한 태자가 있는데 천문(天文)과 점상(占相)에서는 뒤의 때에 반드시 금륜성왕이 된다고 합니다. 그 태자의 위덕을 까닭으로 이러한 보배로운 코끼리가 나타난 것이므로 몇 사람을 시켜서 이 보배로운 코끼리를 그 석가 태자에게 헌상(獻上)합시다."

여러 사람들은 마땅히 곧 그 코끼리를 장엄하여 겁비라성을 향하여 데리고 갔고 점차 나아가서 정반왕의 궁문 밖에 이르렀다. 이때 악한 성품의 제바달다 왕자는 성안에서 나와서 여러 종류로 장엄된 그 보배 코끼리를 보고 탐애의 마음이 생겨나서 곧 사자에게 물어 말하였다.

"이 코끼리는 누구에게 허락된 것인가?"

사자가 알려 말하였다.

"석가 태자는 천문과 점상으로 금륜왕이 된다고 합니다. 이러한 인연을 까닭으로 벽사리성의 여러 사람들이 이러한 보배 코끼리를 데려다가 태자에게 헌상하는 것입니다."

제바달다는 이러한 말을 듣고 극히 크게 진노하면서 곧 이렇게 말하였다.

"우리나라의 태자는 아직 금륜대왕이 되지 않았는데, 무슨 까닭으로 그대들은 미리 보배 코끼리를 데리고 와서 태자에게 헌상하는가?"

이렇게 말하고서 점차 코끼리에게 점차 다가가서 성난 마음으로 코끼리를 한 번 내려쳤고 그 코끼리는 곧 땅에 거꾸러진 인연으로 곧 죽음에 이르렀다. 이렇게 코끼리를 때리고서 곧바로 돌아서 떠나갔다.

　마땅히 이때에 난타(難陀) 왕자가 뒤따라 성안으로부터 나왔고 이렇게 죽은 코끼리를 보고 그 사람들에게 물었다.

　"이 코끼리는 누구에게 허락되었고, 어느 사람이 때려서 죽였는가?"

　여러 사람들이 대답하여 말하였다.

　"이 코끼리는 헌상하기 위하여 왔으나 제바달다가 때려서 죽였습니다."

　곧 악한 말이 튀어나왔다.

　"제바달다는 매우 악한 사람입니다."

　난타는 거듭 생각하면서 말하였다.

　"어찌 제바달다가 스스로 힘을 시험해 본 것이 아니겠는가?"

　이때 난타는 그 코끼리의 꼬리를 잡고 마침내 곧 21걸음 정도를 끌고 가서 대로를 벗어났고 곧바로 떠나갔다. 이때 석가 태자가 안에서 나왔고 이 죽은 코끼리를 보고 여러 사람에게 물어 말하였다.

　"이 코끼리는 누구에게 허락된 것인가?"

　여러 사람들은 앞에서와 같은 뜻을 말하였고, 보살은 거듭하여 물었다.

　"이 코끼리는 누가 때려서 죽였는가?"

　여러 사람들은 대답하여 말하였다.

　"제바달다 왕자가 이 큰 코끼리를 한번을 때렸고 인연하여 곧 죽었습니다."

　보살은 거듭하여 물었다.

　"본래 어느 곳에서 이 코끼리를 때렸고 죽게 하였는가?"

　여러 사람들이 대답하여 아뢰었다.

　"이 코끼리가 죽은 곳은 도로의 가운데에 있었습니다."

　보살은 거듭하여 물었다.

　"도로 가운데의 이 코끼리를 누가 끌고 와서 이곳에 놓아두었는가?"

　여러 사람들이 대답하여 말하였다.

　"난타 왕자가 한 손으로 코끼리의 꼬리를 잡고 이곳의 땅에 놓아두었습니다."

보살은 거듭하여 물었다.

"때려죽인 사람은 매우 마땅히 악하였고, 도로에서 멀리 끌고 왔던 사람은 매우 선하였구나."

거듭하여 다시 그것을 생각하였다.

'두 사람 모두 개인적으로 스스로의 힘을 시험해본 것이 아니겠는가? 나도 시험하여 보아야겠다.'

이때 보살은 코끼리의 코를 잡고서 성 밖으로 던졌는데 7리(里)의 땅에 떨어졌고, 그 떨어진 곳에 곧 땅이 파였으며, 이때 사람들은 "코끼리에 파였던 땅(陷象之地)"이라 이름하였고, 신심(信心)이 있는 장자와 바라문이 곧 이곳에 대솔도파(大窣睹波)를 일으켰다.

이때 여러 필추들이 모두 와서 정례하고, 곧 게송으로 설하여 말하였다.

천수(天授)는 대상왕(大象王)을 때려죽였고
난타는 스물한 걸음을 끌고 갔으나
보살은 성 밖으로 던져 구덩이가 생겼는데
오히려 허공에 있었던 기왓장과 같았다네.

이때 석가족 동자들이 번갈아 서로에게 의논하여 말하였다.

"우리들은 밖으로 나가서 윤도(輪刀)를 짓고 나무를 베면서 놀자."

이렇게 말을 하고서 곧 나가서 숲속으로 들어갔다. 보살은 여러 동자들이 숲속으로 놀러갔다는 말을 듣고, 곧 500의 아이들을 거느리고 앞뒤로 둘러싸여서 그 숲에 이르렀다. 여러 석가족 동자들은 앞을 다투어 윤도를 던졌고 나무들은 모두 꺾이고 넘어졌다. 이때 보살도 역시 윤도를 숲속에 던졌는데 칼날이 평평하였던 까닭으로 모두가 잘렸으나 넘어진 것이 없었다. 이때 여러 동자들은 나무가 넘어지지 않는 것을 보고 모두가 서로에게 의논하여 말하였다.

"우리들은 보살은 위엄과 용맹이 자재(自在)하여 여러 다섯의 기예(技藝)를 모두 통달하지 못한 것이 없다고 들었는데 어찌하여 윤도로 나무를 잘랐는데 한 그루도 능히 쓰러트리지 못하는가? 나무를 베는 작은 기술도 오히려 이와 같은데 하물며 나머지 기술은 어떠하겠는가?”

이때 천신(天神)이 여러 동자들이 이렇게 비판하며 의논하는 것을 보고 대중들의 의심을 풀어주고자 맹렬한 바람을 불게 하였고 여러 나무들은 요란하게 모두 땅에 넘어졌다. 여러 석가족의 동자들은 이것을 보고 모두가 크게 놀랐으며 그 오묘함에 탄복하였다. 이때 여러 동자들은 다시 보살과 함께 여러 활쏘기를 겨루었다. 철(鐵)의 다라수(多羅樹)를 일곱으로 겹쳤고. 철의 북(鼓)을 겹쳤으며, 그 사이에 각자 철의 돼지를 놓아두고 화살의 과녁으로 삼았다.

여러 동자들은 화살로 다라수 한 그루를 꿰뚫었고, 천수(天授) 동자는 다라수 한 그루와 북 하나, 돼지 한 마리를 꿰뚫고 그 화살이 멈추었고, 난타 동자는 다라수 두 그루와 북 2개, 돼지 두 마리를 꿰뚫고 화살이 멈추었다. 보살은 이때 화살 한 개를 쏘았는데 그 화살은 다라수 일곱 그루와 북 7개, 돼지 일곱 마리를 곧장 꿰뚫고 땅속을 지나서 다시 물속으로 들어갔다.

이때 용왕이 곧 그 화살을 뽑아내었는데 그 화살의 구멍에서 물이 솟아났으며, 맑고 향기롭고 좋은 맛이었으므로 사람들이 마시고서 모두 희유하다고 칭찬하였다. 이때 신심이 있는 바라문과 거사들은 그 물의 옆에 탑을 만들어서 공양하였다. 보살은 그때에 이러한 놀이를 짓고서 마침내 말의 수레를 타고 여러 동자들과 함께 성안으로 돌아왔다. 그 성문 옆에는 여러 관상가들이 있었고 멀리서 보살의 위광이 남다른 것을 보고 다투어 서로에게 의논하며 말하였다.

“만약 12년 안에 출가하지 않는다면 반드시 마땅하게 그 전륜왕의 지위에 오를 것입니다.”

이때 백정왕(白淨王)은 관상가의 이러한 말을 듣고 매우 크게 희약(喜躍)[1] 하면서 곧 군신들을 모으고서 알려 말하였다.

---

1) 기뻐하면서 펄쩍펄쩍 뛰는 모습을 말한다.

"내가 들으니 관상가들이 우리 태자의 상이 곧 12년 안에 출가하지 않는다면 그 금륜왕위에 오른다고 말하였소. 그대들 여러 사람들은 마땅히 방위(防衛)를 두 배로 하여서 12년 안에 출가하지 못하도록 할 것이고, 그가 금륜왕위에 오르게 하시오. 마땅히 여러 신하들이 함께 서로 둘러싸고 허공에 올라가서 사천하를 관찰할 것이니 그대들은 마땅히 빠르게 궁전을 세우고 미녀들을 간택하고 구하여 함께 오락하게 하시오."

이때 여러 신하들은 앞에서 왕에게 아뢰어 말하였다.

"우리들이 태자를 보니 세간의 소리와 향과 애욕을 즐거워하지 않는데, 어떻게 미녀들로 붙잡을 수 있겠습니까?"

왕이 신하들에게 알려 말하였다.

"우리 태자가 비록 일체의 색욕을 사랑하지 않지만 마땅히 뛰어나고 묘한 여인을 아직 만나 보지 못한 까닭이오. 지금부터 그대들 여러 신하들은 가서 부지런히 뛰어난 모습의 동녀를 선택하고, 두 배로 데리고 와서 태자에게 보게 하고 뜻에 맡겨둔다면 반드시 애락(愛樂)함이 생겨날 것이오."

여러 신하들은 의논하여 말하였다.

"지금 이 태자가 비록 염애(染愛)가 없으나, 우리들 여러 사람들은 마땅히 여러 종류의 몸의 장식물을 들어 각자 아름다운 얼굴의 동녀(童女)들에게 그 향과 장신구를 손에 잡고서 직접 태자에게 받들게 하고, 다시 태자에게 여러 동녀에게 각자 장신구를 꾸며주게 합시다. 혹은 태자가 사랑하는 동녀가 있다면 곧 머물러서 함께 즐기게 합시다."

이렇게 논의를 짓고서 곧 태자를 위해 궁전을 조립하였다. 일백의 보배로 사자좌(師子座)를 장엄하고서 태자에게 그 자리에 앉게 하였다. 그 앞에 여러 진귀한 보물과 영락을 쌓아서 큰 무더기를 만들었고, 여러 신하들과 다른 사람들에게 명하여 모두 소유한 동녀들을 널리 모았으며 그녀의 뜻에 맡겨서 원하는 때에 따라서 장식하고 여러 영락을 착용시켜서 궁내로 데리고 들어갔다. 보살은 성품이 본래 베푸는 것을 사랑했으므로 여러 동녀들에게 널리 영락을 베풀어 주었다.

이때 집장석종(執仗釋種)에게는 한 딸이 있어 야수타라(耶輪陀羅)라고 이름하였는데, 얼굴색이 단정하여 세상에서 희유하였다. 집장석종은 곧 집안으로 돌아가서 그 딸에게 알려 말하였다.

"지금 태자가 여러 동녀들에게 보주(寶珠)와 진기(珍奇)한 장신구를 베풀고 있으니 너도 가서 취하도록 하라."

그 딸이 알려 말하였다.

"우리 집안에 어찌 이러한 물건이 없겠습니까? 어찌 다른 물건을 수용하겠습니까?"

아버지가 딸에게 알려 말하였다.

"그러나 그 태자가 비록 진귀한 보물을 베풀고 있으나, 혹은 애락하는 인연이라면 곧 태자비로 삼는다는구나."

딸이 말하였다.

"만약 이때를 인연으로 곧 비(妃)가 된다면 설령 다른 여자를 취했더라도 제가 반드시 그 태자비가 되겠습니다."

아버지가 알려 말하였다.

"반드시 마땅하게 이와 같다면 곧 빨리 떠나거라."

이 야수타라는 여러 종류의 귀중한 보배로써 몸을 장식하였고, 여러 시녀들도 역시 엄숙하게 꾸몄으며 서로를 따라서 떠나갔다. 길가에 있던 여러 사람들은 모두 사랑스럽게 야수타라를 바라보았고, 다른 시녀들은 쳐다보지도 않았다. 야수타라는 보살의 궁중에 들어가서 우아한 걸음과 단정한 몸짓으로 나아갔으며 좌우는 돌아보지 않았고 태자 앞에 서있었다. 이때 태자는 진귀한 보물들을 먼저 다른 동녀에게 베풀어서 다시 남은 것이 없었고, 오직 하나의 금반지가 남아 있었다. 야수타라를 보고 자신의 손가락을 들었으나, 야수타라는 이전에 보살과 함께 오랫동안 항상 인연이 되어 항상 서로를 애락하였으므로 곧 사자좌에 올라가서 태자의 손가락에서 그 반지를 취하였다. 신하들과 여러 사람들이 번갈아서 서로에게 알려 말하였다.

"이 야수타라는 족성(族姓)이 존귀하고 얼굴과 모습이 구족되었고 여러 동녀들의 가운데에서 최고로 수승하므로 태자의 궁중에서 시위를 감당할 수 있습니다.”

신하들과 여러 사람들은 같이 이렇게 논의하고서 정반왕에게 이 일을 갖추어 알렸다. 왕은 곧 2만의 채녀를 보내어 야수타라를 에워싸고 태자궁으로 들여보냈다. 다시 다음으로 보살의 상법은 세상에 출현하면 반드시 나무 한 그루가 생겨나서 선견(善堅)이라고 이름하는 것이다. 그 나무가 처음 생겨난 때에는 하룻밤 사이에 곧 100주(肘)가 자라난다. 나무가 처음 자라는 밤에는 아직 햇빛을 보지 못하여 형질(形質)이 유연하여 손톱으로 뽑아서 자를 수 있으나, 햇빛을 본다면 곧바로 단단하게 굳어져서 비록 칼과 도끼와 불로써도 능히 끊거나 태울 수 없는 것이다.

석가보살이 이미 세상에 출현하셨으므로 겁비라성과 천시성의 가운데에 한 강이 있어 노해다(盧奚多)라고 이름하였는데 강의 언덕에 이 나무가 생겨났다. 강물이 범람하고 큰 파도가 굽이쳐서 흘러온 모래가 언덕 위에 쌓이고 강가의 토석(土石)이 따라서 흩어졌으므로 이 선견나무의 잔뿌리도 모두 드러났다. 뒤에 사나운 바람을 인연하여 꺾여서 쓰러졌으며 노해다의 가운데에 가로로 놓여 있었다. 곧 큰 둑과 같았고 물을 막아서 흐르지 못하였다. 그 겁비라성은 점차 침몰(侵沒)되었고, 천시성 안에서는 또한 다시 물이 말랐다. 천시성의 왕은 이 일을 보고 곧 사자를 보내어 정반왕에게 알려 말하였다.

“지금 이 큰 나무가 물 가운데 가로로 뉘어져 있어서 당신과 우리나라가 피해를 당하고 있습니다. 왕의 나라 내에는 여러 동자들이 모두 용건(勇健)하므로 원하건대 그들에게 칙명하여 이 나무를 제거하게 하십시오.”

이때 정반왕은 그 사자에게 알려 말하였다.

“내가 지금 어떻게 능히 이러한 일을 처분(處分)할 수 있겠소?”

겁비라국에 한 대신이 있어 천타(闡陀)라고 이름하였는데 왕의 앞에서 아뢰어 말하였다.

“원하건대 왕께서는 내가 이 일을 검교하게 하십시오. 저에겐 방편이 있습니다. 저는 왕자 등에게 왕의 말씀을 빌리지 않고 스스로가 그 나무를 없애게 하겠습니다.”

왕이 말하였다.

“그렇게 하시오.”

천타 대신은 곧 강변의 한 총림(叢林) 사이를 물을 뿌려서 깨끗이 쓸어서 유관(遊觀)할 수 있게 하였고, 여러 왕자들을 청하여 숲으로 가서 유희(嬉戲)하게 하였다. 여러 왕자들은 각자 보배수레들을 타고 여러 동자들에게 앞뒤로 둘러싸여 숲속에 이르렀고 각자 평상과 자리를 펴고서 마음껏 환락(歡樂)하였다. 이때 한 기러기가 있어 허공을 날아갔는데 제바달다가 곧 그 활로 기러기를 쏘았고 그 기러기는 떨어져 보살의 자리 앞에 떨어졌다. 보살은 이때 그 기러기를 집어서 화살을 뽑고 약으로 치료하니 마땅히 때에 회복되었다. 제바달다는 곧 사자를 보내어 보살에게 알려 말하였다.

“지금 그 기러기는 내가 먼저 쏘아서 얻은 것이니, 나에게 돌려주십시오.”

보살은 이때 그 사자에게 알려 말하였다.

“나는 오래전에 보리심을 일으켰네. 일체의 유정들은 이미 나의 소유인데 어찌하여 이 기러기를 네가 먼저 소유했다고 하는가?”

제바달다는 오래전부터 항상 보살과 여러 원한을 맺었으므로 이러한 말을 듣고 진에(瞋恚)를 품었다. 그리고 보살은 이 몸으로 일체의 유정들과 맺은 원한을 이미 끝냈으나, 오직 제바달다 한 사람은 오히려 남은 습기(習氣)가 있어서 지금 이 기러기를 인연하여 최후의 몸으로 제바달다와 함께 처음으로 싸우게 된 것이다. 천시성왕은 이미 정반왕에게 그 나무를 제거할 것을 청하였으나 이루지 못하였으므로 곧 스스로가 그 나라 안의 사람들과 함께 그 나무를 뽑고자 하였다. 그때 여러 사람들이 힘쓰는 소리가 요란하게 들려왔다. 보살이 듣고서 좌우의 시위에게 물었다.

“저것은 무슨 소리인가?”

천타 대신이 그 나무가 물의 둑과 같은 의미인 것을 자세히 말하였다. 보살은 듣고서 곧 사람들에게 알려 말하였다.

“내가 마땅히 가서 이 나무를 없애주겠소.”

이때 그 보살은 동자들과 함께 곧 모두가 그곳으로 나아갔다. 길가에 있던 구멍에서 독사 한 마리가 나왔는데, 오타이(烏陀夷)가 이것을 보고 보살을 해칠 것이 염려되어 곧 날카로운 칼을 뽑아서 두 토막으로 잘랐다. 뱀은 독기를 토하였고 오타이의 몸에 묻어 몸이 검은빛으로 변하였는데 이것을 인연하여 흑오타이(黑烏陀夷)라고 이름하였다. 이때 여러 동자들은 용맹과 힘을 다투며 선견나무를 끌어당겼다. 제바달다가 기운을 뽐내면서 먼저 힘껏 당겼는데 겨우 움직였고, 난타 동자는 땅에서 조금 들었을 뿐이었다. 보살이 손으로 들어 공중으로 던졌고 그 나무가 두 부분으로 쪼개져 양쪽 언덕으로 하나씩 나뉘어졌다. 그때 보살은 여러 사람에게 알려 말하였다.

"이 선견나무는 냉약(冷藥)이고 능히 열병을 치료하므로 그대들은 각자 마땅히 작게 자르고 베어서 나누시오. 만약 귀신병(鬼氣)이나 종기(癰腫)가 있어 이것을 바른다면 없앨 수 있습니다."

이때 여러 동자들은 모두 곧 수레를 타고 겁비라성으로 돌아갔고 성문에 이르러 점술사(占相師)를 만났는데 이와 같이 말하였다.

"보살이 오늘 정오까지 출가하지 않는다면, 반드시 전륜왕의 지위에 오를 것이오."

이때 석가녀(釋迦女)가 있어 교비가(喬比迦)라고 이름하였고, 종성(鐘聲)의 취락(聚落)에 머물렀는데, 높은 누각 위에서 유관(遊觀)하고 있었다. 보살은 성으로 들어오면서 멀리서 여인을 보았고, 마침내 발가락으로 수레를 눌렀으므로 수레는 곧 멈추었다. 그 여인은 멀리서 보살을 보고서 마음으로 생각하였다. 보살은 손에 이전부터 있었던 쇠막대(鐵杵)를 손가락으로 문질렀고 마침내 곧 잘게 부서졌으며, 교비가녀(喬比迦女)는 보살을 보고 발가락으로 누각을 눌렀는데 그 누각에는 마침내 구멍이 생겼다. 여러 사람들이 보고 이렇게 생각하며 말하였다.

"이 석녀(釋女)는 능히 보살의 마음을 잘 얻은 것이 틀림없다."

이때 정반왕은 이 말을 듣고서 곧 교비가를 맞이하여 2만의 채녀(綵女)와 시종(侍從)으로 입궁시켰다. 보살의 상법은 장차 동산(園苑)에 유관하고자 한다면 곧 마부에게 칙명하는 것이다.

“내가 마차를 타고자 하니, 그대는 빠르게 준비하게. 내가 그것을 타고 동산을 유관하고자 하네.”

마부는 가르침을 받고 마차를 엄숙히 장엄하고서 보살 앞에 이르러 보살에게 아뢰어 말하였다.

“제가 이미 마차를 엄숙히 장엄하였습니다. 원하건대 때가 되었음을 아십시오.”

보살은 수레에 올라 유관하면서 한 노인을 만났는데, 기력(氣力)이 쇠약(羸弱)하고 몸이 매우 말랐으며, 허리와 등이 구부러졌고 지팡이에 의지하여 걷고 있었다. 신체는 떨리고 있었으며 머리카락과 수염은 변색되어 사람 같지가 않았다. 보살이 보고서 마부에게 알려 말하였다.

“저 사람은 누구이기에 허리와 등이 구부러졌고 형체가 마르고 초췌함이 이와 같은가?”

마부가 알려 말하였다.

“이 사람은 노인(老人)이라고 이름합니다. 이 사람은 오래지않아 마땅히 죽을 것입니다.”

보살이 물어 말하였다.

“나도 뒤의 때에 마땅히 이 사람과 같은가?”

마부가 알려 말하였다.

“태자의 몸도 당연히 이와 같습니다.”

보살은 듣고서 우수에 젖었고 즐겁지 않아서 곧 마부에게 알렸다.

“빠르게 궁중으로 돌아가세. 나는 궁중에 이르러 이 일을 사량(思量)하여 보겠네. 나는 마땅히 어찌해야 이러한 괴로움을 벗어날 것인가?”

마부는 명에 의지하여 곧 궁중 안으로 돌아왔다. 이미 궁중에 이르렀으며 보살은 이때 단정하게 앉아서 사유하면서 이와 같이 말하였다.

“이와 같은 늙는 법은 오래지 않아서 곧 나의 몸에 이를 것이다. 나는 어떻게 벗어날 것인가?”

곧 게송을 설하여 말하였다.

홀연히 이와 같은 노쇠함을 만난다면
형체는 마르고 수척하여 지팡이를 의지하여 다니고
나의 몸도 역시 늙음에 얽매일 것인데
어떻게 이러한 괴로운 일을 벗어날 것인가?

이때 정반왕은 보살이 곧 궁중으로 돌아오는 것을 보고 마부에게 물어 말하였다.

"태자가 성을 나가서 숲과 샘물을 유관하며 환희가 생겨났는가?"
마부가 대답하여 말하였다.
"제가 보았는데 태자에게는 환희가 없었습니다."
왕이 말하였다.
"무슨 까닭으로 환희하지 않았는가?"
마부가 대답하였다.
"제가 태자와 함께 성 밖으로 나갔는데 성문 밖에서 한 노인을 보았습니다. 형체는 마르고 쇠약하였으며 얼굴은 마르고 초췌하였으며 지팡이에 의지하여 앞으로 걷는데 몸을 부르르 떨었습니다. 태자가 보고서 곧 저에게 물어 말하였습니다.

'그는 어떤 사람이고 한결같이 마땅히 이것에 이르는가?'
저는 곧 대답하여 말하였습니다.
'이 사람은 노인이라고 부릅니다.'
또한 나에게 물어 말하였습니다.
'나도 뒤의 때에 마땅히 이와 같은가?'
저는 곧 대답하여 말하였습니다.
'반드시 마땅하게 이와 같습니다.'
태자는 듣고서 저에게 명하였습니다.
'돌아가서 이 일을 사유해야겠네.'
지금 현재에 궁 안에서 이 일을 사유하고 있을 것입니다."
이때 정반왕은 이 말을 듣고 스스로가 사념(私念)하며 말하였다.

"태자가 태어났던 때에 관상가가 모두 출가하여 수도(修道)한다고 말하였는데, 지금이 만약 이것과 같다면 마땅히 이것의 일이겠구나. 내가 마땅히 두 배의 여러 오욕락(五欲樂)을 갖춤으로써 태자를 즐겁게 해야겠다."

이렇게 생각을 짓고서 곧 오욕락을 두 배로 갖추어 태자에게 즐기게 하였다. 게송으로 말한다.

부왕(父王)은 마부의 말을 듣고서
곧 스스로 관상가의 말을 사량(思量)하였고
여러 오욕락을 두 배로 늘림으로써
보살이 출가하지 않기를 바라느니라.

보살의 상법은 장차 성문 밖에서 유관하고자 한다면 먼저 마부에게 칙명하는 것이다.

"나를 위해서 마땅히 빠르게 마차를 엄숙히 꾸미도록 하게. 나는 마땅히 성 밖으로 나가서 유관하겠네."

마부는 명을 받고 곧 상묘(上妙)한 마차를 엄숙히 장엄하였고, 이미 엄숙히 장엄하였으므로 곧 보살에게 아뢰었다.

"지금 유관할 수 있습니다."

곧 성문을 나가려다 한 병든 사람을 만났는데, 온몸이 누렇게 여위고 수척하며 피곤하여 도로의 옆에서 걸었으나, 여러 사람들이 모두 쳐다보지 않았다. 보살은 보고서 마부에게 물어 말하였다.

"이 사람은 어떤 사람인데 몸이 수척하고 말랐으며 누렇게 여위고 피곤하며 지쳤으며, 일체의 여러 사람들이 모두 쳐다보길 원치 않는가?"

마부가 알려 말하였다.

"이 사람은 병든 사람이고 이것을 인연한 까닭으로 오래지않아 마땅히 죽을 것입니다."

보살이 물어 말하였다.

“이러한 병의 법과 같다면 나도 벗어날 수 없는가?”

마부는 대답하여 말하였다.

“이러한 병의 법은 역시 벗어날 수는 없습니다.”

보살은 듣고 우수에 젖었으며 즐겁지 않았고 곧 궁으로 돌아가기를 명하였으며 이 일을 사유하였다. 이때 마부는 되돌아와서 궁중에 이르렀고, 궁중에 이르러 보살은 몸을 단정히 하고 이와 같은 병고를 사유하였다. 이때 정반왕이 마부에게 물어 말하였다.

“태자가 성 밖으로 나가서 유관하고 즐거웠는가?”

마부가 대답하여 말하였다.

“태자는 즐겁지 않았습니다.”

또한 물어 말하였다.

“어찌 즐겁지 않았는가?”

이때 마부는 앞의 일을 갖추어 자세히 말하였다. 왕은 이 말을 듣고서 나아가 태자의 오욕락을 두 배로 늘렸다. 게송으로 말한다.

상묘한 색·성·향과
최승의 여러 미·촉의
오욕락을 마땅히 받고서
나를 두고 출가하지 말라.

보살의 상법은 장차 성문 밖에서 유관하고자 한다면 먼저 마부에게 칙명하는 것이다. 마차를 장엄하고서 성을 나가서 유관하다가 한 죽은 사람을 보았는데, 여러 색깔의 수레로써 그를 싣고 있었다. 다시 한 사람이 있어 손에 화로를 지니고 앞에서 갔고, 여러 색깔의 수레의 뒤에는 여러 남자와 여자가 머리를 풀고서 슬프게 불렀으며, 보는 자도 매우 슬퍼하였다. 보살이 보고서 마부에게 물어 말하였다.

“이 사람은 어떤 사람인데 여러 종류의 색깔로 그 수레를 장식하고서 싣고 떠나가며, 남자와 여자들이 슬프게 부르고 보는 자도 매우 슬퍼하는가?”

마부가 대답하여 말하였다.

“죽은 사람이라고 말합니다.”

태자가 물어 말하였다.

“무엇을 죽은 사람이라 말하는가?”

마부가 대답하여 말하였다.

“사람이 생기(生氣)를 한번 마치면 다시 부모·형제·처자 및 권속을 다시 서로가 볼 수 없습니다.”

보살이 물어 말하였다.

“나도 역시 같은가?”

대답하여 말하였다.

“역시 같습니다.”

보살은 듣고 우수에 잠겨서 즐겁지 않았고 곧 궁중으로 돌아가도록 명하였다. 이때 정반왕이 마부에게 물어 말하였다.

“태자가 성을 나가서 유관하고 즐거웠는가?”

마부가 대답하여 말하였다.

“제가 보기에는 태자가 우수에 잠겨 즐겁지 않았습니다.”

왕이 말하였다

“무슨 까닭인가?”

대답하여 말하였다.

“지금 길에서 죽은 사람을 만났는데 부모와 처자가 슬프게 부르면서 서로를 보냈고 태자가 물어 말하였습니다.

‘나도 마땅히 이와 같은가?’

제가 곧 대답하여 말하였습니다.

‘모두가 마땅히 이와 같습니다.’

그러므로 궁중에 있으면서 이 일을 사유하고 있습니다.”

이때 정반왕은 다시 오욕락을 늘렸고 여러 종류의 미묘한 음악·창기(倡伎)·진기한 보배·채녀(婇女)로써 보살이 오락하게 하였다. 게송으로 말한다.

> 이 최승(最勝)의 성은 매우 엄숙히 장식되어
> 천중(天中)의 천자(天子)도 오래 머물 수 있고
> 오욕을 두 배로 늘려 능히 환락(歡樂)한다면
> 오히려 천안(天眼)의 환희원(歡喜園)과 같으리라.

이때 정거천(淨居天)의 여러 천인들은 모두가 함께 보고 생각하였다. '보살은 이전부터 크고 진실한 인력(因力)이 있으므로 우리들은 마땅히 보살을 위하는 까닭으로 대연(大緣)을 지어야 한다. 왜 그러한가? 만약 대인(大因)이 있다면 대연을 기다리는 까닭이다.'

곧바로 한 대사문(大沙門)으로 변화하여 석장(錫杖)을 잡고 발우를 지니고서 차례로 다니며 걸식하였다. 보살의 상법은 성을 나가서 유관하려면 먼저 수레를 장엄하도록 명하는 것이다. 수레를 장엄하고서 수레에 올라서 앞으로 나아갔는데 네거리의 가운데에서 한 사문을 만났다. 깨끗하게 머리카락과 수염을 깎았고 복전의(福田衣)를 입었으며 물병과 발우를 집지(執持)하고 천천히 다니면서 걸식하였다. 보살이 보고 마부에게 물어 말하였다.

"이 사람은 어떤 사람인가?"

마부가 대답하여 말하였다.

"출가한 사람이라고 이름합니다."

보살이 물어 말하였다.

"무엇을 출가라고 이름하는가?"

알려 말하였다.

"이 사람은 선한 마음을 가지고 선행(善行)을 닦고, 선한 주처에 머무르며, 신업·구업·의업이 모두 청정합니다. 신심이 있는 까닭으로 머리카락과 수염을 깎고 여래복(如來服)을 입었으며, 재가(在家)를 버리고 떠나서 열반의 길에 오르는 까닭으로 출가라고 이름합니다."

보살은 곧바로 마부에게 알려 말하였다.

“그대는 수레를 몰아 그 사문에게 가까이 가게.”

마부는 명을 받들었고 곧바로 수레를 이끌어 사문이 있는 곳으로 이르렀다. 보살은 이때 사문에게 물어 말하였다.

“그대는 어떤 사람이고, 무슨 까닭으로 머리카락과 수염을 깎고 다른 색깔의 옷을 입었으며, 손에는 석장과 발우를 지녔고 걸식으로써 스스로가 살아가는가?”

사문이 알려 말하였다.

“나는 출가한 사람입니다.”

보살이 또한 물었다.

“무엇을 출가인이라고 말하는가?”

사문이 알려 말하였다.

“항상 선한 마음으로서 선행을 닦고 신업·구업·의업이 모두 청정하며, 재가를 버리고 떠나가서 열반의 길에 오른 까닭으로 출가한 사람이라고 이름합니다.”

보살이 찬탄하여 말하였다.

“이 일은 옳구나. 이 일은 옳구나.”

곧 스스로가 생각하며 말하였다.

“만약 이와 같다면 나도 역시 출가해야겠다.”

곧 마부에게 명하였다.

“빠르게 궁중으로 돌아가세. 나는 궁중에 이르러 이 일을 사량해야겠네.”

마부는 곧 명을 받들어 수레를 잡고 궁중으로 돌아왔다. 이미 궁중에 이르러 적연(寂然)히 사념(思念)하였다. 이때 정반왕이 마부에게 물어 말하였다.

“지금 태자가 성을 나가서 유관하고 즐거웠는가?”

대답하여 말하였다.

“제가 태자를 보았는데 우수에 잠겼고 즐거워하지 않았습니다.”

왕이 곧 물어 말하였다.

"무슨 까닭으로 즐겁지 않았는가?"

마부가 대답하여 말하였다.

"태자는 성을 나가서 한 사문을 만났는데, 그는 머리카락과 수염을 깎았고 복전의를 입었으며 손에 석장과 발우를 지니고 천천히 다니면서 걸식하였습니다. 태자가 저에게 물었습니다.

'저 사람은 누구인가?'

저는 곧 대답하였습니다,

'출가인이라고 이름합니다.'

곧 나에게 물어 말하였습니다.

'무엇을 출가라고 말하는가.'

저는 곧 대답하여 말하였습니다.

'그 재가를 버리고 열반의 길에 올랐던 까닭으로 출가라고 이름합니다.'

태자가 듣고서 저에게 명하여 수레를 사문에게 가까이 이끌게 하였고 사문에게 물어 말하였습니다.

'그대는 어떤 사람인데 머리카락과 수염을 깎았고 일반인과 다른 색깔의 옷을 입었으며 손에는 병과 발우를 지고서 스스로 걸식하는가?'

사문이 알려 말하였습니다.

'나는 출가인입니다.'

태자가 물어 말하였습니다.

'누구를 출가인이라고 이름하는가?'

그가 곧 사문이 대답하여 말하였습니다.

'재가를 버리고 떠나서 열반의 길에 오른 사람입니다.'

태자가 듣고 곧 찬탄하여 말하였습니다.

'이 일은 옳구나. 이 일은 옳구나. 만약 이와 같다면 나도 출가해야겠다.'

곧바로 저에게 빠르게 궁중으로 돌아갈 것을 명하였습니다. 지금은 궁중에서 이 일을 사량하고 있습니다."

이때 정반왕은 이 말을 듣고 참담(慘然)하여 즐겁지 않아서 스스로 생각하며 말하였다.

"태자가 태어났던 때에 관상가와 점술가가 말하였다. '태자가 왕위에 오르지 않는다면 반드시 마땅하게 출가할 것입니다.' 지금의 상황을 보니 마땅히 출가할 때에 이르렀구나."

곧 방편을 베풀었다.

'나는 지금 마땅히 태자에게 농사를 짓고 있는 곳으로 보내야겠다. 그 여러 사람들이 오고 가면서 일에 힘쓰는 것을 본다면 마음에 환희를 얻어 출가의 일을 잊어버릴 것이다.'

이렇게 생각을 짓고서 곧 궁중의 태자에게 가서 알려 말하였다.

"나는 좋은 밭이 있어 사람들에게 경영시키고 있으니 그대가 가서 검교(檢校)하라."

태자는 궁중에서 그 노인과 병든 사람과 죽은 사람을 생각하면 곧 마음이 우울해지고 두려웠으며, 그 사문을 생각하면 다시 기쁨과 연모가 생겨났고, 이러한 마음들에 얽매여 잠시도 버릴 수 없었으나, 부왕의 말씀을 듣고 거역할 수 없어서 곧 부왕의 말을 따라서 곧 마부에게 명하여 수레에 올라 곧 밭으로 갔다. 몸은 비록 밭으로 가고 있었으나 마음은 항상 출가의 생각으로 얽혀 있었다. 점차 앞으로 갔는데 갑자기 도로의 중간에서 5,000의 감추어져 있던 보물 창고들이 모두 문이 열렸고 그 안에서 소리가 있었다.

"옳으십니다. 태자여. 우리들 보물들은 그대의 과거에 권속들이 저장하던 것들이니, 따라서 취하고 그대의 마음대로 사용하십시오."

태자는 알려 말하였다.

"이것들은 과거 권속들의 우치(愚癡)한 자구(資具)이고 무시(無時)부터 쌓여온 것이므로 내버리는 것이 좋겠소. 내가 지금 무엇에 수용하겠는가? 그대는 빨리 떠나가시오."

이때 그 보배 창고로부터 다시 소리가 나와서 말하였다.

"그대가 만약 갖지 않겠다면 우리는 지금 바다로 들어가겠습니다."

보살은 알려 말하였다.

"그대들은 뜻을 따라서 떠나시오."

이때 보물 창고들은 곧 큰 바다로 들어갔다. 그때 보살은 점차 다시 앞으로 나아갔고 농사를 짓는 밭과 마을에 이르러 한 농부를 보았는데, 흙먼지가 솟아났고 온몸에 땀이 흘렀으며, 손에는 회초리(牛杖)를 잡았는데 모두 피가 있었다. 다시 그 소를 보았는데 등가죽이 뚫리고 문드러졌고 목마름과 굶주림에 시달렸으며, 마르고 수척하며 피곤하고, 숨을 헐떡이면서도 쉬지 못하였으며, 여러 등에와 파리들은 그 피고름을 빨아먹고 여러 작은 벌레들은 그 상처에서 배를 채웠으며, 혹은 쟁기날에 그 다리가 상처를 입기도 하였다. 보살은 밭을 갈고 있는 곳을 두루 다녔으나 모두 이와 같은 고통스러운 일들을 보았다. 보살은 무량한 겁부터 깊은 자비심을 심어왔으므로 이러한 고통의 업을 보고 곧 연민(憐愍)이 생겨나서 곧 농부를 불러서 물어 말하였다.

"그대는 어디에 귀속된 사람인가?"

여러 사람들이 대답하여 말하였다.

"우리들은 모두 태자에게 귀속되어 있습니다."

보살은 알려 말하였다.

"지금 그대들을 풀어주겠으니 마음대로 스스로가 사시오. 나에게 얽매여 귀속될 필요가 없소. 밭을 가는 소 역시 곧 풀어주겠으니 물과 풀을 마음대로 먹으면서 살게 놓아두시오."

이때 보살은 이러한 고통스러운 일을 생각하고서 수레에서 내려와 섬부수(贍部樹) 사이에 앉았고 제일무루상사삼매(第一無漏相似三昧)에 들어갔고, 좌우의 시종들은 보살을 둘러싸고 모두 섬부수 아래에서 보살을 보살폈다. 이때 정반왕은 스스로가 생각하였다.

'식사 때에 이르렀는데 태자는 무엇을 하면서 궁안으로 돌아오지 않는가? 곧 스스로가 가서 태자를 보아야야겠다.'

곧 명하여 수레를 타고 나아갔고, 갈았던 밭에 이르러 여러 곳을 돌아보았으며 태자가 염부수 아래에서 삼매에 들어간 것을 찾았다. 이때 해는 이미 서쪽으로 기울어졌고 일체의 나무 그림자가 해를 따라 옮겨갔으나,

오직 태자가 앉아 있는 나무는 오히려 태자를 덮고 있으며 그림자가 옮겨가지 않고 있었다. 이때 정반왕은 이러한 일을 보고 곧 스스로가 생각하며 말하였다.

'지금 나의 태자는 큰 위덕을 지녔구나. 해가 이미 서쪽으로 기울어져서 일체의 숲 그림자가 모두 햇빛 따라서 옮아갔는데, 오직 태자가 앉아있는 나무는 오히려 태자를 가리고서 그림자가 옮겨가지 않는구나.'

환희하고 용약(踊躍)하면서 공경심이 생겨나서 허리를 굽히고 머리숙여 태자에게 예배하고, 정(定)에서 일어나서 함께 수레에 오르는 것을 청하였다. 점차 궁중으로 돌아오면서 시림(屍林)에서 여러 죽은 사람들을 보았는데, 혹은 누렇고, 혹은 썩은 냄새와 더러움이 섞여 있었다. 태자는 보고 더욱 고뇌의 생각이 깊어졌고 보배수레의 안에서 가부좌를 맺고 전심(專心)으로 사유하면서 점차 겁비라성에 이르렀다. 이때 역수자(歷數者)는 곧 점을 쳤고 태자가 7일 안에 출가하지 않는다면 반드시 전륜왕의 위에 오르는 것을 점을 쳐서 이 일을 알았으며 곧 그 게송으로서 정반왕에게 아뢰어 말하였다.

태자가 출가하지 않고서
7일이 지나간다면
그 날 해가 떠오를 때에
반드시 금륜위에 오른다네.

칠보(七寶)가 자재한 왕인데
태자가 마땅히 이와 같으며
바다 안에는 노역(勞役)이 없고
원적(怨賊)은 스스로가 평정(平正)된다네.

태자께서 만약 출가한다면
무외(無畏)로 숲속에 앉아서

그 일체지(一切智)를 증득하고서
여러 중생을 제도하여 해탈시키리라.

그때 보살은 이미 성안에 이르렀다. 한 석가 종족이 있어 불과시(不過時)라고 이름하였고, 한 딸이 있어 녹왕(鹿王)이라고 이름하였는데, 누각의 창문 가운데에서 멀리 보살을 보고 게송으로 찬탄하여 말하였다.

안락한 유모(乳母)가 낳았고
아버지가 능히 안락하게 길렀으나
그 여인이 매우 안락하므로
마땅히 그대에게 주어 아내로 삼게 하겠네.

보살은 이것을 들었으나 그 마음이 적정한 열반의 소리의 뜻에 들어갔으므로 오직 말해지는 것을 들었다.
"그대는 가장 수승한 사람이므로 마땅히 적정(寂靜)한 열반(涅槃)을 사유(思惟)하시오."
보살은 이러한 열반의 소리를 듣고 애념(愛念)하면서 환희하였다. 묘한 소리를 들었던 까닭으로 곧 목의 구슬 영락을 벗어 공중으로 던졌는데 위신력의 까닭으로써 마침내 녹왕녀의 목에 떨어졌다. 여러 사람들이 이것을 보고 모두가 크게 환희하였고 앞의 일을 정반왕에게 갖추어 자세히 말하였다. 왕은 이 말을 듣고서 곧 2만의 채녀들에게 녹왕녀를 맞아들여 태자궁으로 들어가게 하였다.
그때 보살은 세 명의 부인이 있었으니 첫째는 녹왕(鹿王)이라고 이름하였고, 둘째는 교비가(喬比迦)라고 이름하였으며, 셋째는 야수타라(耶輸陀羅)라고 이름하였는데 그 야수타라가 최고의 상수(上首)이었다. 그 세 부인들은 각자 2만의 채녀가 있었고, 앞뒤로 둘러싸여 궁안에 머물렀다. 그때 정반왕은 역수자의 게송을 듣고 즉시 감로(甘露) 등의 네 형제를 불러 한곳에 모으고 마침내 역수자의 게송을 서로가 의논하였다.

"만약 7일 동안에 출가를 허락하지 않는다면 윤왕위(輪王位)에 오른다고 합니다. 우리들은 마땅히 7일 동안 태자를 수호하고 오히려 병사들에게 네 성문을 빈틈없이 방위(防衛)하게 합시다."

이렇게 의논하고서 곧 겁비라성을 7겹으로 성을 쌓았고 해자를 팠으며 모두 철문을 달았고 문 위에 방울을 매달아서 만약 열거나 닫으면 그 방울소리가 네 방향으로 돌아서 40리에 울리게 하였으며, 보살이 있는 누각 위에는 여러 기녀들에게 노래하고 춤추면서 둘러싸도록 하였다. 대신들과 용맹한 장수들은 네 종류의 군사를 거느리고 엄숙하게 다시 경비(警候)하면서 성문 밖을 순찰하였고 보살 궁중의 여러 문을 폐쇄하였다. 설령 사명(使命)이 있어 반드시 왕래한다면 성의 누각 위에 별도로 사다리를 설치하였고 500의 사람들이 그것을 들어서 다니게 하였다.

그 궁전의 안의 문을 열거나 닫는 때에는 모두가 기이한 소리가 나서 정반왕이 듣게 하였고, 만약 문의 소리가 들리면 여러 궁녀들에게 몽둥이와 칼로 지키게 하였다. 겁비라성 바깥은 100의 관리들이 역시 다시 빈틈없이 번갈아서 서로가 지키도록 하였다. 그때 정반왕은 스스로가 사병(四兵)을 거느리고 동쪽 문을 지켰고, 곡반왕(斛飯王)은 스스로가 사병을 거느리고 남쪽 문을 지켰으며, 그 백정왕(白淨王)은 스스로가 사병을 거느리고 서쪽 문을 지켰고, 감로반왕(甘露飯王)은 역시 스스로가 사병을 거느리고 북쪽 문을 지켰다. 대명석가(大名釋迦)는 용맹한 병사들과 성안을 순찰하면서 동쪽 문에 이르러 수문인에게 물어 말하였다.

"누가 이 문을 지키는가?"

정반왕이 알려 말하였다.

"이곳은 내가 맡고 있소."

대명장수는 말하였다.

"엄숙하게 지키는 자는 좋으나, 졸면서 지키는 자는 나쁩니다."

즉시 계송으로 설하여 말하였다.

졸은 자는 죽은 자와 같으니

이 사람은 마왕에 귀속되었고
지혜로운 자는 항상 깨어 있으며
이러한 까닭으로 부지런히 지킨다네.

대명석가는 이렇게 게송을 설하고서 곧 남쪽 문에 이르러 수문인에게
물어 말하였다.
"누가 이곳을 지키는가?"
곡반왕이 알려 말하였다.
"이곳은 내가 맡고 있소."
대명장수는 말하였다.
"부지런한 자는 좋으나, 잠자는 자는 나쁩니다."
다시 게송으로 설하여 말하였다.

졸은 자는 죽은 자와 같으니
이 사람은 마왕에 귀속되었고
지혜로운 자는 항상 깨어 있으며
이러한 까닭으로 부지런히 지킨다네.

대명석가는 이렇게 게송을 설하고서 곧 서쪽 문에 이르러 수문인에게
물어 말하였다.
"누가 이곳을 지키는가?"
백반왕이 알려 말하였다.
"이곳은 내가 맡고 있소."
대명장수는 말하였다.
"부지런한 자는 좋으나, 잠자는 자는 나쁩니다."
다시 게송으로 설하여 말하였다.

졸은 자는 죽은 자와 같으니

이 사람은 마왕에 귀속되었고
지혜로운 자는 항상 깨어 있으며
이러한 까닭으로 부지런히 지킨다네.

대명석가는 이렇게 게송을 설하고서 곧 북쪽 문에 이르러 수문인에게 물어 말하였다.
"누가 이곳을 지키는가?"
감로반왕이 알려 말하였다.
"이곳은 내가 맡고 있소."
대명장수는 말하였다.
"부지런한 자는 좋으나, 잠자는 자는 나쁩니다."
곧 게송으로 설하여 말하였다.

졸은 자는 죽은 자와 같으니
이 사람은 마왕에 귀속되었고
지혜로운 자는 항상 깨어 있으며
이러한 까닭으로 부지런히 지킨다네.

이렇게 게송을 설하고서 가운데 진영으로 돌아와서 수문인에게 물어 말하였다.
"누가 맡고 있는가?"
수문인이 알려 말하였다.
"이곳은 누가 맡고 있습니다."
"부지런한 자는 좋으나, 잠자는 자는 나쁘네."
곧 게송으로 설하여 말하였다.

근책(勤策)하여 법을 어기지 말고
사실을 말하여 거짓말이 없으라.

거짓말하면 암흑으로 들어가나니
이러한 까닭으로 부지런히 지키도록 하라.

대명석가는 이와 같이 순찰하였고 곧 새벽에 이르자 정반왕의 처소에서
그 왕에게 아뢰어 말하였다.
"7일 가운데에 하룻밤이 지났으니 오직 6일이 남았습니다."
왕이 곧 알려 말하였다.
"남은 6일을 부지런히 지키시오. 6일이 만약 지난다면 나의 태자는
금륜왕에 오를 것이고, 우리들 여러 사람들은 함께 모두가 따라서 허공을
날면서 사천하를 관찰할 것이오."
이와 같이 경비하면서 나아가 6일에 이르러 오직 하룻밤이 남았다.
천제석은 상법이 있어 관념(觀念)하는 때에 하계(下界)에 이르렀고 곧
게송으로 설하여 말하였다.

석가모니인 왕자께서는
육도행(六度行)2)을 닦아 모두 원만히 구족하셨고
세속을 벗어나서 산림의 처소를 애락(愛樂)하면서
무상(無上)의 진여(眞如)인 도를 구하신다네.

---

2) 육바라밀을 다르게 부르는 말이다.

근본설일체유부비나야파승사 제4권

삼장법사 의정 한역
석보운 번역

이때 보살은 궁안의 유희하는 곳에 있으면서 혼잣말로 스스로가 생각하며 말하였다.

"나는 지금 세 부인과 6만의 채녀가 있으므로 만약 그들과 세속적인 즐거움을 함께 하지 않는다면 여러 바깥사람들이 내가 장부가 아니라고 말하는 것이 두렵구나. 나는 지금 야수타라와 함께 오락해야겠다."

그 야수타라는 인연으로 곧 임신하였고, 이미 회임하고서 사념이 생겨나서 말하였다.

'나는 내일 아침에 보살에게 알게 해야겠다.'

그때 보살은 그 밤중에 생리(生理)[1]의 연(緣)을 약속하고 게송으로 설하여 말하였다.

부인과 함께 기거하며 잠자더라도
이것이 함께 잠자는 마지막의 때이고
나는 지금부터 다시는 이렇지 않을 것이며
여인과 함께 자는 것을 영원히 떠나리라.

이날 밤에 채녀와 창기(倡妓)들은 모두가 피로하여 정신없이 잠을 잤는

---

1) 부부 사이의 잠자리를 비유한 말이다.

데, 혹은 머리카락이 어지럽게 헝클어졌고, 혹은 입에서는 침이 흘렀으며, 혹은 다시 잠꼬대하였고, 혹은 반나체이었다. 보살은 이것을 보고 비록 깊은 궁중에 있었으나 오히려 무덤에서 죽은 사람을 보는 것과 같았으므로 곧 스스로가 사유하면서 게송을 설하여 말하였다.

바람이 불어 떨어진 연못의 연꽃과 같이
손발이 요란하게 가로와 세로로 누워있고
머리카락은 헝클어졌고 몸은 나체이므로
소유하였던 애정도 모두 사라졌다네.

나는 지금 이러한 여러 잠자는 여인들을 보니
오히려 죽은 사람의 몸으로 변형된 것과 같은데
무슨 까닭으로 나는 일찍이 깨닫지 못했는가?
이곳에는 지혜는 없고 욕정의 경계가 있구나.

욕망은 그 화살에 바른 독과 같고
꿈에서 짠물을 마신 것과 같은 것이니
마땅히 용왕이 버릴 것을 버리기 어려운 것과 같이
여러 고통과 원수가 이것을 인연하여 생기는구나.

보살은 이렇게 게송을 설하고서 곧바로 잠이 들었다. 이때 대세주(大世主) 부인은 그 밤중에 네 종류의 꿈을 꾸었으니, 첫째는 월피식(月被蝕)을 보았고, 둘째는 동쪽에서 해가 솟았다가 곧바로 사라진 것을 보았으며, 셋째는 많은 사람들이 부인에게 정례하는 것을 보았고, 넷째는 그 자신이 혹은 웃었고 혹은 우는 것을 보았다.

이때 야수타라도 다시 이 밤에 여덟 종류의 꿈을 꾸었는데, 첫째는 그 어머니의 가족이 모두 파산하는 것을 보았고, 둘째는 보살과 함께 앉아 있는 평상이 모두가 저절로 부러지는 것을 보았으며, 셋째는 그

양쪽 팔이 갑자기 부러지는 것을 보았고, 넷째는 그 이빨이 모두 빠지는 것을 보았으며, 다섯째는 머리카락과 귀밑머리가 모두 빠지는 것을 보았고, 여섯째는 길상신(吉祥神)이 집 밖으로 나가는 것을 보았으며, 일곱째는 월피식을 보았고, 여덟째는 해가 동쪽에서 떴다가 곧바로 사라지는 것을 보았다.

보살도 밤중에 다섯 종류의 꿈을 꾸었는데, 첫째는 자신이 대지 위에 누워 머리로 수미산(須彌山)을 베고서 왼손은 동해(東海)에 담갔고 오른손은 서해에 담갔으며 두 발은 남해에 담근 것을 보았고, 둘째는 그 심장 위에 길상초(吉祥草)가 생겨나서 공중에 높이 솟는 것을 보았으며, 셋째는 백조의 머리가 검은색이 되어 보살에게 정례하고 공중으로 날아올랐으나 보살의 무릎 아래를 벗어나지 못하는 것을 보았고, 넷째는 사방의 온갖 빛깔의 여러 새들이 보살 앞에 이르면 모두가 한 빛깔로 같아지는 것을 보았으며, 다섯째는 여러 더러운 산에 보살이 있으면서 위를 오르내리는 것을 보았다. 이러한 꿈을 보고서 곧 일어나서 환희하며 사념하였다.

'나는 지금 이 모습으로 오래지 않아서 마땅히 아뇩다라삼먁삼보리의 무상의 지혜를 얻겠구나.'

이때 야수타라는 곧 잠에서 깨어나서 곧 보상에게 그 여덟 가지의 꿈을 이야기하였다. 보살은 이때 야수타라의 마음에 우뇌가 생겨나는 것이 염려되어 방편으로 이 꿈을 해몽하여 희열(歡悅)하게 하였다.

"그대 어머니의 종족들이 모두 파괴되는 것을 보았으나 지금 모두를 보면 어느 누가 파괴되었소? 나와 함께 앉았던 평상이 모두 스스로 부러지는 것을 보았으나 평상을 지금 보면 좋은데 어찌 부러지겠소? 그대의 두 팔이 갑자기 부러지는 것을 보았으나 지금 모두 다친 곳이 없지 않은가? 그대의 이빨이 모두 빠지는 것은 보았으나 지금 역시 보기가 좋소. 그대의 머리카락과 귀밑머리가 스스로 빠지는 것을 보았으나 지금 보니 이전과 같소. 길상신이 그대의 집에서 나가는 것을 보았으나 부인의 길상신은 이를테면, 남편인데 나를 지금 보고 있소. 월피식을 그대가 보았으나 지금 보름달이 보이고, 그대가 해가 동쪽에서 떠서 다시 마침내 사라지는 것을 보았으나 지금은 밤중이라 오히려 해가 아직 뜨지도 않았는데 어떻게 마침내 사라지겠소?”

이때 야수타라는 이러한 해몽을 듣고 묵연히 머물렀다. 보살은 이때 이 꿈을 사유하였다.

‘야수타라가 보았던 모습과 같이 나는 오늘 밤에 곧 출가함이 합당하다.’

또한 사념을 지었다.

‘나는 마땅히 방편으로 야수타라에게 나의 출가를 간략히 알려야겠다.’

이렇게 생각을 짓고서 야수타라에게 말하였다.

“나의 출가를 원하오?”

야수타라가 말하였다.

“대천(大天)이시여. 그대가 가시고자 한다면 나를 데리고 떠나세요.”

보살은 사념하였다.

‘열반을 얻는 때에 곧 데리고 떠나야겠다.’

야수타라에게 알려 말하였다.

“내가 떠날 곳이 있다면 곧 그대를 데리고 떠나겠소.”

이때 야수타라는 이러한 말을 듣고 환희하며 잠들었다. 이때 보살은 출가하고자 발심하였고 대범천왕과 제석 등은 보살의 생각을 알았고 마땅한 때에 이르러 합장하고 공경스럽게 게송을 설하여 말하였다.

마음은 길들이지 않은 말과 같고
역시 날뛰는 원숭이와도 같으니
능히 오욕락을 버리고서
빨리 열반의 밝음을 증득하게 하십시오.

대자비를 일으키고 일으켜서
이러한 대지의 존귀함도 버리셨으니
마땅히 일체지를 증득하여
여러 중생을 도탈(度脫)하게 하십시오.

보살이 알려 말하였다.
“천제석(天帝釋)이여. 그대는 보지 못하였는가?”
곧 게송으로 설하여 말하였다.

사자왕이 철의 함정에 갇힌 것과 같고
용맹한 장수를 활과 칼로 그의 옆에서 지키듯이
코끼리와 말과 사람들이 매우 요란하게
만약의 출가를 위하여 이 성을 에워쌌다네.

부왕(父王)은 오히려 사나운 사자와 같고
사병들은 철갑으로 모두가 무장하였으며
성과 해자와 누각과 회랑과 방들이
여러 종류의 병장기로 모두 충만하다네.

그 궁문(宮門)과 합문(閤門)을 보고
나아가 성문(城門)을 보더라도 역시 이와 같으며
널리 주변에 여러 방울을 두어 울리게 하였는데
문을 잠그고 막았으므로 넘는 것이 매우 어렵구나.

여러 종류의 북과 나팔이 나를 둘러싸고
쉬지 않고 시끄럽게 울리면서
궁 밖에도 많은 코끼리와 말과 병사들이
굳게 방위하며 출입을 막고 있다네.

이때 석제환인이 곧 게송을 설하여 말하였다.

옛날의 서원이 있음을 지금 마땅히 생각하십시오.
연등여래께서 이전에 수기하시기를

"중생들이 고뇌의 가운데에 많이 얽매였으니
마땅히 빠르게 집을 버리고서 정도(正道)를 구하게."

나도 지금 역시 이와 같아서
그 범왕과 여러 천인들은
마땅히 그대의 장애를 없애겠으니
숲속에 나아가서 정각을 수행하십시오.

보살은 이 게송을 듣고 그 마음에서 환희하며 여러 천인에게 대답하여
말하였다.
"그렇소."
이때 천제석은 곧 어둠으로써 모두를 덮었는데, 여러 병사들·정반왕·창
기·채녀와 소유한 일체의 겁비라성을 방위하고 수호하는 모두를 잠자게
하였고 마음이 깨어나지 못하도록 하였고, 야차대장(夜叉大將)인 산지가(散
支迦)에게 명하여 사다리를 취하게 하였다. 곧 보살에게 사다리를 타고
내려가게 하였고 차닉(車匿)의 처소에 이르러 차닉이 잠든 것을 보고
보살은 손으로 흔들어 깨웠는데 잠시 뒤에 비로소 깨어났다. 보살은
이때 곧 게송으로 설하여 말하였다.

일어나라. 일어나라. 그대 차닉이여.
빨리 건척(乾陟)[2]을 몰고 오게.
과거의 승자림(勝者林)으로
나는 가서 그곳에서 적연(寂然)하리라.

이때 차닉은 졸기도 하였고 깨어 있으면서 게송으로써 알려 말하였다.

---

2) 산스크리트어 kaṇthaka의 음사로서 싯다르타가 출가할 때 탄 말의 이름이다.

지금은 유관할 때가 아니고
그대에겐 이전에 원수도 없으며
이미 원수와 도둑이 오지 않았는데
어찌하여 밤에 말을 찾습니까?

보살이 게송으로써 알려 말하였다.

차닉이여. 그대는 옛날부터
나의 지시를 어긴 것이 없고
뒤의 때에도 없을 것이니
곧 명을 어기고자 하지 말라.

차닉이 알려 말하였다.
"지금은 한밤중의 때라서 저는 두려워서 능히 말을 취할 수 없습니다."
보살은 이때 이러한 말을 듣고서 곧 스스로가 사념하였다.
'내가 만약 이 차닉과 입씨름이 끝마치지 않는다면 다른 사람이 듣고
나의 앞길을 방해하는 것이 두렵구나. 스스로가 마왕(馬王)인 건척을 끄는
것보다 못하겠구나.'
곧 마구간으로 나아갔고 건척이 있는 곳에 이르렀다. 이때 그 건척은
보살이 다가오는 것을 보고 곧 맹렬한 불꽃과 같이 성내고 이리저리
날뛰며 다녔으므로 곧 붙잡을 수 없었다. 보살의 손바닥엔 이전부터
백보륜상(百寶輪相)이 있었는데 일체의 두려운 중생들을 보살이 보았다면
보살은 곧 백보수(百寶手)로 어루만져서 안은하게 하는 것이다. 보살은
이때 곧 윤수(輪手)로서 그 말의 머리를 쓰다듬으면서 곧 게송을 설하여
말하였다.

내가 지금 마지막인 때에 그대를 탈 것이니
빠르게 마땅히 오래지 않아 그곳에 이른다면

나는 마땅히 오래지 않아 보리를 증득하여
마땅히 법우(法雨)로서 중생들을 적셔주겠노라.

　다시 다음으로 일체 유정의 상법(常法)은 사람의 가르침이 있으면 곧 능히 익히고 배우는 것이다. 건척인 마왕도 이러한 게송을 듣고 곧바로 안주(安住)하였으므로 보살은 환희하며 곧 끌고서 나왔고, 범왕과 제석은 사천자(四天子)에게 함께 건척을 도와서 보살을 옹위(擁衛)하게 하였다. 4천자는 첫째는 피안(彼岸)이라고 이름하였고, 둘째는 근안(近岸)이라고 이름하였으며, 셋째는 향엽(香葉)이라고 이름하였고, 넷째는 승향엽(勝香葉)이라고 이름하였다. 모두가 위력(威力)이 있었는데 보살의 처소에 나아가서 좌우에 시립(侍立)하고 있었다. 보살이 4천자에게 물어 말하였다.
　“누가 나를 데리고 허공으로 날아서 떠날 수 있는가?”
　4천자가 말하였다.
　“저희들은 능히 할 수 있습니다.”
　보살이 또한 물었다.
　“그대들은 어떤 신력(神力)이 있는가?”
　피안이 알려 말하였다.
　“태자께서는 마땅히 아십시오. 모든 대지의 땅을 우리는 오히려 들어올릴 수 있고, 역시 다시 운반할 수 있습니다.”
　근안이 다시 말하였다.
　“사대해(四大海)의 바닷물과 여러 강물들도 저는 역시 능히 짊어지고 갈 수 있습니다.”
　향엽이 또한 말하였다.
　“일체의 산과 바위를 저는 능히 짊어지고 갈 수 있습니다.”
　승향엽이 또한 말하였다.
　“일체의 나무와 여러 수풀들을 능히 짊어지고 갈 수 있습니다.”
　보살은 듣고서 땅에 발을 버티고서 4천자들에게 모든 힘으로 들어올리게 하였다. 이때 4천자는 곧 모든 힘으로 함께 도와서 들어 올렸으나 나아가 피로하였고 움직일 수 없었다. 그때 4천자는 모두 놀라서 보살께 아뢰어 말하였다.

“보살께서 큰 위력이 있는 것을 알지 못하였습니다. 저희들이 만약 이러한 힘이 있는 것을 알았다면, 감히 들어 올리려고 아니하였을 것입니다.”

이때 차닉은 보살과 4천자가 함께 서로에게 말을 주고받는 것을 듣고서 곧바로 달려가서 보살의 처소에 이르렀다. 보살은 이때 곧 건척에 올랐으며 4천자는 각자 말의 발을 붙잡았다. 이때 차닉은 한 손으로 고삐를 잡았고 다른 한 손으로는 칼을 잡고 있었다. 보살과 천인들의 위력에 감응하였던 까닭으로 곧 허공으로 올랐으며, 궁중의 선신(善神)들은 이것을 보고 모두 크게 울었으므로 눈물이 비와 같이 떨어졌다. 차닉이 그것을 보고 보살에게 아뢰어 말하였다.

“이것은 비입니까?”

보살은 알려 말하였다.

“이것은 비가 아니고 궁중의 선신들이 내가 떠나는 것을 보고 눈물을 흘려서 이와 같은 것이네.”

차닉은 이때 보살의 이러한 말을 듣고 목이 메어 흐느끼면서 묵연히 말이 없었다. 보살은 이때 코끼리와 같이 고개를 돌려 그 궁중을 바라보면서 곧 스스로가 사념하였다.

“이곳은 내가 마지막으로 여러 여인들과 함께 기거하던 한 처소이구나. 지금 때에 떠나면 다시는 돌아오지 못하리라.”

다시 거듭하여 사념하였다.

‘내가 만약 동문(東門)으로 가서 부왕께 이별하지 않는다면 혐한(嫌恨)이 생겨나는 것이 두렵구나.’

보살은 모든 병사들에게 더욱 지키거나 막지 못하게 하였고, 곧 동문으로 나아가서 그 부왕을 보았는데 깊은 잠에 빠져 있었다. 보살은 이때 부왕을 세 번을 돌고서 꿇어앉아 발에 예배하고 말하였다.

“제가 지금 떠나가는 것은 불효(不孝)도 아니고 불경(不敬)도 아닙니다.

다만 유정들의 생로병사를 마멸(磨滅)하기 위함입니다. 이러한 뜻을 까닭으로 저는 출가하여 보리도(菩提道)를 증득하여 이러한 고통을 구제(救濟)하고자 합니다.”

이렇게 말을 짓고서 곧 허공으로 날아올랐다. 이때 석가대명(釋迦大名) 장군은 순찰하고 관찰하면서 동문에 이르렀는데 갑자기 보살이 허공에 있는 것을 보고 소리내어 울면서 보살께 아뢰어 말하였다.

“무엇을 짓고자 하십니까? 무엇을 짓고자 하십니까?”

보살이 알려 말하였다.

“대장은 마땅히 아십시오. 나는 출가하고자 하오.”

대명장군이 말하였다.

“이것은 비법(非法)입니다.”

보살이 알려 말하였다.

“나는 일찍이 3아승지(阿僧祇) 겁에 항상 고행을 행하여 무상보리(無上菩提)를 구하였으므로 일체 중생들의 여러 고난을 뽑아내야 하오. 내가 지금 어찌 궁중에 있을 수 있겠는가? 지금 마땅히 일심(一心)으로 법을 위해서 떠나겠소.”

석가대명은 이 말을 듣고 곧 다시 크게 통곡하였다.

“슬프도다! 슬프도다! 정반대왕과 여러 석가 종족들이여. 괴롭도다! 괴롭도다! 비록 대원을 일으켜 태자를 머물게 하고자 모두가 애념(愛念)을 쏟았는데, 이런 일이 벌어졌구나.”

석가대장은 곧 게송을 설하여 말하였다.

오늘에 정반왕은
태자를 위한 우뇌(憂惱)가 생겨나서
손을 치켜들고 하늘에 울부짖고
슬픔과 한으로 크게 통곡한다네.

야수타라 등과

나아가 여러 궁인들은
지금 실달(悉達)과 이별하였으니
항상 고통에 핍박받겠네.

석가대명은 이렇게 게송을 설하고서 슬프게 울고 오뇌(懊惱)하면서
빠르게 야수타라의 처소에 이르러 손으로 야수타라를 밀치면서 곧 게송을
설하여 말하였다.

실달인 남편이 떠나고자 하므로
마땅히 연민으로 머물게 하시고
마땅히 떠난 뒤에 근심하면서
남편과 추억을 까닭으로 고뇌하지 마십시오.

지금 떠나가면 지극히 보기 어려우니
최후로 서로를 보는 때이라네.
괴롭구나! 아무도 듣지 않는구나.
깨어나면 나에게는 죄가 없소.

석가대명은 궁안의 여러 사람들에게 두루 알렸으나, 깨어나는 자는
없었다. 슬프고 괴로우며 황망하고 두려워서 다시 빠르게 정반왕의 처소로
가서 정반왕을 깨우면서 곧 게송을 설하여 말하였다.

실달이 지금 떠나고자 하오니
왕께서는 마땅히 서둘러 그를 제지하시고
그가 떠난 뒤에는 아들을
위하여 항상 우뇌하지 마십시오.

석가대명은 왕을 두·세 번을 그렇게 깨웠으나, 왕은 오히려 잠시도

깨어나지 않았다. 이때 제석과 범천 등은 무량한 백천의 천인(天人) 권속들과 함께 보살에게 나아갔고 보살이 있는 곳을 곧바로 에워쌌다. 대범천왕과 색계(色界)의 여러 천인들은 말없이 엄연(儼然)하게 보살의 오른쪽에 있었고, 석제환인(釋提桓因)과 욕계(欲界)의 천인들은 보살의 왼쪽에 있었는데, 혹은 깃발과 일산을 집지하였고 아울러 음악을 연주하였다.

혹은 공중에서 온갖 향과 꽃을 뿌려서 보살에게 공양하였는데, 이를테면 우발라화(優鉢羅花)·파두마화(波頭摩花)·분타리화(分陀利花)·만타라화(曼陀羅花)·마하만타라화(摩訶曼陀羅花)와 전단향(栴檀香)·침수향(沈水香)·말향(秣香)·화향(和香) 등을 보살에게 흩뿌렸다. 다시 여러 종류의 상묘(上妙)한 의복들을 공중에 흩뿌렸고, 다시 공중에서는 북을 치고 소라 고동을 불면서 여럿이 춤을 추었으며, 게송을 지어서 말하였다.

여러 천인들은 공중에 있으면서
모두가 크게 용약(踊躍)하고
보살 앞에서 손뼉치고 춤도 추면서
보살을 노래로 찬탄한다네.

무변(無邊)한 여러 천인들은
그 마군(魔軍)들을 야유(揶揄)하면서
혹은 음악을 짓는 자도 있고
혹은 앞길을 인도하는 자도 있네.

혹은 다시 여러 문을 열고
혹은 꽃으로써 오는 길을 흩뿌리며
혹은 말의 발을 떠받들고 있고
우러러보면서 따라서 간다네.

혹은 다시 왼쪽으로 돌고

혹은 다시 좌우에 있으며
다문천과 범천과 제석은
앞에서 보살을 길로 인도한다네.

일체의 위덕이 있는 천인들은
따르지 않는 자가 없나니
별들의 가운데서 달과 같으며
그 성자림(聖者林)으로 간다네.

이때 보살은 겁비라성을 나왔다. 범천과 제석천 등은 모두 크게 환희하면서 보살에게 아뢰어 말하였다.

"옳습니다. 인자(仁者)여. 그대는 옛날의 장야(長夜)에 이와 같이 희구(希求)하면서 말하였습니다. '나는 어느 때에 장애가 없는 한림(閑林)에 있을 것인가?' 그대는 옛날에 발원이 있었고 지금 원만해졌으니 그대가 만약 무상도(無上道)를 증득한 때라면 우리들을 섭수(攝受)하십시오."

보살이 말하였다.

"그대들의 소원과 같을 것이오."

이때 보살은 코끼리왕과 같이 오른쪽으로 여러 천인들을 돌아보면서 이러한 게송을 지어 말하였다.

무상도를 증득하지 못하였고
여러 불법(佛法)을 명료히 알지 못한다면
다시 거듭하여 와서 돌아오며
이 겁비라성에 돌아오지 않으리라.

이때 보살은 2경(更)으로서 12유선나(踰膳那)를 갔고, 말에서 내렸으며 곧 영락을 풀고 차닉에게 알려 말하였다.

"그대는 말과 나의 영락의 장식을 가지고서 이곳에서 돌아가게."

그리고 게송을 설하여 말하였다.

이러한 말과 영락의 장식을
나의 친속(親屬)에게 전하게.
나는 지금 탐애(貪愛)를 버리고서
지금부터 법복(法服)을 입겠네.

이때 차닉이 이러한 말을 듣고서 큰소리로 통곡하며 슬픔과 오뇌를
느꼈고 눈물을 비처럼 쏟으면서 게송을 설하여 말하였다.

사자와 호랑이가 떼를 이루었고
우거진 숲에는 사나운 짐승의 자취인데
권속도 없이 혼자서
성자께선 어떻게 머무십니까?

보살은 이때 게송으로 설하여 말하였다.

태어남도 혼자 스스로 태어나고
죽음도 역시 스스로가 죽으며
괴로움도 도리어 스스로가 받아서
생사에는 동반자가 없다네.

이때 차닉은 다시 게송으로 설하여 말하였다.

그대께선 옛날에 항상 여러 코끼리와 말을 탔고
손과 발은 유연하여 아직 고통이 없었는데
칼날과 같은 돌이 가득한 이 땅에서
어떻게 이것을 견디며 살아가렵니까?

보살이 게송으로써 알려 말하였다.

가령 어릴 적에 교만하게 양육하였고
선현(善賢)이거나 여러 고독을 같이 하거나
용맹하고 두려움이 없으며 공경을 받아도
이러한 부류들도 모두 죽음으로 돌아간다네.

생로병사가 서로를 분주하게 싸우는데
빠르게 와서 일체 사람을 핍박하나니
남은 발원이 있더라도 관용이 없어서
능히 잠깐에 모든 것을 마멸시킨다네.

차닉이 알려 말하였다.

"태자여. 정반대왕이 만약 그대를 보지 못한다면, 너무나 반드시 크게
오뇌하여 곧 반드시 죽음에 이를 것입니다."

보살은 비록 이 말을 들었으나 이미 보리의 자량(資糧)을 오래전에
원만하게 얻었으므로 차닉의 말이 조금도 마음에 걸리지 않았다. 그때
보살은 곧 차닉의 손안에서 그가 잡고 있던 칼을 취하였는데, 그 칼은
가볍고 날카로웠으며, 푸른빛은 청련화(靑蓮花)의 잎과 같이 진하였다.
그 칼을 뽑아들고 곧 스스로가 머리카락을 잘라서 허공중에 던졌고,
석제환인은 허공의 가운데에서 곧바로 공손하게 받아들고서 삼십삼천(三
十三天)으로 가져갔으며, 매번 이날에 이르면 삼십삼천의 대중들을 모으고
그 머리카락을 잘랐던 땅을 돌면서 공양하였다. 신심이 있는 장자와
바라문들은 하나의 보탑(寶塔)을 경영하였고 할발지탑(割髮地塔)이라고
이름하였는데, 필추들과 재가인들이 항상 마땅히 공양하였다. 보살은
머리카락을 자르고서 차닉에게 알려 말하였다.

"그대는 나를 보아라. 모습을 훼손하니 마음은 다시 더욱 굳건하구나.
이와 같은 사람이 어찌 다시 인간세계로 되돌아가겠는가?"

122

차닉이 말하였다.

"그렇지 않습니다."

차닉은 곧 스스로가 사념하였다.

'지금 이 태자는 찰제리(刹帝利) 종족이고 마음에 높은 자만이 많다. 내가 비록 고언(苦言)을 하여도 결국 마음을 바꾸지 않을 것이다.'

이렇게 생각하고서 보살의 발에 예배하였고, 마왕인 건척도 역시 보살에게 예배하였으며, 혓바닥을 내밀어 보살의 발을 핥았다. 보살은 곧 백보륜(百寶輪)의 손으로 그 말의 등을 쓰다듬으면서 이렇게 말을 지었다.

"그대 건척이여. 떠나거라. 내가 보리를 증득한다면 항상 그대의 은혜를 생각하겠네."

차닉에게 알려 말하였다.

"그대는 반드시 마땅하게 나의 건척을 데리고 궁전 안에 들어가지 말게."

차닉은 슬프게 울었고 오열하면서 참지 못하였으며, 눈앞이 어지러워서 뒤돌아가는 길의 때에 보살의 앞을 바라보았다. 보살의 신덕력(神德力)을 까닭으로 2경(更) 동안에 곧 그곳에 이르렀으나, 나아가 차닉이 돌아가던 길은 7일이 지나서 비로소 본국(本國)에 이르렀다. 이미 성문에 이르렀으나 차닉은 생각하면서 말하였다.

"내가 만약 말과 함께 성으로 들어간다면 마땅히 대중들이 허물로 원망하게 될 것이고, 나의 목숨도 혹시 부지할 수 없을 것이다."

이때 차닉은 숲속으로 들어가서 또한 먼저 말부터 곧 성안으로 들여보냈다. 이때 건척은 성안으로 들어가서 곧바로 슬프게 울었고, 이때 궁전 안의 사람들과 관리들은 말이 우는 소리를 듣고 함께 모두가 분주하였으나, 보살을 볼 수가 없어 건척의 목을 안고서 슬프게 울면서 오뇌하였다. 그러나 축생유(畜生有)의 상법은 세간의 정을 이해하지 못하는 것이 없는데, 하물며 이 마왕(馬王)임에랴!

이때 건척은 여러 사람들이 서럽게 울부짖고 감정이 상한 것을 보고 그 기운이 끊어져서 곧 죽음에 이르렀다. 그러나 이 건척은 옛날부터 육종근사(六種勤事)를 갖추었으므로 바라문의 가문에 그 태를 받았는데, 만약 보살이 무상의 도를 얻는 때에는 마땅히 말할 것이다.

“그대 악한 성품의 말이여. 곧 숙세의 염원을 얻어 생사의 두려운 길을 뛰어넘고, 구경열반의 언덕에 오르라.”

이때 보살은 가사(袈裟)가 필요하였는데 무비성(無比城)의 안에 한 거사가 있었다. 재물과 보배가 부유하고 풍성하여 창고가 차고 넘쳤으며, 여러 권속이 많아서 벽실라마나천왕(薜室羅末拏天王)과 같았다. 이때 그 거사는 그와 같은 종족의 가운데에서 여인을 취하여 아내로 삼았고, 아내를 얻고서 함께 서로가 오락하였다. 세속적인 예(禮)가 화합한 인연으로 한 아들을 낳았고, 이와 같이 나아가 10명의 아들을 낳았는데, 모두가 출가하여 벽지불(辟支佛)의 도를 증득하였다. 이때 그 어머니는 열 명의 아들들에게 삼베옷을 주었다. 이때 열 명의 아들이 함께 알려 말하였다.

“우리들은 지금 곧 열반에 들어갈 것이므로 이 옷이 필요가 없습니다.”

이때 열 명의 벽지불이 어머니에게 알려 말하였다.

“정반왕의 아들인 석가모니가 마땅히 아뇩다라삼먁삼보리(阿耨多羅三藐三菩提)를 얻을 것입니다. 원하건대 어머니는 이 옷을 가지고 그에게 베풀어 주신다면 반드시 마땅하게 무량한 과보를 얻을 것입니다.”

이렇게 말하고서 곧 궁전 안에서 18종류의 변화를 나타내었고, 불로 변화되었으며 멸(滅)하여 무여열반(無餘涅槃)에 들어갔다. 그 어머니는 나이가 많아서 피곤하였고 병이 있어 죽고자 하였으므로 그 옷을 가지고 딸에게 부탁하였고, 앞의 일을 갖추어 설명하였다. 이때 딸은 뒤의 때에 병이 들어 장차 목숨을 마치려고 하였으므로 다시 그 옷을 가지고 나무 위에 걸어두고 공중의 수신(樹神)에게 알려 말하였다.

“지금 이 옷은 나를 위하여 수호(守護)하고서 정반왕의 왕자가 출가하는 날을 기다려서 마땅히 그에게 전해 주십시오.”

이때 천제석은 그 하계(下界)를 관찰하였고 나아가 이 옷이 나무의 공중에 있는 것을 보고 곧 가서 취하여 자신의 몸에 입었으며 늙은 사냥꾼으로 변화하여 활과 화살을 들고서 보살에게 접근하였다. 보살이 알려 말하였다.

"그것은 출가인의 옷이고 나의 옷은 귀하고 묘한 재가인의 옷이므로 지금 서로가 교환하여 얻으면 어떻겠소?"

사냥꾼이 알려 말하였다.

"나는 서로 바꾸지 않겠소. 왜 그러한가? 내가 만약 그대의 좋은 옷을 취하여 입고 인간세상을 다닌다면, 혹은 보는 사람들이 있다면 곧 말할 것이오. '내가 그대를 죽이고 그대의 이 옷을 취하였구나.'"

보살이 알려 말하였다.

"그대 사냥꾼이여. 마땅히 아시오. 일체의 세간에서 소유한 사람들은 모두가 나에게 용맹과 지혜가 있어 능히 죽일 수가 없다는 것을 아는데, 누가 장차 이것으로 능히 나를 죽였겠는가? 그대는 두려워 마시오."

이때 제석천은 곧 무릎을 꿇고 옷을 보살에게 받들었다. 그때 보살은 옷을 얻고서 곧바로 옷을 입었는데, 옷은 작고 몸은 커서 몸을 두루 덮지 못하였으므로 이렇게 생각을 지으며 말하였다.

"이 출가복(出家服)을 수용할 수 없구나. 만약 위력이 있다면 원하건대 스스로가 커져서 지금 나의 몸을 덮어라."

보살과 천인들의 위력의 힘을 까닭으로 그 옷은 곧 커졌다. 보살은 그때 다시 스스로가 생각하면서 말하였다.

"내가 지금 이 옷을 입고서 출가상(出家相)을 갖추었으니 마땅히 여러 고뇌하는 자들을 구제하리라."

곧 이전에 입었던 세밀하고 묘한 옷을 가지고 제석천에게 주었는데 천제석은 얻고 장차 삼십삼천에게 돌려주어서 옷을 바꾸었던 곳에서 공경하고 공양하게 하였다. 여러 바라문과 거사와 장자들이 함께 이 땅에 하나의 제저(制底)를 조성하였고, 수출가의탑(受出家衣塔)이라고 이름하였다.

그때 보살은 이미 머리카락을 깎고 가사를 입고서 숲속의 여러 곳을 돌아다니면서 파가파(婆伽婆) 선인(仙人)이 있는 곳에 이르렀다. 그 선인이 손으로 턱을 괴고 사유(思惟)하면서 머무르고 있는 것을 보고 보살이 물었다.

"대선이시여. 무슨 까닭으로 이렇게 사유를 지으십니까?"

선인이 알려 말하였다.

"나의 주처(住處)에 다라수(多羅樹)가 있는데, 이전에는 금화(金花)와 금과(金果)가 생겼으나, 갑자기 지금 때에 꽃과 열매가 스스로 떨어졌고, 나는 지금의 때에 이 일을 사유하고 있소."

보살이 알려 말하였다.

"이 꽃과 과일의 주인은 여러 생로병사 핍박의 모두를 두려워하여 출가하여 수도(修道)하고 있는 까닭으로서 꽃과 과일이 스스로가 떨어진 것입니다. 만약 꽃과 열매의 주인이 출가하지 않았다면 마땅히 정원(園苑)이 되었을 것입니다."

이때 선인은 이러한 말을 듣고 곧바로 눈을 들어 보살을 자세히 바라보았고, 보살의 위의와 용모가 단정함을 보고 곧 스스로가 사유하면서 보살에게 알려 말하였다.

"출가한 사람이 어찌 그대이겠는가?"

대답하여 말하였다.

"나입니다."

이때 선인은 곧 크게 놀랐고 기뻐하면서 눈을 뜨고 보살을 똑바로 살펴보고서 곧 몸을 굽혀서 앉게 하였고 여러 꽃과 과일로써 공경스럽게 공양하였다. 보살이 잠깐 사이에 앉았으며 선인에게 물어 말하였다.

"지금 이 땅에서 겁비라성까지는 몇 리(里)입니까?"

선인이 알려 말하였다.

"12유선나(踰膳那)입니다."

보살이 생각하면서 말하였다.

"이곳은 도성이 매우 가까워서 여러 석가 종족들의 숫자가 적지 않을 것이므로 서로에게 번잡하고 어지러운 것이 두렵구나. 나는 마땅히 강가하(殑伽河)를 건너야겠다."

이렇게 생각을 짓고서 곧 강가하를 건넜고 점차 유행(遊行)하여 왕사성에 이르렀다. 보살은 이미 선교(善巧)의 힘이 있었고 일체의 지혜를 갖추었으므로 가라비라구나(迦囉毘囉拘那)를 취하여 11개의 잎을 엮어서 하나의 발우를 지었고 위의(威儀)가 적정(寂靜)하게 성안에 들어가서 걸식하였다. 이때 빈비사라왕(頻毘娑羅王)은 누각에 있었고 관망(觀望)하면서 멀리서 보살을 보았는데 행보(行步)가 단정하고 여법(如法)하게 승가지(僧伽胝)를 입었으며 하나의 발우를 봉지(捧持)하고 여법한 시선과 위의로 침착하고 안정되었으며 차례로 걸식하고 있었다. 이러한 일을 보고 혼자서 스스로가 생각하며 말하였다.

“우리 왕사성의 여러 출가인 가운데에서 이와 같은 자는 아직 없다.”
게송으로 설하여 말하였다.

나는 지금 출가를 찬탄하나니
이와 같이 어질고 선한 자라면
생사를 사유하였던 까닭으로
그 사람은 출가를 선택하였네.

재가에서 여러 고통에 핍박되어
분예(糞穢)3)가 와서 심하게 압박받았고
출가하여 선열(禪悅)을 맛보고자
지혜로운 자는 즐거이 출가하였네.

몸과 마음이 함께 출가하였고
여러 악은 모두 버리고 떠났으며
구업도 역시 청정하나니
정명(正命)으로 스스로가 살아간다네.

---

3) 더러운 똥이라는 뜻이다.

성(聖)스럽게 마갈국(摩竭國)을 유행하여
점차로 왕사성에 이르렀으며
섭수한 마음으로 선념(禪念)에 있으면서
차례로 다니면서 걸식한다네.

국주(國主)가 높은 누각에 있으면서
멀리서 이러한 성자를 보고서
곧 환희심을 일으켰고
여러 가까운 신하에게 알려 말하였네.

"그대들은 마땅히 그를 보시오.
수승한 상(相)을 모두 구족하였고
모습과 용모도 매우 단엄(端嚴)하며
땅을 보면서 여법하게 걷는구려.

지혜로운 자는 멀리 보지 않나니
이 자는 비천한 종족이 아닐 것이므로
곧 사자(使者)를 시켜서 보게 할 것인데
그는 어느 곳에 머무르고 있는 것인가?"

사자는 왕명을 받들고서
곧 그 사람에게 따라가서
이 출가인은 마땅히 어디가
주처인가를 관찰하였네.

그는 차례로 걸식하면서
여섯 집의 대문에 이르렀고
발우 안에 음식이 찼으므로

여법하게 그 발우를 받들었네.

보살은 걸식을 마치고서
묵연히 성 밖으로 나갔으며
그 반다림(般茶林)으로 가서
청정하게 스스로가 앉아 있었네.

사자가 거처를 이미 알았고
곧 한 사람을 보내 지키게 하였으며
하나를 알리고 빨리 성안으로 돌아와서
그의 국왕에게 알려 말하였네.

대왕이시여. 그 필추는
지금 반다산에 있으며
용맹한 호랑이 새끼와 같이 앉았고
사자와 같이 산에 머물고 있습니다.

대왕은 이러한 말을 듣고서
곧 여러 보배 수레에 올라
여러 신하들에게 둘러싸여서
빠르게 그의 거처로 나아갔다네.

그 반다산에 이르렀고
왕은 수레에서 내렸으며
걸어서 보살 앞으로 나아가서
곧바로 보살을 보았다네.

공경하며 서로가 문신(問訊)하였고

왕은 곧 서로가 마주하였는데
그가 적정하게 머무는 것을 보고
곧 이렇게 말을 지었다네.

그대는 젊은 필추이고
지금 이렇게 장성한 때이며
단엄하고 기예(技藝)도 많은데
어찌하여 스스로가 걸식하는가?

그대는 태생은 어느 종족인가?
나는 그대에게 집과 동산과
아울러 여러 채녀를 주어서
여러 종류를 구족하게 하겠소.

보살은 이러한 말을 듣고
게송으로 대답하여 말하였네.

대왕이여. 한 나라가 있어
설산(雪山)의 옆에 자리하는데
재물과 음식이 매우 풍족하여
교살라(憍薩羅)라고 이름한다네.

감자(甘蔗)를 교답(喬笤)이라고 말하는데
그 가운데에는 석가종족이 머무는 곳이고
나는 찰제리 종족이며
세간의 욕망을 즐거워 않는다네.

만약 사람이 대지를 부린다면

산림과 바다와 강물의
여러 진귀한 보배를 갖추더라도
탐심은 오히려 만족하지 않는다네.

땔나무로서 맹렬한 불에 던지듯이
탐욕도 역시 이와 같아서
험한 길의 중간이 두려우면
마부는 항상 근심하고 두려워하네.

여러 괴로움은 탐욕이 뿌리가 되고
능히 선법(善法)을 뒤덮으므로
나는 옛날에 출가하던 때에
여러 욕심을 모두 버렸다네.

비유하면 큰 설산은 바람이 불어도
오히려 움직이지 않는 것과 같이
내 마음은 해탈에 의지하여
여러 욕망에도 끌려가지 않는다네.

세간의 욕망은 구르고 치달리며
생사의 바퀴는 항상 구르는데
국주는 오직 나를 능히
여러 두려움에서 해탈시키십시오.

나는 욕망의 허물과 과실을 알았고
열반의 적정도 보았으므로
나는 지금 마땅히 버리고서
청정한 즐거움으로 나아가리라.

이때 빈비사라왕은 이러한 말을 듣고서 보살에게 물어 말하였다.

"그대 출가한 사문이여. 이러한 고행을 지으면서 무슨 원이 있소?"

보살이 알려 말하였다.

"아뇩다라삼먁삼보리를 얻기 원합니다."

왕이 말하였다.

"그대가 만약 도를 얻는다면 마땅히 나를 기억하시오."

알려 말하였다.

"그대의 원을 의지하겠습니다."

이렇게 말을 마치고서 보살은 곧 기사굴산(耆闍崛山) 옆의 선인림(仙人林) 아래로 갔으며, 그곳에 이르러 그 선인 대중들의 행주좌와(行住坐臥)를 따랐다. 그들의 고행을 보았는데 항상 한 발을 들고 있으면서 1경(更)에 이르면 쉬었고, 보살도 역시 한 발을 들고 있으면서 2경(更)에 이르면 쉬었다. 그들의 고행을 보았는데 오열자신(五熱炙身)[4]으로 1경에 이르면 쉬었고, 보살 역시 오열지신으로 2경에 이르면 비로소 쉬었다. 이와 같은 고행은 모두 그들의 두 배였으므로 선인들이 보고 모두가 서로 의논하며 말하였다.

"이 자는 대지행(大持行)의 사문(沙門)이다."

오히려 이러한 인연을 까닭으로 대사문(大沙門)이라고 이름하였다. 이때 보살은 여러 선인에게 물었다.

"여러 대선께서는 이와 같은 고행으로 무슨 발원이 있습니까?"

한 선인이 알려 말하였다.

"우리는 제석천왕이 되기를 원합니다."

다시 선인이 알려 말하였다.

"우리는 대범천왕이 되기를 원합니다."

한 선인이 또한 말하였다.

---

4) 사방(四方)에 불을 피우고 태양의 따가운 열기를 몸에 쪼이며 견디는 수행을 말한다. 오체(五體), 즉 두 팔과 두 다리 및 머리 모두를 뜨거운 불 위에 두는 것으로 외도들의 고행법의 하나이다.

"우리는 욕계(欲界)의 마왕(魔王)이 되기를 원합니다."

보살은 그때 이러한 말을 듣고 곧 스스로가 사념하였다.

'이 선인들은 천상과 인간에서 윤회가 끊어지지 않겠구나. 이것은 사도(邪道)이고 청정도(淸淨道)가 아니다.'

보살은 이미 선인들이 깨끗하지 않는 도를 행하는 것을 보았으므로 곧바로 그것을 버리고서 가라라(歌羅羅) 선인의 처소로 나아갔다. 합장하고 공경스럽게 서로를 마주하고 앉았으며 그 선인에게 물어 말하였다.

"그대의 스승은 누구입니까? 나는 함께 범행(梵行)을 배우고자 합니다."

그 선인이 알려 말하였다.

"인자(仁者)인 교답마(喬答摩)여. 나에게는 존자(尊者)가 없습니다. 그대가 배우려고 한다면 장애가 없는 뜻을 따르시오."

보살이 물어 말하였다.

"대선(大仙)께서는 무슨 법과(法果)를 얻었습니까?"

선인이 알려 말하였다.

"인자인 교답마여. 나는 무상정(無想定)을 얻었습니다."

보살이 이러한 말을 듣고 혼자서 이렇게 생각을 지었다.

'가라라가 신심(信心)이 있다면 나도 역시 신심이 있고, 가라라가 정진(精進)이 있고 염(念)이 있으며 선이 있고 지혜가 있다면 나도 역시 그것들이 있다. 가라라 선인이 보아서 얻었고, 많은 법이 허락된 것과 같으며, 나아가 무상정(無想定)을 이르렀다면 이와 같은 법을 내가 어찌 얻지 못하겠는가?'

이때 보살은 묵연히 떠나갔고 그 여러 법을 생각하였다. 얻지 못한 것을 얻고자 하였고, 증득하지 못한 것을 증득하고자 하였으며, 보지 못한 것을 보고자 하였다. 보살은 혼자서 한가로운 숲속에 있으면서 오직 이러한 도(道)를 생각하였고 부지런히 정진하였다. 이러한 일을 짓고 오래지 않아서 곧 이러한 법을 보았고 증득하였다. 이러한 법을 얻고서 나아가 가라라 선인의 처소에 돌아와서 가라라에게 알려 말하였다.

"지금 그대는 이 법과 나아가 무상정을 어떻게 스스로 얻었습니까?"

그 선인이 알려 말하였다.

"그렇소. 교답마여. 나아가 무상정까지 내가 스스로 그것을 증득하였소."

보살이 알려 말하였다.

"인자여. 이러한 지혜와 나아가 무상정까지를 나도 역시 얻었습니다."

선인이 알려 말하였다.

"교답마여. 그대가 이미 얻은 것을 나도 역시 얻었고, 내가 이미 얻은 것을 그대도 역시 그것을 얻었소. 지금 우리 두 사람은 이러한 법의 뜻과 이치를 한 종류로 얻은 까닭으로, 이것을 제자들에게 함께 교수(敎授)합시다."

이 가라라 선인은 곧 보살의 첫 번째의 교수아차리야(敎授阿遮利耶)이다. 그 가라라 선인은 보살의 지혜를 까닭으로 환희하며 공양하였으며 친하고 좋게 머물렀다. 보살은 이때 이와 같이 생각을 지었다.

'지금 이러한 도법(道法)은 지혜도 아니고, 증견(證見)도 아니며, 아뇩다라삼먁삼보리를 얻을 수도 없으므로, 이것은 깨끗하지 못한 도인 까닭이다.'

보살은 알고서 가라라 선인에게 알려 말하였다.

"인자여. 잘 계십시오. 나는 지금 떠나겠습니다."

보살은 이때 산림을 유행하면서 수달단정(水獺端正)의 선자(仙子)를 보았다. [구역(舊譯)에서 '울두람(鬱頭藍)'이라고 말한 것은 잘못이다.] 곧 가까이 가서 친근하고 공손하게 문신하였으며, 그 선인에게 알려 말하였다.

"그대의 스승은 누구입니까? 나도 함께 수학하겠습니다."

그 선인이 알려 말하였다.

"나에게는 존자가 없습니다. 그대가 배우려고 한다면 장애가 없는 뜻을 따르시오."

보살이 물어 말하였다.

"그대는 무슨 도를 얻었습니까?"

그 선인이 알려 말하였다.

"인자인 교답마여. 나는 나아가 비비상정(非非想定)을 얻었소."

보살이 이러한 말을 듣고 혼자서 이렇게 생각을 지었다.

'이 수가라 선인이 신심이 있다면 나도 역시 신심이 있고, 정진이 있고 염이 있으며 선이 있고 지혜가 있다면 나도 역시 그것들이 있다. 그가 이와 같은 법을 얻었고 나아가 비비상정을 얻었다면, 내가 어찌 얻지 못하겠는가?'

이때 보살은 묵연히 떠나갔고 그 여러 법을 생각하였다. 얻지 못한 것을 얻고자 하였고, 증득하지 못한 것을 증득하고자 하였으며, 보지 못한 것을 보고자 하였다. 곧 한가로운 숲속으로 가서 오직 이러한 도를 수행하였고 부지런히 정진하였으며 오래지 않아서 나아가 비상비비상정(非想非非想定)을 얻었다. 이러한 정을 얻고서 수달 선인의 처소에 돌아와서 그 선인에게 알려 말하였다.

"지금 그대는 이 법을 어떻게 스스로 얻었습니까?"

대답하여 말하였다.

"그렇소."

보살이 또한 말하였다.

"대선이여. 이러한 지혜와 나아가 비상비비상정을 나도 역시 얻었습니다."

수달이 알려 말하였다.

"그대가 이미 얻은 것을 나도 역시 얻었고, 내가 이미 얻은 것을 그대도 역시 그것을 얻었으므로 우리 두 사람이 함께 머무르며 제자들을 교수합시다. 왜 그러한가? 얻은 법이 같은 까닭이오."

보살은 그때 이와 같이 생각을 지었다.

'이러한 도는 지혜가 아니고 정견(正見)도 아니며, 아뇩다라삼먁삼보리 과를 얻을 수 없는 깨끗하지 못한 도이다.'

그 선인에게 알려 말하였다.

"그대는 지금 잘 머무르시오. 나는 떠나겠소."

이 선인은 보살의 두 번째의 아차리야이다. 보살은 이때 숲속을 유행하였다. 이때 정반왕은 보살을 억념(憶念)하고서 사람들을 시켜서 서로가 도로를 살펴보고 숲속에 있는 모든 아는 곳을 찾아보게 하였고, 태자가 그 수달 선인과 하직하고 시자(侍者)도 한 명이 없이 홀로 숲속을 다닌다는 것을 듣고서 곧 동자 300명을 뽑았고 가서 태자를 모시게 하였다. 천시성왕(天示城王)도 이러한 일을 듣고 다시 200명의 동자를 뽑았고 가서 태자를 모시게 하였으므로 이와 같이 500의 동자에게 둘러싸여 보살은 여러 산에서 뜻을 따라서 유관(遊觀)하였다. 이때 보살은 곧 이렇게 생각을 지었다.

'나는 지금 숲속에서 적정하게 머물고자 하는데, 그 많은 사람들에게 둘러싸여서 감로(甘露)를 구할 수 없구나. 그러므로 나는 마땅히 다섯의 시자를 남기고 나머지는 되돌려 보내야겠다.'

이때 보살은 어머니의 종친 가운데에서 두 사람을 남겼고, 아버지의 종친 가운데에서 세 사람을 남겼다. 이 다섯 사람은 보살의 일을 잘 받들었고 나머지는 각자 본국으로 되돌아갔다. 이때 보살은 이 다섯 사람에게 에워싸여서 함께 가야성(伽耶城) 남쪽에 머물렀고, 오류빈라(烏留頻螺)의 서쪽의 나야니(那耶尼) 취락(聚落)에서 머물렀다. 사방을 유행하면서 니련선하(尼連禪河) 근처에서 한 수승한 땅을 발견하였는데, 수림(樹林)이 아름답고 무성하였으며 그물이 맑고 시원하였다. 아래에는 깨끗한 모래 언덕이 있었고, 평평하며 물이 가득하여서 취하기가 쉬웠으며, 들판에는 푸른 풀이 펼쳐져 있었고, 언덕은 넓고 제방은 높았으며 여러 꽃과 나무들이 언덕 위에서 무성하여 매우 수승하였다. 보살은 이러한 수승한 땅을 보고 이렇게 생각을 지었다.

'이 땅은 수목이 무성하고 그 물이 맑고 시원하며, 아래에는 부드러운 모래가 있고, 언덕은 평평하고 물이 많아서 취하기가 쉬우며, 푸른 풀이 펼쳐져 있고 언덕은 넓고 제방은 높으며 여러 꽃과 나무들이 언덕 위에 무성하여 매우 수승하므로 만약 사람이 있어 선정과 지혜를 닦는 것을 즐거워한다면 이곳에 기거할 것이다.

나는 지금 이 땅에서 여러 적정(寂定)을 생각하고, 이 수림의 가운데에서 여러 번뇌를 끊어야겠다.'

보살은 이렇게 생각을 짓고서 곧 나무 아래에 단정히 앉아서 혀를 입천장에 붙이고 양쪽의 이빨들을 합하였으며, 호흡을 잘 조절하였고, 그 마음을 거두어 머물렀으며, 마음을 절복(摧伏)하였고 억누르며 살피고 재촉하였으므로 모든 털구멍에서 땀이 흘러나왔다. 오히려 용맹한 군사가 약한 사람을 잡고서 꺾고 비틀며 억누르면서 다시 그의 마음을 괴롭히면 그 사람은 마땅히 곧 온몸에서 땀이 흐르는 것과 같이 보살도 그 몸과 마음을 역시 이와 같이 절복하였다. 이것을 인연으로 점차 정진하였고, 일찍이 잠시도 쉬지 않았으므로 몸이 경안(輕安)해져서 장애가 없는 것을 얻었으며, 순조롭고 곧은 그 마음에는 의혹이 없어졌다. 보살은 이와 같이 극심한 고고(苦苦)[5]와 불락고(不樂苦)를 지었고, 비록 여러 고통을 받았으나 그 마음은 오히려 능히 정정(正定)에 안주하지 못하였다. 이때 보살은 다시 이렇게 생각을 지었다.

'나는 지금 여러 근(根)을 닫고 막아서 방일하지 않게 하고, 숨차거나 움직이지 않게 하면서 적연하게 머물러야겠다.'

먼저 그 기운(氣)을 거두어들여서 들어가고 나가지 않게 하였다. 기운이 나가지 않았던 까닭으로 기운은 올라가서 정수리에 부딪혔고, 보살은 인연으로 마침내 정수리가 아팠는데, 오히려 역사(力士)가 여러 쇠방망이로 약한 사람의 정수리를 때리는 것과 같았다. 보살은 이때 점차 더욱 정진하였고, 물러나려는 마음을 일으키지 않았던 까닭으로 몸의 경안을 얻었으며, 수순(隨順)하는 그 수행을 따라 그 마음으로 오직 정진하여 의혹이 없어졌다. 이와 같은 여러 종류를 스스로 강하게 살피고 재촉하며 심한 고고와 불락고를 받고서 인욕하였으나 오히려 정정을 얻지 못하였다. 왜 그러한가? 여러 생을 따라서 훈습(熏習)이 많았던 까닭이었다. 보살은 다시 이렇게 생각을 지었다.

---

5) 삼고(三苦)의 하나로서 격심한 추위나 더위, 통증과 갈증 등과 같이 몸으로 느끼는 감각적인 괴로움을 가리킨다.

'나는 지금 마땅히 점차 더욱 부지런히 여러 근(根)을 닫고 막아서 기운을 안의 선정으로 옹호해 들어가야겠다.'

이렇게 생각을 짓고 곧 기운을 막았고 숨을 쉬지 못하게 하였으므로 그 기운은 다시 정수리로부터 내려와서 귀에 부딪혔고, 기운이 가득하여 귀가 없어져서 오히려 쌓인 기운은 자루를 모아둔 것과 같았다. 입으로 이와 같은 여러 종류의 고통을 받았으나 나아가 능히 바른 정정을 얻지 못하였다. 왜 그러한가? 오랜 세월의 시간에 훈습이 많았던 까닭이었다. 보살은 다시 이렇게 생각을 지었다.

'나는 마땅히 두 배로 정진하며 안으로 그 기운을 거두어들여서 그 창자(脹)를 채워서 선정에 들어가야겠다.'

그 입과 코를 닫았고 그 기운을 모두 막아서 기운이 나오지 못하게 하였으므로 곧 아래의 배(腹)와 오장(五臟)으로 들어가서 모두가 채워졌다. 그 배는 곧 창자를 자루와 같이 부풀게 했고, 다시 공용(功用)을 주었는데 그 몸은 경안하였으며, 수행하는 것에 수순하여 그 마음이 오로지 안정되어 의혹이 없어졌다. 보살은 이와 같은 여러 종류의 고통을 받았으나 그 마음이 오히려 정정에 들어가지 못한 것은 많은 시간에 훈습이 물들었던 까닭이었다. 보살은 다시 이렇게 생각을 지었다.

'나는 지금 두 배로 창자를 채워서 선정에 들어가야겠다.'

이렇게 선정에 들어가서 그 기운을 막았으므로 그 기운이 위로 올라가서 정수리에 부딪혔고 그 정수리에 통증이 맺혔는데, 오히려 역사(力士)가 약한 사람을 그 끈으로 얽어매는 것과 같아서 머리와 정수리가 모두 창자처럼 부풀어졌다. 보살은 이와 같은 여러 최고의 극심한 고통을 받았으나 나아가 능히 정정을 얻지 못하였다. 왜 그러한가? 오랜 시간에 훈습이 많았던 까닭이었다. 보살은 다시 이렇게 생각을 지었다.

'나는 지금 두 배의 공용을 가하여 창자를 채워서 선정에 들어가야겠다.'

그 선정에 들어가고서 그 기운이 창자에 가득하여 배에 통증이 맺혔는데, 도우인(屠牛人)[6]이 그 날카로운 칼로 소의 배를 찌르는 것과 같았다. 보살은 이와 같은 고통을 받았으나 나아가 능히 정정을 얻지 못하였다. 왜 그러한가? 오랜 시간에 물들었던 훈습이 많았던 까닭이었다. 보살은 다시 이렇게 생각을 지었다.

'나는 지금 두 배로 정진하고 창자를 채워서 선정에 들어가야겠다.'

이미 선정에 들어가서 입과 코를 닫고 막았으므로 그 기운이 창자에 채워지고 온몸에 두루 펴져서 그 몸이 뜨거워진 것이 오히려 두 사람의 역사가 약한 사람을 잡고 맹렬한 불 속에 넣은 것과 같았다. 보살은 이와 같은 여러 고통을 받았으나 나아가 능히 정정을 얻지 못하였다. 보살은 다시 이렇게 생각을 지었다.

'나는 지금 여러 음식을 끊어야겠다.'

이때 여러 천인들은 보살이 여러 음식을 끊은 것을 보고 보살의 처소에 나아가서 알려 말하였다.

"대사(大士)이시여. 그대는 지금 인간의 음식을 싫어하므로, 우리들은 감로로서 보살의 모공에 넣어주는 것을 원합니다. 그대는 마땅히 받아주십시오."

보살은 곧 이렇게 생각을 지었다.

'일체의 여러 사람들은 이미 내가 인간의 음식을 끊었다는 것을 알고 있는데, 지금 감로를 받는다면 곧 망어(妄語)가 성립되어 일체중생의 삿된 견해와 같은 것이다. 망어와 삿된 견해를 까닭으로 몸이 죽은 뒤에 악취(惡趣)인 지옥 가운데에 떨어지는 것이다. 나는 지금 마땅히 이러한 일을 받지 않겠노라. 그러나 나는 지금 마땅히 인간의 음식을 조금 먹겠노라. 혹은 소두(小豆)[7]·대두(大豆)[8]·견우자(牽牛子)[9]를 삶고서 그 즙을 취하여 날마다 조금씩 먹어야겠다.'

이렇게 생각을 짓고서 천인들의 말을 받아들이지 않았다. 마침내 소두와

---

6) 소를 잡는 백정을 가리킨다.
7) 팥을 가리키는 말이다.
8) 콩을 가리키는 말이다.
9) 메꽃과의 나팔꽃의 씨를 말하는데 푸르거나 붉은 꽃의 씨는 흑축(黑丑)이고, 흰꽃의 씨는 백축(白丑)이라고 말한다. 성질은 차고 맛은 쓰며 독이 있는데, 수종(水腫)을 낮게 하고 풍독을 없애며 고독(蠱毒)을 없애는 효능이 있다.

대두 및 견우자를 삶아서 취한 그 즙을 조금씩 먹었다. 이 보살의 신체의 지절(肢節)[10]이 마르고 수척하여 살이 없어서 80세 여인의 지절이 마르고 초췌한 것과 같이 보살도 여위고 수척함이 역시 다시 이와 같았다.

이때 보살은 이때 소식(少食)하였던 까닭으로 머리와 정수리가 아프고 말랐다가 다시 시큰거리면서 부었는데, 익지 않은 열매의 줄기를 끊고 그 줄기를 햇볕에 쪼이면 시들듯이 보살의 머리와 정수리도 역시 다시 이와 같았다. 보살은 이렇게 더욱 정진하여 몸의 경안을 얻었으며, 생각하는 것을 따라서 닦았고 여러 종류의 고통을 받았으나, 나아가 마음은 능히 정정을 얻지 못하였다.

보살은 소식을 까닭으로 눈동자가 곧 들어가서 오히려 사람에게 눈이 파내어진 것과 같았고, 우물 속에서 보이는 별과 같았는데 보살의 눈동자도 역시 다시 이와 같았다. 이에 보살은 다시 두 배로 정진하여 여러 고통을 받았으나 나아가 능히 정정을 얻지 못하였다. 왜 그러한가? 오랜 시간에 물들었던 훈습이 많았던 까닭이었다. 보살은 다시 이렇게 생각을 지었다.

보살은 소식을 까닭으로 양쪽 갈비뼈의 가죽과 뼈가 마르고 비어서 높고 낮았으므로 오히려 300년 된 초가집과 같았는데, 보살의 양쪽 옆구리도 역시 이와 같았다. 보살은 이때 더욱 부지런히 생각하며 여러 고통을 받았으나 나아가 능히 정정을 얻지 못하였는데, 많은 시간에 훈습되었던 까닭이었다.

보살은 소식을 까닭으로서 등뼈가 굽어서 오히려 공후(箜篌)와 같았고, 일어서려고 하면 곧 엎어졌고, 앉고자 한다면 또한 넘어졌으며, 허리를 단정하게 세우고자 하여도 상체와 하체가 따라주지 않았다. 보살은 매우 피로하였고 나아가 이와 같아서 손으로 몸을 문질렀는데 여러 털이 빠져서 떨어졌다. 보살은 다시 이렇게 생각을 지었다.

'지금 내가 행한 것은 정지(正智)와 정견(正見)이 아니므로 능히 무상보리에 이를 수 없는 것이다.'

---

10) 팔과 다리의 뼈마디를 가리키는 말이다.

근본설일체유부비나야파승사 제5권

삼장법사 의정 한역

석보운 번역

그때 3명의 천인(天人)이 있었는데 보살의 처소에 나아가서 보살의 몸을 보고 번갈아 서로에게 의논하며 말하였다. 그 첫째의 천인이 말하였다.

"이 교답마는 흑사문(黑沙門)입니다."

둘째의 천인이 말하였다.

"이 교답마는 담색사문(黯色沙門)입니다."

그 셋째의 천인이 말하였다.

"흑색도 담색도 아니고 창색사문(蒼色沙門)입니다."

천인들이 의논한 인연을 까닭으로 보살은 세 가지의 이름을 얻었고, 보살의 처소에 있었던 몸 위의 광택도 모두 없어졌다. 보살은 이때에 이전에 들어보지 못하였으나 마음속에서 세 종류의 비유(譬喩)인 변재(辯才)가 스스로 생겨났다. 무엇을 세 종류라고 말하는가? 첫째는 젖은 나무를 물속에서 건져냈으나 부싯돌(火鑽)도 역시 젖었는데, 어느 사람이 멀리서 와서 불을 구하였고 젖은 부싯돌로 젖은 나무에 불을 생겨나게 하였어도 불이 생겨나지 않는 법이다.

만약 어느 사문과 바라문이 몸은 비록 욕망을 여의었으나 마음에서 오히려 염애(染愛)하여 탐욕(耽欲)·탐애(耽愛)·착욕(着欲)·처욕(處欲)·열욕(悅欲)·반욕(伴欲) 등의 이러한 것이 항상 마음속에 있음과 같은 것이다. 그 여러 사람들은 비록 그 몸으로 고통을 받고 여러 지극한 고통을 받으며 여러 산독(酸毒)을 받으며 이와 같이 받을지라도 정지(正智)도 아니고 정견(正見)도 아니므로 능히 무상(無上)의 정도(正道)를 얻을 수 없는 것이다.

둘째는 젖은 나무가 물가에 있는 것이니, 어느 사람이 멀리서 와서 불을 구하면서 마른 부싯돌로서 그 젖은 나무에 불을 붙이면서 비록 불을 얻고자 하여도 불을 얻을 법이 없는 것이다. 이와 같이 사문과 바라문이 몸은 비록 욕심을 벗어났으나, 마음은 오히려 염애하여 여러 욕망의 가운데인 탐욕·애욕·착욕·처욕·열욕·반욕 등의 이와 같은 과실이 항상 몸과 마음에 있으므로 비록 그 몸으로 고통을 받고 극도의 고통(苦忍)과 여러 산독을 받으며 이와 같이 받을지라도 정지도 아니고 정견이 아니므로 능히 무상의 정도를 얻을 수 없는 것이다.

셋째는 썩은 나무가 젖지 않았으나 축축한 언덕에 있는 것이니, 사람이 있어 불을 구하면서 비록 부싯돌로 불을 지피고자 하여도 불이 일어나지 않는 법이다. 이와 같이 사문과 바라문이 몸은 비록 욕심을 떠났으나 마음은 오히려 염애하여 고통을 받을지라도 정지도 아니고 정견이 아니므로 능히 무상의 정도를 얻을 수 없는 것이다.

보살은 그때 이러한 비유를 깨닫고서 스스로가 이렇게 생각을 지었다. '나는 지금 마땅히 하루에 깨알 하나를 먹어야겠다.'

비록 깨알 하나를 먹었으나 항상 불타는 굶주림에 시달려서 그 몸의 지절은 점차 다시 마르고 수척해졌다. 굶주림의 불꽃이 멈추지 않았으므로 다시 하루에 멥쌀 하나를 먹었으나 굶주림의 불꽃은 멈추지 않았고, 다시 하루에 구라(拘羅) 하나를 먹었으나 오히려 다시 마르고 수척해졌다. 하루에 필두(蓽豆) 하나를 먹었으나 오히려 마르고 초췌하였고, 다시 하루에 감두(甘豆) 하나를 먹었으나 오히려 마르고 수척해졌으며, 하루에 콩 하나를 먹었으나 오히려 다시 피곤하고 초췌하였다.

그때 정반왕은 이렇게 고행하는 것을 듣고 오뇌(懊惱)하면서 눈물을 흘렸고 여러 궁인들과 채녀들은 몸의 영락을 풀어놓고, 풀을 깔고 앉았으며, 역시 다시 하루에 깨 하나와 쌀 하나 및 콩 하나를 먹었다. 이때 야수타라는 소식하였던 까닭으로 회임이 점차 손실되었다. 왕은 이 일을 듣고 이렇게 생각을 지었다.

'만약 보살이 고행을 멈추지 않고 야수타라가 다시 이러한 말을 듣는다면 반드시 크게 우뇌(憂惱)하여 그 회임이 낙태될 것이고 곧 죽음에 이를 것이다. 내가 지금 마땅히 여러 방편을 베풀어서 보살의 고행을 알지 못하게 해야겠다.'

이때 정반왕은 여러 궁인들에게 알려서 그 보살이 고행하는 것을 야수타라가 알지 못하게 하였고, 아울러 왕래하는 사자에게 칙명하여 보살이 고행하는 이 일을 다른 사람들이 알지 못하게 하였다. 정반왕은 비록 사자로부터 보살이 고행하는 것을 들었으나 여러 방편으로 곧 여러 궁인들에게 보살이 지금 먹고 있다고 알렸다. 보살은 이때 깨 하나와 쌀 하나를 먹었고 나아가 스스로 생각하며 말하였다.

'지금 이렇게 하는 법은 정지도 아니고 정견이 아니므로 능히 무상의 정도를 얻을 수 없다. 나는 마땅히 별도의 고행을 닦고 여러 오염된 음식을 먹어야겠다.'

다시 이렇게 생각을 지었다.

'어느 오염된 음식을 먹겠는가? 마땅히 새롭게 태어났고 풀을 먹어보지 않은 송아지의 똥과 오줌을 먹어야겠구나.'

이렇게 생각을 짓고서 곧 취하여 먹었다. 비록 이러한 물건을 먹었으나 그렇더라도 먹었던 힘을 소진(消盡)시켰으며, 그리고 뒤에 다시 먹었다. 이미 먹고서 곧 시림(屍林) 아래에서 죽은 사람과 여러 마른 뼈를 베고서 오른쪽 옆구리로서 땅에 붙였고 두 발을 포갰으며, 마음속으로 광상(光相)[1]을 염(念)하였다. 이와 같이 염을 이어가면서 행주좌와에서 일찍이 잠시도 버리지 않았다.

보살이 만약 앉아 있으면 마을 안팎의 남녀들이 있어 보살이 앉아서 적연(寂然)히 선정에 들어간 것을 보고서 손으로 풀잎과 줄기를 잡고

---

1) 불(佛)의 초인성을 형용해서 '불신이 광명에 빛나다' 혹은 '원광일심'의 말(뜻)을 불상배후의 광상(光相)으로 조형화한 것이다. 원래는 불타상에만 쓰이던 특상(特相)이었으나 이윽고 보살이나 여러 존상에도 붙여서 그 신성을 강조한 것이다.

보살의 귓구멍을 좌우로 쑤시면서 이와 같이 희롱하고 웃으면서 떠나갔고, 와서 귀를 잡아당기면서 곧 보살의 귀에 말하였다.

"이 흙먼지 귀신(坌土之鬼)을 보시오."

또한 다시 거듭하여 말하였다.

"흙먼지 귀신아!"

다시 흙덩이와 기왓조각과 돌을 보살의 몸 위에 이러한 것 등을 던지면서 강제로 보살의 몸을 이와 같이 희롱하였다. 그때 보살은 성냄이 일어나지 않았고 추악한 말도 없었다. 보살은 이와 같은 참기 어려운 것을 능히 받아들였다. 이때 보살은 근책(勤策)을 일으키고 쉬지 않았으며 경안하게 몸을 일찍이 쉬고 멈추지 않으면서 계속하여 정념(正念)을 이어갔고 뜻에는 의혹(疑慮)을 없애고 전심(專心)으로 삼마지(三摩地)에 머물렀다. 이때 보살은 다시 이렇게 생각을 지었다.

'여러 유정들이 욕망을 버리면 괴로운 까닭으로 여러 행을 부지런히 닦는다. 내가 받았던 고통은 초과하는 사람이 없으나 이것은 정도(正道)가 아니고 정지가 아니며 정견이 아니므로 능히 무상의 정각(正覺)에 이르지 못하는 것이다.'

보살은 다시 이렇게 생각을 지었다.

'어떻게 정도·정지·정견을 행하면 무상정등보리(無上正等菩提)를 얻겠는가?'

또한 이렇게 생각을 지었다.

'나는 스스로 기억하여 알고 있다. 아버지인 석가 종족의 정반왕 궁안에서 농사일을 검교하면서 섬부수(贍部樹) 아래에 앉아서 여러 불선(不善)을 버리고 악법을 떠나고자 찾던 가운데에서 여러 적정(寂靜)이 생겨나서 안락과 기쁨을 얻었고 곧 초선(初禪)을 얻었다. 이것은 마땅히 예류(預流)의 행의 도(道)이고, 이것이 정도·정지·정견·정등각이었다. 나는 지금 능히 잘 닦아서 성취할 수 없다. 왜 그러한가? 나는 마르고 쇠약한 것이다. 나는 마땅히 뜻을 따라서 숨을 쉬고 여러 밥과 콩과 소(酥) 등을 두루 먹고, 기름으로써 몸을 문지르고 따뜻하게 목욕해야겠다.'

이때 보살은 이렇게 생각을 짓고서 곧 여러 근(根)을 열었고 뜻을 따라서 호흡하였으며 여러 음식을 맛있게 먹었고 금제하지 않았으며 기름으로 몸을 문지르고 뜻에 따라서 목욕하였다. 이때 그 다섯 시자(侍者)는 서로에게 의논하여 말하였다.

"이 사문은 해태(懈怠)하고 타락(懶墮)하여 많은 일을 품었구나. 수용(受用)함에 절도가 없고, 번뇌를 끊는 일이 어긋났으며, 이미 널리 콩과 소를 먹고 마셨으며, 기름을 바르고서 목욕하였다. 지금까지 능히 조금도 증득하지 못하였으니, 반드시 얻지 못할 것이다."

곧 보살을 버리고서 점차 유행하였고, 바라니사(波羅尼斯)의 선인이 떨어진 곳인 시녹원(施鹿園) 가운데에 이르러서 함께 이렇게 발원을 지었다.

"만약 세간에 아라한이 있다면 우리들은 따라서 출가하겠습니다."

이 다섯 사람은 함께 머무르고 다녔던 인연으로 5중(衆)이라고 이름하였다. 보살은 이때 점차 음식을 먹었으므로 몸의 힘이 강건하여졌고. 곧 서나연촌(西那延村)으로 [당나라 말로 회군촌(會軍村)이다.] 갔다. 그곳에 촌주(村主)가 있어 군장(軍將)이라고 이름하였고 두 딸이 있었는데 첫째는 환희(歡喜)라고 이름하였고 둘째는 환희력(歡喜力)이라고 이름하였다. 이때 두 소녀는 이전에 들었다.

"설산의 남쪽 기슭의 강가하 옆에 겁비라 선인의 주처에서 멀지 않은 곳에 겁비라성이 있고, 그 석가종족 가운데에서 한 태자가 태어났다. 단정하고 여러 상호를 원만하게 갖추었으며, 일체의 중생이 본다면 희열(喜悅)하였는데, 관상가는 점쳐서 말하였다. '이 아이가 만약 왕위를 계승한다면 마땅히 전륜성왕이 될 것입니다.'"

이 두 소녀는 이것을 듣고서 12년을 항상 정조(貞潔)를 지켰다. 인간의 상법에는 만약 여인이 있어 정조를 지키면서 12년을 지킨다면 곧 전륜왕의 비(妃)가 되는 것에 합당한 것이다. 그러므로 그 두 여인은 12년을 십악(十惡)을 범하지 않았고 12년이 지나자 이러한 사념을 지었다.

'우리는 12년의 청정한 행을 마쳤으니, 마땅히 16전유죽(轉乳粥)으로써 고행하는 선인께 공양해야겠다. 이를테면 16전유죽이란, 1천마리 소의 우유를 다시 1천의 소에게 먹이고, 다시 1,000마리 소의 우유를 다시 5백의 소에게 먹이며, 다시 500마리 소의 우유를 5백의 소에게 먹이고, 다시 500마리 소의 우유를 250의 소에게 먹이며, 다시 250마리 소의 우유를 250의 소에게 먹이고, 다시 250마리 소의 우유를 125마리의 소에게 먹이며, 다시 125마리 소의 우유를 125의 소에게 먹이고, 125마리 소의 우유를 64마리의 소에게 먹이며, 다시 64마리 소의 우유를 64의 소에게 먹이며, 다시 64마리 소의 우유를 32마리의 소에게 먹이고, 다시 32마리 소의 우유를 32의 소에게 먹이며, 다시 32마리 소의 우유를 16마리의 소에게 먹이고, 다시 16마리 소의 우유를 16의 소에게 먹이며, 다시 16마리 소의 우유를 8마리의 소에게 먹이고, 다시 8마리 소의 우유를 8마리 소에게 먹이며, 다시 8마리 소의 우유를 4마리 소에게 먹이는 것이다.'

이렇게 생각을 짓고서 곧 이 우유를 수정그릇(頗璃器)의 가운데에 취하여 끓여서 죽을 만들었다. 마땅히 끓일 때에 정거천의 여러 천인들은 보살이 이러한 죽을 먹고 곧 보리도를 성취하는 것을 관(觀)하여 보았다.

'우리들이 마땅히 그 죽의 위력(威力)을 도와야겠다.'

곧 빠르게 힘을 얻는 좋은 약을 가지고 우유죽의 그릇 속에 넣고서 아울러 그것을 호위하였는데, 이때 우유죽은 여러 종류의 윤상(輪相)을 나타내었다. 이때 한 외도가 있어 근행(近行)이라고 이름하였는데, 와서 이 죽에 여러 조류의 상이 있는 것을 보고 이렇게 생각하며 말하였다.

"이 죽을 먹는 자는 반드시 무상의 지혜를 증득할 것이니, 내가 마땅히 걸식하고 취하여 먹어야겠다."

생각하고서 곧 떠나갔으며 죽이 이미 끓었을 때에 그 외도가 와서 두 여인에게 알려 말하였다.

"나는 먼 곳에서 왔고 심하게 굶주렸으니 지금 이 죽을 나누어 나에게 보시하시오."

두 여인이 알려 말하였다.

"우리들은 그대에게 줄 수 없습니다."

묵연히 떠나갔고 이때 두 여인은 수정그릇에서 그 우유죽을 보배 발우 안에 부었는데, 제석천은 와서 두 여인 앞에 서있었고, 범천과 정거천 등이 이렇게 주위에 늘어섰다. 이때 그 두 여인은 이미 제석천이 눈앞에 서있는 것을 보고 곧 우유 발우를 받들어 제석에게 주었고 제석은 알려 말하였다.

"나보다 수승한 사람에게 베푸시오."

두 여인이 물어 말하였다.

"지금 누가 그대보다 수승합니까?"

대답하여 말하였다.

"저 범천왕이오."

이때 두 여인은 다시 그 우유죽을 들고 범천왕에게 베풀었는데 범천왕은 알려 말하였다.

"나보다 수승한 사람에게 베푸시오."

두 여인이 물어 말하였다.

"지금 누가 그대보다 수승합니까?"

대답하여 말하였다.

"저 정거천이오."

이때 이 여인은 다시 우유를 담은 발우를 정거천에게 베풀었는데 정거천은 알려 말하였다.

"나보다 수승한 사람에게 베푸시오."

또한 다시 물어 말하였다.

"지금 누가 그대보다 수승합니까?"

대답하여 말하였다.

"그는 보살이고 지금 니련선하에서 목욕하고 있는 것을 볼 수 있는데 힘이 없는 까닭으로 능히 빠져나오지 못하고 있소. 그 사람이 나보다 수승하므로 그대는 마땅히 그 사람에게 베푸시오."

이때 두 여인은 곧 우유죽을 가지고 니련선하로 갔으며 장차 보살에게 베풀고자 하였다. 이때 강둑에 여수신(女樹神)이 있었는데, 보살이 허기지고 여위어 능히 위로 오르지 못하는 것을 보았다. 곧 나무에서 상반신을 드러내어 손을 뻗어서 보살을 잡고자 하였다. 보살은 물어 말하였다.

“그대는 어느 몸인가?”

수신이 대답하여 말하였다.

“저는 여인입니다.”

보살이 알려 말하였다.

“나는 능히 그대를 잡을 수 없네. 나에게 한 가지를 구부려 준다면 내가 잡고서 나가겠네.”

이때 그 수신은 곧 나뭇가지를 구부려 주었고 보살은 잡고서 나올 수 있었다. 곧 옷을 입고서 강둑의 나무 아래에 앉았다. 이때 두 여인은 우유죽을 가지고 이르렀고 몸을 굽혀 공경스럽게 보살에게 받들었다. 보살은 자신과 다른 사람을 이익되게 하려는 까닭으로 곧 그 죽을 받았으며, 또한 다시 물어 말하였다.

“이 보배 그릇까지 모두 나에게 베풀어 주겠는가?”

두 여인이 대답하여 말하였다.

“성자여. 지금 모두 받들어 보시하겠습니다.”

보살은 그때 곧 그 죽을 먹었고 보배 발우를 씻어서 니련선하의 가운데에 던졌는데 용왕이 곧 그 발우를 받아서 용궁으로 들어갔다. 석제환인은 이미 그것을 보았으므로 금시조(妙翅)로 변화하여 용궁으로 날아갔고 용궁으로 들어갔으며 용왕을 위협하여 발우를 빼앗아 떠나갔다. 삼십삼천(三十三天)에 안치하고 한 발우탑(鉢塔)을 조성하여서 때에 공양하였다.

보살이 두 여인에게 물어 말하였다.

“지금 그대들이 나에게 보시하였는데, 무슨 발원이 있는가?”

두 여인이 대답하여 말하였다.

“성자여. 설산 남쪽의 강가하의 옆에 있는 겁비라성의 석가 종족 가운데에서 한 태자가 탄생하였고, 용모가 매우 묘하여 보는 사람들이 즐거워하며, 관상가는 그를 점쳐서 마땅히 전륜왕이 된다고 하였습니다. 우리들은 지금 이러한 보시의 공덕으로 그의 비(妃)가 되기를 원합니다.”

보살이 알려 말하였다.

"그 태자는 세간의 욕망이 싫어하여 지금은 이미 출가하였소."

두 여인이 알려 말하였다.

"만약 이미 출가하여 세상의 욕망을 탐하지 않는다면, 이 공덕으로써 그분의 발원을 이루어지게 하십시오."

곧 게송을 읊었다.

그 실달 태자는 세상에서
가장 수승한 사람이므로
만약 원하는 것을 구한다면
마땅히 빨리 성취되게 하십시오.

그때 보살은 두 여인이 이러한 게송을 설하여 발원하는 것을 보고 두 여인에게 알려 말하였다.

"그대들의 원은 이루어질 것이오."

이때 두 여인은 보살의 이러한 말을 듣고 그의 발에 예경하고 물러갔다. 보살은 우유죽을 먹은 인연으로 기력(氣力)이 충만(充盛)하였고 6근(根)이 충만하여졌다. 니련선하의 강둑을 유행(遊行)하며 관찰하다가 청정한 곳을 찾아서 앉고자 하였고, 고석산(孤石山)을 보았는데 여러 꽃과 과일로 장엄되어 둘러싸여 있었다. 보살은 이곳을 보고 곧 이 산에 올라가서 평평한 바위 위를 정리하고 가부좌(跏趺坐)를 맺었다. 이때 이 산이 갑자기 스스로가 갈라졌고 무너졌다. 보살은 곧 일어나서 이러한 의혹(疑念)을 지었다.

'나의 악업이 아직도 끝나지 않은 까닭으로 이 산을 무너지게 하는 것인가?'

공중의 천인들은 보살이 이러한 일을 의혹하는 것을 보고 공중에서 보살에게 알려 말하였다.

"세존이시여. 옛날부터 이러한 악업은 없었습니다. 이것은 보살의 성도

(成道)의 상법이고 선근의 공덕이 몸과 마음에 충만하여 일체 대지의 힘이 능히 싣고 견디지 못하는 것입니다. 지금 이 땅은 보살께서 보리를 이룰 곳이 아닙니다. 일체 대지의 힘은 능히 두 종류 사람은 실을 수 없으니, 첫째는 최고로 선이 많은 자이고, 둘째는 최고로 악이 많은 자입니다. 보살께서는 선업이 매우 많으므로 이 산이 자연히 갈라지고 무너진 것입니다. 지금 니련선하를 지나서 동쪽으로 금강지(金剛地)가 있는데, 그곳에서는 과거·현재·미래의 여러 여래들께서 모두 최상승의 지혜를 이미 얻으셨고, 현재도 얻으시며, 앞으로도 얻을 것입니다.”

보살은 듣고서 장차 그곳으로 가고자 발을 들었는데 걸음마다 연꽃이 피어났고, 사대해(四大海)의 바닷물이 연꽃의 연못을 이루어 오는 보살을 맞이하였으며, 보살이 밟는 땅은 모두 진동하여 구리 그릇을 두드리는 것과 같았고, 차사조(遮沙鳥)와 상서로운 사슴들이 있어 보살을 에워쌌다. 주풍신(主風神)은 맑고 시원하며 더러운 먼지를 없애도록 그 바람을 조절하였고, 주우신(主雨神)은 먼지가 날리지 않도록 가는 이슬비를 뿌렸다. 보살은 이러한 모습을 보고 이렇게 생각을 지으며 말하였다.

“지금 이러한 모습을 보건대 나는 오늘 반드시 정각(正覺)을 이룰 것이다.”

니련선하의 용은 가릉가(迦陵迦)라고 이름하였는데, 전생의 업의 인연으로 두 눈이 멀었고 이 강의 가운데에 살았다. 만약 세존께서 세상에 출현하시면 눈이 곧 밝아지고, 만약 세존이 열반하시면 다시 어두워지는 것이다. 땅이 진동하는 소리를 듣고 세존께서 출현하신 것을 의심하였으나 용궁에서 나와서 바라보면서 갑자기 보살이 32상(相)과 80종호(種好)를 1심(尋)의 원광(圓光)은 1천의 태양이 빛나는 것 같았고, 큰 보산(寶山)이 주변을 엄숙하가 장식한 것과 같이 구족된 것을 보았다. 용왕이 게송으로 찬탄하여 설하여 말하였다.

일찍이 보았던 여러 보살은
성불(成佛)의 위덕을 갖추었는데

옛날에 보았고 지금 보아도
보았던 두 가지는 차이가 없다네.

나는 처음으로 행보(行步)를 보았고
다시 좌우의 관상을 보았는데
능히 세간의 공양을 받을 수 있고
지금의 성불은 의심이 없다네.

또한 의복을 입고 니련선하에
들어가는 것을 보았는데
강물이 깨끗하게 변하였으니
지금의 성불은 의심이 없다네.

크게 견고하고 용맹하며
행보는 우왕(牛王)과 같으며
역시 사람 중에서 왕이시므로
지금의 성불은 의심이 없다네.

위에는 차사조(遮沙鳥)가 날고
아래에는 상서로운 사슴이 있으며
신상(身相)이 단정하므로
지금의 성불은 의심이 없다네.

온화한 바람은 매우 알맞게 불고
허공에서는 이슬비가 내리며
새들 낮은 나뭇가지에서 찬탄하나니
지금의 성불은 의심이 없다네.

청정한 빛으로 장엄한 상(相)은
오히려 염부금(閻浮金)과 같고
얼굴은 단정하여 둥근 달과 같으니
지금의 성불은 의심이 없다네.

용왕은 이때 보살을 찬탄하고 나서 곧 용궁으로 들어갔다. 이때 보살은 가릉가 용왕이 찬탄하는 것을 듣고서 곧 금강지(金剛地)로 나아가서 이렇게 생각을 지으며 말하였다.

"나에게 마땅히 풀이 필요하겠구나."

이때 천제석은 보살의 마음을 알고서 곧 향산(香山)으로 갔고 그곳의 유연(柔軟)한 길상묘초(吉祥妙草)를 취하였고, 곧 스스로가 일꾼으로 몸을 변화시켜 길상초를 가지고 보살 앞에 이르렀다. 보살이 보고서 곧 그것을 구걸하였고 천제석은 앞에 꿇어앉아 보살에게 받들어 베풀었다. 이미 풀을 얻고서 곧 보리수(菩提樹) 아래로 나아가서 풀을 펼쳐서 앉고자 하였는데, 풀들이 스스로 오른쪽으로 돌아갔다. 보살은 이 모습을 보고 다시 스스로 생각하면서 말하였다.

"내가 오늘에 깨달음을 증득하는 것은 의심이 없구나."

곧 금강좌(金剛座)에 올라가서 가부좌를 맺었는데, 오히려 단엄하고 수승하여 용왕과 같았으며, 그 마음을 오직 집중하였고 입으로 이렇게 말을 지었다.

"내가 이곳에서 여러 누(漏)를 끝내지 못한다면 이 자리에서 일어나지 않겠다."

마왕(魔王)의 상법에는 두 종류의 깃발(幢)이 있는데, 첫째는 기쁨의 깃발(喜幢)이고, 둘째는 근심의 깃발(憂幢)이다. 그 근심의 깃발이 갑자기 움직였으므로 마왕은 곧 이렇게 생각을 지었다.

'지금 근심의 깃발이 갑자기 움직였으므로 반드시 손해의 일이 있을 것이다.'

곧 자세히 관찰하였고 나아가 금강좌 위에 앉아 있는 보살을 보고서 다시 이렇게 생각을 지었다.

'이 정반왕의 아들이 금강좌에 앉아 있고, 나아가 나의 경계를 침범하여 오지 않았으나 내가 먼저 그에게 여러 장애를 지어야겠다.'

이렇게 생각하고서 분하고 성난 얼굴로 사나의(舍那衣)를 입고 작은 사자(使者)의 모습으로 변화하여 보살 앞으로 가서 느닷없이 분주하게 보살에게 알려 말하였다.

"그대는 지금 어찌하여 이곳에 편안히 앉아 있습니까? 겁비라성은 이미 제바달다에 의하여 장악되었고, 궁인과 채녀들은 모두 오욕(汚辱)을 당하였으며 여러 석가 종족들은 이미 살육(殺戮)되었습니다."

이때 보살에게는 세 종류의 죄와 선하지 못한 심사(尋思)[2]가 생겨났다. 첫째는 애욕의 심사이고, 둘째는 살해의 심사이며, 셋째는 훼손의 심사이었다. 야수타라(耶輸陀羅)와 교비가(憍比迦)와 미가차(彌迦遮)에게는 애욕의 심사가 생겨났고, 제바달다에게는 살해의 심사가 생겨났으며, 제바달다를 따르는 여러 석가 종족들에게는 훼손의 심사가 생겨났다. 이러한 심사가 생겨났으나 곧 관찰하여 깨닫고서 말하였다.

"나는 지금 무슨 까닭으로 이러한 세 종류의 죄와 선하지 못한 심사가 생겨났는가?"

또한 관찰하여 이것은 마왕이 이곳에 와서 나를 번민시켜서 나를 산란시키려는 것임을 알았다. 이때 보살은 곧 세 종류의 선한 심사가 생겨났는데, 첫째는 출리(出離)의 심사이고, 둘째는 살해하지 않는 심사이며, 셋째는 훼손하지 않는 심사이었다. 이때 천마왕(天魔王)이 다시 거듭하여 보살에게 알려 말하였다.

"그대는 지금 무슨 까닭으로 보리수 아래에 앉아 있는가?"

보살이 대답하여 말하였다.

"마땅히 무상지혜(無上正智)를 증득하고자 하네."

마왕이 다시 물었다.

---

2) 마음을 가라앉혀 깊이 사색(思索)하는 것을 말한다.

"어찌하여 무상지혜를 증득하고자 하는가?"

보살이 대답하여 말하였다.

"죄지은 자여. 그대는 또한 한 번의 사회(祠會)[3]로 제도되었고 오히려 이것의 인연을 까닭으로 욕계천(欲界天)의 가운데에서 자재(自在)를 성취하였네. 하물며 나는 무수한 겁의 가운데에서 무량한 백천 구지(拘胝)와 나유다(那庾多)의 사회(祠會)를 지었고, 유정들을 이익되게 하려는 까닭으로 머리·눈·손·발·혈육·처자·남녀·금은 등의 여러 보물을 버렸는데 무상지(無上智)를 증득하고자 하는 것이었네. 이러한 뜻의 까닭인데 내가 어찌 무상정지(無上正智)를 증득하지 못하겠는가? 나는 반드시 무상정지를 증득할 것이네."

보살은 이렇게 말을 지었고 마왕은 다시 알려 말하였다.

"그러나 내가 한 번의 사회로 제도되어 욕계의 자재천주(自在天主)가 된 것을 그대가 지금 증명하여 알 수 있겠지만, 그대가 3무수겁(三無數劫)의 가운데에서 무량한 백천의 구지와 나유다의 사회를 지었고, 유정들을 이익되게 하려는 까닭으로 머리·눈·손·발·혈육·처자·남녀·금은 등의 여러 보물을 버렸는데, 무상정지를 구하였던 까닭이라고 하였네. 누가 마땅히 그대를 증명하겠는가?"

이때 세존께서는 윤만망만(輪萬網縵)을 들어서 무량한 복생(福生)을 위문(慰誷)하셨고, 일체의 공포스러운 손으로 대지(大地)를 가리키면서 말씀하였다.

"이것이 마땅히 나를 증명하리라. 3아승기겁의 가운데서 무량한 백천 구지와 나유타의 사회를 지었고, 유정들을 이익되게 하려는 까닭으로 머리·눈·손·발·혈육·처자·남녀·금은 등의 여러 보물을 버린 것이 진실이고 거짓이 아닌 것을 스스로가 나에게 증명하리라."

이때 지신(地神)이 땅에서 솟아 나왔고 합장하고 소리쳐서 말하였다.

"죄지은 자여. 이와 같다. 이와 같다. 세존께서 말씀하신 것과 같이

---

3) 인도에서 하늘에 제사를 지내던 잔치를 가리킨다.

진실이고 거짓이 아니다.”

이렇게 말을 지었고 죄지은 마왕은 부끄러운 마음을 품고 묵연히 머물렀으며 위덕을 잃어갔다. 그는 마음에 오뇌를 품고서 이렇게 생각을 지으며 말하였다.

“나는 지금 이 방편을 지어서 능히 정반왕의 아들을 조금도 손괴(損壞)시킬 수 없겠구나. 지금 마땅히 다른 계책을 베풀어 그에게 장애를 주어야겠다.”

생각하고서 곧 떠나갔다. 이때 그 마왕에게는 이전에 세 딸이 있었는데, 얼굴과 자태와 용모가 요염(妖艶)하고 모두가 매우 뛰어났다. 첫째는 탐(貪)이라고 이름하였고, 둘째는 욕(欲)이라고 이름하였으며, 셋째는 애착(愛著)이라고 이름하였다. 여러 종류의 천의(天衣)로 그 몸을 장엄(莊嚴)시켜서 보살의 처소로 보냈고, 보살의 앞에 이르러 여러 첨곡(諂曲)4)을 지어 의혹과 산란을 생겨나도록 하였으나, 보살은 보고서 이 세 여인들을 모두 노파로 변화시켜서 곧바로 돌려보냈다. 마왕은 이것을 보고 다시 더욱 오뇌하면서 손으로 뺨을 괴고서 이 일을 자세히 생각하였다.

‘내가 다시 어떻게 하여야 이 정반왕의 아들이 장애가 생겨나겠는가?’

곧 36구지(拘胝)의 마병(魔兵)을 보냈는데, 코끼리 머리(象頭)·말 머리·낙타 머리·당나귀 머리·사슴 머리·소 머리·돼지 머리·개 머리·훈호(獯狐)5)머리·족제비(鼠狼) 머리·원숭이 머리·여우 머리·사자 머리·호랑이 머리 등의 이와 같은 기괴(奇怪)한 여러 종류의 머리의 병사들이었다. 혹은 창(鑹)과 극(戟)을 잡았고, 혹은 활과 화살을 잡았으며, 혹은 월부(鉞斧)6)를 잡았고, 혹은 칼을 잡았으며, 혹은 견삭(羂索)7)을 잡았고, 혹은 근착(斤斲)을 잡았는데, 이와 같은 여러 종류의 무기로 보살을 향하여 왔고, 마왕은 스스로 활을 잡고 화살을 보살에게 쏘고자 하였다. 보살은 이것을 보고서

---

4) 자기(自己)의 지조(志操)를 굽히어 아첨(阿諂)하는 것이다.
5) 산스크리트어 ulūka의 번역으로 올빼미를 뜻한다.
6) 월은 대형도끼이고 부는 작은 도끼를 가리킨다.
7) 무엇이든 묶을 수 있는 밧줄을 가리킨다.

이렇게 사념하였다.

'일반적으로 투쟁에는 모두 반려(伴侶)를 구해야 한다. 내가 지금 이 욕계의 왕과 함께 싸우는데 어찌 반려를 찾지 않겠는가?'

다시 거듭하여 사념하였다.

'나는 지금 장애를 없애는 방편을 구해야겠다.'

이때 마왕의 군사들은 곧 여러 무기를 잡고 함께 보살을 공격하였고, 보살은 이때 대자삼마지(大慈三摩地)에 들어갔다. 이때 마병의 무기들은 모두 청(靑)·황(黃)·적(赤)·백(白)의 여러 연꽃으로 변화되었으며 보살의 앞뒤와 좌우로 떨어졌다. 그때 마왕은 다시 공중으로 올라가서 여러 흙비를 쏟았으나, 그 흙비는 침수향·전단향·말향과 온갖 꽃잎으로 변하여 보살 위로 떨어졌다. 마왕은 다시 공중에서 여러 독벌과 금강석을 뿌렸는데, 정거천의 여러 천인들이 엽옥(葉屋)[8]으로 변화시켜 보살을 덮어 주었으므로 벌들과 금강석이 모두 손괴시킬 수 없었다. 마왕은 보고 다시 이렇게 생각을 지었다.

'나는 능히 어느 때에도 둘러싸고 요란하게 할 수 있다. 일반적으로 여러 소리는 능히 삼마지를 부술 수 있으므로 나는 지금 보리수 잎을 파지가(頗胝迦)[9]로 변화시키고 다시 바람을 일으켜서 서로 부딪쳐서 소리를 지어야겠다. 그가 만약 소리를 듣는다면 능히 정진하지 못할 것이다.'

이렇게 생각하고서 곧 이 일을 하였다. 이때 보리수 잎들이 서로 부딪쳐서 소리를 지었으므로 보살이 듣고 능히 선정에 전념하지 못하였다. 이때 정거천이 멀리서 이 일을 보고 생각하며 말하였다.

"내가 지금 마땅히 보살을 도와야겠다."

이때 여러 천인들은 모두 보리수에 이르러 각자 나뭇잎을 잡고서 잎이 흔들리지 못하게 하였다. 이때 마군(魔軍)은 오히려 즐거이 흩어지지 않았으므로 정거천 등은 다시 이렇게 생각을 지었다.

'이 죄지은 마군이 오랫동안 보살을 괴롭혔으나 오히려 물러가지 않는

---

8) 나뭇잎으로 지붕을 이은 집을 가리킨다.

9) 산스크리트어 sphaṭika의 음사로서 수정(水晶)을 가리킨다.

구나.'

곧 신력(神力)으로써 여러 마군들을 철위산(鐵圍山) 위로 던졌다. 보살은 이때 우루빈라(優樓頻螺) 취락의 니련선하 보리수의 아래에 앉았고, 묘각분법(妙覺分法) 가운데에서 항상 끊임없이 더욱 수습(修習)하면서 머물렀다. 초야분(初夜分)의 가운데에서 신경지견증통(神境智見證通)을 성취하셨는데 이를테면, 하나의 가운데에서 무량으로 변하는 것이고, 무량의 가운데에서 하나로 변하는 것이며, 혹은 감춰지고, 혹은 나타나며, 장벽과 산을 보아도 허공의 가운데와 같이 걸림이 없음을 얻었고, 대지를 물에서 돌아다니듯이 드나들었으나 땅의 모습은 이전과 같았다. 혹은 허공에 가부좌로 앉아도 대지(大地)와 같이 기거하였고, 혹은 허공에서 다니는 것은 날아오르는 새와 같았으며, 큰 위덕이 있어 해와 달을 혹은 다시 손을 들어서 붙잡거나 어루만졌고, 나아가 범천의 몸으로 왕래하는데 모두가 자재하였다. 이때 마왕은 다시 이렇게 생각을 지었다.

'여러 선정 가운데에서 오직 소리가 능히 장애가 되는구나. 나는 마땅히 소리를 지어야겠다.'

곧 3만6천 구지의 마귀신(魔鬼神) 등에게 크게 소리를 지르도록 하였다. 보살은 이러한 소리를 까닭으로 12유선나의 가담바(迦覃婆)[10] 숲을 만들었는데, 이 숲을 까닭으로 그 소리를 듣지 않을 수 있었다. 보살은 다시 이렇게 생각을 지었다.

'나는 마땅히 천이지증통(天耳智證通)을 수행하여 마음에서 천인과 인간의 소리를 모두 들어야겠다.'

보살은 사람의 귀를 초과하여 청정한 천이(天耳)로서 사람과 비인(非人)의 소리가 만약 가깝고 만약 멀어도 분명히 알지 못하는 것이 없었다. 보살은 생각하며 말하였다.

'마왕의 3만6천 구지의 권속 가운데에서 누가 나에게 악심을 일으킨다면 내가 어떻게 알 수 있을까?'

---

10) 산스크리트어 kadamba의 음사이며, 인도 전역에서 자라는 교목으로 6월경에 공 모양의 꽃이 핀다.

보살은 다시 생각하였다.

'내가 어떻게 하여야 타심지(他心智)를 증득하겠는가?'

곧 밤중에 곧 증오(證悟)를 얻었는데, 만약 유정이 일으킨 심사(尋伺)[11]에서 심(心)과 심(心)의 심소(心所)·욕(欲)과 불욕심(不欲心)·진(瞋)과 부진심(不瞋心)·치(癡)와 부치심(不癡心)·어리석음이 없는 마음·넓은 마음과 넓지 못한 마음·식심(息心)과 섭심(攝心)·광(廣)과 불광심(不廣心)·식심(息心)과 섭심(攝心)·교만(驕慢)과 불교만심(不驕慢心)·적정(寂靜)과 부적정심(不寂靜心)·정심(定心)과 부정심(不定心)·산심(散心)과 부산심(不散心) 등을 여실(如實)하고 명료하게 알았다.

이미 이렇게 알고서 다시 거듭하여 생각하며 말하였다.

"이 마군들은 옛날에 어디에서 왔고, 누가 아버지이며, 누가 어머니인가? 누가 원수이고, 누가 친한 벗이며, 어떻게 알 수 있을까?"

다시 거듭하여 생각하며 말하였다.

"내가 지금 마땅히 숙명지(宿命智)를 닦고 곧 얻고 명료하게 알 것이다."

야분(夜分)의 가운데에서 정근하고 존념(存念)하여 숙명지를 닦았고 곧 옛날부터 있었던 여러 종류의 여러 일을 명료하게 알았는데 이를테면, 1생(生)·2생·3생·4생·5생·10생·20생·백생(百生)·천생(千生) 나아가 무량한 백천만생(百千萬生), 1겁생·2겁생·성겁생(成劫生)·괴겁생(壞劫生) 나아가 무수겁생(無數劫生) 등을 마땅히 생각하면 명료하게 알았으며, 그 사람들의 성(姓)이 무엇이고 이름이 무엇이며, 나아가 태어난 곳·족성(族姓)·계급(種類) 및 음식·고통·즐거움 등의 일을 모두 명료하게 알게 되었다. 이와 같이 오래 살았고 이와 같이 오래 머물렀으며 수명이 길고 짧음과 어디에서 죽었고 어디에서 태어났으며, 소유하였던 모습과 얼굴·여러 종류의 지역과 처소 등과 무량한 여러 부류가 사라졌으나 끝이 없음을 알게 되었다. 보살은 이렇게 생각을 지었다.

'이 마군들은 생각한다면 누가 악취(惡趣)에 떨어지고, 누가 선취(善趣)에

---

11) 산스크리트어 vitarka-vicāra를 한역한 말로서 심(尋)은 개괄적으로 사유하는 마음 작용이고, 사(伺)는 세밀하게 고찰하는 마음 작용을 가리킨다.

나아가는 것을 어떻게 알 수 있을까?'

다시 이렇게 생각을 지었다.

'마땅히 생멸지통(生滅智通)을 닦음으로써 곧 이 일을 알 것이다.'

보살은 중야분(中夜分)에 생멸지통을 닦았으므로 곧 인간을 초월하는 청정한 천안(天眼)을 얻었다. 이 천안으로써 여러 중생들을 보았는데, 죽은 자와 살아 있는 자·단정한 자와 추루(醜陋)한 자·부귀한 자와 하열(下劣)한 자·선도(善道)로 가는 자와 악도(惡道)로 가는 자·선업을 지은 자와 악업을 지은 자를 명료하게 결정(決定)하였다. 다시 하나하나의 중생들이 몸과 입과 마음으로 여러 악한 일의 업을 짓고, 성자(聖者)를 비방하며, 혹은 삿된 견해에 깊이 집착하고, 혹은 삿된 견해의 업을 짓고 이러한 업을 까닭으로 이곳에서 죽은 뒤에 악취의 가운데에 떨어지는 것을 분명히 알았으며, 혹은 중생을 보니 몸과 입과 마음으로 여러 선한 업을 짓고, 현인과 성인을 공경하고, 정견(正見)을 행하며 이러한 업을 까닭으로 죽은 뒤에 선취의 가운데에 태어나는 것을 모두 명료하게 알았다. 보살은 다시 이렇게 생각을 지었다.

'일체의 유정들은 그 욕루(欲漏)·유루(有漏)·무명루(無明漏)를 까닭으로 이 고해(苦海)에서 윤회(輪轉)하는데 어떻게 하면 벗어날 수 있을까?'

다시 거듭하여 생각하며 말하였다.

"오직 무루지통(無漏智通)을 증득해야 능히 이러한 일을 끊을 수 있다."

보살은 이때 이러한 뜻을 위한 까닭으로 밤중에 보리수 아래에서 야분의 가운데에서 항상 상응(相應)으로써 수습(修習)하고 성숙시켰으며, 전심(專心)으로 각분법(覺分法)의 가운데에 머물렀고, 발심하여 무루지통을 증득하였으며, 곧 고제(苦諦)를 여실하고 명료하게 알았고, 집제(集諦)와 멸제(滅諦)와 도제(道諦)도 다시 이와 같이 여실하고 명료하게 알았다. 이러한 도제를 증득하고서 욕루(欲漏)와 유루(有漏)와 무명루(無明漏)에서 마음을 해탈할 수 있었다.

이미 해탈을 얻고서 여러 누진지(漏盡智)를 증득하였으며, 나는 생(生)을 이미 마쳤고, 범행(梵行)은 이미 섰으며, 마땅히 지을 것을 이미 지었고,

후유(後有)를 받지 않았다. 곧 보리를 증득하였는데 그 가운데는 견각분보리(見覺分菩提)를 말하였고 세존께서는 지을 것을 이미 갖추셨으므로 곧 화계삼마지(火界三摩地)에 들어갔다.

이때 보살은 자비의 무기로써 36구지의 마군(魔軍)을 항복시켰고, 무상지(無上智)를 증득하였다. 이때 죄지은 마왕은 손에서 활을 떨어트렸고, 마왕의 깃발은 곧 땅에 넘어졌으며, 궁전은 모두 흔들렸다. 마왕과 36구지의 권속들과 함께 마음에 오뇌가 생겨나서 회한(悔恨)을 품었으며 곧 스스로가 은몰(隱沒)하였고 겁비라성으로 가서 여러 사람들에게 알려 말하였다.

"석가모니보살이 고행을 닦고 금강좌에 올랐으나, 풀을 펼쳐놓고 위에서 목숨을 마쳤다."

이때 정반왕과 여러 궁인들과 신하들과 모든 관료들은 이러한 말을 듣고 크게 고뇌하여 마음이 불에 타는 것과 같았으며, 성안에 있는 사람들과 교비가 등의 세 명의 대부인들은 보살의 덕을 생각하면서 민절(悶絶)하여 땅에 쓰러졌다. 얼굴에 물을 뿌리자 잠시 뒤에 깨어났으나 목이 메도록 슬피 울어 능히 스스로 멈출 수 없었고 좌우의 시녀들은 권유하면서 달래었다. 이와 같이 여러 종류로 가책하던 무량한 때에 정신천(淨信天)은 마왕이 기망(欺妄)한 것을 보았고, 다시 여래께서 묘지(妙智)를 이미 이루신 것을 알았으며, 마음에 환희가 생겨나서 곧 알려 말하였다.

"여러분들은 마땅히 아십시오. 석가모니께서는 목숨을 버린 것이 아니고, 지금 무상정지(無上正智)를 보고 증득하셨습니다."

이때 정반왕과 여러 권속들과 아울러 겁비라성의 대중들은 이러한 말에 환희를 억누르지 못하여 용약하였다. 이때 야수타라는 세존보살께서 무상지(無上智)를 증득하였음을 듣고 희열(喜悅)이 생겨나서 말하였다.

"한 자식을 낳아야겠다."

곡반왕 역시 자식 한 명을 낳았고, 이때 월식(月蝕)이 있었는데, 정반왕은 이러한 좋은 일을 보고 크게 환희하였다. 경사와 기쁨이 충만하였으므로 곧 성안에 칙명하여 기왓조각과 돌을 제거하였고, 땅에 전단향수를 널리 뿌려서 땅을 쓸었으며, 네거리 도로의 가운데에 향로(香爐)를 설치하였고, 여러 좋은 향을 태웠으며, 비단 깃발과 일산을 매달아서 거리를 가득히 채웠고, 선명하고 깨끗한 꽃을 널리 땅위에 뿌렸으며, 네 성문과 거리의 가운데에 보시하는 곳을 세웠다.

이때 동쪽 성문에 마련된 시회(施會)에서는 사문·바라문·외도·범지(梵志) 등이 빈궁하고 고독하며 간탐(慳貪)하면서 구걸(乞求)하면 이와 같은 부류들에게 모두 보시하였고, 남문·서문·북문과 성안의 거리에서도 역시 이와 같이 보시하였다. 여러 신하들을 모으고서 야수타라가 낳은 자식의 이름을 짓도록 하였는데, 내궁의 시녀가 왕의 앞에서 알려 말하였다.

"이 왕자가 태어나는 때에 라호(羅怙)12)가 달을 장애하였으니 이것의 인연으로서 라호라(羅怙羅)라고 이름지어야 합니다."

이때 곡반왕도 그 왕자를 위하였던 까닭으로 널리 앞에서와 같이 보시를 베풀었고, 역시 친속(親屬)들을 모으고서 이름을 짓게 하였다. 여러 사람들에게 물어 말하였다.

"이 아들은 무엇이라고 이름지어야 합니까?"

친속들이 알려 말하였다.

"이 아들이 태어나는 날에 겁비라성 사람들이 모두 환희하였으니, 이 아들을 아난타(阿難陀)라고 이름지어야 합니다."

이때 정반왕은 라호라를 보고 이렇게 말을 지었다.

"이 아이는 나의 석가모니가 낳은 아들이 아니다."

이때 야수타라는 왕의 이러한 말을 소리를 듣고 심한 두려움을 품고 곧 라호라를 안고서 보살이 목욕하던 연못으로 갔다. 한 큰 돌이 있었고 이전에 보살이 힘으로 즐기던 바위였는데, 라호라를 이 돌의 위에 올려놓고서 합장하고 맹세하면서 말하였다.

"이 아이가 만약 보살의 친자식이라면 연못의 가운데에 던져도 가라앉지 않을 것이고, 만약 보살의 친자식이 아니라면 물에 들어가면 가라앉아

---

12) 해나 달을 가려 일식과 월식을 일으킨다는 인도의 전설적인 별 이름을 말한다.

라.”

이렇게 발원을 짓고서 곧 그 돌과 라호라를 묶어서 안아서 연못의 가운데로 던졌는데, 돌이 곧 물 위로 떴고 이때 라호라는 물속으로 떨어졌으나 돌 위에 앉았으며 가벼운 솜이 물에 있으면서 물결을 따라서 오고가는 것과 같아서 침몰하지 않았다. 정반왕은 이 말을 듣고 희유(希有)한 마음이 생겨나서 여러 신하들을 거느리고 시위(侍衛)에게 둘러싸여 그 연못의 옆에 이르러 라호라를 보았는데 연못 가운데에 떠있는 돌 위에 앉아 있었다. 이때 정반왕은 즐겁게 찬탄하고 희열하면서 스스로 연못으로 들어가서 라호라를 안았는데 그 돌은 곧 가라앉았으므로 궁중으로 돌아와서 두 배로 사랑스럽게 양육하였다.

처음에 보살은 자비의 무기로써 3만 6천 구지의 마군들을 항복시켰고 무상정지를 증득하였는데, 이때 대지는 진동하였고, 널리 두루하게 세계는 밝게 빛났으며, 암흑인 곳을 소유한 대지에서는 햇빛과 달빛의 위광(威光)이 능히 제거할 수 없었으나, 세존의 이러한 광명을 받아 매우 밝음을 얻었다. 그 가운데 중생들은 갑자기 서로를 보고서 차례로 서로에게 말하였다.

“우리들이 이 세간에 홀로 사는 것이 아니고, 다른 중생들도 이곳에 살고 있구나.”

섭송(攝頌)으로 말하겠노라.

네 종류의 촉지(觸池)에서
부자(父子)가 화합하였고
석자가 출가하셨으므로
하신(河神)이 옹호하고 예경한다네.

이때 범계(梵界)에 두 천자(天子)가 있었는데 세존께서 보리수 아래에 앉아 있는 것을 관찰하여 보고서 함께 의논하여 말하였다.

“지금 불·세존께서는 올률(嗢律)의 니련선하 강둑의 보리수 아래에서

처음으로 정각을 이루셨고, 화계삼마지에 들어가셨으며, 7일이 지난 지금
에도 오히려 선정에 있으시니, 우리들은 마땅히 함께 여래의 처소에
나아가서 향과 꽃으로 공양하고서 각자 두 게송으로 세존을 찬탄합시다.”
　이렇게 의논을 짓고서 힘센 장사가 팔을 굽혔다 펴는 잠깐 사이에
보리수 아래에 이르러 세존의 앞에서 두 발에 정례(頂禮)하였다. 그 한
천자가 게송으로 청하여 말하였다.

　　대자비를 거듭 일으키셨으므로
　　원적(怨賊)은 지금 물러가서 흩어졌으니
　　죄 없는 대상주(大商主)시여.
　　마땅히 세간을 유행(遊行)하십시오.

　　좋은 유행으로 수승한 법을 설하시어
　　여러 진실한 뜻을 널리 베푸시고
　　무량한 여러 중생들이
　　법을 듣고 모두 수지(受持)하게 하십시오.

　제2의 천자가 다시 게송으로 청하여 말하였다.

　　대자비를 거듭 일으키셨으므로
　　원적은 지금 물러가서 흩어졌고
　　일체의 번뇌를 이미 제거하셨으므로
　　마땅히 세간을 유행하십시오.

　　몸과 마음 이미 청정하여
　　저 원만한 달과 같으므로
　　무량한 여러 중생들이
　　법을 듣고 모두 수지하게 하십시오.

이때 두 천자가 이렇게 게송을 설하고 세존께 예경하고 떠나갔다.
이때 세존께서 삼마지로부터 일어나시어 게송을 설하여 말씀하셨다.

여러 욕계에 안락하고
여러 색계에 안락하며
탐욕과 번뇌가 없어진다면
이것이 안락에서 최승이라네.

나는 지금 무거운 짐을 버렸고
영원히 무거운 짐을 벗어났는데
짐을 있다면 많은 괴로움을 받고
짐을 벗는다면 곧 안락하다네.

일체의 욕심을 이미 버렸고
일체의 행을 이미 이루었으며
일체의 법을 이미 알았다면
이 사람은 다시 태어나지 않으리라.

세존께서는 삼마지에 있으면서 7일 동안에 번뇌를 끊고 해탈의 즐거움을 받았다. 공양하는 사람이 없어 마시지도 않았고 먹지도 않았으나 배고프고 목마르다는 생각이 없었다. 그때 대상(大商)의 우두머리 두 명이 있어 첫째는 황과(黃苽)라고 이름하였고, 둘째는 촌락(村落)이라고 이름하였으며, 각각 1백 양(兩)의 수레와 많은 사람들이 있었다. 함께 물건을 팔기 위한 까닭으로 세존의 처소를 지나갔다. 이때 두 상주들과 이전부터 지식(知識)이었고 목숨을 마치면 하늘에 태어날 것이므로, 두 상주를 돌아보고 이렇게 생각을 지었다.
'지금 세존께서는 보리수의 아래에서 7일 동안을 선정에 들어있고, 모든 번뇌를 끊고 해탈의 즐거움을 받고 있으나, 공양할 사람이 없구나.

나는 지금 마땅히 이 두 상주에게 최초로 공양하도록 하여 많은 생의 가운데에서 여러 공덕을 받게 해야겠다. 지금 마땅히 이 일을 권하는 것은 지식이었던 까닭이다.'

이렇게 생각을 짓고서 야분의 가운데에서 큰 광명을 일으켜 500의 수레를 비추었고, 그 상반신을 공중에 나타내어 두 상주에게 알려 말하였다.

"그대들은 마땅히 아시오. 석가모니세존께서 관광(寬廣) 니련선하의 보리수 아래에서 처음으로 정각(正覺)을 이루시고 7일 동안을 번뇌에서 해탈하여 그 안락을 받고 계시는데, 공양하는 사람이 없어 마시지도 못하였고 먹지도 못하였소. 그대들 두 사람이 빠르게 공양하여 최초의 공양이 된다면 큰 이익을 얻을 것이오."

이렇게 말을 짓고서 천인은 마침내 곧 사라졌다. 이때 두 상주는 이 말을 듣고 함께 서로에게 의논하였다.

"우리는 마땅히 알아야 합니다. 세존의 위덕은 매우 기이하므로 지금 그 천인이 와서 알려서 우리에게 공양하도록 한 것입니다."

이렇게 논의를 마치고서 그들은 불·세존을 깊은 마음으로 존경하여 낙장(酪漿)13)·구밀(糗蜜)14) 등의 여러 공양물을 가지고 세존의 처소로 나아갔으며, 이르러 발에 예경하고 한쪽에 서서 세존께 아뢰어 말하였다.

"저희들 두 사람은 낙장과 구밀 등을 많이 가지고 와서 세존께 받드옵니다. 원하건대 애민하고 자비롭게 보시어 저희들의 작은 공양을 받아 주십시오."

이때 세존께서는 이렇게 생각을 지으셨다.

'나는 다른 외도들과 같이 손으로써 음식을 받는 것은 옳지 않다. 과거의 여러 세존들께서 유정들의 이익을 위하여 어떻게 음식을 받았는지 찾아서 사념해야겠다.'

이때 청정천(淸淨天)이 공중에서 알려 말하였다.

---

13) 소나 양의 젖으로 만든 음료수를 말한다.
14) 미숫가루로 만든 떡에 꿀을 바른 것을 가리킨다.

“세존께서는 마땅히 아십시오. 과거 여래들께서 중생을 위하였던 까닭으로 발우를 가지고 음식을 드셨습니다. 세존께서도 역시 그 일이 이와 같음을 아십시오.”

이때 세존께서는 이미 발우가 없었으므로 곧 마음속으로 간절히 구하였다.

“내가 만약 발우를 얻고 나면 음식을 받겠노라.”

이때 사천왕(四天王)은 세존께서 마음으로 원하는 것을 알고서 각각 돌발우(石鉢) 하나씩을 가지고 와서 세존께 받들었다. 이 돌발우는 깨끗하고 가벼우며 주변이 세밀하고 형색이 단엄하여 사람이 만든 것이 아니었다. 그때 사천왕은 각자 발우를 가지고 세존의 처소에 이르러 세존 발에 정례하고 한쪽에 서서 세존께 아뢰어 말하였다.

“세존이시여. 저희들은 각자 석산(石山)에서 이 돌발우를 가지고 와서 세존께 받드는 것입니다. 오직 원하옵건대 자비를 내리시어 받아 주십시오.”

이때 세존께서는 이렇게 생각을 짓고 말씀하셨다.

“지금 이 사천왕들이 각자 돌발우 하나씩을 가지고 와서 나에게 보시하였다. 내가 만약 첫째 천인의 것을 취한다면 나머지의 천인들이 원망할 것이고, 나아가 둘째나 셋째 천인의 것을 받아도 역시 다시 이와 같을 것이다. 나는 지금 마땅히 그 모두를 받아서 나의 신통력으로써 합쳐서 하나의 발우로 만들고 장차 대중의 원을 들어주어야겠구나.”

이렇게 생각을 짓고서 곧 네 발우를 받았고 세존의 신통력으로 거듭하여 포개서 넣었으며 마침내 하나의 발우를 완성하였다. 곧 이 발우를 가지고 유정을 이익되게 하려는 까닭으로 상주의 공양물을 받았다. 공양을 받고서 곧 상주를 위하여 여러 축원(呪願)을 설하셨고, 게송을 말씀하셨다.

보시하는 자는
반드시 그 이익을 얻나니
만약 즐거이 보시는 까닭이라면

뒤에 반드시 안락을 얻는다네.

복은 능히 안락의 과(果)를 부르고
원하는 것을 모두 성취하나니
빨리 원적(圓寂)한 곳을 얻어서
마땅히 열반의 즐거움을 증득한다네.

부지런히 복덕을 닦는 사람은
소유한 여러 재앙(災橫)과
천마(天魔)의 대중들도
모두가 능히 침범할 수 없다네.

만약 용맹한 마음을 일으켜
성스러운 지혜를 갖추어 보시한다면
마땅히 고해(苦海)의 경계는 없어지고
반드시 무위락(無爲樂)을 얻는다네.

이때 사천왕과 두 상주는 이러한 게송을 듣고서 매우 기뻐하면서 발에
예경하고 떠나갔다. 그때 세존께서는 이 돌발우를 가지고 니련선하의
언덕에서 물로써 진흙단(泥壇)을 씻고서 여법하게 공양하셨다. 공양을
마치고 보리수 아래로 돌아오시어 발우를 거두고 발을 씻었다. 낙장과
구밀 등의 성질이 냉(冷)하였던 까닭으로 이때 세존께서 풍병(風氣)을
앓으셨다. 마왕은 세존께서 냉한 풍병으로 병이 있는 것을 보고 세존의
처소에 나아가서 세존의 발에 예경하고 세존께 아뢰어 말하였다.
　"세존이시여. 열반하실 때에 이르셨는데 어찌하여 오래도록 세간에
머무십니까? 일찍이 열반에 들어가십시오."
　세존께서는 마왕의 괴롭힘을 아시고서 알려 말씀하셨다.
　"그대 죄가 있는 마왕이여. 나는 아직 열반에 들어갈 수 없다. 왜 그러한

가? 나에게는 아직 총명하고 지혜로운 성문제자(聲聞弟子)가 없다. 만약 다른 사람이 있어 묻는다면 여법하게 대답해야 하고, 다른 논리(異論)를 잘 깨뜨리며, 널리 정법을 세우며, 사부대중(四部衆)인 필추·필추니·오파색가(鄔婆索迦)·오파사가(鄔婆斯迦) 등이 구족되고, 천상과 하계(下界) 및 여러 시방(十方)에 널리 나의 법을 알게 하여 범행을 닦고 모든 것을 분명히 알게 해야 한다. 만약 이와 같지 않다면 나는 아직 열반에 들어가지 않을 것이다.”

마왕은 세존의 이러한 말씀을 듣고 마음에서 오뇌가 생겨나서 몸을 감추고 떠나갔다. 석제환인은 불·세존께서 풍병을 앓는 것을 보고 곧 섬부수(贍部樹)의 아래로 갔다. 멀리 하리륵림(訶梨勒林)이 있었는데 그 나무에서 빛깔과 향기와 맛을 갖춘 하리륵과를 취하여 빠르게 세존의 처소로 나아가서 발에 정례하고 한쪽에 서서 세존께 아뢰어 말하였다.

“제가 보니 세존께서는 풍병을 까닭으로 병이 있습니다. 지금 하리륵과를 받들어 베푸오니, 만약 이 과일을 드신다면 풍병이 곧 없어질 것입니다. 오직 원하옵건대 세존께서는 저의 이 약을 받아 주십시오.”

이때 세존께서는 곧 그것을 받아 복용하셨고 풍병이 나았다. 그때 세존께서는 병이 나았고, 보리수 아래에서 일어나서 모지린타용왕지(牟枝磷陀龍王池)의 옆에 있는 나무 아래에 앉아서 삼마지를 염(念)하였다. 이때 이 연못의 가운데에는 7일 동안 비가 내렸고, 모지린타용왕은 비가 7일간 멈추지 않는 것을 알고, 곧 연못에서 나와서 몸으로 세존을 일곱 번을 감싸고 머리를 당겨서 세존의 머리를 덮었다. 왜 그러한가? 불·세존께서 냉기와 열기의 조화를 찾지 못하거나, 여러 벌과 파리 등 벌레들이 세존을 괴롭히는 것이 두려웠던 것이었다. 이때 이 용왕은 7일이 지나서 비가 멈추는 것을 보고 비로소 감쌌던 몸을 풀었고 천인의 몸을 지어 세존의 발에 정례하고 세존께 아뢰어 말하였다.

“세존이시여. 이 7일 동안에 안은(安隱)하셨습니까? 제 몸은 비록 거칠고 피폐하였으나 마땅히 어지러움과 괴로움은 없으시고, 원하건대 환희를 보여주십시오.”

168

이때 세존께서는 곧 게송으로 설하여 말하였다.

만족을 아는 것이 곧 안락이고
들은 것이 많은 자가 법을 알며
중생들을 해치지 않는 것이
인간의 대자비라네.

세간의 욕락(欲樂)을 능히 없애면
여러 악을 모두 멀리 벗어나며
아만(我慢)을 모두 절복(摧伏)시키면
이 사람이 최고로 안락하다네.

세존께서 게송을 설하여 마치자, 이때 그 용왕은 세존께 정례하고 본래의 주처(住處)로 되돌아갔다. 이때 세존께서는 다시 연못의 주변에서 보리수 아래로 돌아왔으며 풀을 깔고 그 위에 단정한 몸으로 가부좌를 맺고 여법하게 앉아서 12연생(緣生)이 순환(循環)하고 다시 반복하는 것을 관하였는데 이를테면, 이것이 있으므로 저것이 생겨나나니, 무명(無明)을 인연하여 행(行)이 생겨나고, 행을 인연하여 식(識)이 생겨나며, 식을 인연하여 명색(名色)이 생겨나고, 명색을 인연하여 6처(處)가 생겨나며, 6처를 인연하여 촉(觸)이 생겨나고, 촉을 인연하여 수(受)가 생겨나며, 수를 인연하여 애(愛)가 생겨나고, 애를 인연하여 취(取)가 생겨나며, 취를 인연하여 유(有)가 생겨나고, 유를 인연하여 생(生)이 생겨나며, 생을 인연하여 노사(老死)와 우비(憂悲)의 고뇌가 생겨나는 것이다.

이것이 멸(滅)하는 까닭으로 저것이 멸하나니, 무명이 멸하면 곧 행이 멸하고, 행이 멸하면 곧 식이 멸하며, 식이 멸하면 곧 명색이 멸하고, 명색이 멸하면 곧 6처가 멸하며, 6처가 멸하면 곧 촉이 멸하고, 촉이 멸하면 곧 유가 멸하며, 유가 멸하면 곧 생이 멸하고, 생이 멸하면 곧 노사와 우비의 고뇌가 멸하는 것이다. 이때 세존께서는 7일 동안에 들어있던 삼마지에서 일어나서 게송으로 설하여 말씀하셨다.

만약 이 법이 능히 생겨난다면
세존은 항상 선정(定)에 있을 것이고
만약 능히 인연의 법을 안다면
그 뜻으로 일체를 멸(滅)한다네.

만약 이 법이 능히 생겨난다면
세존은 항상 선정에 있을 것이고
만약 능히 고통의 원인을 안다면
그 뜻으로 일체를 멸한다네.

만약 이 법이 능히 생겨난다면
세존은 항상 선정에 있을 것이고
만약 능히 수(受)를 모두 멸할 수 있다면
그 뜻으로 일체를 멸한다네.

만약 이 법이 능히 생겨난다면
세존은 항상 선정에 있을 것이고
만약 능히 연(緣)을 모두 멸할 수 있다면
그 뜻으로 일체를 멸한다네.

만약 이 법이 능히 생겨난다면
세존은 항상 선정에 있을 것이고
만약 능히 여러 누(漏)를 멸할 수 있다면
그 뜻으로 일체를 멸한다네.

만약 이 법이 능히 생겨난다면

세존은 항상 선정에 있을 것이고
태양이 허공 속에 있는 것과 같이
세간에서 널리 비추겠노라.

만약 이 법이 능히 생겨난다면
세존은 항상 선정에 있을 것이고
여러 마군을 항복시키고
세존께서 능히 쇠고랑과 자물쇠를 끊는다네.

이때 세존께서 이렇게 생각을 지으셨다.
'나는 매우 깊고 깊은 법을 얻어서 보기 어려운 것을 능히 보았고 알기 어려운 것을 능히 알았으나, 사유(思惟)할 수도 없고 사유하기도 어렵다. 그 뜻은 미묘(微妙)하여 오직 지혜가 있는 자가 능히 이 법을 알 수 있다. 만약 다른 사람을 위하여 설하였는데, 그가 능히 이해하지 못한다면 나의 법은 헛된 가르침이고 나는 도리어 스스로가 피곤하고 내 근심과 번뇌가 커질 것이다. 나는 지금 마땅히 홀로 적정한 곳에서 내가 보았던 법을 안락한 경계에서 머물면서 사유해야겠다.'
이때 세존께서는 앞에서와 같이 사유하였고 마음을 멈추고 머물면서 설법을 생각하지 않았다. 그때 사바세계의 주인인 범천왕은 세존 마음의 생각을 알았고 곧 스스로가 사유하였다.
'이 세간은 변하고 파괴되는 것이고 여러 중생 등은 그 괴로운 경계에서 능히 해탈하지 못한다. 지금 여래·응·정변지(正遍知)께서 세간에 출현하신 것을 만나기 어려운 것은 오담발라(烏曇鉢羅)의 꽃을 만나는 것과 같다. 세존께서 지금 세상에 나오셨으나 스스로의 적정(寂靜)을 즐기시며 설법은 생각하지 않는구나. 내가 지금 마땅히 가서 세존께 청해야겠다.'
이렇게 생각을 짓고서 큰 역사(力士)가 팔을 굽혔다가 펴는 시간에 범천에서 사라져서 세존의 앞에 이르렀으며, 세존의 발에 정례하고 한쪽에 서서 곧 게송을 설하여 말하였다.

통쾌하구나! 지금 이 마갈타에는
일찍이 없었던 정묘법(淨妙法)이 나타났다네.
여러 법의 가운데에서 깨달으신 자이시여.
오직 바라건대 마땅히 감로의 문을 여십시오.

세존께서 다시 가타(伽他)로써 설하여 말씀하셨다.

내가 얻은 법은 매우 만나기 어려운 것이고
능히 바다에 있어도 모두 남음이 없으나
지혜가 적고 어리석은 사람은 항상 역류(逆流)하는데
욕망에 이끌리고 얽혀서 억눌리고 표류하는 까닭이라네.

근본설일체유부비나야파승사 제6권

삼장법사 의정 한역
석보운 번역

그때 대범천왕(大梵天王)이 세존께 아뢰어 말하였다.

"세존이시여. 이 세간에 있는 여러 중생들은 혹은 태어나고, 혹은 늙어가더라도, 그 근본 성품에는 상·중·하가 있고 예리함과 둔함은 같지 않습니다. 형상이 단엄하며 성품과 행동이 조화롭고 수순한 사람은 여러 번뇌와 미혹이 적으며, 역시 번뇌와 미혹이 적은 부류의 사람이라도 정법을 듣지 못하였던 까닭으로 이해하는 것이 좁고 용렬합니다.

세존이시여. 올발라화(嗢鉢羅花)·발특마화(鉢特摩花)·구몰타화(俱沒陀花)·분다리가화(奔茶利迦花)와 같으므로, 함께 물의 가운데에서 혹은 생겨나고, 혹은 시들어가더라도 그 꽃의 근본 성품에는 상·중·하가 있습니다. 한 꽃은 물 위로 뜨고, 한 꽃은 수면과 가지런하며, 한 꽃은 물속에 있는데 중생들도 역시 그러합니다. 세간(世間)의 가운데에서 혹은 태어나고, 혹은 늙어가더라도, 그 근본 성품에는 상·중·하가 있고 예리함과 둔함은 같지 않습니다.

형상이 단엄하며 성품과 행동이 조화롭고 수순한 사람은 여러 번뇌와 미혹이 적으며, 역시 번뇌와 미혹이 적은 부류의 사람이라도 정법을 듣지 못하였던 까닭으로 이해하는 것이 좁고 용렬합니다. 이러한 사람들을 위한 까닭으로 마땅히 정법을 설하십시오. 이때 그 여러 사람들은 법보(法寶)를 설하는 것을 듣고 모두가 해오(解悟)할 것입니다."

이때 세존께서는 이러한 청을 듣고 곧 이렇게 생각을 지으셨다.

‘나는 불안(佛眼)으로써 그 중생들의 근본 성품이 차별이 있는가를 관해야겠다.’

이렇게 생각을 짓고서 곧 불안으로 유정들을 관찰하였는데, 유정들은 혹은 태어났고, 혹은 늙어갔으며, 그 근본 성품에는 상·중·하가 있었고, 예리함과 둔함이 있었다. 형상이 단엄하며 성품과 행동이 조화롭고 수순한 사람은 여러 번뇌와 미혹이 적었으나, 역시 번뇌와 미혹이 적은 부류의 사람이라도 정법을 듣지 못하였던 까닭으로 이해하는 것이 좁고 용렬하였다. 그때 세존께서는 곧 유정들에게 대비심을 일으키셨고 게송으로 설하여 말하였다.

만약 법에 깊고 즐겁게 듣는 자가 있다면
나는 곧 마땅히 감로의 문을 열겠으며
그가 비방하고 거만하며 가벼운 사람과 같다면
대범천이여. 나는 결국 설법하지 않겠노라.

이때 대범천왕은 이러한 게송을 듣고서 이렇게 생각을 지었다.
‘세존께서 지금 정법을 설하시고자 하는구나.’

마음에 환희가 생겨나서 용약하며 세존의 발에 정례하고 세존을 세 번을 돌았으나 나타나지는 않았다. 그때 불·세존께서는 다시 이렇게 생각을 지으셨다.
‘나는 지금 누구에게 먼저 설법해야 하는가?’

또한 생각을 지으시며 말씀하셨다.
‘가라가(哥羅哥)가 있어 옛날에 인연의 가운데에서 일찍이 나의 스승이었고 나아가 여러 종류로서 공급하였으니 나는 마땅히 그를 위하여 먼저 정법을 설해야겠다.’

이때 공중에서 여러 천인들이 아뢰어 말하였다.
“세존이시여. 가라가는 목숨을 마쳤고 이미 7일이 지났습니다.”

세존께서도 역시 불안(佛眼)으로 관찰하여 목숨을 마쳤고 이미 7일이 지난 것을 아시고서 다시 이런 이렇게 생각을 지으셨다.

"그 가라가는 나의 법을 듣지 않았으니 큰 이익을 잃었구나. 만약 법을 듣고서 얻었다면 이익이 무변(無邊)하였을 것이다."

또한 생각을 지으시며 말씀하셨다.

"나는 지금 마땅히 올달라마자(嗢達羅摩子)를 위하여 설법해야겠다. 옛날에 인연의 가운데에서 제2의 나의 스승이었고 나아가 여러 종류로서 공급하였으며 나에게 설하였던 까닭이다."

여러 천인들이 공중에서 역시 세존께 아뢰어 말하였다.

"이 올달라마자는 어젯밤(昨夜)에 목숨을 마쳤습니다."

세존께서도 역시 불안으로 관찰하시어 어젯밤에 목숨을 마친 것을 아시고, 다시 이렇게 생각을 지으셨다.

"그는 나의 법을 듣지 못하여 큰 이익을 잃었구나. 만약 법을 듣고서 얻었다면 이익이 무변하였을 것이다."

이때 세존께서는 다시 이렇게 생각을 지으셨다.

'나는 먼저 누구를 위하여 설법해야 하는가?'

다시 이렇게 생각을 지으셨다.

'마땅히 그 다섯 사람을 위하여 먼저 설법해야겠다. 왜 그러한가? 내가 옛날에 고행할 때에 그들 다섯 사람은 신심으로 나를 존중하였고 공양하였다.'

다시 이렇게 생각을 지으셨다.

'그들 다섯 사람은 지금 어느 곳에 있는가?'

그때 세존께서는 초인(超人)의 천안(天眼)으로 관찰하였고, 나아가 그 다섯 사람이 바라니사(波羅尼斯)의 선인이 떨어진 곳인 시록림(施鹿林)의 가운데에 있는 것을 보았다. 이미 보았으므로 보리수 아래에서 일어나시어 가시나국(迦施那國)의 바라니사성으로 나아가셨으며, 도로에서 한 외도를 만났는데 친근(親近)이라고 이름하였다. 그는 세존의 모습과 얼굴이 단엄(端嚴)하고 청정하며 얼굴빛과 상호가 훌륭함을 보고 물어 말하였다.

"구수(具壽) 교답마여. 여러 근(根)이 단정하고 청정하며 얼굴과 피부가 부드럽고 매끄러운데, 어느 스승에게 출가하였고 누구에게 교법(敎法)을 받았습니까?”

이때 세존께서는 곧 게송으로 설하여 말씀하셨다.

나는 지금 스승을 쫓아 수업(受業)하지 않았으나
역시 나와 함께 비교할 부류는 없나니
세간에서 마땅히 개각(開覺)해야 할 것을
오직 나 한 사람이 바르게 능히 깨달았다네.

일체에 통달하여 세간을 벗어났고
그리고 여러 법에도 집착이 없으며
모든 것을 버리고 해탈을 증득하였고
자연히 개오(開悟)하였으며 스승을 따르지 않았네.

이미 사람의 부류 가운데서 나는 없나니
자연히 일체를 깨달은 것으로써
여래는 천상과 인간의 도사(導師)이며
이미 일체 지력(智力)을 갖추고 증득하였네.

이때 세존께서 이러한 게송을 설하고서 가시나국 바라니사의 선인이 떨어진 곳인 시록림으로 갔다. 이때 다섯 사람은 그 숲속에 있으면서 멀리서 세존을 보았고 각자 서로에게 의논하여 함께 하나의 규칙을 세웠다.
“이 사문 교답마는 성품에 게으름과 교만이 많고, 항상 그릇된 생활을 하였으며, 미혹을 끊는 것을 자주 물러났고, 그가 지금은 널리 맛있는 음식인 이를테면, 소(酥)와 락(酪)과 꿀 등을 먹었으며, 소와 기름으로써 몸에 바르고 물을 끓여서 목욕하였습니다. 그 교답마가 우리들의 처소에 온다면 우리들은 마땅히 일어나서 영접하지도 않고 정례하지 않으며 역시 불러서 앉으라고 하지도 맙시다. 그가 만약 앉는 때에도 역시 멀리

앉게 내버려둡시다.”

규칙을 세우고 비로소 마쳤는데 여래께서 점차 다섯 사람이 있는 곳으로 이르렀다. 이때 그 다섯 사람은 여래의 위덕과 존중을 감당하지 못하고 자리에서 일어났으며, 한 사람은 여래를 편안하게 앉혔고, 한 사람은 여래를 위해 물을 취하였으며, 한 사람은 여래를 위하여 발을 씻는 그릇을 놓아두었다. 나머지 두 사람은 여래를 영접하고 삼의(三衣)를 받았다.

“잘 오셨습니다. 교답마시여. 이 자리에 앉으십시오.”

세존은 생각을 지으셨다.

‘이 어리석은 사람들이 함께 세웠던 규칙을 곧 스스로가 범하는구나.’

이렇게 생각하고 짓고서 자리에 나아가서 앉으셨다.

다섯 사람이 공양하였으나 아직 세존께서 정각(正覺)을 성취한 것을 알지 못하여 마음에서 경만(輕慢)하였고, 소유한 말에서도 모두 여래의 세속의 이름(俗名)을 불렀는데, 혹은 교답마(喬答摩)라고 불렀고, 혹은 구수(具壽)라고 불렀으며, 혹은 종족을 부르기도 하였다. 이때 세존께서는 이렇게 헐뜯는 것을 보고 다섯 사람에게 알려 말하였다.

“여래의 처소에서는 속성(俗性)·교답마·구수·종족 등으로 부르지 말라. 만약 이와 같이 여래를 헐뜯는 자는 큰 이익을 잃고 태어나는 곳마다 장야(長夜)에 고뇌를 받을 것이다. 왜 그러한가? 만약 다시 사람이 있어 여래의 속성(俗姓)과 속명(俗名)과 속호(俗號)를 자주 부른다면 그는 지혜가 없는 사람이므로 태어나는 곳마다 큰 이익을 잃고 항상 고뇌를 받느니라. 그대들은 마땅히 알라. 지금부터는 여래의 처소에서 여래의 속성을 부르지 말라.”

다섯 사람은 알려 말하였다.

“구수 교답마여. 그대는 이전에 고행하였으나 정각의 지혜법(智慧法)을 역시 다시 바르고 안락하게 머무는 것도 보지도 못하였고, 그대는 얻지 못하였소. 어찌 오늘에 파계하고 고행을 버리며, 마음은 능히 정하지 못하고 어리석고 미쳤으며 마음이 어지러워서 널리 좋은 음식을 받았는데 이를테면, 소와 락과 꿀 등이었고, 소와 기름을 몸에 바르고 향수로 목욕하면서 일체의 고행이 없었소. 이와 같은데 어찌 정각을 성취했다고 말합니까?”

세존께서 알려 말씀하셨다.

“그대들은 어리석도다. 여래의 앞뒤의 모습과 용모와 여러 근이 차별된 것을 이미 보지 못하였는가?”

다섯 사람이 알려 말하였다.

“구수 교답마여. 우리들이 보니 이와 같이 모습과 용모에 차별이 있습니다.”

이때 세존께서 다섯 사람에게 알려 말씀하셨다.

“출가한 사람은 두 종류의 삿된 스승을 친근히 하지 않아야 하나니, 무엇을 두 종류라고 말하는가? 첫째는 범부들의 하열하고 속된 법에 즐거이 집착하거나 음욕의 처소를 즐거이 탐하는 것이고, 둘째는 스스로가 자기의 몸을 괴롭혀서 여러 과실(過失)을 만들고 아울러 성자가 행하는 법을 비난하는 것이다. 이 두 가지 삿된 법을 출가한 사람은 마땅하게 반드시 멀리해야 한다. 나에게는 중도에 처신하는 법이 있는데, 그것을 익히고 행하는 자는 마땅히 청정한 눈과 큰 지혜를 얻어서 등정각(等正覺)과 적정한 열반을 얻을 것이다. 무엇을 중도에 처신하는 법이라고 하는가? 이를테면, 8성도(聖道)이다. 무엇을 여덟 가지라고 말하는가? 이를테면, 정견(正見)·정사유(正思惟)·정어(正語)·정업(正業)·정명(正命)·정정진(正精進)·정념(正念)·정정(正定)이니라.”

이때 세존께서는 다섯 사람을 위하여 결정된 마음으로서 이와 같이 가르침을 설하셨다. 그때 다섯 사람의 가운데에서 두 사람은 세존을 모시고 법을 배웠고, 세 사람은 새벽의 때에 걸식하였고 본래 거처로 돌아와 여섯 사람의 음식으로 충당하였다. 또한 중야(中夜)[1])에 세 사람은 부처님을 모시고 법을 배웠으며, 두 사람은 마을로 들어가서 걸식하였고

---

1) 밤낮을 6등분한 것으로, 신조(晨朝, 아침)·일중(日中, 한낮)·일몰(日沒, 해질녘)·초야(初夜, 초저녁)·중야(中夜, 한밤중)·후야(後夜, 한밤중에서 아침까지의 동안)를 말한다.

본래의 처소에 돌아와서 다섯 사람이 함께 먹었으나, 오직 불·세존께서는 때가 아닌 때에는 먹지 않으셨다. 그때 세존께서는 다섯 사람에게 알려 말씀하셨다.

"이 고성제법(苦聖諦法)은 내가 일찍이 듣지 못하였으나 이치에 맞게 뜻을 짓고 정근하는 힘을 까닭으로 청정한 혜안(慧眼)을 얻어 지혜가 밝아지고 깨달음이 생겨나는 것이네. 이 고집성제법(苦集聖諦法)은 내가 일찍이 듣지 못하였으나 이치에 맞게 뜻을 짓고 정근하는 힘을 까닭으로 청정한 혜안을 얻어 지혜가 밝아지고 깨달음이 생겨나는 것이네. 이 고멸성제법(苦滅聖諦法)은 내가 일찍이 듣지 못하였으나 이치에 맞게 뜻을 짓고 정근하는 힘을 까닭으로 청정한 혜안을 얻어 지혜가 밝아지고 깨달음이 생겨나는 것이네. 이 고멸도성제법(苦滅道聖諦法)은 내가 일찍이 듣지 못하였으나 이치에 맞게 뜻을 짓고 정근하는 힘을 까닭으로 청정한 혜안을 얻어 지혜가 밝아지고 깨달음이 생겨나는 것이네."

다시 다섯 사람에게 알리셨다.

"이 고성제법(苦聖諦法)은 내가 일찍이 알지 못하였으나, 지금 마땅하게 알아야 하고 이치에 맞게 뜻을 짓고 정근하는 힘을 까닭으로 청정한 혜안을 얻어 지혜가 밝아지고 깨달음이 생겨나는 것이네. 이 고집성제(苦集聖諦法)은 내가 일찍이 끊지 못하였으나, 지금 마땅히 끊어야 하고, 이치에 맞게 뜻을 짓고 정근하는 힘을 까닭으로 청정한 혜안을 얻어 지혜가 밝아지고 깨달음이 생겨나는 것이네. 이 고멸성제법(苦滅聖諦法)은 내가 일찍이 증득하지 못하였으나, 지금 마땅히 증득해야 하고, 이치에 맞게 뜻을 짓고 정근하는 힘을 까닭으로 청정한 혜안을 얻어 지혜가 밝아지고 깨달음이 생겨나는 것이네. 이 고멸도성제법(苦滅道聖諦法)은 내가 일찍이 닦아 익히지 못하였으나, 지금 마땅히 닦아야 하고, 이치에 맞게 뜻을 짓고 정근하는 힘을 까닭으로 청정한 혜안을 얻어 지혜가 밝아지고 깨달음이 생겨나는 것이네.

이 고성제(苦聖諦)는 내가 이미 두루 알았으므로 다시 거듭하여 알고자 하지 않으며, 이전부터 듣지 못하였으나 이치에 맞게 뜻을 짓고 정근하는 힘을 까닭으로 청정한 혜안을 얻어 지혜가 밝아지고 깨달음이 생겨나는 것이네. 이 고집성제(苦集聖諦)는 나는 이미 영원히 끊었으므로 다시 거듭하여 끊고자 하지 않으며, 이전부터 듣지 못하였으나 이치에 맞게 뜻을 짓고 정근하는 힘을 까닭으로 청정한 혜안을 얻어 지혜가 밝아지고 깨달음이 생겨나는 것이네.

이 고멸성제(苦滅聖諦)는 나는 이미 증득하였으므로 다시 거듭하여 증득하고자 하지 않으며, 이전부터 증득하지 못하였으나 이치에 맞게 뜻을 짓고 정근하는 힘을 까닭으로 청정한 혜안을 얻어 지혜가 밝아지고 깨달음이 생겨나는 것이네. 이 고멸도성제(苦滅道聖諦)는 내가 이미 수습(修習)하였고, 일찍이 수습하지 못한 것을 이치에 맞게 뜻을 짓고 정근하는 힘을 까닭으로 청정한 혜안을 얻어 지혜가 밝아지고 깨달음이 생겨나는 것이네.

그대들 다섯 명은 알아야 하네. 내가 이전에 이러한 4제(諦)[2]와 3전(轉)[3]과 12종(十二種)[4]을 아직 얻지 못하였으므로 청정한 혜안과 지혜와 밝은 깨달음이 생겨나지 않아서 능히 인간과 천인 나아가 범계(梵界)의 여러 사문·바라문·일체 세간의 천인·인간·아소라(阿蘇羅)를 뛰어넘지 못하였고, 해탈과 출리(出離)를 증득하지 못하였으며, 전도(顚倒)를 떠나지 못한 까닭으로 나는 무상정지(無上正智)를 증득하지 못한 것이네.

그대들은 마땅히 알게. 나는 스스로가 이러한 4성제와 3전과 12종을 수습하였고, 이미 곧 정한 혜안과 지혜와 밝은 깨달음을 얻어 정각(正覺)을 요달(了達)한 것이네. 그때 나는 곧 인간·천인·마(魔)·범계 나아가 세간의 사문·바라문·천인·인간·아소라를 뛰어넘고 해탈하고 전도된 마음을 벗어나서 나는 정지(正智)와 무상정각(無上正覺)을 얻게 된 것이네."

세존께서 이렇게 법을 설하시는 때에 구수 교진여(憍陳如)는 무구(無垢)와 무진(無塵)의 법(法) 가운데서 역시 법안(法眼)을 얻었고, 8만의 천인

---

2) 사성제인 고(苦)·집(集)·멸(滅)·도(道)를 가리킨다.
3) 4성제에 시(示)·권(勸)·증(證)이 있는 것을 가리킨다.
4) 12연기를 다르게 부르는 말이다.

대중들도 법의 가운데서 역시 법안을 얻었다. 이때 세존께서 교진여에게 알려 말씀하셨다.

"그대는 법을 증득하였는가?"

대답하여 말하였다.

"세존이시여. 저는 이미 증득하였습니다."

세존께서 다시 알려 말씀하셨다.

"교진여여. 그대는 법을 증득하였는가?"

대답하여 말하였다.

"선서(善逝)시여. 이미 증득하였습니다."

세존께서 말씀하셨다.

"구수 교진여여. 이미 법을 두루 증득하였네. 이러한 뜻을 까닭으로 아야교진여(阿若憍陳如)라고 이름하겠노라."

그때 땅을 걸어다니는 약차의 무리들은 세존의 말씀을 듣고서 함께 소리 내어 말하였다.

"인자(仁者)여. 마땅히 아십시오. 이 불·세존께서 바라니사성의 선인이 떨어진 곳인 시록림 가운데에서 삼전십이행5)의 법륜을 굴리셨는데, 여러 사문·바라문·인간·천인·마왕·범천왕이 능히 굴릴 수 없는 것이다. 많은 사람을 안락하게 하려는 까닭이고, 많은 사람들을 이익되게 하려는 까닭이며, 유정들을 애민하게 생각하는 까닭이다. 이러한 뜻을 까닭으로 천인의 대중들은 늘어나서 이익되었고, 아소라는 손해되고 줄어들었다."

이때 공중으로 날아다니는 약차는 땅에서 걸어다니는 약차의 소리를 듣고서 역시 함께 소리내어 말하였고, 나아가 사천왕천(四天王天)·삼십삼천(三十三天)·염마천(炎魔天)·도사천(覩史天)·화락천(化樂天)·타화자재천(他化自在天)과 여러 범천(梵天)들도 모두 조금의 오차도 없이 동시(同時)·동찰나(同利那)·동납파(同臘婆)·동모호율다(同牟呼栗多)6)에 함께 소리를 내

---

5) 사제(四諦)를 시전(示轉)·권전(勸轉)·증전(證轉)의 세 방면으로 되풀이하고, 다시 시전(示轉)·권전(勸轉)·증전(證轉)의 사제(四諦) 각각에 안(眼)·지(智)·명(明)·각(覺)의 네 단계를 두어, 사제(四諦) 각각을 12가지의 모습으로 설한 것이다.

었으며, 아가니타천(脚迦尼吒天)도 이러한 소리를 듣고 역시 동시에 말하였다.

"인자여. 마땅히 아십시오. 이 불·세존께서는 바라니사성의 선인이 떨어진 곳인 녹야원에서 삼전십이행상의 법륜을 굴렸는데, 여러 사문·바라문·인간·천인·마왕·범천왕이 능히 굴릴 수 없는 것이다. 많은 사람들을 이익되게 하려는 까닭이며, 유정들을 애민하게 생각하는 까닭이다. 이러한 뜻을 까닭으로 천인의 대중들은 늘어나서 이익되었고, 아소라는 손해되고 줄어들었다."

세존께서 바라니사성 선인이 떨어진 곳인 시록림의 가운데에서 삼전십이행상의 법륜(法輪)을 굴렸던 까닭으로 이 법경(法境)과 이 땅을 전법륜처경(轉法輪處經)이라고 이름하였다. 이때 세존께서 다시 네 사람에게 알려 말씀하셨다.

"4성제(四聖諦)가 있으니, 무엇을 넷이라고 말하는가? 이를테면, 고성제(苦聖諦)·집성제(集聖諦)·멸성제(滅聖諦)·도성제(道聖諦)이니라. 무엇을 고성제라고 말하는가? 이를테면, 태어나는 고통(生苦)·늙는 고통(老苦)·병드는 고통(病苦)·죽는 고통(死苦)·사랑하며 헤어지는 고통(愛別離苦)·미워하며 만나는 고통(怨憎會苦)·구하는 것을 얻지 못하는 고통(求不得苦)·5온에서 생기는 고통(五取蘊苦)이니라. 이와 같이 마땅히 알고서 8성도(聖道)를 수습해야 하나니, 이를테면 정견(正見)·정사유(正思惟)·정어(正語)·정업(正業)·정명(正命)·정정진(正精進)·정념(正念)·정정(正定)이니라.

무엇을 집성제라 말하는가? 이를테면, 애욕갱수후유애(愛欲更受後有愛)[7]·희탐구행애(喜貪俱行愛)[8]·피피흔락염애(彼彼欣樂染愛)[9]이니, 이것을 벗어나려는 까닭으로 마땅히 팔정도(八正道)를 수습해야 하느니라.

---

6) 『구사론(俱舍論)』에서는 "시간의 최소 단위는 찰나(刹那)이고, 120찰나를 달찰나(怛刹那)라고 말하며, 60달찰나를 나바(羅婆)라고 말하고, 30나바를 모호율다(牟呼栗多)라고 말하며, 30모호율다가 1주야(晝夜)이다."라고 말하고 있다.

7) 욕망으로 다시 후유를 받는 집착을 말한다.

8) 눈앞의 경계에 대한 집착을 말한다.

9) 앞으로 일어날 경계에 대한 집착을 말한다.

무엇을 멸성제라 말하는가? 이를테면, 욕망과 애착으로 다시 후유(後有)를 받게 되나니, 즐거움과 애착이 상응(相應)하고 반연(攀緣)하고 염착(染着)하느니라. 이것을 괴멸(壞滅)시키고 휴식(休息)하며 영원히 없애고 애욕을 벗어나서 증득하기 위한 까닭으로 팔정도를 수습해야 하느니라.

무엇을 도성제라 말하는가? 이를테면, 팔성도(八聖道)이니, 마땅히 수습해야 하느니라.”

세존께서 이러한 사제법(四諦法)을 설하시는 때에 아야교진여는 여러 누진(漏盡)을 증득하여 마음에 해탈을 얻었고, 네 사람은 이 법의 가운데에서 여러 진구(塵垢)를 벗어나서 청정안(清淨眼)을 증득하였다. 이때 세간에는 두 응공(應供)이 있었으니, 첫째는 세존이고, 둘째는 바로 이 교진여이었다. 그때 세존께서 다시 네 사람에게 알려 말씀하셨다.

“그대들은 마땅히 알아야 한다. 색(色)은 무아(無我)인데, 만약 색에 유아(有我)가 있다면 마땅히 여러 질병과 괴로움도 생겨나지 않으며, 능히 색의 가운데에서 이와 같은 색을 짓기도 하고, 능히 이 색을 짓지도 못한다. 이러한 까닭으로 그대들은 알아야 한다. 색이 무아인 것을 아는 까닭으로 여러 질병과 괴로움이 생겨나는데, 능히 이와 같은 색을 짓지도 못하고, 이와 같은 색을 짓지도 않으며, 수(受)·상(想)·행(行)·식(識)도 또한 이와 같다는 것을 마땅히 알아야 한다.”

그때 세존께서는 다시 네 사람에게 알려 말씀하셨다.

“그대들 생각은 어떠한가? 색(色)은 항상(恒常)한가? 무상(無常)한가?”

대답하여 말하였다.

“대덕(大德)이시여. 색은 무상합니다.”

알려 말씀하셨다.

“색이 만약 무상하다면 괴로운가? 괴롭지 않겠는가?”

대답하여 말하였다.

“대덕이시여. 괴롭습니다.”

알려 말씀하셨다.

“색이 만약 무상하고 괴로운 것이라면 곧 변하여 무너지는 것이다.

만약 다문제자(多聞弟子)가 색이 곧 나(我)라고 집착하고, 나에게 여러 색이 있으며, 색은 나에게 속하고 내가 색의 가운데에서 있는 것인가?”

대답하여 말하였다.

“아닙니다.”

세존께서 알려 말씀하셨다.

“이와 같이 수·상·행·식은 항상한 것인가? 무상한 것인가?”

대답하여 말하였다.

“대덕이시여. 무상합니다.”

알려 말씀하셨다.

“나아가 식(識) 등이 무상하다면 괴로운가? 괴롭지 않겠는가?”

대답하여 말하였다.

“괴롭습니다. 대덕이시여.”

알려 말씀하셨다.

“식(識) 등이 무상하고 괴로운 것이라면 곧 변하여 무너지는 것이다. 만약 다문제자(多聞弟子)가 색에 집착하고 나아가 식이 곧 나이고 나에게 식 등이 있다고 집착한다면, 식 등이 나에게 속하고 내가 식 등의 가운데에 있는 것인가?”

대답하여 말하였다.

“아닙니다. 대덕이시여.”

알려 말씀하셨다.

“이러한 까닭으로 마땅히 알아야 한다. 여러 소유한 색(色)이 만약 과거이고, 만약 현재이며, 만약 미래이고, 만약 안이며, 만약 밖이고, 만약 거칠며, 만약 세밀하고, 만약 수승하며, 만약 열등하고, 만약 가깝고, 만약 멀더라도 이와 같은 여러 색은 내가 아니고, 나의 소유(所有)도 아니며, 나에게 속한 것도 아니고, 내가 색에 있는 것도 아닌 까닭으로 여실(如實)하게 널리 알아야 하고, 마땅히 이와 같이 보아야 하며, 나아가 수·상·행·식도 이와 같이 보아야 하느니라.

그대들 성문(聲聞)제자들은 다문(多聞)을 구족하였으니, 오취온(五取蘊)

을 관하면서 아(我)와 아소(我所)를 떠나야 한다. 이와 같이 관찰하였다면 여러 세간은 진실로 취할 것이 없고, 취할 것이 없는 까닭으로 두려움이 생겨나지 않으며, 두려움이 없는 까닭으로 안에서 원적(圓寂)을 증득하게 되고, 나는 이미 생을 마쳤고 범행(梵行)도 이미 섰으며 지은 것을 지었으므로 후유를 받지 않는 것을 알게 되느니라.”

그때 세존께서 이 법을 설하시는 때에 그 네 사람은 이 법을 듣고서 마음에 해탈을 얻었고 아라한과(阿羅漢果)를 증득하였다. 이때 세간에는 여섯 아라한이 있었는데 세존께서 첫째의 아라한이시다.

이때 세존께서 바라니사성 바라나하(婆羅奈河) 근처에 머무르셨다. 이때 그 성안에는 장자가 있어 야사(耶舍)라고 이름하였는데, 날마다 음악을 여인에게 연주시켰고 오욕락(五欲欲)을 받았다. 몸과 마음이 피곤하여 곧바로 누워 잠들었고 여러 기녀(伎女)들도 둘러싸고 잠들었다. 이때 야사는 갑자기 깨어서 여러 기녀들을 보았는데, 아홉 구멍에서 여러 종류의 부정(不淨)이 흘러나왔고, 머리털은 쑥대처럼 흐트러졌으며, 의복은 더러웠고, 손발을 떨면서 시끄럽게 여러 잠꼬대를 하였다. 이러한 일을 보고 이렇게 사유를 지었다.

‘내가 지금 저녁에 시림(屍林)에 있는 것인가?’

마음에 놀람과 두려움이 생겨나서 일어났고 보배의 신발을 신었는데, 그 신발의 가치(價值)는 백천 냥금(兩金)이었다. 문 옆으로 달려가서 큰 소리로 외쳤다.

“여러 사람들은 마땅히 아시오. 괴로움이 와서 나를 핍박하는구려. 여러 사람들은 마땅히 아시오. 괴로움이 와서 나를 핍박하는구려.”

비가 오듯이 눈물을 흘리면서 슬프게 울었다. 이때 비인(非人)이 있어서 야사의 소리를 숨겨서 사람들을 깨우지 않았고, 곧 문을 열었다. 그때 야사는 대문으로 나가서 역시 큰 소리로 외치고 슬피 울었고 목이 메었는데 다시 이렇게 말을 지었다.

“여러 사람들은 마땅히 아시오. 괴로움이 와서 나를 핍박하는구려.”

이때 비인은 야사의 소리를 숨겨서 사람들을 깨우지 않았고 곧 문을 열어 주었다. 이때 야사는 성문 밖에 이르러 이전과 같이 외쳤고 이때 그 비인은 역시 문을 열어 주었다. 이때 야사는 성문 밖으로 나가서 바라나하의 근처에 이르렀다. 이때 세존께서는 강가를 경행(經行)하고 계셨는데, 야사가 물을 보고 앞에서와 같이 큰소리로 외쳤다. 세존께서 그 소리를 들으시고 동자(童子)에게 알려 말씀하셨다.

"이곳에는 두려움이 없느니라. 그대는 건너서 오너라."

야사는 신발을 벗어 놓고서 건너서 세존의 처소로 나아가서 세존의 발에 정례하고 한쪽에 서 있었다. 이때 세존께서 곧 야사를 데리고 그 주처에 이르셨으며 세존께서는 본래의 자리로 나아가셨다. 이때 그 야사는 세존의 발에 예경하고 여래를 마주하고서 앉았다. 이때 세존께서는 곧 널리 묘법을 연설하시어 보여주셨고 가르치셨으며 이익되게 하셨다.

여러 세존의 상법(常法)은 먼저 이러한 법을 설하는 것이니 이를테면, 천상에 태어날 인(因)의 보시와 지계의 등이고, 다시 오욕(五欲)이 소유한 허물과 근심을 설하신다. 출가하여 혼자서 산림에 머물고 사유하고 관찰하여 여러 번뇌를 끊는 것을 찬탄하시고, 광대하고 미묘한 법을 널리 연설하시어 열어서 보이시고 이해시키시므로 여러 사람들이 이러한 법을 설하는 것을 듣고 있다면 환희고 청정하여 의혹이 없어지는 것이다.

세존께서는 관찰하여 아시고서 다시 출세간법을 설하셨는데 이를테면, 고성제·집성제·멸성제·도성제이었다. 오히려 옷을 빨고서 먼저 더러운 때를 없애고 깨끗해져서 염색하면 곧 쉽게 염색되듯이 야사도 역시 같았다. 처음으로 세존께서 설하시는 것을 듣고 심기(心器)가 청정해져서 곧 능히 4성제법을 명료하게 알아서 예류과(預流果)를 증득하였다. 법을 보았고 법을 얻었으며 매우 통달하였고, 구경(究竟)의 견고한 법이었으므로 일체의 희망(悕望)10)을 뛰어넘고 일체의 의혹을 건넜으며, 다른 인연을 빌리지 않고서 대사(大師)의 가르침에서 다른 것에 능히 이끌리지 않았고, 여러 법의 가운데에서 무소외(無所畏)를 얻었다. 야사는 이때 이러한 법을 얻고

---

10) 이루어지기 어려운 소망을 가리킨다.

서 마음에서 크게 환희하였고 자리에서 일어나 의복을 정리하고 세존의 발에 예경하였고, 우슬착지(右膝着地)를 하였으며, 합장하고서 세존께 이와 같이 말하였다.

"세존이시여. 저는 지금 미묘한 법에 들어가서 크고 수승한 이익을 얻었습니다. 지금부터 나아가 목숨을 마치도록 불·법·승께 귀의하고 오파색가(鄔波索迦)의 오계(五戒)인 불살(不殺)·불도(不盜)·불야행(不耶行)·불망어(不妄語)·불음주(不飮酒)를 짓겠습니다."

이렇게 말을 마치고서 한쪽에 물러나서 앉았다. 이때 그 야사가 성을 나온 뒤 아내가 잠에서 깨어났는데 야사가 보이지 않았다. 여러 곳을 찾아서 다녔으나 어디에 있는가를 알 수 없었으므로 시아버지인 장자에게 물어 말하였다.

"장자(長者)여. 마땅히 아십시오. 지금 야사가 어디에 있는가를 알 수 없습니다."

장자는 듣고서 이렇게 생각을 지었다.

'어찌 나의 아들이 여러 악한 도둑과 원수에게 잡혔고 성 밖으로 끌려가서 이익이 없는 것이 아니겠는가?'

이렇게 생각을 짓고서 곧 사방으로 여러 사람과 말에게 명하여 찾게 하였고, 스스로가 횃불을 가지고 여러 사람들과 함께 여러 곳을 찾았다. 마침내 성문 밖으로 나가서 점차 강변에 이르렀고 백천 가치의 보배 신발이 있는 것을 보았다. 곧 이렇게 생각을 지었다.

'내 아들은 확실히 악한 도둑에게 잡혀간 것은 아니었구나. 이미 보배 신발을 벗어 놓았으니 강을 건너간 것이 분명하다.'

장자는 곧 강을 건너갔고 점차 세존의 처소에 이르렀다. 이때 세존께서는 멀리서 장자가 밖으로부터 오는 것을 보시고 곧 신력(神力)으로써 그 장자가 대중의 가운데 있더라도 그 아들을 보지 못하도록 하였다. 이때 그 장자는 이미 세존의 처소에 이르렀고 세존의 발에 정례하고서 세존께 아뢰어 말하였다.

"저의 아들인 야사를 보셨습니까?"

세존께서 말씀하셨다.

“장자여. 그대는 마땅히 먼저 앉으시오. 이곳에서 아들을 만날 수 있을 것이오.”

이때 그 장자는 세존의 말씀을 듣고 미증유의 환희심이 생겨나서 세존의 두 발에 예경하고 한쪽에 앉았다. 이때 세존께서는 묘법을 설하시어 보여주셨고 가르치셨으며 이익되고 기쁘게 하셨다. 여러 세존들의 상법은 일반적으로 연설에서 먼저 천상에 태어나는 인이 되는 보시와 지계를 열어서 말씀하시고, 다음으로 오욕이 소유한 허물과 근심을 말씀하시며, 그가 출가하여 혼자서 산림에서 거처하는 것을 찬탄하시는 것이고, 나아가 그 장자에게 수다원과를 얻게 하시는 것이다. 그의 아들인 야사는 오히려 여러 종류의 재가(在家) 시절의 진귀한 보물로 된 장엄구를 착용하였으나 아라한과를 얻었다. 그때 세존께서는 곧 신력을 거두시고, 게송을 설하여 말씀하셨다.

적정(寂靜)으로 조복받고 정계(淨戒)를 지녔으며
일상적인 묘법으로 자신을 장엄하였고
여러 함식(含識)[11]에게도 해칠 마음이 없다면
이것을 사문인 필추의 행이라고 말한다네.

이때 세간의 가운데에는 7명의 아라한이 있었는데 세존께서 첫째이시다. 그때 장자는 갑자기 그의 아들이 세존의 앞에 앉아 있는 것을 보고서 알려 말하였다.

“동자여. 그대는 이리 오라. 그대는 함께 집으로 돌아가자. 그대의 어머니가 그대를 생각하고 슬프게 울고 있구나.”

그때 세존께서 장자에게 알려 말씀하셨다.

“뜻은 어떠하시오? 이미 무학지견(無學智見)을 얻어서 사제법(四諦法)을

___

11) 사트바는 존재하는 것, 또는 심식(心識)을 가진다는 의미로, 유정(有情), 함식(含識) 등으로 한역되는데 과거에는 중생으로 번역되었다.

증득한 그 사람이 집으로 돌아가서 음식을 먹고 마실 수 있겠소?"

장자는 대답하여 말하였다.

"아닙니다. 대덕이시여."

세존께서 말씀하셨다.

"장자여. 그대는 지금 유학지견(有學智見)을 얻었고 사제법을 증득하였는가?"

대답하여 말하였다.

"이미 얻었습니다."

세존께서 장자에게 알려 말씀하셨다.

"이 야사동자는 이미 무학지견을 얻었고 사제법을 증득하였소."

장자가 아뢰어 말하였다.

"저의 아들 야사는 대과(大果)의 이익을 얻었고, 무학지견을 얻었으며, 사제의 이치를 증득하였는데, 이를테면 고·집·멸·도입니다."

그때 장자가 세존께 아뢰어 말하였다.

"세존이시여. 원하건대 불·세존께서는 내일의 때에 이르면 아들인 야사와 함께 저의 집에 오시어 저의 공양을 받아 주십시오."

그때 세존께서는 묵연(默然)히 그 청을 받으셨다. 장자는 세존께서 허락하신 것으로 알고 세존의 발에 예경하고 떠나갔다. 그때 세존께서는 때에 이르자 옷을 입고 발우를 지니셨으며, 야사 동자와 함께 장자의 집에 이르셨다. 야사의 어머니와 아내는 중문(中門) 곁에서 세존과 그 야사를 기다렸고, 이미 세존께서 오신 것을 보고 스스로가 손으로써 상(床)을 엄숙히 장엄하였고 좌구(坐具)를 펼쳐서 세존께 앉기를 청하였다. 이때 세존께서는 곧 그 자리에 나아가셨다. 이때 야사의 어머니와 아내는 세존의 발에 예경하고 한쪽에 앉았다.

이때 세존께서는 곧 설법하시어 보여주셨고 가르치셨으며 이익되고 기쁘게 하셨다. 먼저 천상에 태어나는 원인이 되는 보시와 지계를 연설하셨고, 다음으로 여러 번뇌를 끊는 수습을 연설하셨으며, 나아가 수다원과를 증득하도록 하셨다. 그때 그의 어머니와 아내는 이미 법을 보았고 법을 증득하였으므로 곧 자리에서 일어나서 세존의 두 발에 예경하고서 아뢰어 말하였다.

“세존이시여. 저희들은 오늘에 이러한 묘법을 얻었으므로, 이 목숨을 마치도록 불·법·승께 귀의하고 오파사가(鄔波斯迦)의 오계를 영원히 지니겠습니다. 원하옵건대 불·세존께서는 오늘 공양 때에 저희의 공양을 받아 주십시오.”

세존께서는 묵연히 허락하셨다. 이때 야사의 어머니는 세존께서 허락하신 것을 보고 곧 집안에서 여러 청정하고 상묘(上妙)한 음식을 준비하였다. 세존의 앞에 하나의 향단(香壇)을 꾸미고서 여러 향기롭고 맛있는 음식을 받들어 공양하였다. 세존께서 공양을 마쳤으므로 깨끗이 청소하고서 거듭하여 향과 꽃으로 세존의 주위를 장엄하여 공양하였으며 한쪽에 앉았다. 여래께서는 그때 거듭하여 설법하시고서 곧 떠나가셨다.

이때 바라니사성의 여러 장자들은 제일인 장자의 아들이었던 야사가 머리카락과 수염을 깎고 법복을 입고서 불·세존을 따라서 제자가 되었다는 말을 들었다. 제2인 장자의 아들은 부루나(富樓那)라고 이름하였고, 제3인 장자의 아들은 무구(無垢)라고 이름하였으며, 제4인 장자의 아들은 교범발제(驕梵拔提)라고 이름하였고, 제5인 장자 아들은 묘견(妙肩)이라고 이름하였는데, 야사의 출가를 듣고서 모두 이렇게 생각을 지었다.

‘지금 야사 동자는 귀한 집에 태어나서 진귀한 보물이 많고 신체도 단엄하며 항상 쾌락을 받았으나 그가 좋아하던 것을 버리고서 세존의 제자가 되었는데, 아마도 여래께서 매우 큰 위덕과 미묘함을 알았을 것이다. 우리들도 마땅히 머리카락과 수염을 깎고 여래를 모시고 공양하면서 수승한 법을 받고 배워야겠다.’

이렇게 의논을 짓고서 곧 함께 같은 마음으로 바라니사성에서 세존의 처소로 이르렀고 세존의 발에 예경하고 한쪽에 서서 세존께 아뢰어 말하였다.

“세존이시여. 원하건대 묘법을 주십시오. 저희들도 출가하여 세존의 제자가 되고 여래의 가르침에 의지하여 범행을 받들어 지니겠습니다.”

세존께서 여러 장자의 아들에게 알려 말씀하셨다.

"지금이 바른 때이니라. 잘 왔느니라. 필추들이여. 그대들은 곧 출가하여 여러 범행을 닦아라."

이렇게 말씀을 지으셨고 그 장자의 아들들은 머리카락과 수염이 스스로 떨어졌고 몸에 가사(袈裟)가 입혀져서 필추의 모습이 이루어졌다. 일찍이 출가하여 7일이 지난 자와 같았고, 그 해오(解悟)한 것은 백 세(歲)의 필추와 같았다. 이때 세존께서는 거듭하여 설법하셨다.

"그대들 필추들은 홀로 고요한 곳에 앉아 시끄러움과 잡스러움을 멀리 떠나고 항상 스스로가 마음을 지키며 부지런히 고행을 닦아라. 지금 이미 출가하였으니 마땅히 범행을 구하고 피안(彼岸)을 건너서 스스로가 정지(正智)를 증득하고 세존의 신통도 얻을지니라. 생사를 마칠 때까지 범행을 건립(建立)하고 지을 업을 준비하여 후유(後有)를 받지 말라. 이와 같이 닦는 자는 무생과(無生果)를 얻을 것이다."

이때 네 필추는 세존의 이러한 말씀을 듣고 곧바로 해오하여 아라한과를 증득하였다. 이때 세간에는 10명의 아라한이 있었는데 세존께서 첫째이셨다. 바라니사성 안에는 50호족(豪族)의 가문이 있었는데, 이러한 다섯 장자의 아들이 모두 출가하여 머리카락과 수염을 깎고 법복을 입고서 아라한과를 증득하였다는 말을 듣고 각자 이렇게 말을 지었다.

"여래의 교법은 매우 깊고 묘하므로 그 다섯 장자의 아들들에게 각자 부귀를 버리고 출가하게 하였습니다. 우리 여러 사람들도 역시 마땅히 세존의 처소에 나아가서 세존의 제자가 됩시다."

이렇게 의논을 짓고서 함께 세존의 처소로 이르렀고 세존의 발에 예경하고 한쪽에 서서 세존께 아뢰어 말하였다.

"세존이시여. 원하건대 저희들이 좋은 법과 율의 가운데에서 출가하여 필추가 되어 항상 범행을 닦도록 허락하여 주십시오."

세존께서 말씀하셨다.

"잘 왔느니라. 필추들이여."

머리카락과 수염이 스스로 떨어졌고 몸에 가사가 입혀져서 일찍이 출가하여 7일이 지난 자와 같았다. 세존께서 말씀하셨다.

"구수들이여. 출가한 자는 홀로 산림에 머물면서 시끄러움과 잡스러움을 멀리 떠나고 항상 스스로가 마음을 지키며 부지런히 고행을 닦으며, 피안을 건너서 스스로가 정지를 증득하고 세존의 정력(靜力)을 얻어 생사의 한계를 마치고 후유를 받지 말라. 이와 같이 닦는 자는 무생과를 얻을 것이다."

이때 50명의 필추는 세존의 말씀을 듣고서 무애(無礙)를 얻었고 아라한과를 증득하였다. 이때 세간에는 61명의 아라한이 있었는데 세존께서 첫째이셨다. 그때 부처님께서 바라니사성의 선인이 떨어진 곳인 시록림의 가운데에서 60명의 필추들에게 앞뒤로 위요(圍遶)되셨다. 그때 세존께서 여러 필추들에게 알려 말씀하셨다.

"나는 지금 그대들과 함께 일체의 천상과 인간의 계박(繫縛)의 가운데에서 해탈을 얻었느니라. 그대들은 각자 여러 지방을 따라서 나아가고 여러 중생을 위하여 큰 이익을 지을지니라. 또한 그대들은 각자 다닐 것이며 동행하지 말라. 나도 역시 이익을 위한 까닭으로 우루빈라(優樓頻螺) 취락으로 갈 것이다."

이때 악마는 이렇게 생각을 지었다.

'이 사문 교답마는 바라니사의 선인이 떨어진 시록림의 가운데에서 성문들을 위하여 이와 같이 설법하여 말하였다. <나는 일체의 천상과 인간의 계박으로부터 해탈을 얻었고, 그대들 필추들도 역시 일체의 천상과 인간의 계박으로부터 해탈을 얻었으니, 그대들은 마땅히 인간 세상으로 가서 널리 이익되게 하라. 그대들은 마땅히 각자 떠날 것이고 동행하지 말라. 나도 역시 우루빈라 취락으로 나아갈 것이다.> 나는 지금 마땅히 그들을 위하여 여러 장애를 지어야겠다.'

이때 악마는 이렇게 생각을 짓고서 마납파(摩納婆)로 변화하여 세존의 처소로 나아가서 곧 세존의 앞에서 게송을 설하여 말하였다.

그대는 해탈은 얻지 못하였으나

해탈하였다는 생각을 지었고
그대는 계박의 가운데에 있으므로
능히 나를 해탈시킬 수 없다네.

그때 세존께서는 이렇게 생각을 지으셨다.
'지금 악마는 내가 산란해지는 것을 원하는구나.'
세존께서는 아시고서 게송을 설하여 대답하여 말씀하셨다.

인간과 천상의 계박의 가운데에서
나는 이미 해탈을 얻었으니
죄 많은 자는 마땅히 알라.
나는 이미 그대를 절복하였노라.

그때 악마는 이렇게 생각을 지었다.
'이 사문 교답마가 능히 내 마음을 알고 있구나.'
이렇게 생각을 짓고서 곧 오뇌가 생겨나 마음에서 참회(懺悔)하고 곧
사라져서 떠나갔다. 그때 세존께서 다시 여러 필추들에게 알려 말씀하셨
다.
"나는 일체의 천상과 인간의 계박으로부터 해탈을 얻었고, 그대들도
역시 일체의 천상과 인간의 계박으로부터 해탈을 얻었으니, 그대들은
마땅히 여러 지방으로 나가서 세간에 이익을 주고 애민하게 생각하라.
여러 천상과 인간의 안락을 얻기 위한 까닭으로 그대들은 동행하지 말라.
나도 지금 역시 우루빈라 취락으로 나아갈 것이다."
여러 필추들은 함께 세존의 가르침을 받들었다.
"알겠습니다."
곧 필추들은 떠나갔고, 세존께서는 바라니사성의 우루빈라 취락으로
가셨다. 그곳에 이르러 백첩림(白疊林)으로 나아가서 한 나무의 아래에
편안히 앉았다. 이때 60명의 현부(賢部)가 취락의 밖에 있으면서 날마다

여러 여인 악사(樂師)들과 함께 서로가 희롱(嬉戲)하였다. 한 여인이 있었는데 여러 사람들과의 약속을 어기고 밖으로 달아났고, 이때 60현부는 이 여인을 찾아서 점차 나아가 백첩림에 이르렀다. 곧 세존께서 한 나무 아래에 앉아 계시는 것을 보았는데 얼굴과 용모가 단엄하였다. 만약 보는 자가 있다면 청정심이 생겨나고 여러 근(根)이 조복(調伏)되어 마음에 적정을 얻고 가장 수승함을 성취하므로 오히려 금깃발(金幢)의 광명이 수승하고 묘한 것과 같은 것이다. 여러 사람들이 보고서 곧 세존의 앞으로 나아가서 아뢰어 말하였다.

"대덕이시여. 한 여인을 보셨습니까?"

세존께서 알려 말씀하셨다.

"그 여인은 그대들과 무슨 친척인가?"

여러 사람들이 아뢰어 말하였다.

"저희는 60현부이고 취락의 밖에 있으면서 날마다 여인 악사를 시켜 노래하고 춤추게 하였는데, 이 여인이 저희와 약속을 어기고 도망갔으므로 저희들이 지금 찾고자 왔습니다."

알려 말씀하셨다.

"그대들의 생각은 어떠한가? 그대들에게 지금 중요한 것은 여인의 몸을 구하는 것이 중요한가? 자신을 구하는 일이 중요한가?"

여러 사람들은 알려 말하였다.

"대덕이시여. 여인의 몸을 구하는 것은 이익이 없고, 자신을 구하고 찾는 것이 최고 제일입니다."

세존께서 알려 말씀하셨다.

"동자여. 그대들은 와서 앉게나. 내가 지금 그대들을 위하여 묘법을 말해 주겠네."

이때 60현부는 세존의 발에 정례하고, 다시 곧 한쪽에 앉았다. 세존께서는 묘법을 설법하시어 보여주셨고 가르치셨으며 이익되고 기쁘게 하셨다.

여러 세존들의 상법은 일반적으로 연설에서 먼저 천상에 태어나는 인(因)이 되는 보시와 지계를 열어서 말씀하시고, 다시 오욕이 소유한 허물과 근심을 말씀하시며, 출가하여 혼자서 산림에서 거처하면서 사유하고 관찰하여 여러 번뇌를 끊는 것을 찬탄하시고, 광대하고 미묘한 법을 널리 연설하시어 열어서 보이시고 이해시키시므로 여러 사람들이 이러한 법을 설하는 것을 듣고 있다면 환희하고 청정하여 의혹이 없어지는 것이다.

세존께서는 관찰하여 아시고서 다시 출세간법을 설하셨는데 이를테면, 고성제·집성제·멸성제·도성제의 이치이었다. 오히려 옷을 빨고서 먼저 더러운 때를 없애고 깨끗해져서 염색하면 곧 쉽게 염색되는 것과 같았다. 60현부 등도 처음으로 세존께서 설하시는 것을 듣고 심기(心器)가 청정해져서 곧 능히 사성제법을 분명히 알았고 수다원과를 증득하였다.

법을 보았고 법을 얻었으며 매우 통달하였고, 구경(究竟)의 견고한 법이었으므로 일체의 희망(希望)을 뛰어넘고 일체의 의혹을 건넜으며, 다른 인연을 빌리지 않고서 대사의 가르침에서 다른 것에 능히 이끌리지 않았고, 여러 법의 가운데에서 무소외를 얻었다. 60현부는 이때 이러한 법을 얻고서 마음에서 크게 환희하였고 자리에서 일어나 의복을 정리하고 세존의 발에 정례하였고, 두 무릎을 땅에 꿇었으며, 합장하고서 세존을 향하여 이와 같이 말하였다.

"세존이시여. 저희들은 지금 미묘한 법에 들어가서 크고 수승한 이익을 얻었습니다. 지금부터 나아가 목숨을 마치도록 불·법·승께 귀의하고 오학처(五學處)를 받고 오파색가가 되어 불살·불도·불야행·불망어·불음주를 짓겠습니다."

이와 같이 말을 짓고서 예경하고 물러갔다. 이때 세존께서는 날이 이미 밝아졌으므로 이른 새벽에 가사를 입고 다군촌(多軍村)에 들어가시면서 이렇게 사유를 지으셨다.

'이 마을의 가운데에서 나는 먼저 누구를 위하여 설법해야 하는가?'

다시 이렇게 생각을 지으셨다.

'이때 마을의 촌주(村主)에게 그 두 딸이 있어 첫째는 환희라고 이름하였고, 둘째의 환희력이라고 이름하였다. 내가 먼저 지나간 옛날에 고행을 버리고자 하였을 때에 이 두 여인은 우유죽과 꿀로써 나에게 공양하였고,

나는 그것을 먹었던 까닭으로 몸의 힘이 강건해졌다.'

그때 세존께서 이렇게 생각을 지으시고 두 여인의 집으로 가셨다. 그 두 여인은 멀리서 세존을 보고 세존을 위하여 자리를 펴고 받들어 세존을 맞이하였으며, 세존의 발에 정례하고 이와 같이 말하였다.

"잘 오셨습니다. 잘 오셨습니다. 세존이시여. 원하옵건대 세존께서는 들어오시어 이 자리에 앉으십시오."

그때 세존께서는 자리에 나아가서 앉으셨다. 이때 그 여인들은 세존의 발에 예경하고 한쪽에 물러나 앉았다. 세존께서는 설법하시어 보여주셨고 가르치셨으며 이익되고 기쁘게 하셨고, 나아가 모든 법의 가운데에서 무소외(無所畏)를 얻도록 널리 설하셨다. 그때 두 여인은 곧 자리에서 일어나 의복을 정리하고 세존의 발에 정례하고 두 무릎을 땅에 꿇었으며, 합장하고서 세존을 향하여 아뢰어 말하였다.

"세존이시여. 저희들은 묘법을 만나서 크고 수승한 이익을 얻었습니다. 지금부터 나아가 목숨을 마칠 때까지 불·법·승께 귀의하고 오파사가가 되겠습니다."

이렇게 말하고서 세존께 아뢰어 말하였다.

"세존이시여. 오늘 자비로써 저희의 작은 공양을 받아주십시오."

이때 세존께서는 묵연히 청을 받아들이셨다. 그 여인들은 세존께서 청을 받아들이는 것을 보고 곧 세존 앞에 니단(泥壇)을 지었다. 세존께서는 손과 발을 씻고서 여법하게 앉으셨다. 이때 그 두 여인은 여러 종류의 청정하고 달고 맛있는 음식을 스스로의 손으로 드렸고 여러 번 다니면서 공양하였다. 세존께서 공양을 마치시고 손을 씻었으며 발우를 거두셨으므로 그 땅을 쓸었고 향을 태웠으며 꽃을 뿌리고서 세존의 발에 정례하고 곧 한쪽에 앉았다. 그때 세존께서는 곧 설법하시어 보여주셨고 가르치셨으며 이익되고 기쁘게 하셨으며 축원하시고 떠나가셨다. 마을을 떠나가시면서 곧 이렇게 생각을 지었다.

'이 마갈타국에서 가장 존중받는 외도와 바라문 중에서 누가 나의 설법을 듣고 신심과 공경심이 생겨나서 많은 사람들에게 나의 법으로

들어가도록 할 것인가?'

이때 외도가 있어 우루빈라가섭(優樓頻螺迦攝)이라고 이름하였는데, 나이는 120살이고, 500명의 제자가 있었으며, 니련선하 근처의 숲속에 머물면서 고행을 수습하고 있었다. 이때 마갈타국의 일체의 사람들은 모두가 공경하고 존중하며 공양하였으므로 수승한 복전(福田)인 아라한과 같았다.

'나는 지금 그에게 가서 묘법을 설하여 많은 사람들이 큰 이익을 얻게 해야겠다.'

이렇게 생각을 지으시고 니련선하의 근처로 가서 가섭의 처소에 이르렀다. 그 우루빈라가섭은 멀리서 세존을 보고, 곧 세존께서 나아가 앉을 평상과 자리를 엄숙히 꾸미고서 이렇게 말을 지었다.

"잘 오셨습니다. 잘 오셨습니다. 대사문이시여. 사문이 이곳에 오는 것을 오랫동안 보지 못하였습니다."

함께 서로에게 문신(問訊)하며 말하였다.

"대덕이시여. 기거(起居)는 가볍고 편안하십니까?"

이렇게 말을 짓고서 서로가 마주하고 앉았다. 세존께서 가섭에게 알리셨다.

"당신께서 존중하는 이 불의 사당(火舍) 한쪽에 의지하여 하룻밤 머물기를 구하면서 청합니다."

가섭파가 말하였다.

"나는 괜찮습니다. 그러나 이 석실에는 큰 독룡(毒龍)이 있어 서로를 손해(損害)하는 것이 두렵습니다."

세존께서 가섭에게 알리셨다.

"내가 이 용에게 나를 해치지 말라고 청하겠습니다."

가섭이 알려 말하였다.

"대사문이여. 만약 독룡이 그대를 손상시키지 못한다면 뜻을 따라서 머무십시오."

그때 세존께서는 초야분(初夜分)에 손과 발을 씻고 곧 화실(火室)로 들어가서 평소와 같이 풀을 깔고 가부좌를 틀고 앉아서 정념(正念)으로 움직이지 않았다. 이때 그 독룡은 멀리서 세존을 보고 마음에 분노가 생겨나서 곧 독연(毒煙)을 뿜었다. 이때 불·세존께서는 신통력으로써 입에서 연기를 내뿜어 그 독연을 막았다. 이때 그 독룡은 세존께서 연기를 내뿜는 것을 보고 분한 마음이 맹렬히 타올라서 온몸에서 불을 내뿜었다. 그때 세존께서는 그 독룡을 조복시키기 위한 까닭으로 화광삼매(火光三味)에 들어가셨고, 온몸에서 불이 뿜어져서 그 석실은 맹렬한 불꽃에 휩싸였다. 이때 가섭은 중야분(中夜分)에 본래의 처소에서 나와서 별자리를 관찰하면서 멀리서 석실이 불꽃에 휩싸인 것을 보고 곧 이렇게 생각하였다.

‘대사문 교답마는 얼굴과 용모가 단정했는데 안타깝구나. 안타깝구나. 내 말을 수용하지 않고 그 독룡의 불에 타서 재가 되었구나.’

여러 제자들에게 알렸다.

“그대들은 각자 물을 가지고 불을 꺼서 대사문을 구하라.”

그때 세존께서는 가섭의 뜻을 아시고서 곧 이렇게 생각을 지으셨다.

‘그 독룡을 조복시키기 위한 까닭으로 다시 삼매에 들어가서 여러 종류의 불꽃을 뿜어서 독룡의 불꽃을 없애면서 독룡의 몸은 상하지 않게 해야겠다.’

이때 그 독룡은 여러 종류의 불꽃을 보고 마음에 두려움이 생겨나서 곧 세존의 처소로 나아갔고 곧 발우 안으로 들어가서 몸을 머물고 있었다. 세존께서는 용이 조복된 것을 아시고서 정(定)에서 일어나 발우를 들고 가섭의 처소로 이르렀다. 가섭은 보고서 곧바로 물어 말하였다.

“대사문이여. 그대는 괜찮습니까?”

세존께서 알려 말씀하셨다.

“나는 평안(平安)합니다.”

가섭이 물어 말하였다.

“그대의 발우 안에 무슨 물건이 있습니까?”

세존께서 알려 말씀하셨다.

“이것은 그대가 두려워하는 독룡인데, 내가 이미 조복받았고, 이 발우

안에 있습니다.”

가섭은 보고서 이렇게 생각을 지었다.

‘사문 교답마가 비록 큰 위덕이 있어 능히 이와 같이 잘하였으나, 나도 역시 아라한이다.’

그때 세존께서는 우루빈라가섭의 처소인 취락의 숲속에 머무셨다. 그때 가섭파(迦攝波)의 500의 마납파(摩納婆)들이 각각 세 군데의 화단(火壇)에 공양하고서 제사하였으므로 그 숫자는 모두가 1,500의 화단이 있었다. 그 500의 마납파들은 새벽의 때에 화단에 제사를 지내고자 이때 불을 붙였으나 전혀 불이 붙지 않았다. 그 마납파들은 모두 이러한 일을 괴이하게 생각하고 마침내 가섭의 처소에 알려 말하였다.

“저희들이 지금 화단에 공양하고자 하였으나 불이 전혀 붙지 않았습니다.”

가섭은 이러한 말을 듣고 곧 이렇게 생각을 지었다.

‘대사문이 나의 주처에 가깝고 그가 위력이 있는 인연으로 불이 붙지 않는구나.’

이렇게 생각을 짓고서 가섭은 세존의 처소로 나아가서 이와 같이 말을 지었다.

“사문이여. 마땅히 아십시오. 나의 500의 마납파들이 화단에 제사를 지내고자 하는데 불이 모두가 붙지 않았습니다. 이러한 일이 있는 인연으로 함께 나에게 와서 물었는데, 나는 이와 같이 사념하였습니다. ‘대사문이 나의 주처에 가깝고 그가 위력이 있어 불이 붙지 않는 것이다.’”

세존께서 가섭에게 알려 말씀하셨다.

“그대는 지금 불이 붙게 하고 싶소?”

가섭이 알려 말하였다.

“불을 붙이고자 합니다.”

이렇게 말을 지어 마치자 원하였던 일이었던 화단에 모두 동시에 불이 붙어서 치성하였다. 가섭은 보고서 이렇게 생각을 지었다.

‘사문 교답마가 비록 큰 위덕이 있어 능히 이와 같이 잘하였으나, 나도

역시 아라한이다.’

그때 세존께서는 우루빈라가섭이 수도(修道)하는 숲속의 가운데에 머무르셨다. 마납파들이 화단에서 제사를 마치고 불을 끄고자 하였으나 능히 불을 끄지 못하였다. 이때 마납파들은 가섭의 처소로 나아가서 알려 말하였다.

“오파타야께서는 마땅히 아십시오. 저희들이 제사를 마치고 불을 끄고자 하였으나 능히 끌 수가 없습니다.”

그때 가섭은 다시 이렇게 생각을 지었다.

‘대사문 교답마가 나의 주처와 가깝다. 불이 꺼지지 않는 것은 어찌 그의 힘이 아니겠는가?’

이렇게 생각을 짓고서 가섭은 세존의 처소로 나아가서 세존께 아뢰어 말하였다.

“대사문이여. 알기를 원합니다. 나의 마납파들이 제사를 마치고 그 불을 끄고자 하였으나 능히 끌 수가 없었습니다. 이러한 까닭으로 나는 이렇게 생각을 지었습니다. ‘대사문이 나의 옆에 머물고 계시다. 어찌 그의 힘이 이와 같이 미치지 않았겠는가?’”

이렇게 말을 지어 마쳤고 세존께서는 알려 말씀하셨다.

“당신은 그 불을 끄고 싶소?”

가섭이 아뢰어 말하였다.

“대사문이여. 진실로 끄고자 합니다.”

곧 이때 세존의 위력으로 불이 모두 꺼졌다. 이때 가섭은 이렇게 생각을 지었다.

‘희유(希有)한 위력이구나. 대덕 사문이 비록 능히 이와 같더라도, 나도 또한 대아라한이다.’

그때 세존께서는 우루빈라가섭이 수도하는 숲속의 가운데에 머무르셨다. 가섭은 다른 때에 스스로가 불에 제사를 지내고자 하였으나 능히 불을 붙일 수가 없었다. 가섭은 곧 이렇게 생각을 지었다.

‘대사문이 나의 옆에 머물고 계시다. 어찌 그의 힘이 이와 같이 미치지

않았겠는가?’

　이렇게 생각을 짓고서 세존의 처소로 나아가서 세존께 아뢰어 말하였다.

　“대사문께서는 마땅히 아십시오. 나는 이곳에서 스스로가 불에 제사를 지내고자 하는데 불이 붙지 않습니다. 이러한 까닭으로 나는 이렇게 생각을 지었습니다. ‘대사문이 나의 옆에 머물고 계시다. 어찌 그의 힘이 이와 같이 미치지 않았겠는가?’”

　이렇게 말을 지어 마쳤고 세존께서는 알려 말씀하셨다.

　“당신은 그 불을 붙이고 싶소?”

　가섭이 아뢰어 말하였다.

　“대사문이여. 나는 불을 붙이고자 합니다.”

　세존의 신통력으로써 불이 붙었고 갑자기 치성하였다. 이때 우루빈라가섭은 다시 이렇게 생각을 지었다.

　‘매우 기이하구나. 세존께서 이와 같이 희유하구나. 대위덕의 힘이 비록 능히 이와 같더라도 나도 역시 아라한이다.’

근본설일체유부비나야파승사 제7권

삼장법사 의정 한역

석보운 번역

그때 세존께서는 우루빈라가섭이 수도하는 숲속의 가운데에 머무르셨다. 가섭은 불에 제사를 지내고서 그 불을 끄고자 하였으나 능히 끄지 못하였다. 이때 가섭은 곧 이렇게 생각을 지었다.

'대사문이 나의 옆에 머물고 계시다. 어찌 그의 힘이 이와 같이 미치지 않았겠는가?'

이렇게 생각을 짓고서 세존의 처소로 나아가서 세존께 아뢰어 말하였다.

"대사문께서는 마땅히 아십시오. 나는 이곳에서 스스로가 불에 제사를 마치고 그 불을 끄고자 하였으나 능히 끌 수 없습니다. 이러한 까닭으로 나는 이렇게 생각을 지었습니다. '대사문이 나의 옆에 머물고 계시다. 어찌 그의 힘이 이와 같이 미치지 않았겠는가?'"

이렇게 말을 지어 마쳤고 세존께서는 알려 말씀하셨다.

"그대는 마음에서 그 불을 끄고 싶소?"

가섭이 아뢰어 말하였다.

"대사문이여. 나는 마음에서 이 불을 끄고자 합니다."

그 불은 곧 이때에 세존의 신력으로써 모두가 꺼졌다. 이때 가섭은 이렇게 생각을 지었다.

'대사문이 비록 이와 같은 큰 신력이 있더라도, 나도 역시 아라한이다.'

그때 세존께서는 우루빈라가섭이 수도하는 숲속의 가운데에 머무르셨다. 뒤의 다른 때에 가섭이 기거하는 정사(精舍)의 방과 집의 사방에서 일시에 그 불꽃이 함께 타올랐고, 그 불을 끄고자 하였으나 능히 끄지 못하였다. 이때 가섭은 그의 권속들과 여러 대중들과 함께 같은 마음으로 힘을 합쳐서 그 불을 끄고자 하였으나 능히 끄지 못하였다. 그때 가섭은 곧 이렇게 생각을 지었다.

'대사문이 나의 옆에 머물고 계시다. 어찌 그의 힘이 이와 같이 미치지 않았겠는가?'

이렇게 생각을 짓고서 세존의 처소로 나아가서 세존께 아뢰어 말하였다.

"대사문이여. 내가 기거하고 있는 정사의 방과 집이 사방에서 갑자기 불꽃이 일어나서 치성합니다. 나와 권속들 및 여러 대중들이 한마음으로 끄고자 하였으나 능히 끄지 못하였습니다. 이러한 까닭으로 나는 이렇게 생각을 지었습니다. '대사문이 나의 옆에 머물고 계시다. 어찌 그의 힘이 이와 같이 미치지 않았겠는가?'"

이렇게 말을 지어 마쳤고 세존께서는 알려 말씀하셨다.

"그대는 마음에서 그 불을 끄고 싶소?"

가섭이 아뢰어 말하였다.

"대사문이여. 나는 마음에서 이 불을 끄고자 합니다."

이때 치성하던 불꽃은 세존의 신력으로 모두가 꺼졌다. 이때 가섭은 다시 이렇게 생각을 지었다.

'매우 기이하구나. 세존께서 능히 이와 같은 대신력이 있더라도, 나도 역시 아라한이다.'

그때 세존께서는 우루빈라가섭이 수도하는 숲속의 가운데에 머무르셨다. 이때 사천왕은 그 저녁(夜分)에 화산(火山)과 같은 광명을 사방으로 비추며 세존의 처소로 나아가서 세존의 두 발에 정례하고 곧 한쪽에 앉았다. 이때 우루빈라가섭은 그 밤중에 별자리를 살폈던 인연으로 나아가 세존의 앞의 사방에 불덩어리의 광명이 멀리 비치고 있는 것을 보았고, 곧 이렇게 생각을 지었다.

'이 대사문도 나와 같이 불을 섬기는 이러한 까닭으로 그의 근처에 네 군데의 불덩어리가 있구나.'

이때 우루빈라가섭은 다음 날에 이르러 세존의 처소로 나아가서 아뢰어 말하였다.

“대사문이여. 내가 보았던 것과 같습니까? 어젯밤에 별자리를 관찰하던 인연으로 대사문의 앞에 불덩어리가 있는 것을 보았고, 보고서 이렇게 생각을 지었습니다. ‘이 대사문도 나처럼 불을 섬기는구나.’”

세존께서 말씀하셨다.

“가섭이여. 나는 불을 섬기지 않소. 어젯밤에 사천왕이 나의 처소로 와서 법을 들었고, 이러한 까닭으로 그 광명이 있었던 것이며, 다른 불덩어리가 아니었소.”

그때 우루빈라가섭은 다시 이렇게 생각을 지었다.

‘이 대사문이 비록 이와 같은 신통과 위덕이 있더라도, 나도 역시 아라한이다.’

그때 세존께서는 우루빈라가섭이 수습(修習)하는 숲속의 가운데에 머무르셨다. 이때 범왕(梵王)과 제석(帝釋)이 그 저녁에 몸으로 두 개의 불덩이 같은 광명을 비추며 세존의 처소로 나아가서 두 발에 정례하고 한쪽으로 물러나서 앉았다. 이때 우루빈라가섭은 밤중에 별자리를 살폈던 인연으로 멀리서 세존의 앞에 두 개의 불덩어리의 광명이 멀리 비치고 있는 것을 보았고, 곧 이렇게 생각을 지었다.

‘이 대사문도 나와 같이 불을 섬기는 이러한 까닭으로 그의 근처에 불덩어리가 있구나.’

다음 날에 이르러 세존의 처소로 나아가서 아뢰어 말하였다.

“대사문이여. 내가 보았던 것과 같습니까? 어젯밤에 별자리를 관찰하던 인연으로 대사문의 앞에 두 개의 불덩어리가 있는 것을 보았고, 보고서 이렇게 생각을 지었습니다. ‘이 대사문도 나처럼 불을 섬기는구나.’”

세존께서 말씀하셨다.

“가섭이여. 나는 불을 섬기지 않소. 어젯밤에 범왕과 제석이 나의 처소로 와서 법을 들었고, 이러한 까닭으로 그 광명이 있었던 것이며, 다른 불덩어리가 아니었소.”

그때 우루빈라가섭은 다시 이렇게 생각을 지었다.

'이 대사문이 비록 이와 같은 신통과 위덕이 있더라도, 나도 역시 아라한이다.'

그때 세존께서는 우루빈라가섭이 수학(修學)하는 숲속의 가운데에 머무르셨다. 마갈타국의 사람들은 그 시회(時會)에 7일 동안을 모두 우루빈라가섭의 처소로 가서 그에게 크게 공양을 베풀었는데, 그때에 장차 이르렀다. 가섭은 생각을 지었다.

'만약 마갈타국 사람들이 이곳에 와서 이 사문의 이와 같은 신력을 본다면, 틀림없이 나를 버리고 반드시 그를 따를 것이다. 그 대사문이 7일 동안 이곳에 머물지 않는다면 이것은 좋은 일이다.'

이때 세존께서 그가 생각하는 것을 아시고서 마침내 신상(身相)을 가려서 보이지 않게 하셨다. 이때 마갈타국 사람들이 공양을 마치고 떠나갔고 가섭은 많은 이양(利養)을 얻었다. 대중이 이미 흩어졌으므로 가섭은 다시 이렇게 생각을 지었다.

'나는 7일 동안에 필요한 많은 이양을 얻었으므로 지금 만약 대사문이 이곳에 온다면 나는 마땅히 공양을 베풀겠다.'

이때 세존께서는 그가 생각하는 것을 아시고서 곧 몸을 나타내셨다. 가섭은 멀리서 보고 곧 이렇게 생각하며 말을 지었다.

"대사문이여. 그대는 역시 돌아오셨습니다."

세존께서 말씀하셨다.

"가섭이여. 나는 이곳에 돌아왔소."

가섭이 물었다.

"대사문이여. 무슨 까닭으로 7일 전에 떠나셨습니까?"

세존께서 가섭에게 대답하셨다.

"그대는 이전에 어찌 이와 같이 생각하지 않았소? '만약 마갈타국 사람들이 나의 처소에 온다면 이 사문의 신력과 위력을 보고 사람들은 마땅히 나를 버리고 그를 따를 것이다. 그 대사문이 7일 동안 이곳에 머물지 않는다면 이것은 좋은 일이다.' 이때 나는 당신의 생각을 알고서

7일 동안을 이곳에 머물지 않은 것이오.”

가섭이 다시 말하였다.

“이미 나의 생각을 아시고 가셨다면, 지금 어찌 돌아오셨습니까?”

세존께서 말씀하셨다.

“그대는 지금 다시 이렇게 생각을 지었소. ‘나는 이미 필요한 공양물을 얻었으므로 만약 대사문이 이곳에 온다면 나는 마땅히 공양을 베풀어야겠다.’ 다시 그대의 생각을 알았으므로 곧 돌아온 것이오.”

가섭이 말하였다.

“대사문이여. 나는 진실로 이러한 생각이 있었습니다.”

곧 세존께 아뢰어 말하였다.

“대사문이시여. 그대는 여러 음식을 뜻에 따라서 수용(受容)하십시오.”

이때 가섭은 다시 이렇게 생각을 지었다.

‘이 대사문이 비록 이와 같은 불가사의한 대위신력이 있더라도, 나도 역시 아라한이다.’

그때 세존께서는 우루빈라가섭이 수습하는 숲속의 가운데에 머무르셨다. 이때 가섭이 와서 세존께 청하여 말하였다.

“대사문이여, 원하옵건대 이곳에 머무십시오. 우리들은 여법(如法)하게 물자를 베풀고 공급하겠습니다.”

세존께서는 묵연히 그 청을 받아들이셨다. 가섭은 세존께서 청을 받아들이신 것으로 알고서 곧바로 스스로 손으로 자리를 펼쳤고, 그릇을 준비하였으며, 음식을 준비하였고, 세존의 처소로 나아가서 알려 말하였다.

“사문이여. 음식이 준비되었습니다. 원하옵건대 스스로가 때를 아십시오.”

세존께서 가섭에게 알려 말씀하셨다.

“그대가 마땅히 먼저 가시오. 나도 그대를 따라서 곧 가겠소.”

그때 세존께서 가섭이 떠난 뒤에 신통력으로써 섬부수(瞻部樹)로 가셨고, 향기롭고 맛있으며 빛깔이 선명한 열매를 취하여 발우에 가득 채워서 가섭의 처소로 왔으며 나아가서 자리에 앉았다. 가섭은 뒤에 이르렀고 세존을 보고 물어 말하였다.

"대사문이여. 그대는 이곳에 일찍 오셨습니까?"

대답하여 말씀하셨다.

"이미 왔소."

가섭이 다시 물어 말하였다.

"대사문이여. 발우 안에는 무슨 물건입니까?"

세존께서 말씀하셨다.

"그대가 나를 청하였고 그대가 떠나간 뒤에 나는 선정의 힘으로 섬부수로 가서 이 열매를 취하여 왔는데 그 빛깔과 향기가 좋소. 그대가 만약 필요하다면 그것을 취하여 드시오."

가섭이 말하였다.

"원하건대 대사문께서 뜻에 따라서 스스로가 드십시오."

이때 가섭은 다시 이렇게 생각을 지었다.

'이 대사문이 비록 대신력이 있고 이와 같은 위덕이 있더라도, 나도 역시 아라한이다.'

이때 세존께서는 장차 섬부수 열매부터 나아가 암마라(菴摩羅) 열매와 가필타(迦畢他) 및 구로(俱盧)의 자연의 멥쌀이 있었으며, 모두 앞에서 설명한 것과 같다.

그때 세존께서는 우루빈라가섭이 수습하는 숲속의 가운데에 머무르셨다. 이때 가섭은 스스로 손으로 음식을 만들고서 곧 세존께 가서 청하였다. 세존께서는 옷을 입고 발우를 지니고 자리에 나아가서 앉으셨다. 가섭은 세존께서 이미 앉으신 것을 보고, 곧 세존의 발우를 취하여 여러 묘한 음식을 담아서 자기의 손으로 세존께 받들었다. 세존께서는 받고서 다른 곳으로 가시어 드셨는데 물이 필요하였다. 이때 천제석이 세존께서 물이 필요한 것을 알고서 곧 세존의 처소에 이르러 손가락으로써 땅을 때렸는데 샘물이 솟아나왔다. 이때 그 가섭은 뒤의 때에 이곳을 지나면서 샘물이 솟아나는 것을 보고 이렇게 생각을 지었다.

'내가 이곳에 오랫동안 머물렀으나 그 샘물을 보지 못하였다. 오늘에

어찌하여 갑자기 이러한 물이 있는 것인가?'

세존의 처소로 가서 아뢰어 말하였다.

"대사문이여. 나는 이곳에 오랫동안 살았어도 그 샘물을 보지 못하였습니다. 오늘에 어찌하여 갑자기 나타났습니까? 이것을 누가 하였습니까?"

세존께서 말씀하셨다.

"가섭이여. 내가 어제 받은 그대의 음식을 이곳에 와서 앉아서 먹었고 물이 필요하였는데 이때 제석천이 나의 마음을 관찰하여 알고서 빠르게 이곳으로 와서 손가락으로 땅을 때려서 샘물을 솟아나게 하였소. 이 까닭으로서 이러한 샘물이 있으므로 그 샘을 '수경지천(手擊之泉)'이라고 이름하오."

이때 가섭은 다시 이렇게 생각을 지었다.

'이 대사문이 이와 같은 신력이 있어 불가사의하다. 그러나 나도 역시 아라한이다.'

그때 세존께서는 우루빈라가섭이 수학하는 숲속의 가운데에 머무르셨다. 불·세존께서 포시(晡時)[1]에 이 샘물로 나갔고 여러 의복을 벗고 샘물에 들어가 목욕하시고서 나오고자 하셨다. 그 언덕 근처에 한 나무가 있어 알수나(遏堅那)라고 이름하였는데, 세존과 매우 떨어져 있었다. 그때 세존께서 팔을 펼쳐서 그 나무를 붙잡고 곧바로 굽힌 뒤에 그 나뭇가지를 잡고서 나오셨다. 이때 가섭은 이 일을 보고서 곧 이렇게 생각을 지었다.

'그 큰 나무는 이전에 굽은 적이 없었는데 지금 누가 구부렸는가?'

세존의 처소로 나아가서 아뢰어 말하였다.

"대사문이여. 이렇게 큰 알수나는 이전에도 구부러진 적이 없었는데, 누가 구부렸습니까?"

세존께서 앞에서의 일을 설명하시고, 이 나무를 '수반알수나수(手攀遏堅那樹)'라고 이름하셨다. 가섭은 다시 이렇게 생각을 지었다.

'이 대사문께서는 이와 같은 신통력이 있으나, 나도 역시 아라한이다.'

---

[1] 오후 3시~5시를 가리킨다.

그때 세존께서는 우루빈라가섭이 수습하는 숲속의 가운데에 머무르셨다. 세존께서는 분소의(糞掃衣)를 얻어 세탁하고자 하였으므로 생각하며 말씀하셨다.

"무슨 물건을 사용하여 빨아야 하는가?'

이때 천제석은 세존께서 생각하시는 것을 알아차리고 한 커다란 돌을 가지고 샘물의 근처에 놓고서 아뢰어 말하였다.

"세존이시여. 원하건대 수용하십시오."

이때 여래께서는 곧 분소의를 세탁하시고서 다시 생각을 지으며 말씀하셨다.

"무슨 물건을 사용하여 말려야 하는가?'

이때 천제석은 세존의 뜻을 관찰하여 알고서 다른 산중으로 가서 한 네모난 돌을 취하여 세존의 앞에 놓고서 아뢰어 말하였다.

"세존이시여. 이 돌에서 말리십시오."

세존께서는 그 옷을 돌 위에 덮어 두셨다. 이때 가섭이 와서 이 돌을 보고 이렇게 생각을 지었다.

'일찍이 이러한 두 개의 돌은 보지 못하였다. 지금 갑자기 어디에서 생겨났을까?'

가서 세존께 물었고 세존께서 말씀하셨다.

"가섭이여. 나는 의복을 빨아서 말리고자 '무슨 물건을 사용할 것인가?' 라고 생각하였고, 이때 천제석은 내가 생각하는 것을 알아차리고 이 두 개의 돌을 가져온 것이오. 하나는 옷을 세탁하며 사용하였고, 다른 하나는 옷을 말리면서 사용하였소."

가섭은 다시 이렇게 생각을 지었다.

'이 대사문께서는 이와 같은 신통력이 있으나, 나도 역시 아라한이다.'

그때 세존께서는 우루빈라가섭이 수도하는 숲속의 가운데에 머무르셨다. 이때 니련선하의 물가로 가시어 경행(經行)하셨는데 물이 갑자기 불어나서 사람의 머리를 넘어갔다. 세존께서는 그 물에 있었으므로 곧 사방의 파도는 잠잠해졌고 여래께서는 편안하게 경행하셨다. 가섭은 멀리서 이 일을 보고 생각하며 말하였다.

‘그 대사문은 이와 같은 상호가 있었는데 지금 물에 떠내려갔구나.’

곧 여러 제자들과 함께 작은 배를 타고 물에 들어가서 물 안에 계시는 세존을 보았는데 경행하시는 곳엔 물결이 미치지 않았다. 물어 말하였다.

“대사문께서는 오히려 살아계십니까?”

세존께서 대답하여 말씀하셨다.

“가섭이여. 나는 지금 안녕(安壽)하오.”

가섭이 말하였다.

“대사문께서는 이 배에 오르겠습니까?”

세존께서 신력으로써 갑자기 사라져서 배 위에 나타났다. 이 일을 보고 가섭은 다시 이렇게 생각을 지었다.

‘이 대사문께서는 이와 같은 대신력이 있으나, 나도 역시 아라한이다.’

그때 세존께서 우루빈라가섭이 마음에서 생각하는 것을 아시고 곧 이렇게 말씀을 지으셨다

“가섭이여. 그대는 아라한과(阿羅漢果)도 아니고, 아라한향(阿羅漢向)도 아니며, 또한 아라한도(阿羅漢道)도 알지 못하오.”

가섭이 이 말씀을 듣고서 곧 생각하였다.

‘대사문 교답마는 내가 마음에서 생각하는 것을 아시는구나.’

생각하고서 세존을 향하여 합장하고 아뢰어 말하였다.

“대사문이시여. 오직 원하옵건대 내가 대사문의 법과 율의 가운데에 출가하여 구족계를 받아 필추성(苾芻性)을 이루게 하시고, 나에게 대사문의 법의 가운데서 범행을 수습하도록 허락하십시오.”

세존께서 알려 말씀하셨다.

“만약 출가하고자 한다면 그대의 제자들이 이것을 아시오?

가섭이 대답하여 말하였다.

“그들은 모두 알지 못합니다.”

세존께서 알려 말씀하셨다.

“그대의 명성이 멀리까지 퍼졌고, 대중들은 그대가 훌륭한 지혜를

구족한 것으로 알고 있소. 이러한 까닭으로 마땅히 그대의 제자들에게 알려서 그의 말을 듣는 자는 즐거이 뜻을 따르게 하시오.”

가섭은 세존의 말씀을 듣고서 곧바로 본래의 주처에 이르러 여러 제자들에게 알렸다.

“그대들은 마땅히 알라. 나는 지금 대사문 교답마의 법에 출가하여 구족계를 받고자 하네. 그대들은 뜻은 어떠한가?”

그 제자들이 알려 말하였다.

“우리들은 본래 오파타야에게 의지하여 배워왔습니다. 지금 만약 떠나가신다면 우리들도 마땅히 따라가서 범행을 수습하겠습니다.”

가섭이 알려 말하였다.

“그대들이 만약 나를 따라가서 배우고자 한다면 입고 있는 사슴 가죽·나무껍질·석장(錫杖)·제기(祭器)들은 모두 능히 니련선하의 가운데에 던지고 마땅히 뜻으로 따르라.”

여러 제자들은 이 말을 듣고서 소유한 의복과 제기 등의 물건들을 모두 니련선하에 던졌고, 가섭에게 돌아와서 곧 이렇게 말을 지었다.

“버리라고 하신 것을 지금 모두 버렸으니 마땅히 무슨 일을 지어야 합니까? 원하건대 지시하여 가르치십시오.”

그때 우루빈라가섭은 500의 권속과 세존의 처소로 나아가서 이렇게 말을 지었다.

“대사문이여. 나는 제자들에게 알려서 이미 모두에게 허락을 받았습니다. 오직 바라옵건대 우리들을 제도하여 선한 법과 율의 가운데에 출가하여 구족계를 받고 필추성을 이루게 하십시오.”

이때 우루빈라가섭에게는 두 제자가 있었는데, 첫째는 나제가섭(那提迦攝)이라고 이름하였고, 둘째는 가야가섭(伽倻迦攝)이라고 이름하였으며, 각자 250명의 제자를 거느리고 이전부터 니련선하 언덕에서 부지런히 범행을 닦았고 적정행(寂靜行)을 닦고 있었다. 나제가섭은 니련선하 하류에서 머물렀는데, 뒤의 어느 때에 니련선하의 가운데에 사슴 가죽·나무껍질·석장·제기 등이 함께 떠내려 오는 것을 보았고, 모두가 이렇게 생각을 지었다.

'우리는 함께 범행을 닦는 사람인데 무슨 재난이 있었기에 이와 같은 물건들이 떠내려오는가? 왕의 피해가 있었는가? 도둑에게 침범을 받았는가? 큰 불이 있었는가? 물의 손해가 있었는가? 그러나 우리들은 같은 범행자이니 마땅히 가서 그 일을 알아봐야겠다.'

이때 나제가섭과 가야가섭은 우루빈라가섭이 수도하는 곳으로 나아갔다. 그곳에 이르러 가까이 가서 보았는데 우루빈라가섭이 승가지(僧伽胝)를 입고 머리카락과 수염을 깎고서 대사문이 머무는 곳의 한쪽에 앉아 묘법(妙法)을 듣고 있었다. 보고서 우루빈라가섭을 향하여 이와 같은 말을 지었다.

"구수(具壽)여. 이러한 출가법이 옛날의 법보다 수승합니까?"

대답하여 말하였다.

"옛날의 법보다 수승하네."

그때 나제가섭과 가야가섭은 이와 같이 생각을 지었다.

'지금 이 대사문은 대신력이 있으니 틀림없이 다시 수승한 묘법이 있을 것이다. 만약 그렇지 않다면 120세가 지난 기년(耆年)의 숙덕(宿德)으로 마갈타국 사람들에게 존중받고 첨앙(瞻仰)을 받으며 대중들이 모두 아라한이라고 말하는 우루빈라가섭이 지금 본래 배우던 것을 버리고서 대사문에게 의지하여 출가하고 수도하겠는가? 우리들도 역시 마땅히 대사문을 따라서 출가하고 도를 배워야겠다.'

이렇게 생각을 짓고서 곧 함께 합장하고 세존의 발에 정례하였다.

"오직 원하옵건대 우리들을 대사문의, 오직 원하옵건대 내가 대사문의 법과 율의 가운데에 출가하여 구족계를 받아 필추성을 이루게 하시고, 나에게 대사문의 법의 가운데서 범행을 수습하도록 허락하십시오."

세존께서 알려 말씀하셨다.

"만약 출가하고자 한다면 그대의 제자들이 이것을 아시오?"

나제가섭과 가야가섭이 대답하여 말하였다.

"그들은 모두 알지 못합니다."

세존께서 알려 말씀하셨다.

"그대의 명성이 멀리까지 퍼졌고, 대중들은 그대가 훌륭한 지혜를 구족한 것으로 알고 있소. 이러한 까닭으로 마땅히 그대의 제자들에게 알려서 그의 말을 듣는 자는 즐거이 뜻을 따르게 하시오."

나제가섭 등은 세존의 말씀을 듣고서 곧바로 본래의 주처에 이르러 여러 제자들에게 알렸다.

"그대들은 마땅히 알라. 나는 지금 대사문 교답마의 법에 출가하여 구족계를 받고 하네. 그대들은 뜻은 어떠한가?"

그 제자들이 알려 말하였다.

"우리들은 본래 오파타야에게 의지하여 배워왔습니다. 지금 만약 떠나가신다면 우리들도 마땅히 따라가서 범행을 수습하겠습니다."

가섭 등이 알려 말하였다.

"그대들이 만약 나를 따라가서 배우고자 한다면 입고 있는 사슴 가죽·나무껍질·석장·제기들은 모두 능히 니련선하의 가운데에 던지고 마땅히 뜻으로 따르라."

여러 제자들은 이 말을 듣고서 소유한 의복과 제기 등의 물건들을 모두 니련선하에 던졌고, 가섭에게 돌아와서 곧 이렇게 말을 지었다.

"버리라고 하신 것을 지금 모두 버렸으니 마땅히 무슨 일을 지어야 합니까? 원하건대 지시하여 가르치십시오."

그때 나제가섭과 가야가섭은 500의 제자들을 데리고 세존의 처소로 나아가서 이렇게 말을 지었다.

"대사문이여. 나는 제자들에게 알려서 이미 모두에게 허락을 받았습니다. 오직 원하옵건대 우리들을 대사문의, 오직 원하옵건대 내가 대사문의 법과 율의 가운데에 출가하여 구족계를 받아 필추성을 이루게 하시고, 나에게 대사문의 법의 가운데서 범행을 수습하도록 허락하십시오."

세존께서 말씀하셨다.

"잘 왔느니라. 마땅히 범행을 닦아라."

이렇게 말씀을 지어 마쳤고, 나제가섭과 500의 제자들은 모두 출가하여 구족계를 받고 필추성을 이루었다. 이때 세존께서는 피발외도(被髮外道) 1,000명을 제도하여 구족계를 주었고, 우루빈라 땅에서 뜻에 따라서 머무르게 하셨다. 점차 유행하여 가야산(伽耶山)에 이르러 솔도파(窣堵波)가 있는 그 산꼭대기에서 옛날에 이미 출가한 피발외도 1,000명의 필추와 함께 머물렀다.

그때 세존께서는 세 종류의 신통으로써 일천 명의 필추들을 교화하였다. 세 종류의 신통이라는 것은 이를테면, 신족통(神足通)과 기설통(記說通)과 교수통(敎授通)이었다. 신족통은 여래께서 삼마지에 들어가는 것이니 마음이 선정(定)인 까닭으로서 곧 본래의 자리에서 홀연히 은몰(隱沒)하여 동방(東方)에 나타나서 허공으로 솟아 올라가며·다니고·머물며·앉고·누우면서 화광정(火光定)에 들어가는 것이다.

곧 몸 안에서 여러 종류의 빛이 나오는데 이를테면, 청색·황색·백색·홍색으로써 두 가지의 모습을 나타내는데, 몸의 아래에서는 불이 나오면 몸의 위에선 맑은 물이 흐르고, 몸의 아래에서 물이 나오면 몸의 위에선 불꽃이 뻗치는 것이다. 동방에서 이와 같은 것처럼 남방·서방·북방이 역시 이와 같고, 이러한 현상(現相)을 마치고서 그 허공에서 은몰하여 다시 본래의 자리로 돌아와서 나타나는데, 이것이 세존의 신족통이다.

기설통은 필추가 마땅히 심(心)·의(意)·식(識)을 관찰하는 것이니, 이와 같이 선(善)은 마땅히 심사(尋伺)하고 불선(不善)은 마땅히 심사하지 않는 것이다. 이것은 역시 의념(意念)이고, 이것은 역시 신식(身識)[2]을 증득하는 것인데, 이것이 세존의 기설통이다.

교수통은 여러 필추들이 소유한 제법(諸法)이 모두 치연(熾然)[3]인 것을 알리는 것이다. 무엇을 일체의 치연이라고 하는가. 눈이 불타고(眼熾然), 색이 불타며(色熾然), 안식이 불타고(眼識熾然), 안촉이 불타며(眼觸熾然), 안촉(眼觸)으로 인연하여 내부에서 생겨난 수(受)이었던, 혹은 고수(苦受)이

---

2) 육식(六識)의 하나로서 신근(身根)에 의하여 외물(外物)을 지각(知覺)하는 작용(作用)을 말한다.
3) 불이 타오르는 것과 같은 마음 작용을 가리킨다.

214

고, 혹은 낙수(樂受)이거나 비고비락수(非苦非樂受)가 역시 불타는 것이다. 무슨 불로서 불타는가? 탐욕의 불로 불타고, 성냄의 불로 불타며, 어리석음의 불로 불타고, 생·노·병·사·걱정·한탄·우비(憂悲)·고뇌도 역시 이와 같이 불타는 것이다. 이것은 모두 고통(苦)이고, 안(眼)도 역시 이와 같은 것이며, 이·비·설·신·의도 역시 이와 같은 것이다. 이것을 가르치는 것이 세존의 교수통이다.

세존께서 이러한 법을 설하시는 때에 그 일천 명의 필추는 후유(後有)를 받지 않았던 까닭으로 여러 유루심(有漏心)에서 해탈하였고, 모두 아라한과를 얻었다. 그때 세존께서는 마갈타국의 가야산 꼭대기의 솔도파가 있는 곳에 일천의 필추들과 함께 머무르셨다. 이전에 옛날에 피발외도들은 모두 아라한과를 증득하고 여러 유루를 마쳤으므로 마땅히 지을 것은 이미 지었고 지을 것은 이미 준비하여 여러 무거운 짐을 모두 벗었고 스스로가 이롭게 하는 것을 얻었으며, 여러 유결(有結)을 끊어서 마음에서 바르게 해탈하였다. 마갈타국의 대중들은 유행하였던 까닭으로 인연을 들었다.

"석가 종족의 가운데에서 한 태자가 태어났고, 설산의 근처인 강가하(彊伽河) 언덕의 겁비라(劫比羅) 선인의 주처에 머무르며, 이곳에서 멀지 않은 곳에 방술(方術)에 밝은 점술사(占相師)가 있었는데, 태자에게 수기하였다.

'만약 집에 머문다면 전륜왕위를 잇고, 능히 사방을 항복받고서 법으로써 세상을 교화할 것이며, 칠보를 구족하는데 이를테면, 윤보(輪寶)·상보(象寶)·마보(馬寶)·주보(珠寶)·여보(女寶)·주장보(主藏寶)·주병보(主兵寶)이다. 단정하고 용건한 1천 명의 아들들에게 둘러싸여 사주(四洲)의 경계인 다른 나라의 군대를 절복하고, 널리 능히 왕이 교화하므로 원수가 없으며, 고뇌와 무기가 모두 사라져서 안락하게 머무를 것이다. 만약 출가한다면 바른 신심으로서 집을 버리고 집이 아닌 곳으로 나아가서 머리카락과 수염을 깎고 가사를 입고서, 무상각(無上覺)을 증득하여 아라한을 성취할 것이며, 세간이 찬탄(讚詠)하고 그의 명성(名稱)이 멀리 들릴 것이다.'"

그 유행하던 사람들은 이러한 말을 듣고 빈비사라왕(頻毘娑羅王)의 처소에 나아가서 이렇게 말을 지었다.

“대왕께서는 마땅히 아십시오. 우리들은 인간세상을 유행하면서 이곳에 이르렀고, 석가 종족의 가운데에서 한 태자가 태어났으며, 설산 근처의 강가하 언덕의 겁비라 선인이 수도하던 곳에 머물고 있고, 나아가 세간이 찬탄하고 명성이 멀리 들리고 있으며, [모두 앞에서 설명한 것과 같다.] 오직 원하건대 대왕께서는 그 태자를 죽이십시오. 만약 그 자를 없애신다면 대왕은 마땅히 국운(國祚)을 길고 멀리 얻을 것입니다.”

그 왕이 알려 말하였다.

“그대들 여러 사람들은 이러한 말을 짓지 마시오. 그 석가 태자가 금륜왕위를 얻는다면 나는 마땅히 따를 것이고, 만약 정각(正覺)을 성취한다면 마땅히 가까이 모시고 공양할 것이오.”

그때 마갈타국왕인 빈비사라는 누각에 올라가서 다섯 종류의 발원을 애원하였다.

“우리나라에 대교도사(大敎導師)이신 여래(如來)·응(應)·정등각(正等覺)·명행원만(明行圓滿)·선서(善逝)·세간해(世間解)·무상장부(無上丈夫)·조어사(調御士)·불박가범(佛薄伽梵)께서 출현하기를 발원합니다. 나에게 그를 공경히 섬기고 우러르게 하십시오. 설한 법요(法要)로 개오(開悟)를 얻게 하십시오. 법을 듣고 청정한 계율을 수지하고, 여법(如法)하게 머물게 하십시오.”

이때 세존께서는 가야산에 머무셨는데 멀리서 대왕이 이렇게 말하는 것을 들으시고 여러 필추들에게 알려 말씀하셨다.

“이 빈비사라왕이 누각 위에서 다섯 종류의 발원을 일으켰느니라.” [모두 앞에서 설명한 것과 같다.]

다시 마갈타국 대중과 백성들이 유행하였던 인연을 까닭으로 이전처럼 들었다.

“석가 종족의 가운데에서 한 태자가 태어났고, 설산의 근처인 강가하 언덕의 겁비라 선인의 주처에 머무르며, 이곳에서 멀지 않은 곳에 방술에 밝은 관상가가 있었는데, 태자에게 수기하였다.

‘만약 집에 머문다면 전륜왕위를 잇고, 능히 사방을 항복받고서 법으로써 세상을 교화할 것이며, 칠보를 구족하는데 이를테면, 윤보·상보·마보·주보·여보·주장보·주병보이다. 단정하고 용건한 1천 명의 아들들에게 둘러싸여 사주의 경계인 다른 나라의 군대를 절복하고, 널리 능히 왕이 교화하므로 원수가 없으며, 고뇌와 무기가 모두 사라져서 안락하게 머무를 것이다. 만약 출가한다면 바른 신심으로서 집을 버리고 집이 아닌 곳으로 나아가서 머리카락과 수염을 깎고 가사를 입고서, 무상각을 증득하여 아라한을 성취할 것이며, 세간이 찬탄하고 그의 명성이 멀리 들릴 것이다.’

그 태자는 윤왕위를 버리고 출가를 구하여 아뇩다라삼먁삼보리(阿耨多羅三藐三菩提)를 얻었고, 지금 가야산 꼭대기의 솔도파가 있는 곳에서 1천 명의 필추들에게 앞뒤로 둘러싸여 있으며, 아울러 이들은 옛날에 피발외도로서 모두 아라한과를 증득하여 여러 유루를 마쳤고, 마땅히 지을 것은 지었으며, 여러 유루를 마쳤으므로 마땅히 지을 것은 이미 지었고 지을 것은 이미 준비하여 여러 무거운 짐을 모두 벗었고 스스로가 이롭게 하는 것을 얻었으며, 여러 유결을 끊어서 마음에서 바르게 해탈하였다.”

이러한 말을 듣고 빈비사라왕의 처소에 가서 이렇게 말을 지었다.

“대왕께서는 마땅히 아십시오. 우리들은 인간세상을 유행하면서 이곳에 이르렀고, 석가 종족의 가운데에서 한 태자가 태어났으며, 나아가 무상각을 이루었고, 가야산에 머물면서 일천 명의 필추들에게 앞뒤로 둘러싸여 있는데, 여러 유결을 마쳐서 마음에서 바르게 해탈하였다고 합니다. 오직 원하건대 대왕께서는 그 불·세존께 친근하게 공양하십시오. 만약 이것과 같다면 왕의 국토가 안은하고 풍족하고 즐거울 것입니다.”

왕은 말을 듣고 크게 기뻐하면서 곧 한 사람에게 명하여 세존의 처소로 가서 다음과 같이 말하게 했다.

“두 발에 정례하고 아뢰어 말합니다. ‘세존이시여. 기거(起居)가 가벼우시고 편리하시며 병이 적으시고 고뇌가 적으시며 안락하게 머무십니까?’ 이와 같이 말을 짓고서 다시 머리 숙여 청하여 말하시오. ‘오직 원하옵건대 세존께서는 여러 필추들과 함께 나의 왕사성(王舍城)으로 오시어 나의 일생의 사사공양(四事供養)4)을 받아주십시오.'"

사자(使者)는 왕의 이와 같은 말을 받고서 가야산(伽耶山)의 처소에 이르러 세존의 발에 정례하고 이렇게 말을 지었다.

"마갈타국 국왕인 빈비사라왕께서 저를 보낸 까닭으로 와서 세존께 머리 숙여 예경합니다. '기거가 가벼우시고 편리하시며 병이 적으시고 고뇌가 적으시며 안락하게 머무십니까?'"

세존께서 말씀하셨다.

"왕과 그대들은 모두 안락하시오?"

사자가 아뢰어 말하였다.

"왕께서는 머리숙여 청하였습니다. '오직 원하옵건대 세존께서는 여러 필추들과 함께 나의 왕사성으로 오시어 나의 일생의 사사공양을 받아 주십시오.'"

세존께서는 곧 이때 묵연히 청을 받아들였다. 사자는 세존께서 묵연히 청을 받아들이신 것을 알고서 세존의 발에 예경하고 하직하고서 본국으로 돌아갔다. 그때 세존께서는 일천 명의 필추들에게 앞뒤로 둘러싸이셨는데, 아울러 옛날에 피발외도였으나 모두 아라한과를 증득하였고, 나아가 여러 유결을 마치고 마음에 바른 해탈을 얻었다. 점차 유행하여 마갈타국의 인간세상에 이르러 선주솔도파(善住窣堵波)의 죽림(竹林)의 가운데에 머무르셨다.

마갈타국왕은 세존께서 이곳에 이르렀고, 일천 명의 필추들에게 둘러싸여 머무시는데, 모두가 이미 아라한과를 증득하고서 여러 유루를 마쳤으며, 마땅히 지을 것은 이미 지었고 지을 것은 이미 준비하여 여러 무거운 짐을 모두 벗었고 스스로가 이롭게 하는 것을 얻었으며, 여러 유결을 끊어서 마음에서 바르게 해탈하였다는 것을 들었다. 왕은 이미 듣고서 좋은 수레를 엄숙히 꾸미고 무량한 백천의 권속들에게 둘러싸여서 세존

---

4) 초기 불교 교단에서는 네 가지의 공양인 의복·음식·탕약(湯藥)·와구(臥具)를 가리켰고, 와구의 대신에 방사(房舍)를 가리키기도 한다.

처소로 가서 예배(禮拜)하고 공양하고자 하였으나, 왕의 좋은 수레바퀴가 땅에 빠져서 앞으로 나아갈 수 없었다. 왕은 이렇게 생각을 지었다.

'나에게 무슨 허물이 있어 이 수레바퀴가 다시 돌아가지 않는가?'

갑자기 공중에서 천인의 말소리가 들렸다.

"왕에게는 허물이 없습니다. 다만 옥중(獄中)에 있는 무량한 사람들이 옛적에 대왕과 함께 선업(善業)을 함께 닦았습니다. 지금 만약 그들을 석방한다면 바퀴가 앞으로 나아갈 것입니다."

왕은 이러한 말을 듣고 죄수들을 모두 석방하였다. 왕은 길을 나아가고자 궁문을 건너갔는데 머리 관(冠)이 기울어졌다. 곧 이렇게 생각을 지었다.

'내가 옛적에 무슨 업을 지었기에 이러한 상태에 이르렀는가?'

곧 공중에서 천인의 말소리가 들렸다.

"대왕에게는 허물이 없습니다. 그러나 무량한 중생들이 전생에 대왕과 함께 수승한 업을 닦았는데, 지금은 모두 흩어져 변방과 먼 촌방(村坊)에 살고 있으니, 왕께서는 마땅히 불러서 함께 세존을 뵙도록 하십시오."

왕은 마침내 명하여 와서 모이게 하였고, 모두 모였으므로 1만 2천의 수레를 정비하였으며, 구름처럼 모인 18만의 군사들과 기마(騎馬)들과 다시 1만 5천의 상병(象兵)을 거느렸고, 무량한 백천만의 마갈타국 사람들·바라문·거사들에게 앞뒤로 둘러싸여서 왕사성을 나와서 세존의 처소로 나아갔다. 도착하여 수레에서 내려서 다섯 물건을 벗었으니 이를테면, 일산(傘蓋)·머리의 관(頭冠)·보배 검(寶劍)·보배 부채(寶扇)·보배 신(寶履) 등이었다. 이러한 물건 등을 벗어놓고서 세존을 향하여 합장하고 세존의 발에 정례하고 세존께 아뢰어 말하였다.

"대덕이여. 나는 마갈타국의 빈비사라왕입니다."

이와 같이 세 번을 아뢰었고, 세존께서 대왕에게 알리셨다.

"그렇습니다. 그렇습니다. 그대가 마갈타국의 빈비사라왕입니다."

이와 같이 세 번을 대답하였다.

"그대는 지금 앉으십시오."

이 빈비사라왕은 세존의 말씀을 듣고서 세존의 발에 정례하고 한쪽에 앉았다. 그 마갈타국의 바라문과 거사들도 일부는 세존의 발에 정례하고 역시 한쪽에 앉았고 일부는 합장하고 문신하였다.

"대사문이여. 병이 적으시고 고뇌도 적으시며 기력도 편안하십니까?"

역시 한쪽에 앉았으며, 일부는 합장하고 문신하지 않고서 역시 한쪽에 앉았고, 또 일부는 멀리서 머물며 묵연히 앉았다. 이때 우루빈라가섭이 대중들 속에 있었는데, 마갈타국의 바라문과 거사들은 이 가섭이 대중들의 가운데에 있는 것을 보고 곧 의심을 일으켰다.

'사문 교답마가 가섭의 처소에서 있으면서 수습하였으니, 마땅히 가섭에게 사문 교답마는 주변에서 배웠고 아직 뛰어넘지 못하였을 것이다?'

그때 세존께서는 대중들이 생각하는 것을 아시고 묘한 가타로서 가섭에게 물어 말씀하셨다.

가섭이여. 그대는 옛날에 무슨 이익을 보아서
세속을 버리고 출가하여 불을 섬겼으며
나아가 이법을 지니고서 얻은 이익을
그대는 지금 나를 위하여 이 뜻을 말해보시오.

이때 가섭도 역시 가타로서 세존께 대답하여 말하였다.

얻었던 이익이 있어 한번 말하겠는데
단엄한 미녀와 여러 오묘한 맛이며
그 법의 가운데에서 이익이 있음을 보았기에
이것을 인연하여 세속을 버리고서 불을 섬겼다네.

세존께서는 다시 가타로서 거듭하여 가섭에게 물어 말하였다.

단엄한 미녀와 여러 오묘한 맛을
만약 불을 섬겨서 이렇게 얻는다면

곧 인간과 천상의 세간에서 얻는 즐거움은
그대는 어찌 버리고서 돌아보지 않았는가?

가섭은 역시 가타로서 세존께 대답하여 말하였다.

수승한 적정의 남음이 없는 구절을 보기 위하여
무소유처(無所有處)에도 오히려 머물지 않았고
이러한 묘법을 없앤다면 다시 허물이 없으므로
마음은 지금에 그곳을 버리고서 돌아보지 않았네.

나는 이전의 어리석은 뜻이 있었던 까닭으로
불을 지니는 금계로 해탈을 바랬었으며
수승하고 묘한 법은 반대로 등졌고
어두운 생사(生死)에서 항상 유전(流轉)하였네.

자세히 관찰하면 무위(無爲)가 최승의 구절이었고
조어(調御)의 상사(象師)께서 능히 묘법을 설하셨는데
세상에서 진실되고 이익되는 모니(牟尼)의 가르침으로
권유하고 인도하면서 게으름이 없는 교답마이라네.

그때 세존께서 이러한 가타로서 가섭을 찬탄하며 말하였다.

잘 왔느니라. 가섭이여.
악처(惡處)를 생각하지 말라.
가장 수승하고 넓은 법의 가운데에
그대는 지금 이미 능히 들어왔다네.

그때 세존께서 가섭에게 알려 말씀하셨다.

“그대는 일어나서 여러 대중을 위하여 그대의 신통한 변화를 나타내
보이시오.”

이때 가섭은 세존의 말씀을 듣고 곧 삼마지에 들어갔고 이러한 마음이
정(定)한 까닭으로 곧 본래의 자리에서 홀연히 보이지 않았고, 곧 동방에서
허공으로 솟아올랐으며, 행·주·좌·와에서 화광정(火光定)에 들어갔고, 곧
몸 안에서 여러 종류의 빛을 나타냈는데 이를테면, 청색·황색·적색·백색·
홍색이었고, 두 가지의 모습을 나타내었는데 몸의 아래에서는 불이 나오면
몸의 위에선 맑은 물이 흐르고, 몸의 아래에서 물이 나오면 몸의 위에선
불꽃이 뻗치는 것이다. 동방에서 이와 같은 것처럼 남방·서방·북방이
역시 이와 같았으며, 이러한 현상(現相)을 마치고서 그 허공에서 은몰하여
다시 본래의 자리로 돌아와서 땅 위에 서있다가 세존의 처소로 가서
세존의 발에 예경하고 이와 같이 말을 지었다.

“세존께서는 저의 스승이시고, 저는 세존의 성문제자입니다.”

세존께서 알려 말씀하셨다.

“그러하오. 그러하오. 가섭이여. 나는 그대의 스승이고, 그대는 나의
성문제자이오. 가섭이여. 그대는 일어나서 본래 자리에 나아가서 앉으시
오.”

그때 우루빈라가섭은 세존의 발에 정례하고 본래의 자리로 돌아가서
앉았다. 그때 마갈타국의 거사들은 이러한 일을 보고 이와 같이 생각을
지었다.

‘사문 교답마가 가섭의 처소에서 수학하였던 것이 아니고, 다만 가섭이
세존의 처소에서 지을 일을 배웠구나.’

그때 세존께서 마갈타국의 빈비사라왕에게 알려 말씀하셨다.

“색(色)은 생멸(生滅)이 있습니다. 대왕께서는 색법(色法)의 생멸인연(生
滅因緣)을 분명히 아십시오. 수(受)·상(想)·행(行)·식(識)도 역시 이와 같습니
다. 대왕이시여. 만약 능히 색법의 생멸을 분명히 안다면 곧 능히 색의
자성(自性)을 분명히 알게 되는데, 수·상·행·식도 역시 이와 같습니다.
대왕이시여. 만약 선남자(善男子)가 색의 자성을 알아서 색에 애착하지

않고, 역시 받지도 아니하며, 역시 지니지도 않는다면 능히 이것은 결정적으로 무아이고 아소도 없는 것인데, 수·상·행·식도 역시 이와 같습니다. 만약 선남자가 이 색의 자성에 대하여 애착하지 않고, 받지도 않으며, 지니지도 않는다면 이것이 무아이고 아소인 것을 결정적으로 알 것이므로, 나는 이 사람을 열반과 해탈을 얻었다고 말하는데, 수·상·행·식도 역시 이와 같습니다."

세존께서 이러한 법을 설하여 마쳤는데, 마갈타국의 바라문들과 거사들은 이와 같이 생각을 지었다.

'만약 색(色)에 무아이고, 수·상·행·식도 역시 무아라면, 그렇다면 어떤 법(法) 등이 그 나(我)인가? 유정은 누구이고, 다시 명(命)하는 자는 누구이며, 생(生)하는 자는 누구이고, 양육(養育)한 자는 누구인가? 사람과 삭취취(數取趣)[5]·의생(意生)·마납(摩納)·능작(能作)·소작(所作)과 만들어지는 촉(觸)·수(受)·행(行)·주(住) 등의 이러한 제법(諸法)의 차별에서 모두가 무아인가? 다시 어느 물건이 있어 태어나지도 않고 죽지도 않으며, 삼세유(三世有)가 없는데도 능히 수(受)를 짓는가? 만약 사람이 지어야 할 것과 마땅히 짓지 않아야 하는 것, 선업과 악업이 소유한 과보를 마땅히 받을 때 누가 그것을 받으며, 이 온(蘊)을 버리고서 저 온(蘊)을 받게 하는가?'

그때 세존께서 바라문과 거사들이 이와 같은 생각을 짓는 것을 아시고 곧 여러 필추들에게 알려 말씀하셨다.

"지혜가 없는 사람은 많이 듣지 못한 까닭으로 곧 이렇게 생각을 짓는 것이다. 아(我)와 아소(我所)에 집착하는 것은 무아와 무아소인 것을 알지 못하는 것이다. 왜 그러한가? 필추들이여. 집(集)에서 고(苦)가 생겨나도 멸(滅)을 증득하면 고(苦)를 끊는 것이고, 집(集)으로부터 행(行)이 생겨나도 멸(滅)을 증득하면 행(行)이 없어지느니라. 그 인연이 없어지면 그것이 없어지나니, 그 인연을 까닭으로 능히 여러 유정이 생겨나고 차례로 유전(流轉)하며, 이와 같은 인연으로 유정의 생멸(生滅)이 있는 것이다.

---

5) 계속하여 생사를 되풀이한다는 뜻으로 유정을 가리킨다.

여래는 결국에 아(我)가 없음을 분명히 알고 있느니라.”

다시 여러 필추들에게 말씀하셨다.

“나는 인간을 초월하는 청정한 천안(天眼)을 얻어서 유정이 유전(流轉)하고 생멸을 볼 수 있고, 수승한 자·열등한 자·용모가 뛰어난 자·용모가 나쁜 자·선취(善趣)·악도(惡道)에서 소유한 짓는 업을 나는 여실(如實)하게 아느니라. 이와 같이 한 유정을 본다면, 몸과 입과 생각으로 악한 업을 짓고, 성자를 비방하며, 삿된 견해에 집착하고, 사악한 업을 지었으므로 이러한 인연을 까닭으로 이곳에서 목숨을 마치고 지옥에 떨어졌느니라. 다시 유정을 본다면, 몸과 입과 생각으로 선한 업을 짓고, 성자를 비방하지 않으며, 바른 신심에 머무르고, 정명(正命)을 행하였으므로 이러한 인연을 까닭으로 이곳에서 목숨을 마치고 천상에 태어났느니라. 이와 같은 일을 나는 모두 알고 있었으나 일찍이 ‘유정(有情)이 내(我)가 있다.’고 말하지 않았느니라.

수명(壽命)과 생양인(生養人)과 삭취취(數取趣)와 의생(意生)·마납(摩納)·능작(能作)·소작(所作)과 만들어지는 촉(觸)·수(受)·행(行)·주(住) 등을 만약 사람이 짓거나 짓지 않음으로써 선악 등이 소유한 과보로 이 온(蘊)을 버리고서 저 온(蘊) 등을 받더라도 모두 ‘나(我)’라고 말하지 않고, ‘인연(因緣)’이라고 말한다. 이를테면, 이것이 있는 까닭으로 저것이 있고, 이것이 생겨나는 까닭으로 저것이 생겨나는 것이다. 이를테면, 무명(無明)이 행(行)의 연이고, 행은 식(識)의 연이며, 식은 명색(名色)의 연이고, 명색은 육처(六處)의 연이며, 육처는 촉(觸)의 연이고, 촉은 수(受)의 연이며, 수는 애(愛)의 연이고, 애는 취(取)의 연이며, 위는 유(有)의 연이고, 유는 생(生)의 연이며, 생은 노사(老死), 우비고뇌(憂悲苦惱)의 연이 되는 것이니, 이와 같이 이것은 대오온(大五蘊)의 취집(聚集)이니라.

이를테면, 이것이 없는 까닭으로 저것이 없고, 이것이 없어지는 까닭으로 저것이 없어지는 것이다. 이를테면 무명이 없어지면 곧 행이 없어지고, 행이 없어지면 곧 식이 없어지며, 식이 없어지면 곧 명색이 없어지고, 명색이 없어지면 곧 육처가 없어지며, 육처가 없어지면 곧 촉이 없어지고,

촉이 없어지면 곧 수가 없어지며, 수가 없어지면 곧 애가 없어지고, 애가 없어지면 곧 취가 없어지며, 취가 없어지면 곧 유가 없어지고, 유가 없어지면 곧 생이 없어지고, 생이 없어지면 곧 노사, 우비고뇌도 없어지는 것이다. 이와 같이 대오온의 취집이 없어지는 것이니라.

필추들이여. 이와 같은 제행은 모두 고통(苦)이고 열반은 즐거움(樂)인 것이다. 집(集)을 인연한 까닭으로 고통이 생겨나고, 멸(滅)을 인연한 까닭으로 고통이 없어지는 것이다. 이렇게 상속(相續)하고 유전(流轉)하는 것이 단멸(斷滅)되는 까닭으로 이러한 고통이 곧 없어지는 것이다.

무엇을 열반이라고 하는가? 괴로움이 없어지는 까닭으로 열반이 되는 것이니, 오히려 불이 꺼지면 청량(淸涼)해지는 것과 같으니라. 이러한 까닭으로 나는 이러한 구절(句)에서 능히 여러 온(蘊)을 버린다면 탐욕과 고통이 없어지는 까닭으로 원적(圓寂)을 얻는다고 말하였느니라.”

그때 부처님께서 마갈타국의 빈비사라왕에게 알려 말씀하셨다.

“뜻은 어떻습니까? 색은 항상합니까? 무상(無常)합니까?”

대답하여 말하였다.

“대덕이시여. 색은 무상합니다.”

또한 물으셨다.

“만약 무상하다면 괴로움입니까? 괴로움이 아닙니까?”

대답하여 말하였다.

“고통입니다.”

또한 물으셨다.

“만약 색이 무상이고 고통이라면 곧 변하고 없어지는 것입니다. 만약 다문제자가 물질을 나(我)라고 집착하여, ‘나에게 여러 색이 있고 색은 나에게 속한다.’고 말하였다면, 내가 색의 가운데에 있습니까?”

대답하여 말하였다.

“아닙니다.”

또한 물으셨다.

“이와 같이 수·상·행·식도 항상합니까? 무상합니까?”

대답하여 말하였다.

"이것은 무상합니다."

또한 물으셨다.

"나아가 수·상·행·식이 무상하다면 고통입니까? 고통이 아닙니까?"

대답하여 말하였다.

"고통입니다."

또한 물으셨다.

"식(識) 등이 무상이고 고통이라면 곧 변하고 없어지는 것입니다. 만약 다문제자가 물질을 나(我)라고 집착하여, '나에게 여러 색이 있고 색은 나에게 속한다.'고 말하였다면, 내가 색의 가운데에 있습니까?"

대답하여 말하였다.

"아닙니다."

"이러한 까닭으로 마땅히 아십시오. 여러 소유한 색은 만약 과거·현재·미래이고, 만약 안이며, 만약 밖이고, 만약 거칠며(麤), 만약 미세하고(細), 만약 수승하며, 만약 하열하고, 만약 가깝고, 만약 멀더라도 이러한 여러 색은 아도 아니고, 아소도 아니며, 나에게 여러 색이 있어 나에게 속한 것이 아니고, 내가 색의 가운데에 있는 것도 아닙니다. 여실하게 널리 알고서 마땅히 이와 같이 보아야 하고, 수·상·행·식도 역시 이와 같습니다.

대왕이여. 성문제자가 있어 다문(多聞)을 구족하고서 오취온(五取蘊)을 '아와 아소를 벗어났다.'고 관찰하였다면 여러 세간은 진실로 취할 것이 없음을 알 것이고, 취할 것이 없는 까닭으로 두려운 마음이 생겨나지 않으며, 두려움이 없는 까닭으로 안으로 원적을 증득합니다. 나의 생을 이미 마쳤다면 범행이 이미 서있고, 지을 것을 지었으므로 후유(後有)를 받지 않습니다."

그때 세존께서 이렇게 법을 설하실 때에 마갈타국왕 빈비사라와 8만의 천자(天子)와 마갈타국의 무량한 백천만의 바라문과 거사 등이 모두 번뇌를 멀리 벗어나서 청정한 법안을 얻었으며, 역시 다시 법을 보았고 극통달법(極通達法)과 구경견법(究竟堅法)을 얻었으며, 일체의 욕망(希望)을 초월하였고, 일체의 의혹을 건너면서 다른 힘을 빌리지 않고 대사의 가르침에 인연하였으며, 다른 것에 능히 인도되지 않고 제법의 가운데에서 무소외(無所畏)를 얻었다.

이때 대왕과 거사들은 이 법을 얻고서 마음에서 크게 환희하였고, 자리에서 일어나서 의복을 정리하고 세존의 발에 정례하고 오른쪽 무릎을 땅에 붙이고 합장하고서 세존을 향하여 이렇게 말을 지었다.

"저희들은 지금 이 미묘한 법에 들어와서 크고 수승한 이익을 얻었습니다. 오늘부터 나아가 목숨을 마치도록 불·법·승께 귀의하고 오파색가로서 오계인 불살·불도·불사행·불망어·불음주를 하겠습니다."

이렇게 말을 짓고서 곧바로 세존과 여러 필추들에게 청하였다.

"원하건대 저희의 왕사성에 오시어 머무르시고 저희들이 일생토록 사사공양하게 하십시오."

세존께서는 이때 묵연히 청을 받아들이셨다. 마갈타왕과 여러 사람들은 불·세존께서 묵연히 청을 받아들인 것을 알고서 세존의 발에 정례하고 본래 있던 곳으로 되돌아갔다. 이때 여러 필추들은 함께 의혹이 있어 세존께 아뢰어 말하였다.

"세존께서는 일체지(一切智)를 갖추셨으므로 능히 모든 의심을 끊으셨으나 대왕과 여러 권속들은 무슨 인업(因業)을 지었고 그 업력을 까닭으로 청정한 눈을 얻었는가를 우리들은 알지 못합니다."

세존께서 여러 필추들에게 알리셨다.

"빈비사라왕이 지은 업을 그대들은 잘 들을지니라. 내가 그대들을 위하여 그가 지은 업을 설하겠노라. 그가 지은 업이 만약 성취되는 때에 인연이 화합하면 폭류수(暴流水)와 같이 지은 업을 결정적으로 스스로 받게 되는 것이고 대체할 자는 없는 것이다. 그대들 필추들이 스스로가 지은 업은 바깥 경계의 지(地)·수(水)·화(火)·풍(風)에서 성숙되는 것이 아니고, 자신이 마땅히 그 보(報)를 받는 것이니, 선악이 이미 익으면 분명히 허망하지 않느니라."

게송으로 설하여 말씀하셨다.

가령 백겁이 지나더라도
지은 업은 없어지지 않으며
인연이 모여 만나는 때에
과보가 돌아와서 스스로 받는다네.

"그대들 필추들이여. 과거에 세존께서 계셨는데 아라나비(阿羅那鞞)·여래·응·정등각·명행원만·선서·세간해·무상장부·조어사·천인사·불·박가범이라고 명호하셨느니라. 세상에 출현하시어 불사(佛事)를 두루 마치고 땔감이 타서 불이 꺼지듯 무여열반(無餘涅槃)에 들어가셨느니라. 그 땅의 백성들은 불이 꺼진 뒤에 부처님의 사리를 거두어 청정한 땅에 큰 솔도파를 일으키고 공양을 지었다.

이때 금륜왕이 있어 길리지(吉利枳)라고 이름하였는데, 18구지(俱胝)의 군사들을 데리고 둘러싸여서 허공에서 인간 세계를 지나가면서 솔도파에 이르렀다. 이때 불법을 믿었던 천신이 있었고 각자의 위력으로써 왕의 윤보(輪寶)를 잡아서 허공에 멈추었고 떠날 수 없도록 하였다. 이때 길리지 왕은 그 금륜이 굴러가지 않는 것을 보고 곧 이렇게 생각을 지었다.

'나의 복덕이 끝나서 이 윤보가 다시 나아가지 않는구나.'

여러 천신들은 그 공중에서 왕에게 알려 말하였다.

"왕의 복이 끝난 것이 아니고, 그 아래에 세존의 사리 솔도파가 있어 왕의 금륜이 다시 나아갈 수 없었던 것이오."

이때 길리지왕은 이러한 말을 듣고 18구지의 병사들에게 둘러싸여 인간 세계로 내려가서 그 세존의 탑이 아직 완성되지 못하였던 까닭으로 그 여러 섬부의 대중들에게 권유하여 진귀한 보물들로 함께 장식하였고, 다시 여러 종류의 향과 꽃과 기악(伎樂)으로써 공양하였으며, 호궤합장(胡跪合掌)하고 대중이 함께 같은 소리로 발원하였다.

"원하건대 이 여러 선근으로써 미래에 오실 세존께 법을 듣고 깨끗한 법안을 얻도록 하십시오."

이렇게 말하고서 불탑에 정례하였느니라. 그대들 필추들은 다르게 생각하지 말라. 그때의 전륜왕 길리지와 나머지의 시종(侍從)들은 지금에 곧 빈비사라왕과 아울러 그의 권속들이니라. 이때 그 왕과 시종들은 세존이신 아라나비의 솔도파에 공양을 지었고, 이러한 선업의 인연을 까닭으로 무량한 백천구지 겁에 인간과 천상에 태어나서 수승하고 묘한 복락을 받은 것이며, 왕과 권속들은 그 원력(願力)을 까닭으로 지금 나의 처소에서 청정한 법안을 얻은 것이다.

필추들이여. 마땅히 알라. 흑업(黑業)에는 순흑(純黑)의 이숙(異熟)이 있고, 백업(白業)에 순백(純白)의 이숙이 있으며, 흑백잡업(黑白雜業)에는 잡이숙(雜異熟)이 있는 것이다. 그러므로 그대들 필추들은 흑흑업(黑黑業)과 잡업(雜業)을 버리고서 부지런히 백백업(白白業)을 닦아야 하느니라.”

근본설일체유부비나야파승사 제8권

삼장법사 의정 한역
석보운 번역

이때 여러 필추들은 함께 의혹이 있어 세존께 아뢰어 말하였다.

"세존께서는 일체의 지혜를 갖추시고 능히 모든 의심을 끊으셨으나 저희들은 알지 못합니다. 우루빈라가섭은 무슨 업을 지은 까닭으로 5백의 신통변화로써 능히 조복된 것이고, 나제가섭과 가야가섭은 저절로 조복된 것입니까?"

세존께서 여러 필추들에게 알리셨다.

"그 가섭파가 쌓은 자량(資糧)의 업을 그대들은 잘 들을지니라. 내가 마땅히 설하겠노라."

[나아가 게송으로 설한 것은 앞에서와 같다.]

"지난 옛날의 때에 이 현겁의 가운데에서 사람의 수명이 2만 세이었고 불·세존께서 계셨으니, 가섭여래(迦攝如來)라고 이름하셨으며, 십호(十號)를 구족하셨으며, 세상에 출현하시어 바라니사의 선인이 떨어진 곳인 시록원의 가운데에 머무셨느니라. 이때 세존께서는 불사(佛事)를 모두 마치시고 열반에 들어가셨고, 이때 국왕이 있어 길리지라고 이름하였는데, 여러 향나무를 쌓아놓고 다비하였으며, 다시 향과 우유를 끓인 것으로써 그 불을 껐으며, 네 보배병에 그 사리를 담았고, 경치가 뛰어난 곳에 가로와 세로가 1유선나(踰繕那)이고, 높이가 반(半) 유선나이었던 솔도파를 세웠느니라.

이때 바라니사성에 한 장자가 있었는데 그 가정은 크게 부유하여 재산과

230

보물이 풍요(豐饒)롭게 많이 있어서 수용하였는데 벽실라말나천(薜室羅末
拏天)과 같았다. 그 장자는 같은 부류인 가문의 딸을 취하여 아내로 삼았고
함께 서로가 오락(娛樂)하면서 뒤에 세 아들을 낳았다. 장자는 뒤의 때에
갑자기 병에 걸렸고 여러 종류의 약을 처방하였으나 능히 회복하지 못하고
목숨을 마쳤다. 이때 그 자식 등은 여러 증채(繒綵)로 그 상여를 장식하여
한림(寒林)으로 보내어 화장하며 슬피 울고 부르면서 장례를 마쳤다. 이때
맏형이 말하였다.

"소유한 재물을 나는 지금 나누고자 하네."

이때 그 두 아우는 따르지 않았고 그 형이 자꾸 나누자고 말하였으므로
두 아우는 알려 말하였다.

"만약 이와 같다면 먼저 복업을 닦고서 뒤에 나누는 것을 허락하겠습니
다."

형이 말하였다.

"무슨 복업을 지어야 하는가?"

아우들은 말하였다.

"가섭 솔도파에서 공양합시다."

이때 형은 믿지 않아 솔도파 공양은 오랫동안 어려웠으나 뒤에서야
처음으로 허락하였다. 두 아우는 여러 종류의 진기한 것으로써 가섭
솔도파에 공양을 지었고 곧 발원하여 말하였다.

"이러한 선근을 까닭으로 원하건대 우리들 모두가 가섭파불·응·정등각
의 처소에서 '마납파여. 그대들은 다음 세상에 사람의 수명이 백세일
때에 마땅히 부처를 이룰 것이고, 석가모니여래·응공·정등각이라 이름할
것이다. 그 세존의 법의 가운데서 출가하여 수승한 과를 얻을 것이다.'라는
최상의 수기를 받게 하십시오."

형은 아우들의 이러한 발원을 듣고 두 발에 정례하고서 선하게 발원하였
다.

"저는 악한 성품이어서 정법을 믿지 않았으나, 이러한 선근(善根)을
기쁘게 따랐던 까닭으로 역시 그 석가모니불께서 저에게 5백의 신변(神變)

을 주시어 조복받아 출가하게 하시고, 이미 출가한 뒤에는 수승한 과를 얻게 하십시오.”

그대들 필추들이여. 다르게 생각을 짓지 말라. 그 큰 형으로 성질이 조급하여 정법을 믿지 않았던 자는 우루빈라가섭이고, 그 두 아우는 곧 나제가섭과 가야가섭이니라. 이러한 원력을 까닭으로 5백의 신변으로써 쉽게 조복하였던 것이고, 그 나제가섭과 가야가섭도 쉽게 조복된 것이다.”

빈비사라왕이 태자였을 때에 왕사성 안에 한 장자가 있었다. 그에게는 동산(園苑)이 있어 꽃과 과일이 무성하였는데, 마음속으로 항상 사랑하였다. 이때 빈비사라 태자가 외출하였다가 동산을 보았으며 보고 곧 애락(愛樂)하는 생각이 생겨나서 장자에게 알려 말하였다.

“경(卿)은 이 동산을 나에게 주지 않겠소.”

장자는 마음에 애석함이 생겨나서 결국 주지 않았다. 이와 같이 세 번을 반복하였으나 승낙하지 않았고, 태자는 다시 알려 말하였다.

“그대의 재물인 동산은 나에게 귀속되었소.”

그는 태자에게 대답하여 말하였다.

“차라리 이 나라를 떠나더라도 능히 주지 못합니다.”

태자는 다시 장자에게 알려 말하였다.

“마땅히 내 생각을 말하겠다. 만약 왕위에 오르면 반드시 그것을 취하겠다.”

장자가 대답하여 말하였다.

“그대가 왕위에 오른다면, 나는 반드시 마땅히 떠나겠소.”

태자가 말하였다.

“내가 빈바사라 태자라는 사실을 그대는 기억하라.”

이렇게 말하고서 곧바로 수레를 돌렸다. 나아가 뒤의 때에 대연화왕(大蓮花王)은 나이가 들어 노쇠하여 갑자기 목숨을 마쳤고, 곧 태자로서 왕위를 계승하였고, 왕위를 얻고서 장자의 동산을 강제로 빼앗았다. 그 장자는 곧 화병(火病)이 생겨나서 마음의 병을 얻었고 원한을 품고서 죽었다.

죽은 뒤에 이 동산 안에 머무르는 독사가 되었고, 그 독사는 항상 왕의 처소를 엿보며 방편을 구하였다. 뒤에 꽃이 피어난 봄에 왕은 궁인과 여러 채녀(婇女)들과 함께 동산의 가운데에 나아갔다. 좌우의 시위를 물리치고 여러 권속들과 함께 즐겁게 환희하며 즐거움을 받았고 곧바로 잠이 들었다.

여러 여인들은 꽃을 사랑하여 모두 왕을 버리고 떠나갔고, 오직 한 여인이 있어 칼을 잡고서 왕을 호위하였다. 그때 그 뱀은 여인들이 모두 흩어져서 떠나간 것을 보고 구멍에서 빠르게 나와서 왕을 깨물고자 하였다. 왕은 복력을 까닭으로 갈란탁가(羯蘭鐸迦)의 새들이 그 뱀을 둘러싸고 함께 소리를 내었다. 칼을 잡았던 여인은 새들이 지저귀는 소리를 들었고, 다시 독사가 왕을 향해서 오는 것을 보았으며, 곧 날카로운 칼로 그 뱀의 목숨을 끊었으며, 여인은 두려웠던 까닭으로 곧 크게 소리를 질렀다. 이때 왕은 잠자다가 놀라서 일어났고 곧 여인에게 물어 말하였다.

“이것은 무슨 일인가?”

여인은 왕에게 알려 말하였다.

“독사가 와서 왕을 깨물고자 하였으나 갈란탁가의 새들이 독사 주위를 둘러싸고 울었으며 제가 칼로 잘랐습니다.”

왕은 이 일을 듣고 곧 태자와 신하들에게 칙명하여 왕사성에 있는 백성들을 이곳의 동산에 모이게 하였으므로, 먼 곳과 가까운 곳에 가득히 모여서 요란한 소리가 들렸다. 그 왕은 나라를 잘 다스렸으므로 국내와 국외의 여러 사람들은 듣고서 모두 크게 슬퍼하며 울었다. 왕은 여러 사람에게 알렸다.

“만약 찰제리의 관정왕(灌頂王)을 사람이 있어 목숨을 구해주었다면 어떠한 발원을 배상해야 합당한가?”

여러 신하들은 아뢰어 말하였다.

“그 사람에게는 나라의 절반을 상으로 주는 것이 합당합니다.”

왕이 말하였다.

“갈란탁가의 새들이 나의 목숨을 구했으므로 만약 이와 같다면 마땅히 나라의 절반을 주어야 하겠구려.”

대신들이 다시 아뢰어 말하였다.

“갈란탁가는 새이고 사람이 아닙니다. 비록 왕께 상을 받더라도 장차 무슨 소용이 있겠습니까? 이 동산을 갈란탁가의 새들에게 주시고 다시 종신(終身)토록 음식을 공급하십시오.”

왕이 말하였다.

“경들이 말한 것과 같게 하시오.”

이때 신하들은 동산 주위에 대나무를 심도록 하였다. 이러한 인연을 까닭으로 갈란탁가죽원(羯蘭鐸迦竹園)이라고 불렀다.”

이때 세존께서는 마갈타의 인간세상을 유행하시면서 왕사성 밖의 한 나무 아래에 처소를 삼고서 머무셨다. 이때 영승왕(影勝王)은 세존께서 왕사성에 이르시어 성 밖의 한 나무 아래에 머무신다는 것을 듣고 여러 권속들과 함께 왕사성을 나왔고 세존의 처소로 나아가서 세존의 발에 정례하고 한쪽에 물러나 앉았다. 이때 세존께서는 묘법을 말씀하시어 보여주셨고 가르치셨으며 이익되고 기쁘게 하시고서 묵연히 머무르셨다. 이때 영승왕은 자리에서 일어나 오른쪽 어깨를 드러내고 오른쪽 무릎을 땅에 붙이고서 합장하고 공경스럽게 세존께 아뢰어 말하였다.

“오직 원하옵건대 세존과 여러 필추들께서는 내일 아침에 나의 작은 공양을 받아주십시오.”

그때 세존께서는 묵연히 청을 받아들이셨다. 이때 영승왕은 세존께서 청을 받아주신 것으로 알고서 세존의 발에 정례하고 본궁으로 돌아갔다. 여러 권속들에게 칙명하여 여러 종류의 미묘한 음식을 준비하였고 평상과 자리를 펼쳐놓았으며, 회중(會中)의 그 자리의 앞에 보배병으로 물을 담아서 놓아두었다. 이미 준비를 마쳤으므로 사자에게 칙명하여 세존의 처소로 가서 때에 이르렀음을 아뢰게 하였다.

이때 세존께서는 이른 새벽의 때에 옷을 입고 발우를 지니고 필추들에게 앞뒤로 위요(圍遶)되어 왕사성에 들어가시어 궁중에 이르셨고 손과 발을 씻으셨으며 자리를 펴고 앉으셨다. 이때 왕은 세존과 필추들이 고요하고 편안하게 앉아 있는 것을 보았다. 이때 영승왕은 자기의 손으로 여러 종류의 맛있는 음식을 담아서 공양하였고 끊어짐이 없게 하여 모두가 배부르고 만족스럽게 하였다. 공양이 이미 끝났으므로 왕은 스스로가 물을 따랐고, 세존과 필추들은 양치질을 마쳤다. 왕은 보배병을 취하여 세존의 손바닥에 물을 부으면서 세존께 아뢰어 말하였다.

"나의 비파가난타원(毘婆迦蘭陀園)을 세존께 받들어 보시하겠으니 오직 바라건대 받아주십시오."

이때 불·세존께서 곧 게송으로 축원하며 말씀하셨다.

그것을 위하여 보시하는 사람은
반드시 그 이익을 얻나니
이익을 위하여 보시를 즐긴다면
뒤에 반드시 안락을 얻으리라.

이때 세존께서 이러한 게송을 말씀하시고서 여러 필추들과 함께 곧바로 갈란탁가원으로 가시어 그 가운데에서 머무르셨다. 이러한 인연으로서 존자들이 결집한 경(經)의 가운데에서 "세존께서 갈란탁가원에 머무셨고, 나아가 사리불과 목건련이 출가하여 아라한도를 얻었다."라고 말하는 것이다.

이때 왕사성 안에 한 장자가 있었는데, 불·세존과 필추 대중을 집으로 청하여 공양하였다. 이러한 때에 급고독장자가 다른 일의 인연이 있어 왕사성에 이르렀고 이 장자의 집에서 곧바로 머물게 되었다. 그 장자는 밤의 초분에 일어나서 여러 권속들과 현수(賢首)인 성자들을 불러서 나무를 취하여 불을 지폈고, 물을 길어다가 여러 가지 음식을 만들었으며, 물을 뿌려서 땅을 쓸었고, 승묘(勝妙)한 자리를 펼쳐놓았다. 이때 급고독장자는 이러한 말을 듣고 곧 이렇게 생각을 지었다.

'이 장자가 다시 딸을 시집보내는가? 마땅히 아내를 얻는가? 다시 수승한 손님을 맞이하는가? 다시 사람들을 청하는가? 다시 국왕을 청하여

서 음식을 베푸는가?'

이렇게 생각을 짓고서 다시 그 장자를 향하여 생각하였던 일을 물었다. 장자가 대답하여 말하였다.

"역시 딸을 시집보내지도 않고, 아내를 맞이하지도 않으며, 손님이나 왕을 맞이하기 위하여 이와 같이 펼치는 것이 아닙니다. 내일에 불·세존과 화합하는 필추들을 청하여 여법하게 음식을 베풀고자 합니다."

이때 급고독장자는 처음으로 세존의 명호를 듣고서 온몸에 털이 곤두서고 마음에 환희가 생겨나서 주인 장자에게 물어 말하였다.

"누구를 세존이라고 이름합니까?"

주인이 대답하여 말하였다.

"교답마라는 사문이 있는데 석가 종족의 태자입니다. 석가 종족의 가운데에서 바른 믿음을 까닭으로 머리카락과 수염을 깎고 법의를 입고 집을 나왔고 집이 아닌 곳에서 무상정등보리(無上正等菩提)를 증득하였으므로 그를 세존이라고 이름합니다."

그가 다시 물어 말하였다.

"무엇을 승가(僧伽)라고 이름합니까?"

주인이 다시 대답하여 말하였다.

"선남자가 있어 찰제리족으로서 바른 믿음을 까닭으로 출가하여 세존께 귀의하여 머리카락과 수염을 깎고 법의를 입으며 집을 떠나서 집이 아닌 곳으로 나아간다면 승가라고 이름합니다. 역시 선남자가 있어 바라문 종족에서부터 벽사(薜舍) 종족과 술달라(戌達羅) 종족에 이르기까지의 바른 신심을 까닭으로 출가하여 불·세존께 귀의하여 머리카락과 수염을 깎고 법의를 입으며 집을 떠나서 집이 아닌 곳으로 나아가서 수도한다면 승가라고 이름합니다. 내가 지금 그 세존과 승가를 청하여 내일 이 집안에서 음식으로 공양하고자 합니다."

다시 장자에게 물어 말하였다.

"그 세존께서는 지금 어디에 계십니까?"

대답하여 말하였다.

“지금 한림(寒林)의 시체 버리는 곳인 비하라(毘訶羅)1)에 머무십니다.”

급고독장자가 또한 다시 물어 말하였다.

“나도 그 세존을 볼 수 있습니까?”

장자가 대답하여 말하였다.

“그대도 볼 수 있습니다. 그러나 이곳에서 만약 내일에 세존께서 오신다면 그대도 반드시 볼 것입니다.”

이때 급고독장자는 세존께 생각을 집중하자 곧 혼침(昏沈)에서 갑자기 놀라서 깨어났고 아직 몽롱하던 마음을 날이 밝았다고 생각을 지었고 선자재성문(善自在城門)으로 나아갔다. 그 나라의 상법은 야분의 초경(初更)에 성문을 닫지 않았는데 국외의 사자가 들어오면서 장애가 되지 않도록 보호하는 것이었다. 후야분에도 역시 성문은 열었는데, 국내의 사자에게 장애가 없도록 보호하는 것이었다. 급고독장자는 성문이 활짝 열려 있는 것을 보고서 밝은 곳으로 나갔다. 이미 성문을 나왔는데 밝은 빛은 곧 사라졌고 이때 하늘은 어두워져서 마음에 두려움이 생겨나서 온몸의 털이 곤두섰다.

‘나는 이곳에서 사람과 비인(非人)에게 손해를 당하는 것이 두렵구나!’

이렇게 생각을 짓고 곧 되돌아가려고 하였다. 이때 성문에 거주하는 천신이 광명을 비추었는데 성문 밖에서 한림에 이르는 그 중간이 모두 크게 밝아졌다. 그 천신이 다시 장자에게 알려 말하였다.

“그대가 앞으로 나아가면 큰 이익이 있으니 돌아갈 생각을 일으키지 말게. 왜 그러한가?”

게송으로 설하여 말하였다.

100필(匹)의 준마(駿馬)에

자마금(紫磨金) 백 근(斤)을

---

1) 산스크리트어 Vihára의 음사로서 중국에서는 비가라라고 번역하는데, 인도 불교의 사찰을 뜻하고, 출가한 사문들이 집단생활을 하는 곳으로 방사(房舍)를 가리킨다.

두 암소[牝]의 수레를 몰고
그 숫자가 모두 백이 있으며
여러 종류의 물건으로써 실은 것을
이용하여 보시를 행하여도

세존을 향한 그것의 공덕은
한 걸음을 내딛는 것보다 작으니
이와 같이 측량(校量)하여도
16분의 가운데에서 하나라네.

가령 100마리의 코끼리를
모두 금의 밧줄로써 치장하고
다시 묘한 보배 휘장을 덮은 것을
이용하여 보시를 행하여도

세존을 향한 그것의 공덕은
한 걸음을 내딛는 것보다 작으니
16분의 가운데에서 하나라네.

다시 100명의 미녀가 있고
채원(婇媛)[2] 중에서 가장 수승하고
목에는 묘한 진주와 영락을 걸쳤고
팔에는 여러 보배의 팔찌를 걸쳤으며

이와 같은 미인들을 보시를 행하여도
세존을 향한 그것의 공덕은

---

2) 채녀(婇女)들 가운데에서 뛰어난 여인을 가리킨다.

한 걸음을 내딛는 것보다 작으니
16분의 가운데에서 하나라네.

천신이 다시 알려 말하였다.
"그대가 앞으로 나아가면 큰 이익이 있으니 돌아갈 생각을 일으키지
말게. 왜 그러한가?"
이때 급고독장자가 천신에게 알려 말하였다.
"현수(賢首)여. 그대는 누구십니까?"
그 천신이 대답하여 말하였다.
"나는 옛날에 그대의 좋은 벗이었고 마두견(摩頭肩)이라고 이름하였네.
나는 사리불과 대목건련에게 매우 큰 신심으로 존중하였고 예배하였으며,
목숨을 마치고 뒤에 사천왕궁(四天王宮)에서 태어났고, 중생들을 보호하기
위하여 이 선자재성문에 머물고 있네. 그대가 옛날의 벗이었으므로 지금
일부러 알려서 돕는 것이네. 그대가 앞으로 나아간다면 큰 이익이 있을
것이니, 물러나고자 생각하지 말게."
이때 급고독장자는 마음에서 이렇게 생각을 지었다.
'세존께서는 이생(異生)들을 초월하고 벗어났으므로 다른 성인과는
같지 않고 그의 설법은 매우 존중될 것이리라. 이러한 까닭으로 여러
천인들이 세존을 본다면 환희심이 생겨나는 것이다.'
생각하고서 천신의 광명을 따라서 곧 한림으로 나아갔다. 이때 세존께서
는 급고독장자가 오는 것을 아셨던 까닭으로 곧 사찰의 문으로 나오시어
경행(經行)하셨다. 급고독장자는 세존의 처소에 이르렀고 거사의 법으로
서 세존께 침선(寢膳)[3]이 편안한가를 문신하였다. 이때 세존께서 게송으로
대답하여 말씀하셨다.

일체의 번뇌를 벗어나서

---

3) '잠자고 음식을 먹는다.'는 뜻으로 일상의 기거를 가리킨다.

마음이 여러 욕망에 물들지 않는다면
무루(無漏)의 해탈을 얻어서
항상 안락한 휴식(眠)을 얻으리라.

일체 결박을 끊고서
마음의 불타는 번뇌를 쉬었으며
적정한 마음을 얻은 자라면
나아가 안락한 휴식이 있으리라.

이때 세존께서는 이러한 게송을 설하시고서 급고독장자와 함께 정사(精舍)로 돌아오시어 자리를 펴고 앉으셨다. 급고독장자도 세존의 발에 정례하고 한쪽에 물러나서 앉았다. 이때 세존께서는 급고독장자를 위하여 묘법을 연설하시어 보여주셨고 가르치셨으며 이익되고 기쁘게 하시었다. 세존의 상법에서는 마땅히 이를테면, 먼저 보시의 공덕과 지계의 공덕은 천인의 과보를 받는 공덕이고, 여러 욕망과 과실(過失)은 번뇌를 받는 일이어서 즐겁지 않은 것이며, 출가하고 청정하게 관찰하는 것은 수승한 공덕인 것을 찬탄하시고서, 종법(宗法)을 널리 연설하시는 것이다.

세존께서는 급고독장자의 마음에서 용약(踊躍)하는 환희가 생겨나서 마음에서 장애가 없어졌고 수승한 법을 받고서 능히 요달한 것을 아셨다. 이때 세존께서 수승한 법을 설하셨는데 이를테면, 고·집·멸·도의 이러한 사제법을 자세하고 널리 연설하셨으므로 오히려 때가 없는 깨끗한 옷에 물감을 장차 물들이면 색깔이 선명하고 좋게 받아들이는 것과 같이 급고독장자도 역시 이와 같아서 본래의 자리를 떠나지 않고 사성제를 증득하였는데 이를테면, 고·집·멸·도이었다.

급고독장자는 법을 보고서 법을 증득하였으며, 법을 명료하게 알고서 법에 깊이 들어갔으며, 여러 의혹을 끊었고, 다른 가르침을 받지 않았으며, 스스로가 능히 알아서 다른 것에 이끌리지 않았고, 스승의 가르침 가운데에서 마음에 두려움이 없었다. 이때 급고독장자는 자리에서 일어나 한쪽

어깨를 드러내고서 곧 세존의 앞에서 합장하고 공경스럽게 세존께 아뢰어 말하였다.

"나는 이미 법에 들어갔으니, 일심(一心)으로 세존과 법과 필추승가께 귀의하였으니, 오직 원하옵건대 세존께서는 나에게 오파색가의 계율을 주십시오. 지금부터 목숨을 마치도록 영원히 살생하는 일을 끊고 마음에서 청정하게 귀의하겠습니다."

이때 세존께서 급고독장자에게 알려 말씀하셨다.

"그대의 이름이 무엇이오?"

장자가 아뢰어 말하였다.

"나는 소달다(蘇達多)라고 이름합니다. 내가 고독한 사람들에게 물자를 도와주었고 이러한 까닭으로 여러 사람들은 급고독(給孤獨)이라고 부릅니다."

세존께서 장자에게 알려 말씀하셨다.

"그대는 어느 곳의 사람이오?"

장자가 대답하여 말하였다.

"이곳에서 북방에 있는 교살라국(嬌薩羅國) 실라벌성(室羅筏城)의 바깥에 한 성읍이 있고 나는 그곳에 머무릅니다. 오직 원하옵건대 세존께서는 나의 청을 받아들여서 실라벌성으로 나아가시어 나의 공양을 받아주시고, 나아가 목숨을 마치도록 필추승가에게 사사공양(四事供養)을 하게 하십시오."

세존께서 장자에게 알려 말씀하셨다.

"실라벌성의 가운데에는 사찰이 있소?"

장자가 대답하여 말하였다.

"그 성에는 사찰이 없습니다."

세존께서 알려 말씀하셨다.

"그곳에 만약 사찰이 있다면 승가가 마땅히 와서 머물 것이오. 그곳에 사찰이 없다면 짓도록 하시오."

장자가 대답하여 말하였다.

"오직 원하옵건대 세존께서는 나의 청을 받아들여서 실라벌성으로 향하십시오. 내가 마땅히 사찰을 지어서 필추들이 왕래하면서 편안히 머물러 지식(止息)⁴⁾하고 사유(思惟)하도록 하겠습니다."

세존께서는 묵연히 청을 받아들이셨다. 이때 장자는 세존께서 허락하신 것을 알고 곧 자리에서 일어나 세존의 두 발에 정례하고 본래의 처소로 되돌아갔다. 그때 장자는 왕사성 안에서 일을 이미 끝마쳤으므로 세존의 처소로 돌아와서 세존의 발에 정례하고 곧 한쪽에 앉아서 세존께 아뢰어 말하였다.

"오직 원하옵건대 세존께서는 한 필추를 나와 함께 반려를 되게 하시고 실라벌성으로 가서 주처(住處)를 짓게 하시어 세존과 필추들이 편안하게 머물게 하십시오."

세존께서는 곧 이렇게 생각을 지으셨다.

'필추들 가운데에서 누가 능히 실라벌성 사람들과 장자의 권속들을 조복할 수 있겠는가?'

세존께서는 사리불이 능히 그들을 감당할 것을 아셨다. 세존께서는 생각을 마치시고 구수 사리불에게 알려 말씀하셨다.

"그대는 마땅히 급고독장자의 권속들과 실라벌성 사람들을 관찰하고, 마땅히 가서 그들을 교화하며, 비하라(毘訶羅)를 짓도록 하게."

사리불은 묵연히 세존의 가르침을 받고서 세존의 발에 정례하고서 장자와 동행하였다. 이때 구수 사리자는 야분(夜分)이 지나고 이른 아침에 이르자 옷과 발우를 집지(執持)하고 왕사성에 들어가서 차례대로 걸식하였고 본래의 처소로 돌아와서 음식을 먹고서 옷과 발우와 와구를 거두어 한쪽에 접어두고 다른 필추들에게 부탁하고서 점차 실라벌성의 밖에 이르렀다.

이때 급고독장자는 도로의 양식을 준비하여 점차 실라벌성 밖에 이르러 여러 동산을 돌아다니면서, '숲과 샘물이 있고 형세가 애락하여 사찰을

---

4) 수식관(數息觀)을 가리킨다.

지을 수 있으며, 실라벌성에서 멀지도 가깝지도 않고, 적정하여 잡스러운 소리가 없으며, 역시 큰 바람이 없고 다시 너무 덥지 않으며, 역시 모기·뱀·전갈 등이 없는 이러한 수승한 땅이 있다면 내가 세존을 위하여 사찰을 짓겠다.'고 하였다. 급고독장자는 유행하면서 서다(誓多) 태자의 동산에 이르렀는데 그 동산은 성에서 멀지도 가깝지도 않았고, 낮과 밤에 적정하였으며, 나아가 여러 독충도 없어 사찰을 지을 수 있었다. 이 동산을 보고 실라벌성으로 들어갔으나 본래의 거처로 돌아가지 않고, 곧장 태자의 서다궁(誓多宮)으로 가서 태자에게 알려 말하였다.

"그 동산을 저에게 주십시오. 마땅히 세존을 위해서 사찰을 짓고자 합니다."

태자가 알려 말하였다.

"그것은 동산(園)이 아니라 수목원(苑林)이오."

장자가 다시 알려 말하였다.

"동산이거나 수목원이거나 묻지 않겠으니 저에게 주십시오."

이와 같이 세 번을 청하였고 태자는 알려 말하였다.

"이 동산을 버리는 것은 나에게 진실로 부당하오. 설령 금으로 깔아서 얻고자 하여도 나는 결국 주지 않겠소."

장자가 다시 알려 말하였다.

"당신은 이미 값을 결정하였으니 값을 받으십시오. 그 원림을 내가 취하겠습니다."

태자가 알려 말하였다.

"누가 그 값을 정하였소?"

장자가 알려 말하였다.

"당신이 스스로 값을 정하였습니다."

인연으로 곧 다투었고 결정되지 않았으므로 함께 재판관(斷事人)에게 나아갔다. 이때 사천왕은 이러한 일이 있는 것을 듣고 곧 이렇게 생각을 지었다.

'지금 급고독장자가 세존을 위하여 사찰을 짓고자 하므로 내가 마땅히

도와야겠구나.’

이렇게 생각을 짓고서 마침내 곧 재판관으로 변화하여 재판관의 자리에 앉아 있었다. 이때 서다 태자와 급고독장자가 함께 그곳에 이르렀고 급고독장자와 서다 태자는 각자 인연을 갖추어 알렸고 재판관은 의논하여 말하였다.

“태자께서는 당신 스스로가 값을 전하였으니, 동산은 장자에게 귀속되었습니다. 태자께서는 금을 취하십시오.”

태자는 이미 재판이 끝났으므로 묵연히 떠나갔다. 이때 급고독장자는 집에 돌아와 여러 종복(從僕)들에게 코끼리·소·노새의 수레에 궤짝을 실었고 그 금을 운반하였으며 서다림에 이르렀고 그 땅에 깔기 시작하였는데 부족함이 있어 깔지 못한 곳이 있었다. 이때 장자는 마음에서 스스로가 사유하였다.

‘만약 큰 금고를 연다면 너무 많을 것이고, 작은 금고를 연다면 다시 부족한 것이 두렵구나.’

다시 이렇게 생각을 지었다.

‘여러 금고 가운데에서 어느 것이 많지도 않고 적지도 않게 충족하겠는가?’

이때 태자는 묵연히 머물러서 사유하고 있는 장자를 보고 곧바로 관념이 생겨났다.

‘급고독장자의 마음에서 마땅히 물러남이 생겨났을 것이다. 하나의 동산을 위하여 어찌 능히 이렇게 많은 금을 낭비하겠는가!’

이렇게 생각을 짓고서 장자에게 알려 말하였다.

“그대의 마음은 마땅히 물러났구려. 마땅히 금을 거두어 취하고 그 동산을 나에게 돌려주시오.”

장자가 알려 말하였다.

“태자시여. 나의 마음은 물러나지 않습니다. 그러나 마음속으로 어느 금고를 열어야 많지도 않고 적지도 않게 충족할 수 있는가를 헤아리고 있습니다.”

태자는 이러한 말을 듣고서 곧 이렇게 생각을 지었다.

'세존의 위덕은 불가사의하고, 그의 법도 역시 불가사의하다. 이러한 까닭으로 장자는 능히 무량한 금과 보배를 쌓으면서 베푸는구나!'

이렇게 생각을 짓고서 장자에게 알려 말하였다.

"그 땅에 금을 아직 깔지 않았으니 마땅히 거두어서 가져가시오. 내가 세존을 위하여 사찰의 문을 짓겠소."

장자가 알려 말하였다.

"뜻을 따라서 세존을 위하여 사찰의 문을 지으십시오."

이때 급고독장자는 세존을 위하여 처음으로 사찰을 짓고자 하였는데, 여러 외도들이 극심한 원한이 생겨나서 마음에 열뇌(熱惱)를 품고 함께 한곳에 모였으며, 장자의 처소에 왔으며 곧 이렇게 말을 지었다.

"장자여. 그대는 마땅히 교답마 사문을 위하여 사찰(寺舍)을 지으면 아니되오. 왜 그러한가? 우리들이 먼저 경계를 나누었소. 그 왕사성에는 교답마가 거주할 수는 있으나, 이곳의 실라벌성은 우리들이 머무는 곳이오. 이러한 까닭으로 마땅히 사찰을 짓지 마시오."

장자가 알려 말하였다.

"그대들은 다만 스스로가 구경을 나눌 수는 있더라도 마땅히 나의 동산까지 나눌 수는 없소. 내가 공덕을 짓는 것은 모두 스스로 마음인 까닭이오."

여러 외도들은 장자가 뜻이 견고하여 굽히지 않을 것을 알고서 곧 왕의 처소로 나아가서 앞에서의 일을 갖추어 자세히 말하였다. 급고독장자도 함께 대응하였으므로 이기지 못하였고, 그 외도들은 마음에 분노가 생겨나서 얼굴에 악한 모습을 나타내며 곧 이렇게 말을 지었다.

"우리들은 결국 그대의 뜻을 따르지 않겠소. 그러나 교답마 사문의 상수제자(上首弟)가 우리와 함께 서로가 논의(論議)하고 만약 능히 우리를 이긴다면 뜻에 따라서 사찰을 지으시오."

장자가 알려 말하였다.

"알겠소. 내가 잠시 사리자에게 묻고 만약 허락한다면, 곧 와서 그대들에게 알리겠소.”

장자는 곧 존자 사리자의 처소로 가서 두 발에 정례하고 한쪽에 물러나서 앉았으며 알려 말하였다.

“대덕이여. 여러 외도들이 모두 이와 같이 말하였습니다. ‘그대가 사찰을 짓고자 한다면 우리들이 그대를 제지하겠다.’ 또한 말하였습니다. ‘교답마 사문의 상수제자가 지금 이곳에 있으니, 우리들과 논의하여 만약 우리들을 이긴다면 그대들이 사찰을 짓는 일을 허락하겠다.’ 존자께서 살피지 않으셨는데 무엇을 마땅히 계획하시겠습니까?”

사리자는 이러한 말을 듣고서 곧바로 그 외도의 무리와 실라벌성의 백성들이 작은 선근이라도 있는가를 관찰하였다. 이미 관찰하여 선근이 있는 것을 알았고 또한 다시 관찰하여 누가 선근이 있어 조복을 감당할 수 있는가를 관찰하였는데, 스스로의 마음을 관찰하여 자신이 능히 조복될 수 있음을 보았다. 또한 다시 어느 때에 와서 집회(集會)하는가를 관찰하였고, 근기(根器)를 관찰하여 7일 뒤에 집회가 가능한 것을 보았다. 관찰을 짓고서 장자에게 알려 말하였다.

“그대의 뜻을 따르겠소. 7일 뒤에 내가 마땅히 논의를 짓겠소.”

급고독장자는 환희하고 용약하며 사리자의 발에 정례하고서 외도의 처소로 가서 이렇게 말을 지었다.

“성자 사리불이 이와 같이 말하였소. ‘곧 7일 뒤에 마땅히 논의하겠소.’”

그 외도들은 이러한 말을 듣고 서로에게 의논하여 말하였다.

“두 종류의 인연이 있을 것이오. 무엇이 두 가지인가? 첫째는 사리자가 틀림없이 마땅하게 도주하는 것이고, 둘째는 마땅히 반려를 찾는 것이오. 이것의 인연으로서 7일 뒤로 연기하였을 것이오.”

외도들은 다시 서로에게 의논하여 말하였다.

“우리들도 역시 마땅히 종지의 지우(知友)를 찾아야 하오.”

그들은 모두 흩어져서 본래의 종지에 통달한 사람들을 방문하였고, 나아가 한 범지(梵志)를 보았는데, 적안(赤眼)이라고 이름하였고 환술(幻化)에 능한 자였다. 이미 보고서 곧바로 알려 말하였다.

"그대는 우리와 함께 같은 도를 수행합니다. 우리들은 지금 교담마라고 부르는 사문의 상수제자와 함께 논의할 것이오. 그들은 지금 이미 반려를 구하였으니 그대는 함께 우리를 도와주십시오."

그 범지가 물어 말하였다.

"어느 때에 마땅히 논의할 것이오?"

알려 말하였다.

"7일 뒤에 합니다."

범지가 대답하여 말하였다.

"알겠소. 만약 집회의 때라면 그대가 마땅히 나에게 알리시오."

여러 외도들이 공포와 번뇌 속에서 매일 각자 다시 반려를 구하면서 기한은 장차 7일에 이르렀다. 급고독장자는 광대하고 넓은 땅에 구수 사리불을 위하여 승묘하고 높은 사자좌(師子座)를 설치하였고, 역시 외도를 위하여 하나의 자리를 설치하였다. 여러 나라의 외도들이 그곳에 모두 모였고, 나아가 실라벌성의 백천 만억 일체의 백성들도 역시 그곳으로 모였는데, 그 가운데는 혹은 그 논의를 보고자 온 자도 있었고, 그 가운데는 역시 선근이 성숙한 자도 있었는데 함께 와서 집회에 모였다.

그때 구수 사리불은 급고독장자와 여러 권속들에게 앞뒤로 둘러싸여서 와서 집회에 나아갔으며 대중에서 누가 능히 조복(調伏)을 감당할 수 있는가를 두루 관찰하였다. 곧바로 미소를 짓고 위의를 정숙하게 하고서 논의할 자리를 찾아서 올라갔는데 일체의 대중들은 한마음으로 합장하고 사리불을 우러러보았다. 이때 사리불은 곧 여러 외도들에게 알렸다.

"내가 먼저 종지를 세우면 그대들이 깨트리고, 그대들이 종지를 세우면 내가 깨트리겠소."

외도가 대답하여 말하였다.

"내가 먼저 종지를 세우겠소."

사리불은 이와 같이 생각을 지었다.

'만약 내가 먼저 종지를 세운다면 불·세존을 제외하고는 사람들은 역시 능히 깨트리기 어려울 것이다. 하물며 적안외도는 말할 필요가

있겠는가?'

곧 이렇게 생각을 짓고 외도에게 알려 말하였다.

"그대는 마음대로 종지를 세우시오. 내가 마땅히 따라서 깨트리겠소."

그 적안외도는 방술(方術)을 잘 이해하였다. 곧바로 커다란 암몰라수(菴沒羅樹)로 변화시켜서 꽃을 피우고 열매를 맺었으므로 구수 사리불은 큰 비바람을 일으켜서 나무를 꺾고 뿌리를 뽑아서 잠깐사이에 나무를 없애 버렸다. 이때 방술을 이해하는 자들도 능히 보지 못하였다. 외도는 또한 한 연꽃과 연못으로 변화를 지었으므로 구수 사리불은 코끼리로 변화하였고 연못을 밟고 꽃을 꺾고서 곧 평지로 회복하였다. 외도는 머리가 일곱인 용으로 변화를 일으켰으므로 사리불은 큰 금시조로 변화하였고 공중으로부터 내려와서 용을 잡아먹고 떠나갔다. 외도는 기시귀(起屍鬼)[5]로 변화하여 앞의 사리불을 해치고자 하였으나 사리불이 그 주문(呪呪)으로써 귀신에게 명령하자 곧 도리어 외도를 해치고자 하였다. 외도는 두려워하면서 곧 자리에서 내려와 오체투지(五體投地)하여 사리불에게 예배하고 이와 같이 말을 지었다.

"바라건대 저의 목숨을 구해 주십시오. 바라건대 저의 목숨을 구해 주십시오."

이때 사리불이 주력(呪力)을 거두니 그 귀신들이 곧 사라졌다. 적안외도를 위하여 설법하였고 곧 신심이 생겨나서 자리에서 일어나 두 발에 정례하고 아뢰어 말하였다.

"원하건대 내가 선한 법과 율의 가운데에 출가하여 구족계를 받고 필추성을 이루는 것을 허락하십시오. 저는 제자가 되어 범행을 닦는 것을 구하겠습니다."

이와 같이 말을 지었다. 이때 사리불은 곧 머리카락을 깎게 하였고, 구족계를 받게 하였으며, 정근하고 수습하여 오래지 않아서 무학과(無學果)를 증득하였고, 삼명(三明)과 육통(六通)과 팔해탈(八解脫)을 구족하였으

---

5) 비타라(毘陀羅)는 산스크리트어 vetāla의 음사로서 귀(鬼)·기시귀(起屍鬼)라 번역한다. 시체를 일으켜 원한이 있는 사람을 죽이게 한다는 귀신이다.

248

며, 여실지(如實知)를 얻었고, 나의 생을 이미 마쳤으며, 범행은 이미 섰고, 지을 것을 이미 끝내서 후유(後有)를 받지 않았고, 마음의 장애가 없어서 허공을 손으로 휘젓는 것과 같았으며, 칼로 도향(塗香)을 자르듯이 사랑과 미움이 일어나지 않았고, 금을 보아도 흙을 보는 것과 다르지 않았으며, 여러 명예와 이익을 버리지 않는 것이 없었으므로, 제석과 범천의 여러 천인들이 모두 공양하였다.

이때 대중들은 이것을 보고 놀라고 괴이하여 각각이 찬탄하고 우러러보면서 사리자의 처소에서 모두 신심을 일으켜서 이와 같이 말을 지었다.

"성자인 사리자가 대논의사(大論議師)를 깨트리고 외도를 조복하였으므로 대중들이 일심으로 합장하고 사리자를 우러러보는구나."

이때 구수 사리자는 그 대중들의 의요(意樂)[6]인 번뇌를 알고서 육계(六界)[7]의 자성(自性)을 명료하게 알고서 설법하였는데 이것은 사제(四諦)를 증득하는 것이었다. 그 대중들은 듣고서 무량한 백천 명의 중생들이 큰 수승함을 얻었다. 성문의 마음을 일으킨 자도 있었고, 벽지불(辟支佛)의 마음을 일으킨 자도 있었으며, 아뇩다라삼먁삼보리심을 일으킨 자도 있었고, 삼귀의(三歸依)의 마음을 일으켜 5계(戒)를 받았으며, 수다원과(須陀洹果)를 증득한 자도 있었고, 아나함(阿那含)을 증득한 자도 있었으며, 출가하여 일체의 번뇌를 끊고 아라한과를 증득한 자도 있었다.

이때 대중들은 불·법·승을 깊이 공경하는 마음이 생겨났다. 이때 사리자는 이러한 법을 설하고서 곧 본래의 처소로 돌아갔고 급고독장자와 권속들과 일체 백성들은 모두 환희하며 예배하고 떠나갔다. 이때에 여러 외도들은 마음에 번뇌와 분한이 생겨나서 각자 서로에게 의논하며 말하였다.

"우리들은 능히 그 사리자를 깨트리지 못하였으니 우리들은 반드시 방편을 지어 그 사리자를 죽여야 하오. 먼저 반드시 이 사찰에서 들어가서

---

6) 어떤 목적을 향하여 나아가려는 취지(趣旨)를 뜻한다.
7) 계(界, 산스크리트어 dhātu)는 요소를 뜻한다. 모든 현상을 구성하고 있는 여섯 가지 요소로서 지계(地界)·수계(水界)·화계(火界)·풍계(風界)·공계(空界)·식계(識界) 등이 있다.

품팔이를 하면서 여러 틈새를 엿보아야 하고 곧 그곳에서 반드시 목숨을 끊어야 하오.”

이때 여러 외도들은 급고독장자에게 나아가서 말하였다.

“그대는 지금 우리들의 수승한 이양(利養)을 빼앗았습니다. 우리들은 이전부터 오랫동안 이곳에 살았으므로 차마 이 나라를 버리고 떠날 수 없습니다. 오직 원하건대 자비로서 사찰 안에서 우리들이 품팔이를 하게 허락하십시오.”

장자가 알려 말하였다.

“기다리십시오. 내가 사리불께 아뢰겠습니다.”

곧바로 구수 사리불의 처소로 나아갔고 이르러 존자께 아뢰어 말하였다.

“성자여, 지금 외도들이 이와 같이 말을 지었습니다. ‘그대가 우리들의 여러 이양을 끊었으므로 오직 자비를 베풀어서 우리들이 사찰 안에서 품팔이를 하게 허락해 주시오. 우리는 이곳에 오랫동안 살았던 까닭으로 능히 이 나라를 버리고 떠날 수가 없습니다.’”

사리자는 이러한 말을 듣고 곧바로 그 외도들에게 선근이 있는가를 관찰하였다. 이미 관찰을 마치고서 선근이 있는 것을 알았고, 다시 그들을 누가 조복시킬 수 있는가를 관찰하였으며, 자기가 능히 조복시킬 수 있음을 관찰하였으며, 장자에게 알려 말하였다.

“알겠습니다. 결국 서로가 어긋나지 않을 것입니다.”

그 외도들은 곧 사찰 안에서 품팔이를 시작하였다. 이때 사리자는 두 집장(執杖)으로 변화시켜 지었고 여러 일꾼들을 맡게 시켰는데, 그 성품이 매우 난폭하여 마침내 그 외도들을 쫓아냈다. 사리자는 그들을 조복할 때에 이른 것을 알았고 멀지 않은 곳의 나무숲 아래에서 경행(經行)하였다. 그 외도들은 경행하는 것을 보고, 곧 이렇게 생각을 지었다.

‘지금까지 기회를 엿보았는데, 지금이 올바른 때이구나!’

여러 사람들이 한꺼번에 와서 둘러쌌다. 사리자는 보고서 관찰하려는 마음을 일으켰다.

‘그 외도들이 무슨 뜻을 짓고서 나의 처소에 왔는가?’

나아가 그들이 나를 해치기 위하여 일부러 한꺼번에 왔다. 이때 변화된 집장들이 곧 달려와서 몽둥이로 두들기면서 곧바로 알려 말하였다.

"너희는 마땅히 가서 일하도록 하라."

그들은 곧 같은 소리로 알려 말하였다.

"사리자여. 원하건대 우리를 구해주십시오."

사리불은 집장에게 말하였다.

"그대들은 잠시 가서 그들을 쉬게 하시오."

그 외도들은 이렇게 생각을 지으면서 함께 서로에게 알려 말하였다.

"이 사리자는 대위덕이 있습니다. 우리들은 모두 해칠 마음을 일으켰는데, 이곳에서 우리들에게 자비심을 일으켰습니다."

이렇게 말하였고 곧 신심이 생겨났다. 사리자는 그들이 의요(意樂)와 수면계(隨眠界)에서 행(行)하는 자성(自性)을 관찰하여 보고서 그들의 근기(根器)를 따라서 사성제법을 설하였다. 법을 들었던 까닭으로 그들은 모두 금강지저(金剛智杵)로서 20살가야견(薩迦耶見)를 꺾어서 부수고 예류과(預流果)를 증득하였다. 그들은 진실한 진리를 보고 모두 사리자에게 아뢰어 말하였다.

"대덕이시여. 오직 원하건대 우리들이 선교(善敎)하는 법의 가운데에 조복되어 출가하여 구족계를 받고 필추성을 이루게 허락하십시오. 우리들은 사리자의 처소에서 범행을 닦겠습니다."

이때 사리자는 그 외도들을 제도하여 구족계를 주었고 마땅히 지을 일을 가르쳤다. 그들은 정근하고 수습하여 이 다섯 종류의 생사가 윤회(輪轉)하고 동요되는 것을 보았고, 일체의 행취(行趣)는 꺾어지고 없어지며 파괴되고 흩어지는 성질인 것을 보아서 이미 명료하게 알았고, 여러 번뇌를 끊어 아라한과와 삼명·육통·팔해탈을 증득하였고, 여실지를 얻었으며, 나의 생을 이미 마쳤고, 범행은 이미 섰으며, 지을 것을 이미 끝내서 후유를 받지 않았고, 마음의 장애가 없어서 허공을 손으로 휘젓는 것과 같았으며, 칼로 도향(塗香)을 자르듯이 사랑과 미움이 일어나지 않았고, 금을 보아도 흙을 보는 것과 다르지 않았으며, 여러 명예와 이익을 버리지 않는 것이 없었으므로, 제석과 범천의 여러 천인들이 모두 공양하였다. 그때 구수 사리자는 급고독장자와 함께 손으로써 노끈을 잡고 사찰을 세울 땅을 측량하고 있었는데, 곧바로 미소를 지었다. 급고독장자는 미소를 짓는 것을 보고 아뢰어 말하였다.

"성자 사리자여. 세존과 여러 제자들은 인연이 없으면 웃지 않는데, 지금 미소를 지은 것은 무슨 인연이 있습니까?"

사리자가 대답하여 말하였다.

"그렇습니다. 그렇습니다. 장자여. 세존과 여러 제자들은 인연이 없으면 웃지 않습니다. 지금 미소를 짓는 것은 장자와 노끈을 잡고 땅을 측량하는 때에 그 정거천에서는 순금의 궁전이 이미 완성되었기 때문입니다. 이러한 인연으로서 내가 지금 미소를 짓는 것입니다."

장자는 듣고 곧 크게 환희하여 사리불에게 알렸다.

"진실로 이와 같다면, 다시 노끈으로 크기를 넓히고서 큰 사찰을 세우겠습니다."

곧 크게 발원을 일으켰고 이때 사리불은 장자가 뜻으로 그 노끈을 넓힌 것을 따랐다. 이때 장자는 다시 그 사찰을 넓고 크게 짓겠다고 발원하였고, 이때 정거천의 사보궁전(四寶宮殿)은 이미 완성되었다. 사리불은 보고 환희하여 다시 장자에게 알렸다.

"그 정거천은 그대의 넓히려는 발원을 까닭으로 과거의 궁전이 사보(四寶)로 이루어졌으나 이러한 말을 듣고서 두 배로 엄숙히 장식하였고, 다시 16곳의 사찰을 지었으며, 그 사찰의 바깥에 64원(院)을 지었는데 모두 중각(重閣)으로 지었고, 이미 짓고서 이 사찰에 필요한 가구(家具)들을 모두 갖추어 공양하였습니다."

그때 급고독장자는 구수 사리불의 처소로 갔으며, 이르러 예경하고 한쪽에 서서 물어 말하였다.

"성자여. 세존께서 출유(出遊)하시면 하루에 얼마나 가십니까?"

사리자가 말하였다.

"전륜왕이 다니는 법과 같습니다."

또한 물어 말하였다.

“전륜왕은 하루에 얼마나 갑니까?”

알려 말하였다.

“전륜왕은 하루에 2유선나(踰繕那) 절반을 갑니다.”

이때 급고독장자는 실라벌성으로부터 그 중간인 2역(驛)의 절반을 계량하여 사사공양을 준비하였다. 이때 비시식(非時食)으로 모두 충족하였고, 길상문(吉祥門)을 세우고 한 수령(首領)을 두어서 이 사무(事務)를 총괄하게 하였다. 깃발·일산과 보당(寶幢)으로써 엄숙히 꾸몄고, 전단향수를 땅에 뿌렸으며, 뛰어난 꽃들을 펼쳐놓고, 거리에는 여러 보배 향로를 놓아두었다. 이렇게 일을 짓고서 사자에게 알려 말하였다.

“그대는 지금 세존의 처소로 나아가서 두 발에 정례하고 마땅히 나의 말을 받들어 자세히 물으시오. ‘기거는 가벼우시고 병이 적으시며 번뇌가 적고 행은 안락하십니까? 오직 원하옵건대 세존께서는 필추들과 실라벌성으로 향하신다면, 저는 목숨을 마치도록 사사공양으로서 부족함이 없게 하겠습니다.’”

사자는 가르침을 받고 곧 왕사성으로 갔으며 세존의 처소에 나아가서 세존의 두 발에 정례하고 한쪽에 서서 세존께 아뢰어 말하였다.

“그 급고독장자는 세존의 두 발에 정례하고 세존께 아뢰게 하였습니다. ‘기거는 가벼우시고 병이 적으시며 번뇌가 적고 행은 안락하십니까? 오직 원하옵건대 세존께서는 필추들과 실라벌성으로 향하신다면, 저는 목숨을 마치도록 사사공양으로서 부족함이 없게 하겠습니다.’”

세존께서 알려 말씀하셨다.

“급고독장자와 그대의 몸이 원하건대 항상 안락하시오.”

사자는 세존께 아뢰었고, 다시 세존께 아뢰어 말하였다.

“급고독장자께서 이렇게 말씀하셨습니다. ‘오직 원하옵건대 세존께서는 필추들과 실라벌성으로 향하신다면, 저는 목숨을 마치도록 사사공양으로서 부족함이 없게 하겠습니다.’”

세존께서는 이때 묵연히 받아들이셨다. 사자는 세존께서 묵연히 받아들이신 것을 보고 예경하고 떠나갔다. 이때 세존께서는 스스로 조복(調伏)하신 까닭으로 조복에 위요(圍遶)되셨고, 스스로 적정(寂靜)하신 까닭으로 적정에 위요되셨으며, 스스로 해탈하신 까닭으로 해탈에 위요되셨고, 스스로 안은(安隱)하신 까닭으로 안은에 위요되셨으며, 스스로 선순(善順)하신 까닭으로 선순에 위요되셨고, 스스로 응공(應供)인 까닭으로 응공에 위요되셨으며, 스스로 이욕(離欲)인 까닭으로 이욕에 위요되셨고, 스스로 단엄(端嚴)한 까닭으로 단엄에 위요되셨다.

오히려 소 떼들에게 둘러싸인 우왕과 같았고, 코끼리 떼에게 둘러싸인 코끼리왕과 같았으며, 사자 떼에게 둘러싸인 사자왕과 같았고, 거위 떼에게 둘러싸인 거위 왕과 같았으며, 여러 새들에게 둘러싸인 묘한 금시조왕과 같았고, 학도(學徒)들에게 둘러싸인 바라문 학사와 같았고, 병자들에게 둘러싸인 큰 의사와 같았으며, 용사들에게 둘러싸인 대장군 같았고, 여행자들에게 둘러싸인 대도사(大導師)와 같았으며, 상객들에게 둘러싸인 상주(商主)와 같았고, 여러 장자들에게 둘러싸인 대장자와 같았으며, 신하들에게 둘러싸인 국왕 같았고, 일천의 자식들에게 둘러싸인 전륜왕 같았다.

오히려 별들에게 에워싸인 밝은 달과 같았고, 오히려 온갖 빛에 에워싸인 태양과 같았으며, 오히려 건달바(乾闥婆)에게 둘러싸인 지국천왕(持國天王)과 같았고, 오히려 구반다(鳩槃茶)에게 둘러싸인 증장천왕(增長天王)과 같았으며, 오히려 용들에게 둘러싸인 추목천왕(醜目天王)과 같았고, 오히려 약차(藥叉)들에게 둘러싸인 다문천왕(多聞天王)과 같았으며, 오히려 아수라(阿蘇羅)에게 둘러싸인 정묘왕(淨妙王)과 같았고, 삼십삼천(三十三天)에게 둘러싸인 제석천왕과 같았으며, 범천들에게 둘러싸인 범천왕과 같았다.

오히려 대해(大海)와 같이 담연(湛然)하고 안정(安靜)하였으며, 오히려 큰 구름처럼 애체(靉靆)[8]하였으며, 오히려 코끼리왕처럼 거친 호흡이 없었고, 여러 근(根)을 조복받아서 위의가 적정(寂靜)하였다. 32상(相)으로

8) 안개나 구름 따위가 짙게 끼어서 자욱하다는 뜻이다.

장엄되었고 80종호(種好)로서 스스로가 몸을 장엄하셨으며, 원광(圓光)은 1심(尋)으로 일천의 해보다 밝았으며, 편안하고 조용한 걸음걸이는 보배산이 움직이는 것과 같았고, 십력(十力)과 사무외(四無畏)와 대비(大悲)와 삼념주(三念住)에 머무르며 무량한 공덕은 모두 원만하셨다.

여러 대성문들과 무량한 백천 만억 사람들에게 앞뒤로 둘러싸이시어 실라벌성으로 나아가셨다. 성문 밖에 이르러 성문에 들어가고자 겨우 한 걸음을 들어 문턱에 올려놓았는데 곧바로 대지가 여섯 종류로 진동하였다. 움직임은 매우 움직였고, 흔들림은 매우 흔들렸으며, 진동은 매우 진동하였다. 동쪽이 솟으면 서쪽이 가라앉았고, 서쪽이 솟으면 동쪽이 가라앉았으며, 남쪽이 솟으면 북쪽이 가라앉았고, 북쪽이 솟으면 남쪽이 가라앉았으며, 중앙이 솟으면 주변이 가라앉았고, 주변이 솟으면 중앙이 가라앉았다.

세계의 한 가운데에서 큰 광명이 솟아나서 철위산(鐵圍山)의 지옥까지 모두 환하게 비추었고, 하늘에서는 북이 저절로 울렸으며, 여러 종류의 묘한 꽃들이 어지럽게 흩날렸고, 여러 종류의 묘한 비처럼 쏟아졌으며, 묘한 천의(天衣)들이 비처럼 쏟아졌고, 일체의 온갖 좁은 길은 저절로 넓어졌으며, 움푹 들어간 땅은 저절로 평탄해졌고, 성안에 있는 코끼리와 말 등 온갖 방생(傍生)들은 모두 소리를 질렀으며, 소유한 가구들도 한꺼번에 스스로 소리가 났다.

장님은 능히 보았고, 귀머거리는 능히 들었으며, 벙어리는 말을 하였고, 앉은뱅이는 능히 걷는 등의 근이 불완전한 자들은 모두 구족되었다. 술에 취한 사람은 스스로 깨어났고, 독약을 만난 자는 스스로 해독되었으며, 원수가 맺힌 사람은 풀어졌고, 임신한 부인은 고통이 없이 스스로 분만하였고, 옥에 갇힌 죄수들은 스스로 풀려났으며, 가난하였던 사람들은 여러 재산과 보배를 스스로 충족되었다.

이때 세존과 대중들은 이미 성안에 들어가서 이러한 희기(希奇)한 여러 종류의 기이한 일을 보았다. 이때 세존께서는 실라벌성의 안에서 여러 필추들과 함께 사찰에 이르러 자리를 펴고 앉으셨다. 이때 급고독장자는 여러 권속들이 앞뒤로 둘러싸여 세존의 처소로 함께 나아갔다. 금병에 물을 가득 담았고 세존께서 손을 씻게 하고자 하였으나 물이 나오지 않았으므로 장자는 우뇌하며 이렇게 생각을 지었다.

'내가 지금 숙세(宿世)에 죄와 장애가 있어 물이 나오지 못하게 하는구나.'

이때 세존께서는 장자가 염려하고 있는 마음을 아시고서 곧바로 알려 말씀하셨다.

"그대는 죄와 장애가 없소. 이 사지(寺地)는 그대가 옛날에 비하라를 지어 세존과 승가에게 보시한 곳이지만, 그대가 지금 물을 붓는 곳은 옛날에 보시하던 그곳이 아니오. 이것의 까닭으로 병의 물이 나오지 않는 것이오. 그대가 옛날 보시하던 사찰의 곳으로 옮겨야 물이 나올 것이오."

장자는 가르침을 받고 곧 옛날의 그곳에 섰으므로 그 물이 곧 나왔다. 세존께서 곧 다섯 종류의 묘한 음성으로 널리 찬탄하시고 축원하시고자 하는 때 서다(誓多) 태자는 마음에서 이렇게 생각을 지었다.

'오직 원하옵건대 세존께서는 제 이름을 먼저 말해주십시오.'

세존께서는 이미 아셨으므로 서다의 마음을 따라서 여러 필추들에게 알리셨다.

"이 서다림(誓多林)의 급고독원(給孤獨園)은 세존과 사방필추승가(四方苾芻僧伽)들에게 보시한 곳이다."

이때 서다 태자는 세존께서 먼저 자기의 이름을 부르는 것을 듣고 곧 큰 환희심과 큰 신심이 생겨나서 세존을 위하여 네 가지의 보물로 사찰의 문을 지었다. 이러한 인연으로 성자들이 소달라(蘇呾羅)를 결집하는 가운데에서 "세존께서 실라벌성의 서다림 급고독원에 머무르셨다."라고 설하는 것이다.

근본설일체유부비나야파승사 제9권

삼장법사 의정 한역
석보운 번역

이때 교살라국(憍薩羅國)의 승군대왕(勝軍大王)은 교답마 사문이 교살라국을 유행하면서 실라벌성에 이르러 서다림 기수급고독원에 머무는데, 그 세존인 교답마 사문이 "나는 아뇩다라삼먁삼보리를 얻었다."고 말하였다는 것을 들었다. 승군대왕은 이러한 말을 듣고 세존의 처소로 가서 세존의 앞에 서서 위문(慰問)하고서 한쪽에 앉아서 물었다.

"나는 세존께서 아뇩다라삼먁삼보리를 얻었다고 들었습니다. 사람이 있어 이와 같이 말을 지었습니다. '교답마께서 아뇩다라삼먁삼보리를 얻었다.' 그 사람이 세존을 비방한 것입니까? 능히 증득하였다고 거짓말을 하였습니까? 진실로 증득하였습니까? 정법을 위해서 말해주시고, 다시 수순하는 법을 위하여 말씀하여 주십시오. 만약 그 사람들이 '세존께서 아뇩다라삼먁삼보리를 얻었다.'고 이와 같이 말하였고, 만약 다시 공격이 있는데 깨트리기 어렵다면 어찌 치욕이 되지 않겠습니까?"

세존께서 알려 말씀하셨다.

"만약 내가 아뇩다라삼먁삼보리를 얻었다고 말하고 있더라도 이러한 말에서 증득한 것이 아니고, 내가 진실로 아뇩다라삼먁삼보리를 증득하였더라도 만약 증득하지 못하였다고 논쟁하고 비방하더라도 성립되지 못합니다. 왜 그러한가? 대왕이시여. 나는 아뇩다라삼먁삼보리를 증득하였습니다."

승군왕이 대답하여 말하였다.

"교답마께서는 '나는 진실로 아뇩다라삼먁삼보리를 증득하였습니다.' 라고 말씀하였지만, 나는 지금 믿지 않습니다. 무슨 까닭으로 그러한가? 교답마여. 이와 같은 기노(耆老)의 외도인 이를테면, 포랄나(哺剌拏)·말갈리(末羯利)·산서이(珊逝移)·각구타니(脚拘陀呢)·갈란타(揭爛陀) 등 육사(六師) 등도 오히려 아뇩다라삼먁삼보리를 증득하지 못하였다고 말하는데, 하물며 교답마 사문은 젊은 나이에 출가하였는데 어찌하여 아뇩다라삼먁삼보리를 증득하겠으며, 누가 그 말은 믿겠습니까?"

세존께서 대왕에게 알리셨다.

"네 종류의 작은(小) 것이 있는데 아울러 마땅히 업신여길 수 없습니다. 무엇이 네 종류인가? 첫째는 작은 찰제리이고, 둘째는 작은 독사이며, 셋째는 작은 불씨이고, 넷째는 나이 어린 출가자이니, 이것들은 가볍게 업신여길 수 없습니다. 왜 그러한가? 어린 나이의 출가한 자도 아라한을 대위덕을 증득하는 것입니다."

그때 세존께서는 곧 게송으로 설하여 말씀하셨다.

장부의 상호를 구족한 찰제리는
부모의 명성(名稱)도 모두 청정하며
소년을 보고 공경히 모시며 경만(輕慢)하지 않나니
지혜로운 자는 이와 같이 마땅히 업신여기지 않는다네.

대왕께서는 작은 것을 무시할 수
없다는 것을 마땅히 아시고
뒤에 만약 왕위를 잇는다면
반드시 능히 서로를 해치고
뒤에 원망과 질투를 품는 것이 두렵나니
이러한 까닭으로 마땅히 공경한다네.

목숨을 온전하게 보전하고

나아가 뒤에 이익되고자 한다면
마땅하게 반드시 그의 뜻에 따라서
받들어 공경하고 업신여기지 않는다네.

혹은 마을이거나 혹은 들판과 밭에서
만약 작은 독사를 보게 된다면
작은 뱀이라 업신여기지 않나니
지혜로운 자는 작은 번민을 품는다네.

그 뱀은 먹이를 까닭으로
이곳저곳에서 구하며 찾으면서
뒤에 만약 그 기회를 얻는다면
반드시 사람에게 손해를 시킨다네.

만약 목숨을 온전하게 보존하고
나아가 뒤에 이익되고자 한다면
마땅하게 반드시 그를 멀리하면서
이러한 까닭으로 마땅히 업신여기지 않는다네.

불씨가 작아도 능히 넓게 태우고
태우고 지나가면 모두 재가 되나니
그것이 작다고 마땅히 업신여기지 않고
지혜로운 자는 업신여김을 품지 않는다네.

작은 불씨가 비록 많지 않지만
짚단이 많으면 불은 스스로가 커지고
치성하면 일체를 손괴시키는데
성읍(城邑)과 촌방(村坊)이라네.

만약 목숨을 온전하게 보존하고
나아가 뒤에 이익되고자 한다면
마땅하게 반드시 그를 멀리하면서
이러한 까닭으로 마땅히 업신여기지 않는다네.

가령 그 치성한 불꽃이
성읍과 촌방을 태우면서
비록 일체의 싹을 태우더라도
시간이 지나면 도리어 다시 자라나지만

만약 계율을 갖춘 자를 업신여기면
도리어 스스로가 선업을 태우므로
자손과 재물들을
한꺼번에 모두 산실(散失)한다네.

오히려 다라수(多羅樹)의
싹을 자르면 다시 자라나지 않는 것처럼
만약 필추를 업신여긴다면
오래된 다라수와 같아진다네.

만약 목숨을 온전하게 보존하고
나아가 뒤에 이익되고자 한다면
마땅하게 반드시 그를 멀리하면서
이러한 까닭으로 마땅히 업신여기지 않는다네.

여러 상(相)을 갖춘 찰제리이거나
독사와 아울러 작은 불씨와
계를 구족하였던 필추를

지혜로운 자는 마땅히 업신여기지 않는다네.

만약 목숨을 온전하게 보존하고
나아가 뒤에 이익되고자 한다면
마땅하게 반드시 그를 멀리하면서
이러한 까닭으로 마땅히 업신여기지 않는다네.

이때 교살라국의 승군왕 등은 이러한 게송을 듣고서 환희심이 생겨나서 곧 자리에서 일어나 세존께 예경하고 떠나갔다.

세존께서는 실라벌성 서다림의 급고독원에서 대필추들과 함께 머무르셨다.

이때 교살라국 승군대왕은 사자에게 편지를 지니고 겁비라성에 보내었고 정반왕에게 서신으로 말하였다.

"왕은 마땅히 크게 기뻐하십시오. 왕의 태자가 정각을 이루었고 감로법을 얻었으며, 그 미묘한 뜻을 널리 군생(群生)에게 베풀었으므로 모두가 만족(充足)을 얻었고 매우 환희하고 있습니다."

이때 정반왕은 이 편지를 읽고서 마음에서 매우 기뻐하였으나 손으로 자신의 얼굴을 어루만지면서 묵연히 머물렀고 얼굴에는 근심하는 빛이 있었다. 이때 왕의 대신(大臣)은 오타이(烏陀夷)라고 이름하였는데 왕의 근심이 있는 얼굴을 보고 왕에게 아뢰어 말하였다.

"대왕이시여. 무슨 까닭으로 손바닥으로 얼굴을 매만지시며 근심이 있는 얼굴로 묵연히 머무십니까?"

오타이에게 알려 말하였다.

"내가 지금 어찌하여 근심하지 않을 수 있겠소? 일체의성(一切義成)인 태자가 고행을 닦을 때에는 내가 사신을 시켜 그의 소식을 물어서 가지고 오게 하면, 돌아와서 나에게 머물고 있는 곳을 알렸소. 지금 보냈던 사자는 결국 한 사람도 나에게 소식을 알리는 자가 없구려."

이때 오타이가 왕에게 아뢰어 말하였다.

"제가 그곳에 가서 태자를 보고서 묻고 그 소식을 알아서 돌아와서 왕께 알리는 것을 청합니다."

이때 정반왕은 곧 오타이에게 알려 말하였다.

"지난번에 보냈던 사자는 태자의 처소에 가서 이미 그곳에 이르러 보고서 가르침을 구족하였고 곧 머무르며 되돌아오지 않고 있소. 그대는 그곳에 가는 것을 결정하여 간청하고 있소."

오타이가 아뢰어 말하였다.

"저는 반드시 돌아오겠습니다."

이때 정반왕은 직접 스스로가 게송을 지어서 말하였다.

수태(受胎)한 이래로부터
보리수처럼 성장하기를 바랐고
내가 직접 그대를 키우면서
마음은 걱정으로 항상 우뇌하였네.

그는 지금 증장(增長)하여서
제자들이 가지와 잎처럼 많으며
다른 사람들은 쾌락(快樂)을 얻었으나
나만 지금 오직 근심하고 괴로워하네.

다시 게송으로 설하여 말하였다.

그대는 옛날에 새싹처럼
갓난아기부터 나에게서 자라났고
그대가 지금 진실한 과(果)를 얻었으나
다시 나의 은혜는 갚지도 않는구려.

그대는 처음 태어나는 때에
"내가 무상각(無上覺)을 이룬다면
무량한 중생을 제도한다."고
많은 여러 서원을 일으켰었네.

이러한 일을 모두 증득했으니
큰 자비심을 일으켜서
나와 나의 권속들을 위하여
원하건대 나의 성으로 오게나.

이때 정반왕은 서신을 지어 오타이에게 맡겼다. 오타이는 이미 받고서 실라벌성으로 향하였다. 3일이 지나서 서다림의 급고독원에 나아갔고 세존의 처소에 이르렀고 세존의 두 발에 정례하고 서신으로서 받들면서 세존께 아뢰어 말하였다.

"세존이시여. 정반대왕께서 서신을 지니고 세존께 받들라고 하였습니다."

그때 세존께서는 서신을 열어 모두 읽으시고 한쪽에 놓아두었다. 오타이는 자리에서 일어나 세존께 아뢰어 말하였다.

"세존이시여. 겁비라성으로 가시겠습니까?"

세존께서 알려 말씀하셨다.

"나는 지금 마땅히 가겠소."

오타이는 전생의 때에 이미 세존의 좋은 벗이었던 까닭으로 이렇게 말하였다.

"만약 세존께서 만약 떠나시지 않았다면, 저는 지금 강제로 세존을 겁비라성으로 모시고자 하였습니다."

이때에 세존께서 이러한 말을 듣고 게송으로 대답하여 말씀하셨다. [다른 곳의 게송과 내용이 같다.]

오타이는 이러한 게송을 듣고서 능히 대답할 수 없었으므로 이와 같이 말하였다.

“세존이시여. 저는 지금 정반왕의 처소로 가서 세존께서 겁비라성으로 오시고자 한다고 알려 말하겠습니다.”

세존께서 알려 말씀하셨다.

“오타이여. 여래의 사신은 마땅히 그대와 같으면 아니되오.”

오타이가 대답하여 말하였다.

“세존의 사자는 어떻게 해야 합니까?”

세존께서 말씀하셨다.

“출가(出家)하는 것이 곧 여래의 사자와 같은 것이오.”

오타이가 대답하여 말하였다.

“저는 이전에 정반왕의 처소에서 이와 같이 약속하였습니다. ‘제가 지금 태자에게 갔더라도 반드시 신의로 돌아오겠습니다.’”

세존께서 알려 말씀하셨다.

“그대가 약속하였던 말과 같이 신의를 어길 필요는 없소. 그대는 출가하고서 뒤에 곧 돌아가시오.”

여래는 지나간 옛날의 과거에 무량한 생을 지내면서 보살행을 닦을 때에 부모·교사(教師)·오파타야(鄔波馱耶)와 존자(尊者)에게 감히 명을 어기지 않았고, 이러한 까닭으로 오타이는 세존의 가르침을 듣고 감히 어길 수 없었다. 이때 오타이는 세존의 가르침을 듣고 오직 그러하겠다고 신의를 받아들였다.

“저는 지금 출가하겠습니다.”

세존께서 말씀하셨다.

“잘 왔느니라. 필추여. 출가하여 범행을 구족하라.”

세존께서는 다시 알려 말씀하셨다.

“그대는 돌아가시오. 옛날처럼 곧 왕궁으로 들어가는 것은 옳지 않고 궁문(宮門) 밖에 머물면서 사람을 보내어 전하시오. ‘문 밖에 석가의 필추가 있소.’ 만약 들어오라고 명한다면 곧 따라서 들어가고 들어가서 만약 다시 ‘다른 석가 필추가 있는가?’라고 묻는다면 있다고 대답하시오. 만약

‘실달 태자의 모습과 복식도 그대와 같은가?’라고 묻는다면 ‘저와 같습니다.’라고 대답하시오. 만약 그대에게 ‘궁궐 안에서 멈추고 쉬어가라.’고 명한다면 ‘반드시 멈추고 쉬어갈 수 없습니다.’라고 대답하시오.

만약 ‘실달 태자가 궁안에 머물 수 없는가?’고 묻는다면 ‘궁안에 머물 수 없습니다.’라고 대답하시오. 만약 ‘어느 곳에서 머무는가?’라고 묻는다면 ‘고요한 아란야(阿蘭若)입니다.’라고 대답하여 말하시오. 만약 ‘실달 태자가 오는가?’라고 묻는다면 그대는 ‘올 것입니다.’라고 대답하시오. 만약 ‘어느 때 오는가?’고 묻는다면 그대는 ‘7일 뒤에 올 것입니다.’라고 대답하시오.”

이때 오타이는 이미 이러한 말씀을 듣고서 세존의 두 발에 정례하고 아뢰어 말하였다.

“저는 지금 마땅히 가겠습니다.”

세존께서 알려 말씀하셨다.

“그대는 지금 떠나시오.”

여래의 신력(神力)과 가지(加持)의 힘으로서 곧 하루에 겁비라성의 궁문 밖에 도착하였다. 이때 오타이는 왕문(王門) 밖에 있으면서 문지기에게 알려 말하였다.

“그대는 왕께 궁문 밖에 한 석가 필추가 있다고 아뢰시오.”

왕이 말하였다.

“필추를 들여보내게.”

들어오자 정반왕은 오타이를 보고 곧 알았으며 물어 말하였다.

“그대는 출가하였소?”

대답하여 말하였다.

“저는 이미 출가하였습니다.”

왕이 말하였다.

“다시 석가 필추가 있는가?”

대답하여 말하였다.

“있습니다.”

왕이 다시 물었다.

“실달 태자의 모습도 그대와 비슷하오?”

대답하여 말하였다.

“저와 다르지 않습니다.”

왕은 이러한 말을 듣고 미혹되어 기절하여 땅에 쓰러졌고 물로써 얼굴에 물을 뿌리고서 잠시 뒤에 깨어났다. 또한 오타이에게 물었다.

“실달 태자는 어느 때에 마땅히 오겠소?”

대답하여 말하였다.

“마땅히 올 것입니다.”

왕이 다시 물어 말하였다.

“기한은 어느 때에 오는 것이오?”

대답하여 말하였다.

“7일 뒤에 마땅히 올 것입니다.”

왕은 곧 여러 신하들에게 칙명하였다.

“궁궐과 누각을 수리한다면 실달이 오고 싶어 하겠소?”

오타이가 대답하여 말하였다.

“대왕이시여. 세존은 궁궐과 누각에 머물지 않습니다.”

왕이 또한 물어 말하였다.

“만약 온다면 어느 곳에 머무는 것이오?”

오타이가 대답하여 말하였다.

“아란야의 처소에 머무십니다.”

왕은 대신들에게 칙명하여 말하였다.

“동산(園苑)을 수리하면서 그 서다림과 하나도 다름이 없도록 하시오.”

그 여러 신하들이 오타이에게 물었다.

“그 서다림 사찰(寺院)에는 집이 몇 채나 있습니까?”

오타이가 말하였다.

“대원(大院)이 16개소이고, 그 여러 작은 것까지 모두 64개소인데, 모든 전각은 모두 중각(重閣)[1]이 있습니다.”

여러 대신들은 듣고 곧 공교(工巧)2)에게 명하여 7일 동안에 서다림과 다름이 없이 사찰을 짓게 하였다. 이때 세존께서는 구수 대목건련에게 알리셨다.

"그대는 여러 필추들에게 알리게. '세존께서 겁비라성으로 가시어 부자(父子)가 서로를 보실 것입니다.' 그대는 옷을 입고 발우를 지닐 것이고, 만약 즐거이 보고자 하는 자가 있다면 마땅히 그대와 함께 떠나도록 하게."

대목건련은 세존의 말씀을 듣고서 여러 필추들에게 알렸다.

"세존께서 겁비라성으로 가시어 부자가 서로를 보실 것입니다. 만약 즐거이 보고자 하는 자가 있다면 옷과 발우를 지닌다면 마땅히 그대들과 함께 떠나겠습니다."

이때 나아가 세존과 여러 대중들은 노혜다하(盧醯多河) 근처에 이르렀고, 그때 정반왕은 실달 태자가 노혜다하 근처에 이르렀다는 것을 들었다. 왕은 여러 신하들에게 칙명하여 성곽을 장식하였고. 땅에 향수를 뿌렸으며, 여러 종류의 꽃을 흩뿌렸고, 여러 묘한 향을 피웠으며, 니구타원(尼拘陀園)에서 노혜다하에 이르는 그 중간의 모든 도로를 장식하였다. 또한 이 동산의 가운데에 사자좌를 설치하였고 여러 대중들이 앉을 자리를 펼쳐놓았다.

성안의 여러 사람들은 태자가 돌아왔다는 말을 듣고 와서 모여들었다. 이 대중의 가운데는 혹은 과거에 서로 인연이 있어서 집회에 온 사람도 있었고, 역시 태자가 부왕(父王)에게 먼저 예배하는가? 부왕이 먼저 태자에게 예배하는가를 보고자 일부러 온 사람도 있었다. 이와 같은 인연으로 모두 모여들었고, 8일째의 아침이 이르렀다. 여러 필추들은 손을 씻고 양치질하였으며 세욕하고 세존의 처소로 나아갔다. 이때 세존께서 이와 같이 생각을 지으셨다.

'내가 만약 걸어서 겁비라성에 들어간다면 여러 석가 종족들은 모두

---

1) 2층으로 구성된 구조를 가리킨다.
2) 정교한 솜씨를 지닌 기술자를 가리킨다.

마음이 거만하므로 걸어서 들어가는 것을 만약 본다면 반드시 마땅하게 비웃으면서 이와 같이 말을 할 것이다. <이 실달 태자가 출가하던 때에는 무량한 천인들에게 위요되어 허공을 날아서 떠나갔는데, 오랜 시간에 고행하여 감로의 맛을 얻었고 등정각을 이룬 지금에는 걸어서 성으로 들어오는구나!>'

이렇게 생각을 짓고 곧 삼마지(三摩地)에 들어가서 은몰하여 곧 동방에 나타나서 일곱 다라수(多羅樹) 높이의 허공으로 상승하였고, 여러 필추들은 여섯 다라수 높이의 허공으로 날아갔다. 겁비라성이 가까워졌으므로 세존께서는 점차 내려와서 여섯 다라수 높이로 낮아졌고, 여러 필추들은 점차 내려와서 다섯 다라수 높이로 낮아졌다. 세존께서 점차 다섯 다라수에 이르자 필추들은 네 다라수에 이르렀고, 세존께서 네 다라수에 이르자 필추들은 세 다라수에 이르렀으며, 세존께서 세 다라수에 이르자 필추들은 두 다라수에 이르렀고, 세존께서 두 다라수에 이르자 필추들은 한 다라수에 이르렀다.

세존께서 한 다라수에 이르자 필추들은 6인(仞)[3]이 되었고, 세존께서 6인이 되자 필추들은 5인이 되었으며, 세존께서 5인이 되자 필추들은 4인이 되었으며, 세존께서 4인이 되자 필추들은 3인이 되었고, 세존께서 3인이 되자 필추들은 2인이 되었으며, 세존께서 2인이 되자 필추들은 1인이 되었고, 세존이 1인이 되자 필추들은 걸어서 갔다.

이때 정반왕은 신통변화를 보았으나, 필추들이 많았으므로 누가 세존인가를 알지 못하였다. 이때 왕은 오타이를 불렀고 나아가 북을 치고 왕의 교령(敎令)을 마땅히 널리 알리게 하였다.

"겁비라 성안의 집집마다 한 명의 아들은 세존을 따라 출가시키시오."

이때 곡반왕은 두 아들이 있었는데, 첫째는 무멸(無滅)이라고 이름하였고, 둘째는 대명(大名)이라고 이름하였다. 그 대명은 항상 집안일을 검교(檢校)하였으나 무멸은 항상 누각의 가운데에 앉아서 채녀들에게 둘러싸여

---

3) 고대 중국에서 길이의 단위로서 8자 또는 7자를 '1인(仞)'으로 사용하였다. 1자(尺) 은 약 3.33cm이므로 1인은 23.31~26.64cm, 약 25cm로 추정된다.

환락(歡娛)하면서 즐거움을 받았다. 이때 그 어머니가 대명에게 알려 말하였다.

"그대는 지금 아는가? 왕의 교령이 있어 석가 종족의 집마다 한 사람은 출가하게 하였네?"

대명이 어머니께 알렸다.

"저는 출가하지 않겠습니다."

어머니가 말하였다.

"무슨 까닭인가?"

대명이 말하였다.

"어머니께서 사랑하시는 아들은 누각의 가운데에 앉아 있는데 출가시키지 않으시고 저에게 세속을 버리게 하십니까?"

어머니가 말하였다.

"작은 아들아! 무멸이 집에 있으면 큰 복덕이 있네. 그대는 지금 마땅히 그를 질투하지 말게."

대명이 알려 말하였다.

"어머니께서 무멸에게 사랑하고 연민하는 마음이 생겨났고 치우친 뜻으로 돌보았던 것이고 그의 복덕은 아닙니다. 어머니께서는 다만 음식을 보내지 마시고 복덕을 시험해 보십시오."

어머니가 대답하여 말하였다.

"좋다. 그대에게 나타내어 보여주겠네."

그 어머니는 바구니에 빈 그릇을 담았고 작은 아들에게 비단 수건으로 그것을 덮고 밀봉하도록 하였고 집사녀(執事女)에게 명하여 무멸에게 보냈다. 다시 여인에게 가르쳐 말하였다.

"만약 이것이 무슨 물건이냐고 묻는다면 마땅히 곧 '비어서 한 물건도 없다.'고 알려 말하여라."

여인은 바구니를 가지고 떠났다. 이때 제석천이 인간세계를 관찰하면서 이러한 일을 보고서 곧 이렇게 생각을 지었다.

'무멸은 지나간 옛날에 오파리슬타벽지불(烏波利瑟吒辟支佛)께 음식을

공양하였는데, 어찌하여 갑자기 그 음식을 끊는가? 내가 지금 마땅히 그에게 음식을 주어야겠다.'

제석은 여러 종류의 음식을 그 바구니 안에 있는 그릇에 가득 채웠다. 이때 집사녀는 그 음식 바구니를 가지고 앞에서 봉인된 것에 의지하여 무멸의 주변에 이르렀다. 무멸이 여인에게 물었다.

"이 가운데에는 무슨 물건인가?"

여인이 동자에게 알려 대답하면서 말하였다.

"이 가운데에는 물건이 없습니다."

이러한 말을 들었으나 곧 이렇게 생각을 지었다.

'그 어머니께서는 나를 아끼시는데 어찌 헛되게 여인을 나의 처소에 보냈겠는가? 이 바구니의 가운데에는 틀림없이 무물(無物)이라고 이름하는 이러한 음식이겠구나.'

곧바로 풀어서 보았고 나아가 여러 자구(資具)가 갖추어졌고 그 그릇의 가운데에는 향기롭고 맛있는 음식이 가득 들어 있었으며 향기가 충만하여 희기(希奇)함이 생겨났고 미증유(未曾有)를 얻었다. 무멸은 효도로 공양하고자 곧 좋은 음식을 취하여 곧 그 어머니께 받들었고, 그 여인에게 묻고서 어머니께 알려 말하였다.

"오직 원하건대 매일 마땅히 이 무물(無物)의 음식을 보내 주십시오."

어머니는 얻은 그 음식에 마음에서 극심한 괴이함이 생겨나서 곧 대명에게 보여주고 알려 말하였다.

"아들아. 이 음식을 보았는가?"

대명이 알려 말하였다.

"저는 지금 보았습니다."

어머니가 대명에게 알렸다.

"나는 이미 이전에 그대에게 무멸은 큰 복덕을 가지고 있으니, 그는 지금 그를 마땅히 질투해서는 아니된다고 알렸네."

대명이 알려 말하였다.

"어머니. 지금 무멸에게 복덕이 있고 복덕이 없더라도 저는 역시 능히 출가할 수 없습니다."

어머니가 대명을 보고 여러 종류의 말로 권유하였으나 즐거이 출가하지 않았으므로 무멸에게 가서 이와 같이 말을 지었다.

"큰 아들아! 그대는 알고 있는가? 왕께서 교령이 있었네. '석가 종족의 가운데에서는 집집마다 한 사람이 출가하라.' 그대의 지금 뜻은 다시 집에 있고 싶은가? 출가하고 싶은가?"

무멸이 알려 말하였다.

"지금 집에 있다면 무슨 허물이 있고, 무슨 이익이 없습니까? 지금 만약 출가한다면 무슨 이익이 있습니까?"

어머니가 아들에게 알려 말하였다.

"여법(如法)하게 집에 있다면 여러 허물이 없으므로 마땅히 감응하여 인간과 천상에 태어나게 되고, 만약 비법(非法)으로 집에 머무르면 삼악도(三惡道)에 떨어지게 되네. 만약 여법하게 출가하면 성스러운 가르침을 지니고 의지하여 수승한 열반을 얻게 되고, 만약 능히 출가를 구족하지 못하여도 곧 사람이나 하늘의 몸을 얻게 되네."

무멸은 듣고서 곧 어머니께 알려 말하였다.

"출가하여 죄를 짓더라도 집에 있으면서 부지런히 공덕을 닦는 것보다 오히려 수승하므로, 원하건대 어머니께서는 제가 마땅히 스스로 출가하도록 허락해 주십시오."

어머니가 곧 알려 말하였다.

"그대의 출가를 허락하겠네."

무멸은 이전부터 현석종왕(賢釋種王)과는 본래부터 서로가 친근하였다. 곧 왕의 처소로 나아가서 문 앞에 이르렀다. 이때 왕은 누각 위에 있으면서 기녀들과 거문고를 타고 있었는데, 거문고 줄이 갑자기 끊어져서 연주하는 가락이 마침내 어긋났다. 무멸은 거문고를 잘 연주하였으므로 그 문밖에 있으면서 거문고 줄이 끊어져서 연주하는 가락이 어긋난 것을 알았다. 문지기가 왕에게 아뢰었다.

"지금 무멸이 문밖에 있으면서 대왕을 보고자 합니다."

"누가 막겠는가? 빨리 들어오라고 하시오."

이미 서로가 보고 다가가서 손을 마주잡고 앉았다. 왕이 무멸에게 물었다.

"문에 몇 시쯤에 도착하였는가?"

무멸이 알려 말하였다.

"거문고 줄이 끊어진 바로 그때 문밖에 이르렀습니다."

이때 무멸은 왕의 요(褥)의 위에 있는 백첩(白氎)을 만지면서 마땅히 왕에게 알려 말하였다.

"이 백첩을 짰던 직사(織師)가 백첩을 짜던 때에 몸에 열병을 앓고 있었을 것입니다. 왕께서는 지금 무슨 까닭으로 이 백첩 위에 누워 계십니까?"

왕은 곧 괴상하여 마침내 요를 걷어서 그 밑바닥을 보았는데 한 요는 기름과 때로 더럽혀져 있었다. 현석종왕은 보고 매우 괴이한 생각이 생겨나서 그 직사를 불러서 물어 말하였다.

"이 백첩을 그대가 짜던 때에 열병을 앓았는가?"

대답하여 말하였다.

"사실입니다."

현석종왕은 무멸에게 알려 말하였다.

"동자여. 그대는 무슨 까닭으로 알았는가?"

대답하여 말하였다.

"만지는 때에 뜨거움을 느꼈습니다. 이러한 까닭으로 저는 알았습니다."

그는 더욱 괴이함이 생겨났다. 왕이 또한 물어 말하였다.

"무슨 까닭으로 이곳에 왔는가?"

아뢰어 말하였다.

"대왕이여. 정반왕의 칙명인 가르침이 있었습니다. '여러 석가 종족은 집마다 한 사람씩 출가하라.' 출가하려는 까닭으로 와서 왕께 하직을 말하고, 이곳에 하룻밤을 머물면서 마땅히 함께 헤아리고자 합니다."

무멸이 그곳에서 하룻밤을 머물렀는데, 왕이 말하였다.

“동자여. 내가 만약 그대를 따라 출가한다면 천수(天授)가 마땅히 석종왕(釋種王)이 되어서 여러 석가 종족들에게 매우 큰 걱정거리가 될 것이네. 함께 천수에게 권유하여 모두가 출가하도록 하세.”

곧 천수를 불렀고 그곳에 이르렀다. 이때 왕은 알려 말하였다.

“천수여. 우리는 지금 모두 출가하고자 하는데 그대는 무엇을 하겠는가?”

듣고서 곧 마음속으로 생각하며 말하였다:

“내가 만약 출가하지 않겠다고 알려 말한다면 현석종왕도 역시 출가하지 않을 것이다. 내가 방편을 베풀어서 마땅히 그를 속여야겠다.”

또한 다시 생각하였다.

‘당시에 세존께서 니구타의 숲속에서 환술로써 신통한 변화를 보여주어 여러 대중들을 모두 믿게 하고 조복시켰으나, 그때에 나는 이미 이러한 계책을 세워놓았다.’

생각하고서 알려 말하였다.

“대왕이여. 왕께서 이미 출가하셨으니 나도 역시 머무르지 않겠습니다.”
곧 마음 속으로 생각하였다.

‘이러한 속임수는 지금의 대중들이 모두 들어서 알고 있을 것이다.’
이때 왕은 널리 칙명하여 여러 백성들에게 알렸다.

“나와 무멸과 아울러 천수 등 석가 종족 500명은 모두 함께 출가하겠노라. 그대들도 들어서 알았다면 마땅히 환희하라.”

이때 천수는 이러한 말을 듣고 마음에서 고뇌가 생겨나서 곧 마음 속으로 이와 같이 생각을 지었다.

‘내가 만약 반드시 현석종왕이 출가하는 것을 알았다면 나는 마땅히 함께 출가한다고 말하지 않았을 것이다. 지금 만약 출가하지 않는다면 이것은 거짓말을 하는 사람이라서 왕이 될 수 없다. 마땅히 잠시 출가한 뒤에 왕이 되어야겠구나.’

이때에 정반왕은 이와 같이 생각을 지었다.

‘여러 석가 종족들을 위하여 큰 공양을 베풀어야겠다. 여러 거리와 골목을 기왓조각과 자갈을 없애고 전단향수를 땅에 뿌리며 당(幢)과 번(幡)을 세우고 여러 증채를 매달며 좋은 향을 태우고 아름다운 꽃잎을 흩뿌려야겠다.'

이때 왕과 석가 종족들과 그들의 권속들은 백천 만억의 대중들에게 둘러싸여 사자좌로 가서 앉았다. 여러 석가 종족의 여인들은 창문을 통하여 출가한 석가 종족들의 존귀한 위의와 공양구(供養具)들을 보고자 여러 먼 지방으로부터 와서 도로와 골목의 가운데를 가득 채우고 서서 구경하였다.

왕은 또한 여러 관상가를 불러서 출가하는 여러 석가 종족에서 누가 여법하게 머무르고, 누가 여법하지 않게 머무는가를 점치게 하였다. 이때 여러 석가 종족들은 각자 부모와 하직하고 스스로가 여러 장엄구로서 그 몸을 장식하고서 각각 수레를 타고 모두 현왕(賢王) 앞으로 나왔다. 관상가는 보고서 아뢰어 말하였다.

"즐거이 받들어 섬길 것입니다. 무멸과 가령 화합한 사람들도 역시 이와 같습니다."

천수의 차례에 이르렀는데 기러기 한 마리가 날아와서 계주(髻珠)[4]를 가져갔다. 관상가는 보고서 아뢰어 말하였다.

"이러한 징조(徵祥)는 반드시 세존의 몸을 해칠 것입니다. 마땅히 지옥에 떨어질 것입니다."

다음으로 구가리(瞿迦離)·건나(褰那)·답파(沓婆)[이곳에서는 결재(缺財)라고 말한다]·갈타(羯吒)·모라(牟羅)·저사(底沙)·해수(海授) 등이 성에서 나왔는데, 이때 나귀 우는 소리가 들렸고, 관상가는 보고서 아뢰어 말하였다.

"이들은 모두 악구(惡口)의 업을 인연하여 대중 승가를 어지럽힐 것이고, 마땅히 지옥에 떨어질 것입니다."

다음으로 오파난타(鄔波難陀)가 코끼리를 타고 나와서 사방을 돌아보았

---

4) 남녀의 머리나 관(冠)에 장식으로 묶는 구슬을 가리킨다.

는데 영락 구슬이 갑자기 끊어졌고, 관상가는 보고서 예언하여 말하였다.

"이 자는 탐욕이 많은 까닭으로 마땅히 지옥에 떨어질 것입니다."

나아가 500의 석가 종족들은 모두 나와서 여래의 동상으로 갔는데 각각 스스로가 존귀함과 씩씩함과 장엄함과 아름다움을 나타내면서 세존께 나아가서 처소에 이르렀다. 세존께서는 생각하며 말씀하셨다.

"그 500의 석가 종족들 모두에게 나는 어서 와서 출가하라는 말을 할 수가 없구나. 왜 그러한가? 그 가운데서 혹은 아라한을 얻을 것이고, 얻지 못할 자도 있는 까닭이다. 나는 지금 백사갈마(四白羯磨)를 지어서 그들을 출가시켜야겠다."

이렇게 생각을 짓고서 여러 필추들에게 알려 말씀하셨다.

"이 500의 석가 종족들에게 그대들 필추들은 백사갈마를 지어서 그들을 출가시키고 구족계를 주도록 하라."

여러 필추들은 말하였다.

"알겠습니다. 세존이시여."

이때 부왕은 오파리(鄔波離)에게 칙명하였다.

"그대는 니구타원(尼拘陀園)으로 가서 그 석종현왕 등 500의 사람에게 머리를 깎아 주도록 하라."

이때 현왕 등은 여법하게 머리를 씻고 차례대로 앉았다. 이때 오파리는 현왕의 머리를 깎는 때에 슬프게 울고 눈물 흘렸으며, 자주 탄식하면서 머리카락을 깎았다. 현왕이 보고서 오파리에게 물었다.

"그대는 지금 무슨 인연으로 자주 울고 있는가?"

이때 오파리는 호궤(胡跪)하고 슬프게 울면서 현왕에게 대답하여 말하였다.

"저는 옛날부터 섬부주(贍部洲)에서 항상 현왕을 섬겨왔는데, 왕께서 지금 출가하셨으므로 의지하고 믿을 곳이 없습니다. 악한 왕을 섬기는 것보다는 오히려 죽는 것이 낫습니다."

현왕이 오파리에게 말하였다.

"내가 지금 그대의 진실하고 지극한 마음을 알았으니 마땅히 슬퍼하지 말라. 내가 지금 그대가 악한 왕을 섬기지 않도록 하겠네.”

이때 오파리는 마음에 환희가 생겨나서 호궤에서 일어나서 곧 왕의 머리카락을 깎았다. 왕의 머리를 깎고서 현왕은 사자를 보내어 하나의 백첩을 펼쳐놓게 하였다. 현왕은 일어나서 500의 석가 종족에게 널리 알렸다.

“그대들은 자세히 들으시오. 이 오파리는 옛날부터 나를 섬겨왔고 재산도 없소. 그대들 석가 종족들은 마땅히 각자 모두 윗옷과 장엄구를 벗어서 백첩 위에 한 가지의 물건을 놓아두도록 하시오. 왜 그러한가? 우리들은 이미 출가하였으므로 소유한 속세의 옷이나 여러 영락은 마땅히 다시 사용하지 못하므로 오파리에게 주는 것이오.”

이때 현왕이 이렇게 말을 지었고 500의 석가 종족들은 소유한 의복과 여러 영락을 모두 백첩 위로 던져서 오파리에게 주었다. 이때 오파리는 차례대로 머리카락을 깎아 주었고 여법하게 머리를 감겨주었으며 곧 승의(僧衣)를 입고 이곳을 떠나갔다. 이때 오파리는 곧바로 사유하였다.

‘500의 석가 종족들은 이와 같이 존귀하였는데 오히려 나라·도성·처자·보배·의복을 버리고서 머리를 깎고 출가하였다. 하물며 나는 옛날부터 공양하고 섬기는 비천한 종족이었는데 이런 의복에 탐심과 집착이 생겨났구나.’

또한 다시 오른손으로 뺨을 괴고서 이렇게 생각을 지으면서 말하였다.

‘내가 만약 비천한 종족이 아니었다면 역시 합당하게 출가하여 아라한 과를 얻었을 것이다.’

이때 세존의 상법(常法)이 있어 밤낮의 육시(六時)[5]에 여러 유정들을 관찰하였고, 아라한들도 역시 이와 같이 하였다. 구수 사리자는 오파리가 우뇌하는 마음을 보아서 알았고 오파리가 있는 곳으로 나아갔다. 이르러 오파리에게 말하였다.

---

5) 하루를 6등분한 것으로 신조(晨朝)인 아침, 일중(日中)인 한낮, 일몰(日沒)인 해질 녘, 초야(初夜)인 초저녁, 중야(中夜)인 깊은 밤, 후야(後夜)인 깊은 밤에서 아침까지 의 시간 등을 가리킨다.

"무슨 까닭으로 뺨을 괴고서 우뇌를 품고 있는가?"

이때 오파리가 사리자에게 알려 말하였다.

"대덕이여. 제가 지금 어찌 우뇌가 생겨나지 않겠습니까? 지금 현왕과 500의 석자(釋子)들은 왕위·국가·도성·처자·무량(無量)하고 무변(無邊)한 진보(珍寶)·의복 등을 모두 버리고 출가하여 수도하고 있으나, 저는 지금 탐착하고 있으므로 반드시 악도에 떨어질 것입니다. 대덕이여. 제가 만약 비천한 종족 가운데에 태어나지 않았다면 세존께서 설하시는 비나야(毘奈耶)의 가운데에 반드시 출가하고 부지런히 정진하여 아라한과를 증득하였을 것입니다."

이때 사리자가 오파리에게 말하였다.

"세존의 정법 가운데에는 종족의 비천함과 들은 것의 적음을 분별하지 않네. 다만 세존의 가르침에 의지하여 닦고 청정한 계율을 지니며 위의에 흠집이 없다면 곧 출가할 수 있는 것이 세존의 정법이네. 그대가 만약 출가하고자 한다면 세존의 정법과 비나야의 가운데에서 구족계를 받고 필추성을 이루게. 그대가 마땅히 나와 함께 세존의 처소에 간다면 여래께서도 틀림없이 그대를 출가시킬 것이네."

이때 오파리는 이러한 말을 듣고 마음에서 환희가 생겨나서 소유한 진귀한 보배와 상묘한 의복을 침을 뱉듯이 내버렸다. 이때 사리자는 오파리와 함께 세존의 처소로 갔고, 이르러 세존의 두 발에 정례하였다. 이때 사리자는 아뢰어 말하였다.

"세존이시여. 이 오파리는 세존의 정법과 비나야의 가운데에 출가하여 구족계를 받고 필추성을 이룰 수 있습니다. 세존께서는 자비로써 출가하게 하십시오."

이때 세존께서 이와 같이 말씀을 지으셨다.

"잘 왔느니라. 마땅히 범행(梵行)을 닦아라."

이때 세존께서는 이렇게 말씀을 지으셨다. 이때 오파리의 머리카락이 스스로 떨어졌고, 법복이 몸에 입혀졌는데, 출가하고서 7일이 지난 자와 같았다. 응기(應器)[6]를 집지(執持)하고 청정한 계율을 갖추어 위의가 원만하였으므로 100년 법랍의 필추와 같았다. 이미 출가하였으므로 곧 한쪽에 머물렀다. 그때 사리자는 곧 게송으로 설하여 말하였다.

세존께서 그에게 '잘 왔느니라.'고 말씀하시니
옷은 승가지로 변하였고 머리카락과 수염은 저절로 떨어졌으며
여러 근(根)이 적정하여 즐겁게 머물고 있는데
세존의 힘을 까닭으로서 위의가 갖춰졌다네.

이때 현왕과 500의 석가 종족들은 세존의 정법인 백사갈마에 의지하여 출가하였고 세존의 처소로 돌아와서 세존의 발에 예경하였다. 이와 같이 차례로 여러 필추들에게 예배하면서 오파리의 자리에 이르렀다. 이때 현왕은 오파리의 발을 보았고 이미 알아차리고서 몸을 세워 세존을 우러러 보면서 세존께 알려 말하였다.
"이 오파리는 나의 하인(給侍)이었는데 정례가 합당합니까?"
세존께서 대답하여 말씀하셨다.
"그대 선남자여. 출가의 법에는 마땅히 아만심(我慢心)을 항복(降伏)받는 것이네. 이러한 뜻을 까닭으로 오파리에게 먼저 출가를 허락한 것이네. 이러한 까닭으로 그대들은 마땅히 정례해야 하네."
이때 현왕은 세존의 가르침을 받아들여 아만심을 절복(摧伏)하고 오파리의 발에 예배하였는데, 예배를 마치자 대지가 여섯 종류로 진동하였다. 그와 같이 차례로 나머지의 499명에게도 예배하였다. 이때 천수도 오파리의 자리에 이르렀으나 곧 정례하지 않았다. 이때 세존께서 천수에게 알려 말씀하셨다.
"그대 선남자여. 마땅히 아만심을 항복받고 오파리에게 예배하는 것이 합당하네."

---

6) 산스크리트의 파트라(pātra)의 음사로 발다라(鉢多羅)라고 음역되고, 응기(應器), 응량기(應量器)라고도 한역된다. '응(량)기'는 법에 알맞다, 또는 1명의 그릇(器)이라는 뜻이다.

이때 천수가 아뢰어 말하였다.

"세존께서는 나에게 오파리의 발에 예배하라고 하셨으나 무슨 손익(損益)이 있겠습니까? 나는 마땅히 예배하지 않겠습니다."

이때 천수는 이와 같이 말을 지었는데 제일의 파불(破佛)의 뜻을 먼저 일으킨 것이다. 이때 여러 필추들은 현왕 등이 오파리의 발에 예배하자 땅이 여섯 종류로 진동하는 것을 보고 마음에 의심을 품고 오히려 미리 세존께 아뢰어 말하였다.

"무슨 까닭으로 현왕이 오파리의 발에 예배할 때에 땅이 여섯 종류로 진동하였습니까?"

세존께서 여러 필추들에게 알리셨다.

"다만 지금의 때에 현왕이 오파리의 발에 예배하면서 땅이 여섯 종류로 진동한 것은 아니니라. 이전의 세상에서도 발에 예배하자 여섯 종류로 진동하였느니라. 그대들은 자세히 들을지니라. 내가 마땅히 설하겠노라. 지나간 옛날에 바라니사(波羅尼斯) 대성(大城)의 가운데에 범수(梵授)라고 이름하는 왕이 있었는데, 바른 법으로써 세상을 교화하였으므로 나라에는 기근(飢饉)이 없었고 백성들은 치성(熾盛)하였으며 안은하고 풍족하며 즐거웠느니라.

그때 이 성안에 한 음녀(婬女)가 있어 현수(賢壽)라고 이름하였는데 모습과 얼굴이 단정하였다. 다른 장부들과 함께 환락(歡愛)하였고 매번 한 남자와 하룻밤을 지내는 때에 500금전을 얻었다. 성안에 한 마납파가 있어 단정(端正)이라고 이름하였는데 음녀의 집으로 가서 현수에게 말하였다.

"나는 그대와 자고 싶소."

그녀가 말하였다.

"그대는 500금전이 있습니까?"

단정이 대답하여 말하였다.

"나는 집이 가난하여 돈이 없소."

그 여인이 알려 말하였다.

“500은전의 가리사파나(迦利沙波拏)라도 취하여 가져오세요.”

단정은 비록 재산은 없었으나 그녀를 애락(愛樂)하였으므로 때에 여러 종류의 꽃과 과일을 따서 그녀에게 주었다. 그녀는 꽃과 과일을 자주 얻고서 마음에 염착(染着)이 생겨났다. 이때 그 성안은 한 절일(節日)에 이르렀고 일체의 부인들은 묘한 옷을 입고 여러 영락을 장식하고 각자의 남편들과 함께 집안에서 환락하였다. 이때 음녀는 그 절일에 와서 함께 즐길 사람이 없어서 혼자였다. 이때 음녀는 이런 사유를 지었다.

‘지금 이러한 절일은 성안의 여러 부인들은 모두 좋은 옷과 영락을 장식하고 각자 남편과 집안에서 여러 환락을 지을 것이다. 만약 마납파가 지금 와서 서로가 본다면 역시 좋지 않겠는가?’

이렇게 생각을 지었다. 이때 단정 마납파가 갑자기 그녀의 집에 이르렀다. 음녀는 보고서 곧 지나간 때에 꽃과 과일을 받은 일을 기억하고 환희심이 생겨나서 이와 같이 말하였다.

“단정이여. 그대는 가서 꽃을 구하고 내일 아침에 와서 함께 환락을 지어요.”

이때 단정은 이러한 말을 듣고 마음에서 크게 환열(歡悅)하였는데 죄수가 석방되어 본래의 집으로 돌아가는 것과 같았다. 마음에서 이 여인의 얼굴과 단정하고 진지(進止)한 위의를 초야분부터 후야분까지 사념하면서 쉬지 못하고 새벽에 잠자고자 하였다. 곧바로 잠이 들었고 깨어나지 못하고서 아침에 이르러 비로소 깨어나서 곧 좋은 꽃을 구하였다. 이때 백성들이 모든 꽃을 꺾었으므로 여러 곳에서 꽃을 구하였으나 결국 얻지 못하였고, 다만 한곳에 야합화(夜合花)[7]가 있어서 얻었으므로 곧 이 꽃을 가지고 그녀의 집으로 이르렀다. 그녀는 보고서 곧 게송으로 설하여 말하였다.

어리석고 둔하며 찢어진 가죽의 애욕자(愛欲者)는

______

7) 콩과에 속한 낙엽과의 자귀나무의 꽃으로 낮에는 꽃이 열리고 밤에는 잎사귀를 닫히는 것에서 유래한 이름이다.

색을 밝히고 지혜가 교활하나 반쪽의 마사(摩沙)[8]이네.
이때에는 좋은 꽃이 여러 곳에 널렸는데
지금 작은 야합화를 가져와서 허락받고자 하는가?

이렇게 게송을 마치고 알려 말하였다.
"빨리 가서 다시 다른 좋은 꽃을 찾아와라."
단정은 애욕을 탐하였던 까닭으로 힘들고 어려움도 잊어버렸다. 이때는
극도로 날이 더웠고 햇볕은 마땅히 중앙이었으나 도성을 나와서 멀리
아란야에 갔으며 좋은 꽃을 꺾고자 수고로움도 사양하지 않고 스스로가
즐거워서 노래도 불렀다. 이때 범수왕은 사냥에서 돌아왔고 더위에 지쳤으
므로 숲으로 나아가서 쉬고 있었는데, 그의 노랫소리를 들었다. 왕은
듣고서 곧 점차 앞으로 가서 게송으로 설하여 말하였다.

머리 위에는 태양이 작열하고
발의 아래는 뜨거운 모래가 찌는데
현수는 즐겁게 노래하고 있으니
어찌 열기가 두려워하지 않는가?

그때 단정 마납파가 왕에게 게송으로 대답하여 말하였다.

햇볕이 나를 태우는 것은 두렵지 않고
능히 나를 태우는 것은 욕망이라고 생각하며
세상의 욕망에는 뜨거운 고통이 있으므로
햇볕은 능히 사람을 태울 수 없다네.

이때 범수왕은 게송을 듣고 이와 같이 생각을 지었다.

---

8) 산스크리트어 māṣa의 음사로서 콩을 가리킨다.

‘마땅히 이 마납파는 시원한 이야기를 잘 말하는 까닭으로 한낮의 때에 꽃을 꺾어도 더운 것을 모르는구나.’

왕은 곧 수레에서 내렸고 한 나무 아래에 앉아서 마납파에게 명하였다.

“시원한 이야기를 해보아라. 내가 마땅히 그것을 듣겠노라.”

마납파는 왕의 말을 듣고 이와 같이 생각을 지었다.

‘반드시 왕은 심한 더위를 만났을 것이니, 시원한 이야기가 필요할 것이다.’

이렇게 생각을 짓고서 곧 이때에 여러 종류의 시원한 일을 말하였다. 왕은 이러한 말을 듣고 곧 이때에 몸이 크게 시원해졌으므로 마음에 환열이 생겨나서 여러 신하들에게 알려 말하였다.

“만약 사람이 있어 능히 관정왕(灌頂王)의 명을 구제하였다면, 마땅히 어떤 상을 주어야 하는가?”

그 신하들이 대답하여 말하였다.

“마땅히 나라의 절반을 나누어서 그 사람에게 주어야 합니다.”

이때에 왕은 마납파에게 알려 말하였다.

“경(卿)은 나와 함께 궁안에서 같이 잠을 자시오. 내일 아침에 경에게 나라의 절반을 상으로 주겠소.”

이때에 마납파는 왕과 함께 잠잤는데, 왕은 곧 여러 종류의 상묘한 음식과 좋은 의복과 장신구와 와구를 베풀어서 그가 잠자고 쉬게 하였다. 다시 반려(伴侶)가 없었으므로 곧 이렇게 생각을 지었다.

‘만약 나라의 절반을 얻는다면 반국왕(半國王)이 될 것이고, 후궁과 채녀들이 모두 나에게 귀속되므로 뜻을 따라서 자재하고 마땅하게 쾌락을 받을 것이다.’

다시 이렇게 생각을 지었다.

‘나라의 반쪽을 받는 상에 어찌 만족한다고 말할 수 있는가. 어찌 왕을 살해하고 전체를 차지하지 않겠는가?’

다시 이렇게 생각을 지었다.

‘일반적으로 존중받고 수승한 사람들은 모두 탐욕스럽다. 나에게 지금 어찌 나라의 반쪽이나 또는 전체가 필요한가? 왜 그러한가? 나라와 자리를 탐하는 까닭으로 국왕까지 살해하고 싶은 것이다.'
이렇게 생각을 짓고서 곧 게송으로 설하여 말하였다.

재물을 얻지 못했을 때에는 탐애가 일어나고
구하면서 얻지 못할 때에도 괴로움이 생겨나며
재물을 얻은 뒤에도 탐욕은 끊어지지 않나니
재물의 이익을 아는 까닭으로 해로움을 부르는구나.

이러한 게송을 생각하고 곧바로 잠에 빠져 중야에 깨어났으나 마음에 회한(悔恨)이 생겨나서 침상에서 일어나서 오래된 사슴 가죽을 취하여 땅에 펼치고 누웠다. 이때 범수왕은 이른 새벽에 사자에게 알려 말하였다.
"마납파를 불러오라. 내가 지금 마땅히 나라의 절반을 상으로 주겠노라."
사자는 왕명을 받들고 마납파에게 나아갔으며 아뢰어 말하였다.
"대왕이시여. 제가 그 사람의 위의와 행동을 관찰하였는데 나라의 절반을 감당할 수 없겠습니다."
왕이 그 까닭을 물었으므로 대답하여 말하였다.
"대왕이시여. 제가 가서 직접 보았는데 좋은 침상과 요는 버려두고 몸은 땅바닥의 사슴가죽 위에 누워있었습니다. 이렇게 하천한 사람이 어찌 왕위를 감당하겠습니까?"
왕이 말하였다.
"그는 지혜로운 사람이오. 연이 없는 까닭이 없을 것이오. 마땅히 가서 불러오시오."
사자는 다시 가서 알려 말하였다.
"왕이 부르시오."
왕의 처소에 이르니, 왕이 그에게 알려 말하였다.
"어찌 침상을 버려두고 사슴가죽의 위에서 잤는가?"

그는 곧 차례로 일들을 갖추어 대답하였고 거듭하여 앞에서 아뢰어 말하였다.

"왕께서 만약 허락하신다면 저는 출가하고자 합니다. 원하건대 허락하여 주십시오."

왕이 말하였다.

"먼저 나에게 약속한다면 나는 마땅히 허락하겠소. 만약 출가한 뒤에 증오(證悟)한 것이 있다면 다시 와서 알려주시오. 내가 마땅히 허락하겠소."

그는 왕에게 아뢰어 말하였다.

"감히 왕명을 어기지 않겠습니다."

마침내 곧 하직하며 예배하고서 조용한 숲속으로 갔고 친교사(親敎師)와 궤범사(軌範師)가 없었으나 곧 스스로 책려(策勵)하여 독각(獨覺)의 보리를 증득하였고, 증오하고서 다시 이렇게 생각을 지었다.

'나는 옛날에 왕에게 약속한 것이 있다. 나는 지금 가서 그가 바랐던 마음을 채워줘야겠다.'

곧 왕의 처소에 이르러 허공으로 높이 올랐고 큰 불빛을 번쩍이며 여러 가지 신통변화를 나타내었다. 왕은 곧 머리를 숙이고 무릎을 꿇고서 게송을 설하여 말하였다.

이렇게 적게 닦아도 대과(大果)를 증득하고
크게 차별되고 수승한 계위를 얻을 것인데
마납파는 지금 선한 이익을 얻었고
출가하여 여기에 이르렀으니 다시 무엇을 구하겠는가!

이때 존자는 범수왕에게 공경과 신심이 생겨나게 하고서 떠나갔다. 이때 범수왕에게 이발사가 있어 천하호(天河護)라고 이름하였는데 이 게송을 지니도록 하였고 알려 말하였다.

"그대는 때때로 이 게송을 말하여 나에게 기억하도록 하라."

이때 천하호는 능히 머리를 잘 깎았는데 왕의 머리를 깎는 때에 왕이 곧 잠이 들었다. 이발이 끝나자 손가락을 튕겨서 왕을 깨웠다. 잠에서 깨어난 왕은 매우 환희하면서 천하호에게 알려 말하였다.

"그대는 지금 무엇을 구하고 있는가? 마땅히 그대의 청을 따르겠네."

아뢰어 말하였다.

"원하건대 왕이시여. 신에게 잠시 생각할 여유를 주십시오. 곧 아뢰겠습니다."

이때에 천하호는 그 가타를 외웠다. 항상 왕의 앞에 있는 때에 널리 외웠으므로 왕은 듣고 환희심이 생겨났고 여러 오욕에 염리(厭離)가 생겨났다. 채녀들이 나타나도 전혀 바라보지 않았고, 맑은 노래나 아름다운 가영(歌詠)도 귀에 들리지 않았으며 하물며 마음에는 애착이 생겨나지 않았다. 이때 모든 채녀들은 이미 왕의 은혜를 잃었으므로 마음에 우뇌가 생겨나서 모두가 서로에게 의논하여 말하였다.

"우리들이 왕의 총애를 잃은 것은 천하호가 그 가타를 외워서 우리들에게 왕의 마음에서 염애가 생겨나지 않도록 되돌린 인연입니다. 모두가 계책을 베풀어서 빨리 쫓아내도록 합시다."

이렇게 계책을 지었다. 이때 한 채녀가 천하호의 처소로 가서 알려 말하였다.

"아구(阿舅)[9]여. 왕께서 만약 환희하면서 아구에게 필요한 것을 묻거든 곧 마땅히 게송을 외우는 것을 해석하여 주시라고 청하세요."

뒤의 다른 때에 그 천하호가 다시 왕을 위하여 이전 게송을 외우니 왕이 듣고 환희하면서 다시 필요한 것을 물었다. 곧바로 아뢰어 말하였다.

"특별하게 원하는 것은 없습니다. 오직 원하옵건대 저를 위하여 가타를 해석해 주십시오."

왕은 곧 청에 의지하여 널리 자세하게 해석하였다. 천하호는 듣고서 염리가 생겨나서 곧 왕에게 아뢰어 말하였다.

"대왕을 섬기면서 여러 날이 지났습니다. 원하건대 자비를 베풀어서

---

9) 두 가지의 뜻으로 통용되는데 첫째는 외삼촌이라는 뜻이고 둘째는 아내의 형제를 부르는 말이다.

저의 출가를 허락하여 주십시오.”

왕이 말하였다.

“나는 지금 그대와 함께 마땅히 약속해야겠네. 만약 출가한 뒤에 증오한 것이 있다면 다시 와서 나에게 알린다면 곧 풀어주어 떠나게 하겠네. 만약 그렇지 않는다면 그의 청을 받아들이지 않겠네.”

천하호는 아뢰어 말하였다.

“왕명을 어기지 않겠습니다.”

산림 속에 있는 선인(仙人)의 처소로 가서 부지런히 수습하여 마침내 다섯 신통을 증득하였고, 곧 이렇게 생각을 지었다.

‘나는 옛날에 왕에게 약속한 것이 있다. 나는 지금 가서 그가 바랐던 마음을 채워줘야겠다.’

곧 왕의 처소에 이르러 허공으로 높이 올랐고 큰 불빛을 번쩍이며 여러 가지 신통변화를 나타내었다. 왕은 곧 머리를 숙이고 정례하며 이렇게 말하였다.

“현자여. 그대는 이와 같은 공능(功能)을 얻었구려.”

선인(仙人)은 대답하여 말하였다.

“대왕이여. 그렇습니다.”

선인은 곧 예배하였고 게송으로 설하여 말하였다.

이 암라원(菴羅園)에서
범수왕의 시종이었으나
그 이발 도구를 버려두고서
출가하여 다섯 신통을 얻었네.

이때 범수왕은 이 게송을 듣고 게송으로 대답하여 말하였다.

천하호는 출가하여 묵연하게
머문다고 말하지 말라.

그는 어려운 고행을 지었고
고행을 지어 큰 지혜를 얻었다네.

고행은 능히 여러 악법을 꺾었고
고행은 능히 세간을 초월하였으며
고행은 능히 여러 더러움을 밝혔으니
고행을 원하건대 악하게 말하지 마시오.

이때 천하호 선인은 마음에 환희가 생겨나서 곧바로 떠나갔느니라.”
세존께서 필추들에게 알리셨다.

“그때의 범수왕은 지금의 현수석가왕(賢首釋迦王)이고, 그 천하호 선인
은 지금의 오파리이니라. 지금의 현수석가왕이 옛날의 범수왕이 지난
날에 천하호에게 예배하였을 때에도 땅이 모두 진동하였느니라. 지금의
현수석가왕이 오파리 필추에게 예배할 때에도 땅이 도리어 여섯 종류로
진동하였음을 그대들 필추들은 마땅히 알아야 하느니라.”

근본설일체유부비나야파승사 제10권

삼장법사 의정 한역
석보운 번역

이때 세존께서는 그 미생원왕(未生怨王)을 위하여 널리 법요(法要)를 설하시어 신근(信根)이 없는 그에게 신근이 생겨나도록 하셨다. 혹은 때에 코끼리를 타고 밖으로 돌아다니면서 높은 누각 위에 머무시는 세존을 바라보았는데, 그 코끼리에서 자신도 모르게 땅에 몸을 뛰어내리기도 하였다. 또한 어느 때에 코끼리를 타고 나갔다가 박가범(薄伽梵)을 뵙고 자신도 모르게 몸을 뛰어내리기도 하였으며, 세존의 처소에서 깊은 공경과 신심이 생겨나서 마침내 그 집장인(執仗人)에게 알려 말하였다.

"그대들은 반드시 아시오. 오늘부터 박가벌다(薄伽伐多)와 실라박가(室羅薄迦)의 승가(僧伽)에게 철저히 귀의할 것이오. 그대들도 지금부터 세존과 성문들, 필추·필추니·오파색가·오파사가 등이 반드시 들어오는 것을 본다면 이때 그 문에서 막아서지 말고 문을 열어서 들어오게 할 것이고, 만약 제바달다(提婆達多)와 그의 무리들을 본다면 마땅히 닫아서 그들이 들어오지 못하게 하시오."

뒤의 다른 때에 제바달다와 그 도중(徒衆)이 인연이 있어서 미생원왕의 집으로 들어가고자 하였다. 이때 수문인(守門者)이 그에게 알려 말하였다.

"당신은 멈추시오. 마땅히 나아갈 수 없습니다."

천수가 물어 말하였다.

"갑자기 무슨 인연이 있어 길을 막고 들어가지 못하게 하는가?"

수문인이 알려 말하였다.

"대왕께서 가르침이 있었습니다. '오늘부터 박가벌다(薄伽伐多)와 실라박가(室羅薄迦)의 승가(僧伽)에게 철저히 귀의할 것이오. 그대들도 지금부터 세존과 성문들, 필추·필추니·오파색가·오파사가 등이 반드시 들어오는 것을 본다면 이때 그 문에서 막아서지 말고 문을 열어서 들어오게 할 것이고, 만약 제바달다(提婆達多)와 그의 무리들을 본다면 마땅히 닫아서 그들이 들어오지 못하게 하시오.'"

이때 제바달다는 들어가지 못하도록 제지를 당하였으므로 마음에 불편함을 품고 문 밖에 머물렀다. 이때 올발라색(嗢鉢羅色)[1] 필추니가 왕궁 안에서 걸식을 마치고 발우를 지니고 나왔다. 이때 제바달다는 올발라색을 보고 곧 이렇게 생각을 지었다.

'어찌 이 대머리의 계집이 이간질을 지어서 미생원왕과 궁중 안의 여러 대신의 집에서 곧 내가 여러 곳에 이르는 것을 막았구나.'

이렇게 생각을 짓고서 올발라색에게 알려 말하였다.

"내가 이곳에서 무슨 허물이 있었던 까닭으로 그대는 내가 걸식하는 집에 모두 장애가 생겨나게 하였는가?"

마침내 곧 앞으로 다가와서 그 필추니를 때렸다. 이때 필추니는 얻어맞고 비명을 지르면서 슬프게 알려 말하였다.

"바라건대 바르고 맑게 보십시오. 내가 무슨 인연이 있어 이러한 일을 당해야 합니까? 대덕은 세존과 형제이시고, 다시 석가의 높은 종족에서 출가하셨습니다. 나는 진실로 알지 못하는데 감히 무슨 말씀을 하였겠습니까? 바라건대 능히 용서하신다면 충성(忠誠)을 바치겠습니다. 설령 이러한 고통을 받았다고 들릴지라도 그 말을 입에 담지 않겠습니다."

마침내 크게 주먹을 쥐고 필추니의 머리를 때려서 깨어졌고, 이미 그곳을 어루만지지도 못하였으나 상처난 곳을 계속 때렸으므로 여러 고통이 함께 몰려왔다. 마침내 수명(壽命)을 보존하기 위하여 달아나려는 용기를 일으켰고 빠르게 달려서 그 필추니 사찰로 나아갔다. 이때 필추니들

---

1) 연화색 필추니를 다르게 부르는 말이다.

은 그녀가 크게 괴로워하는 것을 보고 모두 물어 말하였다.

"재앙이구나. 아리야가(阿離野迦)2)여. 무슨 뜻으로 이와 같은 곤욕을 당했는가?"

곧 대중에게 알려 말하였다.

"당신들 자매들이여. 소유한 수명은 모두 무상(無常)한 것이며, 일체의 제법은 아울러 그것은 내(我)가 없습니다. 적정한 곳을 열반(涅槃)이라고 말합니다. 당신들은 함께 마땅히 선법의 처소에서 노력하고 방일하지 마십시오. 그 제바달다는 이미 세 가지의 무간(無間)의 업을 지었습니다. 나는 지금 열반에 들어갈 때에 이르렀습니다."

이때 곧 필추니 대중을 앞에 마주하고서 여러 종류의 기이(奇異)한 신통한 변화를 나타내 보이고서 무여의묘열반계(無餘依妙涅槃界)에 들어갔다. 이때 여러 필추들은 함께 의심이 생겨났고 의심을 끊으려는 까닭으로 세존께 청하여 말하였다.

"대덕이여. 모두 보셨습니까? 제바달다는 올발라색 필추니의 처소에서 가령 슬프게 괴로워하면서 그에게 입에 담지 않겠다고 참회하는 때에도 주먹으로 때려서 머리를 깨뜨렸고, 이것을 인연하여 멸도에 나아갔습니까?"

세존께서 알려 말씀하셨다.

"다만 오늘에 이러한 일을 지는 것이 아니니라. 과거의 세상에서도 역시 슬프고 괴로워하면서 애원하는 때에도 애달픈 말을 들어주지 않고서 마침내 곧 목숨을 빼앗고 그 고기를 먹었느니라. 그대들은 지금 마땅히 들을지니라. 지나간 옛날에 한 마을에 큰 장자가 있어 많은 양들을 넓고 윤택한 곳에서 방목하면서 살았느니라. 이미 그날이 저물었고 양치기는 양을 몰고 돌아오는데 무리들 가운데에 한 마리의 노쇠한 암컷이 무리들을 따라오지 못하고 뒤에 홀로 따라왔다. 갑자기 도로의 옆에서 굶주린 한 늑대를 만났으므로 늑대에게 물어 말하였다.

---

2) 산스크리트어 ārya의 음사로서 성자 또는 존자라고 번역되는 출가 수행자를 가리킨다.

290

대구(大舅)3)는 자주 혼자 다니는데
어찌 안락함과 즐거움을 얻고
항상 수풀과 들판에 살면서
어떻게 양신(養神)4)을 하나요?

늑대가 대답하여 말하였다.

그대는 언제나 내 꼬리를 밟고
아울러 항상 나의 털까지 뽑으면서
입으로만 대구라고 부르더라도
몸은 도망칠 곳을 찾는구나.

암양이 다시 알려 말하였다.

당신의 꼬리는 등 뒤에 말려있고
나는 당신의 얼굴 앞에 있는데
어떻게 내가 때리는 것을 보았고
항상 당신의 꼬리를 밟는다고 하시나요?

늑대가 다시 대답하여 말하였다.

사대주와 아울러 바다와 산이
함께 모두가 나의 꼬리인데
어떻게 그것을 밟지 않고서
그대는 어느 곳에서 왔는가?

---

3) 큰 외숙 또는 큰 외삼촌을 가리킨다.
4) 양생(養生)을 다르게 부르는 말로서 원기(元氣)를 기르는 법의 하나이다.

양이 다시 알려 말하였다.

내가 직접 아는 모든 곳은
모두 당신의 꼬리라고 들었으므로
땅이 있으면 감히 밟지 못하였고
나는 공중을 따라서 왔다네.

늑대가 다시 대답하여 말하였다.

암양인 그대가 공중에서 떨어지는 까닭으로
마침내 숲속의 사슴들을 모두 놀라게 하였고
나의 아침에 먹을 식사를 없앴으므로
어찌 떨어진 죄가 분명하지 않겠는가!

이때 암양은 비록 슬프게 말하였고 자세히 고통스러운 말을 알렸으나, 죄악의 업인 늑대는 즐거이 놓아주지 않고서 마침내 그의 머리를 잘랐고 아울러 그 고기를 먹었느니라.”

세존께서 알려 말씀하셨다.

“그대들 필추들이여. 다르게 생각하지 말라. 지나간 때의 늑대는 곧 오늘의 제바달다이고, 지나간 때의 암양은 곧 오늘의 청연화색(靑蓮花色) 필추니이니라. 지나간 때에 비록 슬프고 괴로워하면서 말을 하였으나 죽음을 벗어나지 못하였고, 오늘에 비록 여러 종류의 애원하는 말을 하였으나 역시 도리어 손해를 당한 것이니라.”

이때에 제바달다는 다시 이러한 생각이 생겨났다.

‘나는 세존에게 여러 허물과 손해를 입혔고, 세 가지의 무간업(無間業)을 갖추었다. 멀리서 큰 돌을 던져서 세존을 때렸고 여래의 몸에 악한 마음으로 피를 흘리게 하였던 그것을 지었으니 이것이 첫 번째의 무간업이고, 화합승가(和合僧伽)를 파괴하였으니 이것이 두 번째 무간업이며, 연화색 필추니의 목숨을 고의적으로 끊었으니 이것이 세 번째 무간업이다. 그러나 나는 아직 일체지(一切智)를 얻지 못하였고, 나머지 여러 일도 역시 아직 이루지 못하였다. 이러한 업도(業道)에 의거하여 다시 태어날 곳이 없고, 반드시 나락가(捺落迦)로 가서 떨어질 것이다.'

이렇게 생각을 짓고서 손으로 뺨을 괴고서 한쪽으로 물러나서 근심하며 앉아 있었다. 이때 포랄나(哺剌拏)가 인연이 있어 지나가면서 만났고 그의 근처에 이르러 알려 말하였다.

"제바달다여. 그대는 지금 무슨 뜻으로 손으로 턱을 괴고서 한쪽에서 근심하며 머물고 있습니까?"

그가 곧 알려 말하였다.

"어찌해야 내가 지금 근심을 없앨 수 있겠습니까? 성냄(瞋惱)을 인연하였던 까닭으로 세존의 주변에서 여러 허물과 손해를 입혔고 아울러 이미 세 가지 무간업을 지었으므로 오랫동안 마땅히 큰 나락가에서 끝없는 고통을 받을 것입니다."

포자나가 말하였다.

"나는 항상 여러 석가 종족 가운데에서 오직 그대가 혼자 개인적으로 이해에 명료하고 총명하다고 생각해 왔소. 어찌 그대는 지금 역시 어리석고 바보가 되었소. 어찌 그대에게 근심하게 할 후세(後世)가 있겠소? 만약 후세가 있고 그대가 이러한 업을 지었다면, 나도 역시 이것을 근심하며 머물러야 할 것이오."

그는 천수의 마음을 열어서 이해시키려는 까닭으로 곧 마주하고서 자기의 병을 잡고 깨트리면서 알려 말하였다.

"천상부터 세간까지 능히 이것을 다시 화합(和會)할 수 없습니다. 다시 후세도 없는 것인데, 누가 가서 그것을 받겠습니까? 지은 자가 받는다는 것은 아울러 헛된 말이오. 그러나 겁비라벌솔도성(劫畢羅伐窣覩城)에 가서 스스로가 천자(天子)로 말하면서 왕이 되어 머문다면, 나는 마땅히 그대의 제일의 성문(聲聞)이 되겠습니다."

이때 제바달다는 곧 "성인은 없다."고 비방하였고, 삿된 견해가 마침내 크게 일어났고 능히 선근이 끊어졌다. 이때 세존께서는 여러 필추들에게 알려 말씀하셨다.

"그대들은 마땅히 알라. 제바달다가 소유한 선근은 이것으로 단절되었느니라. 그대들 여러 필추들이여. 내가 만약 그 제바달다에게 작은 백법(白法)이 있는 것을 보았다면 나는 제바달다에게 수기하지 않았을 것이다. '그대 제바달다는 악도(惡道)에 태어날 것인데, 니려(泥黎)[5]에 태어나는 자는 마땅히 1겁(劫)을 머물러도 구제받기 어려운 것이니라.'

또한 그대들 필추들이여. 나는 그 제바달다에게 털끝과 같은 작은 백법이 있는 것을 보지 못하였다. 나는 방금 제바달다에게 수기하였노라. '그대 제바달다는 악도에 태어날 것인데, 니려에 태어나는 자는 마땅히 1겁을 머물면서 구제받기 어려운 것이니라.'

비유하면 촌락을 가고 성읍을 가면서 그 길에서 멀지 않은 곳에 똥과 오줌의 구덩이가 있는데, 깊이가 한 장(丈)에 이른다면 악취를 가까이하는 것은 어렵다. 이때 한 사람이 있어 이 구덩이 안에 떨어져서 머리부터 손발까지 모두 빠졌고, 뒤에 한 사람이 있었는데 매일 장야(長夜)에 의리를 흠모하는 자이고, 즐거이 이익되게 하는 자이며, 함께 즐거워하는 자이고, 함께 기뻐하는 자이며, 안은함을 베푸는 자였다. 그 사람은 그 분뇨의 구덩이의 주변에 이르러 주위를 둘러보고 마음에서 구제하기를 바랄 것이다. 내가 만약 그 분뇨에 빠진 작은 부분이라도 똥에 묻지 않았다면 나는 방편으로 그를 끌어내어 나오게 할 것이나, 두루 관찰하여도 그 사람이 몸의 한 부분에 분뇨가 묻지 않은 곳을 보지 못하였다면 나아가 손으로 나오도록 끌어낼 수 있겠는가?

그대들 필추들이여. 나도 역시 이와 같으니라. 내가 만약 그 제바달다에게 작은 백법이라도 있는 것을 보았다면 나는 제바달다에게 수기하지 않았을 것이니라. '그대 제바달다는 악도에 태어날 것인데, 니려에 태어나는 자는 마땅히 1겁을 머물면서 구제받기 어려울 것이니라.'

---

5) 산스크리트어 niraya의 음사로 지옥을 가리키는 말이다.

또한 그대들 필추들이여. 나는 그 제바달다에게 털끝과 같은 작은 백법이 있는 것을 보지 못하였다. 나는 방금 제바달다에게 수기하였노라. '그대 제바달다는 악도에 태어날 것인데, 니려에 태어나는 자는 마땅히 1겁을 머물면서 구제받기 어려울 것이니라.'

그대들 여러 필추들이여. 마땅히 알라. 천수는 이미 삼법(三法)을 갖추었으므로 악도에 태어날 것인데, 니려에 태어나는 자는 마땅히 1겁을 머물면서 구제받기 어려울 것이니라. 무엇을 세 종류의 법이라고 말하는가?

그대들 여러 필추들이여. 제바달다는 이전에 그 죄악과 낙욕(樂欲)이 함께 생겨나서 마침내 곧 그 죄악과 낙욕에 이끌리게 된 것이고, 제바달다는 이미 죄악과 탐욕이 생겨나서 그 탐욕에 이끌렸다. 이것이 그 제바달다가 최초로 성취한 죄악법이라고 말하는 것이다. 제바달다는 악도에 태어날 것인데, 니려에 태어나는 자는 마땅히 1겁을 머물면서 구제받기 어려울 것이니라.

또한 여러 필추들이여. 제바달다는 악지식(惡知識)을 가까이하고 선한 도반을 얻지 못하여 악한 사람과 교류하였으므로 이것을 그 제바달다가 둘째의 성취한 죄악법이라고 말하는 것이다. 제바달다는 악도에 태어날 것인데, 니려에 태어나는 자는 마땅히 1겁을 머물면서 구제받기 어려울 것이니라.

또한 여러 필추들이여. 제바달다는 그 작은 부분을 얻었고 그 하품(下品)을 증오(證悟)한 때에 곧 기쁘게 만족함이 생겨나서 비록 수승하고 높은 것이 있었으나 다시 나아가서 닦지 않았는데 이것을 그 제바달다가 셋째의 성취한 죄악법이라고 말하는 것이다. 제바달다는 악도에 태어날 것인데, 니려에 태어나는 자는 마땅히 1겁을 머물면서 구제받기 어려울 것이니라.”

이때 세존께서는 가타를 설하여 말씀하셨다.

그대들 세간의 사람들은 죄가
과욕(過欲)에서 생겨나지 않게 하고
이와 같은 까닭으로 죄악과 탐욕은

재앙을 부른다는 것을 마땅히 알라.

세상이여. 천수는 총명하였으나
마음을 조복하지 못하였고
능히 욕심을 줄이지 못하였으며
헛된 아름다운 형상임을 함께 알라.

그는 곧 교만하고 방일(放逸)하였으며
세존을 능멸하고자 하였다네.
따라서 나는 이 사람에게 1겁을
무간(無隙)에서 태어난다고 수기하였네.

간탐(慳貪)으로 악한 생각이 생겨났나니
사견(邪見)은 경건함과 공손함이 아니므로
반드시 무간의 가운데에 태어난다면
네 개의 문(門)은 뇌옥(牢獄)으로 잠겨있다네.

만약 다른 사람이 과실(過失)이 없는데
악하게 비방하여 허물이 생겨나게 하여도
지금 세상이거나 미래의 세상에서도
스스로가 받는 어리석은 사람이라네.

만약 사람이 큰 바다에서
독병(毒瓶)으로 물을 더럽혀도
큰 바다는 넓고 끝이 없어서
반드시 악을 끼칠 인연이 없네.

이와 같이 세존께서는

악한 사람이 비방을 일으켜도
항상 자리이타(自利利他)를 행하므로
비방이 어찌 능히 이루어지겠는가?

정견(正見)으로 마음은 항상 적정하면
악연(惡緣)이 생겨날 곳이 없나니
마땅히 공양하면 지식(知識)이 되고
친근(親近)하는 자는 총명하게 되나니
이러한 까닭으로 악을 짓지 말고
공경하고 의지하며 행하라.

이때 제바달다는 성인의 말씀을 비방하였고 훼손하였으므로 결국 삿된 견해가 생겨나서 선근(善根)이 확실히 끊어졌다. 다만 이생만 있고 다시 내세는 없다고 이렇게 알고서 그 도중(徒衆)들에게 별도로 다섯의 법을 세웠으며 곧 알려 말하였다.

"그대들은 마땅히 알라. 사문 교답마와 여러 무리들은 함께 유락(乳酪)을 먹는다. 우리들은 지금부터 다시 먹지 않아야 한다. 무슨 인연의 까닭인가? 이것은 그 송아지를 굶주림의 고통으로 억누르는 것이다. 또한 사문 교답마는 물고기와 고기를 먹는 것을 허락한다. 우리들은 지금부터 다시 먹지 말아야 한다. 무슨 인연의 까닭인가? 이것은 여러 중생의 생명을 끊는 일인 것이다. 또한 사문 교답마는 그 소금을 먹는 것을 허락한다. 우리들은 지금부터 소금을 먹지 않아야 한다. 무슨 인연의 까닭인가? 이것은 그 소금 속에는 흙먼지가 많기 때문이다.

또한 사문 교답마는 옷을 수용(受用)하는 때에 잘라낸다. 우리들은 지금부터 수용하는 때에 실과 옷감을 길게 남겨두어야 한다. 무슨 인연의 까닭인가? 이것은 그 직사(織師)들의 공로(功勞)로 지은 까닭이다. 또한 사문 교답마는 아란야의 처소에 머문다. 우리들은 지금부터 마을 안에서 거주한다. 무슨 인연의 까닭인가? 시주(施主)의 시주물을 저버리는 까닭이다.”
그러므로 안의 섭송으로 말하겠노라.

유락과 물고기와 고기와
나아가 소금을 먹지 않고
옷을 길게 입고 마을에 사는
이것이 천수의 다섯 법이라네.

이때 박가반(薄伽畔)은 인간세계를 점차 유행하면서 다음으로 실라벌실저국(室羅筏悉底國)[6]에 이르렀다. 이때 제바달다는 마침내 이러한 생각이 생겨났다.

‘나는 사문 교답마에게 여러 번을 해(害)를 가하였으나 결국 그의 목숨을 끊지 못하였다. 나는 지금 마땅히 그의 첩실(妾室)을 능욕(陵辱)해야겠다.’

마침내 곧 겁비라벌솔도성으로 나아가서 사자를 보내어 그 야수타라에게 말하였다.

“사문 교답마는 이미 왕업(王業)을 버리고 출가하였다. 나는 이러한 인연을 까닭으로 그의 자리를 계승하고자 왔다. 마땅히 나의 첩실이 되어 주겠는가?”

이때 그녀는 연락을 받고 마침내 곧 사람을 시켜서 일을 구미가(瞿彌迦)에게 알렸다. 이때 구미가는 야수타라에게 알려 말하였다.

“당신은 마땅히 사자를 보내어 천수에게 알리십시오. ‘보리살타(菩提薩埵)와 나는 옛날에 손을 잡았었소. 그의 힘을 그대가 만약 견딜 수 있다면 능히 와서 보도록 하시오.’”

이때 천수는 마음에 수치심이 없었으므로 자신의 힘도 생각하지 않고 궁중으로 진입하였다. 궁중의 섬돌로 나아갔고 계단으로 올라가서 그곳으로 나아가고자 하였다. 이때 구미가는 궁녀들을 돌아보고 빙그레 웃었으나

---

6) 사위국(舍衛國)을 다르게 부르는 말이다.

천수는 깨닫지 못하고 합장하고 우두커니 있었다. 이때 대낙근나(大諾近那)의 힘이 있는 구미가는 마침내 왼손으로 그 천수를 움켜쥐었다. 이때 열 손가락에서 피가 솟았고 계속 흘러나왔다. 마침내 보리살타가 옛날에 놀던 연못에 그를 집어 던졌고 이미 연못에 떨어지고서 큰소리로 비명을 질렀다. 이때 석가(舍迦)[7]족들이 다투어 달려왔고 마침내 자세하게 의논하며 말하였다.

"제바달다는 자신의 힘을 믿지 않고 곧 궁안으로 들어와서 능멸하고자 하였으나, 오히려 다시 연못 안에 떨어져서 비명을 지르고 있구나."

마침내 서로에게 알려 말하였다.

"궁중으로 난입하였으므로 그의 목숨을 끊어야 옳소."

다시 거듭 의논하여 말하였다.

"죽은 사람에게 다시 피해를 주지 맙시다. 세존께서는 이 제바달다에게 수기하셨습니다. '악도에 태어날 것이고, 지옥에 떨어질 것인데 무간에서 1겁을 구제받지 못한다.' 이 자는 곧 죽은 사람과 같습니다. 다시 거듭 어찌 수고롭게 해치겠습니까?"

이때 사람들은 버려두고서 함께 말하지 않았다. 이때 제바달다는 연못에서 일어나서 하수구의 가운데로 달아나서 나왔으나 그 말뚝에 걸려서 입었던 옷이 찢어졌고 백첩의 일조(一條)는 두 조각으로 갈라졌다. 곧 이렇게 생각을 지었다.

'옳다. 이 옷은 교묘하게 정의(淨儀)로 불리겠구나. 성문인 나를 위하여 그 군복(裙服)[8]을 만들어 주었구나.'

또한 한때에 석가 종족들에게 알렸다.

"그대들은 마땅히 나를 왕으로 책봉해야 하오."

여러 사람들이 알려 말하였다.

"보리살타가 현재 내궁(內宮)에 있으니, 그대는 권력을 잡고 그를 항복받

---

7) 석가(釋迦)를 번역하면서 오류가 일어난 것으로 생각된다.
8) 군의(裙衣)를 가리키고, 허리에서 무릎 아래를 덮는 긴 치마 모양의 옷을 말한다. 인도에서는 남성이 허리띠를 사용하지 않고 양 끝을 여미고 넣어 착용한다.

아 복종시키며 첩실을 맞아들여야 비로소 왕이라고 말할 수 있소.”

이때 제바달다는 석가 종족의 처소에서 질투와 의심을 가라앉히고 공포심을 없애고서 마침내 궁중으로 들어갔으며, 높은 누각으로 올라갔고, 야수타라의 처소로 이르러 합장하고 한쪽에 서서 아뢰어 말하였다.

“바라건대 은택(恩澤)이 있다면 애련(哀憐)하게 굽어보시어 그대가 국대부인(國大夫人)이 되어 주십시오. 나는 곧 이 읍성에서 왕이라고 불릴 것입니다.”

이때 야수타라는 대발색건타(大鉢塞建扡)의 힘이 있어 보배평상(寶床)에서 일어나 천수에게 다가가서 합장한 손을 잡았고 두 무릎을 꺾어서 땅에 꿇렸다. 천수는 열 손가락에서 피가 솟아나 흘렸으므로 땅에 뒹굴면서 스스로가 아픔을 참지 못하였다. 이때 야수타라가 알려 말하였다.

“그대는 진실로 무뢰하고 매우 어리석은 바보구려. 잠시 그대의 손을 잡았는데도 견디지 못하는데 하물며 다시 충분한 교합(交合)으로서 생각을 구하겠는가? 전륜왕이 마땅히 나의 남편이 될 수 있느니라. 혹은 최후생(最後生)인 보리살타에게 나는 그의 첩실로 충당되었고, 비로소 처음으로 위의를 합(合)하였으나, 스스로가 바깥의 여러 사람은 완전히 배우자가 될 수 없느니라.”

이때 천수는 부끄러움을 품고 궁전을 나왔다. 석가 종족의 여러 사람들은 그가 근심하면서 괴로워하는 것을 보고 알려 말하였다.

“그대는 지금 먼저 세존의 처소로 가서 그에게 참회(懺摩)를 구하라. 만약 용서하여 주신다면 비로소 천자(天子)라고 말하라.”

이때 제바달다는 극엄(極嚴)한 독(毒)을 열 손톱의 속에 채우고서 세존의 처소로 나아가면서 이렇게 생각을 지었다.

‘만약 사문 교답마가 나를 용서하여 준다면 이것은 좋다고 말하겠으나, 결국 용서하지 않을 것이다. 나는 마땅히 나아가서 예배하고 그 독을 묻힌 손톱으로 그의 발을 할퀴어 상하게 해야겠다.’

이미 세존의 주변에 이르러 두 발에 정례하고 세존께 청하여 말하였다.

“원하건대 저를 애민하게 생각하시고 용서하여 주십시오.”

이때 세존께서는 그 천수가 어느 종류의 마음을 짓고 나의 처소로 왔는가를 관(觀)하셨고, 천수가 살해할 생각을 품고 있음을 꿰뚫어 아셨으므로 마침내 신통력으로써 양 무릎 아래를 수정석(水精石)으로 변화시키시고 묵연히 머무르셨다. 이때 제바달다는 묵연히 말이 없는 것을 보고 마침내 성냄을 일으켰으며 그 해칠 생각이 크게 일어나서 곧 독을 묻힌 손톱으로써 세존의 발을 할퀴었다. 이때 열 손가락은 모두 꺾어졌고 모두가 찢어져서 거꾸로 독에 중독되었고, 큰 고뇌가 생겨났다. 이때 존자 아난타(阿難陀)는 알려 말하였다.

"천수여. 그대는 세존께 귀의하시오."

아난타에게 알려 말하였다.

"대덕이여. 내가 지금 만약 그 세존께 귀의한다면 마땅히 세존께서 말씀하셨던 '만약 불타(佛陀)에게 귀의한다면 악도에 태어나지 않고, 이 몸을 버린다면 마땅히 수승한 천상에 태어난다.'는 말과 같아야 하네. 그러나 세존께서는 나에게 수기하셨네. '마땅히 악도인 니려의 가운데인 무간에 태어나서 1겁을 구제받지 못할 것이다.' 내가 만약 하늘에 태어난다면 그것은 공허한 말이 될 것이고, 내가 만약 악취(惡趣)에 떨어진다면 도리어 거짓말이 될 것이다."

이와 같이 몹시 성냄이 생겨나던 때에 악업을 이미 가득 채웠고 다시 기다릴 것이 없었으므로 무간지옥의 불꽃이 그의 몸을 두루 태웠다. 마침내 곧 큰소리로 울부짖으며 알려 말하였다.

"대덕 아난타여. 나는 지금 불타고 있다. 나는 지금 구워지고 있다."

이때 아유솔만(阿瑜窣滿)[9] 아난타는 그의 고통을 보고 매우 부드러운 자비가 생겨났고 또한 친족이었으므로 사랑하는 마음이 더욱 증가하여 알려 말하였다.

"그대는 지금 마땅히 지극하게 달타갈다(怛他揭多)·아라한(阿羅漢)·삼먁삼불타(三藐三佛陀)를 생각하고 다른 생각은 하지 마시오."

---

9) 산스크리트어 āyuṣmān의 음사로서 덕이 높은 수행자를 가리키는 말로 존자 또는 장로 등으르 번역된다.

그때 천수는 큰 불길에 둘러싸여 그 몸이 태워졌고, 현전(現前)한 업보에 매우 극심한 고통을 받으면서 깊은 마음으로 은중(慇重)하게 입으로 스스로가 외쳐 말하였다.

"오늘 내 몸과 나아가 뼈에 사무치도록 박가범(薄伽畔)[10]께 지극한 마음으로 귀의(歸伏)합니다."

이렇게 말하고서 현재의 몸은 무간무극(無間無隙)의 나락가(奈落迦)[11]의 가운데에 떨어졌다. 이때 세존께서 여러 필추들에게 알리셨다.

"그대들은 마땅히 알라. 제바달다의 선근(善根)은 1대겁(大劫)을 머무르는 무간대지옥의 가운데에 이어질 것이고, 그의 죄가 끝나면 뒤에 사람의 몸을 받을 것이며, 전전(展轉)하면서 수습(修習)하여 발자저가불타(鉢剌底迦佛陀)[12]를 증오(證悟)하여 구골(具骨)이라고 이름할 것이다. 마땅히 그때 증득하고서 발우를 지니고 마을을 다닐 것이고, 음식을 얻고서 본래의 처소로 돌아가서 발우를 한쪽에 놓아두고 손발을 씻고 비로소 음식을 먹고자 할 것이며, 마침내 나아가 마음을 섭수하여 그 숙세(宿世)를 관찰할 것이다.

'내가 무슨 일을 인연하여 오랫동안 생사의 윤회에 미혹되어 있었고 지금의 몸에 와서 깨닫게 되었는가?'

마침내 곧 관찰하여 보아서 세존의 주변에서 그 여러 종류의 악하고 거스르는 일을 지었던 것을 알게 될 것이다. 다시 지나간 옛날에 세존께서 보살의 본행(本行)이었을 때에 태어나는 세상마다 항상 원수(怨讐)가 되었으나, 다만 작은 공경과 이양(利養)이 허락된 까닭으로 이곳에 이르렀던 이러한 일을 알게 될 것이다. 그는 얻은 음식을 조금도 먹지 않고 마침내 공중으로 솟아올라 큰 광명을 비추고 여러 신통변화를 나타내고서 무여의

---

10) 박가범(薄伽梵)를 번역하면서 오류가 일어난 것으로 생각된다.

11) 산스크리트 naraka의 음사로서 본래는 아래가 없는 구멍이라는 뜻이다. 이후에 '도저히 벗어날 수 없는 극한 상황'인 지옥을 뜻하는 말로 변하였다.

12) 산스크리트어 pratyeka-buddha의 음사로서 '홀로 깨달은 자'라는 뜻으로 독각(獨覺) 또는 연각(緣覺)이라고 번역된다.

묘열반계(無餘依妙涅槃界)에서 원적(圓寂)을 증득할 것이니라.”

이때 아유솔만 사리불달라(舍利弗呾囉)[13]와 모온갈라연나(毛嗢揭羅演那)[14]는 매번 때때로 나락가에 가서 살펴보았는데, 이때마다 사리불달라가 모온갈라연나에게 알려 말하였다.

“그대는 나와 함께 무간지옥에 가서 보고 그 천수를 위문하지 않겠는가?”

이때 사리불달라와 모온갈라연나는 함께 아비지옥(阿毘地獄)으로 갔고 그곳에 이르렀다. 이때 사리불달라는 모온갈라연나에게 명하여 말하였다.

“그대는 지금 이곳이 곧 아비지처(阿毘止處)인 것을 아는가? 위아래와 사방이 완전히 통하지 않은 곳이 없어서 한번 불이 붙는다면 사나운 불꽃이 결코 중간에 꺼지는 일이 없다네. 그대는 대신통이 대덕들 가운데에서 세존께서 이미 제일이라고 수기하셨으므로 마땅히 마음을 움직여서 이 무간지옥을 관찰하고 고통받는 유정들을 위하여 화재를 없애야 할 것이네.”

이렇게 말을 마치자 모온갈라연나는 곧 이와 같은 대수지정(大水之定)에 들어갔다. 이미 선정의 마음에 들어갔으므로 위에서 장대와 같은 비가 쏟아져서 아비지옥으로 들어갔으나, 그 물은 모두 허공에서 증발되어 없어졌다. 다시 큰 비를 퍼부어서 쟁기의 끌채와 같고 수레의 혹은 굴대와 같은 굵은 비를 쏟아부었지만, 그 빗물도 역시 모두 증발되어 없어졌다. 이때 사리불달라는 이러한 일을 보고 곧바로 생각을 거두어서 승해행정(勝解行定)에 들어갔다. 이미 선정에 들어가자 물살이 거세져서 지옥의 가운데를 가득 채웠으므로 그의 본념(本念)으로 고통받는 소리가 없어졌다. 이때 아유솔만 모온갈라연나는 명령하여 말하였다.

“만약 제바달다가 있다면 마땅히 앞으로 나오시오.”

이러한 명령을 듣고 제바달다라는 수천 명이 다투어서 앞으로 달려나왔다. 이때 아유솔만 모온갈라연나는 이 대중들에게 알려 말하였다.

---

13) 사리불을 가리킨다.
14) 대목련을 가리킨다.

"만약 이 중에 세존의 친척 형제인 제바달다가 있다면 마땅히 이곳에 오시오."

이때 제바달다는 곧 사리불달라와 마하 모온갈라연나의 앞으로 나왔고 이르러 두 존자의 발에 정례하였다. 두 존자가 물었다.

"천수여. 그대가 받는 큰 지옥의 고통에서 차별이 있는가?"

천수가 대답하여 말하였다.

"또한 아비지옥에서 함께 받는 고통을 이곳에서 말할 필요가 있겠습니까? 그러나 내 몸이 받는 별도의 고통을 바라건대 관찰하여 주십시오."

이때 철위산에서 불꽃이 두루 일어나서 한 개의 큰 불덩어리를 이루었는데, 나에게 와서 이르러 내 몸뚱이를 짓이기고 부수는데, 비유하면 돌 위에서 삼씨(麻子)를 갈아서 기름을 짜는 것과 같습니다. 다시 아주 날카로운 두 개의 이빨은 쇠톱의 모양이고, 맹렬한 불꽃을 튀기면서 내 몸을 자르는데, 하나하나의 마디와 뼈가 조각조각의 얼음처럼 떨어집니다. 또한 쇠몽둥이가 두루 모두 열기로 타오르는데, 자주자주 와서 나의 머리를 때려서 깨트립니다. 다시 큰 코끼리들이 있는데 사방에서 몰려와서 나의 몸을 짓밟아서 쌀가루와 같이 부수고 있습니다."

이때 아유솔만 사리불달라와 모온갈라연나는 그에게 알려 말하였다.

"그대 제바달다여. 그대가 '어느 때에 철위산에 있는 매우 뜨거운 큰 불덩이가 여러 곳에서 일어나고 하나로 합쳐져서 나에게 이르러 나의 몸뚱이를 갈아서 부수는 것이, 비유하면 돌 위에서 삼씨를 갈아 기름을 짜는 것과 같다.'고 말한 것과 같은데, 이것은 곧 그 축봉산(鷲峯山)에서 큰 돌을 던져서 여래를 손괴시켰던 까닭이고, 악업의 파도가 이러한 고통의 과보를 부른 것이오.

또한 다시 그대는 '또한 쇠몽둥이가 있어 모두 열기로 타오르는데 자주자주 와서 나의 머리를 때려서 깨트린다.'고 말하였는데, 이것은 그대가 아라한인 올발라색 필추니에게 주먹으로 그녀의 머리를 때려서 마침내 죽음에 이르게 하였고, 그 악업을 까닭으로 이러한 고통의 과보를 부른 것이오.

또한 다시 그대는 '또한 큰 코끼리가 있어 사방에서 몰려와서 내 몸을 밟아 가루와 같이 부수고 있다.'고 말하였는데, 이것은 곧 그대가 크게 해치려는 뜻을 일으켜서 코끼리를 풀어놓아 세존을 밟게 하고자 하였던 까닭이고, 그 악업을 까닭으로 이러한 고통의 과보를 부른 것이오."

또 두 존자가 명하여 말하였다.

"제바달다여, 그대는 지금은 비록 이와 같은 극심한 고통을 받지만 세존께서 그대에게 수기하셨소. '이 죄를 받는 것이 끝난다면 결국 발자저가불타를 증오하고 구골이라고 이름하리라.'"

이때 제바달다는 이러한 말을 듣고, 두 존자에게 아뢰어 말하였다.

"만약 이와 같다면 나는 지금 마음에서 용맹스럽게 이 무간대지옥의 가운데에서 한쪽 옆구리를 눕히고 그 고통을 달게 받겠습니다."

이렇게 말을 짓고서 그는 홀연히 사라졌다. 이때 아유솔만 사리불달라와 모온갈라연나는 다음으로 다시 그 육사외도(六師外道)가 고통을 받는 곳으로 나아갔다. 마침내 곧 그 고가리가(高迦離迦)를 보았는데, 100개의 쟁기가 그의 혓바닥을 갈아가고 있었다. 이때 삭하계(索詞界)[15]의 주인인 범천왕도 역시 두 존자를 따라서 머물렀는데 고가리가를 보고 알려 말하였다.

"그대 고가리가여. 그대는 이 두 대존자(大尊者)인 필추의 처소에서 최고의 공경심을 일으켜야 한다. 그리고 이 두 스승은 청정한 행을 굳게 지키고 지혜와 신통이 대중의 가운데에서 제일이시다."

이때 고가리가는 그 두 존자에게 곧 알려 말하였다.

"이 두 죄악으로 욕망이 있는 사람들은 어디서 이곳에 왔는가?"

이러한 악한 말을 곧 소리를 질렀으므로 그의 혓바닥 위를 마침내 1,000개의 쟁기가 있어 두루 갈아갔다. 이때 아유솔만 사리불달라와 모온갈라연나는 이렇게 생각을 지었다.

'이러한 유정은 업이 무거워서 구제하기 어려워서 어떻게 할 수 없구나!'

그를 버려두고 떠나갔다. 다음으로 곧 포랄라가섭파(晡剌拏迦攝波)에게

---

15) 사바세계를 다르게 부르는 말이다.

갔다. 이미 그곳에 이르니 이때 포랄라가섭은 드디어 곧 나아가서 두 존자의 두 발에 예경하고 아뢰어 말하였다.

"원하건대 두 분의 대덕께서는 죄인인 나를 살펴주십시오. 나는 옛날의 때에 그 삿된 법을 말하여 세상을 속이고 이때 세속의 바른 믿음을 막았습니다. 이 죄업의 인연을 까닭으로 500개의 쟁기가 때때로 나의 혓바닥을 갈고 있습니다. 또한 다시 나에게 들었던 여러 제자들이 나의 남은 뼈를 소중히 생각하여 솔도파(窣睹波)의 주변에 나아가서 공양하는 때에 곧 더욱 큰 고통이 거듭 와서 핍박하고 있습니다. 바라건대 능히 보신다면 내가 재앙을 받는 것을 알려 주시고, 아울러 다시 알려서 알게 하십시오. '다시는 그 솔도파에 공양하지 말라.'"

이때 두 존자는 그렇게 그의 말로 지옥을 유행하는 일을 끝마쳤으며, 함께 곧 염부주(贍部洲)의 가운데에 나아갔다 돌아왔다. 이때 두 존자는 박가범과 여러 대중들을 마주하고서 그 제바달다와 고가리가 및 포랄라 등이 나락가의 가운데에서 고통받고 있는 일을 갖추어 설명하였다. [이미 널리 자세하게 설명하였다.]16) 이때 여러 필추들은 함께 모두가 의심이 있어 마침내 곧 세존께 의심을 끊어주기를 청하면서 물어 말하였다.

"대덕이신 세존이시여. 무슨 까닭으로 제바달다는 세존께서 알려주는 말을 즐거이 수용하지 않았고, 아비지옥에 떨어져 크고 극심한 고통을 받음으로써 이것에 이르렀습니까?"

세존께서 알려 말씀하셨다.

"그대들 여러 필추들이여. 다만 오늘에 나의 말을 수용하지 않아서 이러한 형벌과 고초를 받은 것이 아니고, 일찍이 지나간 세상에서도 나의 말을 수용하지 않아서 그러한 고뇌를 만났느니라. 그대들은 마땅히 들을지니라. 내가 일찍이 옛날에 부정취(不定聚)17)에 있으면서 보리살타를 행하였다. 이때의 가운데에 소로 태어났는데 큰 황소가 되어 매번

---

16)『근본설일체유부비나야잡사』에서 설하고 있는 연기를 참조하라.

17) 삼취(三聚)의 하나. 열반에 이를지 지옥에 떨어질지 아직 정해지지 않은 중생의 부류를 말한다.

밤중이면 마침내 곧 왕가(王家)의 콩밭에 가서 뜻에 따라서 뜯어먹었고, 이미 해가 떠오르면 돌아와 성안으로 들어왔고 자재(自在)하게 누워서 잠을 잤다. 이때 한 마리의 당나귀가 있었는데 소가 있는 곳으로 와서 이렇게 말을 지었다.

"대구(大舅)는 무슨 까닭으로 피부와 혈색과 살이 모두가 함께 살찌고 충만합니까? 나는 일찍이 잠시라도 밖으로 나가는 것을 보지 못하였습니다."

황소가 알려 말하였다.

"외생(外甥)[18]이여. 나는 매일 밤에 왕가의 콩밭에 나가서 뜯어먹고서 아침 해가 뜨기 전에 발길을 돌리고 일부러 기거하네."

당나귀가 곧 알려 말하였다.

"나도 마땅히 대구와 함께 가서 먹을 수 있습니까?"

황소가 마침내 알려 말하였다.

"외생이여. 그대는 입으로 많이 울고 소리가 멀리 들리네. 이러한 소리를 인연하여 잡히지 않도록 하게."

당나귀가 곧 대답하여 말하였다.

"대구여. 내가 만약 따라간다면 결코 소리를 내지 않겠습니다."

마침내 서로를 따라서 밭으로 이르렀고 울타리를 넘어뜨리고 함께 들어가서 함께 그 왕가의 콩을 뜯었다. 당나귀는 배가 부르기 전에는 고요하고 소리가 없었으나, 이미 배가 부르자 곧바로 알려 말하였다.

"아구(阿舅)[19]여. 내가 잠시 노래를 부르겠습니다."

황소가 알려 말하였다.

"잠시만 참아 주게. 내가 밖으로 나간 뒤에 외생의 마음대로 그 노래를 지어 부르게."

이렇게 말하고서 빠르게 콩밭을 달려 나왔다. 그 당나귀는 뒤에 마침내 곧 울음을 터트렸다. 이때 이 왕가의 밭을 지키던 사람들이 곧바로 당나귀

---

18) 생질이라고도 부르며 누나 또는 여동생의 아들을 가리킨다.
19) 외삼촌 또는 아내의 형제인 처남을 부르는 칭호이다.

를 붙잡고 몰아내면서 사람들에게 알려 말하였다.

"왕가의 콩밭을 이 당나귀가 먹었으므로 마땅하게 고통을 주고서 비로
소 내쫓아 버립시다."

이때 밭을 지키던 사람들은 당나귀의 두 귀를 잘랐고, 아울러 나무
절구통을 그의 목에 매달았으며, 고통스럽게 채찍으로 몸을 때려서 밖으로
내쫓았다. 그 당나귀는 곤욕을 당하고 전전하며 돌아다녔다. 황소는 이미
보았으므로 마침내 당나귀가 있는 곳에서 가타를 설하여 말하였다.

좋은 노래를 크게 불렀고
노래를 까닭으로 이런 과보를 얻었고
그대가 능히 노래하였으므로
곧 두 귀를 잘리었구나.

만약 능히 입을 막지 않고
선한 벗의 말을 수용하지 않아서
다만 귀만 잘린 것이 아니고
목의 주변에는 절구도 달았다네.

당나귀가 다시 가타로 그에게 대답하여 말하였다.

이빨을 물고서 마땅히 말을 줄이겠으니
늙은 황소는 많은 말을 마시오.
그대는 다만 가서 밤에 먹지만
오래지 않아 밧줄에 묶일 것이오."

세존께서 알려 말씀하셨다.

"그대들 여러 필추들이여. 다르게 생각하지 말라. 지나간 때의 황소가
곧 나의 몸이고, 옛날의 당나귀는 곧 제바달다이니라. 지나간 옛날에

나의 말을 수용하지 않아서 그러한 고통을 만났고, 오늘날에 나의 말을 듣지 않아서 이와 같은 큰 재앙을 받은 것이다. 또한 여러 필추들이여. 그대들은 다시 마땅히 알라. 오히려 오늘날에도 제바달다가 나의 말을 수용하지 않아서 큰 고통을 부른 것과 같은 지나간 옛날의 일도 마땅히 다시 들을지니라.

그대들 여러 필추들이여. 옛날 한 마을에 한 장자가 있어 이곳에 머물렀느니라. 한 큰 소가 있었는데 여러 상을 갖추었다. 이때 그 장자는 사문과 바라문과 의지할 곳이 없는 가난한 상객(商客)들을 널리 청하여 많은 공양을 베풀었고 보시하였으며 드디어 곧 그 소를 풀어주었다. 상을 갖춘 그 큰 소는 다시 구속되지 않았고 이곳저곳을 돌아다녔다. 이때 큰 소는 이미 풀려났으므로 뜻에 따라 돌아다니면서 수초(水草)를 찾았다. 이때 방죽과 연못을 다니면서 깊은 수렁에 빠졌고 스스로 빠져나올 수가 없었다. 이때 장자는 해가 저물고 어두워졌는데 비로소 사람들에게 전해 듣고 마침내 소를 찾아 나섰다. 그 소가 있는 곳에 이르렀고 장자는 생각하였다.

'수렁은 깊고 소는 커서 나 혼자는 감당할 수 없구나. 날이 밝는 것을 기다려 아침에 와서 건져 주어야겠다.'

소가 마침내 알려 말하였다.

"밧줄을 나의 뿔 위에 묶고서 내 앞에 놓아두고, 날이 밝으면 곧 오십시오. 만약 원숭이와 오소리가 와서 나를 핍박하는 때에 내가 뿔에 묶은 밧줄을 흔들어서 놀라게 하겠습니다."

그 장자는 마침내 곧 밧줄로써 소뿔에 길게 묶었고, 그 밧줄 다발은 땅에 놓아두고 떠나갔다. 어두운 밤에 이르자 야생의 원숭이가 곧 이르렀고 멀리서 소를 보고 이렇게 말을 지었다.

"누가 이곳의 연뿌리(藕根)를 훔치러 왔는가?"

소가 곧 알려 말하였다.

"나는 지금 수렁에 빠져 혼자서 빠져나올 수 없다. 어찌 다른 사람의 연뿌리를 훔칠 마음이 있겠는가?"

원숭이가 이러한 말을 듣고 마침내 와서 말하였다.

"나의 맛있는 음식이 어떻게 홀연히 스스로가 왔는가?"

마침내 그 소의 근처에서 잡아먹고자 하였다. 소가 원숭이에게 알려 말하였다.

"그대는 마땅히 나에게서 멀리 떨어져서 서로가 능멸하지 않게 하라. 그대의 몸이 모진 고통에 막히지 않게 하라."

원숭이는 비록 그가 말로 알리는 것을 들었으나 주의하지 않았고, 마침내 소의 옆으로 다가가서 잡아채고자 하였다.

이때 발리사파(勃利沙婆)는[한역으로는 우왕(牛王)이라 한다.] 말이 수용되지 않음을 보고 가타로 설하여 말하였다.

나는 연뿌리를 훔치지 않고
역시 연을 훔치지도 않았으니
반드시 만약 잡아먹고자 한다면
등 위에 올라서 마땅히 쪼개야 한다네.

원숭이가 말하였다.

"지금이 올바른 때이다. 마땅히 등 뒤부터 차례로 먹겠다."

소의 등으로 올라가 입을 대고 물어뜯고자 하였고, 소는 뿔을 흔들어 밧줄로 원숭이의 목을 감았다. 마침내 곧 밧줄이 감겼으므로 몸은 공중에서 매달렸다.

이때 큰 소가 가타로 설하여 말하였다.

그대는 미소년(美少年)이고
광대이며 공중에서 춤추는데
들판에는 보는 사람이 없으니
재주를 부리려면 마을로 가라.

이때 야생 원숭이도 역시 가타로서 소에게 대답하여 말하였다.

나는 춤추는 자도 아니고
역시 미소년도 아니므로
제석이 사다리를 내려준다면
나는 마땅히 범천으로 가겠네.

또한 우왕이 다시 게송으로 설하여 말하였다.

진실로 제석은 범천에 올라갈
사다리를 내려주지 않을 것이니
밧줄이 빠르게 목을 조를 것이고
생명(性命)도 이때 끝마치리라.”

“그대들 여러 필추들이여. 다르게 생각하지 말라. 지나간 때의 우왕은 곧 나의 몸이고, 옛날의 야생 원숭이는 곧 천수이니라. 지나간 옛날에 나의 말을 수용하지 않아서 그러한 고통을 만났고, 지금에도 나의 말을 듣지 않아서 이와 같은 큰 재앙을 받은 것이니라.”

이때 여러 필추들은 다시 의심이 있어 마침내 곧 의심을 끊고자 세존께 청하여 물었다.

“세존이시여. 무슨 까닭으로 제바달다는 세존의 처소에서 큰 진심(瞋心)을 일으켜 정어(正語)를 따르지 않았고 아비지옥에 태어나서 몸을 태우는 고통을 받았습니까?”

세존께서 알려 말씀하셨다.

“다만 오늘날에 나의 말을 수용하지 않아서 몸이 맹렬한 불꽃을 만나서 일체를 구제받지 못하는 것이 아니니라. 그대들 필추들은 또한 다시 마땅히 들을지니라. 일찍이 지나간 옛날에 한 왕도(王都)가 있었고 제저가(制底迦)라고 이름하는 왕이 이곳에서 교화하고 있었다. 이때 왕의 복력(福

力)으로 그 나라는 부유하고 번창하였으며 안은하고 풍족하였으므로 많은 사람들이 부족함이 없었느니라. 또한 다시 왕은 크게 수승한 복이 있어서 매번 자리에 앉고자 한다면 여러 천인들이 있어 그 자리를 받들어서 공중에 머물게 하였다.

그 왕에게는 국정을 맡은 한 대신이 있었는데 곧 두 아들을 낳았다. 첫째는 출희(出喜)라고 이름하였고, 둘째는 중애(衆愛)라고 이름하였다. 이때 큰 아들은 그의 아버지가 비법(非法)인 법으로써 대중을 다스리는 것을 보고 마침내 생각하면서 말하였다.

"내가 큰 아들이므로 관직을 세습하는 것이 합당하다. 나의 아버지가 목숨을 마치고 마땅히 대신의 지위에 오른다면 나도 역시 마땅히 비법의 법으로써 백성을 다스릴 것이고, 이러한 악업의 인연으로 나락가에 태어날 것이다. 어떻게 내가 지금 출가하여 수행하지 않겠는가?"

마침내 아버지의 처소에 이르러 출가를 구하면서 애원하였다. 아버지는 마침내 그에게 허락하였고 세속을 떠나 세존의 처소에서 출가하였다. 뒤의 다른 때에 그 아버지인 대신은 다른 세계로 떠나가 죽고 둘째 아들이 국가의 대신이 되어 비법의 법으로써 세상을 교화하였다. 백성들은 심하게 원망하여서 그의 비리(非理)를 말하였다. 이때 한 사람이 있었는데 그 촌읍(村邑)을 돌아다녔고 기약 없이 전전하면서 그 큰 아들이 출가하여 수행하는 것을 지켜보았다. 이때 필추는 이 나그네가 오는 것을 보고 물어 말하였다.

"그대는 어느 곳에서 지금 이곳에 왔소?"

그 사람이 알려 말하였다.

"저는 어느 성읍에 살고 있습니다."

마침내 그의 아우를 물었고 나그네는 갖추어 대답하였다.

"그는 비법을 행하여 사람들을 괴롭히고 있으며, 백성들 모두가 의지하고 살 곳이 없어 원한을 품고 있습니다."

필추는 듣고서 그 사람에게 알려 말하였다.

"당신은 지금 걱정하지 말고 돌아가시오. 내가 시간이 있으면 마땅히 그 성으로 가서 진리로써 열어 이끌고 정법을 행하도록 하겠소. 나는 그 백성들이 고통을 벗어나서 안락을 얻기를 바라오.”

그 사람은 듣고서 마침내 본래의 처소로 돌아갔고 그의 친족들에게 있었던 모든 일을 갖추어서 말하여 알렸고, 풍문(風聞)으로 전전하여 그의 아우에게 들렸다. 아우는 곧바로 가서 그 왕에게 아뢰어 말하였다.

“저의 큰 형이 이곳에 오고자 합니다.”

왕은 곧 알려 말하였다.

“옳소. 만약 그가 온다면 곧 대신으로 삼겠소.”

그 동생이 아뢰어 말하였다.

“제가 이미 오랫동안 왕인 전하(殿下)를 섬겨왔는데, 오래된 정성과 노고는 어떻게 되는 것입니까?”

왕이 곧 알려 말하였다.

“우리나라의 국법은 맏아들이 지위를 세습하게 되어 있소. 이 일은 바꿀 수 없소. 무슨 계책을 알고 있소?”

왕이 다시 알려 말하였다.

“반드시 그대가 마음에서 원한다면 그가 온다면 이때 마땅히 말하시오. ‘내가 형이다.’”

이미 왕의 가르침을 받고 마음속으로 기뻐하면서 돌아갔다. 필추는 오래지 않아서 본래의 읍성으로 돌아왔고, 왕과 대중들은 보고 모두 일어나서 맞이하였는데, 오직 그의 아우는 편안히 앉아 있었다. 필추가 그에게 알려 말하였다.

“그대는 나의 아우인데, 무슨 까닭으로 편안히 앉아 있는가?”

그 동생이 알려 말하였다.

“그대가 동생이고 내가 형이다. 만약 그것을 믿지 못하겠다면 마땅히 증명하겠다. 나는 왕궁에서 자랐으므로 왕께서 누가 형이고 누가 동생인가를 아실 것이다. 마땅히 함께 묻고 진실과 거짓을 결판(決判)내자.”

이때 필추는 왕의 앞으로 나아가서 아뢰어 말하였다.

“우리 두 사람 중에 누가 큰 아들입니까?”

왕은 나아가 일부러 마음에서 거짓말을 하였다.

"이 사람이 마땅히 큰 아들이고, 그대는 아우이다."

곧 말을 마치자 갑자기 소리가 들린 뒤에 하늘은 곧 왕을 자리에서 밀어내어 땅에 넘어지게 하였고, 곧 입에서는 악취가 밖으로 흘러나왔다. 이때 큰 아들인 필추가 이러한 일을 보고서 많은 게송을 설하여 말하였다.

만약 사람이 거짓말을 한다면
여러 하늘이 곧 버리고 떠나가며
입안에서는 악취가 새어 나오고
곧 천당(天堂)의 길을 잃어버린다네.

왕이 마땅히 진실하게 말한다면
평소로 다시 돌아오면 옛날과 같을지라도
만약 그렇게 거짓말을 한다면
반드시 하도(下道)에 마땅히 가리라.

혀의 과보는 없어도 마땅히 부른다면
오히려 물속의 물고기와 같아지나니
만약 법에 어긋나게 말한다면
그것은 비법(非法)을 말하는 것이라네.

왕이 마땅히 진실하게 말한다면
평소로 다시 돌아오면 옛날과 같을지라도
만약 그렇게 거짓말을 한다면
반드시 하도에 마땅히 가리라.

마땅히 남녀가 아닌 것이 되어
반드시 황문(黃門)[20]의 모습을 받을 것이니

만약 법에 어긋나게 말한다면
그것은 비법을 말하는 것이라네.

왕이 마땅히 진실하게 말한다면
평소로 다시 돌아오면 옛날과 같을지라도
만약 그렇게 거짓말을 한다면
반드시 하도에 마땅히 가리라.

마땅한 때에 하늘에서 비가 내리지 않고
때가 아닌 때에 많이 쏟아지는데
만약 법에 어긋나게 말한다면
그것은 비법을 말하는 것이라네.

왕이 마땅히 진실하게 말한다면
평소로 다시 돌아오면 옛날과 같을지라도
만약 그렇게 거짓말을 한다면
반드시 하도에 마땅히 가리라.

곧 제저왕(制底王)과 같이
그 극악한 악업을 짓는다면
마땅히 아비지옥으로 나아가서
니려에서 악과를 받는다네."

"그대들 여러 필추들이여. 다르게 생각하지 말라. 그 대신의 큰 아들은
곧 나의 몸이고, 그 제저가왕(制底迦王)은 곧 오늘날의 천수이니라. 지금까
지 나에게 지극히 성내는 마음을 일으켜 그러한 말을 수용하지 않았고,

---

20) 남자로서 남근(男根)을 갖추고 있지 않거나 남근이 불완전한 자를 가리킨다.

이러한 악연의 과보로 아비지옥에 태어난 것이니라.”

이때 필추가 있었으나 오히려 의심이 있어 다시 거듭하여 의심을 끊고자 세존께 청하여 물어 아뢰었다.

“대덕이시여. 무슨 까닭으로 제바달다는 크게 자비하신 세존의 이익되는 말씀을 능히 신용(信用)하지 않고서 나락가의 아비지옥 가운데에 떨어져서 크고 극심한 고통을 받는 것입니까?”

세존께서 알려 말씀하셨다.

“그대들 여러 필추들이여. 제바달다는 다만 오늘날에 나의 말을 수용하지 않아서 이러한 지옥의 고통을 받는 것이 아니니라. 지나간 과거의 때에서도 역시 나의 말을 수용하지 않다가 극심한 고통을 만났었느니라. 그대들은 마땅히 들을지니라.

그대들 여러 필추들이여. 지나간 옛날의 때에 한 촌락 안에 뛰어난 기술자(妙巧師)가 있어 기관(機關)을 잘 이해하였는데 이 마을에 거주하였다. 마침내 비슷한 종족의 여인을 맞아들여 아내로 삼았는데 주무(綢繆)21) 하게 잘 맺어졌으므로 평안하였고 안정되게 마음을 얻었다. 오래지 않아 임신하였고, 8·9개월이 지나자 곧 한 자식을 낳았다. 그를 낳고서 삼칠일(三七日)이 지났으므로 그 이름을 짓기 위하여 즐겁게 모였으며 교용(巧容)이라고 이름하였다.

여법하게 성장하였고 점차 성인이 되었으나, 그의 아버지는 오래지 않아서 마침내 목숨을 마쳤다. 그는 쉬었고 뒤에 곧 다른 마을로 향하였으며 다시 기술자에게 가서 기관의 기술을 배웠다. 다시 다른 마을로 향하여 구려(仇儷)22)를 구하고자 돌아다녔다. 한 장자가 있었는데 부녀(父女)가 마침 문 앞에 있다가 딸을 주겠다고 허락하면서 알려 말하였다.

“그대는 어느 날까지 서둘러서 나의 말을 갖추어야 하네. 이 기일이 어긋나지 않아야 뜻대로 혼인할 수 있네. 만약 그 기일에 맞추지 못한다면 나의 허물은 아닐세.”

---

21) 미리 빈틈이 없게 자세하게 준비하는 것을 말한다.
22) 남편과 아내가 이루어진 부부를 말한다.

교용은 다시 돌아가서 기술자인 스승에게 알려 말하였다.

"어느 마을에 여인이 있는데 저에게 혼인하는 것을 허락하였습니다. 그 길일(吉日)의 때에 이르렀으나 서로의 기한이 촉박합니다. 마땅히 능히 혼인날에 다가가면서 반드시 어긋나지 말라고 말하였습니다. '만약 기일이 어긋난다면 나의 허물이 아니네.'"

기술자가 알려 말하였다.

"반드시 그와 같다면 내가 마땅히 그대와 함께 바쁜 날짜를 지키도록 하겠네. 좋은 날과 좋은 때는 두 번을 얻기가 어렵네."

나무로 만든 공작새를 취하여 함께 타고 멀고도 먼 길을 재촉하지 않았으나 약속한 날짜에 나아갔다. 이때 그 촌읍의 사람들은 인물을 함께 보았으나 일찍이 보지 못하였으므로 그 기이한 기술을 찬탄하였다. 나아가서 예물을 주고 아내를 취하여 돌아가고자 하였다. 마침내 세 사람은 함께 공작에 올라서 기관을 운전하니 허공으로 솟아올랐고 협진(浹辰)23)에 빨리 날아서 고향으로 돌아왔고 이미 그곳에 이르렀다. 이때 기술자인 수승은 제자의 어머니에게 알려 말하였다.

"이 기관인 코끼리는 그대가 보관하십시오. 아들이 만약 찾는 때에도 마땅히 주지 마십시오. 그는 앞으로 가는 것을 알고 되돌아오는 것은 알지 못하는 까닭입니다. 그 아들에게 고액(苦厄)을 만나게 하지 마십시오."

그 아들은 뒤에 자주자주 어머니에게 그 공작을 찾았다.

"제가 그 나무 기관을 타고 잠시 돌아보고자 합니다. 여러 사람들을 저에게 복종시키고 싶습니다."

어머니는 마침내 알려 말하였다.

"그대의 스승께서 떠나가시는 날에 굳게 당부하신 말이 있었네. '아들이 만약 찾는 때에도 마땅히 주지 마십시오. 다만 올라가는 것을 알고 되돌아오는 것은 알지 못합니다. 이러한 인연으로 고액을 부르게 하지 마십시오.'"

아들은 어머니에게 알려 말하였다.

---

23) 12일간을 이르는 말이다. 협(浹)은 일주(一周)를 뜻하며, 진(辰)은 십이지를 뜻한다.

"떠나가고 돌아오는 기술을 나는 이미 알고 있습니다. 스승께서는 간탐하는 마음이 있어 주지 못하게 하신 것입니다."

여인은 마음이 여리었고 자주 구하면서 청하였으므로 마침내 기관을 가지고 그 아들에게 주었다. 아들은 기관을 얻고서 마침내 작동시켜서 곧장 하늘로 올라갔고, 여러 사람들은 환호하였다. 그 스승이 보고서 탄식하며 말하였다.

"이 아이가 한 번 떠나갔으니 다시는 돌아올 수 없겠구나. 다시 기관을 운전하여 갔으나 돌아오지 못할 것이다."

큰 바다 위에 이르렀을 때 비가 내렸고 날씨는 흐려졌다. 기관이 소유하였던 밧줄들이 모두 닳아서 끊어졌고 바닷속으로 떨어진 인연으로 나아가 목숨을 잃었다. 여러 천인들이 보고서 가타로 설하여 말하였다.

여러 자비와 연민이 있어 유익하게 말하였으나
그 가르침을 따르지 않고 자신의 마음을 따랐고
스승이 없었으나 나무 기관을 억지로 타고 갔으며
결국은 큰 바다에서 몸이 빠져 죽었다네."

세존께서 알려 말씀하셨다.

"그대들 여러 필추들이여. 다르게 생각하지 말라. 지나간 때에 기관의 스승은 곧 나의 몸이고, 그의 제자는 곧 제바달다이니라. 이익되는 말을 배신하고 갔다가 침몰하는 재앙을 만났고 오늘날에도 이익되는 말을 버리고서 현재에 몸이 불타는 고초를 받았느니라."

근본설일체유부비나야파승사 제11권

삼장법사 의정 한역

석보운 번역

이때 아유솔만 오파리(鄔波離)가 세존께 청하여 말하였다.

"대덕이시여. 승가의 파괴(破壞)를 말씀하셨고 다시 승가의 화합(和合)을 말씀하셨습니다. 무엇을 승가의 파괴라고 말하는가를 분명히 알지 못하겠고, 무엇을 승가의 화합이라고 말하는가를 분명히 알지 못하겠습니다."

세존께서 알려 말씀하셨다.

"만약 다시 필추가 그 비법(非法)에서 비법을 생각 짓고, 현재에 별주(別住)[1]에 있으면서 별주의 마음을 지으면서 갈마(羯磨)를 짓는 것을 분명하게 갈마와 승가를 파괴한다고 이름하느니라. 만약 그 법에서 그 법을 생각하고, 화합하는 대중에서 화합하겠다는 생각을 지으면서 갈마하는 이것을 분명하게 갈마와 승가를 화합한다고 이름하느니라.

무엇을 승가를 파괴한다고 말하는가? 만약 한 필추라면 이자는 능히 승가를 파괴할 수 없느니라. 만약 2명이고, 만약 3명이며, 나아가 8명까지도 역시 다시 능히 화합한 대중을 파괴할 수 없느니라. 이와 같이 9명에 이르렀거나 혹은 그 이상의 대중들이 두 승가로 나누어졌다면 비로소 대중을 파괴한다고 이름하는데, 그들은 갈마를 짓고, 아울러 다시 산가지(籌)[2]를 행하는 것이다.

---

1) 산스크리트어 parivāsa의 음사로 승잔(僧殘)을 저지른 필추가 그것을 즉시 승단에 고백하지 않았을 때에 그 죄를 숨긴 기간 동안을 다른 필들과 분리시켜 혼자 머물게 하는 갈마이다.

무엇을 갈마라고 말하는가? 곧 제바달다가 여러 필추들에게 교계(敎誡)하면서 여러 학처를 제정하여 알린 것과 같으니라.

'그대들 필추들이여. 반드시 알아야 하는 다섯 종류의 금지하는 법이 있다. 무엇을 다섯 가지라고 말하는가? 구수여. 만약 필추가 있어 아란야에 기거하지 않으면 이것은 곧 청정(淸淨)함이고, 이것은 곧 해탈(解脫)이며, 이것은 바른 출리(出離)이고, 괴로움과 즐거움을 벗어나서 능히 수승한 경지를 증득할 수 있느니라. 이와 같이 나무 아래에 앉고, 항상 음식을 걸식을 행하며, 다만 세 가지의 옷을 저축하고 분소의(糞掃衣)를 입어야 하느니라.

구수여. 이것을 필추라고 말하는데 이것은 곧 청정(淸淨)함이고, 이것은 곧 해탈(解脫)이며, 이것은 바른 출리(出離)이고, 괴로움과 즐거움을 벗어나서 능히 수승한 경지를 증득할 수 있느니라. 만약 구수여. 여러 필추들이 이 다섯 종류의 가장 수승한 금지법이라고 인정한다면, 이것은 청정이고 이것은 해탈이며, 이것은 출리한 자이므로 마땅히 그 사문 교답마를 멀리하고, 마땅히 그들을 떠나서 별도로 거주하며, 마땅히 그들을 멀리해야 한다. 이와 같이 그렇게 아뢰고(白) 이와 같이 아뢴 갈마에 의거하여 마땅히 행해야 한다.'

무엇을 산가지를 행한다고 말하는가? 곧 제바달다가 여러 필추들에게 교계하면서 여러 학처를 제정하여 알린 것과 같으니라.

'구수여. 다섯 종류의 수승한 법이 있다. 이것은 곧 청정함이고, 이것은 곧 해탈이며, 이것은 바른 출리이고, 괴로움과 즐거움을 벗어나서 능히 수승한 경지를 증득할 수 있느니라. 무엇이 다섯 가지인가? 구수여. 만약 필추가 있어 아란야에 머물지 않는다면 이것은 곧 청정함이고, 이것은 곧 해탈이며, 이것은 바른 출리이고, 괴로움과 즐거움을 벗어나서 능히 수승한 경지를 증득할 수 있느니라.

---

2) 산스크리트어 śalākā의 한역으로 대나무와 나무 꽃 등이 다양하게 사용된다. 갈마를 행하는 장소에 모인 승가 숫자를 계산하거나 다수결로 결정할 때의 투표하는 것에 사용한다.

이와 같이 나무 아래에 앉고, 항상 음식을 걸식을 행하며, 다만 세 가지의 옷을 저축하고 분소의를 입어야 하느니라. 구수여. 필추가 행하는 때에 이것은 곧 청정함이고, 이것은 곧 해탈이며, 이것은 바른 출리이고, 괴로움과 즐거움을 벗어나서 능히 수승한 경지를 증득할 수 있느니라.

만약 구수여. 여러 필추들이 이 다섯 종류의 가장 수승한 금지법이라고 인정한다면, 이것은 청정이고 이것은 해탈이며, 이것은 출리한 자이므로 마땅히 그 사문 교답마를 멀리하고, 마땅히 그들을 떠나서 별도로 거주하며, 마땅히 그들을 멀리한다면 마땅히 산가지를 받을 수 있다.'

제바달다와 함께 몸으로 다섯 종류를 행하면서 산가지를 받는다면 이것을 산가지를 받았다고 이름하느니라."

안의 섭송으로 말하겠노라.

한 명은 승가를 파괴할 수 없고
9명에 이르면 곧 능히 파괴할 수 있으며
아울러 갈마사(羯磨事)를 짓고
산가지를 행한다면 비법이라고 말한다네.

구수 오파리가 세존에게 청하여 말하였다.

"대덕이시여. 또한 마땅히 사치(捨置)[3]를 당하였는데, 이 사람도 능히 승가의 일을 파괴할 수 있고, 또한 사치를 당한 사람을 따르는 사람과 나아가 사치를 당한 사람을 따르는 사람과 다시 따르는 사람도 승가의 일을 파괴할 수 있다면, 능히 사치를 당한 사람도 아닐 것이고, 사치를 따르지도 않는 사람입니다. 사치를 당한 사람을 따르는 사람도 승가의 화합을 깨뜨리는 일을 파괴할 수 있습니까?

마땅히 능히 사치한 사람이 승가의 일을 파괴하고, 또한 능히 사치한 사람을 따르는 자와 나아가 그 따르는 자를 다시 따르는 사람도 승가의

---

3) 승가에서 추방당한 것을 가리킨다.

일을 파괴한다면, 사치를 당하지 않은 사람과 사치를 당한 사람을 따르지 않는 사람과 역시 이렇게 따르는 사람을 다시 따르는 사람도 승가의 일을 파괴할 수 있습니까?

또한 다시 마땅히 사치를 당한 사람과 사치를 당한 사람을 따르는 자는 승가의 일을 파괴하겠으나, 따르는 자를 따르는 사람도 아니고, 능히 사치한 사람도 아니며, 역시 능히 이 사치한 사람을 따르는 사람도 아니고, 나아가 역시 이렇게 따르는 사람을 다시 따르는 사람도 아닌데도 승가의 일을 파괴할 수 있습니까?

마땅히 사치를 당한 사람과 그를 따르는 사람을 따른 자는 승가의 일을 파괴하겠으나, 사치한 사람을 따르지 않은 사람과 능히 사치한 사람이 아닌 사람과 아울러 능히 사치한 사람을 따르지 않은 사람과 나아가 역시 그를 따르는 사람을 다시 따르지 않은 사람도 승가의 일을 파괴할 수 있습니까?

마땅히 능히 사치한 사람과 능히 사치한 사람을 따르는 자는 승가의 일을 파괴하겠으나, 그를 따르는 사람을 따르지 않은 사람과 사치를 당하지 않은 사람, 사치를 당한 사람을 따르지 않은 사람과 그를 따르는 자를 다시 따르지 않은 이런 사람도 승가의 일을 파괴할 수 있습니까?

마땅히 사치한 사람과 그를 따르는 자를 추종한 사람은 승가의 일을 파괴하겠으나, 사치한 사람과 사치를 당한 사람을 따르지 않은 자와 사치를 따르지 않은 자, 따르는 자를 따르지 않은 사람도 승가의 일을 파괴할 수 있습니까?

마땅히 사치를 당한 사람을 따르는 자와 사치를 당한 사람을 따르는 자를 다시 따르는 자는 승가의 일을 파괴하겠으나, 나머지 네 부류는 그렇지 않습니까?

마땅히 사치한 사람을 따르는 자와 또한 따르는 자를 따르는 자는 승가의 일을 파괴하겠으나, 나머지 네 부류는 그렇지 않습니까?

마땅히 사치 당한 사람과 능히 사치한 사람은 승가의 일을 파괴하겠으나, 나머지 네 부류는 그렇지 않습니까?

또한 마땅히 사치를 당한 사람은 승가의 일을 파괴하겠으나, 나머지 다섯 부류는 그렇지 않습니까?

마땅히 사치를 당한 사람을 따르는 사람을 따르는 자는 승가의 일을 파괴하겠으나, 나머지 다섯 부류는 그렇지 않습니까?

마땅히 능히 사치한 사람은 승가의 일을 파괴하겠으나, 나머지 다섯 부류는 그렇지 않습니까?

마땅히 능히 이 사치한 사람들을 따르는 자는 승가의 일을 파괴하겠으나, 나머지 다섯 부류는 그렇지 않습니까?

마땅히 능히 이 사치한 사람들을 따르는 자를 따르는 자는 승가의 일을 파괴하겠으나, 나머지 다섯 부류는 그렇지 않습니까?

세존께서 알려 말씀하셨다.

"오파리여. 이러한 여러 사람들은 함께 능히 대중의 화합을 깨뜨릴 수 있느니라. 다만 오직 그 사치를 당한 사람을 제외하고는 이러한 한 부류도 승가를 파괴할 수 없느니라."

안의 섭송으로 말하겠노라.

셋과 둘과 한 명이 능히 파괴할 수 있다면
나머지는 부류가 아님을 알 수 있나니
대중을 파괴함에 세 가지와 여섯 가지는 다르고
오직 사치를 당한 사람만은 제외된다네.

구수 오파리가 세존에게 청하여 말하였다.

"대덕이시여. 세존께서 말씀하신 것과 같이 만약 사람이 있어 대중의 화합을 파괴하면 이 사람은 반드시 무간죄(無間罪)가 생겨나서 역시 무간업(無間業)이 이루어질 것입니다. 대덕이시여. 필추가 화합하는 대중을 파괴하면 무간죄가 생겨나서 무간업이 이루어지는 것을 분명히 알지 못하겠습니다."

[무간죄는 나락가(捺落迦)의 가운데에 있으면서 죄를 받는 때에 일찍이

어느 틈새도 없는 것을 말하는 것이고, 무간업은 인간 세계에 다시 태어나도 다시 틈새가 없어 곧 니리(泥梨)에 떨어진다는 말이다. 무간(無間)이란 글자는 비록 그 뜻이 같으나, 조문은 자연스럽게 구분된다. '고통이 틈새가 없다(苦無間隙)'는 범어로 '아비지(阿毘止)'라고 말하고, '틈새가 없이 떨어진다(無間墜墮)'는 범어로 '아난달리야(阿難呾利耶)'라고 말한다. 만약 바른 번역을 취한다면 마땅히 무극(無隙)이라 말해야 할 것이다. 무극과 무간은 공능이 다르지 않는데, 옛날이나 뒤에도 모두 무간(無間)이라고 사용하였고 무극(無隙)이라고 말하지 않았다. 무간이란 말을 자세히 분별한다면 곧 지옥의 가운데에 떨어져 태어나서 틈새가 없다는 것이거나, 혹은 다른 몸을 곧 받는다는 것이니, 이러한 차별이 있는 까닭으로 18자로 같지 않음에 이르는 것이다.]

세존께서 알려 말씀하셨다.

"오파리여. 만약 필추가 비법의 일에서 비법이라는 생각을 짓고, 또한 화합을 파괴하는 때에 그것을 비법이라고 생각하며, 여러 필추들을 교계(敎誡)하며 배우도록 하였다면, 분명히 승가를 파괴하는 것이다. 오파리여. 이것을 분명하게 화합하는 승가를 파괴하는 것이라고 이름하느니라. 이것으로 무간죄가 생겨나고 무간업도 이루어지느니라.

또한 오파리여. 만약 필추가 비법의 일에서 비법이라는 생각을 짓고, 또한 화합을 파괴하는 때에 그것을 법이라고 생각하며, 여러 필추들을 교계하며 배우도록 하였다면, 분명히 승가를 파괴하는 것이다. 오파리여. 이것을 분명하게 화합하는 승가를 파괴하는 것이라고 이름하느니라. 이것으로 무간죄가 생겨나는데 무간업을 이루어지지 않느니라.

또한 오파리여. 만약 필추가 비법의 일에서 비법이라는 생각을 짓고, 또한 화합을 파괴할 때에 곧 망설임이 일어났으나, 여러 필추들을 교계하며 배우도록 하였다면, 분명히 승가를 파괴하는 것이다. 오파리여. 이것을 분명하게 화합하는 승가를 파괴하는 것이라고 이름하느니라. 이것으로 무간죄가 생겨나는데 무간업은 이루어지지 않느니라.

또한 오파리여. 만약 필추가 비법의 일에서 법이라는 생각을 짓고,

또한 화합을 파괴할 때에 그것을 비법이라고 생각하며, 여러 필추들을 교계하며 배우도록 하였다면, 승가를 파괴하는 것이라고 말한다. 오파리여. 이것을 분명하게 화합하는 승가를 파괴하는 것이라고 이름하느니라. 이것으로 무간죄가 생겨나고 역시 무간업을 이루어지느니라.

또한 오파리여. 만약 필추가 비법의 일에서 법이라는 생각을 짓고, 또한 화합을 파괴하는 때에 곧 망설임이 일어났으나, 여러 필추들을 교계하며 배우도록 하였다면, 분명히 승가를 파괴하는 것이다. 오파리여. 이것을 분명하게 화합하는 승가를 파괴하는 것이라고 이름하느니라. 이것으로 무간죄가 생겨나는데 무간업은 이루어지지 않느니라.

또한 오파리여. 만약 필추가 법에서 비법이라는 생각을 짓고, 또한 화합을 파괴할 때에 역시 비법이라고 생각하며, 여러 필추들을 교계하며 배우도록 하였다면, 분명히 승가를 파괴하는 것이다. 오파리여. 이것을 분명하게 화합하는 승가를 파괴하는 것이라고 이름하느니라. 이것으로 무간죄가 생겨나고 역시 무간업도 이루어지느니라.

또한 오파리여. 만약 필추가 법에서 비법이라는 생각을 짓고, 또한 화합을 파괴하는 때에 그 법이라고 생각하면서 여러 필추들을 교계하며 배우도록 하였다면, 분명히 승가를 파괴하는 것이다. 오파리여. 이것을 분명하게 화합하는 승가를 파괴하는 것이라고 이름하느니라. 이것으로 무간죄가 생겨나는데 무간업은 이루어지지 않느니라.

또한 오파리여. 만약 필추가 법에서 비법이라는 생각을 짓고, 또한 화합을 파괴하는 때에 곧 망설임이 일어났으나, 여러 필추들을 교계하며 배우도록 하였다면, 분명히 승가를 파괴하는 것이다. 오파리여. 이것을 분명하게 화합하는 승가를 파괴하는 것이라고 이름하느니라. 이것으로 무간죄가 생겨나는데 무간업은 이루어지지 않느니라.

또한 오파리여. 만약 필추가 법에서 법이라는 생각을 짓고, 또한 화합을 파괴하는 때에 비법이라고 생각하였으나, 여러 필추들을 교계하며 배우도록 하였다면, 분명히 승가를 파괴하는 것이다. 오파리여. 이것을 분명하게 화합하는 승가를 파괴하는 것이라고 이름하느니라. 이것으로 무간죄가 생겨나는데 무간업은 이루어지지 않느니라.

또한 오파리여. 만약 필추가 법에서 법이라는 생각을 짓고, 또한 화합을 파괴하는 때에 법이라고 생각하였으나, 여러 필추들을 교계하며 배우도록 하였다면, 분명히 승가를 파괴하는 것이다. 오파리여. 이것을 분명하게 화합하는 승가를 파괴하는 것이라고 이름하느니라. 이것은 나아가 다만 무간죄가 생겨나는데 무간업은 이루어지지 않느니라.

또한 오파리여. 만약 필추가 법에서 법이라는 생각을 짓고, 또한 화합을 파괴하는 때에 곧 망설임이 일어났으나, 여러 필추들을 교계하며 배우도록 하였다면, 분명히 승가를 파괴하는 것이다. 오파리여. 이것을 분명하게 화합하는 승가를 파괴하는 것이라고 이름하느니라. 이것으로 무간죄가 생겨나는데 무간업은 이루어지지 않느니라.

또한 오파리여. 만약 필추가 비법에서 망설임이 일어났고, 또한 화합을 파괴하는 때에 비법이라고 생각하면서 여러 필추들을 교계하며 배우도록 하였다면, 분명히 승가를 파괴하는 것이다. 오파리여. 이것을 분명하게 화합하는 승가를 파괴하는 것이라고 이름하느니라. 이것으로 무간죄가 생겨나는데 무간업은 이루어지지 않느니라.

또한 오파리여. 만약 필추가 비법에서 망설임이 일어났고, 또한 화합을 파괴하는 때에 역시 망설임이 일어났으나, 여러 필추들을 교계하며 배우도록 하였다면, 분명히 승가를 파괴하는 것이다. 오파리여. 이것을 분명하게 화합하는 승가를 파괴하는 것이라고 이름하느니라. 이것으로 무간죄가 생겨나는데 무간업은 이루어지지 않느니라.

또한 오파리여. 만약 필추가 법에서 망설임이 일어났고, 또한 화합을 파괴하는 때에 비법이라고 생각하면서 여러 필추들을 교계하며 배우도록 하였다면, 분명히 승가를 파괴하는 것이다. 오파리여. 이것을 분명하게 화합하는 승가를 파괴하는 것이라고 이름하느니라. 이것으로 무간죄가 생겨나는데 무간업은 이루어지지 않느니라.

또한 오파리여. 만약 필추가 법에서 망설임이 일어났고, 또한 화합을 파괴하는 때에 곧 법이라는 생각이 생겨났으나, 여러 필추들을 교계하며 배우도록 하였다면, 분명히 승가를 파괴하는 것이다. 오파리여. 이것을 분명하게 화합하는 승가를 파괴하는 것이라고 이름하느니라. 이것으로 무간죄가 생겨나는데 무간업은 이루어지지 않느니라.

또한 오파리여. 만약 필추가 법에서 망설임이 일어났고, 또한 화합을 파괴하는 때에 역시 망설임이 생겨났으나 여러 필추들을 교계하며 배우도록 하였다면, 분명히 승가를 파괴하는 것이다. 오파리여. 이것을 분명하게 화합하는 승가를 파괴하는 것이라고 이름하느니라. 이것으로 무간죄가 생겨나는데 무간업은 이루어지지 않느니라.

오파리여. 이 가운데 모두 18구절이 있는데, 그 가운데에서 6구절은 화합을 파괴하는 때에 비법의 생각을 짓고서 속이는 말을 하는 까닭이고, 마음의 죄가 무거운 까닭으로 마침내 무간죄가 생겨나고 무간업도 이루어지는 것이고, 나머지의 12구절은 마음의 죄가 가벼운 까닭으로 무간업은 이루어지지 않는 것이니라.

섭송으로 말하겠노라.

처음의 6구절은 처음부터 모두 비법(非法)이고
중간의 6구절은 처음부터 법인 것을 마땅히 알며
아래의 6구절 가운데의 처음의 셋은 비법심(非法心)이고
다음의 3구절은 법(法)인 것을 마땅히 알지니라.

처음의 6구절 가운데에서 위의 셋은 비법이고
아래의 셋은 법상(法想)의 이치인 것을 반드시 알고
중간의 여섯 구절의 중간은 이와 같으며
아래 여섯의 중간은 모두 유예(猶豫)라네.

가장 처음의 여섯 구절의 마지막 위로 셋은
비법과 법상과 아울러 유예이고
나머지의 다섯 곳도 모두 이와 같나니

이러한 까닭으로 곧 18종류의 다름이 성립된다네.

비법(非法)·비법·비법·비법·비법·비법과 비법·비법·비법·법(法)·법·법이고, 비법·법·의(疑)[4]·비법·법·의라네. 법·법·법·법·법·법이고, 비법·비법·비법·법·법·법이며, 비법·법·의·비법·법·의라네. 비법·비법·법·법·법·법이고, 의·의·의·의·의·의며, 비법·법·의·비법·법·의라네.”

　[비록 장행(長行)과 섭송(攝頌)으로서 있으나, 창학(創學)[5]들은 오히려 그 본체를 구분하지 못하고 의심할 것이므로, 곧 다시 송문(頌文)에 의거하여 그 제목을 나타내어 장행을 쉽게 이해시키고, 초심(初心)들에게 막힘이 없게 하고자 한 것이다. 18구절을 분명하게 알아 뒤에 읽는 자들이 의심하지 않기를 바라며, 또한 옮겨 쓰는 사람이 잘못 기록하여 번역한 글을 어긋나는 것이 두려운 까닭으로 다시 9행(行)을 인출하여 삼돈(三豕)의 오류[6]를 막아 없앴느니라.

　일반적으로 율교(律敎)가 동쪽으로 전해져서 여러 대(代)를 거쳤고, 사부(四部)의 역장(譯匠)들은 함께 부지런하고 간절한 마음이었으므로 혹은 직접 용하(龍河)를 건너기도 하였고, 혹은 귀락(龜洛)에 문장을 전하기도 하였으나, 파승구(破僧句)[7]에 이르면 숫자가 많고 자세하지 못하여 후세 사람들에게 의심을 품게 하였다. 죽을 때까지 문장을 찾던 자는 곧 문장의 절단(節段)을 의심하였고, 뜻을 쫓는 자는 나아가 뜻의 분강(分疆)[8]에 미혹

---

4) 유예(猶豫)를 다르게 표현한 말이다.
5) 학교 따위의 교육기관을 처음으로 이루어 시작함을 말한다.
6) ‘여씨춘추(呂氏春秋)’에서 처음 등장하는 성어인데, 『공자가어(孔子家語)』에서 인용되고 있다. 공자의 제자인 자하(子夏)가 ‘진(晉)나라를 정벌하는 진(秦)나라가 기해(己亥)년에 강을 건넌다.(晉師伐秦 己亥渡河)’는 말에서 기해를 삼돈(三豕)으로 잘못 읽었다는 고사로서 사람들이 문자를 잘못 읽어 일을 그르친다는 말에 비유한 것이다.
7) 파승사(破僧事)에 관련된 건도를 가리킨다.
8) 문장을 나누고 분류하는 경계를 가리킨다.

되었으며, 소(疏)를 짓고 주석한 가문들은 모두 함께 이전에 주장에 의심을 품었다.

이것으로 몸을 가볍게 알고 목숨이 마치도록 석장(錫杖)을 학림(鶴林)[9]에 흔들었고, 몸을 망치면서 사람을 제도하였으며, 옷을 걷어 올리고 취령(鷲嶺)[10]을 걸었고, 의혹되고 막힌 부분을 자세히 담론하였으며, 옳고 그른 것을 결택(決擇)[11]하였으므로, 없어지고 유실된 것을 보충하고 황당한 의혹을 영원히 없애기를 바라면서, 미래의 용화(龍華)세계에 모이면 초심(初心)자도 법인(法忍)을 증득하고 그 복을 끝없이 받고, 같은 때에 깨달음을 얻기를 바랄 뿐이다.]

오파리가 세존에게 청언(請言)하여 말하였다.

"대덕이시여. 만약 승가를 파괴하는 것은 모두 승가를 요란(擾亂)하게 하는 것이고, 만약 요란은 곧 승가를 파괴하는 것입니까?"

세존께서 말씀하셨다.

"스스로가 승가를 파괴하는 것이 있으나, 요란하게 하는 것이 아니므로 마땅히 4구(句)로 말하겠노라. 무엇이 승가를 파괴하는데 요란하게 하는 것과 아닌 것인가? 스스로 승가를 파괴한 것이 있으나 14종류의 파괴하는 일을 받아 행하지 않는 것이다. 무엇이 승가를 요란하게 하는데 승가를 파괴하는 것이 아닌가? 스스로가 14종류의 파괴의 일을 받아서 행하였으나, 승가를 파괴하지 않는 것이다. 무엇이 승가를 요란하게 하고 승가를 파괴하는 것인가? 14종류의 일을 받아서 행하고 아울러 승가도 파괴하는 것이다. 이 두 종류가 모두 없으면 앞에서의 모습을 없앴다고 말하는데, 이것이 4구절이니라."

"대덕이시여. 만약 승가를 파괴하는 것이 있다면 모두가 별도로 머물게 됩니다. 다만 별도로 머무는 것도 곧 승가를 파괴하는 것입니까?"

"마땅히 4구(句)로 말하겠노라."

---

9) 세존께서 열반하신 사라쌍수(沙羅雙樹)를 가리키는 말이다.
10) 인도의 영취산은 봉우리가 독수리 모양을 하고 있어서 이렇게 부르고 있다.
11) 도리(道理)의 옳고 그름을 판단(判斷)하여 결정(決定)한 것을 가리킨다.

이때 세존께서는 아야교진여(阿若憍陳如)와 8만 천자(天子)들을 위하여 법미(法味)로서 베푸시어 모두에게 충족되게 하셨다. 이때 필추들이 모두 함께 의심이 있어 세존께 청하여 말하였다.

"그 교진여와 여러 천자들은 이전에 무슨 법을 지었으므로 법미를 구족하였습니까?"

세존께서 여러 필추들에게 알리셨다.

"그대들은 자세히 들을지니라. 내가 지나간 옛날에 부정취(不定聚)에 머무르면서 큰 바다의 가운데에서 거북이의 몸을 지었고 여러 거북이 가운데에서 다시 왕이 되었느니라. 뒤의 다른 때에 500의 상인(商人)이 있어 배를 타고 바다에 들어가서 보배가 있는 곳에 이르렀고 여러 종류의 보물을 캐냈다. 이미 보물을 얻고서 본국으로 돌아가는데 그 중간에서 마갈어(磨竭魚)[12]를 만났고 잘못 운전하여 배가 파손되었으며, 여러 상인들은 모두 슬프게 울며 크게 절규하였다. 이때 거북왕이 이러한 절규의 소리를 듣고 물속에서 나왔으며 상인들에게 가서 이렇게 말을 지었다.

"그대들은 두려워하지 말고, 모두 나의 등에 오르십시오. 내가 지금 그대들을 싣고 바다를 건네주어 목숨을 보존하게 하겠습니다."

이 모든 상인들은 한꺼번에 거북을 타고 해안(海岸)으로 나아갔다. 많은 사람이 탔으므로 매우 무거웠으나 정진하는 마음에 머무르면서 물러나지 않았다. 이미 모두 건네주었으나 크게 피곤하여 곧 해변 위에서 목을 늘어트리고 누워있었다. 거북에게서 멀지 않은 곳에 여러 개미집(蟻城)이 있었는데, 그 가운데에서 한 개미가 점차 돌아다니면서 거북이의 냄새를 맡고 거북이가 있는 곳에 이르렀다.

나아가 이 거북이가 목을 길게 늘어트리고 누워있는 것을 보았으나,

---

12) 산스크리트어 Makara의 음사로 인도신화에서 등장하는 축생으로 머리와 앞다리 등 몸통의 앞부분은 코끼리나 악어, 사슴을 닮았고 몸통의 뒷부분은 돌고래나 물고기의 형상을 한 복합 동물로 묘사되고 있으며, 배를 삼키고 물을 뿜어내는 것이 조수와 같다 하여 해상의 재액(災厄)을 일으키는 원인으로 간주되기도 한다.

몸이 너무도 커서 다시 움직일 수 없었으므로, 개미는 곧 빠르게 그 본래의 성으로 돌아가서 여러 8만의 개미를 불러서 동시에 그곳에 갔다. 이때 그 거북이는 깊은 잠에 빠져서, 죽은 것인지 아닌지를 알지 못하였다. 개미들이 거북의 피부와 살을 모두 뜯어 먹었으나 피곤하여 알지 못하였다. 개미들이 점차 먹으면서 깊이 파고 들어가자 거북은 비로소 처음으로 알았고 살펴보니 많은 개미들이 온몸을 뜯어먹고 있었으므로 곧 이렇게 생각을 지었다.

'내가 만약 움직여서 몸을 뒹군다면 반드시 개미들이 죽을 것이다. 차라리 나의 목숨을 버릴지라도 결국 개미들을 손상시키지 않겠다.'

이렇게 생각을 짓고서 지절(支節)을 늘어뜨려 급소에 구멍이 뚫리도록 버려두었고 곧 발원하여 말하였다.

"내가 지금 세상에서 몸의 피와 살로 여러 개미들을 구제하여 충족시켜 주었으므로 마땅히 미래의 세상에 보리(菩提)를 증득할 때에 이 여러 개미들에게 그 법미(法味)로서 모두 충족시켜 주십시오."

세존께서 여러 필추들에게 알리셨다.

"그대들은 다르게 생각하지 말라. 지나간 옛날의 거북이왕은 곧 나의 몸이고, 그 개미들을 인도하여 왔던 개미는 곧 교진여이며, 그 8만의 개미들은 교진여에게 인도되어 나의 피와 살을 먹고 충족하였던 곧 8만의 여러 천인들이니라. 나는 과거의 세상에서 피와 살로써 충족시켜 주었고 지금의 세상에는 성불하여 법미로써 충족시켜 주었느니라. 필추들이여. 마땅히 알라. 항상 설하는 것과 같이 흑업(黑業)과 잡업(雜業)의 두 업은 그대들이 마땅히 버려야 할 것이고, 오직 백백업(白白業)을 그대들은 마땅히 닦을지니라."

이때 세존께서는 다섯 필추를 위하여 먼저 법미(法味)를 설하시어 모두를 충족시켜 생사(生死)의 바다를 벗어나서 장차 수승한 인(因)에 나아가서 최후인 열반의 경지에 이르게 하셨다. 이때 필추들은 모두 함께 의심이 있어 세존께 청하여 물었다.

"이 다섯 필추는 이전에 무슨 업을 지어서 법미를 증득하여 구족하였으며, 대사께서 애민하게 생각하시어 생사의 바다에서 강제로 건져내었고 방편으로 최후의 경지인 열반에 안치(安置)하셨습니까? 오직 원하옵건대 말씀하여 주십시오.”

세존께서 여러 필추들에게 알리셨다.

“이것은 희유한 것이 아니니라. 내가 지금 이곳에서 탐·진·치·생·노·병·사·근심·슬픔·고뇌에서 모두 해탈시킬 것이고, 일체지(一切智)·일체종지(一切種智)·일체지지(一切智智)를 모두 증득하여 자재하게 할 것이며, 이 다섯 필추들에게 법미를 구족시켜 생사의 바다에서 강제로 건져내었고 최후의 경지인 열반에 안치하였느니라. 나는 지나간 때에 탐·진·치·생·노·병·사에서 벗어나지 못하였고 해탈하지 못하였으나 오히려 이들을 위하여 나의 몸과 피로써 충족시켰고, 오계(五戒)에 머물게 하였었느니라. 이러한 희유한 것을 그대들은 자세히 들을지니라.

지나간 옛날에 바라니사성의 가운데에 한 국왕이 있어 금강비(金剛臂)라고 이름하였는데, 정법으로 세상을 교화하였으므로 국토가 안락하였고 백성들도 치성하였으며 오곡도 풍족하게 익었다. 그 왕은 순박하였고 믿음이 있었으며 품성(稟性)도 어질고 착하였다. 자신과 남을 이익되게 하는 것을 즐거워하였고 자비로운 마음이 있었으며, 큰 위덕을 갖추었고 정법을 행하는 것을 즐거워하였으며, 중생을 애민하게 생각하여 여러 재물이 있으면 능히 베풀었고, 크게 보시하는 가운데서 스스로 편안히 머물렀다.

그 왕은 지극하게 자비를 수습하였고 밤낮의 육시(六時)에 자비정(慈悲定)에 들어갔다. 선정에 들어 있었던 까닭으로 구하는 자가 있어도 모두에게 베풀지 못하였다. 왕은 이러한 일을 알고서 여러 신하들에게 알려 말하였다.

“성의 네 문(四門)에 각각 시당(施堂)을 설치하고 재물을 저축하고서 만약 사문·바라문·가난한 자·고독한 자·먼 곳으로부터 왔던 자들이 있다면 모두에게 그것을 주도록 하시오.”

여러 신하들은 칙명을 듣고 왕명을 받들어 바라니사성의 네 문에 각각 시당을 설치하고서 저축하였으며, 재물과 여러 음식·의복·와구(臥具)·금·은·마니(摩尼)·진주·유리(琉璃)·나석(螺石)·산호(珊瑚)·마노(馬瑙)·벽옥(璧玉)·가패(珂貝)·적진주(赤眞珠)·우선나패(右旋螺貝) 등 많은 물자를 그 안에 쌓아두고서, 베풀어 주어 빈궁한 살림을 충족시켜 주었다.

또한 다른 때에 다문(多聞) 약차(藥叉)가 하락가벌저왕성(河洛迦筏底王城)에서 몰려나와 사람의 정기(精氣)를 빨아먹었다. 다섯 약차는 여러 곳을 유행하면서 바라니사성 밖에 이르러 소와 양을 치는 목동과 나무꾼과 아울러 여러 상점의 여러 장사꾼을 보고서 곧 그들에게 물어 말하였다.

"그대들은 어찌 나를 두려워하지 않는가?"

여러 사람들이 알려 말하였다.

"무슨 까닭으로 그대를 두려워하겠습니까?"

약차가 또한 알렸다.

"무슨 까닭으로 두려워하지 않는가?"

여러 사람들이 알려 말하였다.

"우리들의 왕은 성품이 매우 자비롭고 여러 유정들의 이익과 안락을 마음으로 즐거워하며, 밤낮으로 육시(六時)에 자비정에 들어 있습니다."

이때 그 약차는 곧 몸을 변화하여 바라문이 되어 네 곳의 시당에 돌아다녔고 이미 보아서 알게 되었다. 이때 금비왕이 선정에서 일어났고 마침내 의복을 정리하였고 여러 위의를 갖추었다. 이때 다섯 약차가 왕의 처소에 이르렀고 손을 들어서 찬탄하였다.

"오직 바라옵건대 대왕이시여. 복과 수명이 많고 영원하십시오."

아뢰어 말하였다.

"대왕이시여. 우리들은 지금 배고프고 목이 마릅니다. 오직 원하옵건대 자비로 음식을 베풀어 주십시오."

왕은 모시는 신하들에게 알렸다.

"마땅히 여러 종류의 상묘한 음식을 주도록 하시오."

이때 다섯 약차가 곧 왕에게 아뢰어 말하였다.

"우리들은 목이 마르면 피를 마셔야 하고, 배가 고프면 오직 고기를 먹는데, 다른 음식은 먹지 않습니다.”

왕은 모시는 신하들에게 알렸다.

“중생들은 해치지 말라. 마땅히 이미 죽었던 피와 살을 구하여 베풀어서 그들에게 먹게 하시오.”

이때 다섯 약차가 다시 왕에게 아뢰어 말하였다.

“우리들은 지금 오직 따뜻한 고기와 피를 먹어야 하고, 이미 죽은 고기와 피는 먹지 않습니다.”

왕은 듣고서 다시 이렇게 생각을 지었다.

‘다른 중생들을 해쳐서 그들이 먹게 하여서는 아니된다. 마땅히 나의 따뜻한 피와 고기를 베풀어서 그들에게 먹게 해야겠다.’

이렇게 생각하고 곧 의사를 불렀고 의사가 이미 도착하였으므로 왕이 곧 알려 말하였다.

“내 몸의 다섯 군데를 찔러서 피가 흐르도록 하여 다섯 약차들이 각각 그것을 마시게 하시오.”

의사가 곧 대답하여 말하였다.

“이 다섯 약차는 지극하게 하품(下品)에 이르렀습니다. 저는 지금 대왕을 찔러서 피가 흐르게 할 수 없습니다.”

왕은 의술에도 모두 명료(明了)하였으므로 마침내 스스로가 침으로 다섯 곳을 찔러서 피가 흐르도록 하여서 그들을 배부르게 하였고, 다시 설법하여 그들을 충족(充足)시켰으며 오계를 주었었느니라.”

세존께서 여러 필추들에게 알리셨다.

“그대들은 다르게 생각하지 말라. 그 금비왕은 곧 나의 몸이고, 다섯 약차는 지금의 다섯 필추이니라. 내가 지나간 때에 그들에게 피와 고기를 베풀었고 나아가 설법하였으며 오계까지 주었었느니라. 나는 지금도 정법을 설하여 진리를 보게 하였고 최후의 경지인 열반에 머물게 하였느니라. 그대들 여러 필추들은 마땅히 이와 같이 배울지니라.”

이때 세존께서는 다섯 필추를 위하여 먼저 법미를 설하시어 모두를 충족시켜 생사의 바다를 벗어나서 진리를 보게 하였고 최후의 경지인 열반에 머물게 하셨다. 이때 필추들은 모두가 함께 의심이 생겨났고 의심을 끊기 위한 까닭으로 아뢰어 말하였다.

"세존이시여. 이 다섯 필추는 무슨 인연이 있어 세존께서 바른 법미로써 그들을 충족시켰으며, 생사의 바다에서 구해내어 그들에게 최후의 경지인 열반에 안주하게 하셨습니까?"

세존께서 여러 필추들에게 알리셨다.

"이것은 희유한 것이 아니니라. 내가 지금 이곳에서 탐·진·치·생·노·병·사·근심·슬픔·고뇌에서 모두 해탈시킬 것이고, 일체지·일체종지·일체지지를 모두 증득하여 자재하게 할 것이며, 이 다섯 필추들에게 법미를 구족시켜 생사의 바다에서 강제로 건져내었고 최후의 경지인 열반에 안주시켰느니라. 나는 지나간 때에 탐·진·치·생·노·병·사에서 벗어나지 못하였고 해탈하지 못하였으나 오히려 이들을 위하여 나의 몸과 피로써 충족시켰고, 오계에 머물게 하였었느니라. 이러한 희유한 것을 그대들은 자세히 들을지니라.

지나간 옛날에 이 바라니사성에 왕이 있어 자력(慈力)이라고 이름하였느니라. 여법(如法)하게 세상을 교화하였으므로 백성들은 치성하였고 오곡은 익고 성숙되어 안은하고 풍요로웠으며 즐거웠느니라. 그 왕의 본성(本性)은 큰 자비가 있었고, 큰 위덕을 갖추었으며, 여러 유정(有情)들을 항상 애민하게 생각하였느니라.

뒤의 다른 때에 다문 약차가 하락가벌저왕성에서 몰려나와 사람의 정기를 빨아먹었다. 이때 다섯 약차는 여러 곳을 유행하면서 여러 사람들이 제사 음식을 차려놓지 않은 것을 보고 마음에서 성냄과 분노가 생겨나서 그 나라에 여러 전염병을 퍼뜨렸으므로 죽는 자는 매우 많았다. 그때 여러 신하들이 이 일을 왕에게 아뢰었다.

"왕이시여. 지금 나라 안에서 죽는 사람이 매우 많습니다."

이때 왕이 곧 여러 신하들에게 칙명하였다.

"그대들은 그 성안에서 외쳐서 널리 알리시오. '왕께서 그대들에게 칙명하셨소. 내가 유정들에게 이익되도록 하기 위하여 한마음으로 부지런히 구하고 밤낮으로 끊임없이 노력하고 있소. 그대들 여러 사람들은 여러 유정에게 큰 자비심을 일으키고 항상 이러한 마음을 닦아서 여러 재앙을 없어지게 하시오.'"

여러 사람들은 왕의 칙명을 받들어 여러 유정에게 큰 자비심을 일으켜서 그 다섯 약차들이 그 나라 안에서는 사람을 능히 해치지 못하게 하였다. 여러 유정들에게 자비심을 일으켰던 까닭으로 그때 다섯 약차들은 그 성 밖의 여러 곳을 유행하였으나 능히 성안으로 들어올 수 없었고, 능히 해칠 수도 없었다. 약차들은 성 밖에서 소와 양을 치는 목동과 나무꾼과 아울러 여러 상점의 장사꾼들을 보고서 곧 그들에게 물어 말하였다.

"그대들은 어찌 나를 두려워하지 않는가?"

여러 사람들이 알려 말하였다.

"무슨 까닭으로 그대를 두려워하겠습니까?"

약차가 또한 알렸다.

"무슨 까닭으로 두려워하지 않는가?"

여러 사람들이 알려 말하였다.

"우리들의 자력왕(慈力王)께서는 항상 사유(思惟)하고 계시고, 우리들도 역시 사유하고 있습니다."

약차가 대답하여 말하였다.

"그 자력왕은 무엇을 사유하는가?"

여러 사람들이 대답하여 말하였다.

"여러 유정들에게 항상 자비로운 마음을 닦고, 이것으로써 사유하며, 우리들도 역시 같습니다."

그 약차 등은 이러한 말을 듣고서 곧 이렇게 사유를 지었다.

"우리들은 지금 이 여러 사람들이 자비를 닦고 있는 까닭으로 성안의 사람들을 해칠 수 없었구나."

그 여러 약차들은 성의 네 문을 유행하면서 그 자력왕을 보기를 구하였다. 뒤의 다른 때에 그 자력왕이 인연으로 성 밖을 나가게 되었다. 이때 약차들이 자력왕을 보고 곧 변신(變身)하여 바라문의 모습을 짓고서 손을 들어 왕을 찬탄하였다.

"복과 수명이 많고 영원하십시오."

아뢰어 말하였다.

"대왕이시여. 우리들은 지금 배고프고 목이 마릅니다. 오직 원하옵건대 자비로 음식을 베풀어 주십시오."

왕은 모시는 신하에게 알렸다.

"마땅히 여러 종류의 상묘한 음식을 주도록 하시오."

이때 다섯 약차가 곧 왕에게 아뢰어 말하였다.

"우리들은 목이 마르면 피를 마셔야 하고, 배가 고프면 오직 고기를 먹는데, 다른 음식은 먹지 않습니다."

왕은 모시는 신하들에게 알렸다.

"중생들은 해치지 말라. 마땅히 이미 죽었던 피와 살을 구하여 베풀어서 그들에게 먹게 하시오."

이때 다섯 약차가 다시 왕에게 아뢰어 말하였다.

"우리들은 지금 오직 따뜻한 고기와 피를 먹는 것이고, 이미 죽은 고기와 피는 먹지 않습니다."

왕은 듣고서 다시 이렇게 생각을 지었다.

'다른 중생들을 해쳐서 그들이 먹게 하여서는 아니된다. 마땅히 나의 따뜻한 피와 고기를 베풀어서 그들에게 먹게 해야겠다.'

이렇게 생각하고 곧 의사를 불렀고 의사가 이미 도착하였으므로 왕이 곧 알려 말하였다.

"나의 몸의 다섯 군데를 찔러서 피가 흐르도록 하여 다섯 약차들이 각각 그것을 마시게 하시오."

의사가 곧 대답하여 말하였다.

"이 다섯 약차는 지극하게 하품에 이르렀습니다. 저는 지금 대왕을 찔러서 피가 흐르게 할 수 없습니다."

왕은 의술에도 모두 명료하였으므로 마침내 스스로 침으로 다섯 곳을 찔러서 피가 흐르도록 하여서 그들을 배부르게 하였고, 다시 설법하여 그들을 충족시켰으며 오계를 주었었느니라.”

세존께서 여러 필추들에게 알리셨다.

“그대들은 다르게 생각하지 말라. 그 자력왕은 곧 나의 몸이고, 다섯 약차는 곧 교진여 등의 다섯 필추이니라. 내가 지나간 때에 그들에게 피와 고기를 베풀었고 나아가 설법하였으며 오계까지 주었었느니라. 나는 지금도 정법을 설하여 진리를 보게 하였고 최후의 경지인 열반에 머물게 하였느니라. 그대들 여러 필추들은 마땅히 이와 같이 배울지니라.”

이때 세존께서는 이전에 6년을 고행(苦行)하셨고, 그리고 뒤에 무상각(無上覺)을 성취하셨으며, 바라니사성으로 나아가시어 교진여 등의 다섯 필추들을 제도하셨고, 다음에는 야사(耶舍) 등 다섯 사람을 제도하였으며, 그 다음에는 현중(賢衆) 60명을 제도하셨다. 이러한 까닭으로 필추는 그 대중이 점차로 많아졌다. 이때 여러 필추들은 마음에 의심이 생겨나서 다시 세존께 아뢰어 말하였다.

“대덕이시여. 세존께서는 옛날에 무슨 업을 지으셨기에 지금 6년의 고행인 이숙(異熟)을 받으셨습니까?”

세존께서 필추들에게 알리셨다.

“내가 스스로 지은 업을 스스로 과보로 돌려받은 것이니라.”

세존께서 여러 필추들에게 알리셨다.

“지나간 옛날에 사람의 수명이 2만 세이었던 때에 한 취락이 있었고 분석(分析)이라고 이름하였느니라. 그 취락은 백성들이 매우 치성하였고 안은하고 풍족하였으며 즐거웠고 오곡도 잘 익었느니라. 그 취락 안에는 바라문이 있어 니구타(尼拘陀)라고 이름하였는데, 여러 권속들이 많았고 부유하여 자재(自在)하였다. 흘률지왕(訖栗枳王)이 다스리고 있었는데, 이 취락을 니구타에게 주어 주인이 되도록 하였다.

그 바라문에게는 한 제자가 있어 최승(最勝)이라고 이름하였는데, 부모는 청정한 씨족(氏族)이고 수승하였으며 나아가 7대조(代祖)까지 아울러 모두가 수승하였다. 여러 이론(異論)을 배웠고 사명(四明)에 통달하였으며 여러 자서(字書)에도 두루 통하여 깨닫지 못한 것이 없었고, 얼굴과 용모가 단정하여 사람들이 보는 것을 즐거워하였다. 이때 니구타에게는 500의 제자들이 있었으므로 항상 가르치고 독송(讀誦)하게 하였다.

또 그 취락의 가운데에는 도공(陶師)이 있어 희호(喜護)라고 이름하였는데, 그는 삼보(三寶)에 귀의하여 사제(四諦)를 깊이 믿었고, 확고하여 의심이 없었으므로 사제의 이치를 보고 예류과(預流果)를 증득하였다. 소유한 중생들을 파괴하는 영업(營事)의 도구들은 모두 버렸으며, 서양토(鼠壤土)와 벌레가 없는 물(無蟲水)과 벌레 없는 나무(無蟲木)를 이용하여 여러 기와와 그릇을 만들었다. 이러한 기물(器物)들을 문밖에 두고서 여러 사람들에게 널리 알렸다.

"나에게 쌀이나 콩을 주고, 이 그릇을 뜻에 따라서 가져가십시오. 얻은 쌀과 콩은 장님인 부모를 봉양할 것이고, 혹은 때에 가섭(迦攝) 여래께 공양하겠습니다."

이때 그 최승과 그 희호는 작은 것까지도 함께 나누었던 친우였다. 뒤의 다른 때에 희호는 가섭불의 처소에 나아가서 머리와 얼굴로 발에 예경하고 물러나서 한쪽에 앉았다. 세존께서는 여러 종류의 미묘한 법을 보여주셨고 가르치셨으며 이익되고 기쁘게 하셨다. 희호를 위하여 법을 설하시는 때에 희호는 법을 듣고 환희하면서 정례하고 떠나갔다. 그때 그 최승은 흰 말의 수레를 타고 500의 제자들에게 앞뒤를 둘러싸여서 성에서 나왔다. 그는 도중에 길에서 희호를 만났고 보고서 물어 말하였다.

"현수(賢首)여. 그대는 지금 어디서 오는가?"

희호는 대답하여 말하였다.

"나는 지금 가섭불의 처소에서 공양하였고 예배하고서 그곳에서 오고 있네. 지금 그대도 함께 세존의 처소로 나아가서 공양하고 예배하겠는가?"

최승이 대답하여 말하였다.

"현수여. 어찌 반드시 세존을 보고 공양하면서 닦아야 하겠는가? 왜 그러한가? 이렇게 출가(出家)를 짓더라도 정각(正覺)을 얻는 것은 어렵네."

희호가 알려 말하였다.

“현수여. 이러한 말을 짓지 말게. 이 가섭불은 출가하고 오래지 않았어도 이미 정각을 증득하였고, 일체지(一切智)를 갖추었으며, 정법이 현전(現前)하였네.”

이때 그 희호는 이와 같이 세 번을 알렸다.

“내가 마땅히 그대와 함께 세존의 처소로 가겠네.”

이때 그 최승도 역시 다시 세 번을 대답하였다.

“이와 같이 출가하여도 정각을 증득하기는 어렵네.”

희호는 곧바로 그 수레 위로 올라가서 그 최승을 붙잡고서 함께 세존을 우러러보고 예경하기 위하여 갔다. 그때 그는 붙잡힌 것을 보고 곧 이렇게 생각을 지으면서 말하였다.

“그 가섭불은 반드시 가장 수승한 분이고, 무상(無上)의 대사이며, 소유한 모든 법도 아울러 수승할 것이다. 왜 그러한가? 그 희호는 먼저 왔던 현선(賢善)이고, 성급한 포악함이 없으며, 경솔한 흉악함과 사나움도 없다. 그 여래를 위하여 나를 붙잡고 있을 것이다.”

이렇게 생각을 짓고서 곧 희호에게 알렸다.

“그대는 마땅히 나를 풀어주게.”

희호가 대답하여 말하였다.

“나는 그대를 놓아줄 수 없네. 그대가 만약 나와 함께 세존의 처소로 가서 공양하고 예배한다면 내가 마땅히 그대를 놓아주겠네.”

이와 같이 세 번을 알렸다. 이때 그 최승이 알려 말하였다.

“희호여. 이 수레를 타게. 내가 마땅히 그대와 함께 그 세존의 처소에 가겠네.”

수레가 갈 수 있는 곳은 수레를 타고 갔고, 수레로 갈 수 없는 곳은 곧바로 걸어서 갔다. 세존의 처소에 이르러 세존의 발에 정례하고 물러나서 한쪽에 앉았다. 그때 희호가 자리에서 일어나 합장하고 세존께 아뢰었다.

“이 최승은 삼보를 믿지 않고 있습니다. 오직 바라옵건대 세존께서는 묘법을 설하시어 그 최승에게 불·법·승을 믿게 하십시오.”

이때 세존께서는 묵연히 청을 받아들이셨고, 곧 최승을 위하여 묘법을 연설하시어 보여주셨고 가르치셨으며 이익되고 기쁘게 하시고서, 나아가 묵연히 머무르셨다. 이때 최승이 희호에게 알려 말하였다.

"그대는 이러한 법을 듣고도 어찌 출가하지 않았는가?"

희호가 대답하여 말하였다.

"최승이여. 그대는 내가 장님인 두 부모님을 봉양하고 있고, 때에 다시 가섭여래께 공양하는 것을 모르는가?"

최승이 대답하여 말하였다.

"그대가 만약 출가하지 않겠다면, 내가 지금 출가하겠네."

이때 희호가 자리에서 일어나서 세존께 아뢰어 말하였다.

"세존이시여. 지금 최승이 세존께서 선설(善說)하는 법과 비나야(毘奈耶)의 가운데에서 출가하고자 합니다. 오직 바라옵건대 세존께서는 그의 출가를 허락하십시오."

이렇게 말하고서 세존께 예경하고 자리에 앉았다. 이때 세존께서 최승의 출가를 여법하게 허락하셨고, 분석(分析) 마을을 떠나 바라니성의 인간세상을 유행(遊行)하셨다. 점차 그 성안의 선인(仙人)이 떨어진 시록림(施鹿林)에 이르렀다. 이때 흘률지왕(訖粟枳王)이 세존께서 인간세상을 유행하시어 시록림에 이르렀다는 것을 듣고 성에서 나와 세존의 처소로 갔으며, 이르러 가섭여래의 두 발에 정례하고 한쪽에 물러나서 앉았다.

세존께서는 곧 흘률지왕을 위하여 묘법을 연설하시어 보여주셨고 가르치셨으며 이익되고 기쁘게 하시고서, 나아가 묵연히 머무르셨다. 이때 흘률지왕은 자리에서 일어나 의복을 정리하고 세존께 아뢰었다.

"오직 그렇습니다. 세존이시여. 내일 아침에 저의 청을 받아 주십시오. 제가 저의 궁전 안에서 공양을 준비하여 세존과 승가를 청하여 음식을 베풀고자 하옵니다."

세존께서는 이때 묵연히 청을 받아들이셨다. 이때 흘률지왕은 세존께서 묵연히 자신의 청을 받아들이신 것을 알고 세존의 발에 정례하고 자리에서 일어나 세존께 하직하고 돌아갔다. 이때 왕은 궁에 도착하여 그 밤중에 여러 종류의 향기롭고 맛있는 음식을 준비하였고 새벽에 이르자 음식을 펼쳐놓고 수승한 자리를 설치하였으며 여러 향수를 준비하였고 이렇게 일을 짓고서 사자에게 세존께 아뢰게 하였다.

“하루의 시간이 이미 지났으니 오직 원하옵건대 때가 되었음을 아십시오.”

가섭불은 하루의 초분(初分)에 여러 필추들을 데리고 옷과 발우를 집지하고 앞뒤로 위요되어 그 왕이 공양을 베푸는 곳으로 갔다. 이미 이르렀고 세존께서는 상수(上首)에 앉으셨고 나머지 필추들은 차례를 따라서 자리를 펴고 앉았다. 이때 흘률지왕은 여러 종류의 음식을 직접 스스로 세존과 필추 대중에게 주었다. 공양을 마치고서 세존과 필추들은 각자 발우를 거두고 손을 씻었으며 양치를 끝마쳤다. 왕은 금병(金瓶)에 물을 가득 채워서 세존 앞에서 호궤(胡跪)하고서 이렇게 말을 지었다.

“오직 원하옵건대 세존이시여. 제가 세존을 위하여 큰 사찰을 짓겠습니다. 500의 사찰을 짓고 이 하나하나의 사찰에 각각 크고 작은 여러 평상과 부구(敷具)와 향기로운 쌀로 불·세존과 필추 대중에게 공양하겠습니다.”

이때 세존께서 흘률지왕에게 알리셨다.

“그대는 지금 능히 수승하고 크게 발원하셨습니다. 이러한 공덕은 갖추어진 그것과 같을 것입니다.”

흘률지왕은 이와 같이 세 번을 청하였다.

“오직 바라옵건대 세존이시여. 하안거의 3개월을 저의 여러 종류의 사사공양(四事供養)으로 받아주십시오. 제가 세존을 위하여 500의 사찰을 짓고 이 하나하나의 사찰에 큰 평상·작은 평상·책걸상·담요·침구도 각각 500개씩을 갖추겠으며, 상묘한 찹쌀과 여러 종류의 진기한 것으로 세존과 필추 대중께 공양하겠습니다.”

이때 세존께서는 흘률지왕에게 알리셨다.

“대왕이시여. 지금 이러한 마음을 능히 일으켰으므로 준비한 것과 다르지 않습니다.”

이때 흘률지왕이 세존께 아뢰어 말하였다.

“세존이시여. 저는 지금 공양이 없습니다. 세존이시여. 어느 사람이 능히 저와 똑같이 이렇게 정성스러운 마음으로 공양을 준비하겠습니까?"

세존께서 대답하여 말씀하셨다.

"대왕이시여. 나라 안에서 이미 이와 같이 나에게 공양하였던 사람이 있었습니다."

왕이 곧 물어 말하였다.

"그 공양하였던 사람의 이름은 무엇입니까?"

세존께서 알려 말씀하셨다.

"왕의 국경 안에 미빈지(微頻持)라는 취락이 있는데, 도공이 있어 희호(喜護)라고 이름합니다. 그 취락에 머물면서 불·법·승에 진실한 신심을 일으켜 삼보에 귀의하였고, 실제(實諦)의 이치를 보아서 성과(聖果)를 증득하였습니다. 소유한 중생들을 파괴하는 영업의 도구들은 모두 버렸으며, 서양 토와 벌레가 없는 물과 벌레 없는 나무를 이용하여 여러 기와와 그릇을 만들었습니다. 이러한 기물들을 문밖에 두고서 여러 사람들에게 널리 알렸습니다. '나에게 기름·삼베·쌀·콩을 주고, 이 그릇을 뜻에 따라서 가져가십시오.' 얻은 쌀과 콩 등으로 장님인 부모를 봉양하였고, 역시 다시 나에게 가져와서 공양하였습니다."

세존께서 왕에게 알려 말씀하셨다.

"나는 어느 때에 성읍(城邑)을 유행하면서 미빈지 취락에 이르러 공양 때에 옷을 입고 발우를 지니고 차례로 걸식하면서 도공인 희호라는 가문(家門)에 이르러 천천히 문을 두드렸습니다. 이때 도공 회호는 일을 인연하여 다른 곳으로 외출하였고 오직 장님인 부모가 집안에 있으면서 문을 두드리는 소리를 듣고서 문 앞에 이르러 물어 말하였습니다.

"어느 현수(賢首)입니까? 누가 와서 문을 두드립니까?"

내(佛)가 말하셨습니다.

"나는 가섭파불·응(應)·정등각(正等覺)인데 공양할 때인 까닭으로 이곳에 걸식하고자 왔습니다."

그는 곧 문을 열고 나를 청하여 안으로 들어오게 하였고, 이미 집에 들어갔는데, 그 장님이 말하였습니다.

"우리에게는 그릇(盆器) 안에는 익힌 콩이 들어 있고, 아울러 바구니(筐) 안에는 익힌 나물이 담겨 있습니다. 저는 지금 보지 못합니다. 오직 원하옵 건대 세존께서는 뜻에 따라 취하십시오."

장님이 또한 말하였습니다.

"그 세존을 공양하는 시주(施主)는 다른 일로 잠시 외출하였습니다."

이때 세존께서 대왕에게 알려 말씀하셨다.

"나는 마땅히 북구로주(北俱盧洲)의 법으로써 지었고 스스로의 손으로 음식을 담아가지고 나왔습니다. 도공 희호가 뒤에 곧 집에 이르러 어떤 사람이 콩과 채소를 가져간 흔적을 보고 부모에게 물어 말하였습니다.

"누가 이 콩과 나물을 먹었습니까?"

그 장님인 부모가 곧 앞에서의 일을 차례대로 말하였고, 희호는 듣고서 매우 크게 용약하면서 이렇게 생각을 지었습니다.

'가섭파불께서 우리 집안으로 들어오시어 마음대로 음식을 가져가셨던 까닭으로 나는 이미 큰 이익을 얻었구나.'

이렇게 환희하는 마음을 까닭으로 가부좌(跏趺坐)에서 7일을 선정에 들어갔고 선정에서 일어났는데, 이러한 선정의 인연을 까닭으로 정념(正 念)이 흩어지지 않아서 15일에 항상 끊어지지 않았습니다. 7일의 선정에 들어갔던 힘을 까닭으로 집안의 식기(食器)에는 음식이 항상 가득하여 부모에게 공급하는 것에 부족함이 없었습니다."

세존께서 왕에게 알려 말씀하셨다.

"내가 다른 때에 미빈지 취락에 머물면서 3개월을 안거(安居)하였습니 다. 그 여름의 처음 때에 지루한 장맛비가 지나갔고 나의 주처에는 방과 집안에 비가 흘러내렸습니다. 도공 희호는 어느 창고를 짓고 있었는데, 모두 새로운 이엉을 사용하여 지붕을 덮고자 하였습니다. 나는 그때 시자인 필추에게 알려 말하였습니다.

"그대들은 함께 도공 희호가 창고를 짓는 곳에 가서 장차 그 창고를 덮으려는 이엉을 허물어서 이 집을 덮도록 하라."

그 필추들은 나의 말을 듣고 아울러 그 가르침에 의지하여 일을 지었습니다. 그때 희호는 일을 인연하여 다른 곳에 외출하였는데, 그 희호의 부모가 집을 무너트리는 소리를 듣고 곧바로 물어 말하였습니다.

"어느 현수이시오? 어느 성자(聖者)이시오? 누가 오셨는데 희호가 새롭게 덮은 초옥(草屋)을 허물고 있습니까?"

그들이 알려 말하였습니다.

"우리는 가섭파 응·정등각의 시자인 필추입니다. 세존께서 머무시는 방과 집에 비가 흘러내리는 인연을 까닭으로 여기에 와서 새로운 이엉을 가져가려는 것입니다. 가섭파 응·정등각을 위하여 그 지붕을 다시 덮을 것입니다."

도공의 부모는 성자들에게 알려 말하였습니다.

"우리 아이가 없으니 성자들께서는 마음대로 취하십시오."

여러 필추들은 마침내 창고의 풀인 이엉을 허물었고 내가 머무는 사옥(寺屋)을 덮었습니다. 희호가 뒤에 집에 돌아와서 그가 지은 창고의 새로운 풀이 허물어진 것을 보고 곧 그의 부모에게 물어 말하였습니다.

"누가 와서 제가 짓는 창고의 새로운 풀을 허물어서 가져갔습니까?"

부모는 알려 말하였습니다.

"그대가 외출하고 오래지 않아 우리는 집을 허무는 소리를 듣고서 곧 물었네. '어느 성자이시오? 어느 현자가 우리들의 새로운 창고의 풀을 허무는 것이오?' 그들이 대답하여 말하였네. '우리는 가섭파 응·정등각의 시자인 필추입니다. 세존께서 머무시는 방과 집에 비가 흘러내리는 인연을 까닭으로 여기에 와서 새로운 이엉을 가져가려는 것입니다. 가섭파 응·정등각을 위하여 그 지붕을 다시 덮을 것입니다.' 곧바로 대답하여 말하였네. '우리 아이가 없으니 마음대로 취하십시오.'"

이때 희호는 부모님의 말씀을 듣고 매우 크게 환희하면서 곧 이렇게 생각을 지었습니다.

'가섭파불께서 우리 집안에 오시어 어려움이 없이 마음대로 가져가셨으므로 나는 이미 큰 이익을 얻었구나.'

가부좌하고 7일을 전념(專念)으로 상속(相續)하면서 잠시도 버렸던 때가 없었으므로 하늘의 복력을 까닭으로 비록 7일이었더라도 그 허물어진 지붕으로 비록 큰 장맛비가 내렸으나 한 방울도 흐르지 않았습니다.”

세존께서 대왕에게 알리셨다.

“다르게 생각하지 마십시오. 내가 지금 3개월의 안거에 사사공양을 하겠다는 대왕의 청을 받아들이지 않는 것은 오히려 희호가 창고를 새롭게 덮는 것과 같습니다.”

이때 흘률지왕이 세존께 아뢰어 말하였다.

“희호가 지금 큰 이익을 얻은 것은 가섭파불께서 희호의 집에서 수용(受用)함에 어려움이 없었던 것입니다.”

이때 왕도 따라서 기뻐하면서 곧 게송을 설하여 말하였다.

여러 제사 가운데에서는 불이 상수(上首)이고
위타(圍陀)13) 가운데에서는 신(神)이 상수이며
세간에서 존중받는 자는 왕이 상수이고
일체의 물의 가운데에서는 바다가 상수라네.

여러 별의 가운데에서는 달이 상수이고
여러 밝음의 가운데에서는 해가 상수인데
상하(上下)와 사유(四維)와 하늘 등에까지
세존께 공양함이 최고의 상수라네.

이때 세존께서는 흘률지왕을 위하여 묘법을 설하시어 보여주셨고 가르치셨으며 이익되고 기쁘게 하시고서 곧바로 떠나가셨다. 이때 흘률지왕은 여러 종류의 공양을 갖추어 세존을 따라서 보내드렸고 취락까지 나와서 세존의 두 발에 정례하고서 세존의 주위를 세 번을 돌았다. 곧 본궁(本宮)으로 돌아와서 한 사자에게 명하여 500의 수레에 각자 멥쌀을 실어 도공

---

13) 산스크리트어 베다(veda)의 음사이다.

희호에게 마땅히 알리게 하였다.

"이 500의 수레에 실려 온 멥쌀을 마땅히 그대의 장님 부모와 가섭파여래를 공양하는 데 수용하시오."

이때 사자는 왕의 가르침을 받들어 쌀을 싣고 갔으며 마땅히 왕명을 부탁하였다.

"이 500의 수레에 실려 온 멥쌀을 마땅히 그대의 장님 부모를 봉양하면서 수용하고 아울러 때때로 가섭파불을 공양하십시오."

이때 희호는 왕이 보내온 쌀을 보고 사자에게 알려 말하였다.

"왕에게는 사무(事務)가 많으니 저는 감히 이 쌀을 받을 수 없습니다."

세존께서 여러 필추들에게 알리셨다.

"다르게 생각하지 말라. 마납파는 곧 지금의 나의 몸이니라. 나는 지나간 옛날에 가섭파불을 훼방하였고 정각(正覺)을 증득하면서 명예를 요구하였으며 고행(苦行)을 하지 않았느니라. 그가 부지런히 고행하지 않았는데 어떻게 능히 정등각(正等覺)을 증득하였겠는가? 악하였던 까닭으로, 훼방하였던 까닭으로 지금 나는 6년의 고통스러운 과보를 받은 것이니라. 그대들 필추들은 마땅히 알라. 업보는 반드시 스스로가 받는 것이고, [자세한 설명은 앞에서와 같다.] 나아가 이와 같이 그대들은 수학(修學)할지니라."

근본설일체유부비나야파승사 제12권

삼장법사 의정 한역

석보운 번역

세존께서 실라벌성(室羅筏城)에 머무르셨다.

보살이 성벽을 넘어 나갈 당시에 야수타라는 곧바로 임신하였다. 보살이 6년을 고행하였으므로 야수타라도 왕궁(王宮)의 안에서 역시 고행을 닦았고 이러한 인연을 까닭으로 태(胎)는 곧 뱃속에 숨어있었다. 이때 보살은 고행하는 일이 이익이 없음을 알고서 곧바로 마음을 따라서 기운을 쉬면서 오래도록 여유로웠으므로, 마침내 맛좋은 반찬을 먹었고, 멥쌀을 섞은 밥을 배부르게 먹었으며, 몸에 기름을 발랐고 따뜻한 물로 목욕하였다.

야수타라는 이러한 일을 듣고 궁중에서 역시 다시 몸과 마음을 편안하게 하면서 보살과 같게 따랐다. 이러한 쾌락(快樂)을 까닭으로 태(胎)는 마침내 증장(增長)하여 그 배가 점차 커졌다. 석씨(釋氏)들은 듣고 비웃고 조롱하며 말하였다.

"보살은 출가하여 극심하게 고행하고 있는데, 그대는 궁안에서 다른 사람과 사통하여 회임하였고 배가 곧 불러오는구려."

야수타라는 듣고 맹세하며 말하였다.

"저는 그러한 허물이 없습니다."

오래지 않아서 아들을 낳았는데 이때 라호라(羅怙羅)[1]가 밝은 달을 움켜잡았다. 여러 권속들은 모여서 축하하고 기뻐하는 모임에서 아이의

---

1) 인도의 설화에서는 해와 달을 삼키게 되었으므로 일식(日蝕)과 월식(月蝕)이 생겼다고 말하며 마족(魔族)은 아수라의 신으로 섬긴다.

이름을 지어 주는 것을 청하였다. 여러 권속들이 함께 의논하여 말하였다.

"이 아이가 처음으로 태어나던 때에 라호라의 손이 달을 움켜쥐었으므로 마땅히 '라호라(羅怙羅)'라고 이름합시다."

그때 석씨 종족이 함께 상의하면서 말하였다.

"이 아이는 보살의 아들이 아닙니다."

야수타라는 이러한 말을 듣고 곧 통곡하면서 라호라를 안고서 스스로 맹세하였다.

"보살이 옛날에 계셨던 궁중 안에 해로석(解勞石) 위에 라호라를 놓아두어야겠다."

보살이 목욕하던 연못에 라호라를 던져놓고 맹세하며 말하였다.

"이 아이가 만약 보살의 아들이라면 물에 들어가면 곧 떠오를 것이고, 만약 보살의 아들이 아니라면 마땅히 가라앉을 것이다."

이렇게 말을 지었는데 라호라는 돌과 함께 떠올라서 가라앉지 않았다. 야수타라가 다시 알려 말하였다.

"이 언덕에서 저 언덕까지 갔다가 다시 오면서 뜻에 따라서 곧 다녀라."

여러 사람들이 보고 모두 희유함이 생겨났다. 어머니가 다시 아이를 안고서 이렇게 생각을 지었다.

'만약 불·세존께서 6년을 고행하여 정각을 성취한 뒤에 다시 6년을 머무르고 12살이 되어 다시 이곳에 돌아온다면 나는 여러 사람들에게 진실과 거짓을 증명하여 보이겠다.'

이때 세존께서는 뒤의 때에 겁비라성에 돌아오셨다. 하루는 왕가(王家)에서 공양하셨고 하루는 궁전 안에서 공양하셨다. 이때 야수타라는 이렇게 생각을 지었다.

'내가 하고자 하는 것에 어떤 방편이 있어야 능히 세존을 따르게 할 수 있겠는가?'

이때 이 성안에는 한 외도녀(外道女)가 있었는데, 술법(術法)을 잘 이해하여 능히 남자들에게 여인을 애락(愛樂)하게 할 수 있었다. 야수타라는 그녀에게 500금전을 주어 부탁하면서 사자를 보내어 알려 말하였다.

“그대는 술법을 지어서 나에게 방법을 보내도록 하시오.”

그 여인이 곧바로 하나의 서로가 사랑하게 되는 약환(藥丸)을 궁중으로 보내주었다. 그 어머니는 곧 약환을 가져다가 여러 궁인을 마주하고 라호라의 손에 쥐어주면서 이와 같은 말을 지었다.

“아들아. 이 약을 가지고 가서 너의 아버님께 드려라.”

세존께서는 일체지(一切智)를 갖추셨고 이전의 일을 능히 요달하셨으므로 야수타라가 라호라를 낳고서 세상의 미움과 비방을 부른 것을 아셨고, 이러한 비방과 훼손을 오늘에 마땅히 없애고자 하는 것을 아셨다. 세존께서는 이미 아시고서 500의 세존으로 변화되셨는데 세존과 모습이 똑같았다. 이때 라호라는 약을 가지고 비록 많은 세존의 앞을 지나면서도 모두에게 드리지 않았으나, 이미 세존이 계신 곳에 이르자 마침내 곧 약을 드렸다. 세존께서는 이미 받으셨으나 곧 라호라에게 맡겨두었다.

이때 아들은 얻고서 마침내 곧 그것을 먹었다. 세존께서는 이미 먹은 것을 아시고 곧 축원(呪願)을 하시고서 자리에서 일어나 떠나가셨다. 이때 라호라도 세존을 따라서 갔으나 여러 채녀(婇女)들이 궁중 밖으로 나가지 못하게 하였다. 이때 라호라는 슬프게 울면서 세존을 따라가고자 하였다. 세존께서는 떠나시면서 이렇게 생각을 지으셨다.

‘라호라는 후유(後有)를 받지 않고 마땅히 성과(聖果)를 증득할 것이며 세속에 기거하는 것을 즐거워하지 않는 것을 아는구나.’

세존께서는 이미 아셨고 사실을 마침내 곧 데리고 떠나셨다. 이때 라호라는 500불(佛)과의 숙연(宿緣)에 감응하여 능히 세존을 알아보고 기꺼이 떨어지려고 하지 않았던 것이었다. 이때 정반왕(淨飯王) 궁인과 권속 및 여러 석가 종족들은 이러한 희기(希奇)함을 보고 다시 야수타라를 공경하고 존중하였으며, 그녀가 옛날에 잘못된 비방을 당하였고 오늘에 누명이 없어졌으므로 환희심이 생겨났다. 이때 세존께서는 본래의 처소에 이르러 라호라를 제도하시고자 하였다. 정반왕은 듣고 세존의 처소에 나아가서 세존의 발에 정례하고 이와 같이 말을 지었다.

“세존이시여. 반드시 라호라를 제도하시겠다면 마땅히 하루라도 내가 공양을 베푸는 것을 애원합니다.”

세존께서는 청을 따라서 공양을 베푸는 것을 허락하셨다. 이때 정반왕은 라호라를 위하여 큰 대회(大會)를 베풀었고 아울러 높은 자리를 장엄하였으며 라호라를 공양하였다. 이튿날에 이르자 라호라와 함께 세존의 처소에 나아가서 세존께 예경하고 이와 같이 말하였다.

“대덕이시여. 장차 라호라를 출가시켜서 맡기겠습니다.”

이때 세존께서는 사리자(舍利子)에게 알려 말씀하셨다.

“그대는 지금 데리고 가서 법에 여법하게 출가시키도록 하시오.”

이때 사리자는 세존의 가르침을 받들어 곧바로 라호라를 여법하게 출가시켰다. 이때 여러 필추들은 함께 모두가 의심이 있어 세존께 청하여 아뢰었다.

“무슨 인연을 까닭으로 동자 라호라는 대중의 가운데에서 직접 약환을 가지고 5백불의 가운데에서 세존을 알아보았습니까?”

세존께서 여러 필추들에게 알려 말씀하셨다.

“라호라는 다만 금생(今生)에 나를 알아본 것이 아니고, 일찍이 과거의 무량한 겁(劫)의 가운데에서도 화만(花鬘)으로서 장엄하였으나 나와 서로가 알아보았느니라. 그대들은 자세히 들을지니라. 마땅히 그대들을 위하여 설하겠노라.

일찍이 과거 세상에서 취락의 안에 한 장자(長者)가 있었느니라. 이웃의 장자의 딸을 취하여 아내로 맞이하였는데, 오래지 않아서 곧 임신하였고 곧 한 아들을 낳았느니라. 다시 아내에게 알려 말하였다.

“지금 이 아들을 우리의 재산으로 키우고 있으니 역시 능히 우리에게 은혜를 갚을 것이오. 내가 지금 여러 재물을 가지고 바다에 나아가서 무역을 일으킬 것이오. 당신은 집에 남아서 이 아이를 돌보고 가사(家事)를 잘 살피시오.”

아내가 남편에게 대답하여 말하였다.

“오직 가르침을 따르겠습니다.”

장자는 바다에 들어갔으나 풍랑을 만나서 배가 부서졌으며 아울러 재물을 모두 잃어버렸고 물에 빠져서 돌아오지 못했다. 아내는 남편이 죽었다는 것을 듣고 효(孝)2)로서 복을 닦았고, 다시 스스로가 마음으로 노력(傭力)하였고 아울러 여러 권속들이 서로를 구제하며 양육하였으므로 아이는 점차 장대하여졌다. 그들의 옆집에는 일 잘하는 직공(織師)이 있었고 그는 공교(工巧)를 까닭으로 자력으로 살아갔다. 그 장자의 아내는 보고서 곧 이렇게 생각을 지었다.

'바다에 들어가서 무역을 일으키는 것이 길쌈의 공교로서 업을 삼는 것보다도 못하구나. 그 바다에 들어갔던 사람은 많이 죽고 돌아오지 못하는데, 옆집 남편인 직사는 항상 집에서 지내면서 스스로를 구제하면서 지내는구나.'

다시 이렇게 생각을 지었다.

'지금 내 아들에게도 옷감을 짜는 업을 배우게 해야겠다.'

이렇게 사유하고서 곧 그 아들을 데리고 직사의 집에 가서 직공에게 알려 말하였다.

"대형(大兄)이여. 이 외생(外甥)에게 옷감을 짜는 업을 가르쳐 주십시오."

직공이 대답하였다.

"좋습니다. 남겨두고 가십시오. 옷감을 짜는 방법을 가르치겠습니다."

그 아이는 총명하고 민첩하여 오래지 않아서 배움을 이루었다. 직공과 함께 아울러 옷감을 짜는 기능이 쌍벽을 이루었으나, 여기에서 재물과 이익, 물건은 본가(本家)로 보내어 항상 수용하는 것이 부족하였고, 아저씨는 마음대로 수용하여도 남았다. 그 조카가 아저씨에게 물었다.

"저는 지금 아저씨와 같은 업을 짓고 있는데, 무슨 까닭으로 아저씨 집은 항상 충분하고 풍요로운데, 우리집은 매일 부족합니다."

직공이 조카에게 알렸다.

"나는 둘째의 일을 하고, 그대는 곧 첫째의 일을 하는 것이네."

조카가 다시 물었다.

---

2) 상(喪)을 당하였을 때에 입는 옷인 상복(喪服)을 가리킨다.

"둘째는 무엇입니까?"

그가 곧 알려 말하였다.

"나는 밤에는 도둑질을 한다네."

조카가 알려 말하였다.

"저도 역시 따라다니며 훔치겠습니다."

아저씨가 곧 알려 말하였다.

"그대는 능히 훔치지 못할 것이네."

대답하여 말하였다.

"저도 능히 할 수 있습니다."

아저씨는 이렇게 생각을 지었다.

"내가 우선 시험해봐야겠다."

이렇게 생각을 짓고 곧 함께 시장으로 갔으며 토끼 한 마리를 사서 요리시켰다.

"나는 잠깐 목욕하고 곧 와서 마땅히 먹겠네."

그는 요리를 마치고서 외삼촌이 돌아오지 않은 사이에 하나의 다리를 먹어치웠다. 외삼촌이 목욕하고 돌아와서 그 조카에게 물었다.

"요리를 마쳤는가?"

대답하여 말하였다.

"이미 마쳤습니다."

외삼촌이 말하였다.

"요리를 이미 마쳤으면 가져오게. 내가 잠시 보겠네."

조카가 토끼를 가져다가 그 아저씨에게 주었다. 아저씨는 토끼 다리 하나가 적은 것을 보고 조카에게 물어 말하였다.

"토끼는 다리가 네 개인데 지금 어디에 있는가?"

조카가 알려 말하였다.

"그 토끼는 본래 3개의 다리가 있었는데, 어찌 저에게 4개를 찾으십니까?"

아저씨는 이렇게 생각을 지었다.

‘내가 이전에 도둑이었으나, 지금 이 아이는 나보다 뛰어난 큰 도둑이구나.’

곧 그 토끼를 가지고 함께 술집으로 들어갔고 아저씨는 편안하게 앉았으며 곧 조카를 불러서 함께 술을 마시고서, 곧 조카에게 술값을 계산하게 하였다. 조카가 알려 말하였다.

"만약 사람이 술을 마시고 가령 계산하게 하더라도 저는 본래 술을 마신 일이 없습니다. 어찌 계산을 의논하십니까? 아저씨 지금 스스로가 술을 드셨으니 마땅히 스스로가 계산해야 합니다."

아저씨는 이렇게 생각을 지었다.

‘내가 이전에 도둑이었으나, 지금 이 아이는 나보다 뛰어난 큰 도둑이구나. 모두가 동본(同本)이니 역시 도둑질을 할 수 있겠다.’

곧 조카와 함께 한밤중에 다른 사람의 담장(牆壁)을 뚫고 재물을 훔치기로 약속하였다. 이미 담장을 뚫고서 그 아저씨는 곧 먼저 머리부터 구멍으로 들어가고자 하였다. 조카가 알려 말하였다.

"아저씨. 좋게 훔치는 법이 아닙니다. 어찌하여 구멍의 가운데에 머리부터 집어넣습니까? 이 일은 옳지 않습니다. 마땅히 다리부터 구멍에 들어가야 합니다. 만약 먼저 머리부터 들어가면서 다른 사람에게 머리를 잘리게 되면, 많은 사람이 함께 알 것이고 한 가족에게 화가 미칠 것입니다. 지금 마땅히 먼저 다리부터 들어가야 합니다."

아저씨는 이 말을 듣고 곧 다리로 들어갔는데 집주인이 이미 알아차리고 곧바로 외쳤다.

"도둑이다."

여러 사람들이 그 소리를 듣고 곧바로 구멍 안의 그 도둑의 다리를 붙잡았다. 그때 조카는 다시 구멍 밖에서 그 직공을 있는 힘껏 끌어당겼으나 이미 제지하지 못하였고 자기에게 화(禍)가 미치는 것이 두려워 곧 그의 머리만 잘라서 가지고 달아났다. 이때 여러 신하들이 이 사실을 왕에게 아뢰었고, 왕은 신하들에게 알렸다.

"머리를 잘라서 도망친 놈은 최고로 큰 도둑일 것이오. 그대들은 그 도둑의 시체를 가지고 네거리의 가운데에 놓고서 몰래 숨어서 살펴보도록 하시오. 그러다가 혹은 슬프게 울거나 장차 시체를 가지고 가려는 자는 이 사람이 그 도둑일 것이니, 곧 잡도록 하시오.”

여러 신하들이 왕명을 받들어 그 시체를 가지고 왕이 시킨 법을 시행하였다. 그 도둑의 조카는 곧 생각하면서 말하였다.

“내가 지금 곧 아저씨의 시체를 안고 오는 것은 마땅하지 않다. 많은 사람들이 나를 아는 것이 두렵구나. 우선 마땅히 네거리에서 거짓으로 미친 짓을 해야겠다. 혹은 남녀를 껴안고, 혹은 나무와 돌을 끌어안으며, 혹은 소나 말을 끌어안고, 혹은 돼지나 개를 끌어안아야겠다.”

이렇게 생각을 짓고서 곧 그 일을 행하였다. 이때 사람들은 그 사람이 이곳저곳에서 물건을 모두 끌어안는 모습을 보고 모두가 미쳤다고 알았다. 그리고 도둑의 조카는 아저씨를 끌어안고 슬프게 울었으며 곧바로 떠나갔다. 여러 신하들이 모두 왕에게 아뢰어 말하였다.

“시체를 지켜보고 있었는데, 오직 한 미친 사람이 나타나서 시체를 끌어안고 슬프게 울고서 떠나갔으며 다시 다른 사람은 없었습니다.”

왕이 곧 알려 말하였다.

“그놈이 도둑(狗賊)이었는데, 어찌하여 잡아들이지 않았소? 어서 가서 잡아오도록 하시오.”

그때 그 도둑은 다시 이렇게 생각을 지었다.

‘내가 지금 어떻게 내 아저씨의 장례를 치르지 않겠는가? 내 반드시 장례를 치르겠다.’

곧 수레를 끄는 사람이 되어 마차 위에 장작더미를 가득 싣고서 시체의 위에 이르렀고, 빠르게 소를 풀어주고서 수레에 불을 지르고 곧 달아나 버렸다.

마땅히 그때 그 수레의 장작불은 시체를 모두 태웠다. 시체를 지키던 사람이 왕에게 곧 아뢰어 말하였다.

“그 도둑의 시체가 지금 모두 불탔습니다.”

왕이 그에게 물어 말하였다.

"누가 도둑의 시체를 태웠는가?"

신하들이 앞의 일을 갖추어 말하였다. 왕이 말하였다.

"그대들은 마땅히 아시오. 그 수레를 끌고 왔던 사람이 곧 도둑이오. 어찌하여 잡아들이지 않았는가? 지금 잡아오도록 하시오."

그때 그 도둑은 다시 이렇게 생각을 지었다.

'내가 지금 반드시 아저씨 시체의 장례를 치른 곳에서 여러 제사를 베풀어야겠다.'

생각하고서 곧 정행(淨行) 바라문의 모습을 지어 나라의 성안에 들어가서 두루 다니면서 걸식하였다. 곧 음식을 화장터의 다섯 곳에 놓아두고 몰래 아저씨의 제사를 지내고 달아났다. 이때 시체를 지키던 사람이 갖추어 왕에게 아뢰었다. 왕이 말하였다.

"그놈이 도둑놈이었는데 어찌하여 잡지 않았는가? 매우 답답하구나."

그때 그 도둑은 다시 이렇게 생각을 지었다.

'내가 지금 반드시 아저씨의 유골을 가져다가 강가하(强伽河)의 가운데에 던져야겠다.'

이렇게 생각을 짓고서 곧 해골(髑髏)의 일을 짓는 외도(外道)의 모습을 지었고 그의 유골이 있는 곳에 나아가서 그 남은 재(灰)를 몸에 바르고 재를 취하여 해골 속에 담아서 강가하의 가운데에 던지고 달아났다. 그 시체를 지키던 사람이 다시 왕에게 아뢰었다. 왕이 말하였다.

"그놈이 도둑놈이었는데 어찌하여 잡지 않았는가? 매우 답답하구나. 그대들은 마땅히 멈추시오. 내가 스스로 잡아오겠소."

이때 그 왕이 하나의 배를 타고 앞뒤의 시종과 강가하에서 다니면서 강의 언덕에 사람을 숨겨두고 붙잡게 하였다. 왕에게는 먼저 딸이 있었는데, 용모가 단정하여 보는 사람들이 즐거워하였다. 강의 가운데에서 유희(遊戲)하였고, 점차 서로가 멀어지면서 그 딸에게 알려 말하였다.

"사람이 있어 그대를 만진다면 그대는 곧 크게 소리쳐라."

또한 강의 언덕을 지키는 사람에게도 칙명하였다.

"나의 딸이 소리를 지르면 그대들은 곧 반드시 접근하여 만약 남자를 본다면 곧 붙잡도록 하시오.”

그때 도둑은 다시 이렇게 생각을 지었다.

‘지금 왕이 그 딸과 함께 강에서 유희하고 있으니, 마땅히 그녀와 서로가 함께 유희(嬉戱)해야겠다.’

이렇게 생각하고서 곧 상류(上流)에 머물러 있으면서 1개의 와과(瓦鍋)[3]를 하류로 흘려보냈다. 강의 언덕에 있던 장부들이 보고서 도둑이라고 생각하여 다투어 방망이를 가지고 와과를 깨뜨렸으나 나아가 도둑은 보이지 않았다. 이렇게 두세 번 계속 이와 같았고 나아가 열 번에 이르렀다. 이때 언덕을 지키던 사람들은 와과를 보았으나 곧 버려두고 깨뜨리지 않았다. 그때 도둑은 머리에 하나의 와과를 뒤집어쓰고 강물을 따라 내려가 왕녀가 있는 곳에 이르렀다. 공주의 배 위에 올라 손으로 날카로운 칼을 잡고서 왕녀(王女)에게 알려 말하였다.

“그대는 소리를 지르지 마시오. 만약 소리를 지른다면 나는 마땅히 그대를 해칠 것이오.”

왕녀는 두려워서 감히 소리를 지르지 못하였고 인연하여 곧 겁탈(戱會)을 당하였으며, 겁탈이 끝내자 곧 달아났다. 왕녀는 도둑이 달아나는 것을 보고 크게 통곡하면서 이와 같이 말하였다.

“그 도둑놈이 나를 강제로 겁탈하고 지금 달아났다.”

언덕을 지키고 있던 사람들이 왕녀에게 알려 말하였다.

“그대는 유희(嬉戱)하던 때에는 묵연하며 환락(歡樂)하고서, 도둑놈이 이미 달아났는데 나아가 처음으로 울고 있습니까? 우리들이 지금 어디에서 도둑을 잡겠습니까?”

언덕에서 지키고 있던 사람들이 갖추어 왕에게 알렸다. 왕이 말하였다.

“너희들은 어찌하여 잘 방호(防守)하지 못하고 이와 같이 이르게 하였는가?”

이때 그 왕녀는 그 도둑에게 겁탈을 당하였고 마침내 곧 태기가 있었으며

---

3) 큰 벌통처럼 생긴 항아리이다.

열 달이 지나고 아들을 낳았다. 이때 도둑은 왕녀가 아들을 낳았다는 것을 듣고 다시 이렇게 생각을 지었다.

‘나는 지금 반드시 내 아들을 위하여 모두가 기뻐하는 잔치를 해야겠다.’

곧 급사(給使)의 모습으로 변화하였고 왕궁 안에서 나오면서 여러 사람들에게 알려 말하였다.

“왕의 교령(敎令)이 있었소. ‘내 딸이 아들을 낳았으니, 그대들 나라 안의 여러 백성들은 오늘 밤에 마음대로 환락하면서 서로가 의복과 재물과 비단 등을 마음대로 훔치도록 하시오.’”

이때 나라의 여러 신하들과 많은 백성들이 이 말을 듣고 마음놓고 유희하였고, 그 소리가 매우 요란하여 왕의 궁전 안까지 들렸다. 왕이 사람들에게 물었다.

“나의 여러 백성들은 어째서 이렇게 소란스러운가?”

백성들이 대답하여 말하였다.

“저희들은 이전의 왕의 교령을 받들어 이와 같습니다.”

왕이 이것을 듣고 도둑이 지은 것을 알았으며 이렇게 생각을 지었다.

‘내가 이 도둑놈을 잡지 못한다면 나는 곧 국왕의 자리를 버리겠다.’

곧 한 계책을 베풀어 커다란 집 하나를 짓게 하였다. 집이 이미 완성되었는데 아이의 나이는 이미 여섯 살이 되었다. 여러 신하들에게 명하여 북을 치며 영(令)을 알렸다.

“국내에 거주하는 사내는 모두 집안으로 불러들이시오. 오지 않는 자가 있으면 잡아서 죽이도록 하시오.”

이때 나라 안의 사내들은 모두 집 안으로 들어갔다. 이때 그 도둑도 역시 그 가운데에 있었다. 왕은 곧 꽃다발(華鬘)로서 그 아이에게 알려 말하였다.

“너는 이 꽃다발을 가지고 그 대중들 가운데서 너의 아버지를 보았다면 그에게 주어라.”

다시 옆의 사람에게 명하여 뒤를 따르면서 그 아이가 꽃다발을 주면 곧 붙잡게 하였다. 이때 그 아이는 꽃다발을 가지고 대중들 가운데로 이르렀는데, 업력(業力)을 까닭으로 아버지를 보았던 결과로 곧 꽃다발을 주었다. 이때 그 옆에 따라가던 사람들이 도둑을 붙잡아 왕의 처소에 데리고 이르렀다. 왕이 여러 신하들을 모아놓고 함께 이 일을 의논하며 말하였다.

"이 죄인을 어떻게 처분(處分)해야 하겠는가?"

"죽이는 것이 마땅합니다."

왕은 곧 사유하였다.

'이 놈은 지혜가 있는 도둑이다. 어찌 죽이겠는가?'

여러 신하들에게 알려 말하였다.

"이 사람은 용맹하고 지혜까지도 갖추었소. 시위(侍衛)로 남겨두시오. 곧 내 딸을 시집보내 아내로 삼도록 하겠고, 나아가 나라의 절반을 줄 것이오."

세존께서 여러 필추들에게 말씀하셨다.

"그때의 도둑은 곧 나의 몸이고, 그때의 아이는 곧 라호라이니라. 지나간 때에 사람들 가운데에서 나를 능히 알아보았던 까닭으로 지금도 역시 이 대중들 가운데에서 나를 알아볼 수 있었느니라. 여러 필추들이여. 마땅히 알지니라. 업력(業力)은 불가사의(不可思議)하므로 그대들도 마땅히 업을 따라서 행할지니라."

이때 야수타라는 이렇게 생각을 지었다.

'라호라의 아버지가 만약 궁궐에 들어오는 때라면 나는 마땅히 여러 방편을 베풀어서 모시고 공양하겠으며 궁궐 밖으로 나가지 못하게 해야겠다.'

이렇게 생각을 짓고 교비가(憍比迦)와 미리가차(彌離迦遮) 등 6만의 미인을 뽑아서 각자 여러 장엄구로 엄숙하게 꾸몄으며, 여러 종류의 묘한 향을 피워 모든 준비를 마쳤다.

이때 세존께서 이른 아침의 때에 옷을 입고 발우를 지니고 여러 필추들에게 시위같이 둘러싸여서 유정(有情)들을 조복(調伏)하기 위한 까닭으로 왕궁 안으로 들어가셨다. 이때 야수타라 등의 세 부인은 6만의 채녀들과 함께 여러 음악을 연주하고, 노래를 부르며 춤을 추었으며, 의복을 정리하였는데 요염(妖艶)하고 고미(蠱媚)⁴⁾하였다. 세존의 앞에 멈추어서 염착(染着)하게 하고자 하였다. 세존께서는 보시고 곧 이렇게 생각을 지으셨다.

'오늘 공양 때에 이른다면 나는 먼저 먹을 것이고, 이 여러 여인들을 위하여 설법하지 않겠노라. 조복시킬 때에 여러 여인들의 욕심이 치성(熾盛)하게 되면 사제(四諦)의 이치에서 이익을 얻지 못하는 것이 두렵구나. 나는 지금 마땅히 신통력(神通力)으로써 일부러 이 여인들을 모두 조복시켜야겠다.'

이렇게 생각을 지으시고 곧 땅에서 사라져서 동방의 허공에 나타났으며, 그 허공의 가운데에서 행(行)·주(住)·좌(坐)·와(臥)의 위의(威儀)가 자재(自在)하였고, 다시 화광삼매(火光三昧)에 들어가서 그 몸의 가운데에서 청(靑)·황(黃)·적(赤)·백(白) 등의 여러 광명을 나타내었으며, 혹은 다시 몸 위로 물을 뿜었고 몸 아래로는 불을 뿜었으며, 남방·서방·북방에서도 역시 이와 같았고, 허공의 가운데에서 사라져서 여러 필추들의 상수(上首) 사자좌(師子座)에 홀연히 나타났다. 여러 요염한 여인들이 이러한 일을 보고서 모두 세존의 앞에 땅에 쓰러졌는데 도끼로 나무를 자른 것과 같았다. 세존의 발에 정례하고 한쪽에 앉았다.

그때 세존께서 여러 여인들의 성품과 역량과 마음의 발원을 알고서 사제의 이치로서 널리 분별하셨다. 여러 여인들은 듣고서 예류과(預流果)를 증득하였으나, 오직 야수타라는 염심(染心)이 무거웠던 까닭으로 아직 과를 증득하지 못하고 곧 이와 같은 마음을 지었고 생각하면서 입으로 말하였다.

"나에게 자미(滋味)⁵⁾가 있는데 능히 먹었던 자는 마음에서 애착이 생겨났다. 곧 여러 종류의 형향(馨香)⁶⁾하고 맛좋은 여러 음식 등을 스스로가

---

4) '고(蠱)'는 요염하게 치장하다는 뜻이고, '미(媚)'는 아름답다는 뜻이므로 '매혹적으로 아름답다.'는 뜻이다.
5) 자양분(滋養分)이 많고 좋은 맛, 또는 그러한 음식(飮食)을 말한다.
6) 꽃다운 향기(香氣)를 가리킨다.

손으로 가져다가 세존께 받들어야겠다."

이렇게 생각을 지었다. 여러 필추들이 듣고 이것을 세존께 알렸다. 세존께서 말씀하셨다.

"여러 필추들이여 너희들은 마땅히 알라. 나는 삼독(三毒)을 벗어나지 못하였던 때에도 여러 향기롭고 맛있는 음식에 대하여 애착이 없었느니라. 어찌 하물며 지금은 삼독을 모두 벗어났는데 능히 나를 염착시키겠는가? 야수타라가 비록 맛좋은 음식을 만들어 오더라도 나는 조금도 두려움이 없느니라."

이때 여러 필추들이 모두 의심이 있어 세존께 아뢰어 말하였다.

"세존이시여. 무슨 까닭으로 야수타라는 환희단(歡喜團)[7]을 인연하여 불·세존께 염착이 생겨났습니까?"

세존께서 말씀하셨다.

"여러 필추들이여. 이 야수타라는 다만 금생에 환희단을 인연하여 나에게 염착이 생겨난 것이 아니고 일찍이 과거 세상에서도 먼저 이러한 일이 있었느니라. 그대들은 잘 들을지니라.

지나간 옛날의 세상에서 한 취락이 있었느니라. 이곳에서 멀지 않은 곳에 아란야(阿蘭若)가 있었으며, 숲에는 꽃과 과일이 많았고 또한 맑은 물이 흐르고 아름다운 샘물이 있었다. 이때 선인(仙人)이 있어 그는 꽃과 과일을 먹었고, 나무껍질을 입으면서 이러한 고행을 지었으며 5신통(神通)을 증득하였다. 소유한 새와 짐승들도 서로를 무서워하지 않았으므로 항상 와서 친근하였다.

뒤의 어느 때에 소변을 보고자 하였는데 한 암사슴이 있어 선인의 뒤를 따라왔다. 선인은 소변에 실정(失精)[8]을 하였는데 암사슴이 뒤를 따르면서 곧바로 핥아먹고서 다시 혀로 생문(生門)을 핥았다. 유정(有情)의 업력은 불가사의하였던 까닭으로 인연하여 곧 태(胎)가 있었다. 시간이

---

7) 환희환(歡喜丸)은 밀가루·과일·우유·꿀 등을 혼합하여 둥글게 만든 음식으로 주로 의식 때 공물(供物)로 사용하였다.
8) 실수로 사정(射精)한 것을 가리킨다.

흘러 달이 지났으므로 그 사슴은 본래 살던 곳으로 와서 한 사내아이를 낳았다. 사슴은 이 태어난 새끼가 사람인 것을 알고서 곧 버리고 떠나갔다. 이때 선인(仙人)은 그 아이를 보고 이렇게 생각을 지으며 말하였다.

"이 아이는 누구의 자식인가?"

다시 거듭 사유하여 자기의 자식인 것을 알고서 마침내 거두어서 길렀다. 뒤에 점차 장대하여 12살이 되었는데 머리에 하나의 뿔이 생겨났고 인연으로 이름을 지어 독각(獨角)이라고 이름하였다. 그 아버지가 병이 들었고 독각은 여러 종류의 약으로 치료하였으나 능히 치료할 수 없었다. 그 아버지는 장차 곧 죽으려고 하였을 때 독각에게 알려 말하였다.

"나는 지금 항상 이 처소에서 항상 있었으나, 여러 산의 선인(仙人)들이 자주 왕래하는 곳이니, 너는 영접하여 문신(問訊)하고 만약 왔다면 꽃과 과일을 공급하도록 하라. 나의 발원인 까닭이니라."

가타로 설하여 말하였다.

쌓였던 것은 모두 흩어져 없어지고
높았던 것은 반드시 무너지며
만났다면 이별이 있고
목숨이 있다면 모두 죽음으로 돌아가네.

나아가 선인은 목숨을 마쳤고 그 독각선인은 선인의 법으로써 그 아버지의 장례를 치렀다. 아버지를 잃고 그리워하면서 근심하고 우뇌하였으나 곧 5신통을 증득하였다. 뒤의 다른 때에 물을 긷고자 갔던 인연으로 물을 취하여 얻고서 돌아오는 도중에 마침내 큰 비를 만났고 미끄러운 진흙땅에 넘어졌으며 물병은 마침내 깨어졌다. 깨진 병의 물을 그의 손바닥의 안에 움켜쥐고 주문(呪文)으로써 하늘을 향하여 멀리 뿌렸다.

"그대가 내린 비를 까닭으로 나의 물병이 부딪쳐서 깨졌으니, 오늘부터 12년 뒤까지 다시는 비가 내리지 말라."

이러한 신선이 주력(呪力)을 까닭으로 비가 다시 내리지 않았고 바라니사성은 큰 가뭄을 만나 백성들이 기근(飢饉)으로 흩어지고 도망하였다. 이때 국왕이 여러 점술사들을 불러 이 일을 물어 말하였다.

"무슨 까닭으로 하늘에서 비가 내리지 않는가?"

점술사들이 대답하며 말하였다.

"선인이 진노한 까닭으로 하늘에서 비를 내리지 않습니다."

왕이 점술가에게 일을 물었다.

"무슨 방편과 계책을 지어야 천하가 단비(甘雨)로 백성들이 풍요롭고 안락하겠는가?"

점술사가 알려 말하였다.

"만약 선인의 계행의 수도(修道)를 깨트린다면 하늘은 곧 단비를 내릴 것입니다. 만약 선인의 계행을 깨트리지 못한다면 12년 동안 하늘에서 결국 비를 내리지 않을 것입니다."

이때 왕은 듣고서 턱을 괴고 사유하였다. 궁중 사람들과 왕비와 여러 신하들은 왕이 우뇌하는 것을 보고 곧 왕에게 아뢰어 말하였다.

"무슨 까닭으로 우뇌하고 계십니까?"

왕이 곧 알려 말하였다.

"신선의 주력을 까닭으로 하늘이 비를 내리지 않는다고 하오. [자세한 설명은 앞에서와 같다.] 나는 지금 무슨 방편과 계책으로 그 신선의 계행의 수도를 깨뜨릴 수 있을지 모르오. 이러한 까닭으로 우뇌하며 즐겁지 않은 것이오."

이때 그 국왕에게는 한 큰 딸이 있어 적정(寂靜)이라고 이름하였는데, 곧 왕에게 아뢰어 말하였다.

"우뇌하지 마십시오. 제가 방편과 계책을 베풀어 그 신선의 계행을 반드시 깨트리겠습니다."

왕이 딸에게 물어 말하였다.

"무슨 방편과 계책이 있는가?"

딸이 왕에게 아뢰어 말하였다.

"제가 바라문의 주법(呪法)을 배웠으며, 또한 다른 20명의 채녀들도 한곳에서 그 법을 배웠습니다. 바라건대 왕께서는 물 위에 배를 얽어놓고, 배 위에 판자를 놓고서 흙을 깔고 여러 종류의 꽃과 과일나무를 심는데 선인이 머무는 처소와 똑같게 만드십시오. 저희들은 배를 타고 그 선인의 처소에 이르러 곧 능히 선인에게 계행의 수도를 깨트리고 이곳에 끌고 오겠습니다.”

왕은 이 말을 듣고 곧 딸이 말한 것과 같이 여러 배를 얽었으며 판자를 놓고서 여러 꽃과 과일나무를 심었으며, [나머지는 앞에서와 같다.] 마침내 열매 속에 몰래 약주(藥酒)를 넣었고 또한 여러 음식에도 아울러 역시 안약(安藥)[9]을 넣었다. 이 적정과 다른 채녀들은 거짓으로 선인의 위의와 모습을 지었는데 의복은 나무껍질로 옷을 입었고, 머리는 풀어 늘어뜨려서 선인과 모두 다르지 않았다. 배를 타고 천천히 선인이 있는 곳으로 걸어가며 입으로 바라문의 주법을 독송하였다. 선인의 처소에 이르렀는데, 그 선인의 제자가 20명의 나그네 선인들이 오는 것을 멀리서 보고서 곧 독각선인에게 알려 말하였다.

“여러 나그네 선인들이 지금 이곳으로 와서 이르렀습니다.”

이때 독각선인은 말하였다.

“잘 오셨습니다.”

맞이하여 방으로 안내했다. 이때 여러 선인들이 이미 방에 들어왔는데, 이때 독각선인이 자세히 살펴보니, 여러 선인들의 안색이 다른 것이 있었다. 곧 게송을 설하여 말하였다.

일찍이 신고(辛苦)를 겪지 않고서
걸어서 오셨으니 다시 수고로우셨으나
얼굴에는 수염도 나지 않았고
가슴에는 높고 낮음이 있으며
선인의 모습이 이렇게 바뀌었으니

---

9) 문맥으로 살펴보면 일종의 신경안정제인 것으로 생각된다.

이러한 일은 진실로 희기(希奇)하다네.

그 독각선인은 비록 의심이 있었으나 역시 나그네 선인들을 위하여 처소에 자리를 펼치고 과일을 대접하였다. 적정이 선인에게 말하였다.

"그대가 머무는 곳에는 이와 같이 쓰고 떫은 과일 등이 많이 있습니다. 나의 지금 주처에는 좋은 과일이 있는데 오히려 감로(甘露)와 같습니다. 내가 지금 그대에게 내 주처에 가는 것을 청합니다."

이에 독각선인은 곧 모두가 서로를 따라서 물속의 배에 올랐다. 배 위에 심어놓은 과일나무 중에서 염미약주(饜媚藥酒)[10]가 들어 있는 야자(椰子)[11]를 취하여 독각선인에게 받들었다. 그는 마시고서 가짜 선인에게 알렸다.

"함께 그릇된 법을 행합시다."

이렇게 음욕에 물들었던 까닭으로 마침내 신통을 잃었다. 계행이 무너졌고 주력(呪力)도 곧 멈추었으므로 구름이 사방에서 일어났다. 독각선인은 보고서 하늘을 쳐다보며 꾸짖었다. 적정이 알려 말하였다.

"그대의 몸은 이미 아닌데 스스로가 오히려 깨닫지 못하고서, 무슨 까닭으로 얼굴을 들고 하늘을 원망합니까? 음염(婬染)에 이미 얽혔으니 잠자코 있으세요."

적정이 데리고 곧바로 왕의 앞에 이르러 부왕에게 아뢰어 말하였다.

"그 비를 저주하던 선인이 바로 이 사람입니다."

---

10) 문맥으로 살펴보면 일종의 최음제인 것으로 생각된다.

11) 종려목의 야자과에 속하는 야자나무의 총칭으로 전 세계에 약 220속 2500종이 있다. 주요 종류로는 열매인 빈랑자(檳榔子)를 씹으면서 즐기는 빈랑야자(betel palm), 열매 껍질에서 코이어라는 섬유를 얻는 등 경제적으로 쓰임이 많은 코코넛 야자(coconut palm), 과육에서 팜유를 얻는 기름야자(oil palm), 녹말을 채취하는 사고야자(sago palm), 열대 지방에서 가로수로 흔히 심는 대왕야자(royal palm), 제주에서 가로수로 흔히 심는 카나리아야자(Canary date palm), 5,000년 전부터 재배했으며 1그루에서 매년 250kg의 열매를 생산하는 대추야자(date palm) 등이 있다.

왕은 선인이 온 것을 보고 기쁨을 억누르지 못하였다. 구름이 널리 퍼지면서 하늘에서 곧 단비가 내렸고, 백성들은 풍요롭고 안락하였으며, 오곡도 무럭무럭 자라났다. 이때 부왕은 곧 적정을 선인에게 시집보냈고, 또한 여러 미녀들도 주어서 부리게 하였는데, 나아가 뒤에 왕녀를 버리고 곧 다른 미녀들과 사통(私通)하였다. 적정이 보고 질투심이 생겨나서 곧 선인과 함께 심하게 서로가 다투었고 발을 들어 선인을 차고 신으로 얼굴을 때렸으므로 선인은 이렇게 생각을 지었다.

'내가 옛날의 때에 하늘에 구름과 번개가 일어났고 주력이 멈추었던 까닭은 저 여인에게 속아서 홀연히 음욕에 얽힌 것이다.'

이때 선인은 마음에서 욕염(慾染)이 싫어져서 곧 적정을 버리고서 부지런히 선정을 닦았고 곧 5신통을 증득하여 공중으로 올라서 본래의 처소로 돌아갔느니라.”

세존께서 여러 필추들에게 알리셨다.

“옛날의 때에 선인은 곧 나의 몸이고, 왕녀인 적정은 지금의 야수타라였느니라. 옛날에 음식 맛과 욕정(慾情)에 탐착(貪着)하였고, 지금도 환희단(歡喜團)으로써 다시 나에게 염착(厭着)하는 것이니라.”

세존께서 이렇게 말씀하시고 궁중에서 떠나셨다. 야수타라는 세존을 보고서 마음이 곧 생각을 끝마쳤으며 다시 곧 구하는 것이 없는 것을 알고서 곧 7층의 높은 누각에 올라서 몸과 목숨을 아끼지 않고 마침내 땅에 몸을 던졌다. 세존께서는 신통력으로 받아서 다치지 않게 하였는데, 여러 사람들은 이미 다치지 않은 것을 보고 마음에 놀라움과 괴이함이 생겨났다. 여러 필추 대중들이 보고 곧 세존께 물었다.

“이 야수타라는 세존을 사랑하는 마음을 까닭으로 몸과 목숨을 아끼지 않고 높은 누각에서 몸을 던진 것입니까?”

세존께서 여러 필추들에게 알리셨다.

“야수타라는 나를 사랑하는 마음을 까닭으로 다만 금생에 몸과 목숨을 아끼지 않은 것이 아니니라. 과거에서도 역시 나를 위하여 몸과 목숨을 아끼지 않았느니라.”

여러 필추들에게 알리셨다.

"그대들은 자세히 들을지니라. 지나간 옛날에 바라니사성에 왕이 있어 범수(梵受)라고 이름하였느니라. 어느 시간에 마침내 사냥하였고 많은 짐승들을 잡아서 산골짜기를 지나가면서 한 긴나라(緊那羅)12)가 잠자고 있었고 그의 부인이 곁에 있으면서 수호하고 있는 모습을 보았다. 왕은 마침내 큰 활로 긴나라를 쏘았고 이미 급소에 하나의 화살을 맞아서 곧 죽었느니라. 긴나라의 부인을 잡아서 아내로 취하고자 하였는데, 이때 긴나라의 부인이 곧 왕에게 아뢰어 말하였다.

"오직 원하건대 대왕께서는 저를 풀어주시어 제 남편의 장례를 치르는 것을 기다려 주십시오. 장례를 마치고 곧 왕을 따르겠습니다."

왕은 곧 이렇게 생각을 지었다.

'이 자가 어찌 능히 달아나겠는가? 장례를 치르는 것을 보아야겠다.'

왕은 곧 이렇게 생각하고서 마침내 곧 풀어주었다. 이때 긴나라의 부인은 마침내 땔나무를 사방에 쌓아놓고 불을 지르고서 그녀의 남편을 추모하고서 몸과 목숨을 아끼지 않고 곧 불 속에 뛰어들었으므로 부부가 함께 불탔다. 여러 천인이 공중에서 게송을 설하여 말하였다.

이 일에서 구하였으나
도리어 다른 일을 만났고
본래 음악천(音樂天)13)을 바랬으나
부부가 모두가 목숨을 버렸다네.

이때 세존께서 여러 필추들에게 알려 말씀하셨다.

"지나간 옛날의 긴나라는 곧 나의 몸이고, 긴나라의 부인은 곧 야수타라

---

12) 긴타라(緊陀羅)·진타라(眞陀羅)·견타라(甄陀羅) 등으로 음사하고, 인비인(人非人) 또는 악신(樂神) 등으로 의역한다. 사람의 머리에 새의 몸 또는 말의 머리에 사람의 몸을 하는 등 그 형상이 일정하지 않다.
13) 긴나라가 음악을 좋아하는 까닭으로 이렇게 부르는 것이다.

였느니라. 지나간 옛날의 때에도 야수타라는 예전에도 나를 사랑하였던 까닭으로 자기가 불 속에 뛰어들었고 오늘에도 탐애(貪愛)하여 다시 높은 누각에서 떨어졌느니라.”

세존께서 이렇게 생각을 하셨다.

‘만약 야수타라를 교화하려면 지금이 바른 때이다. 내가 마땅히 그녀를 생사의 바다에서 벗어나게 해야겠다.’

이렇게 생각을 짓고 야수타라를 위하여 4성제법(聖諦法)을 설하셨다. 그녀는 듣고서 지혜의 금강저(金剛杵)로써 20종류의 아견(我見)의 산봉우리를 모두 부수어 무너트리고 예류과를 증득하였다. 신심(信心)을 일으켜 집에서 집이 아닌 곳으로 나아가서 부지런히 수습하여 아라한과(阿羅漢果)를 증득하였다. 이때 필추니인 야수타라는 대중의 가운데 있으면서 참괴(慚愧)를 품었다. 이때 세존께서 여러 필추들에게 알려 말씀하셨다.

“나는 일체의 필추니 가운데에서 야수타라 필추니가 최고로 참괴를 갖추었느니라.”

여러 필추 대중들이 함께 모두가 의혹이 있어 다시 세존께 물었다.

“이 야수타라 필추니는 무슨 업보를 지었기에 6년을 라호라를 품고 있었습니까?”

그때 세존께서 여러 필추들에게 알려 말씀하셨다. [자세한 설명은 앞에서와 같다.] 나아가 게송을 말씀하셨다. 세존께서 여러 필추들에게 알리셨다.

“지나간 옛날에 촌락이 있었는데, 이때 늙은 어머니에게 오직 딸 하나가 있었느니라. 많은 젖소를 기르면서 매일 낙장(酪漿)[14]을 만들어서 모녀가 서로를 따라서 마을을 다니면서 팔았느니라. 그 딸이 낙장을 짊어졌는데 홀연히 속이려는 마음으로 마침내 어머니에게 알려 말하였다.

“저는 바람을 쐬고자 합니다. 바라건대 어머님께서는 낙장을 가지고 잠시 앞으로 가세요.”

---

14) 우유 또는 양유를 끓여 만든 음료를 말한다.

어머니가 곧 낙장을 취하여 짊어지고 갔으나 그 딸은 어긋남에 떨어지고 마음에서 일부러 속이면서 6리(里)를 지나도록 그 어머니를 따라가지 않았다. 이러한 업(業)을 까닭으로 야수타라는 금생에 6년의 태를 품었었느니라."

세존께서는 여러 필추들에게 알리셨고, [자세한 설명은 앞에서와 같다.] 나아가 게송을 말씀하셨다. 이때 여러 필추들은 다시 의심이 있어 세존께 청하여 물었다.

"이 라호라는 이전에 무슨 업을 지었기에 지금 6년을 태(胎)에 있었습니까?"

세존께서 여러 필추들에게 알리셨다.

"라호라가 스스로 악업을 지었기 때문이니라." [자세한 설명은 앞에서와 같다.] 아울러 게송을 말씀하셨다.

이때 세존께서 다시 여러 필추들에게 알리셨다.

"이 바라니사성에서 멀지 않은 곳에 이때 한 숲이 있었고 여러 꽃과 과일이 많았느니라. 형제가 두 사람이 있었는데, 형은 상거(商佉)라고 이름하였고, 아우는 이기다(里企多)라고 이름하였느니라. 몸에 나무껍질을 입었고 항상 과일과 여러 약초를 먹고 살았는데. 상가는 스승이 되었고 이기다는 제자가 되었었느니라. 이때 바라니사 국왕과 여러 백성들은 이 숲에 두 수도인(修道人)이 있으며, 첫째는 상거라고 이름하고 둘째는 이기다라고 이름하는 것을 알았느니라.

뒤의 어느 때에 상거는 이른 아침에 병에 물을 가득 채워서 산으로 과일을 따러 갔다. 이기다는 5경(更)에 일찍 일어나서 형보다 앞서 산에 들어갔는데, 병에 물을 가지고 가지 않고서 꽃과 과일을 채집하였다. 먼저 이르러 왔고 갈증에 핍박받아 물이 필요하여 자기의 병을 기울여 보았으나 마실 물이 없었으므로 곧 스승의 물을 취하여 그것을 마셨다.

이미 스승의 물을 모두 마셨으나 다시 스승의 물병에 담지 않았다. 이때 상거는 해가 높이 떠오르자 갈증에 핍박받아 물이 필요하여 자기의 물병을 기울여 보았으나 물을 찾을 수 없었다. 병에 물이 없는 것을 보고 마침내 성내면서 꾸짖었다.

"어떤 도둑놈이 억지로 내 물을 훔쳐 먹었는가?"

이때 이기다가 곧 알려 말하였다.

"내가 그 도둑입니다. 내가 병의 물을 마셨으니, 오직 바라건대 오파타야께서는 나에게 중죄(重罪)로 벌하십시오."

상가는 알려 말하였다.

"그대는 나의 제자이네. 물이 필요하여 마음대로 마셨으나 그대에게 죄를 묻겠는가?"

이기다는 오파타야에게 알려 말하였다.

"나는 도둑이므로 원하건대 중죄를 주십시오. 만약 주지 않는다면 마음이 안녕하지 않습니다."

상가는 듣고 마침내 크게 진노하면서 곧바로 알려 말하였다.

"나는 지금 그대에게 능히 벌을 줄 수 없네. 마땅히 밧줄로 그대에게 죄를 묻겠으니 그대가 국왕의 처소에 가서 중죄를 찾도록 하게."

이때 이기다는 마침내 왕의 처소를 향하였고 그 도중에 이르러서 사냥을 나왔던 왕을 만났으며 손을 들어 축원하였다.

"오직 바라건대 대왕께서는 수명이 장수하고 병이 없으시며 항상 전쟁에서 승리하십시오."

가타로 설하여 말하였다.

대왕이여. 나는 도둑입니다.
곧 다른 사람의 물을 훔쳐 마셨으니
원하건대 왕께서는 도둑의 법에 의지하여
물을 훔쳐 먹은 죄를 벌하십시오.

이때 왕이 알려 말하였다.

"비록 문득 물을 취하였다고 하더라도 역시 도둑은 아니오."

왕은 다시 물어 말하였다.

"그대는 누구의 물을 취하였소?"

이때 이기다는 앞에서 벌어졌던 일을 자세히 갖추어 왕에게 알렸다. 왕이 다시 그에게 알려 말하였다.

"그는 이미 그의 형이고 또한 오파타야이시오. 비록 문득 물을 마셨으나, 역시 도둑은 아니오. 그대는 지금 돌아가시오. 죄를 묻는 것이 합당하지 않소."

이때 이기다가 또한 왕에게 아뢰어 말하였다.

"나는 도둑입니다. 바라건대 중죄를 주십시오. 만약 주지 않는다면 마음이 안녕하지 못합니다."

이때 국왕은 이 말을 듣고서 곧 진노가 일어나서 곧 알려 말하였다.

"그대는 지금 이곳에 머물러 한 발자국도 움직이지 말라. 내가 산에서 돌아와 처분하겠으니 기다리도록 하라."

왕은 사냥을 떠나갔고 다른 길로 환궁하였다. 마침내 선인(仙人)에게 움직이지 못하게 하였던 것을 잊고서 6일이 지났다. 이때 선인은 감히 한 발자국도 움직이지 못하였고 여러 신하들이 왕에게 아뢰었다.

"그 선인이 왕의 명을 받들어 6일을 감히 한 발자국도 움직이지 못하고 있습니다. 오직 바라건대 대왕께서는 빠르게 처분하여 주십시오."

왕이 곧 알려 말하였다.

"6일의 죄로 끝났소. 그대는 지금 허물이 없어 지금 풀어주겠으니 가게 하시오."

신하들이 선인에게 알려 말하였다.

"그대는 지금 6일의 벌을 받았고 그대는 마쳤으므로 지금 왕명을 받들어 그대의 뜻대로 가도록 하시오."

이기다는 기뻐하면서 마침내 곧 돌아갔느니라."

세존께서 여러 필추들에게 알리셨다.

"옛날의 범수왕은 지금의 라호라이니라. 전생의 때에 진심(瞋心)을 일으 켰던 까닭으로, 움직이지 못하게 하면서 6일이 지나갔던 까닭으로, 지금에 6년의 업력(業力)으로 어머니의 태(胎)에서 있었던 것이니라. 여러 필추들이여. 만약 흑업(黑業)·백업(白業)과 잡염업(雜染業)은 함께 모두가 과보가 있느니라. 그대들 여러 필추들이여. 마땅히 흑업과 잡염업은 버리고 순수한 백업을 닦을지니라.”

이때 여러 필추들은 함께 모두가 의혹이 있어 다시 세존께 아뢰어 말하였다.

“이 구수 현자(賢子)15)는 일찍이 무슨 업을 지어서 지금 석가종족의 가운데에서 상수이고 국왕이 되었습니까?”

세존께서 여러 필추들에게 알리셨다.

“이 구수 현자는 스스로 여러 복업(福業)을 지었느니라.”

[자세한 설명은 생략한다.] 나아가 가타를 설하여 말씀하셨다.

세존께서 여러 필추들에게 알리셨다.

“옛날에 가난한 사람이 있었고 인간세상을 유행하면서 바라니사성에 이르렀느니라. 그 성안에는 여러 명의 가난한 사람이 있었는데, 이 사람이 온 것을 보고 곧 성내고 한탄하면서 다투어 구타하고서 성 밖으로 쫓아냈느니라. 그 성의 국왕에게는 하나의 원림(園林)이 있었는데, 그 사람은 이미 쫓겨났으므로 마침내 원림의 가운데에 들어가서 잠시 스스로가 거처하였느니라.

이때 그 국왕은 화창한 봄의 때를 인연하여 원림의 가운데에 꽃과 과일이 무성하고 아름다운 새들이 다투어 모여들었다. 왕은 궁인(宮人)과 채녀(婇女)들과 함께 그 원림으로 유관(遊觀)을 갔다. 이미 원림의 가운데에 이르러 여러 채녀들과 함께 여러 곳에 돌아다니며 유희하고 오락하였다. 이때 그 국왕은 피곤하여 잠이 들었다. 여인들은 상법(常法)이 있는데 만약 꽃과 과일을 본다면 곧 탐애(貪愛)가 생겨나는 것이다. 마땅히 그때 왕이 잠든 것을 보고 각자 숲속에 흩어져서 꽃과 과일을 땄다.

그때 왕이 잠에서 깨어났고 곧 성으로 돌아가고자 하였으므로 그 여러 궁인들도 왕이 성으로 돌아가는 것을 보고 빠르게 왕의 뒤를 따라갔다.

---

15) 제9권의 현수석가왕을 가리키는데 발제리가(跋提梨迦)라고 이름한다.

이때 한 궁인은 마음이 바쁘고 허둥거려서 몸의 그 영락(瓔珞)을 남겨둔 것도 몰랐다. 궁인들이 떠나간 뒤에 가난한 사람이 보고 개인적으로 스스로가 생각하며 말하였다.

"내가 만약 취하고서 혹은 있는 것을 곧 알게 된다면, 반드시 서로가 고뇌할 것이다."

곧 영락을 취하여 나무 위에 걸어두고 마음으로 스스로가 생각하며 말하였다.

"본래의 주인이 만약 온다면 뜻을 따라서 가져가게 하겠고, 다시 멀리서 그것을 바라보고 있다가 만약 주인 아닌 사람이 취하면 곧 가져가지 못하게 해야겠다."

그 주인인 궁녀는 궁중에 이르고서 영락을 원림의 안에 있으면서 잃어버린 것을 생각하여 알고서 왕에게 아뢰어 말하였다.

"제가 바쁘게 허둥거린 인연으로 영락을 잃어버렸습니다. 그 원림 안에 있을 것입니다."

이때 왕은 곧 여러 신하들에게 알렸다.

"나에게 영락이 있었는데 원림 안에 남겨두었소. 빨리 찾아서 잃어버리지 않게 하시오."

신하들이 명을 받들어 많은 사람을 데리고 흩어져 원림의 가운데를 찾았고 영락이 나무 위에 걸려있는 것을 보고 모두가 함께 의논하여 말하였다.

"누가 이 영락을 나무 위에 걸어 놓았는가?"

곧 사람들에게 명하여 샅샅이 찾았고 나아가 풀숲 속에 있는 가난한 사람 한 명을 보고 물어 말하였다.

"그대는 누구이고 이 영락을 걸어두었는가?"

가난한 사람은 앞의 일을 갖추어 알렸다. 그때 왕의 신하들은 곧 영락을 가지고 궁으로 돌아갔고 앞의 일을 갖추어 자세히 말하였다. 왕은 이 말을 듣고 곧 사자를 보내어 가난한 사람을 데려오게 하였다. 가난한 사람이 이르자 왕이 곧 알려 말하였다.

"그대는 이전에 무슨 인연으로 나의 영락을 얻었으며, 가지고 달아나지 않고 나무 위에 걸어두었는가?"

가난한 사람이 대답하여 말하였다.

"대왕이시여. 마땅히 아십시오. 이것은 왕의 귀중한 물건입니다. 제가 이전에 빈궁하였더라도 수용할 수 없습니다."

왕은 이 말을 듣고 매우 기뻐하면서 가난한 사람에게 알려 말하였다.

"그대는 무엇을 구하는가? 내가 마땅히 그대에게 주겠노라."

가난한 사람이 대답하여 말하였다.

"이 성안에는 지금 가난한 사람들이 있습니다. 바라건대 왕께서는 각자에게 음식과 의복을 베푸시고, 아울러 제가 상수가 되게 하십시오."

왕은 이 말을 듣고 곧 대신들에게 알렸다.

"우리 성안에 거주하는 일체의 가난한 사람에게 음식과 의복을 베풀고, 나아가 이 자가 그들의 상수가 되게 하시오."

대신들이 명을 받들어 바라니사성에 북을 쳐서 널리 알렸다.

"일체의 가난한 사람은 빠짐없이 모이도록 하라."

이미 모였으므로 음식과 아울러 여러 의복을 베풀고 널리 왕명을 알렸다.

"먼저 이 가난한 사람을 우두머리(主領)로 삼고 소유한 처분도 함께 따르게 하라."

이때 여러 가난한 사람들은 이미 옷과 음식을 얻었으므로 모두가 기뻐하고 즐거워하면서 왕명을 받들어 그를 우두머리로 삼았다. 여러 가난한 사람 등이 이전에 도로와 네거리에서 다른 사람의 음식을 훔쳐 먹으면 음식 주인들은 성내고 한을 품고서 항상 그들을 때리고 꾸짖었으나, 왕의 은혜를 입은 뒤에는 이전보다 더욱 빼앗고 훔쳐 먹어도 백성들은 왕이 두려워 감히 때리거나 꾸짖지 못하였다. 그때 나라의 백성들은 왕의 처소에 이 일을 갖추어 아뢰었다. 왕이 곧 알려 말하였다.

"그대들 스스로가 보호하면서 가난한 사람들을 때리지는 마시오."

뒤의 다른 때에 성안에 사람이 있어 바구니에 여러 떡을 채웠다. 그 상수인 가난한 사람들의 우두머리가 보고 곧 빼앗아서 달아났고 여러 가난한 사람들도 다투어 쫓아와서 서로가 빼앗고자 하였다. 그 가난한 사람의 우두머리가 달리면서 강가의 언덕에 이르렀는데, 또한 핍박받아 쫓겼으므로 곧 바구니를 얹고서 강을 건너서 달아났다. 그 언덕에 이르러 그는 나무 아래에 앉아 있었느니라.”

세존께서 여러 필추들에게 알리셨다.

“만약 불·여래께서 세상에 출현하시지 않았던 때라면 마땅히 벽지불(辟支佛)이 세상에 출현하여 중생을 이익되게 하는 것인데 인행(因行)으로 지나갔다. 그 가난한 사람은 위의와 상서(庠序)를 보고 스스로가 생각하며 말하였다.

‘나는 이전의 세상에서 계율과 보시를 알지 못하여 능히 이러한 사람에게 공양하지 못하였으므로 이러한 빈궁(貧窮)하고 고독(孤露)한 몸에 이르렀다. 만약 그 덕이 있는 사람이 나의 보시를 받아들인다면 내가 마땅히 베풀어 드리겠다.’

이때 벽지불은 그의 생각을 관하여 알았고 이익되게 하려는 까닭으로 발우를 가지고 그의 앞에 이르러 떡을 걸식하였다. 가난한 사람은 기뻐하면서 자신이 가지고 받들어 보시하였다. 벽지불에게는 상법(常法)은 입으로 설법하지 않고 몸으로 신통을 나타내어서 이익을 주는 것이다. 그 떡을 얻고서 공중에 날아올라 여러 종류의 신통을 나타내었다. 여러 이생(異生)들은 이러한 신통한 변화를 보면 빠르게 선하게 발원하면서 오체(五體)를 땅에 던지는 것이 오히려 나무가 쓰러지는 것과 같은 것이다. 곧 크게 발원하였다.

“내가 지금 이 성인께 공양하였으니 마땅히 미래의 세상에는 국왕이 되게 하옵고, 여러 나라들의 가운데에서도 상수가 되게 하십시오. 내가 지금 벽지불을 보았으니 미래의 세상에서는 여래를 보고 생사(生死)의 바다를 건너는 것을 발원합니다.”

이렇게 발원을 마치자 여러 가난한 사람들이 모두 강을 건너왔고 함께 떡을 찾았다. 가난한 사람들의 우두머리가 알려 말하였다.

“내가 이미 남김없이 보시하였으니 그대들은 기뻐하시오.”

여러 가난한 사람들이 말하였다.

"그대는 떡을 보시하고 무슨 발원을 하였습니까?"

우두머리가 알려 말하였다.

"바라건대 나는 미래의 세상에는 여러 나라의 가운데에서 국왕이 되고, 또한 여러 나라들의 가운데에서도 가장 상수가 되게 하십시오."

여러 사람들이 그 말을 듣고 함께 모두가 발원하였다.

"우두머리께서 이미 국왕이 된다면 우리들은 최상의 신하(臣佐)가 되기를 발원합니다."

세존께서 여러 필추들에게 알리셨다.

"그때 가난한 사람들의 우두머리는 바로 지금의 현왕(賢王) 석자(釋子)이고, 여러 가난한 사람들은 지금의 500의 석자들이니라. 그 현자는 옛날에 벽지불에게 음식을 보시하고 발원하였던 까닭으로 지금 여러 석가종족들 가운데에서 국왕이 되었고, 또한 나에게 출가하여 도를 배웠으며 아라한과를 증득하였느니라. 그대들 필추들이여. 마땅히 알지니라. 흑업을 지으면 흑업의 과보를 얻고, 잡업을 지으면 잡업의 과보를 얻으며, 백업을 지으면 백업의 과보를 얻는 것이다. 그대들 필추들은 마땅히 흑업과 잡업 및 염업(染業)을 버리고서 순수한 백업만을 닦을지니라."

세존께서는 나지가(那地迦) 촌락의 군사림(群蛇林) 가운데에 머무르셨다. 이때에 세존과 여러 필추들의 발우를 노지(露地)에 놓아두었는데, 한 원숭이가 있어 사라수(娑羅樹)에서 내려와 발우를 취하고자 하였다. 여러 필추들이 곧 앞에서 때려서 내쫓았다. 세존께서 여러 필추들에게 알리셨다.

"그대들은 때리지 말라. 그가 마음대로 취하게 하라. 손괴(損壞)하지 않을 것이다."

이때 그 원숭이가 발우 옆에 이르러 곧 세존의 발우를 취하여 사라수 위에서 잠깐 사이에 꿀을 그 발우에 가득 담아서 왔고 세존께 공양하였다. 그 꿀 속에 벌이 있었으므로 여래께서는 받지 않으셨다. 이때 원숭이는 여래의 마음을 알고서 다시 꿀이 있는 발우를 가지고 가려진 곳에서 벌을 건져내었으며 돌아와서 세존께 받들었다. 이미 청정하지 않았던 까닭으로 세존께서는 또한 받지 않으셨다. 원숭이는 다시 세존의 뜻을 알아차리고 그 꿀이 있는 발우를 가지고 맑은 물의 옆에 이르러 물을 취하여 깨끗이 씻었으며 다시 세존께 공양하였고 세존께서는 곧바로 받으셨다.

이때 그 원숭이는 세존께서 꿀을 받으시는 것을 보고 마음에 환희가 생겨나서 합장하고 정례하였으며 용약하면서 앞뒤를 돌아보지 않고 뛰어다니다가 우물 속에 떨어진 인연으로 마침내 곧 목숨이 끊어졌다. 마땅히 생(生)을 나지가 촌락의 청정한 바라문 부인의 태의 가운데에 의탁하였다. 이미 태가 의탁하자 복업(福業)의 인연을 까닭으로 나지가 마을 경계 안에는 하늘에서 꿀비(密雨)가 내렸다. 이때 여러 사람들은 점술사에게 물었다.

"이것은 무슨 일입니까?"

점술사는 알려 말하였다.

"바라문의 부인이 태의 가운데에 아기의 업력을 감응한 인연의 까닭입니다."

10개월이 지나 아이가 태어나는 날에 다시 꿀비가 내렸다. 권속들을 모두 모으고 삼칠일(三七日) 동안 음식을 베풀어 공양하였다. 권속들에게 마땅히 물었다.

"아이의 이름을 무엇이라고 지어야 합니까?"

집안사람이 대답하여 말하였다.

"그 아이를 회임하였을 때에 마땅히 꿀비가 내렸고 태어나던 날도 역시 그렇습니다. 아버지의 성(姓) 바실슬타(婆悉瑟吒)이므로 이것을 인연하여 미도바실슬타(末度婆悉瑟吒)라고 이름합시다."

이 이름은 최승밀(最勝蜜)이라는 뜻이다. 아이가 점차 장대하여 숙세의 업력(業力)을 인연하여 곧 신심(信心)이 생겨났고 곧 세존의 처소로 나아갔다. 세존께서 설법하셨고 출가하려는 마음을 일으켰으므로 여법하게 제도하였다. 이미 출가하고서 날마다 자연스럽게 세 발우의 꿀이 감응하였는데, 한 발우는 세존께 공양하였고, 한 발우는 승가에 공양하였으며, 한 발우는 친우들과 함께 나누어 먹었다. 이때 여러 대중들이 함께 모두가 의심이 있어 함께 나아가서 세존께 아뢰었다.

"무슨 인연으로서 이 최승밀(最勝蜜) 필추에게는 날마다 이와 같이 꿀이 마땅히 있습니까?"

세존께서 말씀하셨다.

"이 최승밀 필추는 스스로가 지은 복업의 이것을 까닭으로 이러한 꿀의 과보를 받는 것이니라." [자세한 설명은 앞에서와 같다.]

세존께서 필추들에게 알리셨다.

"그대들은 옛날에 한 원숭이가 있어 사라수에서 내려와서 한 그릇의 꿀을 나에게 공양하는 것을 보았는가?"

필추들이 세존께 아뢰었다.

"세존이시여. 저희들은 옛날에 보았습니다."

세존께서 말씀하셨다.

"그 원숭이가 곧 이 최승밀 필추이니라. 이전에 신심으로 꿀을 보시한 인연을 까닭으로 이러한 과보를 받는 것이니라. 그리고 이 필추는 다만 하루에 세 발우의 꿀로 능히 변화시킬 수 있는 것이 아니고, 온 천하를 모두 꿀로 변화시키면서 부족함이 없느니라. 왜 그러한가? 세존께 꿀을 보시하면 그 복이 더욱 늘어나는 까닭이니라. [자세한 설명은 앞에서와 같다.] 마땅히 흑업과 잡염업은 버리고 순수한 백업만을 닦을지니라."

근본설일체유부비나야파승사 제13권

삼장법사 의정 한역
석보운 번역

세존께서는 겁비라성(劫比羅城) 니구타원(尼瞿陀園)의 가운데에 머무르셨다.

마땅히 500의 석자(釋子)와 오파리(鄔波離)를 제도하는 때에 여러 필추들은 함께 모두가 의심이 있어 인연으로서 세존께 아뢰었다.

"이 오파리는 옛날에 무슨 업을 지어 왕의 이발사(剃士)가 되었습니까?"

이때 세존께서 여러 필추들에게 알리셨다.

"지나간 옛날에 국왕에게 한 이발사가 있었는데, 벽지불(辟支佛)이 있어 문 앞에 서서 그 사람에게 말하였느니라.

"선남자(善男子)여. 나의 머리를 깎아준다면 마땅히 선한 과보를 얻을 것이오."

그 이발사에게는 한 외조카가 있었는데 외심촌이 조카에게 알려 말하였다.

"나는 왕께서 부리고 있다. 그대가 뒤에 마땅히 이 사람의 머리를 여법하게 깎으면서 국왕과 똑같게 하라."

이때 그 외조카는 외삼촌의 이러한 말을 듣고 곧 스스로가 사유하였다.

'이 사람을 여법하게 머리를 깎아준다면 반드시 많은 공덕을 얻을 것이다.'

이렇게 생각을 짓고 곧바로 깊이 생각하면서 벽지불을 위하여 여법하게 머리를 깎아드렸다. 이때 벽지불은 다시 사념하며 말하였다.

“그 사람이 나에게 여법하게 머리를 깎아주었으니, 나도 마땅히 그를 보호하고 도와서 반드시 이 사람이 많은 이익을 얻도록 해야겠구나.”

이때 벽지불은 이렇게 생각을 짓고서, 곧 허공으로 날아올라 여러 종류의 신통한 변화를 나타내었다. 그 사람은 이것을 보고 깊은 희유(希有)함이 생겨나서 합장하고 예경(禮敬)하면서 오체투지(五體投地)하고 곧 발원하면서 말하였다.

“내가 지금 이미 이 사람의 머리를 국왕의 모습과 같게 깎아주었으니, 바라건대 나는 미래의 세상의 가운데에서 항상 나의 외삼촌과 다르지 않게 국왕의 이발사가 되게 하십시오.”

세존께서 여러 필추들에게 알리셨다.

“그때의 외조카는 지금의 오파리이니라. 이전의 세상에서 벽지불의 머리를 깎아주고서 발원하였던 까닭으로 지금 왕의 머리를 깎아주는 사람이 되었느니라.”

이때 세존께서 여러 필추들에게 알리셨다.

“이 오파리는 이전의 세상의 때에 다시 다른 서원이 있었느니라. 내 지금 그것을 설하겠으니 그대들은 자세히 들을지니라. 지나간 옛날의 촌락에 한 장자(長者)가 있었고 한 아내를 얻어 두 아들을 낳았느니라. 그때 국왕에게는 한 이발사가 있었는데, 이 장자와는 함께 친우였다. 그 이발사에게는 재물과 보배가 매우 많이 있었으나, 아들과 딸이 없었다. 항상 혼자 생각하며 말하였다.

“나에게 여러 재물이 많이 있으나 자식이 없으므로 하루아침에 죽는다면 이를 맡기고 부탁할 곳이 없구나. 반드시 국왕이 모두 취하여 가져갈 것이다.”

이때 그 장자는 이발사가 근심에 잠겨 즐겁지 않은 것을 보고 곧바로 물어 말하였다.

“그대는 지금 어찌하여 이와 같이 근심하고 있는가?”

이때 이발사는 곧 앞에서와 같이 대답하였다. 장자가 알려 말하였다.

“나에게는 아들이 둘이 있으니 작은 아들을 그대의 아들로 삼으시게.”

이렇게 의논하고서 곧 작은 아들로서 그의 아들을 삼았다. 뒤의 때에 장자는 병을 만나서 목숨을 마쳤다. 장자의 큰 아들은 여러 아이들과 함께 서로 유희하면서 혹은 싸움이나 욕설을 인연하였다면 여러 동자들이 말하였다.

"너는 족성이 아니다. 왜 그런가? 너의 동생은 이발사 집안의 아들이 되었다."

그때 이 아이는 이러한 말을 듣고서 근심하고 걱정하며 즐거워하지 않았고 곧 혼자 생각하며 말하였다.

"만약 내 동생을 이발사의 집안에 아들로 주지 않았다면, 내가 지금 어찌 다른 사람에게 훼손과 모욕을 당하겠는가? 내가 지금 마땅히 동생을 빼앗아 와야겠다."

이렇게 생각을 짓고서 곧 동생을 빼앗아 돌아왔다. 이때 이발사는 마음에 오뇌를 품고서 곧 그 집안의 이발사들을 모두 모아놓고 그 대중에게 알려 말하였다.

"내가 그 아이를 여러 해를 길렀는데 지금 빼앗아 데리고 갔습니다. 우리들 여러 권속들은 지금부터 이 집안사람들에게는 그 머리를 깎아주지 맙시다."

이때 그 형제는 이발하지 못하여 머리카락과 손톱 및 발톱이 모두 추하게 자라났다. 국왕이 홀연히 보고 곧바로 물어 말하였다.

"너는 지금 어찌하여 머리카락과 손톱 및 발톱이 그렇게 추하게 자라도록 놓아두었는가?"

이때 그 형제는 국왕에게 대답하여 말하였다.

"왕의 이발사가 다른 여러 부류들에게 우리 집안사람의 머리를 깎지 못하게 하였습니다."

왕이 거듭 물어 말하였다.

"그에게 무슨 까닭이 있었는가?"

이때 그 형제는 앞에 일들을 갖추어 말하였다. 국왕은 듣고 곧바로 알려 말하였다.

“아버지가 다른 사람에게 주었는데 다시 빼앗은 것은 옳지 않다.”

이미 왕의 가르침을 받들어 곧바로 동생을 데려다가 주었고 다시 아들로 삼게 하였다. 뒤에 형은 의논하여 말하였다.

“동생을 그 이발사에게 주어 아들로 삼게 하였던 까닭으로 항상 나는 다른 사람의 훼손과 모욕을 당할 것이다. 내가 지금 마땅히 가서 동생을 죽여서 반드시 이러한 말을 벗어나야겠다.”

이때 어느 사람이 듣고 이발사의 집으로 가서 그 동생에게 알려 말하였다.

“그대의 형이 의논하였네. ‘종족들에게 모욕을 당하는 것이 두려우니 마땅히 그대를 죽이겠다.’ 마땅히 방호하게.”

동생은 이 말을 듣고 이발사에게 알려 말하였다.

“형이 지금 이곳에 와서 나를 죽이려고 합니다. 지금 마땅히 나를 놓아주어 출가하여 여러 선도(仙道)를 배우게 하십시오.”

이발사는 생각하였다.

‘내가 만약 이 아이를 고통스럽게 남겨두고 출가를 허락하지 않는다면, 반드시 다른 사람에게 살해를 당할 것이다. 내가 지금 놓아주어 출가시키는 것보다 못하다.’

아버지가 이렇게 생각하고는 그 아이에게 알려 말하였다.

“내가 지금 그대를 놓아주어 출가시키겠으니, 그대가 선법(仙法)을 얻는다면 돌아와서 나에게도 가르쳐다오.”

아들이 곧 알려 말하였다.

“좋습니다. 명을 받들겠습니다.”

이때 그 아들은 곧 선인(仙人)이 머무는 산림(山林)으로 가서 여러 선인들을 찾아보았으나 결국은 서로를 보지 못하였다. 곧 스스로가 단정히 앉아서 마음을 잡아매고 사유하여 곧 벽지불과(辟支佛果)를 증득하였다. 이미 과를 증득하고서 곧바로 생각하며 말하였다.

“나는 이전에 의부(義父)와 함께 맹세하여 말하였다. ‘만약 선법(仙法)을 얻었다면, 와서 서로가 가르치기로 하였다.’”

이렇게 생각을 짓고 곧 아버지가 계신 곳으로 갔다. 이미 이르러 허공으로 날아올라 여러 신통한 변화를 일으키니, 그 아버지가 보고 매우 환희하면서 합장하고 발원하였다.

"제가 세상에 태어나는 때에는 국왕의 이발사가 되게 하여 주십시오."

이때 이발사는 뒤에 다섯 벽지불을 만났는데 모두 이렇게 발원하였다.

"제가 세상에 태어나는 때에는 여러 국왕의 머리를 깎는 이발사가 되게 하십시오. 다시 4생에서 불·세존을 보게 하십시오."

역시 이렇게 발원하였느니라."

세존께서 여러 필추들에게 알리셨다.

"그 이발사는 지금의 오파리이니라. 이전 세상의 때에서 이렇게 발원하였던 까닭으로 지금 국왕의 이발사가 되었느니라."

다시 다음으로 여러 필추들은 다시 이렇게 의심을 지었다.

"오파리는 무슨 복업을 지어 아라한을 지율제일(持律第一)을 증득하였습니까?"

세존께서 말씀하셨다.

"그 오파리에게는 다시 인연이 있었느니라. 그대들은 잘 들을지니라. 내가 지금 그대들을 위하여 설하겠노라. 지나간 과거의 현겁(賢劫) 가운데에서 사람의 수명이 2만세일 때에 불·세존께서 있어 세상에 출현하셨으니, 가섭파(迦攝波) 여래·응공·정변지(正遍知)·명행족(明行足)·선서(善逝)·세간해(世間解)·무상사(無上士)·조어장부(調御丈夫)·천인사(天人師)·불·세존이라고 명호하셨느니라.

이때 세존께 한 제자가 있었고 그는 아라한으로서 지율(持律)이 최고였느니라. 이때 오파리는 그의 제자가 되어 목숨을 마치도록 범행을 닦았으나 과보의 이익을 얻지 못하여 임종에 이른 때에 서원을 일으켰다.

"나의 지계의 복업과 선근(善根)으로 원하건대 나는 마땅히 미래에 석가모니여래께서 세상에 출현하실 때에 그 세존의 지율제자가 되어 마땅히 나의 오파타야와 다르지 않게 하십시오."

그때의 제자는 곧 오파리이니라. 그는 이전에 발원하였던 까닭으로 지금 이 과보를 얻었느니라. 이러한 까닭으로 필추들이여. 흑업에는 흑업의 과보이고, 백업에는 백업의 과보이며, 잡업에는 잡업의 과보이니라. 마땅히 두 업은 버리고서 백업을 계속 닦아야 하느니라.” [나아가 자세한 설명은 앞에서와 같다.]

이때 세존께서는 보리수(菩提樹) 아래에 머무시면서 36구지(俱胝)의 마군(魔軍)을 항복시켰고 무상(無上)의 정변지각(正遍知覺)을 증득하셨다. 이때 마군은 곧 겁비라성으로 가서 허공의 가운데에서 정반왕(淨飯王)과 여러 궁인(宮人)·여러 신하·백성들에게 말하였다.

“사문 교답마(喬答摩)가 오늘 밤에 돌아가셨다.”

이때 정반왕이 그것을 듣고 마음에 오뇌를 품고 민절(悶絶)하여 땅에 쓰러졌고, 또한 여러 궁인·여러 신하·백성들도 모두 이와 같이 슬프게 울면서 오뇌하였다. 이때 정거천(淨居天)이 아래의 세계를 관찰하면서 나아가 이러한 일을 보고서 허공에서 내려와서 겁비라성의 국왕과 그 백성들에게 말하였다.

“교답마는 죽지 않고 지금 보리수 아래에 계시면서 무상의 정변지도(正遍知道)를 증득하셨소.”

이때 정반왕과 궁인·신하들이 홀연히 이러한 말을 듣고 용약하면서 환희하였다. 이때 감로반왕(甘露飯王)이 한 아들을 낳았는데, 여러 대중들이 환희하던 날에 태어났던 까닭인 인연으로 그 아이를 아난타(阿難陀)라고 이름하였다. 이 아이가 태어나자 8명의 유모(乳母)를 두고 공양하면서 양육하게 하였다. 이때 감로왕이 여러 관상가(相師)를 불러 그 아이를 점치게 하였다. 이에 관상가가 알려 말하였다.

“지금 이 아이의 상은 마땅히 석가모니불(釋迦牟尼佛)의 직접 시자(侍者)가 될 것입니다.”

이때 감로왕은 이러한 말을 듣고 곧 이렇게 생각을 지었다.

‘지금 나는 이 아들을 마땅히 더욱 수호해야 한다. 마땅히 석가모니불을 보지 못하게 해야 한다.’

뒤의 때에 세존께서 겁비라성에 오셨으므로 그 왕은 곧 아이를 광엄성(廣嚴城)에 피신시켜 숨겼다가 세존께서 떠나신 것을 기다려서 다시 데리고 오고자 하였다. 세존의 상법(常法)은 일체중생의 마음을 보지 못하는 것이 없으시고, 알지 못하는 것이 없으시다. 이 일은 망어계(妄語戒)의 가운데에서와 18머리의 물고기의 가운데에서 설명한 것과 같다.[1] 나아가 세존께서는 이렇게 생각을 지으셨다.

'아난타 동자에게 최후신(最後身)에 이르게 해야겠다. 나의 법의 가운데에 출가하여 직접 시자(侍者)가 되게 하고, 나의 설법을 모두 능히 받아들이게 하여 다시 유실하지 않게 하는 것이 합당하며, 내가 열반한 뒤에 아라한을 성취하도록 해야겠다. 반드시 겁비라성의 감로왕궁에 들어갈지라도 그 왕궁에 거주하는 백성들이 내가 오는 것을 모르게 해야겠다.'

세존께서 이렇게 생각을 지으셨고 곧 신통을 지었으며 아울러 필추 승가에게 둘러싸여서 감로왕궁에 들어가셨으며 여법하게 앉았다. 그 왕은 세존께서 궁전 안에 이르렀다는 것을 듣고 곧 아난타 동자를 한 방의 가운데에 숨겨 놓았는데, 세존께서는 이미 아셨으므로 곧 신력을 지어 그 방문이 스스로 열리게 하였다. 그 아난타 동자는 세존의 앞에 이르러 발에 예경하고 곧바로 불자(拂子)를 잡고 세존의 뒤에 서서 세존께 부채질하였다.

그 감로왕은 뒤에 와서 세존의 발에 예경하고 한쪽에 물러나 앉았다. 세존께서 곧 왕을 위하여 여러 종류의 묘법을 설하시고 곧바로 자리에서 일어나서 떠나가셨다. 그 아난타 동자도 이전 업의 인연을 까닭으로 도리어 세존을 따라가고자 하였고, 그 왕과 왕비 및 채녀와 권속들이 아난타 동자를 붙잡고 만류하였으나 역시 능히 머무르게 할 수 없었다. 세존께서 곧 왕과 부인 등에게 알리셨다.

"이 아난타 동자는 최후신이므로 머물게 할 수 없습니다. 그대들은 역시 능히 만류할 수 없습니다. 마땅히 떠나는 것을 허락하십시오."

---

1) 『근본설일체유부비나야』의 바라제목차인 망어계를 참조하라.

왕이 곧 세존께 아뢰었다.

"만약 마땅히 이와 같다면 세존께서 잠시 집으로 보내십시오. 내가 마땅히 여법하게 보내드리겠습니다."

세존께서 말씀하셨다.

"그대의 청을 들어주겠습니다."

이때 감로왕은 곧 내외의 일체의 친족과 사문(沙門)과 바라문 등을 청하여 음식을 베풀어 공양하였고, 나아가 빈궁하고 하천한 걸인들에게도 모두 금전과 재물과 의복을 보시하였다. 아난타 동자는 그 모임에서 여러 친족들과 이별하고 몸에는 영락(瓔珞)을 착용하고, 칠보로 장엄된 코끼리를 타고 많은 시위들에게 앞뒤로 둘러싸여서 니구율타림(尼拘律陀林)으로 갔다. 겁비라성문에 이르렀는데 타고 있던 코끼리는 연못 가운데의 여러 묘한 연꽃을 보고 곧 그 주변으로 가서 코로써 연꽃을 말아 올렸다. 그 점술가는 이러한 일을 점쳐서 감로왕에게 알려 말하였다.

"아난타 동자가 이제 출가하여 학문을 배운다면, 한 번이라도 귀에 들은 것은 마음에서 잊지 않을 것입니다."

이때 아난타는 니구율타림에 이르렀고 코끼리에서 내렸으며 걸어서 세존의 처소에 나아가서 공경스럽게 정례하고 한쪽에 앉았다. 세존께서 십력가섭(十力迦葉)에게 알리셨다.

"그대는 마땅히 이 대환희(大歡喜) 동자를 여법하게 제도하여 주게."

십력가섭은 세존의 명을 받들어 곧바로 그를 제도하였고 구족계를 받게 하였다. 이때 세존께서 겁비라성에서 왕사성의 죽림원(竹林園) 가운데에 오셨다. 이때 아난타는 등에 조그만 종기가 생겨났고, 세존께서는 시박가(侍縛迦)[2]에게 그를 치료하게 하셨으므로 곧 세존의 가르침에 의지하여 아난타를 위하여 치료하고자 하였다. 이때 세존께서 사자좌(師子座)에 앉으시어 여러 대중들을 위하여 널리 법요(法要)를 설하셨다. 구수

---

2) 산스크리트어 jivaka의 음사로서 기파가(耆婆伽)·시박가(時縛迦)·시파(時婆) 등으로 번역되고, 빈비사왕의 아들로 세존의 풍병 등을 고쳐주어 의왕(醫王)으로 존경을 받았다. 번역본인 『근본설일체유부비나야잡사』의 하권을 참조하라.

아난타도 이 법회에서 법을 들었으므로 시박가는 이렇게 생각을 지었다.

'내가 아난타의 종기를 지금 치료하기가 적당한 것 같구나. 왜 그러한가? 법을 듣는 마음에 이르렀으니 베고 자르더라도 통증을 느끼지 못하는 까닭이다.'

이렇게 생각을 짓고 곧 묘약을 그 종기 위에 붙였는데 종기가 성숙하였고 칼로 그곳을 자르니 그곳에서 피고름이 흘러나왔다. 다시 묘한 고약을 그 위에 붙였던 인연으로 곧 나았다. 그러나 이렇게 치료하는 때에 아난타는 법을 들었던 까닭으로 분명히 알지 못하였다. 세존께서 설법을 마쳤으므로 시박가는 세존께 아뢰어 말하였다.

"제가 법을 듣는 가운데에서 아난타의 종기를 치료하였습니다. 베고 침을 찔러서 치료하였으나 아난타는 법을 듣고 있었던 까닭으로 모두 알지 못하였습니다."

구수 아난타가 알려 말하였다.

"제가 세존의 법을 들었던 까닭으로 가령 저의 몸을 베고 자르면서 참깨와 같이 쪼갰더라도 전혀 통증을 느끼지 못할 것입니다."

그때 능치의왕(能治醫王)은 이러한 일을 보고 희유한 마음이 생겨났고 이때 여러 필추들도 함께 모두가 의혹이 있어 세존께 청하여 말하였다.

"대덕이시여. 존자 환희(歡喜)는 일찍이 무슨 업을 지어 등 위에 옹창(癰瘡)이 생겨났습니까?"

세존께서 여러 필추들에게 알리셨다.

"환희의 이전의 업을 그대들은 지금 마땅히 들을지니라." [자세한 설명은 앞에서와 같다.]

나아가 가타로 설하여 말씀하셨다.

가령 백겁이 지나더라도
지은 업은 없어지지 않으며
인연이 모여 만나는 때에
과보가 돌아와서 스스로 받는다네.

“지나간 오랜 옛날에 한 변두리에 계라타(雞羅吒)라는 나라가 있었느니라. 왕이 있었고 다스리고 교화하였으나 당시에는 세존께서 없으셨고, 오직 독각(獨覺)이 세간에 출현하여 있었느니라. 이때 독각 성자는 걸식하려는 까닭으로 이 성안에 이르러 국왕의 집에 나아갔는데, 왕이 보고 성내면서 곧 탄환(彈丸)으로 그의 등을 때렸느니라. 그때 그 존자는 그가 스스로가 공고(貢高)를 항복받을 수 없는 그릇인 것을 알고 버리고 떠나갔느니라.

여러 필추들이여. 옛날의 때에 왕은 곧 환희 동자이니라. 성내는 마음을 까닭으로 탄환으로 벽지불을 때렸던 까닭으로 500생의 가운데에서 항상 등에 악창(惡瘡)이 생겨나는 과보를 받았으며, 지금에 최후신이 되었어도 이와 같이 남은 과보가 있는 것이니라. 필추들이여. 만약 흑업·백업·잡업을 짓는다면 마땅히 그 과보를 받느니라.” [자세한 설명은 앞에서와 같다.]

“구수 환희에게는 상법(常法)이 있느니라. 만약 여래의 진신(眞身)과 함께 서로를 따라서 행한다면 그 마음은 곧 항상 공경하고, 만약 여래의 화신(化身)과 함께 행한다면 그 마음이 곧 공경함이 적어지느니라.”

이때 한 장자가 있어 여래와 여러 필추들을 청하여 그의 집안에서 여러 공양을 베풀었다. 그때 세존께서는 때에 이르자 옷을 입으시고 발우를 지니시고서 여러 필추들에게 앞뒤로 둘러싸이시어 장자의 공양에 나아가셨다. 음식을 드시고 본래의 처소에 돌아오셨는데 필추가 아난타에게 물어 말하였다.

“그대는 오늘 여래를 따라서 공양에 나아갔는데, 여래의 진신을 따라간 것인가? 화불(化佛)을 따라간 것인가?”

아난타가 알려 말하였다.

“나는 오늘 불·세존과 함께 서로를 따라서 그곳에 갔었으나 화신이 아니었습니다.”

여러 필추들이 말하였다.

“어떻게 알 수 있는가?”

아난타가 말하였다.

"내가 만약 진불(眞佛)과 행한다면 마음에서 스스로가 공경심이 생겨나고 마음에 참괴(慚愧)를 품고 있으나 만약 화불과 함께 행한다면 이와 같지 않습니다."

여러 필추들이 번갈아서 말하였다.

"이 아난타는 매우 희유(希有)하구나. 능히 진신과 화신의 차별(差別)을 알고 여러 실상(實相)의 귀천(貴賤) 등을 이렇게 멀고 가까운 곳에서 제상(諸相)인 부류를 능히 아는구나."

이때 세존께서는 왕사성에서 실라벌성으로 가시어 서다림의 가운데에 머무르셨다. 구수 아난타는 옷을 입고 발우를 지니고 실라벌성에 들어가서 걸식하였다. 이때 한 바라문이 있어 길의 중간에서 아난타를 만났는데 곧 이렇게 생각을 지었다.

'내가 이전에 사문 교답마의 제자는 점을 잘 친다고 들었다. 지금 마땅히 그가 잘 이해하는가? 이해하지 못하는가를 시험해 보아야겠다.'

곧 아난타에게 물어 말하였다.

"이 길가에 있는 승엽파림(勝葉波林)의 나뭇잎은 일반적으로 몇 개입니까?"

아난타가 알려 말하였다.

"몇 백·몇 천·몇 만의 구지(俱胝)와 같을 것입니다."

알리고서 곧 떠나갔다. 이때 바라문은 곧 숲속에서 한 아름의 나뭇잎을 취하여 그곳을 세어 777개의 잎이 있는 것을 알았다. 숲에 버리고서 밖에서 묵연히 머물렀다. 이때 아난타는 걸식을 마치고 다시 갔던 길로 돌아오고 있었던 까닭으로 그 바라문이 물어 말하였다.

"성자여. 지금 이 숲속에 나뭇잎이 몇 개나 됩니까?"

알려 말하였다.

"이전에는 몇 백·몇 천·몇 만의 구지와 같았는데, 지금은 777개가 모자랍니다."

이때 바라문은 이렇게 알리는 말을 듣고 희유하게 숫자를 잘 계산한다고 감탄하였다. 이때 여러 필추들이 이 말을 듣고 의심이 생겨나서 세존께 아뢰어 말하였다.

"세존이시여. 이 구수 아난타는 전생에 무슨 종류의 업을 지어서 능히 숫자를 잘 계산합니까?"

세존께서 여러 필추들에게 알리셨다.

"옛날의 여러 종류의 복업을 지었느니라." [자세한 설명은 앞에서와 같다.]

나아가 가타를 설하여 말씀하셨다.

가령 백겁이 지나더라도
지은 업은 없어지지 않으며
인연이 모여 만나는 때에
과보가 돌아와서 스스로 받는다네.

세존께서는 여러 필추들에게 알리셨다.

"지나간 옛날 세상의 때에 바라니사의 성안에 한 바라문이 살고 있었느니라. 한 아내를 얻고서 아들 하나를 낳았고, 21일에 이르러 여러 친족을 모으고서 여러 음식을 베풀었으며, 인연하여 이름을 지었는데, 대백(大白)이라고 이름하였느니라.

나이가 들어 장대하여 인간세상을 유행하면서 6만송(六萬頌)의 산수법(算數法)을 배웠는데 명료하게 알았고, 다시 다른 사람에게 산수법을 가르쳤다. 이러한 인연을 까닭으로 500생을 명료하였으며, 역시 다른 사람을 가르쳤으며, 지금에 최후신으로 이렇게 통달하였느니라."

다시 어느 때에 파사닉왕(波斯匿王)의 궁중에 갔었는데, 승군(勝軍)은 오는 것을 환희하면서 정례하고 한쪽에 자리하고 앉아서 존자에게 알려 말하였다.

"내가 태어난 이래로 자연히 업감(業感)이 있어 한 은사라(銀娑羅)에 향긋한 찹쌀밥과 두 마리의 삶은 꿩고기와 한 개의 감자가 매일 밥 먹을 때마다 허공에서 내려와서 은쟁반에 담겨 있는데, 오직 한 마리의 꿩고기는 은쟁반에 담겨 있지 않고 땅에 떨어집니다."

이때 구수 환희는 이러한 말을 듣고 크게 희유함이 생겨나서 승방(僧房)에 돌아와서 여러 필추들에게 알렸다. 이때 여러 필추들은 함께 이 인연으로서 세존께 가서 아뢰었다. 세존께서는 여러 필추들에게 알리셨다.

"지나간 옛날에 이 바라니사성에 한 장자가 있었고, 여러 진귀한 보물과 토지 그리고 농장(田莊)이 많았는데, 그 농장에서 새로운 멥쌀과 죽은 꿩과 감자 등을 보냈느니라. 세간의 상법(常法)에는 만약 세존께서 세상에 출현하시지 않는다면 마땅히 벽지불이 있어 출현하여 교화하느니라.

이때 한 벽지불이 있어 돌아다니면서 걸식하면서 장자의 집에 이르러 문 안으로 들어갔다. 장자는 그의 위의가 단정하고 말이 유연(柔軟)한 것을 보고 마음에 환희가 생겨나서 곧 새로운 멥쌀밥에 구운 꿩고기 두 마리와 감자 한 개를 독각에게 보시하였다. 이때 그는 발우에 그 음식을 받았는데, 감자와 멥쌀밥과 한 마리의 꿩은 발우에 들어갔으나, 나머지 한 마리 꿩고기는 그만 땅에 떨어졌느니라. 이러한 업의 인연을 까닭으로 이러한 과보를 받는 것이니라.

그때의 그 장자가 지금의 승군왕(勝軍王)이니라. 무량한 백천 세(歲)를 천상에서 여러 쾌락을 받았으며, 이러한 천상의 쾌락을 받은 뒤에는 다시 인간 세계에 태어나서 왕이 되었으며 이러한 수승한 일이 감응한 것이니라. 이러한 까닭으로 그대들이 만약 승가에게 공양하고자 한다면 마땅히 근신하여 베풀면서 땅에 떨어지지 않게 할지니라."

이때 승군왕은 불·세존께 옛날의 일을 전해 듣고 마음이 환희가 생겨났으며 불·법·승에 큰 신심을 일으키고서 한쪽에 혼자 앉아서 이렇게 사념하였다.

'내가 전생에 벽지불께 공양하였던 까닭으로 이와 같은 과보를 얻는 것이다. 내가 마땅히 불·법·승께 널리 공양을 베풀어서 반드시 미래의 세상에 큰 이익을 받아야겠다.'

이렇게 생각하고 있었는데, 점술사가 왕에게 말하였다.

"내일 아난타는 마땅히 전두상위(纏頭賞位)와 관정위(灌頂位)를 얻는 것이 합당합니다.”

왕은 이 말을 듣고 묵연히 말이 없었다. 구수 아난타는 그날 밤 이마에 홀연히 악한 종기가 생겨났다. 하룻밤이 지나고 왕은 마침내 그것을 듣고 곧바로 생각하였다.

‘덕이 있는 사람에게 공양한다면 무량한 복을 얻는 것이다. 내가 직접 공양해야겠다.’

이렇게 생각하고서 곧 나라에 칙명하여 소유한 명의(名醫)를 조정에 모두 모이게 하였다.

“아난타에게 병이 있으니, 경들은 가서 치료하도록 하시오.”

여러 의사들은 명을 받들어 아난타의 처소로 갔고 곧 한 솜씨 좋은 사람을 선출하였다. 마침내 곧 침으로 찔러서 나쁜 피를 없앴는데 왕은 스스로가 천폭륜산(千輻輪傘)을 잡고 아난타의 위를 덮어주고 있었다. 나쁜 피를 모두 없애고 다시 좋은 고약을 붙이고서 왕은 비단으로 아난타의 머리를 묶어주었는데, 그날에 종기는 나았다. 왕은 마침내 예배하고 아난타에게 하직하고 떠나갔다. 대중 승가는 이러한 일을 보고 모두가 의혹이 생겨나서 곧 세존께 아뢰어 말하였다.

“대덕이신 세존이시여. 아난타는 과거에 무슨 복업을 지어서 지금 국왕이 감응하였으며 직접 스스로가 받들어 섬기었습니까?”

세존께서 말씀하셨다.

“아난타는 옛날에 여러 종류의 복의 일이 있었느니라.”

[자세한 설명은 앞에서와 같다.]

세존께서 여러 필추들에게 알리셨다.

“지나간 옛날에 바라니사성에 한 의사가 살고 있었느니라. 이때 벽지불이 병이 있어 의사가 있는 곳으로 찾아갔는데, 그 의사는 곧바로 진심으로 공경하면서 벽지불에게 아뢰어 말하였다.

“존자께서 필요한 일체의 의복과 음식과 의약품을 제가 모두 공급하겠습니다. 반드시 병이 나으실 것입니다.”

말한 것과 같이 봉사(奉事)하였고 나아가 병이 나았느니라.”

세존께서 말씀하셨다.

"여러 필추들이여. 그때의 의사는 바로 지금의 아난타이니라. 옛날에 병든 벽지불을 공양하였던 까닭으로 무량한 세상에서 천상에 태어나는 복을 받았고, 500생을 항상 인간세계에서 수승한 과보를 받았으며, 일체의 국왕들과 바라문, 여러 재상 등의 귀인들이 직접 스스로가 그를 공양하였고, 지금 최후신을 받았어도 승군왕(勝軍王)이 감응하여 직접 일산을 씌워주고, 만승(萬乘)의 주인들도 몸을 숙여 받들고 섬기는 것이니라."

[자세한 설명은 앞에서와 같다.]

이때 세존께서는 실라벌성에서 파라성(婆羅城)으로 떠나가셨다. 점차 유행(遊行)하면서 성 밖의 한 촌락에 이르시어 머무셨는데, 그 촌락은 바라문촌(婆羅門村)이라고 이름하였다. 대성문 대중이 세존을 둘러싸고 멀지 않은 곳에서 머무셨는데 이를테면, 상좌인 아야교진나(阿若憍陣那)· 구수 마승(馬勝)3)·구수 현자(賢子)·필추 장기(長氣)4)·필추 대명(大名)5)·필추 야사(耶舍)·필추 원만(圓滿)·필추 무구(無垢)·필추 우왕(牛王)·필추 묘비(妙臂)·구수 사리불(舍利弗)·구수 대목건련(大目犍連)·구수 대가섭파(大迦葉波)·구수 구치라(俱絺羅)6)·구수 겁빈나(劫賓那)7)·아니루타(阿尼樓陀)· 난지가(難地迦)8)·금비라(金毗羅)9)와 바라촌에 거주하는 주민과 묘침(妙枕)

---

3) 오필추의 한 명으로 알비(頞鞞)를 가리킨다. 위의가 단정한 것으로 알려져 있고, 사리불을 세존께 귀의하게 하였다.

4) 오필추의 한 명으로 바사파(婆師波)를 가리킨다. 세존의 열반 후에 왕사성 칠엽굴에서 삼장을 결집할 때에 참가하지 못한 대중의 대표가 되어 굴 밖에서 따로 삼장(三藏)을 결집하였다고 전한다.

5) 오필추의 한 명으로 마하남(摩訶男)이라고 한다.

6) 산스크리트어 kauṣṭhila의 음사로서 세존의 제자이며 문답제일(問答第一)이라 일컫는다.

7) 부모가 방성(房星)이라는 별에 빌어서 태어났다고 하여 방수(房宿)라 부르기도 하고, 또 어느 날 부처님께 가려다가 비에 막혀 도사(陶師)의 방중에서 머물고 있을 적에 세존께서 늙은 필추로 화현하여 그곳에 와서 함께 묵으며 교화하였기 때문에 방숙(房宿)이라고도 한다.

필추와 아난타 등 무량한 필추와 대성문의 대중이 하루의 오후에 세존의 처소에 와서 세존의 발에 정례하고 차례대로 앉았다.

이때 세존께서 여러 필추들에게 알리셨다.

"나는 지금 나이가 많아 기력이 점차 약해지므로 여러 사부대중을 위하여 설법할 힘이 없구나."

세존께서는 바라니사성의 바라문촌 중간에 머무셨다. 이때 사리자와 대목건련이 아난타에게 세존의 시자가 되라고 권청(勸請)하였고, 아난타는 한결같이 존자의 가르침에 의지하였으므로 세존께서는 곧 아난타를 찬탄하셨다.

이때 필추 대중이 모두 의심이 생겨나서 곧 세존께 아뢰어 말하였다.

"아난타는 무슨 복업을 닦아서 지금 세존과 사촌 형제가 되었고, 다시 세존의 시자가 되었으며, 총명하고 지혜로워 세존의 말씀을 들으면 다시는 잊어버리지 않습니까?"

세존께서 여러 필추들에게 알리셨다.

"그대들은 마땅히 알라. 아난타는 스스로 이러한 법을 지었느니라."

[자세한 설명은 앞에서와 같다.]

세존께서 여러 필추들에게 알리셨다.

"지나간 옛날 과거의 때에 바라니사성에 왕이 있어 일요(日曜)라고 이름하였느니라. 그 나라의 가운데에서 왕이 되었고 예로써 다스렸으므로 백성들은 풍요롭고 즐거웠으며 안녕하여 여러 슬픔과 어려움이 없었느니라. 국왕은 후비(後妃)에게서 한 아들을 낳았고 삼칠일이 지났으므로 여러 신하들을 불러 모아 조정에서 연회를 베풀고 아들의 이름을 짓고자 하였다. 신하들이 왕에게 아뢰어 말하였다.

---

8) 장자(長者) 자희(自憙)를 말한다.

9) 산스크리트어 kumbhīra의 음사로서 불법(佛法)을 수호한다는 야차(夜叉)의 우두머리를 가리키며, 겁비나(劫仳那 : 劫譬那 : 劫比挐)·사빈누(迦賓imagefont)·금비라(金毘羅)라고도 한다. 천문·역수에 능통하여 석가모니 제자 가운데 지성숙(知星宿) 제일이라 불렸다.

"왕의 이름이 일요이니 왕자는 대일요(大日曜)라고 이름하는 것이 합당합니다."

그 아이가 점차 장성하였으므로 태자로 책봉하였다. 뒤에 왕비는 다시 한 아들을 낳았고 많은 신하들이 일지(日智)라고 이름하였다. 그 왕태자는 매번 항상 사념하였고 마음에서 출가를 즐거워하였다. 매번 부왕(父王)을 보면 혹은 비법을 행하였고, 혹은 국법에 의지하였으므로, 태자는 이러한 일을 보고서 마침내 곧 생각하며 말하였다.

"내가 뒤에 국왕의 지위를 물려받으면 이와 같은 법을 행하고 곧 지옥에 떨어져서 벗어날 시간이 없을 것이다."

이렇게 생각하고서 곧 왕의 처소에 나아가서 예배하고 꿇어앉아 부왕에게 아뢰어 말하였다.

"저는 지금 출가(出家)하기를 원합니다. 바라건대 왕께서는 자비를 베푸시어 저를 떠나가게 놓아주십시오."

이때 그 부왕이 아들에게 알려 말하였다.

"여러 선인의 외도들은 혹은 불을 섬기고 하늘을 섬기면서 고행(苦行)을 하고 계율을 지키는 등 이와 같은 업을 짓는 것은, 오직 미래의 세상에서 국왕의 가문에 왕자로 태어나서 여러 쾌락을 받기를 구하는 것이다. 그대는 지금 이러한 몸으로 과보를 받고 있는데, 어찌하여 쾌락을 버리고 괴로운 일을 원하는가?"

이때 태자가 다시 왕에게 아뢰어 말하였다.

"저의 출가를 허락하십시오."

왕은 그가 세상의 쾌락을 구하지 않는 것을 알고서 마침내 출가를 허락하였다. 이때 그 태자는 왕에게 벗어나서 곧 산속의 선인의 주처를 찾아갔고 출가하여 수도하였다. 부왕은 곧 그 아우인 일지(日智)를 책봉하여 태자의 지위를 잇게 하였다. 이때 일요 태자는 이미 산속에 이르러 생각을 잡아매어 사유하였고 독각과를 증득하였다. 뒤의 때에 몸에 병이 들어 이곳저곳을 주유(周旋)하다가 바라니사성에 돌아왔다. 여러 사람들이 보고 왕에게 아뢰어 말하였다.

“일요 태자가 산에 들어가서 수도하여 독각과를 증득하고서 지금 성안에 왔습니다.”

왕이 듣고 곧 일요를 맞아들여 그의 발에 예배하고 알려 말하였다.

“대선이여. 그대가 필요한 옷과 음식을 내가 복덕으로 구하고자 합니다. 지금 대선께서는 나의 원림(園林)에 머무십시오. 때를 따라서 필요한 물건을 안치하고 내가 마땅히 공급하겠습니다.”

이때 그 독각은 묵연히 청을 받아들였다. 왕은 청을 받아들인 것을 알고, 곧 일지 태자에게 칙명하여 독각을 모시게 하였고 필요한 것을 공급하였다. 이때 독각은 선정에 들어가 일지 태자를 관찰하여 곧 7일 뒤에 마땅히 그가 목숨을 버릴 것을 알고서 태자에게 알려 말하였다.

“아우는 지금 무슨 까닭으로 출가하지 않는가?”

아우가 말하였다.

“저도 출가하고 싶습니다.”

독각이 알려 말하였다.

“부왕에게 아뢰어 알게 하시게.”

일지 태자가 부왕의 처소에 가서 아뢰어 말하였다.

“저도 출가하고 싶습니다. 원하건대 왕께서는 허락하십시오.”

왕은 이 말을 듣고 마침내 분노가 생겨나서 태자에게 알려 말하였다.

“그대의 형인 일요가 지금 이미 출가했으므로 내가 죽으면 왕위를 계승할 사람이 있어야 한다. 그대는 놓아줄 수 없다.”

이때 그 독각은 왕이 그 아우를 놓아주지 않는다는 소리를 듣고 곧 왕의 처소에 나아가 가타를 설하여 말하였다.

일요께서는 일지를 놓아주시어
나를 따라 출가하게 하시고
출가는 최고로 수승한 일이므로
여러 세존께서도 찬탄하는 것입니다.

부왕이 말하였다.

"대선께서는 마땅히 아십시오. 그대가 이미 출가하였고 우리들의 국법을 이을 사람이 필요합니다. 오직 일지에게 국왕의 지위를 잇게 할 수 있습니다. 재가에서 복을 닦는 그 일도 충분한데 어찌 출가를 수용해야 합니까?"

이때 그 독각이 다시 가타를 설하여 말하였다.

왕은 앞선 이별을 생각하지만
이 일은 다시 이별이므로
곧 7일 뒤에는
일지의 목숨은 끝납니다.

왕이 독각에게 물었다.

"일지 태자가 7일 뒤에는 반드시 죽게 됩니까?"

대답하여 말하였다.

"그렇습니다."

왕이 말하였다.

"만약 이와 같다면 놓아주어 출가시키겠습니다."

태자는 출가하여 선한 마음을 일으켜 독각을 공양하였다. 그 독각은 풍병(風病)이 있었으므로 손으로 발우를 잡으면 떨려서 불안하였다. 그 태자가 보고 마침내 금팔치(金釧)로 그 발우를 받쳤고 발우는 흔들리지 않았다. 태자는 보고 환희하면서 이와 같이 발원하였다.

"내가 지금 듣는 법도 역시 다시 이와 같게 하십시오. 법이 내 마음에 들어오면 다시는 흔들리지 않게 하십시오."

이전에 독각이 과(果)를 증득하기 전에는 아우인 일지를 위하여 항상 원만하고 미묘한 법을 설하였으나, 지금 과를 증득하고서는 다시 설법하지 않았으므로 일지가 보고서 독각에게 알려 말하였다.

"그대는 출가하기 전에는 항상 설법하였으나, 무슨 인연으로 과를 증득하고서는 마침내 곧 묵연하십니까?”

독각이 알려 말하였다.

“나는 진실로 설법하지 않았다.”

일지가 물어 말하였다.

“누가 설법하는 것이 합당합니까?”

독각이 알려 말하였다.

“그대는 알아야 한다. 응·정등각께서 이 세간에 출현하시는 때에 마땅히 여러 종류의 원만한 묘법을 말씀하실 것이다.”

태자가 이 말을 듣고 이와 같이 발원하였다.

“원하건대 이러한 선근으로써 미래의 세계에는 세존의 아우가 되게 하시고, 또한 출가하여 직접 세존을 공양하게 하시며, 듣는 법마다 기억하는 대총지(大總持)를 얻게 하십시오.”

그때 벽지가(辟支迦)[10]가 그 아우에게 알려 말하였다.

“곧 7일이 지나면 그대는 마땅히 과보를 마칠 것이다. 항상 이 마음을 지켜서 잃지 않도록 하라.”

이미 7일이 지났으나 과(果)를 증득하지 못하였고 세상을 떠나면서도 거듭하여 앞에서와 발원하였느니라.”

세존께서 여러 필추들에게 알리셨다.

“그때 벽지불의 아우는 지금의 아난타이니라. 과거의 세상에서 벽지불에게 공양하였던 인연과 미래의 세계에서 세존의 아우가 되어 직접 세존을 모시고 공양하며 다문(多聞)의 총지(總持)를 마땅히 발원하며 말하였던 까닭으로 지금 나의 사촌 동생으로서 가장 총명 제일이 되었느니라. 병을 기울여서 물을 쏟는 것과 같으니라.”

---

10) 산스크리트어 pratyeka-buddha 음사로 발랄예가불타(鉢剌翳迦佛陀)·필륵지저가 불(畢勒支底迦佛)로 음역되고 구지가불(貝支迦佛) 또는 벽지가불(辟支迦佛)이라고 번역된다. 연각(緣覺)의 뜻으로 다른 사람의 가르침에 의하지 않고 스스로 깨달은 자를 뜻하고 한역에서는 독각(獨覺)이라고 번역하는 경우가 많다. 또한 벽지가불 (辟支迦佛)을 줄여서 흔히 벽지불(辟支佛)이라고 말한다.

여러 필추들은 함께 모두가 의심이 있어 곧 세존께 아뢰어 말하였다.

"저 아난타는 과거에 무슨 선업(善業)을 행하여 지금 세존께서 대중들 가운데에서 총명한 것을 비교할 수 없다고 찬미(歎美)하시고 찬양(稱揚)을 받았으며, 총지를 모두 기억하여 잃지 않게 되었습니까?"

세존께서 여러 필추들에게 알리셨다.

"아난타는 지나간 옛날에 스스로 이러한 법을 지었느니라."

[자세한 설명은 앞에서와 같다.]

세존께서 여러 필추들에게 알리셨다.

"지나간 옛날의 현겁 가운데에서 이때 유정의 수명이 2만세이었던 때에 불·세존께서 계셨으니 가섭파(迦攝波)라고 이름하셨느니라. 세간에 출현하시어 바라니사의 선인이 떨어진 곳인 시록림(施鹿林)의 가운데에 머무르셨다. 세존께는 한 제자가 있었는데, 다문(多聞)이었고 잊어버리지 않아서 총명이 제일이었다. 그 제자에게는 제자가 있었는데 출가하여 항상 범행을 닦았으나 나아가 목숨을 마치도록 성과(聖果)를 증득하지 못하였으므로 임종의 때에 일심으로 발원하였다.

'지었던 선근으로써 바라건대 마땅히 미래의 세상에서 석가여래(釋迦加來)를 직접 모시는 제자가 되어 지금과 다르지 않게 하시고, 제자들 가운데에서 총명이 제일이 되어 석가여래께서 저에게 수기(授記)하게 해주시면서 그 분과 다르지 않게 하십시오.'

그대들 여러 필추들이여. 그 제자는 지금의 아난타이니라. 이전의 세상에서 선심으로 발원한 힘을 까닭으로 지금 나의 제자들 가운데에서 총명 제일리 되었느니라. 여러 필추들이여. 만약 흑업·백업·잡염업(雜染業)을 짓는다면 각자 그 과보를 받느니라. 그대들은 마땅히 잡염업과 흑업은 버리고서 항상 백업을 닦을지니라."

세존께서는 왕사성 죽림(竹林)의 가란탁가원(迦蘭鐸迦園)에 머무르셨다.

500의 필추들이 있어 세존을 에워싸고 있었는데, 모두가 아라한이었으나 오직 제바달다(提婆達多)는 성과를 증득하지 못하였다. 이때 나라는 흉년이 들어서 백성들이 음식이 없었고 걸식을 구하는 것은 어려웠다. 대중들 가운에서 신통력이 있는 필추는 곧 허공으로 날아올라서 혹은 섬부림(贍部林)으로 내려가서 향기롭고 맛있는 섬부의 과일을 취하여 발우에 가득 채워서 본래의 처소에 이르러 사부대중에게 공양하고서 자신도 역시 배부르게 먹었다.

혹은 밀라림(蜜羅林)으로 가서 가비타림(迦比陀林)으로 내려오기도 하였고, 혹은 감로원(甘露園)에 내려오기도 하였으며, 혹은 아리륵림(阿犁勒林)으로 내려와서 향기롭고 맛있는 과일을 취하여 발우에 가득가득 채워서 본래의 처소에 이르러 사부대중에게 공양하고서 자신도 역시 배부르게 먹었다.

혹은 필추가 있어 신통이 자재하여 곧 허공에 날아올라서 북구로주(北俱盧洲)에 가서 자연(自然)의 향기롭고 맛있는 멥쌀을 발우에 가득가득 채워서 본래의 처소에 이르러 사부대중에게 공양하고서 자신도 역시 배부르게 먹었고, 혹은 필추가 있어 신통이 자재하여 곧 허공에 날아올라서 여타국(餘他國)으로 가서 여러 종류의 미묘한 걸식을 하였으며, 나아가 발우에 가득가득 채워서, [자세한 설명은 앞에서와 같다.] 혹은 필추가 있어 신통력으로 사천왕의 처소에 갔고, 혹은 삼십삼천(三十三天)의 가운데에서 그 천상의 부엌에서 정묘한 음식을 발우에 가득가득 채워서, [자세한 설명은 앞에서와 같다.]

이때 제바달다가 여러 필추들이 이와 같은 신통력으로 여러 과일과 음식을 취하는 것을 보고 이와 같이 생각을 지었다.

'이 나라에 지금 흉년이 들어서 백성들이 음식이 없어서, [자세한 설명은 앞에서와 같다.] 나아가 삼십삼천의 부엌에서 정묘한 음식을 취하여 사부대중을 충족시키고 역시 자신의 배도 충족시키는구나. 나에게 만약 신통력이 있다면 곧 허공으로 날아올라 섬부림으로 내려와서 향기롭고 맛있는 섬부의 과일을 발우에 가득 채워서 나도 역시 사부대중에게 공양하고 역시 나도 배부르게 먹겠으며, [자세한 설명은 앞에서와 같다.] 나아가 삼십삼천의 부엌에서 음식을 취하여 사부대중을 충족시키고 스스로도 역시 배부르게 먹을 것이다. 누가 나에게 힘을 주어서 성도(聖道)를 얻게 하겠는가? 그의 가르침의 힘에 의지하여 나는 신통을 얻어야겠다.’

이렇게 생각을 짓고 자리에서 일어나서 세존의 처소에 나아갔으며 세존의 발에 정례하고 한쪽에 서서 제바달다는 세존께 아뢰어 말하였다.

“오직 바라옵건대 자비로 저에게 성스러운 도를 가르쳐 주시어 신통을 얻게 하여 주십시오.”

이때 세존께서는 제바달다가 죄역심(罪逆心)을 일으킨 것을 아시고 제바달다에게 알리셨다.

“그대는 마땅히 높은 계율을 받아 지녀서 부지런한 마음으로 수습하여 곧 신통을 증득하고 나아가 증심(增心)과 증지(增智)를 증득하라. 마땅히 계율을 마음의 가운데에 받아 지니고 마땅히 부지런하게 수습하여야 곧 신통을 증득하고 나머지의 법도 증득할 수 있을 것이다.”

이때 제바달다는 이러한 말을 듣고 이와 같이 생각을 지었다.

‘세존께서는 나에게 즐거이 신통의 법도(法道)를 가르쳐 주지 않는구나.’

이렇게 생각을 짓고 자리에서 일어나서 구수 아야교진여(阿若憍陳如)의 처소에 나아갔고 이르러 아야교진여에게 물어 말하였다.

“상좌(上座)여. 오직 바라건대 자비로 저에게 성도(聖道)를 가르쳐 주시어 신통을 얻게 하여 주십시오.”

이때 아야교진여는 세존께서 제바달다가 죄역심을 일으킨 것을 알고 있었음을 관(觀)하였다. 관하고서 제바달다에게 알려 말하였다.

“그대는 마땅히 증색심(增色心)의 가운데에서 부지런히 수습하여 수습하여야 곧 신통을 증득하고 나머지의 법도 증득할 수 있을 것이오.”

제바달다는 이 말을 듣고 이렇게 생각을 지었다.

‘이 상좌도 역시 즐거이 신통의 법도를 가르쳐 주지 않는구나.’

곧 마승(馬駍)·현자(賢子)·선기(禪氣)·대명(大名)·원만(圓滿)·무구(無垢)·우왕(牛王)·안묘비(眼妙臂) 나아가 500상좌의 근처에 갔고 이르러 물어 말하였다.

“상좌여. 자비로 저에게 성도를 가르쳐 주시어 신통을 얻게 하여 주십시오.”

이때 묘비 등 500필추들은 함께 세존께서는 마음에서 제바달다가 죄역심을 일으킨 것을 아셨다는 것을 관하였다. 관하고서 제바달다에게 알려 말하였다.

“그대는 마땅히 증색심의 가운데에서 부지런히 수습하여 수습하여야 곧 신통을 증득하고 나머지의 법도 증득할 수 있을 것이오. 나아가 수(受)·상(想)·행(行)·식(識)에서도 그대는 마땅히 증의심(增意心)의 가운데에서 부지런히 수습하여 수습하여야 곧 신통을 증득하고 나머지의 법도 증득할 수 있을 것이오.”

이때 제바달다는 이 말을 듣고 이렇게 생각을 지었다.

‘이 500상좌들도 역시 즐거이 신통의 법도(法道)를 가르쳐 주지 않는구나. 이들과 비슷하고자 하였으나, 500상좌들은 앞서 세존과 함께 평장(平章)11)하여서 나에게 성도(聖道)를 가르치는 것을 허락하지 않는구나. 왜 그러한가? 지금 보건대 세존과 500상좌들은 즐거이 성도인 신통을 가르치는 것을 허락하지 않는다.’

다시 생각하였다.

‘이와 같다면 그 누가 나에게 성도인 신통을 누가 능히 가르칠 수 있을까?’

그때 십력가섭파(十力迦葉波)는 왕사성의 선니가굴(先尼迦屈)의 가운데에 머물렀다.

‘나는 그곳에 나아가야겠다. 그는 상좌이고 정직하고 아첨하지 않으며, 또한 나의 아우인 아난타도 그 십력 상좌에게 직접 가르침을 받았으므로 능히 나에게 성도인 신통을 가르칠 수 있을 것이다.’

제바달다는 생각하고서 곧바로 십력가섭의 처소로 나아가서 두 발에 정례하고 한쪽에 서서 이와 같이 말을 지었다.

“상좌 십력가섭이여. 자비를 베풀어 저에게 성도인 신통을 가르쳐

---

11) 공평하게 구별한다는 뜻이다.

주십시오.”

이때 십력가섭은 세존의 마음과 500의 상좌(上座)인 성중들의 생각을 관하지도 않았고, 역시 제바달다가 이와 같은 역심(逆心)을 일으켰다는 것도 관하지 않았던 까닭으로 곧 제바달다에게 성도인 신통을 가르쳤다. 이때 제바달다는 초야부터 후야까지 선업(善業)을 수습하고 머물러서 초선(初禪)에 의지하여 신통을 증득하였다. 곧 그 신통력으로써 한 몸을 변화시켜 여러 몸을 지었으며, 여러 몸을 합하여 한 몸으로 되었고, 혹은 나타났으며, 혹은 사라졌는데 지견(知見)의 힘을 까닭으로 능히 이와 같이 나타나는 것이었다.

그는 또 산·돌·담장·벽을 통과하면서 장애가 없어서 허공과 같았고, 대지(大地)에서 나오고 들어갔는데 오히려 물속과 같았으며, 허공의 가운데에서 가부좌하고 앉았는데 오히려 땅에 앉는 것과 같았고, 또는 허공을 날았는데 오히려 새와 같았으며, 혹은 땅에 있으면서 해와 달을 손으로 어루만졌다. 제바달다는 이러한 신통력을 얻고서 이렇게 생각하였다.

‘내가 이와 같은 신통을 얻었고 여러 모습으로 변화할 수 있는 신통도 얻었으므로, 섬부림으로 나아가서 향기롭고 맛있는 과일을 취하여 발우에 가득 채워서 사부대중에게 충족시키고 스스로도 배부르게 먹겠으며, [자세한 설명은 앞에서와 같다.] 나아가 삼십삼천의 부엌에서 음식을 취하여 사부대중에게 공양하고 스스로도 역시 충족시켜야겠다.’

다시 거듭 사념하였다.

‘이 마갈타국 가운데에서 어느 사람이 최고로 수승한가? 내가 마땅히 그 사람을 항복시킨 인연을 까닭으로 따르는 일체의 사람들에게 나를 공경하도록 해야겠다.’

다시 거듭 사념하였다.

‘이 나라 태자인 아사세(阿闍世)는 부왕(父王)을 죽인 뒤에 태자가 왕이 되었으므로 나는 마땅히 항복시켜야겠다. 내가 만일 아사세 태자를 항복시켜서 일체의 사람들이 모두 나를 공경하게 해야겠다.’

이렇게 생각을 짓고서 아사세왕의 처소에 나아가서 곧 신통한 변화를 나타내어 흰 코끼리로 변화되어 곧 큰 문으로 들어갔다가는 작은 문으로 나왔고, 혹은 작은 문으로 들어갔다가 큰 문으로 나왔으며, 스스로가 그 몸을 나타내어 다시 큰 문으로 들어갔고, 준마(駿馬)로 변화하여 작은 문으로 나왔으며, 스스로가 그 몸을 나타내어 작은 문으로 들어갔고, 곧 우왕(牛王)이 되어 대문으로 나왔으며, 곧 본래의 몸을 나타내어 여법하게 발우를 지니고 아사세의 처소로 나아갔다.

곧 그 몸을 변하여 오히려 작은 아이와 같았는데, 몸에 금영(金瓔)을 두르고서 태자의 무릎 위에 앉았고, 잠시 일어났다가 잠시 앉으면서 돌아다니며 배회하였으므로 태자는 이것이 제바달다의 신통의 모습인 것을 알았다. 혹은 손으로 쳤고 혹은 껴안았으며 혹은 때렸고 혹은 윽박질렀으며 곧 입속에 침을 뱉었다. 제바달다는 공양의 이익을 탐하였던 마음을 까닭으로 억지로 곧 그의 침을 삼켰다. 이때 아사세는 전도심(顚倒心)이 일어나서 이렇게 생각을 지었다.

'이 제바달다의 신통력이 세존보다 수승하구나.'

이때 제바달다는 스스로가 본래의 몸으로 나타내었다. 이때 태자가 공경하는 마음이 생겨나서 곧바로 정례하고 여러 공양을 500대의 보배 수레에 실어 제바달다에게 보냈다. 이때 아사세는 본래의 처소에 돌아오면 매일 두 번을 제바달다에게 참배하였고 받들며 공양하였다. 이때 태자는 500명분의 커다란 솥을 보내어 여러 음식을 지어서 제바달다에게 보내어 공양하였다. 이때 제바달다는 받아서 스스로 음식을 취하여 먹었고, 또한 둘러싸고 있던 500의 필추들도 함께 먹었다. 이때 필추들은 왕사성에서 새벽에 걸식하면서 이와 같은 말을 들었다.

"이 제바달다는 태자로부터 여러 종류의 이익과 공양을 얻었고, 날마다 두 번을 항상 하루도 끊어지지 않으며, 또한 500의 보배 수레로 받들어 공양하며, 또한 500명분의 큰 솥으로 여러 음식을 지어 공양하였는데 스스로가 먹었고 둘러싸고 있는 500의 필추들도 함께 먹었다."

여러 필추들은 이러한 일을 듣고서 차례로 걸식하였고, 본래의 처소로 돌아와서 법에 의지하여 음식을 먹었으며, 옷과 발우를 거두고 발을 씻고 세존의 처소로 가서 세존의 발에 정례하고 차례로 앉아서 세존께 아뢰어 말하였다.

"대덕이시여. 저희들이 새벽에 왕사성에 들어가서 걸식하면서 제바달다가 아사세 태자로부터 많은 이익과 공양을 얻었다는 소리를 들었습니다. [자세한 설명은 위에서와 같다.] 나아가 둘러싸고 있던 500의 필추들도 함께 먹었다고 합니다."

세존께서 여러 필추들에게 알리셨다.

"그때 제바달다는 이러한 많은 이익을 얻고 공양을 받았으므로 오히려 스스로를 해치고 아울러 따르는 자들까지 해칠 것이다. 왜 그러한가? 여러 필추들이여. 비유하면 파초(芭蕉)가 열매를 맺으면 곧 말라서 죽는 것과 같이 오히려 이들은 스스로를 해치는 것이니라. 제바달다가 이러한 이양을 받는 것도 역시 이와 같으니라. 비유하면 대나무와 갈대와 같아서 꽃을 피우고 열매를 맺는다면 곧 말라서 죽는 것과 같고, 나귀가 새끼를 가져도 그 새끼를 낳는다면 곧 죽는 것과 같으니라.

여러 필추들이여. 제바달다가 이러한 이양을 받는 것도 역시 이와 같으니라. 여러 필추들이여. 제바달다가 만약 많은 이양(利養)을 얻는다면 그 무지(無智)한 제바달다는 날마다 장야(長夜)에 악명(惡名)·고뇌(苦惱)·무리(無利) 등의 이와 같은 과보를 얻을 것이다. 그대들 필추들이여. 마땅히 이와 같이 알지니라."

이때 제바달다가 많은 이양을 얻고 마침내 탐심(貪心)이 일어나서 다시 희구(希求)하지 않고 전도심을 일으켰고 다른 억념(憶念)이 생겨났다.

'세존께서는 지금 이미 연로하여 힘이 약하므로 지금부터 사부대중을 위하여 설법하시면 노고(勞苦)가 있으시다. 세존께서는 내가 사부대중과 함께 스스로 가르치고 보여주며 설법하고 세존은 마땅히 편안하게 고요히 앉아서 선법(善法)을 수습하면서 항상 안락하게 머무시는 것보다 못하시다.'

이때 제바달다는 이러한 생각을 일으켰고 곧 신통을 잃었다. 스스로가 '나는 신통을 잃었다.'는 것을 알지 못하였다. 이때 가구라(迦俱羅) 필추는 사무외(四無畏)를 닦아 탐염심(貪染心)을 없애고 죽어서 범천(梵天)에 태어났는데, 곧 제바달다가 신통을 잃었으나 이 제바달다는 역시 스스로가 모르고 있는 것을 보았다. 이때 대목건련(大目犍連)이 갈가국(揭伽國) 교어산(膠魚山)의 공포녹림(恐怖鹿林)에 머물렀는데, 그 가구라 범천자(梵天子)가 하늘에서 사라져서 팔을 굽혔다 펴는 사이에 목건련의 처소에 와서 두 발에 정례하고 한쪽에 물러나서 이와 같이 말을 지었다.

“대덕이신 목건련이여. 지금 마땅히 아십시오. 제바달다가 많은 이양을 까닭으로 마침내 탐심을 일으켰으며, 거듭하여 다시 희구하여 전도심을 일으켜 다른 억념이 생겨났습니다.

‘세존께서는 지금 이미 연로하여 힘이 약하므로 지금부터 사부대중을 위하여 설법하시면 노고(勞苦)가 있으시다. 세존께서는 내가 사부대중과 함께 내가 스스로 가르치고 보여주며 설법하고 세존은 마땅히 편안하게 고요히 앉아서 선법을 수습하면서 항상 안락하게 머무시는 것보다 못하시다.’

이때 제바달다는 이러한 염심(念心)을 일으켰고 곧 신통을 잃었으나 스스로가 ‘나는 신통을 잃었다.’는 것을 알지 못합니다. 대덕이신 대목건련이여. 자비심을 일으켜 세존의 처소에 나아가서 제바달다가 앞에서와 같은 연기와 나아가 신통을 잃었으나 ‘나는 신통을 잃었다.’는 것을 알지 못함을 말씀하십시오.”

이때 대목건련은 범천자에게 묵연하였다. 이때 가구라 천자는 목건련이 받아들인 것을 알고 마음에 환희가 생겨나서 목건련의 두 발에 정례하고 홀연히 사라졌다. 이때 대목건련은 범천이 떠나간 것을 보고 곧바로 이와 같이 정에 들어갔고 교어산에서 사라져서 곧 왕사성 가란탁가 죽림원의 가운데에 갑자기 나타났다. 세존의 처소에 나아가서 세존의 두 발에 정례하고 한쪽에 앉았다. 이때 대목건련은 가구라 천자에게 들은 말을 모두 자세히 아뢰었다. 이때 세존께서는 목건련에게 알려 말씀하셨다.

“그대는 이전에 제바달다의 앞에서와 같은 많은 일을 알고 있었는가? 다시 그대에게 알리자 비로소 알았는가?”

이때 목건련이 아뢰어 말하였다.

"세존이시여, 저는 일찍부터 알고 있었습니다."

이때 세존께서 목건련과 이렇게 말씀하시는 때에 제바달다도 네 명의 필추와 함께 있었는데, 첫째는 가리가(迦利迦)이었고, 둘째는 건다달표(褰茶達驃)이었으며, 셋째는 갈타모락가저사(羯吒謨洛迦底沙)이었고, 넷째는 삼몰라달다(三沒羅達多)이었다. 이 네 사람과 함께 세존의 처소로 나아갔다. 세존께서 멀리서 제바달다 등이 오는 것을 보시고 목건련에게 알려 말씀하셨다.

"잠시 말하지 말게. 그 무지한 제바달다 등이 오고 있네. 이 무지한 사람이 지금 나를 앞에 마주하면 앞에서와 같은 일들을 분명히 스스로 말하면서 찬탄할 것이네."

이때 대목건련은 세존의 두 발에 예경하고서 이와 같이 정에 들어갔고, 죽림원에서 사라져서 교어산의 본래의 처소에 이르러 법대로 앉았다. 이때 제바달다는 세존의 처소에 이르러 두 발에 정례하고 한쪽에 서서 세존께 아뢰어 말하였다.

"세존이시여. 지금 이미 연로하시고 힘이 약하시므로 사부대중을 위하여 설법하시는 것은 노고가 있습니다. 세존께서는 저의 도중(徒衆)에게 맡기시어 제가 스스로 가르치고 보여주며 설법하게 하시고, 세존께서는 마땅히 편안하고 고요하게 앉으시어 선법을 수습하시면서 항상 안락하게 머무시는 것보다 못할 것입니다."

세존께서 알려 말씀하셨다.

"나에게는 사리불(舍利弗)과 대목건련과 같은 제자들 가운데에서도 존중받고 총명하며 지혜롭고 범행이 있으며 신통이 있고 아라한과를 증득하였다. 나는 지금 오히려 스스로가 필추 승가로서 부촉(付囑)하지 않았는데, 어찌 하물며 그대처럼 무지(無智)하고 어리석으며 침이나 삼키는 자에게 부촉하겠는가?"

이때 제바달다는 이러한 말을 듣고서 이와 같이 생각을 지었다.

'세존께서는 지금 사리자와 목련 등을 찬탄하시면서도 나는 미워하고

싫어하며 꾸짖어 말하는구나. <무지하고 침이나 삼키는 자인가?>'
이때 제바달다는 세존의 처소에서 마침내 일곱 종류의 역심을 일으켰다.

근본설일체유부비나야파승사 제14권

삼장법사 의정 한역
석보운 번역

이때 제바달다는 마침내 신음소리(懊聲)를 내뱉고 고개를 세 번을 흔들고서 곧 일어나 떠나갔다. 이때 아난타는 세존의 곁에서 좌우로 부채를 흔들면서 서 있었다. 이때 세존께서는 아난타에게 알려 말씀하셨다.

"그대는 지금 이 죽림원 안에 있는 여러 필추들을 불러 이 식당(食堂)에 모이도록 하게."

이때 아난타는 명을 받들어 돌아다니면서 모두를 식당으로 불러 모았다. 이때 아난타는 세존의 처소에 나아가서 두 발에 정례하고 세존께 아뢰어 말하였다.

"대중들은 이미 모두 모였습니다."

이때 세존께서는 곧 식당으로 가시어 자리를 펴고 앉으셨으며 여러 필추들에게 알리셨다.

"이 세간에는 다섯 종류의 교사(教師)가 있느니라. 무엇이 다섯인가? 첫째의 교사가 있으니 스스로가 계율을 갖추지도 못하면서 자기는 계율을 갖추었다고 말한다. 그 제자들은 오랫동안 한곳에서 함께 머무르면 곧 우리 스승은 능히 계율을 갖추지 못하였다는 것을 알고 있으나 모두 서로가 의논하여 말하느니라.

'우리들이 만약 다른 사람에게 알린다면 바깥의 사람들이 듣고서 우리 스승을 업신여기고 천박하게 생각할 것이다. 우리들은 뒤에 어떻게 스승을 볼 것이고, 함께 머무르며 섬길 수가 있겠는가? 스승께서 스스로가 좋은가?

나쁜가를 아실 것이다. 우리들은 마땅히 덮어주고 보호해야 한다. 왜 그러한가? 우리의 교사께서 때때로 우리들에게 의복·음식·탕약·와구 등을 공급하였다.'

이때 제자들은 이러한 공급에 탐착하여 교사를 덮어주고 보호하며 다른 사람에게 말하지 않아서 파계(破戒)를 알지 못하게 하느니라. 이때 그 교사는 마땅히 제자들은 나를 감싸주고 보호하는 것이 필요하다고 생각한다. 앞에서 말한 것이 이 세간의 가운데에서 첫째의 교사라고 하느니라.

다시 다음으로 둘째의 스승이다. 세간에 한 스승이 있어 부정한 재물을 수용하여 장차 생활을 충당하면서도 스스로가 청정하게 살아가고 있으므로 역시 죄와 허물이 아니라고 말한다. 그의 제자들이 있어 한 처소에서 오랫동안 함께 기거하였으므로 뒤에 나아가 우리들의 교사가 부정한 재물을 수용하여 생활에 충당하면서도 스스로는 청정하다고 말하므로 역시 마땅히 죄가 있다. [모두 서로가 의논하여 말하느니라.]1)

'우리 제자들이 만약 교사의 이러한 일을 다른 사람에게 말한다면, 바깥의 사람들은 업신여기고 천박하게 생각할 것이다. 이러한 인연 등에서 우리들 여러 제자들은 어떻게 살아가겠는가? 이 교사가 여러 종류가 부정하여 죄를 지은 것을 스스로가 알고 있다. 그러므로 우리 여러 제자들의 일과는 관계가 없다. 또한 교사를 항상 생각하면 때때로 우리들에게 의복·음식·탕약·와구 등을 공급하지 않았는가?'

이때 여러 제자들은 공급에 탐착하여 교사를 덮어주고 보호하면 교사는 항상 사념한다.

'이 제자들이 곧 나를 감싸주는구나.'

이것이 이 세간의 가운데에서 둘째의 교사이니라.

다시 다음으로 셋째의 교사이다. 또한 세간의 가운데에는 이와 같은 교사가 있다. 지견(智見)이 청정하지 못하면서도 스스로가 지견이 청정하

---

1) 원문에는 끝 부분까지 생략되어 있으나 번역의 완성을 위하여 삽입하였다.

여 허물이 없다고 말한다. 그의 제자들은 오랫동안 한 처소에 살고 기거하였으므로 나아가 교사의 지견이 부정한 것을 보았으나, 교사가 스스로는 지견이 청정하여 허물이 없다고 말한다. [모두 서로가 의논하여 말하느니라.]

‘우리들이 지금 다른 사람에게 자세히 말한다면 교사를 바깥의 사람들은 업신여기고 천박하게 생각하여 무례할 것이다. 우리들이 이와 같은 교사를 얻는다면 어떻게 살아가겠는가? 이 교사가 지견이 부정하여 죄를 지은 것을 스스로가 알고 있다. 그리고 우리 제자들의 일에는 관계도 없다. 또한 교사를 항상 생각하면 때때로 우리들에게 의복·음식·탕약·와구 등을 공급하지 않았는가?’

이때 여러 제자들은 공급에 탐착하여 교사를 덮어주고 보호하면 교사는 항상 사념한다.

‘이 제자들이 곧 나를 감싸주는구나.’

이것이 이 세간의 가운데에서 셋째의 교사이니라.

다시 다음으로 넷째의 교사이다. 또한 세간의 가운데에는 이와 같은 교사가 있느니라. 망령되게 사람들에게 여러 종류의 수기(授記)를 주면서 스스로가 망령되지 않다고 말하고, 내가 수기를 주는 것은 모두가 진실이라고 말한다. 그의 제자들은 오랫동안 한 처소에 기거하였으므로 교사가 망령되게 여러 사람들에게 여러 종류의 수기를 주면서 자신은 망령되지 않다고 말하고, 내가 주는 수기는 모두가 진실하다고 말한다. 제자 등이 말한다.

‘우리들이 지금 다른 사람에게 자세히 말한다면 교사를 바깥의 사람들은 업신여기고 천박하게 생각하여 무례할 것이다. 이러한 교사라면 어떻게 살아갈 수 있겠는가? 이 교사는 망령되게 수기하는 죄를 교사가 스스로 알 것이다. 그러나 이 일은 우리 제자들의 일에는 관계가 없다. 이 교사를 생각하면 우리들은 모두 덮어주고 보호해야 한다. 이 교사를 항상 생각하면 때때로 우리 제자들에게 의복·음식·탕약·와구 등을 공급하지 않았는가?’

이때 여러 제자들은 공급에 탐착하여 교사를 덮어주고 보호하면 교사는 스스로가 생각한다.

‘내가 망령되게 수기하더라도 제자들이 덮어주고 보호하는구나. 나는 항상 이들을 기억하고 생각해야겠다.’

이것이 이 세간의 가운데에서 넷째의 교사이니라.

다시 다음으로 넷째의 교사이다. 또한 세간의 가운데에는 이와 같은 스승이 있느니라. 항상 허망하게 설법하면서도 스스로가 진실이라고 말한다. 그의 제자들은 오랫동안 한 처소에 기거하였으므로 교사가 허망하게 설법을 하면서도 스스로는 진실이라 말하는 것을 보았다. [모두 서로가 의논하여 말하느니라.]

‘우리 제자들이 다른 사람에게 말한다면 반드시 업신여기고 천박하게 생각하여 무례할 것이다. 우리들이 이와 같은 교사를 얻었다면 어떻게 살아가겠는가? 이 교사는 망령되게 설법하는 죄를 교사 스스로가 알 것이다. 그리고 제자들의 일에는 관계가 없다. 교사를 항상 생각하면 우리들 제자들에게 의복·음식·탕약·와구 등을 공급하지 않았는가?’

그 제자들은 공급에 탐착하여 교사를 덮어주고 보호하면 교사는 역시 항상 생각한다.

‘내가 비록 허망하게 설법하더라도 제자들이 덮어주고 보호하는구나.’

이것이 이 세간의 가운데에서 다섯째의 교사이니라.”

세존께서 여러 필추들에게 알리셨다.

“내가 받아 지닌 계율은 청정하므로 내가 스스로 진실한 계율이고 청정하다고 말하고, 스스로가 역시 부정이 없음을 아는 까닭으로 역시 여러 제자들을 가르쳐서 청정한 계율을 받들어 행하게 하느니라. 그러므로 제자들을 이용하여 계율을 위하여 덮어주거나 보호할 것이 없나니, 나는 이러한 두려움과 걱정이 없으니라. 나는 청정한 물건을 수용하여 생활을 충당하고 있고, 나는 이것이 진실하고 청정한 물건이라고 말하는 까닭으로, 제자들을 이용하여 계율을 위하여 덮어주거나 보호할 것이 없나니, 나는 이러한 두려움과 걱정이 없으니라.

여러 필추들이여. 나의 지견(智見)은 진실한 모습이고, 역시 이것을 진실이라고 말하므로 나는 이러한 두려움과 걱정이 없으며, 마땅히 제자들에게 지견을 위하여 고의적으로 나를 덮어주고 보호하게 하지 않느니라.”

세존께서 여러 필추들에게 알리셨다.

“내가 수기(授記)하는 것은 한결같이 진실이라고 말하고, 나는 진실이라고 생각하는 까닭으로, 나는 이러한 두려움과 걱정이 없으며, 마땅히 제자들에게 수기를 위하여 고의적으로 나를 덮어주고 보호하게 하지 않느니라.”

세존께서 여러 필추들에게 알리셨다.

“내가 설법하는 것은 여실(如實)한 것이고, 역시 이와 같이 여실한 까닭으로, 이러한 두려움과 걱정이 없으며, 마땅히 제자들에게 법을 위하여 고의적으로 나를 덮어주고 보호하게 하지 않느니라.”

세존께서 여러 필추들에게 알리셨다.

“마땅히 알라. 세간에서 다섯 종류의 망령된 교사는 스스로에게 과실(過失)이 있는 까닭으로 제자들에게 덮어주고 보호하게 하지만, 나는 이와 같지 않으므로 두려움과 걱정이 없으며, 역시 마땅히 그대들 제자들의 세력에 머물지도 않느니라. 항상 그대들 필추들을 꾸짖나니, 만약 필추가 있어 나의 질책(叱責)을 받아들인다면 나의 법에 가까이 머물 수 있으나, 만약 능히 나의 질책을 받아들이지 않는다면 스스로 물러나고 흩어질 것이다.

비유한다면 와공(瓦師)이 아직 굽지 않은 그릇을 불에 넣었다면 좋은 것은 스스로가 진실하고 단단한 모습을 나타내고, 나쁜 것은 스스로가 갈라지고 깨지는 것과 같은데, 와공은 애석한 마음도 일어나지 않고, 역시 두려움이 없는 것과 같으니라. 좋고 나쁜 것이 스스로가 나타나듯이 마땅히 머무르는 까닭이니라. 나도 역시 이와 같아서 나의 법을 수학한다면 항상 그대들을 질책하나니 좋은 자는 스스로가 진실한 법을 익힐 것이고, 악한 자는 스스로가 물러나 흩어질 것이다. 나의 설법은 청정한 까닭으로 마땅히 두려움이 없다는 것을 그대들은 마땅히 알지니라.”

이렇게 설하여 말씀하시고서 곧 자리에서 일어나시어 미하라(微訶羅)[2]

의 안에 들어가셨다. 그때 천수(天授) 필추는 네 필추에게 말하였는데, 첫째는 고가리가(孤迦利迦)이었고, 둘째는 건다달표(褰茶達驃)이었으며, 셋째는 갈타모락가(羯吒謨洛迦)이었고, 넷째는 삼몰달라달다(三沒達羅達多)이었다.

"그대들은 나와서 나와 동반(同伴)이 되자. 그 교답마(喬答摩) 사문이 지금 세상에 있어 보이므로 우리들 다섯이 같은 뜻으로 대중들을 깨뜨리고 법륜(法輪)을 파괴하여 우리들이 죽은 뒤에 후세 사람들에게 이와 같은 이름을 남겨야 한다.

'구수 제바달다 등은 옛날에 사문 교답마께서 세상에 계셨으나 많은 신통력과 위력이 있어서 제바달다 등 다섯 사람은 대중 승가와 법륜을 파괴하였다.'

우리들의 이름은 사방에 전하여 퍼질 것이다."

그 고가리가는 제바달다에게 알려 말하였다.

"우리들은 불·세존의 제자인 대중들이 화합된 머무는 것을 능히 파괴하지 못하고, 또한 그들의 법륜도 역시 능히 파괴할 수 없소. 왜 그러한가? 천수여. 또한 세존의 성문제자들에게는 신통과 위력이 있고, 또한 천안(天眼)이 있어서 멀리서도 우리들의 마음을 알고 있으므로 우리들의 일을 평장할 수 있으며, 다른 일까지 모두 알 것이오. 이러한 까닭으로 우리들은 능히 그 화합승가를 파괴할 수 없소."

천수가 고가리가 등에게 알려 말하였다.

"나에게 한 가지 좋은 방편이 있소. 우리들은 연로한 기숙 필추의 주변으로 가서 공양을 청합시다. '그대들이 필요한 일체의 물품을 우리들이 빠짐없이 공급하겠습니다.' 다시 나이가 젊은 필추들의 주변으로 가서 발우가 없는 자는 발우를 공급하고, 의복이 없는 자에게는 의복을 주며, 필요한 것이 있다면 우리들이 곧 갖추어 공급하겠다고 합시다. 또한 법을 구하는 자에게는 법을 주고, 가르침을 구하는 자에게는 우리들이

---

2) 산스크리트어 vihāra의 음사로 비하라(毘訶羅) 혹은 비하라(鼻訶羅, 韠訶羅)라 음역하고 주처(住處)·유행처(遊行處)·정사(精舍)라고 번역한다.

가르쳐서 모두가 성취하게 합시다.”

고가리가 등이 천수에게 알려 말하였다.

“이 방편이라면 역시 일이 성공할 수 있겠소.”

이때 제바달다는 화합승가를 파괴하기 위하여 곧 여러 연로한 기숙 필추들에게 일의 뜻을 자세히 설명하였다. 연로한 기숙 필추들은 곧 제바달다가 화합승가를 파괴하고자 이와 같은 방편을 짓는 것을 알았다. 곧 연로한 기숙 필추들이 알고서 서로에게 알려 말하였다.

“제바달다가 방편을 지어 고의적으로 승가의 화합을 파괴하고자 합니다.”

이러한 인연을 보았던 까닭으로 여러 필추들은 세존의 처소로 나아가서 제바달다가 화합승가와 법륜을 파괴하고자 하는 것을 설명하면서 이 인연으로서 세존께 갖추어 아뢰었다.

“천수가 승가와 법륜을 파괴하려는 뜻이 있습니다.”

이때 세존께서는 여러 필추들에게 알려 말씀하셨다.

“그대들은 마땅히 천수에게 별도로 충고하도록 하라. 만약 다시 이와 같은 부류가 있다면 마땅히 충고하여 말하라. ‘천수여. 그대는 화합승가를 파괴하여 투쟁하는 일에 집착하며 머무르지 말라. 천수여. 그대는 마땅히 화합승가에 환희하고, 다투지 말며, 한마음으로 말하는데 물과 우유가 화합하듯이 하여라. 대사의 교법에서 밝은 빛을 증득하여 안락에 머물러라. 천수여. 그대들은 지금 마땅히 파승가(破僧伽)의 일을 짓는 것을 버려야 한다.’”

이때 여러 필추들은 세존의 가르침을 받들어 곧 찾아가서 제바달다에게 별도로 충고하여 말하였다.

“천수여. 그대들은 화합승가에게 투쟁하는 일인 비법에 머무르지 말라. 천수여. 마땅히 화합승가에 환희하고 싸우지 않으며 한마음으로 말하면서 물과 우유가 화합하듯이 하라. 대사의 교법에서 밝은 빛을 증득하여 안락에 머물러라. 천수여. 그대들은 지금 마땅히 파승가의 일을 짓는 것을 버려야 한다.”

이때 여러 필추들이 별도로 충고하는 때에도 제바달다는 그 일에 굳게 집착하여 버릴 마음이 없었으므로 말하였다.

"이러한 일은 진실한 것이고, 나머지는 모두가 허망하다."

이때 여러 필추들은 이 인연을 갖추어 세존께 아뢰어 말하였다.

"대덕이시여. 우리들은 제바달다에게 별도로 충고하였으나, 우리들이 별도로 충고하는 때에 제바달다는 굳게 집착하여 버리지 않고서 '이 일은 진실한 것이고, 나머지는 모두가 허망하다.'라고 하였습니다."

이때 세존께서 여러 필추들에게 알리셨다.

"그대들은 마땅히 제바달다에게 백사갈마(白四羯磨)를 지어 대중들을 마주하고서 그에게 충고하도록 하라. 만약 다시 이와 같은 부류가 있다면 마땅히 이와 같이 충고하라. 마땅히 자리를 펴고 다음으로 건치(健椎)를 울려서 먼저 대중에게 알리도록 하라. 다시 승가를 모두 모으고서 한 필추에게 백갈마(白羯磨)를 짓게 하면서 마땅히 이와 같이 짓게 하라.

'대덕 승가께서는 들으십시오. 이 제바달다는 화합승가를 파괴하고자 투쟁하는 일로 비법을 짓고 머무르고 있습니다. 이때 여러 필추들이 별도로 충고하였으나, 별도로 충고하는 때에 굳게 그 일에 집착하고 즐거이 버리지 않고 말하였습니다. <이 일은 진실한 것이고, 나머지는 모두가 허망하다.> 라고 하였습니다. 만약 승가께서 허락하실 때에 이르렀다면 승가께서는 마땅히 허락하십시오. 승가시여. 지금 제바달다에게 백사갈마를 지어 그 일을 밝게 충고하고자 합니다.

<그대 제바달다여. 화합승가를 파괴하고자 투쟁하는 일을 짓는 것에 집착하여 머물지 마시오. 제바달다여. 그대는 마땅히 화합승가와 환희하여 투쟁하지 말고, 한마음으로 물과 우유가 서로 화합하듯이 말하며, 대사의 교법으로 밝은 빛을 증득하여 안락에 머물도록 하시오. 그대 제바달다여. 마땅히 승가를 파괴하는 일을 버리시오.>

이와 같이 아뢰어라. 다음으로 갈마를 짓는다.

'대덕 승가께서는 들으십시오. 이 제바달다는 화합승가를 파괴하고자 투쟁하는 일을 짓는 것에 집착하여 머무르고 있습니다. 여러 필추들이 별도로 충고하였으나, 충고하는 때에 그 일에 집착하여 즐거이 버리지 않고 말하였습니다. <이 일은 진실한 것이고, 나머지는 모두가 허망하다.>라고 하였습니다. 승가시여. 지금 제바달다에게 백사갈마를 지어 그 일을 밝게 충고하겠습니다.

<그대 제바달다여. 화합승가를 파괴하고자 투쟁하는 일을 짓는 것을 집착하면서 머물지 마시오. 제바달다여. 그대는 마땅히 화합승가와 환희하여 투쟁하지 말고, 한마음으로 물과 우유가 서로 화합하듯이 말하며, 대사의 교법으로 밝은 빛을 증득하여 안락에 머물도록 하시오. 그대 제바달다여. 마땅히 승가를 파괴하는 일을 버리시오.>

만약 여러 구수(具壽)들이 인정하고 허락하신다면, 제바달다에게 백사갈마를 지어 그 일을 밝게 충고하겠습니다.

<그대 제바달다여. 화합승가를 파괴하고자 투쟁하는 일을 짓는 것을 집착하면서 머물지 마시오. 제바달다여. 그대는 마땅히 화합승가와 환희하여 투쟁하지 말고, 한마음으로 물과 우유가 서로 화합하듯이 말하며, 대사의 교법으로 밝은 빛을 증득하여 안락에 머물도록 하시오. 그대 제바달다여. 마땅히 승가를 파괴하는 일을 버리시오.>

승가시여. 이와 같이 충고하는 것을 허락하신다면 묵연히 계시고, 만약 허락하지 않는다면 말씀하십시오.'

이것이 첫 번째의 갈마이니라. 두 번·세 번째의 갈마도 역시 이와 같이 말하라.

'승가시여. 지금 백사갈마를 지어 제바달다에게 충고하는 것을 마쳤습니다. 승가께서 이미 허락하신 것은 묵연히 계셨던 까닭입니다. 나는 지금 이와 같이 지니겠습니다.'"

이때 여러 필추들은 세존의 가르침을 받들어 곧 백사갈마로서 그 제바달다에게 충고하였으나, 그때에도 제바달다는 굳게 집착하여 버리지 않고 말하였다.

"이러한 일은 진실한 것이고, 나머지는 모두가 허망하다."

이때에 제바달다에게는 도반 네 명이 있어 함께 서로를 따라서 파승가의 일을 말하고서, 여러 필추들에게 알려 말하였다.

“대덕이시여. 그 필추가 소유한 말을 선(善)하거나 악(惡)하다고 말하지 마십시오. 왜 그러한가? 그 필추는 법을 말하는 자이고, 율을 말하는 자이며, 법과 율에 의지하여 비로소 말하는 것입니다. 알고서 말하는 것이고, 알지 못하면서 말하는 것이 아니며, 그가 애락(愛樂)하는 것을 우리들도 역시 애락합니다.”

이때 여러 필추들은 이러한 인연으로서 갖추어 세존께 아뢰었다. [자세한 설명은 앞에서와 같다.]

“나아가 우리들도 역시 애락합니다.”

세존께서 알려 말씀하셨다.

“그대들 필추들은 마땅히 돕는 도반인 네 명을 위하여 별도로 충고하는 법을 짓도록 하라. 만약 다시 이와 같은 부류가 있다면 역시 마땅히 꾸짖어 충고하면서 마땅히 이와 같이 지어라.

‘그대들 고가리가·건다달표·갈타모락가저사·삼몰달라달다여. 그 필추는 쟁송의 일을 지어 화합승가를 파괴하고자 굳게 집착하면서 머무는 것을 알라. 그대들은 함께 도반이 되어 서로를 따르면서 파승가의 일을 파괴하는 말을 짓지 말라. 여러 필추들을 향하여 이와 같은 말을 짓지 말라.

<여러 대덕들이여. 그 필추가 소유한 말을 선하거나 악하다고 말하지 마십시오. 왜 그러한가? 그 필추는 법을 말하는 자이고, 율을 말하는 자이며, 법과 율에 의지하여 비로소 말하는 것입니다. 알고서 말하는 것이고, 알지 못하면서 말하는 것이 아니며, 그가 애락(愛樂)하는 것을 우리들도 역시 애락합니다.>

왜 그러한가? 구수인 그 필추는 법과 율을 말하는 것이 아니고, 법과 계율에 의지하여 말을 지어 설하는 것이 아니다. 알지 못하고 말하는 것이고, 알고서 말하는 것이 아니면서 굳게 집착하며 머물고 있다. 그대들은 화합승가를 파괴하는 것을 애락하지 말고, 마땅히 화합승가를 사랑하라. 마땅히 승가와 함께 화합하고, 환희하면서 다투지 않으며, 모두가

한마음으로 물과 우유가 화합되듯이 말하라. 대사의 교법으로 밝은 빛을 증득하여 안락에 머물도록 하라. 구수여. 그대들은 지금 승가를 파괴하여 화합을 깨뜨리는 일에 수순하였던 것을 버려라.'"

이때 여러 필추들이 세존의 가르침을 받들어 지었고 곧 그 네 사람에게 별도로 충고하려는 까닭으로 이와 같이 말을 지었다.

"그대들 고가리가 등의 네 사람은 그 필추가 쟁송의 일을 지어 화합승가를 파괴하고자 굳게 집착하면서 머무는 것을 알고, 함께 도반이 되어 삿된 것을 따르고 바른 것을 거스르지 말라. 여러 구수여. 그대들은 여러 필추들에게 이와 같은 말을 짓지 말라.

'여러 대덕들이여. 그 필추의 선을 의논하거나 악을 의논하지 마십시오. 왜 그러한가? 그 필추는 법과 율을 말하고 있고, 법과 율에 의지하여 말을 지어 설하는 것입니다. 알고서 말하는 것이고, 알지 못하면서 말하는 것이 아니며, 그가 애락하는 것을 우리들도 역시 애락합니다.'

왜 그러한가? 구수여. 그러나 그 필추는 법과 율을 말하는 것이 아니고, 법과 계율에 의지하여 말을 지어 설하는 것이 아니다. 알지 못하고 말하는 것이고, 알고서 말하는 것이 아니다. 구수여. 그대들은 파승가의 일을 애락하지 말고, 마땅히 화합승가를 사랑하라. 마땅히 승가와 함께 화합하고, 환희하면서 다투지 않으며, 모두가 한마음으로 물과 우유가 화합되듯이 말하라. 대사의 교법으로 밝은 빛을 증득하여 안락에 머물도록 하라. 구수여. 그대들은 지금 승가를 파괴하여 화합을 깨뜨리는 일에 수순하였던 것을 버려라."

이때 여러 필추들이 별도로 충고하는 때에 그를 돕는 도반들은 충고하는 말을 즐거이 받아들이지 않고 굳게 집착하며 버리지 않고 말하였다.

"이러한 일은 진실한 것이고, 나머지는 모두가 허망하다."

이때 여러 필추들은 이러한 인연으로서 갖추어 세존께 아뢰었다.

"대덕이시여. 우리들은 이미 고가리가 등에게 별도로 충고하였습니다. 우리들이 별도로 충고를 짓는 때에 고가리가 등은 그 일에 굳게 집착하면서 버릴 마음이 전혀 없어서 말하였습니다. '이러한 일은 진실한 것이고,

나머지는 모두가 허망하다.’”

세존께서 여러 필추들에게 알리셨다.

“그대들은 마땅히 고가리가 등과 함께 백사갈마를 지어 대중을 마주하고서 충고하도록 하라. 만약 다시 이와 같은 다른 부류가 있다면 앞에서와 같이 대중들을 모으고 백갈마를 지으면서 마땅히 이와 같이 지어라.

‘대덕 승가께서는 들으십시오. 이 고가리가·건다달표·갈타모락가저사·삼몰달라달다는 그 필추가 쟁송의 일을 지어 화합승가를 파괴하고자 굳게 집착하면서 머무는 것을 알았으나 그 화합하지 못하게 하는 일을 따르고 있습니다. 여러 필추들이 이와 같이 충고를 짓는 때에 여러 필추들을 향하여 이와 같이 말을 지었습니다.

＜여러 대덕들이여. 그 필추가 소유한 말을 선하거나 악하다고 말하지 마십시오. 왜 그러한가? 그 필추는 법을 말하는 자이고, 율을 말하는 자이므로, 법과 율에 의지하여 말을 지어 설하는 것입니다. 알고서 말하는 것이고, 알지 못하면서 말하는 것이 아니며, 그가 애락하는 것을 우리들도 역시 애락합니다.＞’

이때 여러 필추들이 별도로 충고를 지었고, 별도로 충고하는 때에도 그들은 그 일에 굳게 집착하고 머물면서 이와 같이 말하였습니다.

‘이러한 일은 진실한 것이고, 나머지는 모두가 허망하다.’

만약 승가께서 때에 이르렀다면 승가께서는 마땅히 허락하십시오. 승가시여. 지금 백사갈마로써 고가리가 등의 네 사람에게 충고하겠습니다.

‘그대들 고가리가 등은 그 필추가 쟁송의 일을 지어 화합승가를 파괴하고자 굳게 집착하면서 머무는 것을 알았으나 그 화합하지 못하게 하는 일을 따르고 있습니다.’

여러 필추들이 이와 같이 충고하는 때에 그대들은 여러 필추들을 향하여 이와 같이 말을 짓지 마십시오.

‘대덕이여. 그 필추가 소유한 말을 선하거나 악하다고 말하지 마십시오. 왜 그러한가? 그 필추는 법을 말하는 자이고, 율을 말하는 자이며, 법과 율에 의지하여 말을 지어 설하는 것입니다. 알고서 말하는 것이고, 알지

못하면서 말하는 것이 아니며, 그가 애락하는 것을 우리들도 역시 애락합니다.'

왜 그러한가? 그 필추는 법과 율을 말하는 것이 아니고, 그 필추는 법과 계율에 의지하여 말을 지어 설하는 것이 아닙니다. 알지 못하고 말하는 것이고, 알고서 말하는 것이 아니면서 굳게 집착하며 머물고 있습니다. 여러 구수들이여. 파승가의 일을 사랑하지 말고, 마땅히 화합승가를 즐거워하십시오. 마땅히 승가와 함께 화합하고, 환희하면서 다투지 않으며, 모두가 한마음으로 물과 우유가 화합되듯이 말하십시오. 대사의 교법으로 밝은 빛을 증득하여 안락에 머물도록 하십시오. 여러 구수여. 그대들은 지금 승가를 파괴하여 화합을 깨뜨리는 일에 수순하였던 것을 버리십시오."

이와 같이 아뢰고, 다시 갈마를 지으며, 아뢴 것에 의거하여 마땅히 지을지니라."

여러 필추들이 이미 가르침을 받들고 세존께 아뢰어 말하였다.

"알겠습니다. 저희들이 마땅히 충고하겠습니다."

곧 백사갈마로써 그 고가리가 등에게 충고하였으나, 이때 그 네 사람은 굳게 집착하여 버리지 않고서 말하였다.

"이러한 일은 진실한 것이고, 나머지는 모두가 허망하다."

이때 여러 필추들이 인연으로서 세존께 아뢰었다.

"대덕이시여. 저희들이 백사갈마로써 그 고가리가 등에게 충고하는 때에 그들은 굳게 그 일에 집착하여 버리려는 마음이 없었으며 말하였습니다. '이러한 일은 진실한 것이고, 나머지는 모두가 허망하다.'"

세존께서 여러 필추들에게 알리셨다.

"제바달다와 함께 도반인 네 사람은 삿된 것을 따르고 바른 것은 거스르면서 지금부터 내 제자들의 화합승가와 아울러 파괴할 수 있는 큰 세력이 있느니라."

이때 제바달다는 이 말을 듣고 곧 이렇게 말을 지었다.

"사문 교답마는 나에게 수기하면서 여러 필추들에게 알려 말하였다.

'제바달다와 함께 도반 네 사람은 함께 삿된 것을 따르고 바른 것을 거스르면서 지금부터 내 제자들의 화합승가와 아울러 법륜을 파괴할 수 있는 큰 세력이 있다.'"

곧 고가리가 등에게 알려 말하였다.

"마땅히 아시오. 사문 교답마는 나에게 수기하였소. '제바달다와 함께 도반 네 사람은 함께 삿된 것을 따르고 바른 것을 거스르면서 지금부터 내 제자들의 화합승가와 아울러 법륜을 파괴할 수 있는 큰 세력이 있다.'"

이때 제바달다는 파승사에 다시 용맹함이 증가하였고, 여러 필추들은 듣고 세존께 갖추어 아뢰었다. 이때 세존께서 이 인연으로서 필추승가를 모으셨으며, [자세한 설명은 앞에서와 같다.] 나아가 세존께서는 제바달다 필추에게 물어 말씀하셨다.

"그대는 진실로 화합승가를 파괴하고자 투쟁의 일을 지었고 굳게 집착하며 머무르는가?"

제바달다가 아뢰어 말하였다.

"대덕이시여. 진실로 그렇습니다."

이때 세존께서 제바달다에게 알려 말씀하셨다.

"그대는 사문도 아니고, 그 수순(隨順)함도 않으며, 청정하지도 않고, 마땅히 할 것도 아니며, 출가자의 지을 일도 아니다. 만약 필추가 방편을 일으켜서 곧 파승가를 하고자 한다면 모두 악작죄(惡作罪)³⁾를 얻고, 만약 별도로 충고하는 때에 버리지 않는 자는 모두 추죄(麤罪)⁴⁾를 얻느니라. 만약 백사갈마를 지어 세존의 가르침에 의지하여 여법(如法)하고 여율(如律)하게 충고할 때에 버리면 좋으나, 만약 버리지 않는 자가 있다면 백(白)을 마친 때에는 추죄를 얻느니라. 첫 번째의 갈마를 지어 마친 때에는 역시

---

3) 산스크리트어 duṣkṛtaa의 음사로서 돌길라죄(突吉羅罪), 돌색걸리다(突色訖里多)로 음역되고 악작(惡作)·악설(惡說)이라 번역된다. 행위와 말로 저지른 가벼운 죄. 좁은 뜻으로는 악작만을 뜻하고, 넓은 뜻으로는 악작과 악설을 뜻한다.

4) 산스크리트어 sthūlātyaya의 음사로서 투란차(偸蘭遮)라고 음역되고 중죄(重罪)·대죄(大罪)·추악죄(麤惡罪)라고 한역된다. 바라이(波羅夷)나 승잔(僧殘)을 범하려다가 미수에 그친 무거운 죄이다.

추죄를 얻게 되고, 만약 세 번째의 갈마를 지어 마친 때에도 버리지 않았다면 승가벌시사(僧伽伐尸沙)[5]를 얻느니라."

이때 세존께서는 본래의 자리에서 여러 성문 제자들을 위하여 파승가를 따르는 도반들의 학처(學處)를 제정하시고자 여러 필추들에게 알려 말씀하셨다.

"그대들 여러 필추들이여. 또한 승가의 사소한 사업(事業)이 있더라도 반드시 일으키지 말라."

세존께서는 아시면서도 일부러 물으셨고, [자세한 설명은 앞에서와 같다.] 세존께서는 곧바로 고가리가(孤迦里迦) 등의 네 사람에게 물어 말씀하셨다.

"그대들은 제바달다가 화합승가를 파괴하기 위하여 파승가의 방편을 지어서 투쟁하는 일을 짓는 것을 권유하였고 굳게 집착하여 머무는 것을 진실로 알고 있었는가? 그대들은 함께 도반이 되어 삿된 것을 따르고 바른 것을 거스르면서 여러 필추들에게 '대덕이시여. 그 필추가 소유한 논설(論說)을 좋거나 나쁘다고 말하지 마십시오.'라고 말하였고, 나아가 출가자로서 마땅히 짓지 않을 것을 지었으며, [자세한 설명은 앞에서와 같다.]"

이때 구수 십력가섭파(十力迦葉波)는 제바달다에게 신통(神通)한 도법(道法)을 가르쳐 주었으므로, 당시의 여러 필추들이 십력가섭파에게 알려 말하였다.

"무슨 까닭으로 상좌(上座)께서는 제바달다와 같이 악한 사람에게 신통한 도법을 가르쳤습니까?"

십력가섭파가 대답하여 말하였다.

"구수여. 나는 마땅히 이렇게 악을 행하는 사람인 것을 알지 못하였습니다. 만약 이 사람의 악행을 알았다면 신자(神字)도 가르쳐 주지 않았을

---

5) 줄여서 승잔죄(僧殘罪)라고도 부른다. 바라시가죄의 다음으로 무거운 죄이다. 바라시가죄를 범하면 승단에서 추방되지만, 승잔죄는 일정한 기간에 사문의 자격이 정지되고 갈마를 통하여 벗어날 수 있다.

것인데, 어찌 그에게 신통한 도법을 논하고 가르쳤겠습니까?”

이때 많은 필추들이 제바달다에게 알려 말하였다.

“그대가 이익과 공양을 얻은 모두가 상좌인 십력가섭의 덕이다. 그대가 이와 같이 얻었다면 마땅히 가서 십력가섭에게 공양해야 할 것이다.”

그 대중들은 이러한 말의 방편을 지어 제바달다를 십력가섭에게 보내어 제바달다를 가르치고 이러한 악심을 버리고 선행을 얻게 하려고 하였다. 이러한 일을 위하였던 까닭으로 말하였으나, 이때 제바달다는 여러 필추들에게 알려 말하였다.

“그 십력가섭이 나에게 무슨 힘이 되었는가? 내가 스스로 밤낮으로 항상 정진하고 고행(苦行)하여 제일의 선정력(禪定力)을 증득하였으므로 이것은 내가 스스로 구한 것이고 십력가섭의 일과는 관련이 없다.”

이때 제바달다가 많은 이러한 은혜가 없는 말을 하였으므로 소유하였던 신통력이 모두 없어지고 흩어졌다. 이때 여러 필추들은 제바달다가 은혜가 없었던 까닭으로 신통이 없어지고 흩어진 것을 알았다. 이때 여러 필추들은 의심이 있어 세존의 처소에 나아가서 세존의 발에 정례하고 세존께 아뢰어 말하였다.

“제바달다는 십력가섭에게 은혜가 없었던 까닭으로 소유한 신통이 모두 없어지고 흩어졌습니다.”

세존께서 여러 필추들에게 알리셨다.

“그 제바달다는 오늘날에 은혜가 없어서 이렇게 곧 신통을 잃어버린 것이 아니고, 역시 지나간 옛날에서도 은혜 없는 말로 곧 신통을 잃어버렸고 배웠던 법까지도 모두 없어지고 흩어졌느니라. 그대들은 자세히 들을지니라.”

세존께서 여러 필추들에게 알리셨다.

“이 바라니사성에 옛날에 국왕이 있어 범수(梵授)라고 이름하였느니라. 이때 그 성안에는 한 전다라(旃茶羅)6)가 있었는데, 건타라주금법(健陀羅呪

---

6) 인도의 카스트 밖의 가장 낮은 계급에 속하는 종족으로 백정이나 옥졸(獄卒) 등 비천한 직업에 종사하며 보통 사람과는 별도로 살아간다. 남자는 전타라(栴陁

禁法)에 매우 밝았느니라. 그는 주력(呪力)을 타고 허공에 날아올랐고 향산(香山)의 가운데에 나아가서 때가 아닌 기묘한 꽃과 과일을 따서 성안으로 돌아왔으며 성안의 국왕에게 받들어 드렸다. 왕은 보고 공경하였고 마음에 환희가 생겨나서 곧 취락으로써 전다라에게 상을 주었다. 이때 남천축(南天竺)에 한 마납파가 있었는데, 주법(呪法)을 배우려는 까닭으로 바라니사성으로 가서 여러 사람들에게 물었다.

"누가 주법을 잘합니까?"

여러 사람들이 듣고 마납파에게 알렸다.

"지금 이 나라에는 전다라가 있는데 능히 주술을 잘 부립니다."

마납파가 듣고서 곧 전다라의 처소에 나아가 합장하고 아뢰어 말하였다.

"제가 지금 이곳에 찾아온 것은 받들어 모시고 직접 가르침을 받고 싶어서입니다."

전다라가 물어 말하였다.

"무슨 일을 구하면서 공양하겠다고 말하는 것인가?"

대답하여 말하였다.

"주법을 배우려는 까닭입니다."

전다라가 곧 게송을 설하여 말하였다.

주법에 밝다면 사람에게 베풀지 않고
주법으로써 바꾸어 주는 것이며
혹은 때에 섬기는 일을 얻거나
혹은 다시 진귀한 재물을 얻나니
만약 이와 같지 않다면
비록 죽더라도 전수(傳授)하지 않는다네.

이때 마납파는 친교사에게 알려 말하였다.

羅)이고, 여자는 전타리(栴陁利)이다.

“저에게는 진귀한 재물은 없고 오직 빈손으로 받들어 공양할 수 있습니다. 어느 때에 이러한 주법을 얻을 수 있습니까?”

전다라가 말하였다.

“12년 정도는 나를 받들고 공양하였던 까닭으로 얻지 않겠는가?”

마납파는 주법을 배우려는 까닭으로 일심으로 섬기고 공양하며 11년에 이르렀다. 이때 전다라는 친척의 잔치에 갔던 까닭으로 술을 마시고 잔뜩 취하여 밤에 집에 이르렀다. 제자인 마납파는 보고 곧 이렇게 생각을 지었다.

‘지금 친교사께서 몸이 취하셨으므로 내가 오늘 밤에 더욱 가까이에서 모시고 보살펴야겠다.’

곧 평상에 잠자리를 펴고서 친교사를 눕히고서 안은하게 하였다. 이때 친교사가 평상 위에서 뒤척였고 마땅히 곧 평상의 가로 막대가 갑자기 부러졌다. 평상이 부러지는 소리를 듣고 마납파는 스스로가 일어나며 이와 같은 생각을 지었다.

‘친교사의 평상 다리가 부러져서 누워 주무시기에 불편하겠구나. 내가 침상 아래에서 부러진 가로 막대 대신에 어깨로 침상을 받쳐서 스승이 땅에 떨어지지 않게 해야겠다.’

이렇게 생각을 짓고 곧 침상 밑으로 들어가서 부러진 가로 막대를 대신하여 떨어지지 않게 하였다. 술취한 사람의 상법은 몸의 무게가 무거운 것이다. 2경(更)에 깨어났던 그 친교사는 술을 많이 마셨고 초야에 깨어나지 못하여 마납파의 몸 위에 마구 토하였다. 마납파가 스스로의 몸 위를 보았는데 토한 오물이 낭자(狼藉)하여 곧 이렇게 생각을 지었다.

‘내가 만약 움직여서 말한다면, 친교사는 능히 잠잘 수 없을 것이다.’

이렇게 생각하고서 침상 아래에서 말없이 묵연히 머물렀다. 곧 한밤중에 친교사는 깨어났고 마납파가 평상의 아래에서 몸 위에 구토한 오물이 낭자한 것을 보았다. 친교사가 곧 물었다.

“평상의 아래 있는 사람은 누구시오?”

제자가 대답하여 말하였다.

"저는 마납파입니다."

친교사가 물어 말하였다.

"어찌 평상의 아래에 있는가?"

제자는 곧 앞에서의 모든 것을 말하였다. 친교사는 이 말을 듣고서 큰 환희가 생겨나서 마납파를 불렀다.

"나는 그대의 처신에 매우 크게 환희하네. 침상 아래에서 일어나서 깨끗하게 목욕하고 오게. 그대에게 법을 주겠네."

이때 마납파는 곧 목욕하고 옷을 입고서 새벽녘에 와서 이르렀다. 친교사가 보고 곧 주법을 주었다. 이때 제자는 법에 의지하여 배웠고 주법을 얻었다. 그 제자는 마음이 급하였던 까닭으로 곧 이렇게 생각을 지었다.

'내가 이러한 주법을 얻었으니, 마땅히 성안에서 그 주법을 지어 스스로가 신통을 시험해 보아야겠다.'

생각하고서 곧 허공으로 올랐으며 향산으로 가서 때가 아닌 꽃과 과일을 가지고 와서 바라니사성에 이르렀고, 나라 안의 대신(大臣)에게 바쳤으며, 대신은 얻고서 곧 국왕에게 바쳤다. 국왕이 대신에게 물어 말하였다.

"경은 어느 곳에서 이러한 때가 아닌 아름다운 꽃을 구해왔소?"

대신이 알려 말하였다.

"남천축국의 마납파가 가지고 와서 신에게 주었고, 신은 곧 대왕께 바치는 것입니다. 그 마납파는 주법에 매우 밝고 족성(族姓)도 역시 위대하오니, 오직 바라건대 대왕께서는 이 마납파의 주술사(呪師)를 머무르게 허용하십시오. 이 자를 이용하여 그 전다리가 부정(不淨)한 행을 짓지 못하게 하십시오. 원하건대 곧 쫓아내시고 소유하였던 취락을 회수하여 마납파에게 주십시오."

이렇게 말을 지었다. 이때 국왕은 신하들의 소청을 의지하여 전다라를 쫓아내고 마납파를 앉혔으며, 역시 취락도 회수하였다. 그 전다라가 국왕에게 알려 말하였다.

"이 마납파는 저의 제자입니다. 주법은 저보다 뛰어납니다."

이때 국왕이 마납파에게 물었다.

"그대는 지금의 주법을 이 전다라에게서 배웠는가?"

이때 마납파가 대왕에게 대답하여 말하였다.

"제가 스스로 고행하여 1년을 밤낮없이 이러한 법을 구하여 얻었습니다. 전다라가 저에게 주었다는 것은 거짓입니다."

이때 마납파는 친교사에게 은혜가 없었던 까닭으로 마땅히 곧 그 주술의 영험을 잃어버렸고, 뒤에 지었던 법까지도 모두 성취되지 않았느니라."

세존께서 여러 필추들에게 알리셨다.

"저 마납파는 신비한 주법을 배워서 얻었으나 은혜가 없었던 까닭으로 주력이 없어지고 흩어졌으며, 지금의 제바달다이니라. 은혜가 없었던 까닭으로 주력이 없어지고 흩어졌느니라. 여러 필추들이여. 마땅히 알라. 법을 가르친 친교사에게 은혜가 없는 것은 합당하지 않다. 지금부터 은혜를 모르는 자는 월법죄(越法罪)7)를 얻느니라."

이때 세존께서는 왕사성에서 가야산(伽倻山)으로 나아가셨다. 이때 제바달다는 500필추와 함께 세간을 유행(遊行)하였고, 아사세왕(阿闍世王)은 제바달다를 애락하여 곧 500수레에 곡식을 주어 제바달다에게 봉상(奉上)하였다. 양식을 싣고 가면서 도로의 가운데에서 여러 필추들을 만났고, 필추들은 수레를 끄는 사람에게 물어 말하였다.

"이것은 무슨 수레인가?"

수레를 끄는 사람이 알려 말하였다.

"이것은 아사세왕이 제바달다에게 받들어 주었던 것입니다."

필추는 이러한 말을 듣고 곧 세존의 처소에 이르러 그 말을 전하였다.

"이 아사세왕이 무지(無知)하여 500수레의 곡식을 제바달다에게 주었고 이것으로써 공양하였으나 세존께는 드리지 않았습니다."

세존께서 여러 필추들에게 알리셨다.

---

7) 월삼매야죄(越三昧耶罪)를 다르게 부르는 말이다. 삼매야에 위반하는 죄로서 세존의 가르침을 거스르는 비법(非法)을 저지르는 것을 가리킨다.

"그 아사세왕은 지금에만 무지하여 역시 무지한 사람에게 공양하였던 것이 아니고, 지나간 옛날 이전의 세상에서도 역시 이와 같았느니라. 그대들은 자세히 들을지니라. 지나간 오랜 옛날에 동천축(東天竺)에 한 마을이 있었느니라. 마을에서 멀지 않은 곳에 한 숲이 있었는데, 그 숲에는 여러 종류의 꽃과 과일이 무성하였고, 맑게 흐르는 샘물과 욕지(浴地)가 있었느니라. 500의 선인이 그 숲의 가운데에서 살고 있었고, 항상 스스로 떨어진 과일을 먹었고, 나무뿌리를 취하여 음식으로 삼았으며, 역시 나무 껍질을 취하여 옷으로 삼았다.

그때 한 아마과수(阿摩果樹)가 있었는데 나뭇가지의 과일이 땅에 닿을 정도로 매우 풍요롭게 익었다. 그 500선인들은 그 나무 주변에 이르렀고 나무를 따라서 과일을 애원하였으나, 그 수신(樹神)은 마음에서 과일을 탐하고 아꼈던 까닭으로 과일을 땅에 떨어뜨리지 않았다. 그때 선인들은 과일이 떨어지지 않았으므로 다시 한 선인을 남겨두어 주처에서 바라보게 하였고, 나머지 사람들은 다른 나무에 가서 다시 거듭하여 과일을 구하였다. 선인들이 떠나간 뒤에 500의 도둑이 있어 숲의 가운데에 그 나무의 근처에서 과일이 풍성한 것을 보고서 번갈아서 서로에게 의논하여 말하였다.

"우리들이 무슨 방편을 지어야 곧 이 나무의 과일을 먹을 수 있겠는가?"

우두머리가 알려 말하였다.

"그대들은 도끼를 취하여 이 나무를 베어서 과일이 땅에 떨어지게 하라. 그대들은 배부르게 먹을 수 있다."

수신은 우두머리의 이러한 말을 듣고 마음에서 슬픔과 두려움이 생겨났고, 그 나무를 아꼈으므로 이때 수신은 그 몸을 흔들어서 과일을 땅에 떨어뜨렸다. 그때 도둑들은 모두 함께 과일을 먹었다. 과일을 이미 먹고서 이때 선인들이 곧 이르러 나뭇가지가 꺾어지고 과일이 모두 떨어진 것을 보고 선인들은 숲을 지키고 있던 선인에게 물었다.

"지금 이 나무의 과일을 누가 먹었는가?"

그 살피고 있던 선인이 앞에서의 일을 여러 선인들에게 갖추어 대답하였다. 그때 여러 선인들은 곧 수신을 꾸짖었다.

"그대는 무지하여 선을 싫어하고 악을 사랑하여 착한 사람에게는 과일을 주지 않고 악한 사람에게는 과일을 주었구나."

세존께서 여러 필추들에게 알리셨다.

"옛날에 무지한 수신은 지금의 아사세왕이고, 도적 가운데에서 우두머리는 바로 지금의 제바달다이니라. 이 아사세왕은 이전의 때에도 무지하여 악인에게 과일을 보시하였고 착한 사람에게는 공양하지 않았었는데, 지금도 무지하여 제바달다에게는 많은 물품을 주고 청정한 필추에게는 공양하지 않는 것이니라."

이때 세존께서는 마갈타(摩揭陀)에서 왕사성 갈란탁가의 죽림원 가운데에 가셨고 대필추들이 함께 앞뒤에서 위요되어 머무르셨다.

이때 제바달다는 왕사성에 있으면서 인간세계에서 항상 불선(不善)인 비법을 행하였다. 이때 성안의 여러 백성들이 모두 세존께 가서 아뢰었다.

"이렇게 때에 제바달다가 여러 불선의 악행을 짓습니다."

세존께서 이러한 말을 듣고 아난타에게 알려 말하였다.

"그대는 한 필추와 함께 따라다니면서 왕사성에 네거리와 골목에 들어가서 만약 바라문과 장자 및 거사들을 만난다면 이와 같이 말하게. '제바달다와 도반은 악인이고 비법의 일을 짓고 있더라도 불·법·승을 비방하지 마십시오. 왜 그러한가? 이 자는 불법을 행하는 사람이 아닙니다.' 만약 사람이 있어 '제바달다는 많은 신통과 위덕이 있다.'고 말한다면, 그대는 그에게 알리게. '제바달다가 이전에는 신통이 있었으나 지금은 퇴보하여 없어져서 조금도 신비한 영험이 없소.'"

이때 아난타는 세존의 가르침을 받들어 곧 왕사성에 들어가서 앞에서와 같이 말하였다.

"만약 뒤에 제바달다가 다시 선하지 않는 악업을 짓더라도, 다시 세존의 근처로 찾아와서 그의 허물을 부끄럽게 말하지 마시오."

이때 세존께서는 자비로웠던 까닭으로 그 몸에 병이 나타났다. 이때

의왕(醫王) 활명(活命)[8]이 세존을 위하여 소(酥)와 약(藥)을 합하여 끓였는
데, 약의 이름은 나라야약(那羅若藥)이었다. 세존께서 의왕에게 물으셨다.

"이 약은 불가사의(不可思議)한 것인가?"

의왕이 세존께 대답하여 말하였다.

"진실로 불가사의합니다."

세존께서 다시 의왕에게 알리셨다.

"지극히 불가사의한 것인가?"

대답하여 말하였다.

"진실로 지극히 불가사의한 것입니다."

세존께서 다시 의왕에게 물으셨다.

"그대는 알 수 있는가?"

대답하여 말하였다.

"저는 알고 있습니다. 세존이시여."

세존께서 다시 의왕에게 알리셨다.

"그대는 진실로 알고 있는가?"

대답하여 말하였다.

"저는 진실로 알지 못하옵니다."

세존께서 다시 의왕에게 알리셨다.

"어찌하여 그렇게 불가사의한 것인가?"

대답하여 말하였다.

"소는 물과 풀만 먹는데도 능히 감로(甘露)를 만듭니다. 이러한 소(酥)를
합하여 끓였으므로 이것이 묘한 나라야약입니다."

세존께서 다시 의왕에게 물으셨다.

"무엇이 지극히 불가사의한 것인가?"

대답하여 말하였다.

"세존께서 세상에 출현하시어 능히 묘법을 설하셨고 능히 승가 대중들

---

8) 당시의 명의인 시박가(時縛迦)를 부르는 말로서 능활(能活)·갱활(更活)·수명(壽命)
   등으로도 의역된다.

이 가르침에 의지해서 행하므로 이것은 매우 불가사의한 것입니다.”

세존께서 다시 의왕에게 물으셨다.

“어찌하여 그대는 이것을 알 수 있는가?”

대답하여 말하였다.

“일체의 모든 것은 죽음으로 돌아갑니다. 세존을 제외하고 해탈을 얻은 자는 없습니다.”

세존께서 다시 의왕에게 물으셨다.

“어찌하여 그대는 진실로 모르는가?”

대답하여 말하였다.

“저는 사람이 죽는 것을 알고 있으나, 어디로 가는지는 알지 못합니다.”

이때 여러 필추들은 이러한 말을 듣고 의혹이 생겨나서 번갈아서 서로에게 물어 말하였다.

“이 시박가는 세존의 뜻을 잘 이해하는가?”

이때 여러 필추들은 곧 세존에게 물었다.

“이 시박가를 보니 세존의 뜻을 잘 알고 있습니다.”

세존께서 여러 필추들에게 알리셨다.

“이 시박가는 지금의 세상에서 세존의 뜻을 잘 알았던 것이 아니고, 역시 이전의 세상 가운데에서도 세존의 뜻을 잘 알았었느니라. 그대들은 자세히 들을지니라.”

세존께서 여러 필추들에게 알리셨다.

“지나간 옛날에 한 촌락(村落)의 가운데에 한 장자가 있었고, 선유(善有)라고 이름하였으며, 그 집은 매우 부유하였느니라. 뒤에 한 아내를 얻었고 임신하였으며 10개월이 지나서 한 딸을 낳았고 21일에 이르러 여러 권속을 모으고서 이름을 짓는 것을 애원하였느니라. 그 권속들은 곧 딸을 선행(善行)이라고 이름하였다. 나아가 다시 아들 하나를 낳았고 여러 권속들을 모으고 이름을 짓는 것을 애원하였으며 그 권속들은 선덕(善德)이라고 이름을 지어 주었다. 그 장자는 이와 같이 생각을 지었다.

‘나에게 지금 자식들이 있으니, 여러 재보(財寶)를 가지고 가서 가업(家業)

을 일으켜야겠다.'

다시 사념을 지었다.

'내가 만약 가업을 크게 일으키고 뒤에 많은 재물을 남겨준다면, 내 아내가 내 재물을 곧 수용하는 것이 두렵구나.'

이렇게 생각을 짓고서 곧 적은 재물만 남겨두었고, 나머지의 귀중한 보배들을 금병(金瓶)에 가득하게 채웠으며, 다시 진주(眞珠)와 교락(玟珞)의 병뚜껑으로써 병의 구멍을 막았다. 지니고 한림(寒林)의 마이수(馬耳樹) 아래에 이르러 구덩이를 파고서 묻어 두었다. 별도의 남은 재물을 취하여 곧 무역하고자 갔고 다른 곳에 이르러 몇 배의 이익을 얻었으며, 다시 거듭 아내를 얻었고 나아가 또한 여러 아이들을 낳았다. 그의 전처(前妻) 아들이 점차 장대하였고 어머니에게 물어 말하였다.

"저희의 아버지는 어디에 계십니까?"

어머니가 말하였다.

"내가 들건대 너의 아버지는 지금 어느 성(城)에 살고 있고 재화가 많아서 매우 안녕(安寧)하시다고 한다. 너는 그곳에 가보게. 아버지가 만약 그대를 본다면 마땅히 서로를 구제할 것이다."

아들은 이 말을 듣고 곧 아버지의 처소로 나아갔다. 시내(市內)로 들어가서 부자가 서로를 보았고, 얼굴을 보고 알아보았으며 아버지는 불러 말하였다.

"그대는 어디서 왔으며, 무엇을 하고자 이곳에 이르렀는가?"

그 아들은 앞의 일들을 갖추어 자세히 말하였다. 그 아버지는 아들을 알아보고서 데리고 주처로 돌아가서 알려 말하였다.

"그대는 진실로 다른 사람들에게 나의 아들이라고 말하지 말라."

주처에 이르렀고 마음에서 애틋함이 생겨나서 의복을 세탁해 입히고 거듭 정념(情念)을 주었으므로 다른 아내의 자녀들이 물어 말하였다.

"이 사람은 누구입니까?"

아버지가 말하였다.

"이 자는 내 친구의 자식이다."

다른 아내의 아들들은 아버지가 더욱 아꼈으므로 이렇게 생각을 지었다.

“이 자식은 분명히 우리들의 재물을 빼앗아 갈 것이다.”

아버지는 곧 이렇게 생각을 지었다.

‘나는 지금 그에게 재물을 주어 본래 머무는 곳으로 돌려보내야겠다. 만약 이와 같지 않다면 다른 자식들에게 반드시 질투심이 있어 그를 상해(傷害)할 것이다.’

아버지는 다시 생각을 지었다.

‘만약 그에게 재물을 준다면 그 재물을 위한 까닭으로 이곳에 있는 친척들이 그를 살해하는 것이 두렵구나.’

곧 서송(書頌)을 지어 그 아들에게 주었다. 서송을 지어서 아들에게 주었고 돌려보냈다. 여러 친족들이 길에 있으면서 붙잡고 물어 말하였다.

“그대의 아버지가 무슨 물건을 주었던가?”

대답하여 말하였다.

“오직 하나의 서신을 주었습니다.”

여러 사람들은 말하였다.

“반드시 방편으로써 그 아이를 돌려보냈구나.”

뜻을 따라서 풀어주어 곧 본국으로 돌아가게 하였다. 어머니를 보고서 문안하면서 절하였다. 어머니가 물었다.

“그대는 아버지에게서 무슨 물건을 얻어왔는가?”

대답하여 말하였다.

“다른 물건은 얻지 못하였고, 오직 이 서신을 받았습니다.”

어머니가 말하였다.

“그대의 아비가 속이고 멸시하였구나. 헛되게 큰 고생을 하였구나.”

아들이 말하였다.

“저의 아버지는 매우 지혜롭습니다. 진실로 멸시하지 않았습니다.”

곧 그 게송을 읽으면서 글귀의 뜻을 사유하여 그를 해석하였다. 이미 명료하게 알았고 곧 병이 있는 곳으로 나아가서 땅을 파냈으며 가지고 집안에 이르러 크게 부귀하였느니라.”

세존께서 말씀하셨다.

"필추들이여. 과거의 아버지는 곧 나의 몸이고, 그 아들은 지금의 시박가이니라. 내가 방편으로써 그를 가르치면 곧 나의 뜻을 알았고 지금도 역시 이와 같으니라."

이때 시박가는 이렇게 생각을 지었다.

'여래의 큰 금강체(金剛體)를 적은 소고(酥膏)로 어떻게 만족시키겠는가? 마땅히 두 근(斤)을 사용해야겠다.'

이렇게 생각을 짓고서 곧 두 근의 익은 소고를 취하여 세존의 발우에 담아두었다. 세존께서 드시고서 조금 남겨서 여러 필추들에게 주었는데 필추들은 세존께 사양하였다.

이때 제바달다는 이러한 일을 보고 이렇게 생각을 지었다.

'나도 마땅히 소(酥)를 먹어야겠다.'

그리고 시박가에게 물어 말하였다.

"사문 교답마께서 드신 소가 얼마나 많습니까?"

시박가가 대답하여 말하였다.

"두 근을 드셨습니다."

알려 말하였다.

"나도 역시 두 근을 먹고자 합니다."

시박가가 말하였다.

"여래이신 세존은 큰 금강체이시므로 드신 소의 양을 능히 소화(消化)할 수 있으나 그대는 미칠 수 없습니다."

제바달다가 말하였다.

"나도 역시 큰 금강체인데 어찌 능히 소화하지 못하겠습니까?"

곧 두 근을 취하였고 곧 그것을 먹었다. 날이 밝았으므로 세존께서 드셨던 소는 모두 소화가 되었고 시박가가 죽을 가지고 와서 세존께 받들었으며 여래께서는 곧 드셨다. 제바달다는 많은 소가 뱃속에 남아있었으나 역시 그 죽을 먹었다. 배가 곧 크게 아파서 뒹굴고 소리를 지르면서 밤새도록 불안하였다. 아난타는 스스로가 친족의 마음으로 고련(顧戀)[9]이 있어 그가 고통을 받는 것을 듣고 마음에 자비와 연민이 생겨났으므로 세존의 처소에 나아가 세존께 아뢰어 말하였다.

"제바달다가 소를 많이 먹었고 소화도 되지 않았으나 죽을 먹어서 배가 아파서 불안합니다."

이때 여래께서는 곧 백복장엄공덕천폭륜비무외상(白福莊嚴功德千輻輪臂無畏相)의 손을 펼쳐서 산과 벽을 쉽게 통과하듯이 제바달다의 정수리를 어루만지면서 여러 필추들에게 알려 말씀하셨다.

"나는 제바달다와 라호라에게 마음에서 평등하고 다시 다름이 없으므로 제바달다의 여러 아픔과 괴로움은 모두 없어질 것이다."

이 말씀을 지으셨고 이때 제바달다의 여러 고통이 순식간에 없어졌다. 죽음에서 소생하여 곧 그 손을 살펴보다가 비로소 세존의 손인 것을 알고서 이렇게 생각을 지었다.

'이것은 사문 교답마의 손이었구나.'

제바달다는 무량겁(無量劫)을 지내오면서 악독(惡毒)을 품었던 까닭으로 비록 세존의 위력(威力)을 업고서 극심한 고통에서 벗어난 것을 알았으나 곧 이렇게 말을 지었다.

"그 실달다(悉達多)는 능히 배우기를 잘하더니 이와 같은 의술을 얻었구나. 이러한 법의 인연으로 능히 스스로가 사람들을 구제하겠구나."

이때 사방에서 큰소리가 울려 퍼졌다.

"여래이신 세존께서는 성실(誠實)한 말로 제바달다의 극심한 고통과 번뇌를 구제하셨도다."

제바달다의 무리와 여러 사람들이 이러한 소리를 들었고, 이때 축하하고 기뻐하지 않는 자가 없었으며, 모두가 함께 칭찬(稱讚)하였다.

"세존의 신력은 불가사의하고, 매우 기특(奇特)하시다."

이때 여러 필추들이 제바달다의 처소에 나아가서 알려 말하였다.

"세존께서 만약 구제하지 않았다면 마땅히 죽었을 것은 의심할 수

---

9) 마음에 걸리어 애틋하게 잊지 못함을 뜻한다.

없소.”

제바달다가 말하였다.

“세존은 뛰어난 의술을 아는 것이오. 방편으로 사람들을 모두 따르게 하려는 까닭으로 이렇게 법을 지으신 것이오.”

여러 필추들이 말하였다.

“제바달다여. 그렇게 말하지 마시오. 잠시 빠르고 묵연하게 마땅히 스스로가 마음을 관찰하시오. 어찌 세존께서 구해준 것이 아니겠는가?”

제바달다가 말하였다.

“무슨 관계로 그가 능히 나를 구하겠는가? 뱃속에 소가 소화되어 그 고통이 스스로 없어진 것이오.”

이때 여러 필추들은 이미 이러한 말을 듣고 은혜와 보답을 모르는 것을 알고서 곧 세존의 처소에 나아가서 세존께 아뢰어 말하였다.

“오직 바라옵건대 여래께서는 제바달다를 보시고 들으십시오. 세존께서는 그에게 대자비가 있어도 그는 지금 그 은혜도 모르고 보답도 모릅니다.”

근본설일체유부비나야파승사 제15권

삼장법사 의정 한역
석보운 번역

세존께서는 여러 필추들에게 알리셨다.

"제바달다는 지금의 때에 은혜를 모르고 보답을 모르는 것이 아니고, 옛날부터 지금까지 역시 은혜도 몰랐고 보답도 몰랐느니라. 그대들은 잘 들을지니라. 내가 마땅히 설하겠노라."

섭송으로 말하겠노라.

[원문에 섭송이 생략되어 있다.]1)

세존께서는 여러 필추들에게 알리셨다.

"아주 오랜 옛날에 이 바라니사의 성안에 한 대촌(大村)이 있었고, 마을에서 멀지 않은 곳에 하나의 큰 숲이 있었으며, 꽃과 열매가 무성했고, 흐르는 샘물과 욕지(浴池)가 있었느니라. 한 선인(仙人)이 있어 교시가(憍尸迦)라고 이름하였는데, 그 숲의 가운데에 있으면서 매번 땅에 떨어진 과일을 먹었고, 나무껍질로 옷을 입었으며, 마음은 크게 대비하여서 여러 종류의 새와 짐승들이 함께 의지하였느니라.

한 마리의 어미 코끼리가 그 숲의 가운데에 있었는데, 마땅히 새끼를 낳는 때에 사자후(師子吼)의 소리를 듣고 매우 놀랐고 두려워하여 똥오줌을 지리고서 숲의 가운데에서 나왔으며 새끼를 버려두고서 달아났다. 이때 선인이 과일을 줍다가 새끼 코끼리를 보고 그 어미를 잃은 것을 알았으며

---

1) 번역하는 과정에서 결락된 것으로 생각된다.

선인은 자비심이 일어났고 그 새끼 코끼리를 불쌍하게 생각하여 그 어미를 찾아보았으나 능히 찾을 수가 없었다. 마침내 새끼 코끼리를 거두어 자신의 주처에 이르렀고 자식과 다름없이 길렀다.

이미 점차 장대하였는데 곧 선인의 주처에서 꽃과 과일나무를 훼손하였다. 선인이 보고서 마침내 곧 꾸짖었고 코끼리는 진노한 것을 알고 다시는 숲을 훼손하지 않았다. 코끼리는 또한 점차 자라면서 성질이 매우 사나워졌고 뒤에 다시 숲을 손괴하여 선인은 또한 코끼리를 꾸짖었으나 코끼리는 두려워하지 않았다. 선인이 더욱 진노하였고 코끼리는 해치려는 마음을 일으켜 발로 선인을 밟고자 하였다. 선인은 달아나서 방으로 들어갔으나 코끼리는 선인의 집을 코와 이빨로 반쯤 무너뜨리고서 곧바로 스스로 달아났다. 이때 수림신(樹林神)이 곧 게송을 설하여 말하였다."

[원문에 섭송이 생략되어 있다.]2)

세존께서는 여러 필추들에게 알리셨다.

"지나간 옛날의 선인은 곧 나의 몸이고, 지나간 옛날의 코끼리는 지금의 제바달다이니라. 지나간 옛날에도 은혜가 없었는데 지금에도 역시 이와 같이 선한 보답이 없느니라. 그대들은 마땅히 알지니라."

세존께서는 여러 필추들에게 알리셨다.

"제바달다는 다시 은혜가 없고 선한 과보의 행도 없느니라. 그대들은 자세히 들을지니라. 지나간 과거에 이 바라니사에 국왕이 있어 대제석군(大帝釋軍)이라고 이름하였는데, 나라는 풍요롭고 사람들이 모두 쾌락하였느니라. 왕에게는 부인이 있어 월광(月光)이라고 이름하였는데, 다만 지었던 꿈이라도 모두 사실이 있었다. 그 나라에 한 보살이 있어 사슴의 왕이 되었는데, 그 모습이 금빛으로 수승하였고 단정하여 사람들이 보았다면 싫어함이 없었다.

스스로 단정한 것을 알았고 마음에서 항상 두려워하였으며 사냥꾼에게 잡히는 것을 두려워하여 항상 그 몸을 숨겼다. 그때 여러 새와 짐승들은

---

2) 번역하는 과정에서 결락된 것으로 생각된다.

서로가 말을 이해하였다. 이때 한 까마귀가 있어 사슴왕에게 나아갔고 마음에 애념(愛念)이 생겨나서 이와 같이 말을 지었다.

"아구(阿舅)여. 어찌 풀을 뜯으면서도 놀라고 두려워하십니까?"

금빛 사슴왕이 곧바로 알려 말하였다.

"내가 단정하여 일체의 사냥꾼이 만약 나를 보았다면 죽이는 것이 두렵네. 이것이 풀을 먹더라도 마음에서 놀라고 두렵게 한다네."

까마귀가 곧 알려 말하였다.

"나도 밤에는 올빼미가 두려우므로 우리들과 아구는 지금부터 다시 서로 지켜주고 보호합시다. 만약 밝은 낮에는 저희들이 높은 나무에 앉아서 좋은 일과 나쁜 일을 감찰(監察)하면서 일이 있다면 왕에게 알리고, 만약 밤중에 이르면 왕께서 마땅히 관찰하며 살피시다가 일이 있다면 우리들에게 알려 주십시오."

그 나라의 가운데에는 수풀 옆에 하나의 큰 강물이 있었다. 이때 두 사람이 있었고 이전부터 원수였었다. 홀연히 서로가 만났는데 한 사람이 힘이 월등하여 마침내 원수인 다른 사람을 묶어서 강물에 던져 버렸다. 그 물은 급류이었는데 그 사람은 떠내려가면서 이와 같이 말을 지었다.

"누가 나를 구해준다면 나는 노비가 되겠소."

이때 그 사슴왕이 500권속과 함께 강가에 이르러 물을 마시다가 이러한 소리를 듣고 자비심이 일어났고 물속으로 들어가서 물에 빠진 사람을 구하고자 하였다. 이때 늙은 까마귀가 사슴왕이 있는 곳에 나아가서 곧바로 알려 말하였다.

"이 머리가 검은 벌레(黑頭蟲)는 은혜와 의리가 전혀 없으므로 절대 구해주지 마십시오. 만약 어려움을 벗어난다면 반드시 왕을 해칠 것입니다."

이때 그 사슴왕은 자비로웠던 까닭으로 까마귀의 말을 받아들이지 않고 사람이 빠진 곳으로 가서 등에 업고 나왔다. 이미 언덕 위에 이르러 입으로 묶였던 끈을 풀어주고 깨어나기를 기다렸다. 곧바로 알려 말하였다.

“그대는 마땅히 아십시오. 이곳이 돌아가는 길입니다. 그대는 마땅히 잘 가십시오.”

이때 물에 빠졌던 사람은 호궤(胡跪)하고 합장하며 사슴왕에게 알려 말하였다.

“제가 왕의 근처에서 다시 이렇게 목숨을 얻었으니 원하건대 항상 옆에서 모시고 노비가 되어 왕의 은혜에 보답하게 하십시오.”

이때 그 사슴왕은 곧 게송을 설하여 말하였다.

그대는 노비로 수용되지 않을 것이고
역시 받들어 섬길 필요도 없나니
다만 나를 보았다고 말하지 마시오.
그가 내 털가죽을 취하는 것이 두렵구려.

“내가 지금 그대에게 다시 하나의 일을 구하겠소. 그대는 나의 원을 따라서 나를 보았고 말하지 않는 것이 곧 은혜를 갚는 길이오. 왜 그러한가? 내 몸이 단엄하고 색상을 구족하였으므로 그 사람들이 알게 되면 나를 죽이고 가죽을 취하는 것이 두렵소. 이러한 까닭으로 내가 이곳에 있다는 것을 말하지 마시오.”

그 사람이 대답하여 말하였다.

“왕의 소원을 공손하게 따라서 나는 분명히 말하지 않겠습니다.”

곧 일어나서 합장하고 오른쪽으로 세 번을 돌고서 예배하고 떠나갔다. 이때 월광 부인은 오욕락을 받고 몹시 피곤하여 잠이 들었는데, 뒤의 밤중에 꿈꾸면서 사슴왕을 보았다. 몸과 가죽은 금빛으로 미묘하고 단엄하였으며, 사자좌(師子座)에 앉아서 여러 국왕들과 대중들을 위하여 심심(甚深)한 법을 설하고 있었으므로 꿈속에서 사유하였다.

‘내가 지은 이 꿈은 반드시 진실이다.’

환희하면서 깨어났고 곧 왕에게 향하여 꿈에서 보았던 것을 말하였다. 왕은 듣고 그녀의 꿈을 믿었으며, 마음에 놀람과 괴이함이 생겨났다.

‘사자좌에 앉아서 대중을 위하여 설법하는 사슴을 어떻게 잡을 수 있겠는가?’

이때 월광 부인은 왕을 위하여 기쁜 뜻의 말을 자세하게 말하였고 왕은 매우 기뻐하였다. 곧바로 금빛 사슴을 찾아달라고 왕에게 은근하게 청하였다. 왕은 여러 신하들에게 칙명하였다.

“국내의 사냥꾼들을 모두 불러서 모으시오.”

여러 신하들은 왕명을 받들어 여러 사냥꾼을 불러 모으고 왕의 처소에 나아갔다. 왕이 사냥꾼들에게 물었다.

“내가 듣건대 국내에 금빛 사슴이 살고 있다고 하는데, 그대들은 보았는가? 만약 보았던 자가 있다면, 부드러운 끈으로 묶어서 조금도 손상이 없게 데려와서 내가 보게 하라.”

이때 여러 사냥꾼들은 대왕에게 아뢰어 말하였다.

“저희들이 여러 해를 사냥하였으나 이러한 사슴은 보지 못하였고 듣지도 못하였습니다. 대왕이시여. 이미 사슴이 어디에 있는가를 들으셨다면 왕을 위하여 잡는 것을 청합니다.”

왕이 여러 신하들에게 칙명하였다.

“북을 치고 널리 알려라. 보았던 사람이 있으면 방문하고 찾아와서 나에게 알리도록 하라. 내가 곧 마땅히 500취락을 상(賞)으로 주겠노라.”

여러 신하들은 가르침을 받들어 북을 쳐서 대중을 모으고 널리 왕의 상을 모집하였다. 이때 그 물에 빠졌던 사람은 왕이 거듭 모집하는 것을 듣고 곧 이렇게 생각을 지었다.

‘나는 지금 몹시 빈곤하므로 왕의 큰 상을 탐구(貪求)해야 하겠으나, 마땅히 은혜를 갚아야 하므로 그 사슴을 말하지 않겠다.’”

세존께서는 여러 필추들에게 알리셨다.

“세간의 상법(常法)은 일체의 유정들은 오욕(五欲)에 얽매이면 악을 짓지 못하는 것도 없느니라. 그때 그 물에 빠졌던 사람도 마음에서 오욕을 탐하였으나, 곧 지나간 때에 원수에게 잡혀서 묶였던 일을 생각하였다. 다시 이렇게 생각을 지었다.

‘나는 지금 은혜를 저버리고 그에게 원수를 갚아야겠다. 미래의 세상에서 앞에서와 같은 괴로운 일을 당하는 것도 두렵지 않다. 마땅히 그에게 원수를 갚아야겠다.’

이렇게 생각을 짓고 왕궁의 문 앞에 나아갔다. 여러 종류의 장엄을 보고 왕의 정법에 의지하여 수문자(守門者)를 시켜 대왕에게 아뢰어 알게 하였다. 왕은 듣고 곧 불러서 들어오게 하였다. 그 사람이 왕에게 알렸다.

“숲속의 가운데에 여러 꽃과 과일이 갖추어져 있고 한 마리의 사슴왕이 있는데, 몸과 가죽은 금빛이고 천 마리의 사슴이 둘러싸고 있으며 지극히 단정합니다. 제가 그곳을 알고 있고 왕께 보여드릴 수 있습니다.”

왕이 이 말을 듣고 마음에서 크게 환희하여 여러 신하들을 부르고 군대를 거느렸으므로 외국(外國)에서 조회하고자 왔던 사람들도 왕의 엄숙한 수레를 보고는 역시 모두가 뒤를 따라갔다. 그 사람이 앞에서 인도하여 사슴왕이 있는 곳으로 갔고 군대를 풀어 에워쌌다. 이때 저 사슴왕의 친우인 까마귀는 항상 높은 나무에 있었는데, 멀리서 병사들이 점차 숲속의 가까이에 오는 것을 멀리서 보았다. 까마귀는 곧 나무에서 내려와 사슴왕에게 알려 말하였다.

“이전에 물에 빠졌던 사람이 이렇게 은혜를 배신한 자입니다. 왕께서는 구할 필요가 없었으나 나의 말을 수용하지 않았습니다.”

사슴왕이 물어 말하였다.

“무슨 까닭이 있는가?”

까마귀가 사슴왕에게 대답하였다.

“이전에 물에 빠졌던 사람이 여러 군대를 데리고 와서 사슴왕을 잡고자 합니다.”

이때 그 천 마리의 사슴들은 군대의 함성을 듣고 놀라고 두려웠으므로 흩어져서 달아났다. 이때 사슴왕은 곧 이렇게 생각을 지었다.

‘내가 지금 만약 달아난다면 그 여러 병사들이 나를 찾고자 역시 천 마리의 사슴을 죽일 것이다. 내가 차라리 죽음으로써 그 천 마리의 사슴을 살려야겠다.’

이렇게 생각을 짓고 이때 사슴왕은 국왕의 앞에 나갔는데, 지나간 때에 물에 빠졌던 사람이 멀리서 사슴왕을 보고는 곧 두 손을 들어서 가리키며 왕에게 말하였다.

“저기 오고 있는 것이 바로 금빛 사슴왕입니다.”

세존께서는 여러 필추들에게 알리셨다.

“중생들이 만약 지극히 악한 업을 짓는다면 내생을 기다리지도 않고 지금 곧 받게 되느니라. 그 물에 빠졌던 사람이 은혜를 모르고 악한 업을 지었던 까닭으로 손으로 사슴을 가리키자 팔이 곧 땅에 떨어졌고, 왕이 이 일을 보고 괴이하여 물어 말하였다.

“어찌 홀연히 이와 같이 두 팔이 땅에 떨어졌는가?”

이때 그 물에 빠졌던 사람이 고통스럽게 슬프게 울면서 곧바로 왕을 향하여 게송으로써 대답하여 말하였다.

담을 뚫고 물건을 훔쳤다면
이자를 도적이라 말하지 않으나
은혜가 있는데 보답하지 않는다면
이러한 자를 큰 도적이라고 말한다네.

왕이 이 말을 듣고 곧 그 사람에게 물어 말하였다.

“이 게송은 무슨 뜻인가? 나는 지금 알지 못하겠네.”

이때 그 물에 빠졌던 사람이 왕을 위하여 이전의 일을 갖추어 말하였다. 왕이 듣고서 은혜를 모르는 물에 빠졌던 사람을 위하여 게송을 설하여 대답하여 말하였다.

은혜도 없이 빠졌던 사람아.
무슨 까닭으로 그대의 몸은
지옥에 떨어지지 않았는가?

무슨 까닭으로 그대의 혀는
백 갈래로 갈라지지 않았는가?
무슨 까닭으로 금강역사는
칼과 몽둥이를 잡고서
네 놈을 살해하지 않았는가?

일체의 귀신들은
어찌 그대를 때리지 않았는가?
그대는 지극히 은혜를 배반하였는데
무슨 까닭으로 과보가 적은 것인가?

왕은 그 사슴이 대보살이고 큰 위덕이 있음을 알고서 여러 신하에게
알려 말하였다.

"마땅히 사슴왕과 함께 큰 공양을 베풀겠소. 경들은 빨리 돌아가서
도로를 물을 뿌려서 쓸고, 비단 깃발과 일산을 매달 것이며, 여러 명향(名香)
을 피우시오. 나는 사슴왕과 함께 성안으로 들어가겠소."

여러 신하들은 칙명을 듣고 왕의 가르침에 의지하여 갖추었다. 이때
국왕은 금빛 사슴왕을 앞에서 걷게 하였고, 국왕과 신하들은 사슴왕의
뒤를 따라서 바라니사의 성안으로 들어갔다. 궁궐 문 앞에 사자좌(師子座)
를 설치하고 여러 종류로 장엄하고서 사슴왕에게 앉기를 청하였다. 왕과
월광(月光) 부인과 후궁·채녀(婇女)·왕자·백성들이 둘러싸고 앉았다.

이때 사슴왕은 곧 묘법을 설하였고 왕과 그의 부인과 일체의 대중들은
이미 법을 듣고 곧 사슴왕에게 5계(戒) 받는 것을 청하였고, 일체의 유정들
은 보리(菩提)를 귀의하기를 발원하였다. 왕은 이것을 보고 마음에서 크게
환희하면서 사슴왕을 향하여 말하였다.

"왕께서 노닐던 곳인 산림(山林)과 광야(曠野)를 모두 사슴왕께 드리겠습
니다. 나는 지금부터는 영원히 살생을 끊을 것이고, 역시 백성들에게
사냥도 못하게 하겠습니다. 바라건대 여러 유정들이 사는 여러 곳에서

두려움이 없게 하십시오.”

세존께서는 여러 필추들에게 알리셨다.

“그때의 사슴왕은 지금의 나의 몸이고, 그때에 은혜를 몰랐던 사람은 지금의 제바달다이니라. 과거에도 은혜를 몰랐었고, 지금도 역시 이와 같으니라.”

세존께서는 여러 필추들에게 알리셨다.

“제바달다는 또한 은혜도 몰랐고 보답도 모르면서 행하였느니라. 그대들은 자세히 들을지니라. 지나간 옛날에 바라니사성 주변에 취락이 있었고, 마을에는 한 꽃다발(花鬘)을 만드는 사람이 있었으며, 그 취락 옆에는 하나의 강물이 있었느니라. 꽃다발을 만드는 사람은 매번 항상 강물을 건너서 꽃을 취하여 돌아왔느니라.

뒤의 어느 때에 강물을 건너고자 하였는데 이 강의 가운데에서 때가 아닌 하나의 암몰라과(菴沒羅果)를 얻었다. 가지고 나아가서 왕성(王城)의 수문인에게 주었다. 수문자는 얻고서 다시 통사인(通事人)에게 주었고, 통사인은 얻고서 곧 왕에게 바쳤다. 왕은 그 과일을 얻고서 다시 왕비에게 주니, 왕비는 그 과일을 얻고서 곧바로 먹었는데, 과일이 향기롭고 맛이 있어 다시 왕에게 구해달라고 졸랐다. 왕은 다시 그 통사인에게 물었다.

“어느 곳에서 과일을 구했는가?”

통사인이 대답하였다.

“저는 수문인에게 그것을 얻었습니다.”

왕은 곧 수문인에게 사람을 보내어 물었다.

“과일을 그대는 어디에서 얻었는가?”

수문인이 말하였다.

“저는 꽃다발 만드는 사람에게 과일을 얻었습니다.”

왕은 다시 사람을 보내어 꽃다발 만드는 사람에게 물었다.

“그대는 어디에서 과일을 구했는가?”

꽃다발 만드는 사람이 대답하였다.

“강의 가운데에서 얻었습니다.”

왕은 꽃다발 만드는 사람에게 말하였다.

"그대는 강으로 가서 다시 이러한 과일을 구해오게."

꽃다발 만드는 사람은 칙명을 받고 스스로가 식량을 준비하여 다시 강가로 갔다. 강을 찾아서 구하며 다니다가 하나의 산에 이르렀는데, 높은 절벽 위에 과일나무가 멀리서 보였다. 그곳은 바위이고 험하였으며 절벽이었으므로 일체의 원숭이들도 모두 능히 오르지 못하는 곳이었는데, 어찌 사람으로서 오르겠는가? 그 꽃다발 만드는 사람은 여러 날을 찾으며 구하였으나, 절벽에 오를 수 없었고, 양식도 다시 떨어졌다. 그 사람은 마음속으로 생각했다.

'나는 왕의 칙명을 받고 그 과일을 찾았으나, 지금 얻지 못하였다. 어떻게 돌아가겠는가?'

이렇게 생각하고서 몸과 목숨을 돌보지 않고 손으로 험한 절벽을 붙잡고 점차 위로 점차 올라갔으나 과일에 이르지 못하였고, 마침내 곧 굴러떨어졌다. 아래에 깊은 구덩이가 있었는데 그 가운데로 떨어졌다. 이때 보살이 있어 원숭이의 왕이 되어 산골짜기를 돌아다니다가 꽃다발 만드는 사람이 깊은 구덩이에 빠져서 여러 굶주림에 고통을 받는 것을 보았다. 보살은 발심하여 여러 함식(含識)을 구제하는 것에 교묘하고 좋은 방편이 있었다.

이때 원숭이왕은 마침내 그 계책을 베풀어서 하나의 큰 돌을 취하였는데 무게는 사람과 같았다. 곧바로 등에 짊어지고 조화롭게 익히고 운전(運轉)하면 구덩이를 나올 수 있음을 알았다. 마침내 꽃다발을 묶는 사람을 짊어지고 점차 나왔다. 이러한 까닭으로 몸이 몹시도 지치고 피곤하였다. 당시에는 일체의 새와 짐승들도 사람의 말을 알아들었으므로, 그때 원숭이왕은 꽃다발 만드는 사람에게 물었다.

"그대는 무슨 일을 인연하여 깊은 구덩이에 떨어졌는가?"

이때 꽃다발 만드는 사람은 앞의 일을 자세하게 말하였다. 이때 보살은 곧 이렇게 생각을 지었다.

'이 과일을 따러 왔던 사람이 그 과일을 얻지 못한다면 반드시 죄를 받을 것이다. 내가 지금 마땅히 암마라과를 따서 주어야겠다.'

보살은 비록 피곤하였으나 마침내 높은 암벽을 올라가서 그 열매를 따서 꽃다발 만드는 사람에게 던져 주었다. 그 사람은 얻고서 곧 스스로가 배부르게 먹었고 나머지 열매는 옷소매에 넣었다. 원숭이왕은 나무를 타고 내려와서 꽃다발 만드는 사람에게 알려 말하였다.

"내가 지금 몹시 피곤하니 조금 자야겠소. 그대는 깨어있으면서 나를 지켜주고 보호해 주겠는가?"

꽃다발 만드는 사람이 대답하여 말하였다.

"좋습니다. 내가 깨어있겠습니다."

원숭이왕은 잠을 잤고 이때 꽃다발 만드는 사람은 이렇게 생각을 지었다.

'내가 도로에서 양식이 떨어져서 만약 과일을 먹는다면 어떻게 왕에게 진상하겠는가? 마땅히 원숭이를 죽이고 햇볕에 말려 건포(乾脯)를 지어 장차 도로의 양식으로 충당하면 비로소 도착할 것이다.'

이때 그 악한 사람은 은혜를 몰랐던 까닭으로 마침내 악한 생각을 일으켰고 큰 돌을 취하여 원숭이의 머리를 때렸으며 골수(骨髓)가 함께 파괴되어 마침내 목숨이 끊어졌다. 이때 공중에 한 천신(天神)이 있었고 이러한 일을 보고는 곧 게송을 설하여 말하였다.

섬기고 공경한다면
오히려 선우(善友)와 같은데
이와 같은 사람이 있다면
은혜를 보답하지 못한다네."

세존께서는 여러 필추들에게 알리셨다.

"그대들은 마땅히 알지니라. 지나간 옛날의 원숭이왕은 곧 나의 몸이고, 꽃다발을 만들던 악인은 지금의 제바달다이니라. 다만 과거에 은혜에 보답하지 않았던 것이 아니고, 지금도 역시 이와 같음을 필추들은 마땅히 알지니라."

세존께서는 여러 필추들에게 알리셨다.

"제바달다에게는 다시 은혜도 몰랐고 보답도 모르면서 행하였느니라. 그대들은 자세히 들을지니라. 지나간 옛날에 한 수풀이 있었는데 여러 종류의 꽃과 과일이 있었느니라. 이때 하나의 새가 있어 딱따구리(啄木)라고 이름하였는데, 그 숲의 한 주변에는 사자왕(師子王)이 살고 있었느니라.

평소에 항상 사슴을 잡아먹고 살았는데, 뒤에 한 사슴을 잡아서 마침내 곧 먹었으나 뼈가 목구멍에 걸렸고 능히 꺼낼 수 없었다. 고통이 많은 때에는 능히 먹을 수가 없었으므로 몸이 야위고 굶주려서 수척하였다. 그 딱따구리가 돌아다니다가 사자왕을 보고 곧바로 물어 말하였다.

"아구여. 무슨 까닭으로 이렇게 마르고 수척하십니까?"

사자는 대답하여 말하였다.

"나에게는 고통이 있네."

그 사자왕은 앞에서의 일을 자세하게 설명하였다. 딱따구리가 다시 알려 말하였다.

"내가 고통을 치료해 주겠습니다. 그대는 여러 동물 가운에서 왕이시므로 능히 은혜를 보답하겠습니까? 매일 항상 나에게 음식을 주면 됩니다."

사자왕이 알려 말하였다.

"그대가 필요한 것에 의지하여 항상 능히 공급하겠네."

딱따구리는 곧 사념하였다.

'내가 방편을 세워 곧 그 뼈를 제거해야겠다. 뼈를 제거하고 곧 연후에 비로소 알게 해야겠구나. 사자가 잠드는 것을 기다렸다가 곧 뼈를 제거해야 겠다.'

이렇게 생각을 짓고 잠시 나무를 날아다니면서 그 먹을 것을 구하며 찾았다. 이때 사자는 시원한 바람을 만나서 마침내 곧 단잠에 빠졌다. 딱따구리는 잠든 것을 보고 나무로써 입을 벌려놓고 세심하게 다시 살펴보았고 마침내 입속으로 들어가서 걸려있던 뼈를 꺼내었다. 나무 위에서 사자왕이 잠에서 깨어나기를 기다렸고, 뒤에 뼈를 가지고 그에게 보여주었다. 이때 사자왕이 잠시 후에 깨어났는데 마침내 목구멍의 뼈가 없어져서 통증이 없었으므로 웅크리고서 얼굴을 끙끙거렸다. 딱따구리가 보고 환희하면서 나무 아래로 내려와 사자에게 뼈를 보여주면서 알려 말하였다.

"아구여. 이러한 뼈를 까닭으로 고통이 있었습니다."

사자는 환희(歡慶)하면서 딱따구리에게 대답하였다.

"외생이여. 내가 오래도록 고통스러웠는데 지금 뼈를 없애주어서 치료되었네. 나는 일생을 공양하고 받들어 섬기겠으니, 오직 바라건대 외생은 날마다 이곳에 오게."

딱따구리는 이 말을 듣고 환희하면서 떠나갔다. 뒤에 사자왕이 사슴을 잡아먹고자 하였던 때에 그 딱따구리는 매에게 쫓겼으므로 놀라고 굶주려서 빠르게 사자의 품으로 날아 들어가서 말하였다.

"매에게 쫓겨서 마침내 굶주리고 두려운 일이 있으니, 원하건대 아구께서는 저에게 한 끼의 음식을 주십시오."

이때 사자왕은 게송으로 대답하여 말하였다.

나는 마땅히 살해를 행하면서
악한 성품에 역시 악한 행동이며
나의 이빨은 뾰족하고 날카로운데
입속으로 들어왔다 나갔다면
마땅히 스스로가 흔쾌(欣慶)할 것인데
지금 다시 무엇을 바라겠는가?

딱따구리가 이 말을 듣고 역시 게송으로 대답하였다.

물건을 바다에 떨어뜨리면 잃은 것이고
꿈에서 얻은 것은 깨어나면 잃는 것이며
악한 자를 받들어 섬기는 것은 잘못인데
은혜도 모르는 사람을 구제하였으니
이것은 다시 큰 실수가 되었거늘
내가 지금 그대에게 무엇을 바라겠는가?

딱따구리는 게송을 말하고 곧바로 날아가 떠났느니라."

세존께서는 여러 필추들에게 알리셨다.

"지나간 때의 딱따구리왕은 곧 나의 몸이고, 그 은혜도 모르던 사자왕은 지금의 제바달다이니라. 이전에도 은혜를 몰랐고 역시 보답하는 것을 몰랐는데 지금도 역시 이와 같으니라. 그대들은 마땅히 알지니라."

세존께서는 다시 여러 필추들에게 알리셨다.

"제바달다에게는 다시 은혜도 몰랐고 보답도 모르면서 행하였느니라. 그대들은 자세히 들을지니라. 옛날 바라니사성 안에 한 가난한 사람이 있었고 항상 땔나무를 취하여 팔아서 생활하였느니라. 그 사람이 다시 어느 때에 새끼줄과 도끼를 가지고 근처 숲속에 가서 나무를 베려고 하였는데, 곧 때가 아닌 큰 폭풍우를 만났으며 7일 동안 그치지 않았느니라.

비바람을 피하고자 점차 돌아다녔고 마침내 산의 근처에서 한 석굴(石窟)을 보았다. 곧 안으로 들어가고자 굴의 문에 이르렀으나 곰이 안에 있는 것을 보고 놀라고 두려워서 달아났는데 곰이 놀라서 달아나는 것을 보고 그를 부르면서 말하였다.

"선남자여. 그대는 나를 두려워하지 마시오."

그 사람은 비록 다시 그 곰이 두세 번을 부르는 것을 들었으나 오히려 두려움을 품고 주저(躊躇)하면서 서서 앞으로도 가지 못하였고 물러나지도 못했다. 곰은 그를 보고 곧 안아서 굴속으로 들어왔다. 놀라지 않게 하였고 여러 좋은 과일과 먹을 수 있는 나무뿌리를 주었는데 양식으로 7일을 지냈고, 8일에 이르러서 곰은 스스로가 밖으로 나갔고 비바람과 날씨를 살폈다. 비바람이 그친 것을 보고 곧 좋은 과일을 주면서 떠나게 하였다. 그 사람은 장궤(長跪)하고 합장하며 알려 말하였다.

"저는 양식을 공급을 받아서 목숨을 지탱할 수 있었습니다. 제가 지금부터 무엇으로 은혜를 보답해야 합니까?"

곰이 곧 알려 말하였다.

"그대는 다만 세상 사람들에게 내가 이곳에 사는 것을 말하지 않는다면 곧 은혜를 갚는 것이오."

그 사람은 곧바로 곰의 주위를 한 바퀴 돌고서 그 곰에게 알려 말하였다.

“저는 목숨을 마치도록 감히 다른 사람에게 알리지 않겠습니다.”

이렇게 말하고서 곧바로 떠나갔다. 그 사람이 바라니사성의 문을 지나면서 한 사냥꾼이 사냥하고자 떠나는 것을 보았다. 이전부터 함께 서로를 잘 알았으므로 사냥꾼이 물어 말하였다.

“그대가 여러 날을 집으로 돌아오지 않아서 아내와 아이들과 권속들이 모두 고뇌하며 말하였네. ‘비바람을 만나서 표류하였거나 호랑이나 늑대에게 잡아먹혀서 그대는 죽었을 것이다.’ 이미 큰 비바람이 지나가서 새와 짐승들도 많이 죽었는데, 그대는 지금까지 어떻게 살아왔는가?”

이때 나무꾼은 말하였다.

“곰이 보살펴 주었으며, [자세한 설명은 앞에서와 같다.]”

사냥꾼이 물어 말하였다.

“그 곰은 지금 어느 산의 어느 굴에 있는가? 원하건대 그대는 나에게 보여주게.”

이때 나무꾼이 사냥꾼에게 알려 말하였다.

“내가 지금 죽더라도 역시 능히 곧 산속에 들어갈 수 없네.”

사냥꾼은 교묘한 말로서 여러 종류로 권유하면서 알려 말하였다.

“내가 만약 잡는다면, 그대에게 많이 주겠고 나는 일부분을 취하겠네.”

그 사람은 곧 탐심(貪心)이 생겨났고 마침내 곧 돌아갔다. 그 곰이 머무는 곳을 보고서 갔고 굴의 주변에 이르자, 멀리서 손가락으로 곰을 가리켰다. 이때 사냥꾼은 그 굴의 입구에 이르러 많은 나무를 쌓고서 불을 질렀다. 이때 곰은 연기와 불꽃에 핍박받아 매우 괴로워서 죽고자 하였으며 곧 게송을 설하여 말하였다.

나는 이 산속에 살면서
한 사람도 해치지 않았고
열매와 나무뿌리를 먹으면서
항상 자비로운 생각을 일으켰네.

내가 지금 목숨을 마쳐가는데
마땅히 다시 무슨 계책을 지어야 하는가?
스스로가 과거의 업을 생각하건대
선악을 지금 과보로 받는구나.

그때 곰은 이러한 게송을 말하고서 곧바로 목숨을 마쳤다. 이때 그 사냥꾼은 곰이 죽은 것을 알고서 곧 굴속으로 들어가서 곰을 꺼내어 그 가죽을 벗기고 3등분으로 나누었으며 그 나무꾼에게 말하였다.

"그대는 이 고기의 3분의 2를 취하게. 나는 3분의 1을 취하겠네."

이때 나무꾼이 고기를 취하였다. 마땅히 고기를 취하려는 때에 두 팔이 모두 떨어졌다. 사냥꾼은 이것을 보고 외쳐 말하였다.

"기이하구나. 기이하구나."

사냥꾼도 이미 나누었던 고기를 역시 가져가지 못하고 곧바로 성안으로 들어갔고, 희기(希奇)한 일을 왕에게 아뢰었으며 백성들에게도 말하였다. 왕이 듣고 직접 스스로가 가서 보았고 곰의 가죽을 거두어서 사찰에 나아갔다. 종을 쳐서 대중을 모았고 마침내 곰의 가죽을 가져다가 승가대중의 앞에 놓아두고 승가께 예배하고서 여러 승가대중들을 위하여 앞에서의 일과 같이 말하였다. 사찰의 상좌(上座)들은 아라한(阿羅漢)이 되었고 게송으로써 국왕에게 알려 말하였다.

대왕은 지금 마땅히 아십시오.
이것은 진실로 곰의 몸이 아니고
수승한 최상의 보살이시며
마땅히 무상과(無上果)를 증득하였고
마땅히 삼세(三世)에 공양하였으므로
대왕께서는 반드시 탑을 세우십시오.

이때 왕은 듣고서 여러 대신들에게 칙명하였다.

“여러 종류의 향나무를 취하여 곰의 굴에 나아가서 그 곰의 몸을 화장(焚燒)하고, 탑을 세워서 안치하시오. 여러 종류의 꽃과 향을 올리고, 비단으로 깃발과 일산을 매달아 놓으며, 청소하고 공양하시오.”

국왕과 대신 및 여러 사람들은 함께 규칙(制約)을 세웠다.

“매번 1년의 가운데에 함께 공양하겠습니다.”

함께 규칙을 세워서 탑에 예를 올리고 돌아갔고, 일체의 백성들이 만약 와서 그 탑에 예배하고 공양한다면 모두 하늘에 태어났느니라.”

세존께서 여러 필추들에게 알리셨다.

“지나간 옛날의 곰은 지금 나의 몸이고, 옛날에 나무꾼이던 악인은 지금의 제바달다이니라. 옛날의 때에 일찍이 은혜도 몰랐고 보답하는 것도 몰랐으며, 지금 때에도 역시 다시 은혜도 모르고 부끄러움도 없느니라. 그대들은 마땅히 알지니라.”

그때 세존께서 다시 여러 필추들에게 알리셨다.

“제바달다에게는 다시 은혜도 몰랐고 보답도 모르면서 행하였느니라. 그대들은 자세히 들을지니라. 옛날 바라니사성 안에 한 가난한 사람이 있었고 항상 땔나무를 취하여 팔아서 생활하였느니라. 그 사람이 다시 어느 때에 새끼줄과 도끼를 가지고 근처 숲으로 가서 나무를 베려고 하였는데, 마침내 큰 호랑이(大蟲)를 만났느니라.

놀라고 두려워서 달아나면서 하나의 큰 나무 위로 올라갔고, 나무 위에 곰이 있는 것은 알지 못하였으나 곰을 보았으며, 놀라고 두려워서 점차 내려가는데 알려 말하였다.

“그대는 두려워하지 말고 다만 나를 의지하시오.”

나무꾼은 듣고서도 역시 감히 가까이 가지 못하였다. 곰이 보고 불쌍하게 생각하여 스스로가 다가왔고 안고서 그 나무 위의 안은한 곳을 골라서 곰이 껴안고 앉았다. 그때 나무 아래서 큰 호랑이가 그 곰에게 알려 말하였다.

“이 자는 은혜를 모르는 중생이므로 뒤에 그대를 해치는 재앙인데, 어찌하여 수호(守護)하는가? 마땅히 나무 아래로 던져서 내가 잡아먹게 하라. 만약 잡아먹지 못한다면 나는 결국 떠나가지 않겠다.”

세존께서 여러 필추들에게 알리셨다.

“세간의 법은 의지하려는 자는 오히려 수호하는 것인데 어찌 보살로서 와서 의지한다면 보호하지 않겠는가?”

이때 곰은 호랑이에게 알려 말하였다.

“이 사람이 나를 의지한다면 결국 의리를 버리지는 않겠노라.”

호랑이는 이 말을 들었으나 굶주림에 핍박을 받았던 까닭으로 역시 즐거이 떠나지 않았다. 곰이 나무꾼에게 알렸다.

“내가 지금까지 그대를 안고 있어 피곤하므로 잠깐 자야겠네. 잠시 그대가 스스로 경각(警覺)하면서 아울러 나를 수호하게.”

나무꾼에게 머리를 기대었다가 곧 일어나서 사념하였다.

‘내가 잠시 잠을 자고서 마땅히 나무꾼을 위하여 십송법(十頌法)을 말해야겠다.’

이러한 생각을 짓고 곰은 곧바로 잠이 들었다. 호랑이는 곰이 잠든 것을 보고 나무꾼에게 알려 말하였다.

“그대는 능히 얼마의 시간을 나무 위에서 지내겠는가? 마땅히 곰을 나무 아래로 밀어서 던지면, 나는 그 곰을 잡아먹고 떠나가겠다. 그대는 마땅히 피해를 벗어나서 집으로 돌아갈 수 있을 것이다.”

이때 나무꾼은 이러한 말을 듣고 곧 악한 생각이 일어났다.

‘이 호랑이의 말이 옳다. 내가 이곳에서 능히 얼마나 머물 수 있겠는가.’

이렇게 생각을 짓고 곧바로 곰을 나무 아래로 던졌다. 추락하면서 깨어났고 땅에 떨어지기 전에 곧 열 글자를 설해주면서 땅에 떨어졌다. 호랑이는 벌써 곰을 얻고서 마침내 곧 배부르게 먹고서 곧 떠나갔다. 나무꾼은 곰이 말한 열 글자의 비밀스런 법을 듣고 곧바로 사념하였다.

‘곰에게 좋은 법이 있었다. 마땅히 말하여 나에게 보여주었구나.’

마침내 탐욕으로 구하려는 것을 일으켰고 곧바로 번뇌가 생겨났으며, 법을 잃었던 까닭으로 마음이 혼미하여 미쳐 날뛰면서 열 글자를 설하며 말하였다. 이때 나무꾼의 친속(親屬)들은 이미 전광(癲狂)[3]한 것을 보고 그의 집으로 데려갔는데, 다시 다른 말은 전혀 없었고 오직 열 글자를 중얼거렸다. 그의 친속들은 이미 전광한 것을 보고 곧 의사와 뛰어난 주술사를 찾아 여러 종류의 의방(醫方)으로 치료하였으나 능히 치료할 수 없었다.

이때 바라니사성에서 멀지 않은 곳에 숲이 있어 과일이 많았으며 여러 새들이 모여 아름답게 노래하고 있었다. 이때 그 숲속에는 한 선인이 있어 오신통을 갖추고 있었다. 미친 사람의 친속들은 그를 데리고 그 선인을 보았고 호궤하여 예배하고 곧바로 아뢰어 말하였다.

"우리의 권속은 전광하여 마음이 혼란하며 다른 말은 전혀 없고 오직 열 글자를 중얼거립니다. 저희들은 어떻게 치료해야 하는가를 모르겠습니다."

선인이 알려 말하였다.

"이 사람은 악한 일을 저질렀고 전혀 은혜를 알지 못하는 사람이오. 대보살을 나무의 아래로 밀었는데, 땅에 떨어지는 사이에 열 글자를 말하였고 십송(十頌)을 받아서 지녔소. 이 열 글자를 말하고서 땅에 떨어져 죽었고, 결국 호랑이에게 잡아먹혔소. 이때 나무꾼은 곧바로 전광한 것이오."

이때 여러 권속과 신인의 문인(門人)들이 모두 선인에게 아뢰어 말하였다.

"무엇이 십송이고, 다시 무슨 뜻이 있습니까?"

이때 선인은 차례로 해석하여 주었느니라."

이때 세존께서 여러 필추들에게 알리셨다.

"그대들은 마땅히 알지니라. 지나간 옛날의 곰은 지금의 나의 몸이고, 그때의 나무꾼으로 은혜를 몰랐던 자는 지금의 제바달다이니라. 옛날의 때에 일찍이 은혜도 몰랐고 지금에도 역시 이와 같으니라. 그대들은 마땅히 알지니라."

---

3) 정신(精神) 이상(異常)으로 실없이 잘 웃는 병을 가리킨다.

그때 세존께서 다시 여러 필추들에게 알리셨다.

"제바달다에게는 다시 은혜도 몰랐고 보답도 모르면서 행하였느니라. 그대들은 자세히 들을지니라. 옛날에 한 성이 있어 적정(寂靜)이라고 이름하였고, 그 성안에는 왕이 있어 역시 적정이라고 이름하였느니라. 국토는 풍요롭고 백성들은 안락하였으며 여러 도둑들도 없었고 서로 정벌(征伐)하는 일도 없었느니라. 왕의 성품은 자비(慈悲)하여 여러 중생을 한결같이 자식과 같이 아꼈고 마음에서 은혜를 베푸는 것을 좋아하였으며 항상 법을 듣는 것을 즐겼고 간탐도 없었느니라.

사문과 바라문들 및 여러 가난하고 병든 사람들에게 공양하였으나 마음에서 싫어하거나 만족함이 없었다. 왕에게는 상법이 있었는데 매일 이른 아침에는 먼저 부모님께 문안하였고, 뒤에 사람들을 간병하였으며, 그리고 나라를 다스렸다. 이때 가난한 사람이 있어 중병으로 매우 고통을 받았는데 의사들이 살펴보고 기꺼이 약을 주지 않으면서 모두가 말하였다.

"분명히 죽을 것이다."

병자가 듣고 마음에 고뇌를 품고 울면서 헤매다가 적정성(寂靜城)에 이르렀다. 이때 왕은 봄날에 여러 신하들과 후비(后妃) 등의 권속을 데리고 동산에 유관하기 위하여 성문으로 나아갔다. 이때 그 병든 사람이 지팡이에 의지하여 슬프게 울면서 왕 앞에 꿇어앉아 예배하고 그 왕에게 아뢰어 말하였다.

"오직 원하옵건대 대왕이시여. 저를 구해주십시오. 저를 구해주십시오. 이와 같이 병들어 고통스러운 저의 목숨을 보전해 주십시오."

왕은 보고 큰 자비를 일으켜 수레를 돌려 궁전으로 되돌아가서 대신들에게 말하였다.

"우리나라에서 소유한 의사를 불러들이시오."

신하들은 왕명을 받들어 마침내 곧 일체의 의사들을 불러 모으고서 곧 데리고서 왕을 보았다. 왕은 병든 사람을 불러 스스로가 직접 살펴보았다.

"그대들 의사들은 반드시 치료하시오."

여러 의사들이 살펴보고 대왕에게 아뢰어 말하였다.

"이 사람의 병을 살펴보니 약을 구하기가 매우 어렵습니다."

왕이 다시 물어 말하였다.

"무슨 까닭으로 얻는 것이 어렵소?"

의사가 왕에게 대답하여 말하였다.

"일생(一生)을 성내지 않은 사람이 필요하고 그 사람의 피를 구하여 죽을 끓여서 먹여야 비로소 치료할 수 있습니다. 만약 얻지 못한다면 그 병은 고칠 수 없습니다."

왕은 듣고서 곧 생각을 지었다.

'내가 이미 한 사람의 목숨도 구제할 수 없다면 이 왕위와 신명(身命)을 수용하겠는가?'

곧 스스로를 관찰하였다.

'나는 일생을 오면서 성낸 것이 없구나.'

이렇게 생각을 짓고 그 유모에 명하여 곧바로 물어 말하였다.

"내가 어렸던 때에 성낸 적이 있는가?"

유모가 대답하며 말하였다.

"태어날 때부터 제가 왕을 안아주었다면 저도 오히려 성냄이 없었는데, 어찌나 왕께서야 스스로가 성내셨겠습니까? 아직 성내지 않으셨습니다."

다시 친모(親母)에게 물었다.

"아이로 태어나고 자라면서 성낸 것을 보셨습니까?"

어머니가 곧 알려 말하였다.

"내가 이미 왕을 회임하였을 때부터 나도 오히려 성내지 않았는데 하물며 그대의 몸이겠는가?"

왕이 이미 듣고서 환희하고 용약하며 이렇게 생각을 지었다.

'지금 약을 구했구나.'

여러 의사들에게 알렸다.

"내 몸 위에서 다섯 군데를 침으로 찔러 피를 취하시오."

여러 의사들이 왕에게 아뢰었다.

“병든 사람은 아주 비천하고 왕은 귀하고 수승한데 우리들이 지금 감히 왕의 몸에 침을 찌를 수가 있겠습니까?”

이때 세존께서 여러 필추들에게 알리셨다.

“일체의 보살들은 세간의 여러 종류의 사업(事業)에 대하여 잘 이해하고 있느니라. 이때 국왕은 자비심을 일으켜서 곧 스스로가 침으로 몸의 다섯 곳을 찔러서 피를 뽑았고 그릇에 가득 채우고서 곧 의사에게 부촉하여 곧 죽을 끓여 병든 사람에게 주어서 먹게 하였다. 이때 백성들은 왕이 자비로 백성 한 사람을 잘 공양하는 것을 보았으며, 왕자·신하·후비(后妃)·채녀(婇女)와 일체의 백성들이 모두 함께 울면서 서로에게 알려 말하였다.

“국왕이 한 사람을 애민하게 생각하여 자신의 신명(身命)을 아끼지 않으시는데 우리들을 버린다면 우리들은 의지할 곳이 없을 것이다.”

왕이 듣고 여러 백성들에게 알려 말하였다.

“그대들은 괴로워하지 마시오. 이 일은 나쁜 일이 아니오.”

그때 대왕은 6개월을 날마다 피를 뽑아서 병든 사람의 병을 공양하였다. 이때 왕은 점차 야위고 수척하여져서 신체가 무력해졌다. 청정한 여러 천인들은 왕의 일을 보고서 이렇게 생각을 지었다.

‘이 분은 현겁(賢劫)의 보살의 모습이다. 만약 쇠약해져 죽게 버려둔다면, 이것은 좋은 일이 아니다. 우리들이 하늘의 위력(威力)과 방편(方便)으로써 모공(毛孔)으로 감로(甘露)를 넣어 주어야겠다.’

생각하고서 곧 위력을 주었고 왕은 마땅히 살아났고 병들었던 사람도 치료되었다. 여러 천신들도 위력을 배가하여 왕도 평소처럼 회복되었고, 병들었던 사람도 또한 나았으며, 왕은 곧 다시 병들었던 사람에게 5개의 크고 좋은 촌락을 내려주었다. 이때 그 병들었던 사람은 적정성(寂靜城) 안에서 왕의 신하들과 재상과 귀인과 함께 같은 부류가 되었으며, 전국에 이름이 전해졌다.

6개월을 병든 사람에게 피를 먹여서 병이 나았고 또한 다시 5개의 크고 좋은 마을을 내려주었다는 것이 전국에 들렸다. 이러한 소문을 듣고 모두가 괴이하게 생각하였고 그 성에 몰려와서 그 병들었던 사람에게 물어 말하였다.

"진실로 국왕이 6개월을 피를 뽑아 그대에게 공양하였는가?"

그 병들었던 악인은 곧 은혜도 몰랐고 보답하는 것도 몰랐으므로 여러 사람들에게 알려 말하였다.

"이 나라의 왕이 나에게 무슨 도움이 되었는가? 몸에서 나쁜 피가 있어 마땅히 합당하게 버린 것이고, 혹은 사람들에게 베풀었더라도 이것에 괴이함이 있겠는가?"

그러나 그 악한 사람이 이렇게 말하자 곧 땅속에서 불길이 솟아났고 이 사람의 집 모두가 불탔으며, 그 병들었던 사람은 곧 야위고 병이 들었느니라."

이때 세존께서 여러 필추들에게 알리셨다.

"그때의 국왕은 지금 나의 몸이고, 그때에 병들었던 사람으로 은혜를 몰랐고 보답하는 것을 몰랐던 자는 지금의 제바달다이니라."

이때 세존께서 여러 필추들에게 알리셨다.

"제바달다에게는 다시 은혜도 몰랐고 보답도 모르면서 행하였느니라. 그대들은 자세히 들을지니라. 지나간 옛날에 바라니사성에 한 국왕이 있었으며, [자세한 설명은 앞에서와 같다.] 나아가 왕비가 한 왕자를 낳았는데, 얼굴과 용모가 단엄하였고, 그 얼굴빛은 붉고 희었으며, 머리와 얼굴은 원만하여 오히려 일산(傘蓋)과 같았느니라. 손과 어깨를 아래로 늘어트리면 오히려 코끼리의 코와 같았고, 두 눈썹은 서로 이어졌으며, 이마는 넓었고, 코는 우뚝하였으며, 일체의 지절(支節)이 모두 원만하게 구족되었느니라.

그가 태어나는 때에 여러 종류의 길상(吉祥)한 일이 모두 현전(現前)하였다. 태어나고서 21일이 지나서 일체의 권속들이 모두 와서 모였고 여러 오락(娛樂)을 지었다. 이때 여러 신하들이 함께 아뢰어 말하였다.

"왕자가 태어날 때에 백천의 길상한 일이 일어났습니다. 이것을 인연하여 선행(善行)이라고 이름을 지어야 합니다."

[자세한 설명은 앞에서와 같다.] 나아가 점차 장성하였다. 이때 그

선행은 매우 자비로웠고, 여러 유정들에게 연민(憐愍)의 마음이 생겨났으며, 항상 보시를 즐거워하여 사문·바라문·가난한 사람·멀리 떠나는 사람들에게 제공하여 구제하였다. 그때 부왕(父王)이 선행에게 말하였다.

"지금부터는 마땅히 이와 같은 항상의 보시를 행하지 말라. 우리나라 창고에 저장된 것으로 공급하는 것은 부족하다."

이때 왕비가 또한 한 왕자를 낳았다. 그 왕자가 태어나는 때에 백천의 재액(災厄)과 길상하지 않은 일이 현전하였고, 나아가 악행(惡行)이라고 이름을 지었는데, 그도 장대하였느니라."

세존께서 여러 필추들에게 알리셨다.

"세간의 상법은 보시를 행하는 자에게 여러 사람들이 기뻐하고 사랑하여 명성(名稱)이 널리 들리는 것이니라. 다른 국왕이 있어 그 선행(善行)이 은혜 베푸는 것을 좋아한다는 것을 듣고 마침내 딸을 선행의 아내로 시집보내고자 하였다. 많은 보배와 수레 및 하인들을 보냈고 서신을 지어 사자에게 주어 바라니사국의 왕에게 나아가서 알리고 그가 알도록 하였다. 왕은 듣고 환희하면서 함께 혼인하는 것을 허락하였다. 이때 선행이 부왕(父王) 앞에서 아뢰어 말하였다.

"부왕의 창고의 비용을 손괴하지 않고자 합니다. 저는 지금 바다로 들어가서 스스로 진귀한 보물을 구하여 얻고서 아내를 맞이하겠습니다."

왕은 곧 허락하였다. 선행은 허락을 받고 환희하면서 장비를 갖추고 양식을 마련하여 떠나고자 하였다. 악행(惡行)은 이것을 보고 곧 이렇게 생각을 지었다.

'지금 형은 우리나라와 다른 나라 사람들이 모두 사랑하고 공경하고 있다. 바다로 들어가서 보배를 채취하여 만약 돌아온다면 부왕과 대신들 및 일체의 백성들은 공경과 존중함이 두 배로 생겨날 것이다. 나의 아버지는 반드시 형을 국주(國主)에 책봉할 것이고 나에게는 나라를 나누어 주지 않을 것이다. 나도 지금 마땅히 한 가지 방편을 베풀어 그 바다로 들어가서 기회를 엿보아서 죽여야겠다. 나의 몸만이 돌아온다면 즐겁고 즐겁지 않더라도 아버지는 반드시 나를 태자로 삼을 것이다.'

이렇게 생각을 짓고 역시 그도 아버지의 처소에 나아가서 부왕에게
아뢰어 말하였다.

"저도 형을 따라 바다에 들어가서 보물을 구하고자 합니다."

왕은 듣고 그에게 허락하였고, 악행도 또한 환희하면서 역시 장비를
갖추었다. 이때 선행은 그 성안에서 북을 치고 방울을 흔들면서 사람들에게
두루 알렸다.

"내가 지금 바다에 들어가고자 하오. 능히 떠나고자 하는 자는 마땅히
양식을 마련하고 장비를 갖추어 따라오십시오. 나는 상주(商主)가 될 것이
고, 바닷길과 육지의 길이 험난하다면 내가 모두를 능히 보호하겠소.
내가 모두를 능히 보호하여 두려움이 없게 하고 역시 수입하는 세금도
없을 것이오."

이렇게 말을 지었는데 500명이 태자의 처소에 몰려와서 태자에게 아뢰
어 말하였다.

"저희들도 태자를 따라가는 것을 청합니다."

이때 길승(吉勝)한 날을 취하여 곧바로 떠났으며, [자세한 설명은 앞에서
와 같다.] 나아가 바다에 들어가서 곧 동생에게 알려 말하였다.

"이 배가 바다에서 홀연히 어려움을 만나서 파손되면 그대는 나를
꼭 붙잡아라. 반드시 두려움이 없어질 것이다."

악행이 알려 말하였다.

"형의 가르침과 같도록 짓겠습니다."

배는 순풍(好風)을 만났고 마침내 보배가 있는 곳까지 이르렀다. 이때
선장(舶師)이 태자와 여러 사람들에게 알려 말하였다.

"여러분들은 옛날에 진귀한 보배가 있다는 섬을 들었을 것입니다.
지금 이곳에 여러 보배가 있으니, 따라서 그것을 채취(採取)하십시오."

여러 사람들이 듣고 환희하고 용약하면서 곧 배에서 내렸고 여러 종류의
보물을 취하기 시작하였는데, 오히려 삼(麻)과 보리(麥)와 같아서 배에
가득하였다. 선행 태자는 여의주(如意珠)를 취하여 그 허리에 매달고 배를
돌려 돌아갔다.

462

해안에 이르고자 하였으나 마갈어(摩竭魚)를 만났는데 때려서 배가 부서졌다. 그때 악행은 곧 그의 형을 붙잡았고 다른 뱃사람과 보물들은 모두 바다에 빠져서 잃어버렸으나, 오직 악행은 형의 위력으로써 해안에 이르렀다. 선행은 힘을 이용하여 이미 바다를 나왔으므로 이미 극도로 피곤하여 잠이 들었다. 악행은 형을 지켰으나 마침내 형의 허리에 보주가 있는 것을 보고 이렇게 생각을 지었다.

'형은 좋은 구슬을 얻었으나 나는 얻은 것을 잃어버렸다. 내가 지금 마땅히 형의 눈을 찌르고서 구슬을 가지고 혼자 돌아가야겠다.'

이렇게 생각하고서 먼저 보주를 훔쳐서 취하였고 곧 가시로 형의 눈을 찔렀으며 버리고 떠나갔다. 선행은 보이지 않아서 돌아가는 길을 알지 못하였는데, 뒤에 목동(牧牛人)이 보고 물어 말하였다.

"어디에서 왔습니까?"

이때 맹인(盲人)은 앞의 일을 갖추어 말하였다. 목동이 알고서 곧 자비심을 일으켜 그를 데리고 집으로 돌아왔다. 선행의 본성(本性)은 매우 착하였고 거문고를 잘 연주하였는데, 그의 집 안에 머물면서 때때로 거문고를 연주하였다. 목동의 아내는 마음에서 애념(愛念)이 생겨났고 곧 염욕(染欲)을 일으켜서 맹인에게 말하였다.

"나와 함께 사통합시다."

맹인이 듣고 양 손으로 귀를 막고서 알려 말하였다.

"이런 말은 하지 마십시오. 나는 듣지 않겠습니다. 그대는 나의 누이인데 어찌 이렇게 말을 합니까?"

세존께서 여러 필추들에게 알리셨다.

"세간의 상법은 일체의 유정들은 마음으로 색욕(色欲)을 탐하면서 만약 서로를 따라주지 않는다면 각자 진에(瞋恚)가 생겨나는 것이다. 이때 그 부인도 마침내 뜻을 따라주지 않았으므로 곧 진한(瞋恨)이 생겨나서 마음에 비방하고 싶은 마음을 일으켰고 그 남편에게 알려 말하였다.

"그 눈먼 사람이 음행으로 나를 더럽히고자 하였는데 어떻게 집안에서 이렇게 악인을 봉양할 수 있겠습니까?"

세존께서 여러 필추들에게 알리셨다.

“세간의 상법은 일체의 유정들은 사랑하는 아내에게 다른 사람이 침범하여 더럽히고자 한다면 마음에서 성냄과 고뇌가 생겨나고, 이러한 일체의 원한은 더욱 커지는 것이다. 이러한 인연을 까닭으로 그 목동은 아내의 말을 듣고 보지 못하는 사람에게 거듭 진한이 생겨나서 다시 이렇게 생각을 지었다.

‘이 사람은 무거운 죄를 지어 지금 눈이 멀었을 것이다. 곧 이러한 과보를 받을 것이므로 살해할 필요는 없고 다만 쫓아내야겠다.’

이렇게 생각을 짓고서 곧바로 내쫓았다. 그 맹인은 거문고를 품에 안고서 떠나갔고 성읍(城邑)을 돌아다니면서 목숨을 부지하였다. 뒤의 때에 부왕이 이미 목숨을 마쳤고 그의 아우인 악행(惡行)이 곧 왕위를 이었다. 맹인은 점차 구걸(乞求)하면서 아내가 되고자 하였던 나라의 성에 이르렀다. 그의 아내는 장성하여 여러 나라의 왕자들이 모두 다투어 찾아왔으므로 여인의 부왕(父王)이 그녀에게 알려 말하였다.

“먼저 그대가 시집가려고 했던 선행(善行) 왕자는 바다에 들어갔으나 배가 침몰하여 죽었고, 지금 왕자들이 있어 다투어 그대를 찾아오고 있구나. 마땅히 그대를 시집보내지 않는다면 여러 왕자들이 마음에 진한을 품는 것이 두렵구나. 이러한 까닭으로 나는 너와 함께 평장(平章)하고자 한다. 네 마음도 같은 것인가?”

딸이 왕에게 아뢰어 말하였다.

“오직 원하옵건대 부왕께서는 국내의 백성들에게 칙명하시어 성읍을 엄숙히 청정하게 하고 여러 나라의 사람들을 불러 모으십시오. 소녀가 스스로 간택(簡選)하겠습니다.”

부왕은 딸이 청하는 것을 윤허(允許)하였고 마침내 나라 안과 여러 외국에 칙명하였다.

“나에게 외동딸이 있어 지금 시집보내고자 하는데, 여러 나라 사람들 중에서 부마(駙馬)를 간택할 것이오.”

마침내 곧 성황(城隍)[4]을 엄숙하게 꾸며서 환희원(歡喜園)과 같게 하였고, 곧 북을 치면서 널리 알렸다.

"현재 성안에 있는 많은 사람들과 사방의 먼 곳에서 온 사람들 가운데에서 공주가 남편을 뜻에 따라서 선택하고자 하오. 그대들은 능력을 따라서 꾸미고 모두 와서 모이도록 하시오."

다음날 이른 아침에 공주는 장엄하게 꾸미고 여러 채녀들과 서로를 따라서 나왔는데, 환희원의 가운데에서 길상천녀(吉祥天女)[5]나 묘화림(妙花林)과 같았다. 마침내 성안의 백천만 숫자의 대중들 가운데 차례로 순행하면서 스스로가 남편(夫主)을 구하였다. 그때 선행은 한쪽 귀퉁이에서 거문고를 연주하면서 머물고 있었다.

"유정들의 업력(業力)의 인연이 회합(會合)하면 함께 서로가 만나게 된다네."

그의 거문고 소리를 듣고 마음에서 연모가 생겨나서 곧 꽃다발을 가지고 멀리서 그의 위에 던지면서 알려 말하였다.

"이 사람이 나의 남편입니다."

이때 여러 대중들은 각자 우뇌(憂惱)가 생겨나서 모두 혐오스럽게 말하였다.

"지금 이곳의 대중 안에는 호족(豪族)들도 많고, 여러 지방의 귀하고 수승한 왕자와 대신들도 꽃다운 나이로 사랑할 수 있으며, 나아가 이 성안에도 미묘한 남자들이 많은데, 어찌하여 이 사람들을 모두 버리고 이러한 맹인을 취하여 남편으로 삼는가?"

이때 왕의 측근 신하들은 이러한 일을 보고 마음에 우뇌를 품고 곧 들어가서 왕에게 아뢰었다.

---

4) 성벽과 성 밖을 둘러싼 연못인 해자(垓子)를 가리킨다.

5) 산스크리트어 Śrīmahādevī의 음사로서 실리마하제비(實利摩訶提毘)·마하실리(摩訶實利) 등으로 음역(音譯)되고, 길상천녀(吉祥天女) 또는 공덕천(功德天)이라고 한역된다. 북방의 비사문천(毘沙門天)의 비(妃)로서 아버지는 덕차가(德叉迦)이고 어머니는 귀자모(鬼子母)이다. 그 형상은 일정하지 않으나 용모(容貌) 단정(斷定)하며 천의(天衣)를 입고, 보관(寶冠)을 썼으며, 왼손에는 여의주(如意珠)를 들고 있는 모습이 많다.

"왕께서는 공주님의 뜻을 따라 부마를 구하십니까?"
왕이 물었다.
"왜 그러는가?"
대답하여 말하였다.
"맹인입니다."
왕은 듣고 근심하고 번민하면서 딸을 불렀고 오자 물었다.
"딸아. 무슨 뜻인가? 지금 이 성안에는 현인(賢人)·귀하고 수승한 사람·재상(宰輔)·대신과 사방의 멀리에서 모여든 남자가 한 명이 아닌데, 무슨 인연으로 사랑스럽지도 않은 맹인을 취하였는가?"
공주가 왕에게 대답하여 말하였다.
"저는 이 사람을 사랑합니다."
왕이 말하였다.
"만약 이와 같다면 마땅히 그에게로 가거라. 무슨 까닭으로 이곳에 머무는가?"
여인은 곧 그에게 나아가서 알려 말하였다.
"당신은 나의 남편입니다."
대답하여 말하였다.
"그대는 이치가 아닌데 이러한 사유를 짓는구려. 다른 남자들과 함께 교류하시겠소?"
여인이 말하였다.
"인자(仁者)여. 저는 그러한 마음이 없이 이와 같은 일을 짓는 것입니다."
물어 말하였다.
"어떻게 알 수 있겠소?"
여인은 곧 간절하고 정성스럽게 진실하고 믿음이 있게 말하였다.
"인자여. 지금 진실로 저의 마음은 선행 왕자와 좋은 곳에서 마음에서 즐거움이 생겨남과 다르지 않다는 것을 증명하십시오. 바라건대 인자는 한쪽 눈이라도 옛날과 같이 평소처럼 다시 회복되기를 바랍니다."
이 소녀가 진실하게 말하던 때에 맹인의 한 눈이 바로 밝아졌고 알려 말하였다.

“현녀(賢女)여. 내가 선행입니다. 동생인 악행에게 해를 입었고 나는 이곳에서 이익없는 일을 하고 있습니다.”

여인이 말하였다.

“무엇으로서 당신이 선행인 것을 알 수 있습니까?”

즉시 진실한 말을 일으켜 이와 같이 말을 지었다.

“나는 악행에게 나의 눈을 찔릴 때에도 나의 마음에서 그에게 조금도 원한이 없었습니다. 이러한 말이 진실이라면 나의 다른 눈도 옛날과 같이 평소처럼 회복될 것입니다.”

진실하게 말하고 있는 때에 두 눈은 밝게 비추어졌다. 이때 공주는 곧 선행을 데리고 부왕의 처소에 나아가서 아뢰어 말하였다.

“이 분이 바로 저의 남편입니다.”

왕은 나아가 믿지 않았고, 공주는 왕을 향하여 이전의 일들을 갖추어 말하였다. 왕은 매우 기괴(奇怪)하였으나 곧 대례(大禮)로 혼인을 성사시켰고 많은 병마(兵馬)를 엄숙하게 갖추고 그 선행에게 본래의 성으로 돌아가서 그 악행을 쫓아내게 하였다. 선행을 책립(冊立)하여 부왕의 지위를 계승하게 하였느니라.

그대들 필추들이여. 그대들의 생각은 어떠한가? 선행 왕자가 어찌 다른 사람이겠는가? 곧 나의 몸이고, 그 악행이었던 자는 지금의 제바달다이니라. 그는 다만 지금에 은혜에 보답하는 것을 모르는 것이 아니었고, 지나간 옛날의 때에도 역시 이와 같았느니라.”

근본설일체유부비나야파승사 제16권

삼장법사 의정 한역

석보운 번역

세존께서 말씀하셨다.

"다시 들을지니라. 제바달다는 지나간 옛날의 때부터 은혜에 보답하는 것을 몰랐느니라. 지나간 오랜 옛날에 한 왕도(王都)가 있었고, 백성들이 치성하였으며 안은하고 풍요로우며 즐거웠느니라. 왕에게는 네 아들이 있었는데, 첫째는 대지(大枝)라고 이름하였고, 둘째는 부지(副枝)라고 이름하였으며, 셋째는 수지(隨枝)라고 이름하였고, 넷째는 소지(小枝)라고 이름하였느니라.

그들 네 왕자들은 나이가 들어 장대하여 모두 이웃 나라의 공주를 취하여 아내로 삼았는데, 함께 아버지의 처소에서 역모하여 해치려는 마음을 일으켰다. 아버지는 알고서 나라 밖으로 내쫓았으므로 각자 아내를 데리고 나라를 떠났는데, 길을 가면서 광야의 도로에서 양식이 모두 떨어졌다. 함께 나쁜 규칙을 세웠는데 아내 가운데에서 한 사람을 죽여서 그 고기를 음식으로 충당하여 목숨을 구제하면서 긴 광야를 벗어나고자 하였다. 이때 소지는 이렇게 생각을 지었다.

"오히려 스스로가 죽더라도 다른 사람의 목숨을 끊지 않겠다. 다시 다른 계책이 없으므로 마땅히 나의 아내를 데리고 몰래 다른 나라로 달아나야겠다.'

이렇게 생각을 짓고서 아내를 데리고 도주하였는데, 굶주림과 목마름에 핍박을 받았다. 아내는 곧 피로에 지쳐서 능히 앞으로 나갈 수 없었으므로 그 남편에게 알려 말하였다.

"성자(聖子)여. 나는 목숨을 마치더라도 길을 걸어갈 까닭이 없습니다."

소지는 생각을 지었다.

'우리들은 나찰(羅刹)과 같은 악한 동반자인 그들에게서 목숨을 부지하였는데, 이곳에서 죽는다면 너무도 애석한 일이다.'

곧 넓적다리 살을 베었고 주어서 먹게 하였고, 또한 팔을 찔러 피를 뽑아 마시게 하였다. 아내는 살코기와 피를 먹고 점점 천천히 걸어서 한 산골짜기에 이르렀고, 그들은 나무뿌리를 캐어 먹었고 과일을 채취하여 신명(身命)을 구제하였다. 그 산의 사이에는 큰 강물이 있었는데, 때에 한 사람이 있어 원적(怨賊)을 만났던 인연으로 손발이 잘렸고 물속에 던져져서 고뇌의 소리를 지으면서 물을 따라서 떠내려가고 있었다.

소지(小枝)는 인연이 있어 나왔다가 괴롭게 울부짖는 소리를 들었고 마음에 자비와 연민이 생겨나서 소리를 찾아서 따라가다가 마침내 한 사람이 물에 떠내려가는 것을 보았다. 곧 물에 들어가서 등에 업고 밖으로 나왔으며 물가 언덕 위에 내려놓았다. 손과 발이 함께 없는 것을 보고 마음에 통절(痛切)[1]을 품고 물어 말하였다.

"선남자여. 그대는 무슨 일을 인연하여 이러한 고초를 만났는가?"

그 사람이 일로써 갖추어 대답하였다. 소지가 알려 말하였다.

"그대는 지금 비록 고통스럽지만 걱정하거나 두려워하지 마시오."

나무뿌리와 과일을 가져다가 먹였으며, 곧 아내에게 말하였다.

"자비로운 마음을 가지고 이 사람을 간호하여 주시오."

이미 은혜로운 보살핌을 입어 상처와 고통은 점차 나았다. 그 부인은 그에게 마음에서 애착이 생겨났고 자주자주 그에게 나아가서 함께 이야기하였다. 보살의 본래 성품은 욕염(欲染)의 행이 적은 것이다. 비록 때가 취합(聚合)하였어도 음욕의 정을 나누지 않았다. 그러나 이 산속에서 소유한 나무뿌리와 열매는 보살의 위력을 까닭으로 모두가 정묘(精妙)하였으므

---

1) '비통하고 간절하다.'는 뜻과 '뼈에 사무치게 절실하다.'는 뜻으로 통용된다.

로 부인이 먹고서 삿된 마음이 더욱 커져서 그 사람의 처소에 이르러 비법(非法)의 행을 구하였다. 그는 곧 허락하지 않고 대답하여 말하였다.

"내 거의 목숨이 끊어졌으나 다행히도 구제받게 되었는데 함께 나쁜 일을 저지른다면, 이것은 은혜를 저버리는 것입니다. 그대의 남편이 만약 알게 된다면 반드시 몸과 머리가 나누어질 것이오."

부인은 자주 구하였고 또한 번뇌에 핍박을 받았으며 마침내 함께 교통(交通)하고 깊은 애착이 생겨나서 잠시도 벗어나려고 하지 않았고, 본래의 남편에게는 연모하고 즐거워하는 마음이 없어졌다. 그는 비록 떠나가고 싶었으나 역시 따를 수가 없었다. 곧 이렇게 생각을 지었다.

'지금 이 여인은 나에게 탐착(耽着)하고 있다. 다른 사람의 부인과 사통(私通)하면 나아가 큰 원한이 있고, 나는 반드시 고통을 당할 것이다. 곧 함께 의논해야겠다.'

그 부인에게 알려 말하였다.

"남편이 만약 내가 비법을 행한 것을 안다면 반드시 마땅하게 목숨을 끊을 것이고 이것은 의심할 필요가 없소."

여인이 이 말을 듣고 당연히 생각하였고 마땅히 다른 계책을 베풀었다. 여인의 삿된 지혜는 배우지 않아도 아는 것이다. 곧 옷으로써 머리를 싸매고 돌을 베고 자리에 누웠다. 소지가 과일을 채취하여 돌아왔고 그의 방에 이르러 이상한 것이 있는 것을 보고 물어 말하였다.

"현수(賢首)여. 무슨 괴로움이 있는가?"

대답하여 말하였다.

"성자여. 머리가 너무 아파서 고통스럽습니다."

소지가 알려 말하였다.

"어떻게 지어야 하는가?"

여인은 은밀한 계략을 품었고 이러한 악심이 생겨났으므로 그의 남편에게 알려 말하였다.

"저는 먼저 머리가 아픕니다. 의서에서는 석백(石栢)을 머리에 바르면 곧 낫는다고 합니다."

소지가 알려 말하였다.

"어느 곳에서 구할 수 있소? 내가 가서 구해 보겠소."

여인이 말하였다.

"저 절벽 아래의 산골짜기에서 이 약을 볼 수 있으나 그곳은 가파른 절벽입니다. 구하려면 줄로 내려가야 하고 제가 위에서 잡아야 합니다."

그는 대인(大人)이었고 성품이 질직(質直)하여 삿됨과 부정은 품지 않았으므로 알려 말하였다.

"그렇게 하겠소."

밧줄을 허리에 묶고 절벽을 내려갔으며 그 약을 채집하고자 하였는데 아내는 마침내 밧줄을 놓아서 절벽에서 물속에 떨어뜨렸다. 그 유정은 목숨이 긴 과보가 있었고 왕위를 잇는데 합당하였으므로 절벽에서 떨어졌으나 죽지 않고, 물을 따라 표류하다가 왕도(王都)에 이르렀다. 그 국왕은 자식이 없이 목숨을 마쳤고, 신하와 재상 및 백성들은 함께 논의하였다.

"왕이 이미 아들이 없이 지금 목숨을 마쳤으니, 우리들은 누구를 세워 왕위를 잇게 해야 하는가?"

여러 관상가(相師)들을 불러서 왕위를 감당할 한 사람을 찾았다. 이때 여러 관상가들은 사방에서 구하면서 이와 같은 게송으로 말하였다.

가령 백겁이 지나더라도
지은 업은 없어지지 않으며
인연이 모여 만나는 때에
과보가 돌아와서 스스로 받는다네.

이때 소지는 그의 업이 순숙(純熟)하였던 까닭으로 왕위를 받는 것에 합당하였다. 물을 따라서 나와서 언덕에 앉아 있었다. 그러나 보살의 위덕으로 그가 머무는 곳에는 평소와 다른 광채(光彩)가 있었다. 이때 여러 관상가들은 돌아다녔던 인연으로 그곳에 이르렀고 이 대인(大人)에게 왕의 상서로운 상(相)이 있는 것을 보고 함께 모두 환희하면서 돌아가서 여러 신하들에게 알려 말하였다.

“저희들이 대인을 구하였습니다. 왕의 상서로운 상을 갖추었으므로 국주(國主)를 감당할 수 있습니다.”

여러 신하들은 듣고 곧 백성들에게 성황(城隍)을 엄숙하게 꾸미고, 그에게 큰 예를 갖추었으며 길일(吉日)을 선택하여 함께 책봉하여 왕으로 삼았다. 그러나 나라에 왕후(國后)가 없었으므로 여러 신하들은 여러 나라의 귀족(貴族)들에게 명령하였다.

“만일 단정하고 아름다운 여인이 있다면 각각 엄숙하게 장엄시켜서 왕도(王都)로 데리고 오시오. 왕이 마음에서 칭찬한다면 맞이하여 왕비로 삼을 것이오.”

왕은 여인을 인연하여 큰 고뇌를 만났고 깊은 염리(厭離)가 생겨나서 무심(無心)하게 훑어보았다. 여러 신하들이 아뢰어 말하였다.

“대왕께서는 마땅히 아십시오. 나라에 왕비가 만약 없다면 왕위를 이을 후사가 끊어지게 됩니다. 여러 지방의 미녀들이 함께 이곳에 모였으므로 왕비와 채녀(婇女)로 책봉하십시오.”

왕은 역시 허락하지 않았고 여인의 환난을 말하였다. 복덕이 있는 유정이 있었던 곳에서는 꽃과 열매의 음식이 모두 감미(甘美)하여 기력이 많이 있었다. 이때 보살이 절벽으로 떨어진 뒤에는 그 산중에 꽃·과일·뿌리·줄기가 함께 자라나지 않았다. 설령 생겨났어도 쓰고 떫어서 맛이 없었다. 그 두 악인은 여러 뿌리와 과일을 먹었던 까닭으로 옛날처럼 기력이 없었고, 점차 마르고 힘이 약해져서 능히 구제하며 살아갈 수가 없었다.

이때 그 악녀는 곧바로 손발이 없는 사람을 업고서 산으로부터 나왔고, 여러 취락을 두루 돌아다니면서 걸식하였다. 만약 다른 사람들이 보고 “이 사람은 누구인가?”라고 물으면 “내 남편입니다.”라고 알려 말하였고, 비록 다시 이러한 모습이었으나 다시 다른 마음은 없다고 말하였다. 그러나 국법에는 만약 여인이 남편을 섬기면서 정절이 있고 근신하였다면, 사람들은 많이 공경하고 존중하면서 모두가 공양하였으므로 이 여인은 이르는 곳에서 많은 음식을 배부르게 먹었다. 이와 같이 떠돌아다니면서 왕도에 이르렀다. 여러 사람들은 듣고 모두가 안타까워하였고, 혹은 마음에 애락(愛樂)이 생겨나서 산 밖의 멀리까지 바라보기도 하였다. 성안의 여러 사람들은 이러한 일을 보고서 그 방편으로 의논하면서 모두가 기혐(譏嫌)[2]을 일으켰다.

"왕께서는 여인에게 많은 환난이 있었다고 말씀하셨지만, 어찌 손발도 없는 남편을 업고 돌아다니면서 얻어먹으면서 구제하며 공급하는 이러한 정절이 있고 근신하는 부인을 보지 않는가?"

이때 수문인이 앞에서와 같은 일을 보고 왕에게 갖추어 아뢰어서 알게 하였다. 왕은 이러한 말을 칙명하여 불러들였다. 여인은 궁 안에 들어왔고 왕은 곧바로 미소를 지었으며 게송을 설하여 말하였다.

넓적다리를 먹여 굶주림을 충족시켰고
나의 피로서 목마름을 구제하였는데
어깨에 고깃덩이를 업고 다니면서
어느 곳에서 정절을 지켰는가?

악한 계책으로 석백을 구하게 하였고
나를 버리고 절벽으로 떨어뜨리고서
어깨에 고깃덩이를 업고 다니면서
어느 곳에서 정절을 지켰는가?

그때 이 여인은 왕의 이러한 게송을 듣고 마음에서 수치(羞恥)를 품고 곧바로 고개를 숙였다. 여러 신하들은 게송을 듣고 그 연기를 알지 못하여 아뢰어 말하였다.

"대왕께서 읊으신 게송에 무슨 뜻이 담겼습니까?"

왕은 여러 신하들을 위하여 차례로 자세히 말하였다. 성안의 백성들은

---

2) 사람들이 비난하며 싫어하고, 불쾌하게 생각하는 것이나, 또는 타인(他人)이 마음속에 품고 있는 생각을 가리킨다.

이 여인을 싫어하였고 모두가 악하다고 외치면서 나라 밖으로 내쫓았느니라.”

세존께서 여러 필추들에게 알리셨다.

“그대들의 생각은 어떠한가? 지나간 옛날의 때에 소지가 어찌 다른 사람이겠는가? 내가 지금의 그 사람이고, 그 여인은 지금의 제바달다이니라. 다만 지금에 은혜에 보답하는 것을 모르는 것이 아니고, 과거 세상에서도 역시 이와 같았느니라. 그대들 필추들이여. 다시 마땅히 자세히 들을지니라. 제바달다가 은혜도 몰랐고 보답하는 것도 몰랐느니라.

지나간 오랜 옛날에 한 왕도(王都)가 있었고 왕은 자재우(自在友)라고 이름하였느니라. 백성들은 치성하였고 안은하며 풍요롭고 즐거웠느니라. 정법으로 다스리고 교화하였고 현자(賢良)들을 믿고 존중하였으며 자신도 이익되게 하였고 다른 사람도 이익되게 하였으며 항상 대비(大悲)를 품었고 항상 묘법을 구하였으며 모든 백성들에게 깊은 연모(戀慕)가 있었느니라.

뒤의 다른 때에 왕비가 한 왕자를 낳았는데, 모습과 위의가 단정하고 매우 묘한 것을 볼 수 있었다. 얼굴빛은 광채가 있었는데 진금색(眞金鋌)과 같았고, 머리에는 일산과 같은 육계(肉髻)가 있었으며, 손과 어깨는 가늘고 길었고, 이마는 넓고 평평하였으며, 두 눈썹은 서로 이어져 있었고, 코는 높고 곧았으며 여러 근(根)을 구족하였다. 친족들은 자재(自在)라고 이름을 지었으며, 8명의 유모에게 부촉하였다. 나이가 점차 장대하여서 학문을 배우게 하였는데, 계산(計算)·책략(謀策)·인문(印文)·비자(秘字) 등을 모르는 것이 없었고, 공교(工巧)와 기예(技藝)를 모두 갖추었으니 이를테면, 코끼리와 말과 수레를 타고 달리는 뛰어난 기술·활쏘기·방패와 창의 기술 등의 갖추지 않는 것이 없었다.

그 자재 동자는 현자들을 믿고 공경하였으며 마음에 인자함과 겸양을 품었고 자신도 이익되게 하였고 다른 사람도 이익되게 하는 것을 행실의 근본으로 삼았다. 항상 자비와 연민이 있었고, 백성들을 널리 사랑하였으며 간탐(慳貪)을 버렸고 은혜롭게 베푸는 것을 수행하여 소유한 재화(財貨)

를 하나도 아끼지 않았으므로 나라의 모든 사람들이 알았고 함께 모두가 깊이 흠모하였다. 사방의 멀고 가까운 곳과 100유선나(踰繕那) 거리에 있던 외롭고 가난한 사람들도 모두 몰려들었으나 모두에게 부족함이 없게 하였으므로 함께 기쁜 마음을 일으켰다.

보살은 일찍이 어느 때에 수레를 타고 방원(芳園)을 유람(遊趣)하였는데, 그 수레는 모두 금·은·유리(琉璃)·자거(硨磲)·마노(碼碯)·천제청보(天帝靑寶)로 엄숙히 장식되었다. 모두가 미묘한 전단나무로 끌채와 멍에를 만들었고, 수레의 위는 사자·호랑이·표범 가죽 등으로 장엄하였으며, 여러 보석과 패옥(寶珮)을 박았으므로 보는 사람이 애락(愛樂)하였다. 그 수레를 네 마리의 말로 끌게 하였고 바람과 같이 빠르게 동산으로 나아갔다. 이때 총명하고 지혜가 있는 대바라문이 다가와서 동자에게 알려 말하였다.

마땅히 아십시오. 세간 사람들은
모두 그대가 보시한다고 들었으니
보배수레가 비록 애중(愛重)하더라도
마땅히 바라문에게 베푸십시오.

이때 보살은 이러한 말을 듣고 곧 빠르게 수레에서 내려왔고 환희심이 생겨나서 곧 그 수레를 가리키며 바라문에게 알려 말하였다.

내 지금 보배수레를 버려서
바라문에게 기쁘게 주겠으니
원하건대 나는 삼유(三有)3)도 버리고서
무상(無上)의 보리에 나아가겠네.

이때 바라문은 수레와 말을 얻고서 타고 떠나갔다. 보살은 또한 어느

---

3) 생사윤회를 반복하는 삼계(三界)를 다르게 부르는 말이다.

때에 큰 하얀 코끼리를 타고 다녔는데 왕증장(王增長)이라고 이름하였고, 그 색깔은 하얀 옥돌과 같았으며, 하얀 눈과 같았고, 또는 백은화(白銀花)와 같았다. 칠지(七支)⁴⁾도 원만하고 여러 모습을 갖추었으므로 모두가 매우 편안하여 오히려 제석천왕의 예라발나(瞖羅跋拏)와 같아서 걸음걸이가 질서가 있어 보는 사람들이 즐거워하였다.

여러 권속과 여러 시종들 모두에게 둘러싸였는데 비유하면 보름달이 별들과 은하수에 둘러싸인 것과 같았다. 또한 다시 삼춘(三春)⁵⁾의 틈새에 속하여 여러 꽃들이 만발하였고, 샘물과 연못도 맑고 깨끗하였으며, 여러 새들로 조화롭게 지저귀었다. 보살은 이때 방원에 나가서 잠시 유희(遊戲)하고자 하였다. 이때 다른 나라의 원적(怨敵)이 있어 바라문에게 알려 말하였다.

"저 보살에게 크고 하얀 코끼리를 애원하십시오."

이때 바라문은 곧 보살에게 손을 들어서 애원하면서 아울러 게송을 설하여 말하였다.

여러 인간과 천인들이 있어
함께 보시를 좋아한다고 이름하오니
타고 있는 크고 하얀 코끼리를
마땅히 저에게 주어 떠나게 하십시오.

이때 보살은 이러한 말을 듣고 곧 빠르게 코끼리에서 내려왔고 환희심이 생겨나서 곧 그 코끼리를 가리키며 바라문에게 알려 말하였다.

내 지금 코끼리를 버려서
바라문에게 기쁘게 주겠으니
원하건대 삼유의 흐름을 벗어나서

---

4) 머리와 네 다리와 꼬리 및 생식기를 합쳐서 가리키는 말이다.
5) 봄의 석달, 곧 맹춘(孟春) 1월, 중춘(仲春) 2월, 계춘(季春) 3월을 가리킨다.

빠르게 보리의 언덕에 나아가겠네.

이때 여러 신하들이 왕에게 아뢰어 말하였다.

"자재 태자가 지금 증장대상(增長大象)을 다른 나라의 원수(怨讎)인 바라문에게 주었습니다."

왕이 이러한 말을 듣고 큰 진노가 생겨나서 곧 사자에게 칙명하여 자재 태자를 불러오게 하였다. 이미 이르자 왕이 곧 알려 말하였다.

"그대는 지금 마땅히 나의 나라 안에 머무를 수 없다."

태자는 이러한 말을 듣고 곧 스스로가 생각하며 말하였다.

"부왕이 지금 나를 버렸으니 나는 지금부터 무상보리(無上菩提)를 구하여 일체의 중생들에게 이익을 주어야겠다. 이 커다란 코끼리는 버리고서 지혜의 갑옷을 입어야겠다."

다시 생각을 지으며 말하였다.

"내가 지금 집에 머무른다면 반드시 능히 마음을 따라서 중생들에게 보시할 수 없다. 마땅히 산림으로 간다면 계행(戒行)을 굳게 지닐 수 있다. 이러한 까닭으로 지금 그 집안의 인연을 버리고서 홀로 숲속에 기거하면서 걸식하러 다닌다면 맹세를 어기는 것이 아니다."

이때 보살은 이렇게 생각을 짓고 본래의 궁중으로 돌아가서 태자비에게 갖추어 알려서 알게 하였다. 태자비는 듣고 남편과 헤어지는 것이 두려웠던 까닭으로 마음에 슬픔과 괴로움을 품었고, 곧바로 합장하고 보살에게 아뢰어 말하였다.

"성자여. 이와 같다면 나도 역시 산림으로 따라가겠습니다. 나는 죽어도 능히 잠시라도 서로 떨어질 수 없습니다. 만약 이별한다면 나는 목숨을 보존하지 않겠습니다."

곧 가타를 설하여 보살에게 알려 말하였다.

허공에 달이 없으면 광채(光彩)도 없고
대지에 싹이 없으면 열매도 생겨나지 않으며

연못 속에 연꽃은 물이 흐르면 마르는데
남편이 없는 부인도 역시 이와 같다네.

보살이 알려 말하였다.

"세간의 상법(常法)에는 반드시 이별이 있소. 그대는 왕궁에서 태어났고 자랐으며 좋은 음식·의복·와구(臥具) 등이 만족스러웠고 이것으로써 공양을 받았던 까닭으로 몸과 살이 유연(柔軟)하오. 산림의 사이에서는 풀로써 땅에 깔고 누우며 과일을 먹어야 하오. 꽃과 나무열매를 따는 때와 걸어다니더라도 가시에 찔릴 것이나 항상 계행을 지녀야 하오. 자신이 역시 여러 사람을 보더라도 마음은 항상 견고해야 하고 오는 사람들을 공양해야 하며 나는 역시 반드시 뜻에 따라서 베풀 것이오. 마땅히 베푸는 때에도 우뇌가 생겨나지 않아야 하오."

보살이 다시 태자비에게 알려 말하였다.

"그대는 마땅히 스스로가 마땅하게 잘 헤아리시오."

태자비가 대답하여 말하였다.

"나는 성자의 뜻을 따르겠습니다."

보살이 다시 알려 말하였다.

"만약 이와 같다면 마음에 항상 기억해야 할 것이니, 지금 서원을 세워 말합시다."

이미 서원을 세우고서 보살은 부왕의 처소에 나아가서 정례하고 아뢰어 말하였다.

"원하건대 부왕께서는 과실을 용서하십시오. 다른 나라의 원수인 바라문에게 큰 코끼리를 베풀었던 까닭으로 이러한 과실이 있었습니다. 저는 산림으로 가겠으니, 원하건대 부왕의 창고가 항상 풍족하여 고갈이 없으십시오."

왕은 아들과 함께 이별의 말을 듣고 마음에 처창(悽愴)⁶⁾과 우비(憂悲)와

---

6) 몹시 슬프고 애달픈 것을 가리킨다.

고뇌(苦惱)를 품고 곧 아들에게 알려 말하였다.

"그대는 이곳에 머물면서 산림으로 가지 말고 뜻에 따라서 보시하라."

보살이 가타로서 부왕에게 대답하여 말하였다.

대지와 여러 산림을
차라리 회전(迴轉)하면서
내가 구걸한 것이라도
마음에서 변함없이 베풀겠습니다.

이때 보살은 이러한 게송을 마치고 부왕에게 하직하고 떠나갔다. 그때 태자비와 아들과 딸과 아울러 여러 시종(侍從) 수천여 명은 모두가 크게 울면서 함께 이 성을 빠져나갔다. 이때 한 사람이 있어 대중들이 이렇게 울면서 슬프게 부른다는 말을 듣고 물어 말하였다.

"지금 이곳의 대중들은 무슨 인연으로 울고 있습니까?"

대답하여 말하였다.

"그대는 어찌 듣지 못하였는가?"

곧 게송으로 알렸다.

성안에 태자가 있었는데
스스로 상보(象寶)를 가지고 보시하였고
왕이 꾸짖고 멀리 내쫓았으므로
이렇게 대중들이 슬피 우는 까닭이라네.

그때 태자는 이미 성문을 나왔으므로 여러 시종들에게 알렸다.

"그대들은 돌아가시오. 그대들은 지금 마땅히 아시오. 일체의 은애(恩愛)는 모이면 마땅히 이별하는 것이고, 권속들이 모였어도 법에서는 오래가지 않는 것이오. 그것은 길을 가면서 나무 그늘의 아래에서 함께 쉬면서 모였으나 잠시 뒤에 마땅히 뿔뿔이 흩어지는 것과 같은 것이오."

곧 게송으로 설하여 말하였다.

일체의 세간 사람들은
모이면 반드시 이별한다네.

이때 보살은 이렇게 말하고 30리(里)를 걸어갔고, 한 바라문을 보았는데, 다가와서 보살에게 알려 말하였다.

"찰제리(刹帝利) 동자여. 나는 그대의 명성을 멀리서 듣고 30역(驛)을 따라서 왔던 까닭은 4마리 말의 마차를 구하는 것이니, 원하건대 나에게 4마리 말의 마차를 베풀어 주십시오."

이때 태자비는 이미 바라문이 와서 구걸하는 것을 보았고 마음에 경만(輕慢)이 생겨나서 추악한 말을 바라문에게 말하였고, 곧 게송을 설하여 말하였다.

희기(希奇)하고 깊은 악성(惡性)의
바라문에게 알려 말하는데
숲속의 사이에서 있는데
와서 4마리의 마차를 구걸하는구려.

이때 보살이 그 태자비에게 알려 말하였다.
"그대는 바라문에게 추악한 말을 하지 마시오."
곧 게송을 설하여 말하였다.

만약 구걸하는 사람이 없다면
나는 누구에게 마땅히 보시하겠는가?
보리에 나아가기 위한 까닭으로
모두 보시하며 아끼는 마음을 버렸다네.

육도(六度)[7]의 수승한 복(福)을
이것을 보살행이라고 이름하나니
보리를 증득하기 위하여
일체의 지혜를 원만히 닦아야겠네.

이때 보살은 이러한 게송을 설하고서 마음에 환희가 생겨나서 다시 게송으로 설하여 말하였다.

내가 지금 이러한 간탐(慳貪)의 번뇌를 없애고자
보배수레를 바라문에게 보시하겠으며
옛날의 대선(大仙)도 모두 함께 행하였으므로
아울러 무루(無漏)의 보리처(菩提處)를 얻었다네.

이때 보살은 이렇게 서원하였고 마음에 환희가 생겨나서 이 보배수레를 가져다가 바라문에게 보시하였다. 이때 보살은 그 아들을 업거나 어깨에 얹혔고, 또한 태자비도 딸을 어깨에 얹히고 길을 걸어서 나아갔다. 점차 걸어서 산림(山林)에 이르렀고 이미 산림에 이르자 마음에서 욕심이 거의 없었다. 곧 계행을 닦으면서 의지하며 머물렀다. 뒤의 다른 때에 한 바라문이 있어 숲속에 찾아와서 보살의 처소에 나아가서 아들과 딸을 구하였다. 때마침 만저리(曼低離)[8]는 열매를 따고자 집에 없었고, 이때 바라문은 두 손을 들어 찬탄하면서 보살에게 알려 말하였다.
　"찰제리 동자여. 원하건대 존승(尊勝)을 얻으십시오."
　곧 가타로서 보살에게 알려 말하였다.

나는 지금 모실 사람이 없어
아내와 함께 여러 곳에서 구하는데

---

7) 육바라밀을 가리킨다.
8) 원문에서는 '리(離)'의 글자가 결락되어 있다.

그대의 이러한 두 자식을
원하건대 나에게 은혜롭게 베푸십시오.

이때 보살은 이러한 말을 듣고 사랑하는 자식을 떠나보내고자 곧 잠시
사유하였다. 이때 바라문은 다시 보살에게 알려 말하였다.
"찰제리 동자여. 나는 일찍이 그대가 일체를 능히 보시한다고 들었고
지금 내가 구걸하는데 어찌 깊이 헤아리는가?"
곧바로 게송으로써 보살에게 알려 말하였다.

그대는 지금 능히 자비로서 일체를 보시하였다고
명성이 여러 지방에 널리 퍼졌으니
옛날에 능히 은혜로 보시하였다고 들은 것과 같이
당신께선 지금 마땅히 수순하여 수행하십시오.

이때 보살은 이러한 말을 듣고 곧 가타로 바라문에게 알려 말하였다.

내가 지금 반드시 신명을 버리더라도
본원(本願)에서 다른 마음은 생겨나지 않으며
가령 자식으로서 다른 사람에게 보시하여도
이것에서 결국 퇴전(退轉)은 없다네.

다시 바라문에게 알려 말하였다.

내가 지금 두 아이를 베푼다면
부부가 숲속에 머물게 되고
여인의 성품은 슬픔과 그리움이 많나니
무엇으로 머무르게 해야 하는가?

뒤에 사람들은 나에게 자비가 없어
스스로 아이를 버렸다고 말하지 말라.
능히 제 몸을 버릴 수 없어서
아들로서 보시하였다고 말하지 말라.

이때 바라문이 보살에게 알려 말하였다.
"찰제리 동자여. 마땅히 이와 같지 않을 것입니다. 그대는 왕족으로 태어나고 자랐으며, 시방에 명성이 수순(隨順)함을 이 세계의 대지에서 모두가 함께 들어서 알았고, 일체의 여러 함식(含識)에게 대자비가 생겨나서 여러 종류를 은혜로 보시하였고 공경하였으며 공양하여 오히려 향상(香象)과 같았습니다. 여러 사문·바라문·스승·어른·가난한 사람·홀아비·과부 부류들도 모두 섭수(攝受)하시어 공양하셨고, 따라서 구하는 발원을 함께 본심에서 칭찬하셨으며, 보였던 사람은 불러들이고 이끌면서 헛되게 지나가지 않았으며, 만나는 사람에게 은혜로 보시하여 복을 헛되게 버리지 않았습니다.

나도 이미 먼 곳에서 왔고, 어려움과 고달픔이 함께 갖추어졌으나 구하는 것이 다행히도 마침내 희망이 되었습니다. 심마(心馬)는 조복(調伏)하기 어렵고 일정하게 머무르는 까닭이 없으므로 잠깐 사이에도 번복하여 항상하지 않습니다. 본래의 마음이 물러나서 능히 은혜를 베풀지 못하는 것을 두려워하셨고, 내가 심한 고초에 실망(失望)하고 돌아가는 것을 두려워하셨습니다. 당신께서는 지금 마땅히 나의 본원(本願)을 만족시켰으므로 떠나가겠습니다."

곧바로 게송으로 보살을 찬탄하여 말하였다.

능히 일체를 보시한다고
명성이 시방에 널리 들리므로
바라건대 애민하게 생각하시어
마침내 나의 희망을 얻게 하십시오.

이때 보살은 이러한 말을 듣고 이별하는 사랑하는 자식을 위하여 마음에 우수(憂感)가 생겨나서 곧 스스로가 생각하며 말하였다.

"내가 지금 만약 두 아이들을 바라문에게 베푼다면 나와 만저(曼低)는 사랑하는 자식을 이별한 까닭으로 큰 슬픔과 괴로움이 생겨날 것이고, 만약 바라문에게 베풀지 않는다면 나의 범행(梵行)은 곧 어긋남과 위배됨이 있을 것이다. 또한 바라문은 본래의 희망을 잃어버리고 공허하게 말하고 떠나갈 것이다. 내 지금 반드시 사랑하는 아이들과 이별하고 근심하고 슬퍼하며 큰 고통을 받고 이곳에서 태울지라도 결국 이러한 본래의 서원을 능히 위배하고 범행을 무너트리지 않겠다."

마음에서 그 아이들을 베푸는 것으로 결정하였고, 발원을 말하면서 가타를 설하여 말하였다.

내가 지금 이 자식을 베풀겠으니
대과(大果)의 이익을 얻게 하시고
이러한 수승한 복으로써
고해(苦海)의 중생들을 제도하게 하십시오.

이때 보살이 아들과 딸을 베풀었는데 이 대지(大地)가 여섯 종류로 진동하였다. 기거하던 산의 옆에는 여러 선인(仙人)들이 있었는데 대지가 진동하는 것을 보고는 모두 놀라면서 서로에게 알려 말하였다.

"누구의 복력(福力)으로 다시 무슨 인연이 있어 이렇게 대지가 홀연히 진동하는가? 지금 누구의 세력으로 이러한 상서로움이 있는가를 살피고 관찰합시다."

선인들 가운데에서 한 선인이 있었는데 가장 나이가 많았고 점괘(占相)에 매우 밝았고 다시 천문(天文)을 이해하였다. 곧 가타로서 여러 선인들에게 알려 말하였다.

이것은 보살이 산림을 즐거워하는 것으로

열매를 먹고 물을 마시며 신명을 이어가며
사랑하는 아이들을 지금 베풀었으므로
이러한 까닭으로 대지에 이러한 징조가 있다네.

이때 두 아이는 아버지가 자기들을 베풀려는 마음을 알고서 슬프게 부르면서 울었으며 아버지의 발에 정례하고 합장하고서 아뢰어 말하였다.
"원하건대 아버지께서는 애민(哀隣)하게 생각하시어 저희들을 버리지 마십시오. 우리에게 아버지가 없다면 누구를 의지하고 살겠습니까?"
이때 보살은 이러한 말을 듣고 마음에 읍창(悒悵)9)을 품고서 눈에 가득히 눈물을 흘리면서 곧 가타로서 사랑하는 아이들에게 알려 말하였다.

아이들아. 그대들은 마땅히 알라.
내가 사랑하지 않고 애민한 것이 아니고
중생들의 고통을 구제하기 위하여
이러한 까닭으로 아이들을 베푸는 것이니라.

이러한 수승한 복으로써
고해의 중생들을 제도하여
혼미한 나루에서 벗어나게 하고
함께 보리과를 얻고자 하느니라.

그때 두 동자는 아버지의 말을 들었고 아버지가 장차 베풀고자 결정한 것을 알았으며 슬프게 부르면서 울었고 정례하고 합장하였으며 목이 메었으나 가타로서 아버지에게 아뢰어 말하였다.

아버지께서 지금 저희들을 베풀고자 결정하셨으므로

---

9) 근심하고 한탄한다는 뜻으로 매우 가슴이 답답하게 한탄한다는 뜻이다.

저희들은 지금 어머님께 남길 말을 부탁하겠으니
저희들에게 일찍이 있었던 여러 허물과 잘못을
원하건대 어머님께서는 애민하게 보시고 용서하십시오.

저희들이 어리고 우치(愚癡)하였던 까닭으로
직접 가르치신 말씀을 공손히 받들어 존중하지 못하였고
지금 때에 자비로운 은혜를 보답하지 못하였나니
이와 같은 허물도 바라건대 용서하십시오.

이때 아이들은 이미 게송을 말하고서 아버님의 발에 정례하고 오른쪽으로 세 바퀴 돌고는 두 눈에 눈물을 글썽이면서 아버지께 하직하고 떠나갔다. 그때 보살은 그 어린아이들의 슬프고 애절한 말을 기억하면서 마음에 근심과 괴로움을 품었으나 보리심을 일으켜서 곧 초암(草菴)으로 들어갔다. 이때 그 두 동자는 비로소 초암을 떠나갔는데 이 삼천세계가 여섯 종류로 진동하고, 무량한 백천의 천인들이 허공에서 있으면서 이와 같이 말을 지어서 말하였다.
　"오호(嗚呼)라. 기이한 일이여."
　이구동음(異口同音)으로 게송을 설하여 말하였다.

희기한 보시의 대위덕(大威德)이여.
보살이 이와 같이 마음을 결정하였고
몸으로 사랑하는 두 아이를 낳았으나
자신의 몸까지 베풀었어도 마음에 후회가 없네.

이때 동자의 어머니인 만저리(慢低離)는 이미 과일을 채취하여 얻고서 초암이 있는 곳에 오려고 하였으나 대지가 여섯 종류로 진동하는 것을 보고서 마음에 곧 놀라서 빠르게 초암을 향하였다. 이때 한 천자(天子)가 있어 어미 사자로 변화하여 길을 가로막고 앉았는데, 보살이 일체의 중생들을 도탈(度脫)시키고자 지금 두 아이를 베푸는 것을 보고서 이 만저리가 단바라밀(檀波羅密)의 마음에 걸림돌이 생겨나게 하는 것을 염려하였던 것이었다. 만저리는 이미 사자가 길을 막고 있는 것을 보고 가타로서 어미 사자에게 알려 말하였다.

사자여. 그대는 짐승의 왕의 아내인데
무슨 인연으로 이 도로에서 나를 막는가?
나는 지금 그대와 함께 모두 남편을 섬기므로
마땅히 빠르게 멀리 인연 찾아 떠나가거라.

그대는 짐승의 왕인 사자의 아내이고
나는 인간의 주인인 제왕의 아내이니
함께 인의(仁義)로 합친다면 자매가 되므로
마땅하게 길을 열어서 나를 떠나가게 하여라.

이때 사자로 변화하였던 천자는 이러한 말을 듣고 길을 피하여 떠나갔다. 그때 만저리는 길에서 여러 종류의 악하고 괴상한 일을 보았는데 이를테면, 허공에 있으면서 슬픈 울음소리를 들었고, 다시 산림에 머무는 여러 유정의 부류들이 모두가 울면서 눈물을 흘렸고 길게 탄식하는 것 등이었다. 잠깐 사이에 이렇게 생각을 지었다.
'내가 보았던 이와 같은 괴상한 일들은 반드시 그 초암에 좋지 않은 일이 있는 것이다.'
게송을 설하여 말하였다.

나는 지금 두 눈으로 보아도
여러 새들이 모두 슬프게 울고
나의 마음을 애절(哀切)하게 하므로
아이들과 함께 분명히 이별하였으리라.

이와 같이 대지가 진동하고
몸과 마음이 함께 모두가 다투면서
두루 몸이 지금 불안한 것은
분명히 이별의 일인 것을 알겠네.

이때 만저리는 이렇게 게송을 설하고서 온갖 종류의 손해되는 일을 사유하면서 곧 초암에 이르렀고 초암으로 들어가서 여러 곳을 두루 살펴보았으나 두 아이가 보이지 않았다. 마음에 우뇌가 생겨나서 곧 이렇게 생각을 지었다.

'나의 두 아이는 작은 사슴과 유희하는 것인가? 다시 흙을 취하여 성을 만들면서 장난하는 것인가?'

곧 다니면서 찾아보았으나 이미 찾았어도 보이지 않았다. 다시 이렇게 생각을 지었다.

'내가 보지 못하였던 까닭으로 암자에 들어와서 자는가?'

이렇게 사유를 짓고 마음에 두려움을 품고 아이들을 찾아보았다. 채취한 과일 바구니를 곧 한쪽에 버려두고서 두 눈에 눈물이 가득 고였는데 남편의 발에 정례하고 물어 말하였다.

"나의 어린 두 아이들은 어디에 있습니까?"

이때 보살이 게송으로 대답하여 말하였다.

초월하여 구걸하는 자인
바라문이 이곳에 왔었고
내가 그 두 아이를 보시하였으니
그대도 마땅히 기뻐하시오.

이때 만저리는 이러한 말을 듣고는 오히려 어미 사슴이 독화살을 맞고 민절(悶絶)하여 땅에 쓰러진 것과 같았고, 다시 물의 물고기가 땅 위에서 뒹구는 것과 같았으며, 비유하면 메추리가 새끼를 잃고 애절하는 것과 같았고, 역시 어미 소가 새끼를 잃고 애절하게 울부짖는 것과 같았다. 그때 만저리는 이와 같이 슬프게 탄식하면서 게송으로 말하였다.

내 두 자식의 얼굴은 꽃과 같고
손발의 유연함은 연잎과 같으며
동시에 함께 이러한 고통을 받았는데
나와 이별하여 외롭게 떠났으니 홀로 어찌하나?

이때 천제석(天帝釋)이 보살과 만저리 부인이 함께 희유한 난행(難行)의 행을 결정한 것을 알고서 삼십삼천과 함께 서로를 둘러싸고 허공에서 아래로 내려왔으므로 광명이 널리 비추었다. 보살이 기거하는 산림의 초암에 이르러 공중에 있으면서 가타로서 보살에게 알려 말하였다. [이 아래에 게송이 있었다.]

이때 천제석은 이렇게 게송을 지어 보살의 마음을 견고하고 용건(勇健)하게 하였으며 사유를 지었다.

'지금 보살에게는 오직 만저리 부인이 있으니, 시자(侍者)로서 삼아야겠다. 만약 구걸이 있는데 보시(捨施)를 결정한다면 곧바로 보살을 시봉할 사람이 없을 것이다. 나는 지금 마땅히 만저리 부인을 구걸하여 취하고서 돌려보내고 또한 보살의 처소에 의지하여 머물도록 권유해야겠다.'

홀연히 사라졌고 이때 제석천은 뒤에 오래지 않아서 바라문의 몸으로 변화를 지었고 보살의 처소에 이르러 게송을 설하여 말하였다.

이 부인의 용모와 위의는 매우 아름다운데
오직 한마음으로 한 남편만 섬기니
이와 같이 존귀하고 좋은 부인을
바라건대 보시하여 나를 섬기게 하십시오.

이때 만저리 부인이 이러한 말을 듣고 마음에 우뇌가 생겨나서 그 구걸하는 사람에게 화내면서 이와 같이 말을 지어 말하였다.

　　그대는 부끄러움이 없이 탐애하는 자이고
　　세간의 가운데를 가득 채운 극악한 사람이니
　　만약 이러한 법을 알고 존귀한 위의를 알면서
　　어찌 남편을 따르는 나를 억지로 구걸함이 합당할까?

　　이때 보살은 마음에 슬픈 감정을 품고 부인을 돌아보았고, 부인이
게송으로써 알려 말하였다.

　　나는 지금 마음에 근심이 없고
　　역시 몸의 고통도 걱정이 없으나
　　오직 당신이 홀로 있을 것이 염려되는데
　　어찌해야 구제되어 머물 것인가?

　　이때 보살도 게송으로 부인에게 대답하여 말하였다.

　　내가 이곳에 있는 것을 걱정하지 마시오.
　　나는 견고하고 불괴(不壞)의 도를 구할 것이니
　　그대는 다만 공경하며 이 자를 따라간다면
　　나는 들짐승과 같이 이 산에서 죽을 것이오.

　　그때 보살이 이러한 게송을 말하고서 마음에 큰 환희가 생겨나서 거듭
게송으로 설하여 말하였다.

　　나는 지금 이산에서 모든 것을 베풀었나니
　　부인이 떠나간 뒤에 나는 걱정이 없다네.

　반절의 게송을 설하고서 이때 보살은 곧 한 손으로 만저리를 잡았고 다른 한 손으로 조관(澡罐)을 집지(執持)하고서 바라문을 향하며 게송을 설하여 말하였다.

　　이 사람은 청정하여 잡염(雜染)이 없고
　　언사(言詞)가 명료하고 아름다워 공경히 섬겼으며
　　지금 나에게 더욱 소중하였던 아내였던 까닭으로
　　당신에게 받들어 보시하겠으니 바라건대 수호하시오.

　그때 보살은 이미 아내를 보시하고 이와 같이 서원을 일으켰다.
　"이러한 보시의 복으로 빠르게 성불하게 하십시오."
　이렇게 말하던 때인 이때 대지가 여섯 종류로 진동하였다. 이때 바라문이 마침내 부인을 데리고 이곳에서 멀지 않은 곳으로 갔다. 이때 만저리는 마음에 슬픈 감정을 품고 이렇게 말하였다.
　"나는 지금 존경하는 남편과 이별하였고 매우 사랑하였고 예뻐하였던 자녀들까지 이별하였으니, 숙세의 인연에서 무슨 죄업(罪業)인가를 알지 못하겠구나."
　이렇게 광야에 서있으며 허둥거리며 슬프게 울부짖으니, 그 어미소가 새끼를 잃은 것과 같았다. 이때 천제석이 이러한 모습을 보고는 본래의 형태로 돌아와서 만저리를 향하여 게송으로 설하여 말하였다.

　　묘한 여인이여. 나는 바라문이 아니고
　　역시 사람도 아니며 천제석이고
　　능히 아수라대천왕도 무너뜨리는데
　　지금 나는 그대를 깊은 마음으로 연민하고 있다오.

　"그대는 무슨 소원이 있는가? 내가 모두 들어주겠노라."
　이러한 말을 듣고 마음에 환희가 생겨나서 곧바로 소중한 마음으로 공경스럽게 예배하고 게송을 설하여 말하였다.

　　천안천주(千眼天主)시여. 저의 아이들을 구해주십시오.
　　천한 몸을 벗어나서 해탈을 얻고
　　곧 부모를 만나 항상 환락하는 것이
　　제석천왕이여. 이것이 저의 발원입니다.

이렇게 말을 마쳤다. 이때 제석천주는 그 묘한 여인과 함께 보살의 처소로 돌아와서 오른손으로써 만저리의 손을 잡고 보살에게 말하였다.

"제가 이 여인을 성자에게 맡기어 항상 공양함으로써 인자(仁者)를 보살피고 모시도록 하겠사오니 와서 구하는 자가 있더라도 다시는 주지 마십시오. 이 여인을 맡겨서 받았는데 만약 다시 다른 사람에게 준다면 세상 사람들은 모두 싫어하고 부끄러워할 것입니다."

이때 제석천은 곧 아이들을 데려간 바라문이 있는 곳으로 갔고 그를 혼미하게 만들었다. 조치하는 것을 몰라서 허둥대며 차례를 잃었고 오히려 본성(本城)으로 돌아왔으며 시장 안에서 팔고자 하였다. 대신들이 보고 곧 국왕에게 알려 말하였다.

"어느 사람이 왕의 손자인 두 사람을 데리고 왔는데 큰 아이는 열의(悅意)라고 이름하였고, 작은 아이는 흑아(黑兒)라고 이름합니다. 자비심이 없이 민망하게 시장 가운데에서 팔겠다고 외치고 있습니다."

왕이 말을 듣고 마음에서 매우 슬프고 괴이하여 곧 사자를 보내어 그 사람을 추적하여 오게 하였고 아이들이 원수의 손에 들어가지 않게 하였다. 궁중의 사람들은 듣고서 슬프고 우뇌하였으며, 성안이 함께 슬퍼하고 탄식하였다. 사자가 왕의 처소에 빠르게 데리고 왔고 왕은 손자들을 보고 가까이 오라고 명하였다.

아이들을 보았는데 찢어진 의복을 입었고 굶주려서 수척하고 여위었으며 기름때에 더럽혀졌으므로 마음이 곧 미혹(迷悶)되었고 마침내 사자좌(師子座)에서 땅으로 떨어져서 민절하였으며 오랜 뒤에야 깨어났다. 성안의 여러 사람들과 대신·재상(輔相)·궁녀·채녀(婇女)들이 일시에 울부짖고 통곡하는 소리가 성곽에 진동하였고, 여러 신하들과 백관(百官)과 아울러 궁인들이 일시에 통곡하며 슬픔을 멈추지 않았다. 잠시 후에 깨어나서 여러 신하들에게 알려 말하였다.

"우리 아이가 비록 그 산림에 있으나 보시행을 오히려 멈추지 않고 있소. 지금 사자를 보내어 빠르게 맞이하여 돌아오시오."

이때 제석천왕은 다시 보살의 처소에 이르러 일을 알리고서 곧 보살에게 하직하고 물러갔다. 오래지 않아서 부왕은 목숨을 마쳤고 여러 대신들이 함께 의논하였다.

"지금 대왕은 이미 세상을 떠나셨으므로 우리들 여러 사람은 마땅히 태자를 맞이합시다."

이렇게 말하고서 곧 태자를 맞이하여 왕으로 책봉하였다. 이미 왕위에 오르자 대시회(大施會)를 지어 안팎의 여러 소유물을 아낌없이 일체의 사문과 바라문 및 여러 가난하고 구걸하는 사람과 먼 곳에서 찾아온 사람, 아울러 왕의 권속과 친구 등에게 널리 베풀었다. 일체의 보시와 여러 종류 공덕을 널리 모두가 첨흡(霑洽)10)하였으므로 곧 게송으로 설하여 말하였다.

보리를 구하기 위한 까닭으로
찰리(刹利)와 바라문과
벽사(薜舍)와 달라(達羅) 등에게
환희심으로 보시하였네.

전다라와 악한 부류와
지계가 청정한 사람과
금은과 보배 영락(瓔珞)과

---

10) '구석구석까지 빠짐없이 젖는다.'는 뜻으로 모든 사람에게 혜택이 돌아간 것을 비유한 말이다.

부리는 노복(奴僕)과
아들·딸·처자 등도
함께 보시하였던 마음을 까닭으로
곧 청정한 몸을 얻었다네.

지금 세상과 미래의 세상에서
왕이 손자들을 구하는 것과 같이
바라문이 보물을 받는 것과 같이

권속들이 함께 환희하였고
이와 같은 안은함을 얻은 것은
모두가 그 왕의 자손인 까닭이라네.

나는 최상이라고 말하는데
사람의 복전이므로
공양을 받는 것이 합당하며
이것을 인연하여 재보(財寶)를 얻었다네.”

세존께서 말씀하셨다.
“필추들이여. 이것이 무슨 일이었는가를 그대들은 마땅히 알지니라.
그때에 자식들을 베풀었던 왕은 나의 몸이고, 그때의 바라문은 지금의
제바달다이니라. 이 바라문은 은혜와 의리가 없었느니라. 그대들 필추들
이여. 마땅히 이와 같이 적은 공양을 얻지 말고, 반드시 진중한 마음을
지을지니라. 그대들 필추들이여. 마땅히 이와 같이 배울지니라.”

이때 세존께서는 왕사성(王舍城) 죽림원(竹林園)에 머무르셨다.
그때 첨파성(瞻波城)에 장자가 있어 보덕(寶德)이라고 이름하였는데,
재산과 보물이 많아서 풍족하게 수용하였다. 아내를 얻고 오래지 않아서

임신하였는데, 그 남편은 마침내 극진하게 받들고 공양하였다. [자세한 설명은 다른 곳에서와 같다.]

뒤의 때에 장자가 왕사성으로 갔는데 달이 찼고 뒤의 여성월(女星月)에 다시 한 아들을 낳았으며 모습과 얼굴이 단엄한 사람이어서 보기가 드물었다. 그의 발아래에는 손가락 네 마디의 길이인 털이 하나 있었는데 황금색과 같았다. 곧 사람을 시켜 빠르게 왕사성에 가서 장자에게 알려 말하였다.

"한 아들을 낳았습니다."

장자가 물어 말하였다.

"무엇을 말하는 것인가?"

사자(使人)가 말하였다.

"장자여. 아들을 낳았습니다."

이와 같이 몇 번을 물었으나 모두 "장자여. 아들을 낳았습니다."라고 말하였다. 이때 사자가 말하였다.

"어찌 여러 번을 물으시고 다시 대답하지 않으십니까?"

장자가 말하였다.

"그대는 어찌 일백 번을 이렇게 말하지 않는가? 나는 지금 백 꾸러미가 넘는 황금을 그대에게 주고자 하였으나, 그대가 세 번을 말하였으므로 세 꾸러미의 황금을 주겠네."

사자에게 곧 돌아가서 창고를 지키는 사람에게 알리게 하였다.

"20구지(俱胝)의 재산과 보물로 아들에게 매일 음식을 공급하게."

장자는 곧 왕의 처소로 향하여 대왕에게 아뢰어 말하였다.

"제가 한 아들을 낳았습니다."

이때 왕이 알려 말하였다.

"나의 첨파성에는 7마리의 단정하고 보배로 장식된 좋은 코끼리가 있는데 모두 그대의 아들에게 주겠소."

보덕 장자는 이미 왕에게 아뢰고서 곧 본성(本城)으로 돌아왔다. 삼칠일이 지나자 권속들이 와서 모였고 이미 여성월에 태어났으므로 마땅히 여성(女星)이라고 이름을 지어 주었다. 8명의 유모를 부촉하였는데, 2명은 젖을 먹였고, 2명은 항상 안아주었으며, 2명은 옷을 세탁하였고, 2명은 함께 놀아주었다. 여러 종류의 음식을 수용하여 그 아이를 양육하였는데, 점차 장대(長大)하면서 물속에 있는 연꽃과 같았다.

그 아들이 이와 같이 나이가 들어 장대하여 곧 학문을 배웠는데 역수(曆數)와 특별하고 보배로운 기능(伎能)에 대하여 밝게 통달하였다. 여러 사람들은 딸을 데리고 다투어 이르러 혼인을 구하였다. 그 아버지는 아들에게 세 종류의 방실(房室)과 원림(園林)을 만들어 주었는데 이를테면, 봄·여름·겨울의 세 때에 따라서 사용하게 하였다. 세 종류로 궁인(宮人)을 나누었는데 이를테면, 상·중·하이었고 그 사람들은 매번 상궁(上宮)에 머물면서 유희하여 쾌락하게 하였다. 매일 500냥(兩)의 황금을 사용하여 음식을 지어 아들에게 주어서 먹게 하였다. 그때 제바달다는 아사세왕(阿闍世王)에게 악하게 간언하였다.

"그대의 부왕은 머리가 하얗게 변한 노인인데 여인을 싫어하지 않고 여러 종류의 음식을 즐기고 있습니다. 그대는 지금 장대하였으나 그대에게 왕위를 물려주지 않으니 물려받을 날을 기약할 수 없습니다."

아사세왕이 물어 말하였다.

"지금 어떻게 해야 합니까?"

제바달다가 대답하여 말하였다.

"반드시 지나간 사람의 일이 있습니다. 일반적으로 사람이 일은 구한다면 짓지 않을 종류는 없었습니다. 마땅히 여래께서는 소(酥)를 복용하시고 계신데 부왕께서는 지금 죽을 가지고 죽림인 여래의 처소에 가시고자 합니다."

아사세왕은 길의 중간에 있으면서 빈비사라왕(頻毘娑羅王)에게 긴 창(槊刺)을 던져서 죽그릇을 깨트렸고 그 왕은 곧 돌아왔다. 이때 세존께서 타심지(他心智)로써 모든 것을 미리 아셨으므로 목련(目連)에게 알려 말하였다.

"그 제바달다가 아사세왕을 권유하여 지옥에 떨어트렸네. 나는 빈비사라왕에게 죽을 찾아서 먹고자 하였으나, 죽그릇을 때려서 깨뜨렸네. 그대

는 마땅히 나를 위하여 첨파성에 가서 보덕 장자의 아들에게 죽을 걸식하여
가지고 오게."

이때 대목건련(大目犍連)이 단정히 앉아서 정에 들어갔고 왕사성에서
사라져서 첨파성에 나타났다. 그 장자의 아들은 매일 태양신을 섬겼는데,
이른 아침에 섬기고 있는 때에 그는 목건련이 태양 속에서 내려오는
것을 보았다. 그 장자의 아들은 대목건련을 보고 마음에서 매우 놀랐고
괴이하여 게송으로 설하여 말하였다.

지금 태양신의 몸을 보는데
태양에서 내 앞으로 내려왔네.
누가 그의 몸을 나타나게 하였는가?
이 사람이 누구인가 빠르게 대답하시오.

마땅히 태양신이신가?
다문천왕(多聞天王)이신가?
마땅히 달에서 내려왔는가?
다시 제석천의 몸이신가?

이때 대목건련은 그 장자 아들의 뜻을 살피고 관찰하여 알고서 곧
게송을 설하여 말하였다.

천광(千光)의 태양신도 아니고
나는 다문천도 아니며
역시 제석의 몸도 아니고
나는 모니의 제자라네.

매우 크게 구족한 위광(威光)으로
죽을 걸식하고자 이곳에 왔고

불신(佛身)을 공양하고자 한다네.

장자의 아들이 물어 말하였다.
“세존은 누구십니까?”
대목건련이 게송으로써 대답하여 말하였다.

겨자는 수미산에 비교할 수 없고
작은 벌레의 반딧불은 태양에 비교할 수 없으며
소 발자국의 물은 바다에 비교할 수 없듯이
모든 외도들이 세존께 비교할 수 없는 것과 같다네.

그때 장자의 아들이 그 말을 듣고 물어 말하였다.
“지금 왔던 뜻은 무슨 일을 하고자 하십니까?”
대답하였다.
“여래를 위하여 죽을 걸식하고자 왔네.”
물어 말하였다.
“여래께서는 어느 족성(族姓)입니까?”
목건련이 대답하여 말하였다.
“사문 교답마(喬答摩)가 있으신데 석(釋)씨 종족의 아들이고 머리와
수염을 깎고 몸에는 법복을 입었으며, 마음으로는 정진(正眞)을 행하셨고,
출가하여 수도하시어 무상의 정등보리(正等菩提)를 증득하였는데, 이 분이
곧 세존이시네.”
그 장자의 아들은 이전에 세존을 듣지 못하였으므로, 마땅히 세존의
명호를 듣고 마음에서 크게 환희하였고 몸의 털이 모두 곤두섰다. 소유한
500금전으로 음식을 만들어서 일시에 발우의 가운데에 받들어 넣고서
받게 하였다. 이때 목련은 곧 선정에 들어가서 첨파성에서 사라졌고
왕사성에 이르렀으며 죽림의 가운데에 가지고 가서 세존께 받들고자
하였다. 빈비사라왕도 다시 죽을 가지고 세존의 처소에 이르고자 하였다.

음식의 향기가 가득한 것을 맡고 '장차 여러 천인과 제석천이 와서 세존께 공양하였구나. 내가 지었던 죽은 함께 수용할 수 없겠구나.'라고 생각하면서 세존께 아뢰었다.

"천제석과 여러 천인들이 와서 세존께 공양하고 있었습니다. 이 죽림 속이 좋은 향기로 진동합니다."

세존께서 말씀하셨다.

"대왕의 나라에 큰 성이 하나 있어 첨파(瞻波)라고 이름합니다. 한 장자의 아들이 있는데 500금전을 사용하여 음식을 만듭니다. 목련 필추가 그곳에 가서 걸식하여 왔습니다. 그 장자의 아들은 이러한 복력(福力)이 있습니다."

그 왕이 듣고 마음에 환희가 생겨나서 사자를 시켜 부르고자 하였다. 세존께서는 왕의 생각을 아시고서 곧 왕에게 말씀하셨다.

"대왕이시여. 그대는 경솔하게 그 사자를 시켜서 부르지 마십시오." 또한 알렸다.

"그대는 능히 나의 발우 속에 남아있는 음식을 먹을 수 있겠습니까?" 대왕이 아뢰어 말하였다.

"저는 찰제리의 족성(族貴)으로 마정수기(摩頂授記)를 받은 왕종(王種)입니다. 사람들이 남긴 음식을 먹는 것은 합당하지 않습니다. 세존께서는 저의 법왕(法王)이시므로 곧 음식을 먹겠습니다."

세존께서 왕에게 물어 말하였다.

"그대는 일찍이 태어나서 이와 같은 음식을 뜻에 따라서 먹었습니까?" 대답하여 말하였다.

"세존이시여. 저는 왕궁에서 태어났고 왕궁에서 자랐으며 이 몸이 왕이 되었으나 일찍이 이렇게 좋고 맛있는 음식은 먹어보지 못하였습니다."

세존께서 말씀하셨다.

"대왕이시여. 마땅히 아십시오. 그 장자의 아들은 큰 복덕의 사람이므로 항상 이와 같은 맛좋은 음식을 먹는 것입니다."

이때 빈비사라왕은 세존께 정례하고 물러나 궁중으로 돌아왔다. 곧

여러 신하들에게 칙명하여 사사(四事)[11]를 갖추었고, 병사와 말 등을 준비
하여 첨파성으로 가고자 하였다 여러 신하들이 왕에게 물었다.

“무슨 인연으로 그곳에 향하십니까?”

왕이 말하였다.

“나는 가서 보덕의 아들을 보고자 하오.”

신하들이 대답하여 말하였다.

“국경 안에 있는데 무슨 인연으로 가서 보십니까? 사람을 시켜 부르십시
오.”

왕이 말하였다.

“그 사람에게는 큰 복덕이 있으므로 부르는 것은 옳지 않소.”

신하들이 왕에게 대답하였다.

“저희들이 방편을 지으면 왕께서 부르지 않더라도 그 사람이 스스로
올 것입니다.”

왕이 말하였다.

“그렇다면 경들의 뜻에 맡기겠소.”

신하들이 곧 서신을 지어서 사자에게 가져가도록 보냈다.

“지금 대왕께서 그 성으로 가시고자 하시니 성안을 청소하시오.”

그 장자의 아들은 듣고 환희하였다. 대신이 또한 알렸다.

“왕자도 역시 온다고 하오.”

이때 장자의 아들은 그 왕자의 성품과 행동이 흉악하고 거칠다는 말을
들었으므로 비용이 손상되는 것이 두려웠다. 여러 대신들이 다시 서신을
지어서 알렸다.

“왕과 왕자인 두 분이 함께 오지 않을 수도 있겠소. 그대들은 반드시
계책을 지어 강가하(强伽河)를 막아서 지금 한 방울의 물도 흐르지 않게
하시오.”

장자는 듣고 마음에서 매우 근심하고 두려워하였다.

---

11) 일상생활에 필요한 네 가지 물건으로 침구·의복·음식·탕약(湯藥)이다.

“왕이 우리들에게 죄를 주고자 이러한 서신을 지어 보냈다는 것을 마땅히 알아야 하오.”

그 첨파성의 여러 사람들은 모두 모여서 모두가 한 통을 서신을 지어 빠르게 재상에게 알렸다.

“왕께서 자주 편지를 보내 칙명하여 말하였습니다. ‘왕이 올 것이오.’ 다시 왕자가 온다고 말하였고 다시 강가하를 막으라고 명하였습니다. 이러한 서신을 읽었는데 또한 알려 말하였습니다. ‘왕과 왕자가 모두 함께 역시 오지 않을 수도 있다.’ 왕께서 보덕의 아들을 보고자 하시는 것이니, 그대들은 빠르게 마땅히 이것의 요점을 보내주십시오.”

이때 첨파성 사람들은 몰래 한 사람을 왕사성에 보내어 거짓인가? 진실인가를 관찰하게 하였고 그 사람은 서신의 일에 하나같이 의지한 것임을 알았다. 이때 성읍의 여러 사람들이 함께 장자의 집에 몰려가서 보덕에게 물어 말하였다.

“대왕께서 그대의 아들을 보고자 한다는 그 재상의 말은 거짓말이 아니었습니다. 저희들이 몰래 사람을 보내서 살펴보게 하였는데, 하나같 이 서신의 일은 장자의 아들을 보고자 한다는 것이었습니다.”

보덕이 대답하여 말하였다.

“만역 나에게 강가하를 금으로써 막으라고 할지라도 내 아들을 역시 능히 보내지 않겠소.”

여러 사람들이 거듭 말하였다.

“장자께서는 크게 부귀하시므로 역시 강가하를 금으로써 막을 수 있는 것을 알겠으나 우리들은 가난한 사람들이라서 계획을 세울 수 없습니다. 바라건대 반드시 자비로 애민하게 생각하십시오.” 장자가 대답하여 말하 였다.

“만약 성안에서 집을 나가서 한 아들이라도 나의 아들을 따라간다면, 내가 마땅히 쫓아낼 것이오.”

이때 사람들은 모두가 장자의 말에 의지하였다.

장자는 곧 아들이 있는 곳으로 가서 조용히 아들에게 말하였다.

“성읍의 사람들이 함께 와서 나에게 알렸다. ‘영승대왕(影勝大王)이 너를 보고자 한다.’”

아들이 아버지께 아뢰어 말하였다.

“제가 마땅히 곧 가겠습니다.”

아버지가 말하였다.

“반드시 마땅하게 그대의 발밑에 있는 금색의 털을 서로가 보고자 할 것이다. 그대는 다리를 들어 대왕에게 보이지 말라. 한 개의 보배 구슬을 가지고 그 왕의 처소에서 발 위에 놓고 왕에게 예배하고서 곧 가부좌로 앉는다면 황금색의 털이 자연히 드러날 것이다.”

이때 보덕은 마음에서 스스로가 사유하였다.

‘내가 지금 아들을 떠나보내면서 마땅히 코끼리를 태워서 보내야 하는가? 다시 말을 태워야 하는가? 수레에 태워야 하는가? 배에 태워서 보내야 태워야 하는가?’

다시 스스로가 사유하였다.

‘배에 태우는 것보다 안은한 것은 없다.’

곧 배를 만들게 하였고, 배 안에 다시 여러 종류의 원림(園林)을 만들어 여러 아름다운 새가 여러 종류로 지저귀게 하였으며, 또한 여러 채녀(婇女)들에게 몸을 장엄시켜 왕사성으로 가게 하였다.

근본설일체유부비나야파승사 제17권

삼장법사 의정 한역
석보운 번역

이때 빈비사라왕은 장자의 아들이 배를 타고 온다는 것을 듣고 긍가하를 따라서 도랑을 만들고 곧 왕사대성(王舍大城)에 이르는 5리(里) 안에 유마자(油麻子)[1]를 가득 심었다. 배가 닿는 성의 장소를 칙명하여 물을 뿌려 쓸었고, 또 여러 기왓조각과 자갈을 치웠으며, 향수를 땅에 뿌렸고, 여러 가지 명화(名花)를 흩뿌려서 비유하면 천궁(天宮)과 같았다. 좋은 공양을 지었고 장자의 아들을 맞이하여 왕사성으로 들어오게 하였다. 그 아들은 왕을 보고 이마를 발에 대고 예배하였고, 곧 보배 구슬을 왕의 발 위에 놓아두었으며, 물러나서 한쪽에서나 가부좌(跏趺坐)를 맺었다. 이때 왕은 그의 발바닥에 황금빛의 털이 있는 것을 보고 마음에 놀라움이 생겨나서 감탄하며 말하였다.

"큰 공덕과 복의 힘이 있는 사람이구려. 그대는 일찍이 세존을 보았는가?"

대답하여 말하였다.

"보지 못하였습니다."

왕이 말하였다.

"그대는 서로를 따라서 불·세존을 보지 않겠는가?"

---

1) 다른 이름으로 호마(胡麻)·오마자(烏麻子)·지마(脂麻)·거승자(巨勝子)·흑지마(黑脂麻) 등으로 불리고 참깨과(胡麻科)에 속한 1년생 본초인 참깨(脂麻) 흑색종자(黑色種子)를 가리킨다.

왕에게 물었다.

“세존께서는 무엇을 타고 다니십니까?”

왕이 말하였다.

“출가한 사람이라서 타는 것을 수용하지 않으시네.”

장자의 아들이 대답하여 말하였다.

“저도 역시 걸어서 가겠습니다.”

이때 여러 사람들이 옷을 벗어 땅에 깔았고 장자의 아들이 그 위를 밟게 하였으므로 물어 말하였다.

“그 불·세존께서는 옷을 밟고 다니십니까?”

대답하여 말하였다.

“그렇지 않네.”

곧 옷을 치우게 하였고 그 장자의 아들은 바로 땅을 밟았는데 여러 천인들이 옷을 벗어서 땅에 깔았으므로 물어 말하였다.

“제가 옷을 깔지 못하게 하였는데, 무슨 인연으로 땅 위에 옷이 있습니까?”

곁의 사람이 대답하여 말하였다.

“이 옷은 하늘의 옷이고, 우리들의 옷이 아닙니다.”

역시 치우게 하였고 천의(天衣)를 모두 치웠다. 이때 장자의 아들이 발로 땅을 밟았고, 이때 대지는 여섯 종류로 진동하였다. 이때에 세존께서 여러 필추들에게 알리셨다.

“이 장자의 아들은 91겁(劫)을 지내면서 모두 옷으로 덮인 땅을 밟고 다녔고, 일찍이 한 번도 땅을 밟고 다니지 않았으나 지금 장자의 아들은 법을 존중하는 까닭으로 발로써 땅을 밟았고 이것을 인연하여 진동하였느니라.”

이때 장자의 아들은 와서 세존의 처소에 나아갔고 세존의 발에 정례하고 곧 한쪽에 앉았다. 이때 세존께서 그의 근성(根性)을 따라서 설법하셨고, 이미 법을 듣고서 자리에서 일어나서 세존의 발에 정례하고 출가하여 계행을 수지(受持)하는 것을 구하며 발원하였다. 세존께서 말씀하셨다.

“아니되느니라. 장자의 아들이여. 부모께서 허락하지 않았으므로 출가하여 수계(受戒)할 수 없느니라.”

이때 빈비사라왕이 세존께 아뢰어 말하였다.

“제가 나라의 주인이므로 그 장자의 창고에 저장된 자산의 일은 모두가 저에게 달렸습니다. 왕이 이미 허락하였사오니 원하건대 여래께서는 그를 출가시키십시오.”

세존께서 말씀하셨다.

“잘 왔느니라. 필추여.”

곧 이때 출가하여 승가지(僧伽胝) 옷을 입고 손에 물병과 발우를 지녔는데 위의와 상서가 백 세의 필추와 같았다. 이때 육중필추(六衆苾芻)들이 모두 함께 그 장자의 아들을 멸시하며 비웃었다.

“그대는 생소(生酥)와 같은데 무엇을 감당할 수 있겠는가? 지금 부지런히 범행을 수행하여도 무슨 이익이 있겠는가?”

이때 육중필추들은 보고 조롱하면서 모두 이렇게 말을 지었다.

“이 사람의 모습과 얼굴은 생소의 덩어리와 같은데, 세존의 바른 가르침을 용맹하게 부지런히 수행하더라도 마땅히 어찌 성취하겠는가?”

그는 이러한 말을 듣고 곧 존자 아난타의 처소로 가서 알려 말하였다.

“존자여. 필추가 어떻게 결정적으로 수행해야 정정(正定)의 뜻을 얻어서 빠르게 성취할 수 있습니까?”

대답하여 말하였다.

“세존께서 말씀하신 것과 같이 삼마지(三摩地)를 받고 부지런히 고통스럽게 경행(徑行)하면 정정을 빠르게 증득할 수 있습니다.”

이때 그는 듣고서 곧 시림(屍林)으로 가서 삼마지의 경행을 지었고 각품(覺品)2)에 전념하였으며 선법(善法)을 사유하였으나, 결국 능히 증득하지 못하였고 또한 한 생각을 일으켰다.

‘나는 지금 부지런히 정진을 행하였고, 여러 성문(聲聞)보다 뛰어난데

---

2) 각지(覺支)와 같은 말이고, 산스크리트어 bodhy-aṅga의 번역으로서 깨달음에 이르게 하는 수행을 가리킨다.

과(果)를 증득하지 못하였다. 나는 지금 스스로가 우리 집과 권속들과 재물이 현존(現存)하고 있으니 집으로 돌아가서 스스로가 반드시 보시를 행하면서 여러 공덕을 지어야겠다.'

이때 세존께서 그의 사념(思念)을 아시고, 한 필추에게 알려 말씀하셨다.

"그대는 지금 그 시림으로 가서 장자의 아들에게 알려 말하게. '그대는 이곳으로 오시오.'"

이때 그 필추는 세존의 명을 받들어 곧 시림의 가운데에 가서 장자의 아들에게 알려 말하였다.

"세존께서 그대를 찾으십니다."

장자의 아들은 듣고 필추와 함께 세존의 처소로 가서 세존의 발에 정례하고 한쪽에 서 있었다. 세존께서 그에게 알리셨다.

"그대는 마땅히 비었고 고요한 숲속에서 혼자 머무르고 앉아서 이와 같이 이치가 아닌 심사(尋思)를 짓지 말라. 그대는 전에 이렇게 생각을 지었느니라. '성문들이 부지런히 닦는 고행을 소유하였으나 나는 모두 그들보다 뛰어나다. 번뇌(漏心)를 끊지 못하고 해탈하지 못한 까닭으로 나에게는 친속들과 큰 자구(資具)를 풍족하고 많게 수용하였으니, 마땅히 집으로 돌아가서 여러 가지 쾌락을 받고 널리 보시를 행하면서 여러 공덕을 지어야겠다.'"

그때 장자의 아들은 세존의 말씀하시는 것을 듣고 곧 이렇게 생각을 지었다.

'세존께서는 지금 내가 마음에서 생각하는 것을 아시는구나.'

곧 이렇게 생각하고는 놀랍고 두려웠으며 우뇌하면서 몸의 털이 곤두서 세존께 아뢰어 말하였다.

"그렇습니다. 세존이시여."

세존께서는 다시 장자의 아들에게 알려 말씀하셨다.

"내가 지금 그대에게 묻겠으니 나를 따라서 대답하게. 그대는 옛날 재가에 있으면서 항상 무슨 일을 지었는가?"

대답하여 말하였다.

“거문고를 잘 연주하였습니다.”

또한 물었다.

“만약 줄을 조율할 때에 그 줄을 팽팽하게 조율하면 그 소리가 화합하고 아름다워서 마음이 기쁘고 좋아서 감당할 수 있는가?”

대답하여 말하였다.

“그렇지 않습니다. 세존이시여.”

물어 말씀하셨다.

“거문고의 줄이 만약 느슨하다면 그 소리가 화합하고 아름다워서 마음이 기쁘고 능히 좋은 소리를 일으켜서 감당할 수 있겠는가?”

대답하여 말하였다.

“아닙니다. 세존이시여.”

“만약 거문고의 줄을 느슨하지도 않고 너무 팽팽하지 않게 그 줄을 조율하여 가지런하다면 그 소리는 좋겠는가?”

대답하여 말하였다.

“그렇습니다. 세존이시여.”

세존께서 장자의 아들에게 알리셨다.

“만약 다시 사람이 있어 심하게 정진(精進)을 행하면 마음에 도거(掉擧)[3]가 생겨나고, 만약 게으름과 느슨함이 많으면 마음에 나태(嬾惰)가 생겨난다. 이러한 까닭으로 그대는 마땅히 수행의 처소에서 중도를 행하라. 만약 이와 같다면 그대는 지금부터 오래지 않아 여러 유루심(有漏心)을 끊고 해탈을 얻을 것이고, 혜해탈(慧解脫)을 얻어 법을 보고 과(果)를 증득할 것이다. 나는 생겨난 것을 이미 모두 끊었고 범행이 이미 섰으며 지을 것을 모두 마쳤으므로 후유(後有)를 받지 않느니라.”

이때 장자의 아들은 세존께서 설하신 것을 듣고 환희하면서 믿고 받아들였으며 마음을 밝혀 사유하고서 세존께 예경하고 떠나갔다. 이때 장자의 아들은 불·세존께서 거문고로 비유하여 방편을 설하시면서 가르쳐 인도

---

3) 산스크리트어 auddhatya의 번역으로 들뜨고 혼란스러운 마음 상태를 가리킨다.

하는 것을 들었다.

"혼자서 한가하고 고요한 곳에서 수행하면서 방일하지 않고 오로지 정념(正念)을 닦아라. 선남자여. 그대는 목표한 마음에서 출가를 희구(希求)하였고 머리와 수염을 깎고서 승가지 옷을 입었으며, 바른 믿음으로 출가하여 무상과(無上果)를 배웠고, 범행을 이미 세웠으며, 최후의 여러 법을 획득(獲得)하였고, 스스로가 깨달은 지혜로서 성취한 과를 증득하였으며, 나는 생을 이미 마쳤고, 범행을 이미 세웠으며, 지을 것을 이미 마쳤으므로 다시는 후유를 받지 않을 것이니, 마땅히 과를 증득하였음을 알라."

이때 그 구수(具壽)는 곧 스스로가 아라한과를 증득하였고 해탈을 잘 얻었고 과를 얻었으며 해탈의 희락(喜樂)을 일심으로 바르게 받았으며 곧 이렇게 생각을 지었다.

'나는 지금 바로 마땅히 세존의 처소에 나아가서 공양하고 공경해야겠다.'

이렇게 생각을 짓고 포시(晡時)[4]에 연좌(宴坐)에서 일어나서 세존의 처소에 나아갔으며 두 발에 정례하고 물러나서 한쪽에 앉았다. 이때 구수가 세존께 아뢰어 말하였다.

"일반적으로 필추가 있어 아라한과를 얻고서 여러 번뇌(漏)를 없앴고, 지을 것을 이미 마쳤으므로 후유를 받지 않으며, 여러 무거운 짐을 버리고 스스로가 자신의 이익을 얻었고, 여러 유결(有結)을 마쳤으며, 지혜로 잘 해탈하여 마음에서 자재(自在)를 얻었고, 여섯 종류의 수승한 해탈을 얻었습니다. 이를테면, 첫째는 범속(凡俗)을 출리(出離)하여 수승한 해탈을 얻은 것이고, 둘째는 이익되게 하는 여러 수승한 해탈이며, 셋째는 적정(寂靜)한 수승한 해탈이고, 넷째는 탐욕이 끊어진 수승한 해탈이며, 다섯째는 여러 번뇌를 끝낸 가장 수승한 해탈이고, 여섯째는 정념(正念)을 잃지 않는 수승한 해탈입니다."

---

4) 신시(申時)를 말하는데 해가 질 무렵인 오후 3~5시의 사이를 가리킨다.

아뢰어 말하였다.

"대덕이시여. 만약 다시 사람이 있어 적은 신심(信心)을 일으켜서 해탈을 구한다면 이러한 견해를 지어서는 아니됩니다. 탐욕과 성냄과 어리석음에서 해탈을 얻는다면 생사(生死)에서 출리합니다. 대덕이시여. 만약 다시 사람이 있어 적은 시라(尸羅)를 일으켜서 생사에서 출리하고, 병과 번뇌와 근심이 없고자 해탈을 구한다면 이러한 견해를 짓지 않아야 합니다. 탐냄과 성냄과 어리석음을 끊었고 병과 번뇌와 근심이 없다면 해탈을 얻은 것입니다.

대덕이시여. 만약 다시 사람이 있어 명리(名利)를 구하기 위하여, 칭찬을 위하는 까닭으로 적정행(寂靜行)을 행하면서 해탈을 구한다면 이러한 견해를 짓지 않아야 합니다. 탐욕과 성냄과 어리석음에서 애취(愛取)를 벗어나는 것을 얻고, 정념을 잃지 않는다면 해탈을 얻은 것입니다. 대덕이시여. 만약 필추가 있어 아라한을 얻어 여러 번뇌를 이미 끊었고, 지을 것을 이미 마쳤으며, 여러 무거운 짐을 버리고 스스로가 자신의 이익을 얻었고, 영원히 여러 유(有)를 끊고 마음에서 잘 해탈하였고 지혜로 잘 해탈을 얻은 그가 아라한이고 이러한 여섯 종류의 수승한 해탈을 얻은 것입니다.

대덕이시여. 만약 필추가 있어 마음에서 학처(學處)를 얻었고 만약 무상열반(無上涅槃)의 선한 도를 구하면서 색(色)에 집착하지 않는 때에 그 학처가 청정한 시라입니다. 학처를 성취하여 여러 근(根)을 조복하여 뒤에 번뇌가 마쳤고, 무루(無漏)의 마음에서 해탈을 얻었으며, 현전(現前)한 법에서 스스로가 깨달은 지혜로서 원만하게 증득하였다면, 나는 생사를 마쳤고 범행을 이미 섰으며, 지을 것을 이미 마쳤으므로 다시는 후유를 받지 않는 때에 그 아라한은 무학(無學) 시라를 성취하므로 여러 근의 무학을 성취합니다.

대덕이시여. 비유하면 동자가 어리면 마음이 게으르고 잠을 즐겼으나, 조금 왕성한 나이에 이르면 시라의 여러 근을 모두 성취하고, 뒤의 때에 연로(年老)하면 여러 근이 마름으로써 시라를 성취하는 것과 같습니다.

대덕이시여. 필추들도 역시 다시 이와 같아서 만약 필추가 있어 학처에서 머무르면서 마음에 자재(自在)를 얻고서 무상열반의 선한 도를 구하면서 색(色)에 집착하지 않으며 시라에 머문다면 여러 근이 조복됩니다.

뒤의 때에 여러 유루(有漏)를 끊고서 무루(無漏)의 마음에서 무루의 지혜를 얻고, 해탈의 명(命)을 얻으며, 현전한 법에서 이미 스스로가 깨달은 지혜로서 원만하게 증득하였다면, 나는 생사를 마쳤고 범행을 이미 섰으며, 지을 것을 이미 마쳤으므로 다시는 후유를 받지 않습니다. 무학의 시라를 성취하여 얻었고 이미 증득하여 과(果)를 얻었다면 곧 여러 색을 보아도 마음에 반연(攀緣)이 없고, 역시 미혹과 혼란에 없습니다. 그 마음이 정정(正定)이고 마음에 전도(顚倒)가 없으므로 선사(善思)로 수습(修習)하면 마음에 증감(增減)이 없으며, 미혹과 혼란의 일이 있더라도 정념을 잃지 않습니다.

귀로 소리를 알고, 코로 냄새를 맡으며, 혀로 맛을 알고, 몸으로 감촉을 알며, 마음으로 여러 법을 알더라도 색 등의 여러 법에 능히 미혹되고 혼란하지 않은 것은 정념을 잃지 않았고, 안정되어 흐트러짐이 없으며, 마음이 전도가 없어서 선한 해탈과 선한 수습으로 생멸법(生滅法)을 보는 것입니다.

다시 다음으로 비유한다면, 성읍(城邑)이나 취락에서 멀지 않은 곳에 큰 석산(石山)이 있는데, 무너지고 갈라진 것이 없고, 역시 구멍과 틈새도 없는 완전한 하나의 돌인 것과 같으며, 혹은 큰 바람이 동쪽에서 일어나도 그 산은 움직이지 않고, 역시 서쪽으로 기울지도 않으며, 서풍(西風)·남풍·북풍에도 역시 이와 같이 움직이거나 흔들리지 않는 것과 같습니다. 과거의 색 등이 이와 같이 큰 폭풍과 같이 눈앞에 불어와도 눈 등의 심식(心識)이 전도가 없고, 역시 이와 같이 움직이거나 흔들리지 않는 것과 같으며, 그 마음이 안정되어 흐트러지거나 어지럽지 않은 것과 같아서 만약 해탈을 얻고 잘 수습한다면 생멸법을 보는 것입니다.

다시 다음으로 귀·코·혀·몸·뜻 등이 능히 소리·냄새·맛·촉감 등을 알고서 이 여섯 종류가 몸과 마음을 미혹하고 혼란하게 하더라도 그들이 능히 과(果)를 얻어 정념을 잃지 않는 것은 내정(內情)과 마음 등이 정념을 잃지 않아서 산란해지거나 전도가 없으므로 선한 해탈을 얻고 집선(集善)을 닦는다면 생멸법을 보는 것입니다.”

구수 필추가 이렇게 말하고서 곧 가타로서 송(頌)을 설하여 말하였다.

출가하여 해탈한 자는
마음에 병과 번뇌 및 근심이 없고
그는 적정한 경지에 머무르며
애욕과 탐욕을 즐거이 끊었네.

해탈에 나아가 끝마친 자는
마음에 생각을 잃지 않아서
뜻에 생겨난 법을 명료히 알아
마음에서 해탈을 얻는다네.

만약 마음에 해탈을 얻었다면
적정에서 견제(見諦)하여 머물고
지을 일을 이미 명료히 지었으므로
마땅히 다시 지을 것이 없다네.

그 큰 석산과 같아서
폭풍에도 흔들리지 않고
색과 소리도 역시 그와 같으며
능히 손해시키지 못하므로
마음에서 뜻으로 선정을 얻었다면
생멸법을 보게 된다네.

이러한 게송을 말하여 마쳤다. 이때 여러 필추들이 함께 모두가 의심이 있어 세존께서는 능히 일체의 의혹을 끊었으므로 곧바로 물어 아뢰었다.

“구수 필추는 무슨 종류의 업을 지었고, 업력을 까닭으로 부귀한 집안에 태어났으며, 발바닥에 금빛의 털이 있어서 매일 항상 500종류의 맛을 보았고, 91겁을 지내면서 발로 땅을 밟지 않았으며, 겨우 태어났으나 20구지(俱胝)의 금전을 얻었고, 뒤에 세존의 가르침에 출가하고 수학하여 여러 번뇌를 끊고 아라한과를 증득하였습니까?”

이때 세존께서 여러 필추들에게 알려 말씀하셨다.

“그 구수는 선업(善業)을 쌓고 익혔으며 과보가 성숙된 것이니라. 비유하면 폭류(暴流)와 같아서 결정적으로 스스로가 받은 것이니라. 그대들 필추들이여. 마땅히 스스로가 짓고 스스로가 받는 것을 알라.”

[자세한 설명은 다른 곳과 같다.] 곧 게송으로 설하여 말씀하셨다.

가령 백겁이 지나더라도
지은 업은 없어지지 않으며
인연이 모여 만나는 때에
과보가 돌아와서 스스로 받는다네.

세존께서 필추들에게 알리셨다.

지나간 옛날의 91겁의 때에 세존께서 계시어 출세하셨고 비발시(毘鉢尸) 응·정등각이라고 명호하셨으며, 세간에 출현하셨고 십호를 구족하셨느니라. 그 세존께서는 6만2천의 필추들에게 앞뒤로 위요되어 인간세상을 유행(遊行)하시면서 친의(親意)라고 이름하는 왕성(王城)에 점차 이르셨느니라.

이때 성안에는 여러 거사의 아들들이 있었고, 비발시 응·정등각께서 6만2천의 필추들에게 앞뒤로 위요되어 인간세상을 유행하시면서 이곳에 이르렀다는 것을 들었다. 그들은 이미 듣고서 모두가 세존의 처소로 나아가서 세존의 발에 정례하고 한쪽에 물러나 앉았다. 이때 세존께서는 여러 동자들을 위하여 법요(法要)를 설하시어 보여주셨고 가르치셨으며 이익되고 기쁘게 하시고서 묵연히 머무르셨다. 이때 동자들이 자리에서 일어나서 공손하게 합장하고 세존께 아뢰어 말하였다.

"오직 바라옵건대 세존이시여. 저희들이 사사공양으로써 세존과 대중 승가께서 3개월을 안거할 수 있게 허락하십시오."

이때 세존께서는 묵연히 허락하셨다. 이때 여러 동자들은 세존께서 허락하신 것을 알고서 세존께 두 발에 정례하고 하직하고서 떠나갔다. 그 동자들은 이미 성안에 이르러서는 의당(議堂)의 가운데에서 모두가 서로에게 의논하며 말하였다.

"우리들은 어떻게 세존을 공양할 것인가? 모두가 한 음식을 지어서 공양할 것인가? 사람마다 각자 음식을 지어서 공양할 것인가?"

그 가운데에서 한 사람이 있어 말하였다.

"대중이 모두가 음식을 지어 공양한다면 그 생업(生業)인 농사일을 망치게 될 것입니다."

이때 대중들은 함께 의논하였다.

"사람들이 각자 차례에 의지하여 하루에 음식을 지어 공양합시다."

곧 차례를 따라서 음식을 준비하여 공양하였다. 그 가운데에 한 동자가 있었는데 집이 가난하였으므로 어머니와 함께 의논하였다.

"우리 집은 가난하더라도 차례에 의지하여 음식을 준비해야 합니다. 무엇을 준비해야 하는가요?"

이때 어머니가 대답하여 말하였다.

"사랑하는 아들아. 가능하다면 마지막에 공양하도록 하자. 아직 날에 이르지 않았으니 힘을 따라서 거두고 준비한다면 곧 이것을 충족할 수 있을 것이다."

이미 공양할 날에 이르자 곰의 가죽을 깔아놓고 여래께서 그 위를 밟고 자리에 이르게 하였으며, 500의 맛으로 만든 음식을 여래께 공양하였고, 오륜(五輪)을 땅에 붙이고 큰 서원(誓願)을 일으켰다. '바라옵건대 태어나는 곳이 항상 호족(豪族)의 족성이나 부귀한 집에 태어나게 하십시오. 역시 저에게 발로 땅을 밟지 않게 하시고, 오히려 여래의 발바닥에 네 손가락 크기의 금빛 털이 있는 것과 같게 하시며, 세존의 행원(行願)과 같이 당당(當當)하게 미래의 세상에 있어 세존께서 출현하실 때에 마땅히 공양할 것을 서원합니다.'"

세존께서 여러 필추들에게 알리셨다.

"그때의 가난하였던 동자가 곧 보덕(寶德) 장자의 아들이니라. 그는 비발시 여래의 처소에서 서원을 일으켰던 그 업과(業果)가 성숙하고 감응하여 크게 부귀하게 되었고, 발바닥에 금빛의 털이 생겨났으며, 91겁을 지내면서 한 번도 발로 땅을 밟은 일이 없었느니라. 마땅히 태어나던 날에 20구지의 금전이 그날을 따라서 땅에서 솟아올랐고, 세존의 가르침 가운데에 출가하고 수학하여 아라한과를 증득하였느니라."

세존께서 필추들에게 알리셨다.

"만약 흑업(黑業)을 짓는 자는 마땅히 흑보(黑報)를 받고, 만약 백업(白業)을 짓는 자는 백보(白報)를 되돌려 받으며, 여러 잡업(雜業)을 짓는 자도 도리어 다시 이와 같으니라. 그대들 필추들이여. 이와 같은 잡업이나 흑업을 그대들은 마땅히 짓지 말고 마땅히 백업을 지을지니라.

미생원(未生怨)[5]과 같이 그 악한 제바달다와 벗이었던 까닭으로 부왕인 빈비사라의 처소에서 크고 악한 반역할 마음을 일으켜 창을 던져서 손에 들었던 것을 떨어뜨렸으므로 나라의 백성들이 모두가 부끄럽게 비웃으면서 담론(談論)하였느니라.

"이와 같이 악한 자의 벗이 된 미생원왕을 태중(胎中)에 있었던 때에 어찌 죽이지 않았는가?"

혹은 때에 사람들의 담론이 있었느니라.

"이것은 곧 아사세왕(阿闍世王)의 허물이 아니고, 그 악한 벗인 제바달다를 까닭으로 허물이 많은 것이다."

혹은 누가 말하였느니라.

"세존께서는 제바달다를 출가시켰는데 내쫓는 벌을 지어 다른 지방에

---

5) 산스크리트어 ajātaśatru의 음사로 아사세(阿闍世)라고 음역되고 미생원(未生怨)이라고 번역된다.

서 스스로가 안주(安住)하게 하시지 않는가?"

혹은 비난하는 말이 있었느니라.

"세존께서는 역시 허물이 없다. 그 필추가 승가에 의지하지 않고 승가의 가르침을 주지(住持)하며 의지하지 않는 까닭이다."

이와 같은 여러 담론을 부왕이 듣고 마음에서 악한 마음을 일으키지 않으면서 말하였다

"이것은 나의 이전 세상에서의 업인 까닭이다."

다시 말하는 것이 있느니라.

"이것은 세존과 승가의 허물이다."

나는 이렇게 말하는 것을 까닭으로 마음에 우뇌를 품고 있느니라."

이때 여러 필추들은 각자 의심이 생겨나서 세존께 청하여 말하였다.

"무엇을 까닭으로 그 사람들이 지은 허물이 이곳에서 재앙을 받게 합니까?"

세존께서 필추들에게 알리셨다.

"다만 오늘날에 앞에서와 같은 일이 있는 것이 아니고, 나아가 지나간 과거에서도 역시 이러한 일을 만났느니라. 그대들은 자세히 들을지니라. 내가 지금 설하겠노라. 지나간 옛날에 바라니사성의 왕은 범수(梵授)라고 이름하였고, 백성들은 안은(安隱)하고 부유하며 즐겁고 풍요로웠느니라.

이때 그 성안에는 두 마리의 개가 있었는데 하나는 검었고 다른 하나는 흰색이었으며, 가죽끈으로 묶인 말고삐를 잘라 먹었다. 뒤의 다른 때에 왕은 전쟁에 출정하고자 그 신하들에게 알려 말하였다.

"경들은 빠르게 엄숙히 무장하시오."

신하들은 곧 개들이 말고삐를 물어뜯어 소용이 없는 것을 보고 곧 왕에게 알려서 알게 하였다. 왕은 듣고 화가 생겨나서 모든 개를 죽이라고 명하였다. 성안에 여러 개들은 이미 죽음을 만났고 인연하여 곧 구멍으로 다른 나라로 달아났다. 이때 다른 나라의 한 마리의 개가 있어 다른 나라에서 왔고, 그 여러 개들이 무서워서 구멍으로 도망가는 모습을 보고 물어 말하였다.

“무슨 까닭으로 이와 같은가?”

성안의 여러 개들이 사실을 갖추어 대답하였고, 알려 말하였다.

“무슨 까닭으로 대왕에게 아뢰지 않는가?”

성안의 개들이 대답하여 말하였다.

“누가 감히 왕에게 아뢰겠는가?”

밖에서 왔던 개가 알려 말하였다.

“그대들은 안심하고 있으시오. 내가 오늘 밤에 나아가서 왕에게 아뢰겠소.”

곧 왕의 처소에 이르러 걸음걸이를 단정히 하고 가타로 설하여 말하였다.

대왕의 궁중에 두 마리의 개가 있었고
하나는 희고 하나는 검은색을 갖추었으니
마땅히 그들을 죽이시고 저희들을 죽이지 마십시오.
죽일 놈을 죽이지 않는 것은 바른 이치가 아닙니다.

이때 왕은 이러한 게송을 듣고 여러 신하들에게 알려 말하였다.

“경들은 마땅히 나를 위하여 가타를 말한 자를 찾아서 데리고 오시오. 내가 보겠소.”

여러 신하들이 방문하여 살폈다.

“누가 밤중에 왕을 위해 게송을 말하였는가?”

알려 말하는 것이 있었다.

“다른 나라에서 왔던 개가 국왕을 위하여 게송을 말하였습니다.”

왕이 말하였다.

“경들은 진실로 궁중의 두 마리의 개가 그것을 먹었는가? 다른 개가 먹었는가를 자세히 추적하시오.”

여러 신하들이 모여서 의논하였다.

“왕께서 추적하라고 명하셨는데, 어떻게 자세히 심문할 것인가?”

그 가운데에서 말이 있었다.

“어찌하여 의논이 많습니까? 다만 머리카락을 취하여 개의 입속에 넣어보시오. 만약 가죽을 먹었다면 스스로 마땅히 토해낼 것이오.”

이미 머리카락을 넣었는데 왕궁의 두 마리의 개는 곧 먹었던 가죽을 토해냈다. 이 일로 왕에게 아뢰니 왕이 말하였다.

“마땅히 두 마리의 개를 다스리시오. 나머지의 개들은 잘못이 없소.”

“그대들 필추들의 뜻은 어떠한가? 옛날 두 마리의 개가 어찌 다른 사람이겠는가? 지금의 제바달다와 아사세왕이니라. 그들은 지나간 옛날에 과실을 까닭으로 다른 자를 고통스럽게 하였고 지금도 역시 이와 같으니라. 그들은 죄를 지어 지금 세존과 승가에 허물을 불렀느니라. 제바달다가 은혜에 보답이 없었던 일을 그대들은 다시 들을지니라.

지나간 오랜 옛날에 바라니사성의 왕은 범수(梵授)라고 이름하였고, 백성들을 다스리고 교화하였느니라. 이때 한 사람이 있어 산에 들어가서 나무를 채취하면서 길에서 사자를 만났고 곧바로 굴속으로 도망치다가 우물 속에 떨어졌다. 사자도 달리면서 그 우물을 보지 못하여 마침내 그 안으로 떨어졌다. 독사가 있어서 쥐를 쫓았고 솔개는 쥐를 잡고자 하였으나 이 셋도 한꺼번에 우물 안으로 함께 떨어졌다. 각자 해치려는 마음이 일어나서 서로를 잡아먹으려 하였으므로 사자가 말하였다.

“지금의 이 우물 안에서는 내가 세력이 있어 능히 그대들을 잡아먹을 수 있다. 그러나 함께 액난이 있는 곳에 있으니 마땅히 악심을 쉬고 서로를 손해시키지 말게.”

인연으로 모였는데 우연히 사냥꾼이 있어 사슴을 쫓으면서 이곳에 이르러 우물 속을 내려다보았다. 그 우물 속에서 사람이 큰소리로 외쳐 말하였다.

“장부(丈夫)여. 바라건대 구제하여 주십시오.”

이때 사냥꾼은 먼저 사자를 우물 속에서 꺼내 주었다. 사자는 곧바로 사냥꾼의 발에 예배하고 알려 말하였다.

“나는 지금 당신의 깊은 은혜를 알고 있으므로 반드시 마땅하게 은혜를 갚겠습니다. 그 우물 속에 있는 흑두충(黑頭蟲)6)은 은혜와 의리를 알지 못하므로 반드시 구제하지 마십시오.”

사자는 곧 떠나갔다. 뒤에 사냥꾼은 우물 속에 빠져있던 사람과 독사와 솔개 등을 차례로 모두 구출하였다. 뒤의 때에 사자가 한 마리의 사슴을 잡았는데, 사냥꾼이 인연하여 다니면서 우연히 그곳에 이르렀다. 구제받았던 사자는 오는 것을 보고 곧바로 사슴을 사냥꾼에게 주었고, 땅에 꿇어앉아 절하고 떠나갔다. 뒤의 어느 때에 그 범수왕과 여러 궁인(宮人)들이 성을 나와 동산(苑園)의 가운데에서 유희하였고 마음껏 오락(歡娛)하면서 마침내 곧 잠이 들었다.

그때 여러 궁인들은 왕이 잠든 것을 보고 마음에서 긴장이 없어져서 혹은 경행하였고, 혹은 서 있었으며, 혹은 앉아 있었고, 혹은 잠을 잤으며, 혹은 옷을 벗고서 땀을 식혔고, 혹은 그의 곁에 영락(瓔珞)을 풀어놓고 곧바로 잠을 잤다. 우물 속에 떨어졌던 솔개는 그 영락을 물고 마침내 가지고 멀리 날아가서 자신을 능히 구해주었던 사냥꾼에게 주었는데, 은덕을 보답하기 위하여 영락을 받들었던 것이었다.

이때 범수왕은 잠에서 깨어났고 여러 권속들과 측근 신하들을 데리고 빠르게 성으로 돌아왔다. 이때 영락을 잃어버린 궁인이 그곳을 두루 살폈으나 영락이 보이지 않았으므로 왕에게 나아가서 아뢰어 말하였다.

“대왕이시여. 동산의 가운데에 있으면서 영락을 잃어버렸습니다.”

이때 왕은 곧 여러 대신들에게 알려 말하였다.

“여러 동산에 있으면서 영락을 잃어버렸으니, 그대들은 반드시 방문하여 찾아보시오.”

이때 여러 신하와 재상이 왕명을 받들어 곧바로 방문하여 찾았다. 그때 흑두충이 때때로 그 사냥꾼의 처소에 갔었는데, 방편을 구하여서 그 영락을 찾았다. 보고서 곧 왕의 지금 이곳에 있는 것을 알았다. 그 흑두충은 곧 은혜와 의리를 저버리고서 마침내 왕의 처소로 나아가서 아뢰어 말하였다.

---

6) 머리가 검은 짐승이라는 뜻으로 사람을 가리킨다.

"대왕이시여. 잃어버린 영락을 제가 지금 사냥꾼이 있는 곳에 갖추어진 것을 알았습니다."

왕이 이 말을 듣고 곧바로 진노(瞋怒)하여 곧 사자를 시켜서 빨리 가서 사냥꾼을 잡아오게 하였다.

그때 왕의 사자(使者)는 사냥꾼이 있는 곳에 이르러 알려 말하였다.

"그대가 동산에서 왕의 궁인에게서 영락을 훔쳤는가?"

그 사냥꾼은 두려워하면서 대답하여 말하였다.

"저희는 진실로 왕의 영락을 훔치지 않았습니다."

사자를 향하여 영락이 얻어서 왔던 이유를 갖추어 말하고서 그 영락을 돌려주었다. 사자는 영락을 찾아서 왕의 처소로 갔고, 그 사냥꾼은 마땅히 그곳에서 포박을 당하였다. 이때 그 쥐가 보고 빠르게 뱀에게 알려 말하였다.

"그 흑두충의 죄악의 사람이 은덕을 알지 못하고서 마침내 우리들의 선지식(善知識)을 고발해 왕의 사자에게 포박을 당하는 것을 지금 보았습니다."

뱀이 이 말을 듣고 대답하여 말하였다.

"그대는 사냥꾼에게 알리게. '내가 오늘 당신을 위하여 왕궁으로 향하여 왕의 몸을 깨물겠으니, 그대는 마땅히 주문을 지니시고, 나는 곧 독을 거두겠습니다. 왕은 마땅히 환희하면서 그대를 풀어주는 것으로 결정할 것이고, 역시 곧 그대에게 상을 내릴 것입니다.'"

그 쥐는 이러한 말을 듣고 갖추어 사냥꾼에게 알렸고, 사냥꾼이 말하였다.

"옳소. 마땅히 이와 같이 짓겠소."

그 뱀은 곧 왕의 몸을 깨물었고 왕은 이로써 그 몸이 매우 고통스러운 독에 시달렸으므로 널리 의사에게 알렸다.

"누가 능히 나를 치료할 수 있겠는가?"

이때 여러 의사들은 능히 치료하지 못하였다. 왕은 이미 널리 알렸고 사냥꾼은 듣고 마침내 집행인(執當人)이 있는 곳으로 보내졌다.

“그대는 마땅히 나를 위하여 왕에게 알려주십시오. 내가 능히 치료할 수 있습니다.”

그 집행인(執使者)은 일을 갖추어 왕에게 아뢰었고, 왕이 말하였다.

“곧 해방시켜서 데리고 오시오.”

이미 처소에 이르러 사냥꾼이 치료하였는데, 손이 닿고서 곧 나았으므로 곧바로 석방되었다. 왕은 매우 환희하면서 많은 상금을 하사하였느니라.”

세존께서 여러 필추들에게 알리셨다.

“그대들의 뜻은 어떠한가? 어찌 다른 사람이겠는가? 그때의 사냥꾼은 나의 몸이고, 은혜와 의리를 몰랐던 흑두충은 제바달다이니라. 지나간 옛날의 때에도 은혜도 없었고 의리도 없었으며 은덕(恩德)을 알지 못하였고, 지금에도 역시 은혜와 의리를 모르고 역시 은덕도 알지 못하느니라.”

다시 다음으로 세존께서 여러 필추들에게 알리셨다.

“이와 같이 제바달다는 은혜와 의리도 몰랐고 은덕도 알지 못하였느니라. 그대들은 자세히 들을지니라. 내가 그대들을 위하여 말하겠노라. 지나간 옛날의 때에 7일간 때가 아닌 큰비가 그치지 않았으므로 족제비가 굴속으로 들어갔고, 역시 쥐도 그 굴속으로 들어갔으며, 뒤에 독사가 있어 비를 피할 곳을 찾다가 역시 그 굴속으로 들어갔느니라. 그러나 족제비는 그 쥐를 해치려고 하였다. 이때 독사가 족제비에게 알려 말하였다.

“그대와 우리들은 큰 액난을 만났으니, 그대들은 서로를 해치겠다는 마음을 생각하지 말고 각자 편안히 머무르도록 하세.”

그 독사 등은 각자 이름을 지었는데, 독사는 애군(愛君)으로 이름하였고, 족제비는 유희(有喜)로 이름하였으며, 쥐는 항하수(恒河受)로 이름하였다. 그 애군과 유희 등이 항하수에게 알려 말하였다.

“그대는 부지런하고 건강하므로 마땅히 우리들을 위하여 다른 곳으로 향하여 음식을 구하여 가지고 오기 바라네.”

쥐는 성품이 질직(質直)하고 마음과 뜻도 어질고 선하여 그 뱀과 족제비를 위하여 부지런히 다니면서 음식을 찾았으나 아직 돌아오지 않았던 틈새에 족제비가 뱀에게 알려 말하였다.

"그 쥐가 만약 음식을 구하지 못하고 빈손으로 돌아온다면 우리들이 곧 그를 잡아먹읍시다."

그 뱀은 이러한 말을 듣고 마침내 이렇게 생각을 지었다.

'이 족제비는 지금 이러한 고난을 만났으나 욕심을 까닭으로 그 쥐를 해치려고 계획하는구나. 나는 지금 쥐가 음식을 구하다가 빈손으로 돌아온다면 틀림없이 족제비에게 잡아먹히는 것이 두렵구나. 내가 지금 미리 그 쥐에게 알려야겠다.'

이렇게 생각을 짓고 곧바로 서신(附信)으로 쥐에게 알렸으며 이와 같은 말을 지어서 알게 하였다.

"그 족제비가 이와 같은 말을 지었네. '만약 쥐가 음식이 없이 빈손으로 돌아온다면 반드시 그를 잡아먹겠다.'"

그 쥐는 고통스럽게 음식을 구하였으나 얻지 못하였고 이러한 사유를 지었다.

'내가 지금 음식을 구하지 못하였는데 만약 빈손으로 돌아간다면 반드시 나를 잡아먹을 것이다.'

그 쥐는 다시 독사에게 서신을 주면서 게송으로써 알려 말하였다.

만약 사람이 인색하고 자비로운 마음이 없으며
굶주림의 불꽃에 핍박받아 마침내 성급함이 생겨났으나
그대에게 큰 은혜가 있어 이러한 말을 알려 주었으니
나는 지금 다시 거듭하여 와서 친근하지 않겠네."

세존께서 여러 필추들에게 알리셨다.

"저 쥐가 어찌 다른 사람이겠는가? 나의 몸이고, 그 족제비는 제바달다이니라. 그 제바달다는 지나간 옛날의 때에도 은혜와 의리가 없었고, 지금에도 역시 은덕이 없느니라."

이때 미생원왕이 부왕의 앞에 칼을 던졌으므로 왕이 곧 물어 말하였다.

"사랑하는 아들아. 그대는 무슨 뜻의 인연으로 내 앞에 칼을 던졌는가?"

왕에게 대답하여 말하였다.

"저에게는 성냄이 있습니다. 아버지는 수용할 수 있으나 저는 수용할 수 없습니다."

왕이 이러한 말을 듣고 곧 아들에게 알려 말하였다.

"만약 이와 같다면 그 첨파성(瞻波城)을 주겠으니, 그대가 수용하도록 하라."

아들은 성을 얻어 수용하고서 환희하고 용약하면서 곧 제바달다의 처소로 가서 이와 같이 말을 지었다.

"존자여. 내가 지금 첨파성을 얻어서 마음대로 수용할 수 있게 되었습니다."

이때 제바달다가 태자에게 알려 말하였다.

"그대가 지금 공력을 사용하여 과보(果報)가 나타난 것이니, 힘을 합쳐서 수용합시다."

태자가 대답하여 말하였다.

"성자여. 나는 지금의 견해입니다."

다시 말하였다.

"그대가 다시 큰 공력을 사용한다면 반드시 수승함이 늘어날 것이오."

이때 태자는 첨파성에 사자를 보내어 세금을 거두었고 무거운 부역으로 백성들을 핍박하였다. 핍박한 일체를 각자 여러 지방에 나누어 보냈는데, 혹은 왕사성(王舍城)에 보냈고, 혹은 여러 나라에 보냈다. 혹은 그 가운데에서 사자를 보내어 왕에게 아뢰어 말하였다.

"태자가 첨파성의 사람들을 핍박하여 외국에 나눠주고 있습니다. 오직 바라건대 대왕께서는 그 비법을 제지하십시오."

그때 부왕이 곧 태자에게 명으로 알려 말하였다.

"너는 지금 무슨 까닭으로 백성들을 핍박하는가?"

태자가 대답하여 말하였다.

"병사(兵士)들을 유지하고 구제할 수 없습니다."

부왕이 말하였다.

"만약 이와 같다면 왕사성을 제외한 그 밖의 나머지 마갈타국(摩竭陀國)의 여러 백성들까지도 마음대로 수용하라."

태자는 얻고서 곧 제바달다의 처소에 나아가서 알려 말하였다.

"성자여. 왕사성 하나를 제외하고 그 밖의 모두를 내가 얻었습니다."

제바달다가 대답하여 말하였다.

"공력을 사용하였으므로 지금 이와 같은 과보를 얻었구려. 그대는 다시 공력을 사용하시오."

이때 태자는 곧 사자를 보내고 명하여 고통스러운 부역으로 마갈타국 성읍의 백성들을 손해시켰다. 이때 여러 백성들이 이미 핍박을 받아서 고통스러웠으므로 영승왕(影勝王)에게 아뢰어 말하였다.

"지금 태자가 마갈타국의 백성들을 손해시키고 있습니다. 대왕께서 제약(制約)하시어 다스리는 것을 허락하지 마십시오."

왕은 이러한 말을 듣고 곧 태자에게 명하였다. 태자가 이르렀고 부왕이 알려 말하였다.

"그대는 다시 무슨 까닭으로 마갈타국 성읍의 백성들에 손해시키는가?"

태자가 대답하여 말하였다.

"저의 여러 병사들은 그 대중이 매우 많아서 능히 유지하고 구제할 수 없습니다."

왕이 말하였다.

"만약 이와 같다면 내가 지금 오직 하나의 창고에 재물을 남겨두겠으니 그 밖에 왕사성도 모두 그대의 마음대로 수용하라."

태자는 얻고서 곧 제바달다의 처소로 갔다.

"내가 지금 다시 오직 한 창고(庫藏)의 재물을 남겨두고 나머지의 왕사성 모든 것도 얻었습니다."

제바달다는 대답하여 말하였다.

"이것은 공력을 사용하여 과보가 성숙하여 이와 같은 것이오."

다시 말하였다.

“일반적으로 국왕은 창고를 수용하므로 힘이 있소. 만약 창고가 있다면 곧 국왕인 것이고, 창고가 있는 까닭으로 반드시 공력을 수용하는 것이오.”

이때 그 태자는 다시 사자를 보내어 왕사성의 사람들에게 손해시켰다. 첨파국과 마갈타국의 여러 백성들은 각자 두려움을 품었고 몰래 앞의 일들을 갖추어 자세히 왕에게 아뢰어 알게 하였다.

“그 태자가 손해시켜서 괴로움이 심하므로 대왕께서는 이곳에 와서 백성들을 양육(養育)하십시오. 어린아이와 같은 까닭으로 지금 태자에게 손해를 당한 우리의 백성들은 많이 여러 나라로 도망하여 흩어졌습니다. 우리들은 지금 예전과 같이 되돌아가고자 합니다.”

그 영승왕은 마음에서 깊이 공손스럽고 믿음이 있었으며, 자비롭고 유정들을 연민하게 생각하였고, 정법을 주지(住持)하였으므로 이러한 말을 듣고 곧 태자에게 명하였다. 태자가 이르렀으므로 왕은 이치의 말로써 태자의 뜻을 수순하고자 손으로 태자의 이마를 만지면서 알려 말하였다.

“내가 지금 소유한 성읍의 백성들을 모두 그대에게 부촉(付囑)하였는데 그대는 지금 무슨 인연으로 백성들을 괴롭히고 번민하게 하는가? 그대는 지금부터 바르고 마땅하며 합당하게 반드시 양육하도록 하라.”

태자는 대답하여 말하였다.

“저에게 창고가 없어서 이와 같습니다.”

대왕이 알려 말하였다.

“만약 이와 같다면 나의 궁인(宮人)들만 제외하고 그 밖의 창고까지 그대의 마음대로 수용하라.”

그러나 그 태자의 성품은 포악함을 품었으므로 비록 창고까지 얻었으나 만족하지 못하였던 까닭으로 다시 거듭하여 국내의 백성들을 괴롭히고 번민하게 하였고 즐거이 멈추지 않았다. 이때 여러 백성들은 도리어 왕의 처소에 나아가서 일을 갖추어 왕에게 아뢰었다. 왕이 말을 듣고 태자에게 알려 말하였다.

“나는 지금 그대에게 백성들과 창고를 주었는데, 무슨 인연으로 다시 거듭하여 백성들을 괴롭히고 번민하게 하는가?”

태자는 이러한 말을 듣고 곧 매우 화내면서 여러 신하들과 재상에게 알려 말하였다.

“그대들은 마땅히 아시오. 만약 사람이 있어 찰제리(利帝利)의 관정왕(灌頂王)을 꾸짖고 욕한다면, 어떤 죄로 꾸짖고 벌해야 합당한가?”

신하들이 대답하였다.

“극형이 있어야 마땅할 것입니다.”

“지금 꾸짖고 욕하는 자는 나의 아버지이오. 어떻게 손해시켜야 하는가? 지금 당장 그를 궁전 뒤에 가두도록 하시오.”

그때 신하들이 곧바로 가두었다. 대왕이 갇혔으므로 궁인들과 신하 및 성안의 백성들은 왕이 갇혔다는 것을 듣고 함께 우뇌하였고, 모두가 대왕의 지나간 옛날의 은애(恩愛)와 왕이 갇힌 것을 생각하였다. 태자가 즉위하면서 포악(暴惡)·참자(磣刺)7)·흉맹(凶猛)이 매우 심해졌으므로 신하들이 감히 그 왕에게 간언하는 사람이 없었다. 이때 영승왕은 이미 감옥에 갇히고서 스스로 생각하며 이렇게 중얼거렸다.

‘이것은 나의 숙업(宿業)의 인연으로 또한 얻었구나.’

날마다 이때 국대부인(國大夫人)이었던 위제희(韋提希)가 항상 건량으로 먹게 하였다. 이때 미생원왕이 수문인에게 물었다.

“늙은 왕은 지금까지 이렇게 살아있는가?”

이때 수문인이 곧 왕에게 아뢰어 말하였다.

“왕의 어머니께서 매일 스스로 음식을 가지고 와서 늙은 왕에게 주십니다.”

미생원왕은 이러한 말을 듣고 수문인에게 말하였다.

“그대는 마땅히 다시는 음식과 음료수 등을 넣어주지 못하게 하고, 여러 궁인들에게도 알려서 역시 음식을 보내지 못하게 하라. 만약 음식을 보내는 자가 있으면 마땅히 극형의 죄이니라.”

---

7) 망측하게 헐뜯는 것을 말한다.

이때 여러 사람들은 엄중한 가르침을 보고 노왕(老王)의 처소에 다시 음식을 보내는 사람이 없었고, 이 여러 날에 다시 왕의 처소에 이른 사람도 없었다. 이때 노왕의 부인인 위제희는 왕의 은애를 생각하고 능히 스스로가 참을 수가 없어서 소밀(酥蜜)을 보릿가루에 섞어서 몸에 발랐고 발찌(脚釧)의 구멍에 물을 담아서 가지고 상왕(上王)의 목숨을 잠시 연장시켰다. 이때 수문인이 마음에서 곧 의심하였고 잠깐사이에 비록 알았으나 이미 은혜를 생각하고서 그 미생원이 묻지 않은 사이에는 역시 알려서 알게 하지 않았다. 뒤의 다른 때에 미생원왕이 수문인에게 물었다.

"늙은 왕은 지금까지 이렇게 살아있는가?"

수문인이 자세히 말하였다.

"위제희 부인께서 소를 보릿가루에 섞어서 몸에 바르고 발찌의 구멍에 물을 담아서 왕을 봉양하였으므로 왕이 지금까지 이렇게 살아계십니다."

이때 미생원왕은 수문인에게 칙명하였다.

"지금부터 늙은 왕의 처소에 다시는 부인이 노왕을 보러 들어가지 못하게 하라."

이때 세존께서는 기사굴산(耆闍崛山)에서 경행(經行)하고 계셨으므로 왕이 창문으로 비췄다. 왕은 마침내 멀리서 세존의 그림자를 보고 이것을 인연하여 불심(佛心)을 보고 환희가 생겨났으며, 이러한 선근으로 목숨을 이어갔다. 그때 미생원왕은 다시 수문의 당직인 궁인(宮人)에게 물었다.

"내가 이미 음식을 끊게 시켰거늘, 늙은 왕이 지금까지 이렇게 살아있는가?"

수문인이 대답하여 말하였다.

"왕을 위하여 창문의 가운데로 멀리서 세존께서 보셨고, 세존께서 자비와 연민으로 섭수(攝受)하셨으므로 이러한 복력을 인연하여 왕께서 살아 계십니다."

왕은 창문을 막게 시켰고 늙은 왕의 발바닥을 찔러 일어서지 못하게 하였다. 그때 당직인 사람은 곧 왕의 칙명에 의지하여 창문을 폐쇄하였고,

늙은 왕의 발바닥을 찔렀다. 이때 늙은 왕은 몸에 상처를 입어서 고통이 심하여 매우 고뇌하였고 목메어 울었으므로 흐르는 눈물이 멈추지 않았는데, 곧 스스로가 사유하였다.

'지금 고뇌에 있는데, 세존께서는 어찌 나를 애민하게 생각하시지 않고 나를 관찰하지 않는가? 여래이신 세존께서는 지견(知見)이 없는 것인가?'

여러 세존의 상법은 대자비가 있으시고, 중생들을 섭수하시어 반드시 옹호하며, 곧 정관(正觀)에 머물러서 능히 삼사(三事)8)를 조복하셨고, 사폭류(四瀑流)9)를 초월하셨고, 사신족(四神足)에 안주하시며, 오지(五支)를 구족하셨고, 오도(五道)를 초월하셨으며, 칠각분(七覺分)에 머무시고, 팔지도(八支道)를 보여주시며, 선교의 방편으로 구정(九定)에 들어가서 열 종류의 힘을 구족하셨으므로 명성(名稱)이 시방세계에 두루 가득하여 천전자재륜왕(千轉自在輪王)보다 두 배나 수승하시다.

주야로 삼시(三時)에 불안(佛眼)으로써 여러 중생들을 관찰하는 까닭으로 지혜를 따르고 전전하여 누구는 감소하고 누구는 증가하며, 누구는 핍박하고 누구는 핍박을 당하며, 누구는 악취(惡趣)에 떨어지고 누구는 악취로 향하며, 누구는 한결같이 나아가고 누구는 무거운 짐을 지고 있는가를 관찰하신다. 내가 지금 무슨 방편으로써 능히 이곳을 떠나 악취의 가운데에 나아가는 자들을 구제하여 인천(人天)의 취(趣)에 놓아두어 함께 해탈을 얻게 하고, 선근(善根)을 닦지 않는 자를 선근을 수습하게 하며, 이미 선근을 닦았으나 아직 성숙하지 못한 자는 성취하게 하고 이미 성취한 사람은 해탈하게 하신다.

이때 세존께서는 대목건련에게 알려 말씀하셨다.

"그대는 영승왕의 처소에 가서 나의 말을 전하게. '원하건대 왕께서는 병이 없으십시오. 세존께서는 대왕께 알리셨습니다. 선지식과 같이 마땅

---

8) 신·구·의(身·口·意)의 3업(三業)을 가리킨다.
9) 번뇌를 거센 물결의 흐름으로 비유하여 표현한 것으로 첫째는 욕폭류(欲瀑流)이고 둘째는 유폭류(有瀑流)이며, 셋째는 견폭류(見瀑流)이고, 넷째는 무명폭류(無明瀑流)이다.

히 지을 것은 나도 이미 지었으니, 내가 지금 그대를 구제하여 삼악취(三惡趣)를 벗어나서 그대에게 항상 천상과 인간의 가운데에 있으면서 생사의 처소를 벗어나게 하겠습니다.' 이와 같이 말을 짓게.”

세존께서 말씀하신 것을 듣고 곧 삼마지(三摩地)에 들어가서 기사굴산에서 사라졌으며 왕사성의 금지된 곳에 이르렀고 왕의 앞에 있으면서 알려 말하였다.

“세존께서 대왕에게 알리셨습니다. ‘바라건대 병과 번민이 없으시오.’”

그때 왕은 존자 대목건련에게 예경하였다. 이때 대목건련이 왕에게 알려 말하였다.

“세존께서 대왕에게 알리셨습니다. ‘선지식과 같이 나는 왕의 처소에서 지을 것은 마치지 않았으나, 그대에게 지옥(地獄)·방생(傍生)·아귀(餓鬼)에서 벗어나서 인천(人天)을 건립(建立)하였소.’”

[자세한 것은 앞에서와 같다.]

“업의 인연의 까닭입니다. 이러한 까닭으로 대왕께서는 마땅히 아십시오. 업의 인연에 의지하여 이렇게 구금을 당하고 있고 발바닥이 찔려서 찢어졌으며, 또한 음식을 얻지 못하여 그 몸이 괴로움과 상해를 당하고 있습니다.”

왕이 대목련에게 물어 말하였다.

“어느 곳에 좋은 음식이 있습니까?”

이때 대목련이 대답하여 말하였다.

“사천왕의 처소에 좋은 음식이 있습니다.”

갖추어 왕에게 알리고서 곧바로 몸을 변화시켜 떠났으며 기사굴산으로 돌아갔다. 이때 미생원왕의 아들이 손가락에 종기병을 앓았으므로 데리고 왕의 처소에 나아갔다. 왕이 품안에 안고서 손으로 상처를 어루만지고 입으로써 그곳을 빨았다. 그때 왕자는 울음을 멈추지 않았고, 왕이 이미 그 옹절(癰癤)10)을 입으로 빨았으므로 구멍이 뚫리면서 입안에 고름이

---

10) 급성(急性)으로 곪고 한가운데에 마개 같은 큰 근이 박히는 큰 종기(腫氣)를 가리킨다.

있었다. 고름을 땅에 뱉었는데 태자는 땅에 떨어진 피고름을 보고서 다시 울면서 멈추지 않았다. 이때 대부인인 위제희가 이러한 일을 보고서 한숨을 쉬며 탄식하였다. 이때 미생원왕이 어머니가 한숨을 쉬며 탄식하는 것을 보고 물어 말하였다.

"무슨 까닭으로 한숨을 쉬며 탄식하십니까?"

대답하여 말하였다.

"증조부 이후로는 이러한 부스럼이 없었는데, 그대가 역시 이러한 부스럼이 있네. 부왕께서는 그대의 창상(瘡上)에 피고름이 있으면 곧바로 삼키셨고 피고름을 곧 땅에 뱉지 않았는데 피고름을 보는 때에 무서워하고 피고름을 보는 때에 두려워서 그대가 다시 울었으므로, 이러한 인연으로 왕의 아버지께서는 그대의 피고름을 삼키셨네."

물어 말하였다.

"진실로 이와 같이 저를 아끼고 사랑하셨습니까?"

어머니가 말하였다.

"이와 같이 그대를 아끼고 사랑하셨네."

그때 미생원왕은 성내던 마음이 멈추었고 가엾고 자비로운 마음이 일어나서 여러 신하들에게 말하였다.

"만약 사람이 있어 노왕을 살리겠다고 말하는 사람이 있다면 나라의 반을 주겠노라."

사람들은 모두 늙은 왕에게 연민과 사랑이 생겨났으므로 왕의 이러한 말을 듣고서 다투어 달려가서 보았다. 그 노왕은 멀리서 달려오는 소리를 들었고 많은 사람이 감옥에 있었으므로 놀라고 두려워서 이렇게 사유를 지었다.

'반드시 마땅하게 나를 불러 여러 종류의 고통스러운 형벌을 주겠구나.'

길게 탄식하였고 숨이 가빠져서 땅에 민절하였으며 곧바로 목숨을 버렸고 북방천왕궁(北方天王宮)에서 천왕의 무릎 위에서 홀연히 화생(化生)하였다. 이때 벽실나말나천왕(薛室羅末拏天王)이 물어 말하였다.

"그대는 누구인가?"

말하였다.

“저는 승선(勝仙)이라 이름합니다.”

“무슨 까닭으로 승선이라 부르는가?”

“하늘의 음식이 항상 앞에 있어 뜻을 따라서 먹을 수 있습니다. 이러한 까닭으로 긴 이름인 승선이라고 부릅니다.”

이때 여러 필추들이 의혹이 생겨났고 오직 세존께서 능히 끊어주실 수 있었으므로 함께 세존께 아뢰어 말하였다.

“어찌하여 영승대왕은 무슨 업 등을 지었기에 과보가 성숙(成熟)되었고, 큰 부귀가 있어 재물을 풍족하게 수용하였으며, 왕궁에 태어났고 다시 세존을 보고 성제(聖諦)의 이치를 알았습니까? 뒤에는 발바닥을 찔렸고, 감옥에 갇혀서 몸은 굶주림과 목마름의 고통을 받았으며, 이것의 인연으로 굶어서 죽었습니까?”

세존께서 여러 필추들에게 알리셨다.

“만약 흑업을 지으면 흑업의 이숙(異熟)이 감응하고, 만약 백업을 지으면 백업의 이숙이 감응하며, 만약 잡업을 지으면 잡업의 이숙이 감응하느니라. 이러한 까닭으로 필추들이여. 스스로 그 업을 지어서 되돌려 스스로 그것을 받느니라.”

게송으로 이와 같이 말씀하셨다.

가령 백겁이 지나더라도
지은 업은 없어지지 않으며
인연이 모여 만나는 때에
과보가 돌아와서 스스로 받는다네.

“이러한 까닭으로 필추들이여. 마땅히 잡업과 흑업은 버리고 떠나야 하느니라. 그대들은 마땅히 순백(純白)의 정업(淨業)을 지어야 하느니라. 그대들 필추들이여. 이와 같이 배울지니라.”

근본설일체유부비나야파승사 제18권

삼장법사 의정 한역
석보운 번역

세존께서 여러 필추들에게 알리셨다.

"그대들은 자세히 들을지니라. 지나간 옛날의 때에 세존께서 세상에 출현하시지 않아서 공허하였으며 벽지불이 있었으나 때때로 궁핍한 것을 가엾게 생각하여 스스로가 적은 와구와 음식을 취하였느니라. 이때는 세상에 오직 벽지불이 있었는데, 이때 벽지불이 유행(遊行)하면서 바라니 사성에 기거하는 도가(陶家)의 윤사(輪舍)[1]가 있는 곳에 이르렀는데, 역시 다른 상인들도 함께 머물고 쉬고 있었느니라.

그 가운데에 사람이 있어 밤에 방에 있으면서 마침내 대변을 보아 부정(不淨)으로 땅을 더럽혔다. 밤에 모두 떠나갔고 그 성문(聲聞)인 연각(緣覺)은 관찰하지 않아서 그 일을 미리 알지 못하였다. 벽지불은 밤에 쉬고서 날이 밝으면 이른 아침에 걸식하고자 생각하고 있었는데, 주인이 방에 들어왔고 나아가 방안이 대변으로 더러워진 것을 보았다. 그러나 이생(異生)[2]은 어리석은 부류였으므로 선악을 알지 못하였고 곧 악한 생각을 일으켜서 벽지불에게 알려 말하였다.

"그대는 출가한 사람이고 다리를 다치지도 않았는데, 무슨 인연으로 방 밖에 나가서 대변을 보지 않고, 이 방 안에 있으면서 부정을 늘어놓았

---

1) 도자기를 만드는 물레가 있는 창고를 가리킨다.
2) 범부(凡夫)와 같은 말로서 번뇌에 얽매여 생사를 초월하지 못하는 사람을 가리킨다.

소?”

이때 주인은 자물쇠로서 문을 잠그고서 입으로 말하였다.

“그대는 지금 이 방에서 굶어 죽으시오.”

그때 벽지불은 이렇게 사유를 지었다.

‘이 주인이 뒤에 고통스러운 과보를 받는 것이 두렵구나. 내가 만약 문을 열고서 스스로가 나간다면 또한 성내는 것이 두렵구나.’

묵연히 머물고 있었는데, 식사 때에 이르자 주인은 성냄이 가라앉아서 벽지불에게 명하여 말하였다.

“오십시오. 음식을 먹읍시다.”

알려 말하였다.

“나는 시간이 이미 지났으므로 다시 음식을 먹지 않겠소.”

“만약 이와 같다면 오늘 밤은 다시 쉬시고, 내일 때에 드십시오.”

벽지불은 자비와 애민으로써 섭수하셨던 까닭으로 곧바로 머물렀다. 다음날에 이르자 청정하고 묘한 음식을 만들어 벽지불을 공양하였다. 이때 벽지불은 이 주인을 이익되게 하려는 까닭으로 변화된 몸을 나타내어 설법하였다. 혹은 신통을 나타내었고, 혹은 몸 위로 불을 뿜었으며, 혹은 몸 아래로 물을 흐르게 하면서 여러 종류의 변화를 나타내었다. 그때 주인이 이러한 신통한 변화를 보고 마음속으로 깊이 잘못을 뉘우쳤고, 오히려 빠른 바람이 그 큰 나무에 불어서 뿌리와 함께 뽑히고 꺾어져 넘어지듯이 이 주인도 역시 이와 같이 스스로를 숙이고 엎어져서 입으로 말하였다.

“대성(大聖)이시여. 바라건대 잠시 아래로 내려오십시오. 바라건대 지금 염욕인 번뇌의 가운데에 떨어진 저를 자비로 구제하십시오.”

벽지불은 다시 아래로 내려왔고 그 사람은 그의 발에 예경하고 발원하며 말하였다.

“성자의 곁에서 악한 뜻을 일으켰으니, 바라건대 업보가 없게 하십시오. 또한 바라건대 공양한 공덕의 선근으로 마땅히 미래의 세상에서 모두 광대한 재물로 부유하고 자재하며 역시 항상 여러 세존이신 여래를 공양하면서 마음에 염리(厭離)3)를 없게 하십시오.”

세존께서 여러 필추들에게 알리셨다.

“그대들의 뜻은 어떠한가? 그때의 도가인(陶家人)인 자는 지금의 영승왕이니라. 마땅히 그때에 벽지불을 향하여 마음에 악한 뜻을 품고서 입으로 추악하게 말하였던 업이 성숙한 까닭으로 지금에 칼로 발바닥이 찢겼고, 방 안에 갇혀서 굶주림과 목마름으로 죽었느니라. 후회가 생겨났고 마음에서 발원한 힘을 까닭으로 그 업이 성숙되어 왕궁에 태어나서 부귀함과 재물을 얻었으며, 세존의 처소에서 20종류인 신견(身見)4)의 산봉우리를 깨뜨리고 지혜로 구멍을 뚫어서 예류과(預流果)를 증득하였느니라.”

세존께서 여러 필추들에게 알리셨다.

“흑업(黑業)을 행하는 자는 흑업의 과보를 받고, 백업(白業)을 행하는 자는 마땅히 백업의 과보가 성숙되며, 흑백잡업을 행하는 자는 반드시 흑백잡업의 과보를 받느니라. 그대들 필추들이여. 마땅히 흑업과 흑백잡업을 버리고, 오로지 백업의 행만 닦아야 하나니, 마땅히 이와 같이 배울지니라.”

이때 여러 신하들이 와서 대왕에게 아뢰어 말하였다.

“그 노왕의 몸은 지금 이미 돌아가셨습니다.”

이러한 말을 듣고 번민하면서 땅에 쓰러졌다. 이때 물을 얼굴에 뿌리자 다시 깨어났고 곧 방에 들어가서 아버지를 위하여 상복(孝服)을 입었는데 사람들이 간언하여 슬픔을 떠나게 할 수 없었다. 이때 신하들은 모두가 의논하였다.

“무슨 방편으로 대왕의 슬픔을 없앨 수 있겠습니까?”

당시에 남천축국(南天竺國)에는 음악인(伎樂人)이 있었으므로 데리고 와서 왕의 처소에 여러 음악(伎樂)을 연주하게 하였다. 왕은 마음은 즐거워하지 않았고 묵연히 대답이 없었고 잘하였다고 말하지 않았으므로 악사(伎

---

3) 싫어하여 떠나는 것을 가리킨다.

4) 오온(五蘊)의 일시적 화합에 지나지 않는 신체에 불변하는 자아가 있고, 또 오온은 자아의 소유라는 그릇된 견해를 말한다.

兒)들은 모두 떠나갔다. 유행하여 세존의 처소에 이르러 알려 말하였다.

"훌륭하십니다. 장부시여."

마음에 환희(歡喜)가 생겨나서 곧 북을 치고 연주하였다. 그때 세존께서는 스스로가 곧 광명(光明)을 비추고 미소를 지으셨으며, 여러 종류의 광명을 뿜어냈는데 또한 화성(火星)과 같았다. 그 광명은 혹은 위로 솟았고 혹은 아래로 뻗었는데, 그 광명은 아래로 무간지옥(無間地獄)에 이르렀으며 광명이 이른 곳에서는 추위로 고통을 받던 자들이 곧 따뜻해졌고, 뜨거웠던 자는 청량함을 얻었으며, 여러 고통을 받던 자들이 함께 그 괴로움이 멈추었으므로 모두가 이렇게 사념하였다

'우리들이 다른 곳에 의탁하여 태어날 수 있겠는가?'

세존께서는 한 사람으로 변화하여 지옥의 가운데에서 알려 말하였다.

"그대들은 역시 다른 곳에 의탁하여 태어나지 않았어도 다른 사람이 비추는 광명이 있다면 고통을 멈출 수 있느니라."

여러 죄인들은 그 변화한 사람을 보고 마음에 환희가 생겨났으므로 죄업이 소멸되고 모두 인간과 천상의 처소에 태어났으므로 사성제법을 듣는다면 받아서 감당할 수 있었다. 그 광명이 위로 올라간 것은 사천왕천(四天王天)과 삼십삼천(三十三天)에 이르렀고, 아가니타천(阿迦尼吒天)[5]에 이르렀으며 광명의 가운데에서 무상(無常)·고(苦)·무아(無我)·공법(空法) 등의 게송을 설하였다. 그 광명은 널리 삼천대천세계를 비추고서 세존의 뒤를 따르는 것이다.

만약 세존께서 나아가 무상보리(無上菩提)의 일과 지난 옛날의 일을 설하고자 하시면 그 광명이 합쳐져 뒤로 들어오고, 만약 마땅히 미래의 일을 설하시면 광명이 앞을 따라서 들어가며, 만약 지옥의 일을 설하시면 광명은 발바닥을 따라서 들어가고, 만약 방생의 일을 설하시면 광명은 발꿈치를 따라서 들어가며, 만약 아귀의 일을 설하시면 광명은 발가락을 따라서 들어가고, 만약 사람의 일을 설하시면 광명은 무릎을 따라서

---

5) 색계의 가장 상위의 세계를 부르는 말로서 색구경천(色究竟天)이라고도 이름한다.

들어가며, 만약 역륜왕(力輪王)의 일을 설하시면 광명은 왼손의 바닥을 따라서 들어가고, 만약 전륜왕의 일을 설하시면 광명은 오른손의 바닥을 따라서 들어가며, 만약 하늘에 태어나는 업을 설하시면 광명은 배꼽을 따라서 들어가고, 만약 성문의 보리를 설하시면 광명은 입을 따라서 들어가며, 만약 연각의 보리를 설하시면 광명은 미간의 눈썹을 따라서 들어가고, 만약 무상정등각의 일을 설하시면 광명은 정수리를 따라서 들어가는 것이다.

이때의 광명은 멀리서 세존의 처소에 이르러 세존을 세 번을 돌고서 미간(眉間)으로 들어갔다. 이때 아난타가 합장하고 세존을 찬탄하며 가타 등을 설하였으며, [자세한 설명은 앞에서와 같다.] 가타로서 세존을 찬탄하였다.

일천 종류로 섞인 색깔이
입을 따라서 한 길로 나왔고
널리 시방에서 비추는데
역시 햇빛과 같이 처음 나왔다네.

무아를 게송으로 설하니
듣는 자는 교만을 없애고
모두가 세존과 인연을 지었으며
인연이 없는 광명을 비추지 않으므로
여러 원수 등을 항복시켰네.

세존께서 아난타에게 알리셨다.
"그대는 악사가 나에게 환희가 생겨나서 북을 치며 음악을 연주하던 것을 보았는가?"
아난타가 세존께 아뢰어 말하였다.
"저는 보았습니다."

세존께서 다시 아난타에게 알리셨다.

"이 악사는 벽지불과(辟支佛果)를 증득할 것이고, 아화음(雅和音)이라고 이름할 것이니라."

그때 제바달다가 미생원왕에게 말하였다.

"내가 가르침으로써 그대가 지금 왕위를 얻었으니, 지금 반드시 내가 부처를 짓도록 건립(建立)하게 하시오."

이때 왕이 제바달다에게 말하였다.

"불신(佛身)은 금빛이 있고, 그대의 몸에는 금빛이 없는데 만약 부처를 짓는 것을 건립할 수 있겠습니까?"

다시 왕에게 알려 말하였다.

"내 몸을 금빛으로 지으면 이것을 역시 얻을 수 있소."

그 제바달다가 곧 금장인(金匠)을 불렀고 알려 말하였다.

"내 몸의 위를 금빛으로 지으시오."

금장인은 대답하여 말하였다.

"성자여. 만약 능히 고통을 참는다면 곧 짓겠습니다."

대답하여 말하였다.

"나는 능히 고통을 견디겠소."

금장인은 곧 뜨거운 기름을 몸에 발랐고 여러 큰 고통을 받으면서 금박(擒薄)을 몸에 바르면서 붙였다. 다른 필추가 있어 고가리가(孤迦里迦) 필추에게 물었다.

"제바달다는 지금 어디에 있는가?"

대답하여 말하였다.

"제바달다는 온몸을 금빛으로 물들이고 있어서 이곳에 없습니다."

이때 그 필추가 듣고 곧 그곳으로 가서 제바달다를 보았는데 여러 심한 고통을 받으면서 울부짖으면서 몸 위를 금빛으로 만들었다. 필추는 곧 와서 세존께 아뢰어 말하였다.

"그 제바달다는 몸을 금빛으로 짓고자 매우 큰 고통을 받고 있습니다."

세존께서 필추에게 알려 말씀하셨다.

"이때의 제바달다는 지금의 때에 몸을 금빛으로 만들면서 심한 고통을 받은 것이 아니고, 지나간 옛날의 때에도 금모자(金帽)로 심한 고통을 받고서 죽음에 이르렀느니라. 지나간 옛날의 때에 바라니사성에 한 부인이 있었는데, 그 남편이 멀리 떠나고 없었느니라. 한 까마귀가 있어 그 부인의 앞에 날아와서 아름다운 목소리로 울었고 그 부인은 말하였다.

"그대가 아름다운 소리로써 내 남편이 평안(平安)하게 일찍 돌아온다면, 그대에게 금모자를 주겠다."

오래지 않은 사이에 그녀의 남편은 평안하게 와서 집에 이르렀다. 그 까마귀는 다시 그 부인의 앞에 돌아와서 아름다운 목소리로 지었다. 이때 그 부인이 까마귀에게 곧 금모자를 던져주었고 얻고서 동쪽으로 날아갔다. 서쪽에는 다른 솔개가 있었는데 그 금모자를 위하여 그 까마귀의 머리를 때렸고 땅에 떨어뜨려서 죽였느니라."

세존께서 말씀하셨다.

"그때 까마귀는 지금의 제바달다이니라."

세존께서 여러 필추들에게 알리셨다.

"그대들의 뜻은 어떠한가? 이 제바달다는 지나간 옛날 때의 금모자를 위하였던 까닭으로 이와 같은 습성이 지금까지 남아있어 그 금박을 몸에 붙이면서 그러한 큰 고통을 받고 있느니라."

또한 제바달다가 미생원왕에게 알려 말하였다.

"내가 왕으로 건립하여 지금 왕위를 얻었으니, 반드시 나를 세워서 부처로 삼으시오."

왕이 말하였다.

"여래의 발바닥에는 묘한 륜상(輪相)이 있는데, 만약 건립하여도 부처라고 이름할 수 있겠습니까?"

제바달다가 다시 왕에게 알려 말하였다.

"내가 발바닥에 능히 륜상을 짓겠소."

이때 제바달다는 곧 뛰어난 장인(巧工)을 불렀고 물어 말하였다.

"그대는 능히 나의 두 발바닥에 륜상을 지을 수 있겠소?"

그 사람이 대답하여 말하였다.

"성자여. 만약 능히 고통을 받을 수 있다면 제가 마땅히 짓겠습니다."

제바달다가 말하였다.

"나는 능히 고통을 참겠소."

이때 장인은 생각하며 말하였다.

"그 사람에게는 큰 기력(氣力)이 있다. 만약 내가 그의 발바닥에 무늬를 만들 때에 뒤꿈치로 나를 밟는다면 반드시 이것을 인연하여 죽음에 이를 것이다."

곧바로 제바달다에게 말하였다.

"방의 가운데에서 다리를 밖으로 내놓으십시오. 제가 곧 무늬를 새겨드리겠습니다."

장인에게 대답하여 말하였다.

"좋소."

이때 장인은 곧 바퀴 모양의 쇠를 불로 달구었고 불의 색깔과 같았으므로 그의 발바닥에 찍었다. 그때 극심한 고통을 받았다. 이때 필추가 있어와서 고가리가에게 물어 말하였다.

"그 제바달다는 지금 어디에서 볼 수 있습니까?"

대답하여 말하였다.

"지금 한곳에 있는데 발바닥에 륜상을 짓고 있습니다."

이때 그 필추는 그의 방이 있는 곳으로 갔고 그곳에 제바달다를 찾으며 이르렀고 그 제바달다를 보았는데, 발바닥에 륜상을 짓기 위하여 발바닥을 태우며 극심한 고통을 받으며 고통스러운 소리로 절규하고 있었다. 이때 그 필추는 마음에 괴이함과 의심이 생겨나서 여래의 처소로 갔으며 오직 세존께서 능히 의혹을 끊어주실 수 있었으므로 아뢰어 말하였다.

"세존이시여. 제가 제바달다를 보았는데 발바닥에 륜상을 짓기 위하여 극심한 고통과 아픔을 참고 있었습니다."

세존께서 필추에게 알리셨다.

"지나간 옛날의 때에도 역시 다리에 고통을 받았고, 습성을 따르고 있느니라. 지나간 옛날의 때에 설산(雪山)의 가운데에 하나의 큰 코끼리가 있었는데 산을 내려가서 물을 마셨느니라. 한 야간(野犴)6)이 있어 코끼리의 뒤를 따라가면서 코끼리의 발자국을 보고서 스스로가 측량을 지었다.

'나는 지금 이곳에서 죽어서 마땅히 천상(天上)에 태어나야겠다.'

이것을 인연하여 뛰어올라 홀연히 몸을 고목나무에 부딪쳤고 이로써 그 몸이 죽음에 이르렀느니라."

세존께서 여러 필추들에게 알리셨다.

"그대들의 뜻은 어떠한가? 그때의 그 야간이 곧 제바달다이니라. 마땅히 그때에는 발자국을 측량하고 관찰하는 뜻을 짓는 것을 잊었는데, 지금의 때에는 도리어 발바닥의 륜상을 위하여 극심한 고통을 받고 있느니라."

이때 불·세존께서는 왕사성 기사굴산(耆闍崛山)의 심원약차궁(深遠藥叉宮)에 머무르셨다.

이때 제바달다가 미생원왕에게 알렸다.

"내가 그대를 세웠고 왕이 되었으니 그대는 나를 부처로 세우시오. 그리고 나는 지금 사문 교답마를 죽이고자 하므로 왕은 마땅히 나와 함께 여러 계획(方計)을 세워야 하오. 나는 지금 무슨 물건으로써 때려야 하는가? 먼저 어느 곳을 때려서 목숨을 끊어야 하는가를 알지 못하겠소."

이때 공교(工巧)7)가 있었는데 능히 포차(抛車)8)를 잘 만들었는데 남천축국(南天竺國)에서 와서 성안에 이르렀다. 제바달다는 듣고 곧 공교에게 명하면서 알려 말하였다.

"그대는 능히 500의 사람이 끌어당길 수 있는 포차를 만들 수 있겠는가?"

대답하여 말하였다.

---

6) 산스크리트어 śṛgāla의 음사로 승냥이 또는 붉은 늑대, 인도 들개 등으로 불린다. 생김새는 늑대와 비슷하며, 몸은 적색을 띤 회갈색에서 홍갈색 또는 황갈색 등으로 변하고 몸 아래쪽은 회백색이며, 분포 지역에 따라서 다르다.
7) 미술·공예·문예·노래 등에 능한 기술자를 가리킨다.
8) 옛날에 군대에서 성을 돌로 공격할 때에 투석용으로 쓰던 수레를 가리킨다.

“저는 지금 이러한 포차를 만드는 것을 잘 알고 있습니다.”

이때 제바달다는 곧 천금(千金)의 가치(價値)인 인주(咽珠)를 가지고 공교에게 주었고, 이러한 포차를 만들게 하였다. 다시 1천명의 사람을 주어서 구사(驅使)[9]로 삼았으며 공교에게 알려 말하였다.

“세존께서 취봉산(鷲峰山)에 있으므로 그대는 지금 마땅히 그 산으로 가서 세존이 앉으신 자리의 가까운 곳에 500명의 포차를 설치하게. 다시 다른 곳에 250명의 포차를 설치하고, 또한 다시 다른 곳에도 250명의 포차를 설치하게.”

여러 사람들에게 알려 말하였다.

“그대들은 마땅히 아시오. 사문 교답마가 유행하면서 왔다가 떠난다면 곧 포차로 때려서 목숨을 끊어야 하오.”

이때 그 사람들은 제바달다의 가르침을 받고 곧 취봉산으로 나아갔다. 500의 사람들은 포차를 만들어 마쳤다. 이때 500의 사람이 모두가 의논하여 말하였다.

“이렇게 만든 큰 포차로 세존을 해치고자 합니다.”

모두가 이렇게 말을 지었다.

“그대들은 마땅히 아십시오. 오히려 각자 목숨을 버릴지라도 인천(人天)들의 처소에서 모두가 공경하는 대성인이신 세존의 몸을 해치지 맙시다.”

이렇게 말을 짓고서 곧 포차를 버리고 곧 산꼭대기에서 외진 길을 구하고 찾으면서 내려갔으며 제바달다를 보는 것을 두려워하였다. 이때 세존께서는 여러 사람들이 생각하는 것을 아시고서 곧 계단의 길로 변화시켰다. 여러 사람들이 보고서 각자 서로에게 의논하며 말하였다.

“이렇게 험하고 높은 산이었고 이전에는 계단의 길이 없었으므로 그대들은 마땅히 아십시오. 이것은 세존의 위덕입니다.”

그때 여러 사람들이 불·여래께 크고 청정한 신심을 일으켰고 곧 계단의 길에서 내려와 세존의 처소에 이르렀다. 이때 세존께서는 그 여러 사람들을

---

9) 사람이나 동물을 몰아서 부리는 것을 뜻하고, 나아가서 말이나 수단(手段)과 수법(手法) 등을 능숙하게 다루거나 부려서 사용하는 것을 가리킨다.

조복하려는 까닭으로 취봉산을 경행하였는데, 이미 세존의 처소에 이르러 두 발에 정례하고 물러나서 한쪽에 앉았는데 법을 들으려는 까닭이었다. 이때 세존께서 그들의 근성(根性)·의요(意樂)·수면(隨眠)을 아시고, 이와 같은 사제법을 설하시어 그들이 개오(開悟)하게 하셨다. 그들은 이미 듣고서 지혜의 금강저(金剛杵)로서 곧 20살가야견(薩迦耶見)의 산(山)을 능히 꺾어서 부수고서 예류과를 증득하였다. 이미 견제(見諦)하고서 세존께 아뢰어 말하였다.

"대덕이시여. 불·세존을 까닭으로 저희들이 해탈의 과를 증득하였습니다. 이것은 부모·인왕(人王)·천중(天衆)·사문·바라문·친우(親友)·권속들이 능히 지을 수 없는 것입니다. 저희들이 세존이신 선지식을 만난 까닭으로 지옥·방생(傍生)·아귀의 취(趣)의 가운데에서 구제(拔濟)되어 나왔고 인간과 천상의 승묘한 곳에 안치(安置)되어 마땅히 생사를 끝내고 열반을 얻었습니다. 골산(骨山)을 초월하였고 혈해(血海)를 말렸으며 무시(無始)부터 쌓고 모았던 살가야견을 금강지저로 꺾어 부수고서 예류과를 얻었습니다. 저희들은 지금부터 불·법·승보에 귀의하옵고 5학처(五學處)를 받고서 오늘부터 죽을 때까지 살생하지 않고 나아가 술도 마시지 않겠습니다. 오직 원하옵건대 세존이시여. 저희들이 오파색가임을 아시고 증명하십시오."

이때 공교(工師)는 마음에서 세존을 해치겠다고 생각하였으나 곧 인주(咽珠)를 몰래 챙겨서 스스로가 도주(逃走)하였다. 그때 제바달다는 자주자주 멀리서 불·세존의 머리가 땅에 떨어지는 것을 바랐으나, 세존께서는 편안하고 전혀 손해가 없는 것을 보았고, 500의 사람들이 세존의 처소에서 법을 듣는 것을 보았으므로 마침내 성냄과 분한이 일어나서 다른 길로 산을 올랐다. 나아가 공교가 인주를 가지고 몰래 달아나는 것을 보았다. 이것을 인연하여 스스로가 다시 500의 사람을 데리고 포차를 발포하고자 하였다. 세존께서는 이렇게 생각을 지으셨다.

'이것은 나의 숙업(宿業)이 쌓였고 성숙하여 업보가 와서 이른 것이고, 물이 폭류이므로 능히 멈추거나 물러나게 할 수 없구나. 스스로 짓고

스스로 받는데, 만약 다른 사람이 받는 이러한 것은 없는 것이다.’

세존께서는 업을 아시고서 500의 사람들에게 알려 말씀하셨다.

“여러분이여. 마땅히 아시오. 제바달다가 매우 많은 악한 뜻으로 그대들을 데리고 취봉산에 오르고자 하였소. 이것은 나의 업이 분명하게 반드시 받는 것이니 모두 앞으로 가시오.”

이때 여러 천인들이 곧 아래의 세계를 관찰하고 있었다. 이때 집금강약차(執金剛藥叉)는 곧 이렇게 생각을 지었다.

‘이 제바달다는 이미 악이 많은데 반역으로 여래를 해치고자 하는구나.’

이렇게 생각을 짓고 곧 금비라(金毗羅) 약차의 궁전으로 가서 약차에게 알려 말하였다.

“제바달다는 취봉산의 정상에 큰 당거(撞車)를 만들었고 큰 돌을 날려서 세존의 몸을 해치고자 하오. 세존께서는 이미 그대의 궁전에 안주(安住)하고 계시므로 제바달다가 돌을 쏘는 그때에 우리들은 마땅히 금강저로써 허공 중에서 그 돌을 깨트리고 부수겠으니 그대들은 마땅히 서로를 도우시오. 부서진 돌이 흩어져서 세존의 몸에 닿을까 두렵구려.”

금비라가 말하였다.

“좋습니다. 그렇게 하겠습니다.”

이때 세존께서 자리에서 일어나시어 장차 깊은 산속의 바위 동굴의 안으로 들어가셨다. 이때 제바달다는 500의 사람과 함께 기계를 움직여서 돌을 날려서 곧 여래를 공격하였다. 이때 집금강신이 금강저로 허공 중에서 돌을 때려서 부수었는데 그 돌의 한 조각이 세존의 몸에 떨어지고자 하였다. 이때 금비라 약차가 돌을 부딪쳐서 닿지 못하게 하였고 마침내 자신의 몸에 맞았으나, 이것이 떨어지면서 세존의 발을 손상시켰다. 이때 세존께서 곧 게송을 설하여 말씀하셨다.

허공의 가운데에 있어도 아니고
바다도 아니고 산의 동굴도 아니며
지방 어느 곳에도 있더라도

능히 업보는 벗어날 수 없다네.

이때 금비라 약차는 몸에 돌을 맞았고 스스로가 반드시 죽는다는 것을 알았으므로 곧 선한 생각을 발원하였다.

'목숨을 마친 뒤에 삼십삼천에 태어나게 하십시오.'

여러 천상에는 상법이 있는데, 천상에 태어나게 된다면 세 종류의 생각을 일으키는 것이다. 첫째는 지금 어느 곳에 있는가? 둘째는 무슨 인연으로 태어났는가? 셋째는 다시 무슨 업을 인연하여 이곳에 태어날 수 있었는가? 이미 자세히 관찰하여 이곳이 천상의 처소인 것을 알았고, 다시 이전의 세계의 몸이 약차인 것을 알았으며, 불·세존께 청정한 뜻을 발원하여 넓고 수승한 삼십삼천에 태어난 것을 알았다. 다시 이렇게 생각을 지었다.

'내가 천상에 태어났는데 오래도록 이러한 묘한 즐거움을 받고서 뒤에 세존을 보는 것은 마땅하지 않다. 마땅히 이때에 빠르게 가서 세존께 예경해야겠다.'

이렇게 생각을 짓고서 곧 뛰어나고 묘하며 아름다운 영락(瓔珞) 등과 아울러 네 종류의 만타라(蔓陀羅) 등과 미묘한 연꽃을 몸과 손에 장엄하였다. 그 천인의 머리카락은 유연하고 향기로우며 깨끗하였고 감청(紺靑)의 머리카락이 오른쪽으로 돌아갔으며, 몸의 모습도 단엄하여 비교할 수 없었고, 위의(威儀)도 상서(庠序)롭게 취봉산으로 내려왔다. 천인의 위력으로써 광명이 혁혁(赫奕)[10]하여 산과 들을 두루 비추었는데 세존의 처소에 나아가 꽃을 뿌려서 공양하였고, 물러나서 한쪽에 앉았는데 법을 들으려는 까닭이었다. 이때 세존께서 그의 근성·의요·수면을 아시고, 이와 같은 사제법을 설하시어 그들이 개오하게 하셨다. 그들은 이미 듣고서 지혜의 금강저로서 곧 20살가야견의 산을 능히 꺾어서 부수고서 예류과를 증득하였다. 이미 견제하고서 세존께 아뢰어 말하였다.

---

10) 매우 밝게 빛나는 모양을 말한다.

"대덕이시여. 불·세존을 까닭으로 저는 해탈의 과를 증득하였습니다. 이것은 부모·인왕·천중·사문·바라문·친우·권속들이 능히 지을 수 없는 것입니다. 제가 세존이신 선지식을 만난 까닭으로 지옥·방생·아귀의 취의 가운데에서 구제되어 나왔고 인간과 천상의 승묘한 곳에 안치되어 마땅히 생사를 끝내고 열반을 얻었습니다. 골산을 초월하였고 혈해를 말렸으며 무시부터 쌓고 모았던 살가야견을 금강지저로 꺾어 부수고서 예류과를 얻었습니다. 저는 지금부터 불·법·승보에 귀의하옵고 5학처를 받고서 오늘부터 죽을 때까지 살생하지 않고 나아가 술도 마시지 않겠습니다. 오직 원하옵건대 세존이시여. 제가 오파색가임을 아시고 증명하시옵소서."

곧 세존의 앞에서 게송으로 설하여 말하였다.

세존의 위력은 이미 넓고 크시므로
견고한 악취(惡趣)의 문을 닫아 막으셨고
묘한 선을 열어 보이시고 천로(天路)를 만드셨으며
나에게 지금 무위과(無爲果)를 획득하게 하셨고
직접 여러 세존들의 대자비를 이어서
여러 악을 없애주고 천안(天眼)을 얻게 하셨네.

이때 이전의 몸이 약차였던 천신(天神)은 상인이 이익을 얻은 것과 같았고, 농부가 곡식을 거둔 것과 같았으며, 전쟁에서 승리한 것과 같았고, 병이 나은 것과 같았으므로 옛날의 위의에 의지하여 세존께 예경하고 떠나갔다. 이때 필추들은 처음의 초야(初夜)부터 뒤의 후야(後夜)에 이르도록 각자 스스로가 선념(禪念)하였는데, 홀연히 세존의 앞에 광명이 두루 비추는 것을 보고서 모두가 의혹이 생겨나서 세존의 처소에게 나아갔으며 청하여 아뢰었다.

"무슨 인연이 있어 범천과 제석의 여러 천인들과 사천대왕(四天大王)들이 이 이곳에 와서 세존을 보고 받들었습니까?"

세존께서 여러 필추들에게 알리셨다.

"이 자는 범천도 아니고, 역시 제석과 사천왕들이 이곳에 와서 나를 알현한 것도 아니니라. 제바달다가 취봉산에서 큰 포차를 지었고 돌을 날려서 때리고자 하였으나, 나의 집금강신이 금강저로 공중에서 때려서 부줬느니라. 그때 금비라 약차가 부딪쳐서 닿지 못하게 막았으나 마침내 스스로의 몸에 때렸고, 선한 마음을 일으킨 인연으로 목숨을 마친 뒤에 광대하고 수승한 삼십삼천에 태어났느니라. 이러한 인연을 까닭으로 와서 나에게 계수(稽首)하였고, 나는 그를 위하여 설법하였으며, 진제를 보고 귀의하고서 천상으로 돌아갔느니라.

이러한 까닭으로 필추들이여. 만약 흑업을 지으면 흑과(黑果)를 받고, 순수한 백업을 지으면 순수한 백과를 받으며, 만약 잡업을 지으면 반드시 잡과를 받느니라. 마땅히 흑·잡업은 버리고 오직 백업을 쌓을 것이고, 마땅히 이와 같이 배울지니라."

이때 여러 필추들은 모두가 의혹이 생겨나서 세존께 아뢰어 말하였다.

"금비라 약차는 무슨 업을 지었기에 세존을 보호하기 위하였던 까닭으로 자신의 목숨을 잃었습니까?"

세존께서 말씀하셨다.

"다만 오늘날에 나를 위하여 목숨을 잃은 것이 아니고, 과거 생에서도 역시 나를 위하였던 까닭으로 자신의 목숨을 잃었느니라. 그대들은 마땅히 잘 들을지니라. 지나간 오랜 옛날에 바라니사국에 왕이 있었고 범수(梵授)라고 이름하였느니라. 정법으로 나라를 다스려서 여러 왜곡과 탐욕이 없었느니라. 이때 세간은 청정하여 사람들에게 재해(災害)가 없었고, 오곡이 풍성하고 가득하였으며 만백성이 안락하였느니라.

마땅히 그때에 성에서 멀지 않은 곳에 다른 취락이 있었는데, 여러 원림(園林)이 많아서 수승하고 묘한 꽃과 과일도 많았고, 여러 부류의 새들이 조화롭게 울었으므로 사랑스러웠다. 그때 선인(仙人)이 있어 그 숲속에 머물렀는데, 그 음식을 끊고 고행하면서 오직 뿌리와 열매만 먹었고, 나무껍질의 옷을 입어 추위와 더위를 막았다.

곧 이곳에 한 사냥꾼이 있었고 매일 활과 화살을 가지고 여러 새와 짐승을 잡아서 스스로가 살아갔다. 이 사냥꾼이 어느 때에 선인의 처소의 수풀의 사이에 갔는데 선인이 추운 시기에 오가면서 피로한 것을 보았고 마음에 연민의 생각이 생겨나서 나아가 뿌리와 열매를 가져다가 주어서 먹게 하였으며, 마침내 은혜와 의리를 맺어 부자(父子)가 되었다. 이때 사냥꾼은 선인을 공경히 섬기며 아버지라고 불렀고, 선인도 역시 연민으로 자식과 같이 사랑하였다.

뒤의 다른 때에 그 범수왕은 이른 새벽에 녹원(鹿園)의 가운데에 들어가 거닐면서 살폈다. 이때 야생 사슴이 있어 놀라서 울부짖으면서 빠르게 선인에게 뛰어들었다. 이때 왕은 곧바로 활을 쏘아서 이 사슴을 잡았다. 이미 죽은 것을 보고 선인은 곧 분노하며 그 왕에게 알려 말하였다.

"그대의 악한 성품은 도리(道理)에 매우 어긋나오. 그 사슴은 나에게 뛰어들었는데 곧 해치고 죽였구려."

그 왕은 그 말을 듣고 극심한 진애(瞋恚)가 생겨나서 여러 신하들에게 알려 말하였다.

"만약 세간의 사람이 있어 관정(灌頂)한 찰제리왕에게 추악하게 말한다면 무슨 죄로 다스리는 것이 합당한가?"

여러 신하들이 왕에게 아뢰었다.

"비법의 악인(惡人)에게는 마땅히 사형의 죄가 합당합니다."

왕이 말하였다.

"그러나 이 선인은 나를 업신여기고 헐뜯었소."

그때 많은 신하들이 선인을 해치고자 하였고, 사냥꾼이 가까이에서 보고서 이렇게 생각을 지었다.

'나의 목숨이 살아있는데 어찌 그들이 감히 대선인을 해치겠는가?'

이때 사냥꾼은 곧 함께 결전(決戰)하였고 선인은 피하여 달아났다. 그때 왕은 그 시절에 큰 위세(威勢)가 있었으므로 그때 사냥꾼은 곧 왕에게 살해를 당하였느니라."

세존께서 말씀하셨다.

"여러 필추들이여. 그대들의 뜻은 어떠한가? 그때의 선인은 나의 몸이었고, 그때의 사냥꾼은 곧 이전의 몸이 약차이었던 천신(天神)이니라. 마땅히 그때에 이미 나를 위하였던 까닭으로 목숨을 잃었는데, 지금도 도리어 나를 위하여 마침내 곧 죽음에 이르렀으나, 돌이 나의 발을 때려서 흐르는 피가 이와 같이 멈추지 않느니라."

세존은 고통을 참으셨다. 이때에 의왕(醫王)인 시박가는 매일 세 때에 와서 세존의 처서에 나아갔다. 그 왕사성의 사람들과 여러 나라의 상인(商人)들과 가난하고 부유하며 귀하고 천하며 신심이 있고 견해가 바른 사람들도 모두 함께 의왕과 함께 세존의 처소로 나아갔다. 이때 여러 대중들이 의왕에게 알려 말하였다.

"어떤 처방을 지어야 합니까?"

의왕이 대답하여 말하였다.

"나는 이 처방을 알고는 있으나 그 약을 얻기가 어렵습니다."

이때 아난타가 의왕에게 물어 말하였다.

"이것은 무슨 약초인데 구하는 것이 어렵습니까?"

대답하여 말하였다.

"이것에는 우두전단향(牛頭栴檀香)11)을 사용하여 처방합니다. 내가 이전에 여러 곳에서 찾고 구하였으나 얻지 못하였고, 설령 상인에게 있다고 하더라도 미생원왕의 악성(惡性)을 두려워하여 감히 팔지 않습니다. 만약 왕이 필요하다면 비로소 처음으로 가져다가 왕에게 바칠 것입니다. 만약 왕이 향이 필요한 날에 왕에게 주지 못한다면 왕은 반드시 죽일 것입니다. 왜 그러한가? 일찍이 전단향을 팔고자 왔다면 그 향기가 있어 이미 아는 까닭입니다."

이때 향을 파는 상인이 그 대중들 가운데에 있으면서 시박가에게 "세존

---

11) 인도의 향나무로서 마라야산(摩羅耶山)에서 자라나는데 그 산봉우리가 소의 머리 같으므로 우두전단향(牛頭栴檀香)이라 한다. 그 빛깔이 적동색(赤銅色)이고, 전단향 가운데 가장 향기가 짙으며, 제천(諸天)들이 아수라(阿脩羅)와 싸울 때에 칼에 다친 곳에 바르면 곧바로 아물었다고 전한다.

의 병을 치료하기 위한 까닭으로 전단향이 필요하다.”는 말을 듣고서 곧 이렇게 생각을 지었다.

'미생원왕은 제바달다를 친애(親愛)하고 있다. 세존과 서로 질투하고 있으므로 만약 내가 세존께 우두전단향을 드렸다는 것을 들은 때에는 분명히 나를 마땅히 해칠 것이다.'

다시 이렇게 생각을 지었다.

'세존은 여러 인간과 천인들도 마땅히 공양하신다. 내가 이것을 위하여 비록 그 목숨을 손해를 당할지라도 역시 반드시 여래께 우두전단향을 받들어야겠다.'

곧 가서 향을 취하여 와서 세존께 공양하였고 호궤하고 아뢰어 말하였다.

“세존이시여. 제가 전단향을 구하여 왔습니다. 세존께서는 자비와 연민으로 반드시 마땅하게 받아주십시오.”

세존께서 구수 아난타에게 알려 말씀하셨다.

“이 크게 어진 사람에게 전단향을 구하게 되어서 목숨을 다시 얻게 되었구나.”

상인은 큰 환희가 생겨나서 이마와 얼굴로 예경하고 물러나서 돌아갔다. 그때 세존께서 미소를 지으시니, 청·황·적·백의 다섯 색깔의 광명이 있어 모두 입으로부터 뻗어 나왔고, 나아가 그 광명은 미간으로 들어갔으며, [자세한 설명은 앞에서와 같다.] 이때 아난타가 게송으로써 세존을 찬탄하였고, [자세한 설명은 앞에서와 같다.]

세존께서 아난타에게 말씀하셨다.

“그대는 그 상인이 마음에 환희가 생겨나서 우두전단향으로써 나에게 공양하는 것을 보았는가?”

아난타가 세존께 아뢰어 말하였다.

“저는 보았습니다.”

세존께서 아난타에게 알리셨다.

“마땅히 그 상인은 무량한 선근(善根)으로써 공경하고 믿었으며 우두전단향을 보시하였으므로, 미래의 세상에서 마땅히 벽지불과(辟支佛果)를 증득하고, 전단(栴檀)이라고 명호할 것이다. 나의 처소에서 큰 환희가 생겨난 인연으로 마땅히 이러한 과보를 얻게 되는 것이다.”

그때 세존께서 이 전단향을 얻고서 발에 발랐으나 피는 오히려 멈추지 않았다. 시박가는 다시 세존께 아뢰어 말하였다.

“동녀(童女)인 사람의 유즙(乳汁)을 사용하여 상처 부위에 발라야 합니다.”

이때 여러 필추들은 괴이한 마음이었고, 동녀의 유즙을 알지 못하였다. 이때 구수 아난타가 시박가에게 물어 말하였다.

“무엇을 동녀의 젖이라고 말합니까?”

대답하여 말하였다.

“만약 부인이 처음으로 임신하여 아이를 낳은 이것을 동녀의 유즙이라고 이름합니다.”

이때 사부대중들이 여러 곳으로 나아가서 동녀의 유즙을 찾고 구하였다. 왕사성 안에서는 제바달다와 여러 친한 벗을 제외하고 그 밖의 다른 사부대중의 처소에 모두가 이 젖을 구하였다. 그 제바달다와 여러 악한 벗들이 큰소리로 외쳐 말하였다.

“그대들은 유즙을 주지 마시오.”

마땅히 염매(厭魅)[12]의 환화법(幻化法)을 지어서 일체의 사람에게 스스로가 주고 싶었던 마음을 장애하고 파괴하고자 하였다. 이때 왕사성 안에는 오직 한 부인이 있었는데 몸이 수척하고 작았다. 처음으로 아이를 낳았는데 그 아들의 몸도 역시 수척하고 작아서 그 어머니의 유즙은 아기가 먹어도 오히려 부족하였는데, 하물며 일부러 다시 다른 사람에게 주겠는가? 이때 그 부인은 불·세존께서 동녀의 유즙이 필요하다는 것을 듣고 곧 이렇게 생각을 지었다.

‘내가 만약 젖으로써 여래께 공양한다면 나 스스로가 수척하고 약하므

---

12) 산스크리트어 vetāla, vetāḍa의 음사. 비다라(毘陀羅)라고 하며 귀(鬼)·기시귀(起屍鬼)라 번역한다. 주문을 외워 죽은 시체를 일으켜 그로 하여금 사람을 죽이거나 해하는 것 등을 자행하는 것을 말한다.

로 많은 재앙이 생겨날 것이다. 첫째는 자식이 마땅히 죽을 것이고, 둘째는 제바달다와 왕의 친척과 측근 및 옛날부터의 친구들까지 젖을 주었다는 것을 듣는다면 반드시 나를 죽일 것이다.'

다시 이렇게 생각을 지었다.

'만약 내가 죽고 아울러 내 자식을 잃더라도 세존은 천인(天人)들이 마땅히 공양하는 분이시다. 다리에 상처를 입어 몹시 매우 고통스러운 것을 생각한다면 내가 마땅히 젖을 가지고 여래께 공양해야겠다.'

이때 그 부인은 젖을 짜서 구리 그릇 안에 담아서 가지고 여래의 처소에 나아갔으며, 머리와 얼굴을 대어 예경하고 호궤하여 세존께 받들고서 아뢰어 말하였다.

"세존이시여. 제가 동녀의 젖을 가지고 왔습니다. 세존께서 동녀의 젖이 필요하다는 것을 듣고 제가 지금 가지고 왔습니다. 원하건대 세존께서는 이 젖을 받아주십시오."

세존께서 아난타에게 알리셨다.

"이 여인은 마음에 바른 믿음을 품었으니, 그대는 마땅히 이 젖을 받아 취하게."

그때 아난타가 명에 의지하여 그 젖을 받았고 부인은 머리와 얼굴을 대고 세존께 예경하고 물러나서 떠나갔다. 이때 세존께서 미소를 지으시니, 다섯 색깔의 광명이 그 광명으로 삼천대천세계를 두루 원만하게 비추었으며, [자세한 설명은 앞에서와 같다.]

세존께서 아난타에게 알려 말씀하셨다.

"그대는 그 여인이 젖을 가지고 와서 나에게 공양하는 것을 보았는가?"

아난타가 세존께 아뢰어 말하였다.

"세존이시여. 저는 보았습니다."

세존께서 다시 아난타에게 알리셨다.

"이 여인은 환희심으로써 즐거이 보시하고자 젖을 가지고 와서 나에게 공양하였다. 이러한 무량한 선근으로써 미래의 세상에서 벽지불과를 증득할 것이니라."

이때 불·세존께서 젖을 상처 부위에 발랐으나 흐르는 피는 멈추지 않았다. 여러 지방의 필추들과 범지(梵志) 등은 세존께서 상처를 앓는다는 것을 듣고 모두가 세존의 처소에 왔다. 혹은 바르는 향과 가루향으로 상처 위에 발랐고 여러 종류의 의술로 치료하였으나 결국 치료하지 못하였다. 그때 구수 십력가섭파(十力迦葉波)는 진실한 말로써 큰 서원을 일으켰다.

"만약 불·세존께서 모든 일체의 중생들을 널리 자식과 같은 생각을 지으시는데, 진실이고 거짓이 아니라면 피가 멈추고 상처를 평소처럼 회복하십시오."

이렇게 서원을 지었는데 피가 갑자기 멈추었고 상처가 곧 나았다. 그때 여러 필추·필추니·오파색가·오파사가와 왕사성의 일체의 도인 및 재가인들이 모두 크게 환희하고 무량하게 용약하였다. 오직 제바달다와 미생원왕 아울러 구가리가(拘迦里迦) 등의 악한 필추들은 마음에서 환희하지 않았다고 입으로 전해졌다.

"병을 낫게 한 사람은 진실로 선(善)하다. 이것은 능히 여러 선근이 있었던 인연의 까닭이다."

이때 여러 필추들은 모두가 의혹이 생겨났고 오직 불·세존께서 능히 그것을 끊어줄 수 있었으므로 여러 필추들이 세존께 아뢰어 말하였다.

"세존이시여. 무슨 인연이 있어 십력가섭이 서원을 일으키니 흐르던 피가 멈추고 상처가 나았습니까?"

세존께서 여러 필추들에게 알리셨다.

"다만 오늘날에 이러한 인연이 있는 것이 아니고, 지나간 과거 세상의 때에도 역시 이러한 일이 있었느니라. 그대들은 자세히 들을지니라. 지나간 과거에 나는 독창(毒瘡)[13]을 당하였는데, 그가 진실한 말을 일으켰고 나을 수 있었느니라. 지나간 옛날의 때에 한 산야(山野)에 하나의 큰 마을이 있었고 마을에서 멀지 않은 곳에 커다란 총림(叢林)이 있었고, 많은 뿌리와

---

13) 독기가 있는 악성 종기나 큰 부스럼을 가리킨다.

과일이 풍요로웠으며, 여러 종류의 새들이 이 숲에 살면서 조화롭고 아름다운 소리로 울었으므로 매우 애락(愛樂)하였느니라.

한 선인(仙人)이 있어 그 가운데에서 머물렀고, 다만 뿌리와 과일을 먹었고 맑게 흐르는 물을 마셨으며, 나무껍질의 옷을 입고서 오로지 신주(神呪)를 지녔었다. 이 마을 안에 한 장자가 있었는데, 종족(宗族)에서 한 여인을 취하여 부부가 되어 함께 환락(歡樂)하였다. 뒤에 오래지 않아서 아내는 임신하였고 세월이 지났으므로 한 아들을 낳았다. 21일이 지나자 모임을 베풀고 희락(喜樂)이라고 이름을 지었다.

장성하였는데 혹은 때에 경행하였고, 혹은 때에 앉거나 누워서 한상 선한 일을 생각하였고 항상 선업을 행하였다. 이때 그 마을 사람들은 그를 보면 기쁘고 즐거웠으므로 그를 법애(法愛)라고 이름하였다. 선한 것을 구하였던 까닭으로 때때로 선인의 처소에 나아가서 받들어 섬기고 공양하였다. 많은 사람들은 그가 선인에게 애락하는 것을 보고 다시 그를 연행(練行)이라고 이름하였다. 뒤의 때에 그 장자의 아들은 몸에 독창을 앓아서 여러 종류의 약과 여러 주법(呪法)으로 치료하였으나 낫지 않았다. 그러므로 그의 부모는 아들을 데리고 함께 선인의 처소에 나아가서 알려 말하였다.

"선인이여. 시자(侍者)가 지금 독창을 앓아서 몹시 괴롭습니다. 마땅히 바라건대 치료하여 주십시오."

이때 그 선인은 곧 진실한 말을 지어 발원하였다.

"지금 이 장자의 아들은 친하거나 원수이거나 모두 평등함이 생겨났고 다른 마음이 없었습니다. 만약 이것이 진실한 말이라면 독창이 마땅히 없어져서 나을 것입니다."

이렇게 발원하였고 독창은 당시에 곧바로 없어져서 나았느니라."

세존께서 여러 필추들에게 알리셨다.

"그대들의 뜻은 어떠한가? 그때 장자의 아들은 곧 나의 몸이고, 그때의 선인은 곧 십력대가섭(十力大迦葉)이니라. 그때의 가운데에서도 진실하게 발원하였던 까닭으로 병이 없어져서 나았고, 지금 때에도 역시 이와 같으니라."

이때 제바달다는 뜻에서 후회가 생겨났다.

'내가 교답마 사문을 돌로 치고 때렸으나 손해시킬 수 없었으므로 무익한 일이로다. 여러 사람이 모두 알아서 헛된 악명을 얻었구나.'

그 제바달다는 곧 나무의 아래에 결가부좌로 앉아서 자세히 스스로가 사유하였다. 이때 여러 필추들이 제바달다의 모습을 보고 각자 모두가 헤아리고 사유하였으며 의논하였다.

"제바달다는 여래의 처소에서 이와 같은 진한(瞋恨)을 소유하여 돌로써 여래를 때린 것인가?"

이때 고가리가 필추와 제바달다의 친한 벗들이 여러 필추들에게 알려 말하였다.

"그대들 구수 등은 능히 자세히 사유하지 않고 그릇된 말을 하는구려. 그대들은 제바달다가 지금 그 나무의 아래에 있으면서 사선(四禪)에 머무는 것을 보지 못하는가? 이러한 대인(大人)이 어찌 악한 짓을 짓겠는가?"

이때 여러 필추들은 모두가 의혹이 생겨났고 오직 불·세존께서 능히 그것을 끊어줄 수 있었으므로 여러 필추들이 세존께 아뢰어 말하였다. [자세한 설명은 앞에서와 같다.] 이때에 제바달다의 친한 벗들과 필추 고가리가 등은 세존께 아뢰는 것을 보고 여러 필추들을 꾸짖었다.

"그대들은 곧 우리의 제바달다가 악하다고 말한 것에 스스로가 부끄럽지 않는가? 어찌 악한 일을 짓겠는가?"

세존께서 여러 필추들에게 알리셨다.

"고가리가는 지나간 옛날의 때에도 역시 다시 곧 수치스러운 일이 없다고 말하였느니라. 그대들은 자세히 들을지니라. 지나간 옛날의 때에 왕사성에 왕이 있었는데 먼저 칙명(勅條)을 세워놓고 왕을 섬기는 사람들에게 명하여 두 개의 마사나(摩舍那)[14]를 설치하였느니라. 하나는 장부(丈

---

14) 산스크리트어 śmaśāna의 음사로서 심마사나(深摩舍那)라고 음역되고 시다림(尸陀林)이라고 한역된다. 고대 인도에서 죽은 사람의 시체를 버리는 곳이나 장(火葬)하는 곳을 뜻한다.

夫)를 나타내었고, 다른 하나는 부인을 나타내었는데, 장부(丈夫)의 시림(屍林)에는 부녀자의 시신을 두었고, 부녀(婦女)의 시림에는 장부의 시신을 두게 하였다.

이때 뒤에 한 황문(黃門)이 죽었으므로 시신을 가지고 심마사나(深摩舍那)에 이르렀는데 장부의 시림을 지키는 사람이 내려놓지 못하게 하였고, 부녀의 시림에서도 역시 허락하지 않아서 두 곳에 내려놓지 못하였다. 왕사성에서 멀지 않은 곳에 한 숲이 있었는데, 꽃나무와 과일나무들이 무성하여 사랑스러웠고, 여러 새들이 있어 아름다운 소리로 울고 있었다. 한 선인이 그 가운데에 기거하고 있었는데, 뿌리나 과일을 먹었고 맑은 샘물을 마셨으며 나무껍질로 옷을 해 입었다.

그 근처에 농경지가 있었고 그곳에는 변마수(梗麻樹)15)가 있었는데 그 사람은 시신을 변마수 아래에 놓아두고 갔다. 이때 야간이 시신의 냄새를 맡고 시신을 찾았으며 와서 곧 죽은 사람을 먹었다. 한 늙은 까마귀가 있어 변마수 위에 숨어있으면서 곧 스스로 사유하였다.

'내가 지금 야간을 좋아한다고 칭찬하면, 그는 마땅히 나에게 적은 음식은 나누어 줄 것이다.'

늙은 까마귀는 게송으로 칭찬하여 말하였다.

그대 가슴은 사자와 같고
허리는 다시 우왕(牛王)과 같으며
내가 짐승의 왕에게 예배하니
나에게 음식을 나누어 주시오.

그때 야간이 두루 관찰하고서 게송으로 대답하여 말하였다.

---

15) 『본초강목』에서는 다른 이름으로 무이(蕪荑)·무고(無姑)가 있고 나무의 이름은 편(梗)이라고 하였고, 『설문(說文)』에서는 편(梗)은 산분유(山枌楡)이고, 가시가 있으며, 열매를 무이(蕪荑)라고 한다고 전한다.

누가 숲속의 나무 위에 기거하고
후생(後生)의 가운데에서 가장 수승한가?
몸의 빛깔이 여러 곳에 비추니
보배의 한 덩이를 지은 것과 같다네.

늙은 까마귀가 또한 게송으로 칭찬하여 말하였다.

나에게 많은 용구(用具)가 있는
까닭으로 그대가 와서 보겠는가?
내가 짐승의 왕에게 예배하니
남은 음식 있다면 나에게 주시오.

야간이 다시 게송으로 대답하여 말하였다.

그대의 목은 공작(孔雀)과 같아서
까마귀도 매우 사랑스러우며
우는 소리는 최고로 수승하고 묘하니
그대는 와서 마음대로 음식을 취하라.

그때 까마귀가 나무에서 내려와서 그 야간과 함께 죽은 사람을 먹었다.
이때 선인이 보고서 도리어 게송을 지어 말하였다.

많은 시간을 너희를 보았는데
모두가 부끄럼이 없이 화합하고
나무 중에서는 최상의 소리이나
먹는 것은 사람 중에서 천박하구나.

늙은 까마귀가 이 말을 듣고서 게송으로 대답하여 말하였다.

사자와 공작이 음식을
함께 먹으면 최상인 것인데
대머리의 사람이 이곳에 왔고
달힌 그대는 어떤 일의 물건인가?

이때 선인이 성내면서 다시 게송으로 대답하여 말하였다.

늙은 까마귀는 새 가운데에 비천하고
야간은 짐승 가운데에 천박하며
변마는 나무라고 할 수 없고
황문은 사람 가운데에 하열하며
땅의 가운데에 삼각(三角)은 못생겼는데
이것을 보고 부끄러움도 모르는가?

그때 늙은 까마귀는 매우 성내면서 곧 선인의 제화단(祭火壇)으로 날아갔
다. 사방을 관찰하였으나 손해를 입힐 곳이 없어서 똥으로 그 제단의
가운데를 더럽히고 물병을 밀어서 깨뜨렸으며 곧바로 달아났다. 그때
선인이 돌아와서 오직 제화단이 똥으로 지저분하게 더럽혀졌고 물병이
깨진 것을 보았다. 선인은 관찰하였고 나아가 까마귀가 똥으로 더럽히고
물병을 때려서 깨뜨린 것을 알았으며 곧 게송으로 설하여 말하였다.

그것은 흉악한 물건과 같아
부끄러움도 없고 성냄이 많으며
나의 제화단을 무너뜨리고
다시 때려서 물병도 깨트렸네.

옳은 부류는 옳지 않은 부류와
일체를 함께 말하지 않을 것이고

마땅히 적은 말을 함께 말하며
말이 없다면 최고의 안락이라네."

이때 세존께서 여러 필추들에게 알리셨다.

"그대들의 뜻은 어떠한가? 그때의 선인은 곧 나의 몸이었고, 늙은 까마귀는 제바달다이며 그 벗이었던 자는 악한 필추인 고가리가이니라. 이때에도 옳지 않은 말을 하면서도 부끄러움도 없이 말하였느니라."

그때 여러 필추들은 마음에 의혹이 생겨났다.

"오직 원하옵건대 세존께서는 널리 인연을 설하십시오. 세존과 제바달다는 숙세의 이래로 무슨 악한 인연이 있었습니까?"

그때 세존께서 여러 필추들에게 알리셨다.

"그대들은 자세히 들을지니라. 지나간 옛날의 때에 이 바다의 근처에 한 마리의 공명조(共命鳥)16)가 있었느니라. 하나의 몸에 머리는 둘이었는데, 한쪽의 새는 법(法)이라고 이름하였고, 다른 한쪽의 새는 비법(非法)이라고 이름하였다. 그 비법의 새는 당시에 잠들어 있었고 법의 새는 잠에서 깨어났는데, 흘러가는 물 위에 하나의 맛있는 과일이 떠내려갔으므로 물을 쫓아가서 부리로 그것을 취하여 와서 이렇게 생각을 지었다.

'그는 이미 잠이 들었는데 깨워서 같이 먹을까? 다시 혼자 먹을까?'

다시 이렇게 생각을 지었다.

'한 몸이므로 내가 만약 먹더라도 그도 역시 배부를 것이다.'

곧바로 그것을 먹었다. 뒤의 때에 비법이 깨어나서 법이 다른 것이 있는 것을 보았고 다시 향기를 맡고서 괴이하여 물어 말하였다.

"이것은 무슨 향기인가?"

대답하여 말하였다.

"내가 맛있는 과일을 먹었다."

다시 물었다.

---

16) 산스크리트어 jīva-jīvaka의 음사. 인도의 북동 지역에 서식하는 꿩의 일종으로 그 새의 소리에 의하여 이름을 붙였다고 한다.

“과일은 지금 어디에 있는가?”

알려 말하였다.

“비법이여. 그대가 잠을 잤으므로 내가 이것을 이미 먹었다.”

대답하여 말하였다.

“마땅히 그대가 만약 옳지 못한 것을 짓는다면, 나는 스스로가 때를 안다.”

뒤의 때에 법의 새가 다음으로 잠이 들었는데 비법의 새는 물 위의 하나의 독이 있는 과일을 보고 가서 부리로 건져내어 그것을 먹었다. 두 마리가 함께 어지러웠고 답답하였으며 마음이 미치고 혼란하였다. 그때에 비법이 곧 서원하며 말하였다.

“마땅히 미래의 태어나는 곳에서 생생세세(生生世世)에 그대와 함께 서로를 해칠 것이고, 항상 함께 원수가 되겠다.”

그때 법(法)이 대답하여 말하였다.

“원하건대 나는 생생세세에 항상 그와 함께 착한 벗이 되겠다.”

이때 세존께서 여러 필추들에게 알리셨다.

“그대들의 뜻은 어떠한가? 그때의 법조는 곧 나의 몸이고, 비법은 곧 제바달다였느니라. 그때의 가운데에서 처음으로 원결(怨結)이 생겨났는데, 나는 항상 이익되는 마음을 행하였으나, 천수(天授)는 항상 손해시키는 마음을 품었느니라.”

세존께서 여러 필추들에게 알리셨다.

“지나간 과거에 바라니사에 왕이 있어 백교향(白膠香)이라고 이름하였고, 그 나라를 다스리고 교화하였는데, 풍년이 들었고 백성들은 치성하였으며 모두가 안락하였느니라. 그 나라 경계의 근처에 한 왕녀(王女)가 있어 함께 혼인하여 오락하고 유희하면서 이곳에 머물렀으며 환락하였느니라.

뒤의 때에 회임하였고 곧 한 딸을 낳았다. 그 딸도 점차 장대하였으며 곧 다시 임신하였고 달이 지났으므로 곧 한 아들을 낳았는데, 모습과 얼굴이 단엄하여 보는 사람들이 즐거워하였다. 친족들을 모았고 아들을 위하여 여러 신하들까지 불러서 의논하였다. 그는 해가 처음 떠오르는 때에 태어나서, 그 아이를 일부러 초(初)라고 이름 불렀다.

8명의 유모에게 맡겨서 아이를 양육하였으며, [자세한 설명은 앞에서와 같다.] 이와 같이 여러 유락(乳酪)·생소(生酥)·제호(醍醐) 등을 사용하여 장양(將養)하였으므로 그 아이는 물에 있는 연꽃과 같이 빠르게 장대하여 뒤에 입학(入學)하였다. 그에게 문자·역수(曆數)·산계(算計)와 여러 종류의 기예(伎藝)·공교법(工巧法)·코끼리와 말을 타는 법·활 쏘는 법 등과 왕법(王法)의 일을 가르쳤는데 모두를 밝게 이해하였다. 뒤의 때에 늙은 왕은 초를 태자로 세웠다.

백교향 왕에게는 이전에 상궁(上宮)인 왕비(王妃)가 있어 달마(達摩)라고 이름하였다. 다시 한 대신이 있어 재우(宰牛)라고 이름하였는데, 왕은 그를 매우 총애(怜愛)하여 그에게 의지하였다. 이때 왕은 상궁과 유희(遊戲)하였고 뒤의 때에 회임하였다. 점술사(相師)가 점을 쳤는데 반드시 한 아들을 낳을 것이고 마땅히 분명히 왕을 죽이고 스스로 왕위를 취한다는 것이었다. 뒤의 때에 왕은 병이 있어서 여러 뿌리·싹·잎·꽃·열매 등 여러 종류의 약초로 치료하였으나, 병을 치료할 수 없었다. 왕은 곧 이렇게 생각을 지었다.

'지금 반드시 태자를 건립(建立)하여 왕위에 안주(安住)하게 한다면, 내가 죽은 뒤에 태자가 반드시 나의 상궁을 죽일 것이다.'

다시 이렇게 생각을 지었다.

'나는 무슨 계교(計技)를 지어야 하는가?'

곧 대신인 평장(平章)을 불러서 수용할 자구(資具)와 재물을 충분히 주었고 달마를 맡겼으며, 신하들에게 분부하여 그녀를 다시 보호하도록 알려 말하였다.

"그대들은 나와 가장 가까운 대신들이고 그 달마 부인은 나와 가장 가까운 여인이오. 나는 지금 스스로 반드시 죽는다는 것을 알고 있소. 만약 죽은 뒤에 태자가 바로 즉위하는 때에 그대들은 마땅히 자비로운 생각으로 반드시 옹호하여 달마 부인을 곧 죽이지 못하게 하시오."

신하들이 왕에게 아뢰어 말하였다.
"저희들은 태자가 달마 부인을 죽이지 못하도록 이와 같이 짓겠습니다."
왕이 곧 게송을 설하여 말하였다.

쌓이고 모인 것은 모두 흩어져 사라지고
높고 높은 것은 반드시 떨어져 추락하며
만나서 화합하여도 결국은 이별하고
목숨이 있는 것은 모두 죽음으로 돌아가네.

이 게송을 설하고서 곧바로 목숨을 마쳤고 여러 깃발(幡)·꽃·보배의
탑을 지어 왕의 장례를 마치고서 곧 태자를 건립하여 대왕으로 삼았다.

근본설일체유부비나야파승사 제19권

삼장법사 **의정** 한역
석보운 번역

이때 태자가 왕위에 오르고서 여러 신하들에게 알려 말하였다.

"그대들은 달마 부인을 곧 죽이시오."

이때 재우 대신이 대왕에게 아뢰어 말하였다.

"관찰하여도 지은 것이 없고 일도 없는데, 무슨 까닭으로 달마 부인을 곧 죽이십니까? 몸은 현재 회임하고 있으나 아직은 아들을 낳을까? 혹은 딸을 낳을까를 알 수가 없습니다. 만약 아들을 낳는다면 그때에 곧 죽이십시오."

그때 왕이 대신들에게 대답하여 말하였다.

"이와 같아도 역시 괜찮겠소. 그대들은 마땅히 스스로가 살피시오."

이때 달마는 달이 지났고 뒤에 곧 한 아들을 낳았는데, 그녀와 같은 날의 같은 시간에 한 어부의 아내가 있었고 나아가 한 딸을 낳았다. 어부에게 돈과 재물을 주고 딸과 서로 바꾸었다. 그 대신이 곧 왕에게 아뢰어 말하였다.

"달마가 한 딸을 낳았습니다."

왕이 말하였다.

"매우 좋구려. 내가 해탈하였소."

뒤의 때에 어부는 그 아들을 양육하여 점차 장대하였으므로 입학시켜 글을 읽게 하였는데, 나아가 문장을 연결하여 기교로 사장(辭章)[1]을 지었다. 그때 문장을 짓는 것에 기교가 이름이 알려졌고 대신은 몰래 와서 달마에게 알려 말하였다.

"부인의 아드님께서는 지금 사장에 크게 뛰어납니다."

달마가 다시 대신에게 알려 말하였다.

"지금 모습과 얼굴을 보고자 원합니다. 방편으로 데려오십시오."

대신이 대답하여 말하였다

"어찌 다시 반드시 보고자 하십니까? 그를 보지 마십시오."

그때 대신은 그녀가 그 아들을 애련(愛戀)하는 방편을 지었다. 그 아들의 손에 하나의 물고기를 들려서 물고기 파는 사람으로 꾸며서 곧 어머니가 있는 곳으로 보냈고, 그 어머니는 멀리서 보았다. 점술사가 점쳐서 말하였다.

"이 물고기를 지닌 자가 반드시 우리 왕을 살해하고 스스로 왕위에 오르겠구나."

그 말은 마침내 서로에게 전해졌고 전전(轉轉)하여 나아가 왕의 처소에까지 이르렀다. 왕은 이러한 말을 듣고 여러 신하들에게 알렸다.

"빨리 그 어부의 아들을 잡아오고 도망치지 못하게 하시오."

이 말은 전전하여 어부의 아들에게까지 들렸고 곧 동쪽으로 달아나서 피하였으며 나아가 한 노파(老婆)의 집으로 들어갔다. 그 노파는 보고서 깊숙한 곳에 숨겨 주었고, 대황(大黃)2)을 몸에 발랐는데 색깔이 죽은 사람의 모습과 같았다. 상여에 싣고서 심마사나(深摩舍那)에 가서 숲에 안착(安着)을 시켰는데 곧 일어나서 달아났다.

근처에 한 사람이 있어 숲속에서 꽃과 과일을 채취하면서 멀리서 한 사람이 죽은 사람들 가운데에서 갑자기 일어나서 달아나는 것을 보았다. 과일을 따던 사람이 그 뒤를 쫓아서 나아갔는데 멀지 않은 곳에서 곧 쉬고 있었다. 마침 왕의 사자가 뒤를 따라서 이르렀고 과일을 채취하는

---

1) 사장은 문사(文詞)를 통칭하는 말이었으나 나중에는 시문(時文)·잡문(雜文) 등만을 가리키는 말이 되었다.

2) 마디풀과에 속(屬)하는 여러해살이풀로서 뿌리는 비대(肥大)하고 황색(黃色)이며, 줄기는 비어 있다.

사람에게 물었다.

"그대는 한 사람이 이와 같은 모습과 비슷한 것을 보았는가?"

그 사람이 대답하여 말하였다.

"조금 전에 이 길로 지나갔습니다."

곧 빠르게 나아가며 추격하였다. 그 어부의 아들은 조급하고 두려워서 한 빨래하는 사람의 집으로 들어갔다. 그 집에서는 그를 빨랫감으로 겹겹이 감싸서 나귀 위에 싣고서 인가와 멀리 떨어진 강가에 풀어주었다. 그 어부의 아들이 일어나서 사방을 관찰하면서 멀리까지 바라보아도 사람이 있는 곳은 없었다. 곧바로 빠르게 달리다가 길에서 한 사람을 만났는데, 그는 빠르게 달아나는 아이를 보고서 왕의 사자에게 고하였다. 왕의 사자는 다시 아이를 찾아서 마을에 이르렀는데, 찾아 방문한 곳에서 보았던 자가 알려 말하였다.

"이곳을 따라서 달아났습니다."

이때 아이는 사자에게 붙잡히려는 위급함에 이르자, 다시 가죽으로 신발을 만드는 집으로 들어갔으며 그 집 사람에게 하나하나를 갖추어 말하였다.

"왕에게 핍박을 받고 있고, 지금 우리들을 죽이고자 합니다."

[자세한 설명은 앞에서와 같다.] 다시 그 집안사람에게 알려 말하였다.

"바라건대 자비롭고 애민한 까닭으로 저를 위하여 한 켤레의 신발을 지어 주시고, 신발의 뒤꿈치는 앞으로 향하게 하고 신발의 앞은 뒤를 향하게 하여 주십시오. 만약 흔적을 찾는 자이더라도 내가 떠나간 곳을 알지 못할 것입니다."

신발공(靴師)이 말하였다.

"나는 이전에 이와 같은 신발을 짓지 않았소."

곧 게송으로 설하여 말하였다.

일찍이 여러 종류의 신발 모양을 보아왔으나
그 발의 크기와 모양을 따라서 곧 지었고

뒤꿈치가 앞을 향하고 앞이 뒤로 돌아간
이와 같은 신발은 지은 것이 없다네.

그때 그 신발공은 말에 의지하여 신발을 지어 주었고 어부의 아들은 신발을 신고서 밖으로 달아났다. 마을의 담장이 높아서 뛰어넘을 곳이 없어 곧 하수구 안으로 갔다. 이때 왕의 사자는 그의 발자국을 찾았고 나아가 신발공의 집이 있는 곳으로 들어간 것을 보았다. 그 어부의 아들은 마음에 두려움을 품고 바다에 몸을 던졌고 용왕이 보고서 궁중으로 데리고 들어갔다. 그때 왕은 전전(展轉)하여 어부의 아들이 바다에 몸을 던졌고 지금 용궁 안에 있다는 말을 듣고서 여러 신하들에게 칙명하였다.

“우리나라에 있는 주술사를 모두 불러서 데리고 오시오.”

이때 여러 주술사들이 말을 듣고 모두 와서 왕의 처소로 나아갔다. 그때 왕이 알려 말하였다.

“그대들은 그 용궁에 가서 주문으로 용을 데리고 오시오.”

듣고서 모두가 떠나갔다. 다른 광야에 한 약차(藥叉)가 있어 빈가라(賓伽羅)라고 이름하였는데 항상 물고기로 음식을 삼았다. 이 약차의 주처의 나무도 오히려 말랐는데, 하물며 다시 사람이 목숨을 보존할 수 있었겠는가? 용왕은 여러 주술사들의 주문에 핍박받아 그를 구제할 수 없어서 신력(神力)으로써 어부의 아들과 모든 주술사들을 한 묶음으로 휘감아서 약차가 머무는 주처인 광야의 가운데에 안착(安着)시켰다. 용왕이 여러 주술사들에게 알려 말하였다.

“그대들이 짓는 것은 좋은 일이 아니오. 그 어부의 아들이 약차에게 피해를 당한다면, 우리들도 역시 그에게 손해를 당할 것이오.”

주술사가 물어 말하였다.

“무슨 방법(方計)을 지어야 하겠는가?”

용왕이 대답하여 말하였다.

“그대들이 이익이 없는 일로 나를 혼란(惱亂)시켰고, 나를 핍박하였으므로 내가 어부의 아들을 광야의 가운데에 놓아두어 그 약차에게 피해를 당하게 하였으니, 그대들도 역시 이익이 없을 것이오."

이때 여러 주술사들은 점차 걸어서 본국에 돌아갔고 대왕에게 아뢰어 말하였다.

"저희들이 용왕을 혼란시키자 핍박을 당하여 매우 곤란하였고 마침내 어부의 아들을 깊은 광야의 빈가라 약차에게 보내어 잡아먹게 하였습니다."

그때 왕이 말하였다.

"그대들은 매우 잘하였소. 다시 혹시 아직 죽지 않은 때이니 역시 살펴보시오."

이때 어부의 아들은 광야에서 동쪽으로 갔다가 서쪽으로 갔다. 그 빈가라 약차는 한쪽에 있었고, 사나운 개들이 함께 한곳에 모여 있었다. 어부의 아들이 멀리서 이 개들을 바라보고 이렇게 생각을 지었다.

'나는 지금 분명히 죽겠구나.'

그 개도 멀리서 그 사람을 보고 다시 다른 개에게 명하여 빠르게 달려가서 붙잡게 하였다. 아들은 멀리서 보고 나무 위로 달아났다. 개는 나무 아래에 있었고 약차도 뒤를 따라서 곧 이르렀다. 약차가 알려 말하였다.

"그대는 빈가라라는 사람 모습의 약차가 광야에 있다는 것을 듣지 못했는가? 만약 사람이 있어 이곳에 온다면 모두가 마땅히 손해를 당하느니라. 그대는 지금 아래로 내려오너라."

그 사람이 대답하여 말하였다.

"나는 목숨을 마칠 때까지 이곳에 있겠소."

그때 약차는 기다리면서 모든 내(柰)[3]에 의복을 얽어서 묶었고 몸을 감고서 머물렀다. 이때 사람은 계책을 지어 달아나고자 곧 나무 아래로 내려와서 한쪽으로 달아났고 약차와 개도 함께 달려서 쫓아왔다. 그 사람은 일이 급하였으므로 곧 옷을 벗어서 약차의 몸 위로 던져서 그의

---

3) 물푸레나뭇과의 상록 관목인 자스민을 가리킨다. 열매는 갈증을 그치게 하고 폐의 호흡기능을 활성화시키며 위장의 소화력을 촉진시키고 기운이 나게 하는 약재이다.

몸을 두루 덮었다. 여러 개들은 약차가 사람이라고 말하면서 무리가 함께 붙잡아 잡아먹었고 그 틈새에 아들은 달아나서 벗어났다. 다시 이렇게 생각을 지었다.

'나에게는 친 외삼촌이 있고 선인의 처소에서 출가하여 있으므로 나는 지금 그곳으로 가야겠다.'

그 선인의 주처는 꽃과 과일이 원림에 무성하고 치성하였으며, 여러 종류의 새들이 있어 조화롭고 아름다운 소리를 내었다. 이때 어부의 아들은 전전하면서 묻고 찾았으며 나아가 선인의 처소에 이르렀다. 그때 대왕의 사자는 여러 곳을 찾아서 방문하였고 역시 그 가운데에 이르러 그 어부의 아들을 붙잡고자 하였으나 곧바로 골짜기로 몸을 던졌으므로 공중에서 그의 머리카락을 잡을 수 있었다. 머리카락이 손에 들어왔고 몸은 골짜기의 아래로 떨어졌다. 이때 왕의 사자는 이렇게 사유를 지었다.

'그는 분명히 죽었을 것이다.'

그의 머리카락을 가지고 왕의 처소로 향하여 대왕에게 아뢰었다.

"지금 저희들이 어부의 아들을 죽였습니다."

왕은 크게 환희하면서 그 사자에게 상을 하사하였다. 이때 선인의 처소를 보호하고 있던 천신이 와서 선인에게 알려 말하였다.

"그대의 외조카는 지금 고통으로 핍박을 받는데, 어찌하여 관찰하지 않는가?"

선인이 알려 말하였다.

"내가 만약 옹호하지 않았다면 반드시 목숨이 끊어졌을 것이오."

그 선인은 능히 이와 같은 밝은 주문을 지녔는데 남자를 여자로 짓고 여자를 남자로 만드는 것이었다. 그 선인은 곧 주법(呪法)으로써 외조카를 섭수하고 곧 말하였다.

"그대는 무서워하거나 두려워하지 말라."

이때 외조카는 이미 선인이 섭수하였으므로 곧 몸을 변화시켜 미녀가 되었는데 모습과 얼굴이 수승하게 좋았고 특이하게 항상한 법도가 있었다. 곧 바라니사에 가서 왕의 정원(苑園)에 머물렀으므로 정원을 지키던 사람이 미녀를 보고 마음에 희유함이 생겨나서 빠르게 왕의 처소에 나아가서 대왕에게 아뢰어 말하였다.

"지금 미모가 성취된 소녀가 있고 정원 안에 있는 것을 보았습니다."

왕이 말을 듣고서 알려 말하였다.

"마땅히 빠르게 데리고 오게."

곧바로 큰 위의로 하인을 따라 영접을 받으며 왕궁에 들어갔다. 이때 왕은 그 미녀에게 깊은 애착이 생겨났다. 애착이 생겨났으므로 왕을 잠시 떠나게 하였고 곧 여인의 몸을 변화시켜 장부(丈夫)의 몸을 지었다. 곧 왕관을 쓰고 안지(安地) 대신에게 명하여 말하였다.

"나를 책봉하여 왕으로 세우시오."

이때 신하들은 큰 의식으로서 책립(冊立)하여 왕으로 삼았다. 그때 여러 천인들이 가타를 설하여 말하였다.

머리가 끊어지지 않은 자를 해치지 못하여
다시 이와 같은 업이 능히 일어났네.
그에게 손해가 마땅하나 해친 것은 거짓인데
백교왕(白膠王) 자식의 피해와 같겠는가?"

세존께서 여러 필추들에게 알리셨다.

"그대들의 뜻은 어떠한가? 그 백교왕의 아들인 초왕(初王)이라고 말하는 자는 곧 제바달다이고, 그때에 어부의 아들은 나의 몸이니라. 그가 왕이었을 때부터 이러한 원수가 일어났느니라."

세존께서 여러 필추들에게 알리셨다.

"그대들은 자세히 들을지니라. 옛날의 때에 광야(曠野)에 하나의 큰 마을이 있었고 그 가운데에 두 교아(巧兒)가 있었는데 보석을 분별하는 사람이었느니라. 그 사람들은 각자 시장에 점포 하나를 가지고 있었으나, 서로 침해하는 일이 없었느니라. 다른 때에 보석을 식별하는 한 가난한 사람이 있었는데 한 보배그릇을 가지고 왔으며, 보배그릇을 지니고 보름을 그곳에 쉬었다. 그 한 점포의 사람이 그 보물을 사고자 하였으나 수가(酬價)가 매우 낮았고, 이때 그 가난한 사람은 즐거이 팔지 않았다. 다시 가지고 그 다른 보배를 분별하는 사람을 향하였는데 수가가 적당하였다. 곧 환희가 생겨나서 알려 말하였다.

"그대가 사서 취하시오."

점포 주인이 대답하여 말하였다.

"나는 살 수 있는 금전과 재물이 없소."

대답하여 말하였다.

"매일의 소득을 따라서 적당히 나에게 주시오."

그 사람은 듣고 곧바로 받아서 취하였다. 수가가 적었던 사람이 곧 와서 함께 다투면서 말하였다.

"내가 이 사람의 보배그릇을 먼저 보았다. 그대는 지금 무슨 인연으로 내 시장의 교역을 빼앗는가?"

이것으로부터 마침내 원수가 이르렀느니라."

세존께서 여러 필추들에게 알리셨다.

"그때의 가운데에서 그 수가가 적었던 자는 곧 제바달다이고, 그때의 가운데에서 수가가 많은 자는 곧 나의 몸이며, 나아가 오늘날까지 이와 같이 원수를 맺어 악한 뜻이 멈추지 않느니라."

다시 여러 필추들에게 알리셨다.

"지나간 옛날 광야의 한 마을 안에 한 장자가 있어 거주하였고 같은 족성(族姓)의 집안에서 여인을 취하여 혼인하였으며, 함께 환락하였는데 그 아내는 임신하였다. 달이 지나서 한 아들을 낳고서 어머니는 목숨을 마쳤다. 장자는 곧 이렇게 생각을 지었다.

'나는 다시 아내를 얻어 함께 환락해야겠다.'

아내를 얻었고 오래지 않아서 한 아들을 낳았으나 곧 목숨을 마쳤다. 장자는 다시 이렇게 생각을 지었다.

'내가 다시 아내를 얻으면 오래지 않아 도리어 죽을 것이다. 나는 큰아들을 위하여 어린 여인을 찾아서 혼인시켜야겠다.'

마땅하게 곧 한 여인을 데려와 큰아들과 결혼시켜 유희(遊戱)하면서 많은 자손을 낳았는데 그 아내가 남편에게 물었다.

"작은 동자는 누구입니까?"

남편이 대답하여 말하였다.

"이 아이는 나의 동생이오."

그 아내가 다시 남편에게 물어 말하였다.

"뒤에 나에게도 돈과 재산을 나누어 주시겠지요?"

남편이 말하였다.

"세속의 일은 모두 형제의 합의가 있어야 나누는 것이오."

아내가 남편에게 알려 말하였다.

"만약 마땅히 이와 같다면 당신은 지금 자녀들이 많아서 이미 재물을 나누었으니 마땅히 곧 당신의 동생을 죽여야겠네요."

그 남편은 듣고서 욕심이 생겼다. 보통 사람이 재물을 탐하면 짓지 못할 죄가 없는 것이다. 곧 방법을 지어 그 아우에게 알려 말하였다.

"지금 산중에 들어가서 꽃과 과일을 채취하자."

산중에 이르러 형은 큰 돌을 취하여 동생의 머리를 때려서 깨트린 인연으로 곧 목숨을 마쳤느니라."

세존께서 여러 필추들에게 알리셨다.

"형은 곧 제바달다이고, 아우는 곧 나의 몸이니라. 그때의 가운데에서 나아가 원망하고 미워하였느니라."

세존께서 여러 필추들에게 알리셨다.

"나는 다시 제바달다와 내가 원수와 악을 지은 연기(緣起)를 설하겠노라. 지나간 옛날의 때에 광야의 가운데에 하나의 큰 마을이 있었고, 한 거사가 있었으며 같은 족성인 집안의 여인과 혼인하여 함께 유희하면서 환락하였다. 뒤의 때에 한 자식을 회임하였는데 달이 지나서 뒤에 곧 한 딸을 낳았는데 모습과 얼굴이 단엄하여 보는 사람들이 애락(愛樂)하였다. 거사가 말하였다.

"사람이 있어 먼저 와서 나에게 애원한다면 내가 마땅히 딸을 주겠다."

이때 한 바라문이 와서 애원하면서 말하였다.

“병이 없으십시오.”

거사가 알려 말하였다.

“나에게 딸 하나가 있는데 그대에게 주어서 받들고 섬기게 하겠네.”

그때 바라문이 말하였다.

“제가 시간과 날짜를 점쳐보았는데 지금은 안은하고 편하지 않아서 저는 지금 받아들일 수 없습니다. 뒤에 일진(日辰)이 안은하고 편안한 때를 기다려서 내가 마땅히 와서 취하겠습니다.”

이렇게 말을 마치고서 곧바로 떠나갔다. 다른 어느 때에 다른 바라문이 있었고 혼인을 구하여 애걸하려는 까닭으로 다시 그의 집에 이르러 말하였다.

“병이 없으십시오. 나에게 물건을 주시기를 애원합니다.”

대답하여 말하였다.

“나에게 딸 하나가 있는데 그대에게 주어서 받들고 섬기게 하겠네.”

알려 말하였다.

“이전에 한 바라문이 있었고 와서 애원하는 때에 어찌 따님을 주지 않았습니까?”

거사가 대답하여 말하였다.

“그는 성수(星宿)⁴⁾가 불편하다면서 말하였네. ‘성수가 안은하고 편하면 다시 와서 이 딸을 취하겠습니다.’”

이때 바라문이 말하였다.

“제가 따님을 받겠습니다.”

물어 말하였다.

“어찌 성수의 모습을 살피지 않고 마땅히 곧 받겠다는 것인가?”

이때 바라문은 곧 게송을 하였고 곧 딸을 받았으며 얻고서 곧바로 돌아갔다. 이전에 와서 딸을 애원하였던 자는 다른 사람이 와서 딸을

---

4) 육안으로 보이는 밝은 별들을 그 상대적인 배치에 따라서 알기 쉽게 묶어서 부르는 이름이다. 중국에서는 동서남북을 각 7수(宿)로 나눠 28수라고 말한다.

애원하여 데려갔다는 것을 듣고서 곧 다시 왔으며 그 바라문에게 나아가서
알려 말하였다.

"이 여인은 내가 먼저 받아서 얻었는데 무슨 인연으로 장차 나의 여인을
데리고 왔는가?"

대답하여 말하였다.

"그대는 별을 보고 안은하고 편하지 않다면서 이 여인을 취하지 않았으
나, 나는 성수의 안은함과 편함을 보지 않고서 마침내 이 여인을 취하였네."

그때 그 바라문은 나아가 원망과 미움과 성냄이 생겨났는데, 지금에서도
곧 원망하고 해치려는 마음이 생겨났느니라."

세존께서 여러 필추들에게 알리셨다.

"그때 뒤에 와서 여인을 애원하였던 바라문은 곧 나의 몸이고, 그
이전에 먼저 와서 성수의 안은함과 편함을 보았던 바라문은 곧 제바달다이
니라."

이때 불·세존께서 왕사성의 죽림원(竹林園)에 머무르셨다.

이때 미생원왕에게는 큰 코끼리 한 마리가 있어 호재(護財)라고 이름하
였다. 매우 크고 사나웠으며 성품은 몹시 조급하여 날마다 사람을 해쳤으므
로, 여러 사람들은 모두 무서워하면서 감히 문밖을 나가지 못하였다.
이때 왕사성 사람들이 모두 와서 왕에게 아뢰었다.

"그 호재 코끼리는 매우 크고 사나운데, 매일 집을 나가서 마을과
시장과 네 방면의 큰길을 돌아다니면서 여러 사람들을 해치고 있습니다.
왕께서는 마땅히 코끼리를 살피는 사람을 처분(處分)하시어 매일 집을
나가지 못하게 하시고, 반드시 격일(隔日)로 내보내시며, 만약 나가는
때라면 미리 종(鐘)이나 북을 울려서 사람들이 숨거나 피하게 하십시오."

왕이 알려 말하였다.

"좋소."

곧 대신에게 칙명하여 코끼리를 살펴볼 사람을 불러오게 하였고, 사자는
명에 의지하여 불러왔다. 알려 말하였다.

“왕사성 안의 여러 사람들이 나에게 와서 말하였소. ‘호재 코끼리가 매우 사나운데 많은 사람들을 해칩니다.’ 그대는 마땅히 격일로 내보내고 만약 내보내는 때에는 종이나 북을 미리 울려서 코끼리가 나간다는 소리를 알리도록 하시오.”

이때 코끼리 조련사 등은 대왕에게 두 번을 절하고서 칙명에 의지하여 곧 떠나갔다. 그 왕사성 안에는 한 장자가 있었는데, 큰 재물이 있어 많은 수용도 있었는데 마음을 일으켜 세존과 필추 승가를 청하였다. 이때 제바달다는 장자가 다음날에 세존과 필추 승가를 청하여 재(齋)를 베푼다는 것을 듣고 곧 백천의 진귀한 보물을 가지고 코끼리 조련사에게 주면서 알려 말하였다.

“장자가 있어 내일 교답마 사문과 성문의 도중(徒衆)을 청한다고 하네. 그대는 사나운 호재 코끼리를 마땅히 그곳에 풀어놓아 교답마 사문을 밟게 하게.”

대답하여 말하였다.

“성자여. 이와 같은 명에 의지하겠습니다. 또한 반드시 왕에게 그것을 알게 하신다면 우리들도 명에 의지하겠습니다.”

이때 제바달다는 미생원왕의 처소에 나아가서 알려 말하였다.

“그대는 능히 나를 부처로 세우지 못했으나, 그대를 위하여 아버지를 죽이고 지금의 왕위를 얻게 하였소. 내가 지금 부처를 죽이고 스스로 일체지(一切智)를 세우고자 하니, 대왕은 호재 코끼리를 외출하게 하시오.”

이때 미생원왕이 제바달다에게 말하였다.

“그대는 여러 불·세존께서는 아직 조복되지 않은 것을 능히 조복시킨다는 것을 듣지 못했소?”

말을 마치고 곧 떠나가서 코끼리 조련사에게 말하였다.

“내가 이미 왕에게 알렸으니, 그대는 내일 코끼리를 데리고 외출하시오.”

이때 코끼리 조련사는 방울을 흔들면서 소리로 성안의 사람들에게 알렸다.

"내일 호재 코끼리를 내보내겠으니, 그대들은 스스로가 마땅히 방호(防護)하십시오."

이때 장자는 이러한 일을 듣고 마음에 근심과 번뇌가 생겨나서 스스로가 탄식하였다.

"나는 이렇게 박복한 사람이다. 지금 세존과 필추 대중을 청하여 집에서 공양을 베풀고자 하였고, 이러한 일이 있는데 그 사나운 코끼리를 풀어놓아 내보내도 공양을 베풀 수 있는가?"

다시 이렇게 생각을 지었다.

'내가 지금 반드시 음식을 만들어서 익히면, 가지고 세존의 처소로 가야겠다.'

그 밤에 음식을 준비하였고 아침에 세존의 처소로 향하여 세존께 아뢰어 말하였다.

"왕사성 안에 방울을 울려서 사람들에게 알렸습니다. '사나운 코끼리인 호재를 풀어놓겠으니 각자 스스로가 방호하십시오.' 지금 세존께서는 성으로 들어가시지 마십시오. 준비한 음식을 가지고 이곳으로 오겠습니다."

세존께서 장자에게 알리셨다.

"그대는 준비하시오. 나는 호재라는 사나운 코끼리가 두렵지 않소. 성문 대중과 함께 왕사성에 들어가겠소."

장자는 듣고 환희하면서 곧 떠나갔다. 집에 이르러 준비한 음식을 펼쳐놓고 자리도 준비하였으며 멀리서 세존을 바라보았다. 이때 여래께서는 곧 옷과 발우를 지니고 필추 대중들과 함께 왕사성으로 들어가셨다. 이때 조련사가 곧 호재 코끼리를 풀어놓았고 이때 코끼리는 세존과 여러 도중을 보고서 곧 진노(瞋怒)가 생겨나서 빠르게 여래의 근처로 달려갔다. 그 제바달다와 미생원왕은 높은 누각 위의 멀리서 사나운 코끼리를 지켜보는데 사문 교답마를 짓밟고자 하였으므로 제바달다는 매우 크게 희열하면서 곧 게송으로 설하여 말하였다.

내가 십력(十力)인 자를 보아도
코끼리의 힘에 짓밟히고
성문과 석종자(釋種子)들은
오늘에 모두 소진(消盡)되리라.

그때 세존께서 오른손으로써 변화시켜 다섯 마리의 사자(師子)를 지었
다. 이때 코끼리는 그 사자를 보고 그때에 두려워하면서 대변을 지리고
빠르게 달아났다. 세존께서는 다시 큰불을 일으키시니 여러 방향이 뜨겁게
타올랐으나 오직 세존께서 머무시는 발아래는 서늘하고 시원하였다.
그 사나운 호재 코끼리는 동서(東西)로 달렸으나 오직 뜨거운 불을 만났다.
세존께서 머무시는 곳은 서늘하고 시원하였으나 마땅히 사나운 코끼리를
보자 여러 성문들은 모두 흩어져 멀리 달아났고, 오직 아난타 한 사람이
세존의 곁을 떠나지 않았다.
그 코끼리는 취기에서 깨어났고 파리하고 나약하게 세존께서 계신
곳으로 나아갔다. 세존께서 곧 백보장엄망륜상(百寶莊嚴輞輪相)의 무외수
(無畏手)로서 그 코끼리의 머리를 쓰다듬으면서 무외(無畏)의 보시를 행하
셨고 곧 게송으로 설하여 말씀하셨다.

코끼리의 몸을 즐기지 말지니
코끼리의 취(趣)는 악취이고
마땅히 다른 사람에게 손해가 없어야
곧 현성(賢聖)의 도를 얻으리라.

그대는 이전 몸으로 업을 지었던
까닭으로 악취에 태어났는데
여러 유정을 손해시키고
장차 이것으로 환락한다면
이곳에서 죽은 뒤에는

마땅히 어디에 태어나 있고
다시 어느 주변에 머물겠는가?

현수(賢首)여. 그대는 잘 들을지니라.
제행(諸行)은 무상(無常)한 것이고
제법(諸法)은 무아(無我)인 것이며
적정(寂靜)은 열반이나니
나의 마음에 믿음을 일으켜라.

이때 세존께서 곧 장자의 집으로 가시어 자리를 펴고 앉으셨고, 그 호재 코끼리도 세존을 따라서 뒤에 갔다. 세존께서 장자의 집에 머무실 때에는 그 코끼리는 문밖에 있었는데, 세존께서 보이지 않았던 까닭으로 곧 문을 열면서 집을 무너트렸다. 세존께서는 신력으로써 그 집을 변화시켜 수정(水精)으로 만드셨으므로 안과 밖이 서로 비추어 멀리서도 불·세존을 볼 수 있었다. 세존께서는 음식을 드시고서 시송(施頌)5)을 설하셨으며 자리에서 일어나서 떠나가셨고 그 코끼리도 세존의 뒤를 따라갔다. 그 나라의 대신들이 앞의 일들을 갖추어 대왕에게 자세히 아뢰었다. 왕은 이 일을 듣고 제바달다에게 전하면서 알렸다.

"그대는 나에게 큰 손해를 입혔소. 그 코끼리가 떠나가 버렸으니 이웃 국경의 왕이 듣는다면 반드시 원적(怨敵)을 일으킬 것이오. 그대는 크게 잘못하였소."

이때 제바달다는 가책(訶責)을 듣고 묵연히 머물렀다. 왕은 여러 신하들에게 칙명하여 말하였다.

"만약 세존께서 떠나신다면 마땅히 곧 성문을 닫아라. 그 코끼리가 성 밖으로 나가지 못하게 하라. 세존의 뒤를 따라서 나가지 못하게 하라."

---

5) 산스크리트어 dakṣiṇa의 음사로서 달친(達嚫) 또는 대친(大嚫)으로 음역되고 시송(施頌) 또는 재시(財施)라고 의역된다. 공양을 받은 사문이 그것에 보답하는 뜻으로 시주(施主)에게 설법하는 것을 가리킨다.

대신들이 칙명에 의지하여 성문을 지키는 사람과 코끼리 조련사에게 알렸다.

"코끼리를 묶고 붙잡아서 세존의 뒤를 따라가지 못하게 하라."

명에 의지하여 곧 코끼리를 붙잡았다. 그 코끼리는 세존께서 성 밖으로 나가는 것을 보았고 눈앞에 세존께서 보이지 않았으므로, 발로 코를 밟았고 숨이 통하지 않게 하였으며 민절하여 죽었으며 곧 사천왕중천(四天王衆天)에 태어났다. 천상의 법은 마땅히 천상에 태어난 자는 세 종류의 생각을 일으키는 것이다.

'어디에서 죽었는가? 어디에 태어났는가? 이것은 무슨 업보인가?'

마땅히 자신을 관찰하여 코끼리의 몸의 가운데에서 죽었고, 이 청정한 사천대왕의 가운데에 태어났으며, 전생에 세존의 처소에서 환희심(歡喜心)을 일으켜서 내가 지금 이곳에서 환락함을 알았다. 여래의 처소에 가지 않는다면 큰 도리에 매우 어긋나므로 '나는 먼저 반드시 여러 천인에게 둘러싸여 여래의 처소에 나아가야겠다.'라고 생각하였다.

그 코끼리는 천상에 태어났으므로 몸에 온갖 보물로 장엄되어 있었고 청정한 몸은 안과 밖이 밝고 투명하였다. 그 밤에 옷소매에 묘화(妙花)를 가득 담아서 여래의 처소인 죽림원으로 갔는데 그 광명이 두루 비추어 낮의 햇빛보다도 밝았다. 이때 여러 보배의 꽃으로써 세존의 몸 위에 흩뿌렸으며 곧 세존의 앞에 앉아서 세존의 설법을 들었다. 세존께서는 즐거이 듣고자 하는 것을 따라서 관찰하셨고 마땅히 설법하셨다. 그 천인은 듣고서 지혜의 금강저로써 20종류의 아견(我見)의 번뇌산(煩惱山)을 꺾어서 무너트리고 곧 예류과를 증득하였다. 이미 예류과를 증득하였고 마음에서 크게 희열하면서 세존께 아뢰어 말하였다.

"세존이시여. 부모는 능히 이러한 일을 지을 수 없고, 왕도 능히 지을 수 없으며, 천인도 능히 지을 수 없고, 친우로서도 역시 과거의 혼령으로도 능히 지을 수 없고, 사문과 바라문도 고통스러운 여러 혈해(血海)를 마르게 할 수 없으나, 오직 세존께서는 능히 저에게 고뇌의 바다를 끊어주셨고, 번뇌의 산을 뛰어넘게 하셨으며, 악취의 문을 닫아 인산과 천상의 수승하고 묘한 곳에 안치(安置)시켰습니다.”
곧 게송으로 설하여 말하였다.

세존과의 인연으로 악취의 문이었던
삼악도의 가운데에서 많은 손해를 막았고
지금 인간과 천상의 길을 열었는데
다시 미묘한 열반성(涅槃城)을 얻었다네.

세존과의 인연으로 여러 악업을 끊어
병들고 닫힌 눈은 청정함을 얻었고
능히 적멸한 현성(賢聖)의 도를 얻어서
유류(有流)의 여러 고처(苦處)를 초월하였네.

일체의 사람과 천인의 공양하는 곳에서
능히 생로병사의 고통을 없애 주셨고
백천의 생에서 다시 만나지 못하였으나
과보로서 지금 때에 세존을 보았네.

저는 대사께 영락을 늘어트리고 예경하고
마음에서 환희하며 세존의 발에 정례하면서
오른쪽으로 세 번을 돌고 돌아가고자 하며
몸을 날아서 곧 천궁으로 가겠습니다.

이때 그 천인은 상인이 이익을 얻은 것과 같았고, 농부가 풍성한 수확을
을 얻은 것과 같았으며, 장사(壯士)가 전쟁에서 승리를 얻은 것과 같았고,
병든 사람의 나은 얻은 것과 같았으므로 여러 천인을 거느리고 내려와서
공양하고 함께 서로를 따라서 천상으로 돌아갔다. 이때 숲속의 가운데에
여러 필추들이 있어 초야에 염송하면서 경행(經行)하였는데 큰 광명이

임야(林野)를 두루 비추는 것을 보았고, 마음에서 괴이하고 놀라움이 생겨나서 세존의 처소에 나아가서 아뢰어 말하였다.

"세존이시여. 어젯밤에 무슨 인연이 있어 제석과 범천 및 여러 천인들이 세존의 처소에 내려왔습니까?"

세존께서 여러 필추들에게 말씀하셨다.

"이것은 제석과 범천 및 여러 천인들이 나의 처소에 왔던 것이 아니니라. 다시 다음으로 그대들 여러 필추들이여. 그대들은 일찍이 호재 큰 코끼리를 보았는가? 이와 같이 사나웠고 빠르게 와서 나를 밟아서 죽이고자 하였었느니라."

이때 필추들이 함께 세존께 아뢰어 말하였다.

"저희들도 모두 보았습니다."

세존께서 말씀하셨다.

"내가 가르쳐서 보여주었고, 그는 나의 처소에서 바른 믿음이 생겨났고 마음에서 환희심을 일으켰던 까닭으로 곧바로 목숨을 마치고 사천왕궁에 태어났느니라. 그 밤에 나의 처소에 찾아왔고 그를 위하여 설법하였는데 견제(見諦)를 증득하고서 곧 본궁(本宮)으로 돌아갔느니라."

여러 필추들은 마음에 의혹이 생겨났고 오직 세존께서 능히 끊어주실 수 있으므로 세존께 아뢰어 말하였다.

"세존이시여. 그 호재 코끼리는 무슨 죄업을 지어 방생취(傍生趣)에 떨어졌고, 다시 무슨 업을 지어 사천왕궁에 태어났으며 또한 견제를 얻었습니까?"

세존께서 여러 필추들에게 말씀하셨다.

"그 호재 코끼리는 이전에 쌓았던 업보를 지금 스스로 받는 것이니, 폭류의 물과 같아서 반드시 마땅하게 그것을 받은 것이니라. 이 호재는 스스로가 짓고 스스로가 받은 것이고, 다른 사람이 받은 것이 아니니라."

다시 여러 필추들에게 말씀하셨다.

"지었던 업은 지(地)·수(水)·화(火)·풍(風)이 그를 위하여 받는 것이 없고, 역시 온(蘊)·처(處)·계(界)의 선과 선하지 않은 일을 받는 것도 아니니라."

곧 게송으로 설하여 말씀하셨다.

가령 백겁이 지나더라도
지은 업은 없어지지 않으며
인연이 모여 만나는 때에
과보가 돌아와서 스스로 받는다네.

세존께서 여러 필추들에게 말씀하셨다.

"지나간 과거의 때에 현겁(賢劫)의 가운데에서 사람의 수명이 2만 세이었고 세존께서 있어 출세하셨고, 가섭파(迦攝波)라고 명호하셨으며, 십호(十號)를 구족하셨고, 바라니사의 선인이 떨어진 곳인 시록림(施鹿林)에 머무셨느니라. 이때 이 코끼리가 그의 법의 가운데에 출가하였으나 지계가 능히 견고하지 않았고 다시 귀중하게 생각하지 않아서 휴결(虧缺)[6]이 있었으나 항상 승가에 사사(四事)를 공급하여 선근(善根)을 성취하였으므로 태어나는 곳마다 음식이 충족되었고, 나의 정법을 보고 환희심이 생겨나서 곧바로 목숨을 마치고 사천왕궁에 태어날 수 있었느니라.

다시 가섭파불의 때에 출가하여 사제(四諦)·연기(緣起)·온(蘊)·처(處) 등을 독송하였고, 그는 삼업(三業)을 닦고 선근을 쌓던 까닭으로 지금 천상에 태어났으며, 다시 나를 만나 진제(眞諦)를 증득하였느니라. 이와 같이 필추들이여. 만약 백업(白業) 등을 닦는다면, [자세한 설명은 다른 곳과 같다.]"

여러 필추들은 마음에 의혹이 생겨났고 세존께서 능히 의심을 끊어주실 수 있으므로 세존께 아뢰어 말하였다.

"세존이시여. 그 호재인 취한 코끼리가 마땅히 와서 세존을 해치고자 하였던 때에 어찌하여 여러 성문들은 모두 멀리 달아났으나 오직 아난타 한 사람은 여래의 곁을 떠나지 않았습니까?"

---

6) 어그러지고 결함이 있는 상태를 가리킨다.

세존께서 말씀하셨다.

"그대들은 자세히 들을지니라. 다만 지금의 때가 아니니라. 지나간 옛날에 아나파달다(阿那婆達多)[7] 강변에 한 거위 왕(鵝王)이 있어 제두뢰타(提頭賴吒)라고 이름하였고, 두 아들이 있었는데 큰 아들은 만(滿)이라고 이름하였고, 작은 아들은 만면(滿面)이라고 이름하였느니라. 그 만이라고 이름하는 자는 성품과 행실이 너무 사납고 악하여 항상 남을 속이고 때려서 스스로가 다른 많은 거위들을 여러 종류로 뇌란(惱亂)시켰느니라. 그때 여러 거위들은 매일 와서 거위왕에게 자세히 말하였다.

"그대의 아들이 소곤거리면서 쪼아대고 때립니다."

거위왕은 곧 이렇게 생각을 지었다.

'그놈은 추악하고 사나운 성품이므로 만약 태자로 안립(安立)한다면 내가 죽은 뒤에 반드시 많은 거위를 손상시키고 죽일 것이다. 내가 지금 반드시 방편을 지어야겠다.'

곧 두 아들인 만과 만면을 불러서 알려 말하였다.

"그대들은 능히 여러 연못에 나아가서 거위들이 있는 곳을 다니며 검교하라. 만약 먼저 오는 자가 있다면 내가 곧 왕위를 주겠다."

그때 거위 왕의 아들들은 마음으로 경쟁하며 각자 500의 거위를 데리고 여러 지방으로 갔으며 동서로 유행하면서 두루 연못을 살펴보았다. 여러 거위들은 점차 다니면서 바라니사에 이르렀는데, 그때에 한 왕이 있어 범덕(梵德)이라고 이름하였다. 바르게 왕위에 머물렀으므로 그 나라 백성들은 치성하고 안은하였으며 풍요로웠다.

성에서 멀지 않은 곳에 묘화지(妙花池)가 있어 맑게 흐르는 것이 가장 수승하였고, 여러 색깔의 연꽃이 있어 그 위를 뒤덮었으며, 그 연못의 네 면에는 역시 온갖 꽃과 과일나무가 있었고, 역시 여러 부류의 새들이 날아들어 모였다. 이때 거위 왕의 만(滿)이라고 이름하는 아들은 500의 거위들과 함께 내려와서 연못으로 들어갔으며 마음에 두려움이 없이

---

7) 산스크리트어 anavatapta의 음사로서 무열뇌(無熱惱)라고 번역된다. 향취산(香醉山)의 남쪽인 대설산(大雪山)의 북쪽에 있다는 아뇩달지(阿耨達池)를 가리킨다.

유희하며 환락하였다. 이때 그 만면(滿面)은 500의 거위들과 함께 허공에 있었는데, 이때 한 거위가 있어 만면에게 알려 말하였다.

"우리들도 이 연못 가운데에 내려가지 않습니까?"

대답하여 말하였다.

"나는 먼저 무열지(無熱池)의 가운데에 가서 왕위를 잇고서 뒤에 이곳에 와서 유희할 것이오."

마땅히 빠르게 곧 무열지의 가운데에 나아가서 곧 왕위를 이어받고 바라니사 연못으로 돌아와서 유희하였다. 이때 연못가의 여러 사람들은 거위들이 단정하게 두려움이 없이 유희하고 있는 것을 보고 모두가 괴이함이 생겨났다.

'우리들이 즐겁게 보고 있는 거위왕은 어느 곳에서 이 연못의 가운데에 왔고, 몸의 장엄은 그 연못의 여러 새들은 비교할 수 없구나.'

사람들이 모두가 그들을 사랑하였으므로 두려움도 없이 연못에 있으면서 유희하였다. 이때에 바라니사의 많은 사람들이 듣고 함께 와서 모두 연못가로 나아가서 관망하고 바라보며 머물렀다. 그 나라의 신하들이 대왕에게 아뢰어 말하였다.

"어느 지방에서 왔는가를 알지 못하는 묘한 색깔이 있는 거위왕이 무량한 백천의 여러 거위들에게 둘러싸여 그 연못의 가운데에 있는데, 그 몸의 색깔이 단정하여 다른 여러 새들보다 수승합니다. 사람들이 사랑하므로 두려움이 없이 머물고 있습니다."

이때 왕이 여러 대신들에게 알려 말하였다.

"만약 마땅히 이와 같다면 잡을 수 있는 사냥꾼을 불러오시오."

대신들은 칙명에 의지하여 곧 불러모았고 사냥꾼들이 왔으므로 왕이 말하였다.

"내가 들으니 연못의 가운데에 수승하고 묘한 거위왕이 있어서 사람들이 보는 것을 즐거워한다고 하는데, 어느 지방에서 왔는가를 모른다고 하오. 그대들은 방편을 지어 곧 네 면을 둘러싸고 잡아서 데리고 오는데 그 몸의 지절(支節)에 상처를 입히지 말고 데리고 와서 나에게 보이시오."

그 사냥꾼(捕獵人)들은 명에 의지하여 곧 떠나갔고 교묘한 방편으로 서서히 계박(繫縛)[8]하였다. 이때 거위왕은 진실로 벗어날 수 없음을 알고서 여러 거위들에게 알려 말하였다.

"그대들은 빠르게 무열지의 가운데로 가시오."

500의 거위들은 모두 흩어져 달아났으나 오직 하나의 거위는 눈물을 흘리면서 머물렀다. 그때 사냥꾼(採捕人)은 그 하나의 거위가 계박되지 않았으나 거위왕의 곁에서 눈물을 흘리며 머무는 것을 보고 마음에 괴이함과 놀라움이 생겨나서 알려 말하였다.

"우리는 왕의 칙명이 두려워서 그대의 몸을 계박하였으니 울지 말라. 우리는 그대를 죽이지 않을 것이다."

곧 이 거위왕을 데리고 바라니사 왕의 근처로 갔다. 그 곁에 있던 한 거위는 비록 계박을 당하지 않았으나 마음에서 서로를 애념(愛念)하였으므로 역시 뒤를 따라갔다. 데리고 왕에게 이르니, 왕이 사냥꾼에게 알려 말하였다.

"계박되지 않은 거위는 무슨 인연으로 왔는가?"

그 사냥꾼이 대왕에게 아뢰어 말하였다.

"저희들이 계박하지도 않았는데, 그 스스로가 따라 왔습니다."

왕은 괴상함과 놀라움이 생겨나서 사냥꾼에게 말하였다.

"뒤를 따라온 자는 진실로 서로를 사랑하는 부부여서 떨어질 수 없는 것을 알겠으니, 그대들은 이 거위왕을 풀어주도록 하시오. 그들을 함께 떠나게 하고, 사람들이 있어 해치지 못하게 하시오."

그 사냥꾼이 대왕에게 아뢰어 말하였다.

"다른 사람이 있어 그 거위왕을 손해시키는 것이 두렵습니다. 여러 신하들에게 칙명하여 모든 백성들에게 알려서 이 거위왕을 손해시키지 못하게 하십시오."

이때 왕은 곧 여러 신하들을 불러들였다.

---

8) 번뇌(煩惱)와 망상(妄想) 또는 외계의 것에 속박되어 자유를 잃는다는 뜻이다.

"경들은 지금 바라니사의 성황(城隍)이 있는 곳에서 북을 울리고 명령을 선포하여 이와 같이 말을 지으시오. '나라 안에서 소유한 일체의 사람들은 지금부터 이 한 쌍의 거위를 마땅히 손상시키지 말라.'"

신하들은 곧 칙명과 같이 널리 알려서 알게 하였느니라. 그대들 필추들이며, 이상하게 생각하지 말라. 지나간 때에 만면(滿面)왕은 곧 나의 몸이고, 따르던 거위는 곧 아난타(阿難陀)이며, 그 다음으로 500의 거위들은 곧 지금의 500의 필추들이니라. 그 거위들은 그때에 모두 흩어져 달아났으나 오직 아난타는 서로를 버리고 떠나지 않았고, 지금 때에도 역시 이와 같아서 대중들은 모두가 흩어져 달아났으나 이 아난타는 나를 버리고 떠나지 않았느니라."

이때 세존께서 다시 여러 필추들에게 알리셨다.

"거듭 그대들을 위하여 아난타가 나를 버리고서 떠나지 않고 500의 필추는 흩어져 달아난 일을 설하겠으니 그대들은 자세히 들을지니라. 지나간 오랜 옛날에 바라니사성에 왕이 있어 아타(阿吒)라고 이름하였는데, 바르게 왕위에 머물렀으므로 그 나라의 백성들은 치성하였고 곡식도 풍성하여 안락하였느니라. 500의 신하들이 있어 그 위덕을 갖추었으므로 국경 근처의 여러 왕들도 모두 와서 조회하고 예배하였느니라.

이때 한 사람이 남천축(南天)에서 왔는데, 장병(杖瓶)이라고 이름하였으며, 이 한 사람은 마땅히 천 명을 대적하였다. 신하들이 있는 곳에 이르자 대신은 곧 데리고 왕에게 보였으며 대왕에게 아뢰어 말하였다.

"왕의 위덕을 들었다고 하는데 이 사람은 전투에서 천 명을 대적할 수 있습니다. 왕께서는 마땅히 섭수하십시오."

이때 왕은 곧 재물을 하사하여 수용시켰다. 뒤의 때에 국경의 가까이에 왕이 있었는데 군대와 말을 점차 늘려서 강성해지고 용맹해졌다. 그 왕이 곧 상(象)·마(馬)·거(車)·보(步) 등의 네 종류의 병사를 준비하여 와서 아타를 핍박하였고 함께 전투하였다. 그 아타왕도 역시 네 종류의 병마(兵馬)를 거느리고 나아가 함께 전투하였다. 그 외부 국경의 왕은 공격을 당하여 진영이 파괴되었고 흩어져 달아났다. 각자 본래의 처소로 돌아와서

병사를 모았는데, 몰래 한 사람을 보내어 아타왕의 500의 신하들을 회유하
였다.

"내가 다시 전투하겠으니, 그대들은 나와 전투하지 마시오. 만약 왕위를
얻은 때라면 그대들에게 아타왕의 일만 배인 많은 재보(財寶)를 주겠소."

그 500의 신하들은 뜻을 되돌려 변절하여 외부 국경의 왕과 뜻으로
은밀히 계약하였다. 그때 외부 국경의 왕은 네 종류의 병갑(兵甲)으로
다시 와서 전투하였다. 아타왕도 역시 네 종류의 병사(兵士)로 함께 적과
싸웠으나, 그 500의 대신들은 외부 국경의 왕과 뜻이 같았으므로 싸우지
않았다. 그 남천축에서 왔던 자는 아타왕과 함께 마음에서 크게 고뇌하였
고, 그 사람은 곧 게송을 설하여 말하였다.

많은 때를 좋게 보살피고 모셨으나
일체의 벗들은 버리고 떠나갔고
오직 장병(杖瓶)인 사람이 있어서
대왕의 처소를 떠나지 않는다네.

그 용건한 사람은 그 500의 대신들을 죽였느니라."

그때 세존께서 여러 필추들에게 알리셨다.

"다르게 생각을 짓지 말라. 그때의 그 아타왕은 곧 나의 몸이고, 그때
천 명을 대적한 용건한 자는 곧 지금의 아난타이며, 그 500의 여러 신하들은
곧 지금의 500의 필추였느니라. 그 500의 필추들은 모두 달아나고 흩어져
서 떠났으나, 오직 아난타는 나를 버리고 떠나지 않았느니라."

다시 여러 필추들에게 알리셨다.

"그대들은 자세히 들을지니라. 아난타가 나를 버리고 떠나지 않은
일이 있었느니라. 지나간 옛날에 한 보살이 부정취(不定聚)9)에 머물렀던

---

9) 삼취(三聚)의 하나로서 열반에 이를지 지옥에 떨어질지 아직 정해지지 않은
   중생의 부류를 가리킨다.

때에 산속의 한곳에서 짐승의 왕인 사자(師子)의 몸을 받았느니라. 그때 500의 야간들이 있었고 매번 항상 뒤를 따라다니며 남은 음식을 주워 먹었으며 산속에 같이 머물렀느니라. 사자는 짐승을 잡아서 맛좋은 피와 고기를 먹고서 버렸고 그 나머지는 야간들이 취하여 먹으면서 오랜 세월을 그곳에서 살았다.

뒤의 때에 그 사자왕은 밤중에 짐승을 사냥하다가 밤이 어두워서 자신도 모르게 마른 우물에 떨어졌다. 그 500의 야간 중에 한 야간이 사자가 우물에 떨어진 것을 보고 우물가를 떠나지 않고 방편을 사념하였다.

‘무슨 계교를 지어야 사자왕을 우물 속에서 구해낼 수 있을까?’

그 나머지의 야간들은 사슴 떼를 보고서 뒤를 쫓아갔다. 그 한 야간은 우물가를 동서로 돌아다녔고 한 흙더미를 보았으며 발로써 흙을 우물 속으로 밀어 넣었다. 흙이 점차 우물을 메웠고 사자는 나올 수 있었다. 이때 여러 천인들이 허공에서 곧 게송으로 설하여 말하였다.

여리고 약한 자와 강한 자가
모두 반드시 친구가 되었으나
나는 한 야간이 우물 속에서
사자를 구하는 것을 보았다네.”

세존께서 여러 필추들에게 알리셨다.

“그때의 사자는 나의 몸이고, 그 한 야간은 아난타이니라. 옛날의 499의 야간은 지금의 499의 필추이니라. 그 499의 필추들은 나를 버렸으나, 오직 아난타는 버리지 않고서 머물렀느니라.”

세존께서 여러 필추들에게 알리셨다.

“그대들은 자세히 들을지니라. 지나간 옛날의 때에 한 보살이 부정취(不定聚)에 머물렀는데, 이때에는 한곳에서 500의 사슴의 왕이었느니라. 한 사냥꾼이 사슴 떼를 해치고자 강가에 강책(强柵)[10]을 박아놓고 밧줄로 그물을 쳐서 계교(計校)로 사슴을 잡았다. 그때 여러 사슴들은 마음에 두려움이 없어 돌아다니며 그곳에 이르렀고, 그 사슴왕이 앞에 가면서 마침내 계박되었다. 이미 계박된 것을 보고 여러 사슴들은 함께 모두 흩어져서 달아났으나, 한 어미 사슴이 있어 사슴왕의 주변에 머물면서 버리지 않고 머물렀다. 그때 사슴왕은 밧줄을 끊고자 하였으나 능히 끊지 못하였다. 어미 사슴은 왕이 능히 밧줄을 끊지 못하는 것을 보고 곧 가타로 설하여 말하였다.

큰 위덕의 사슴왕이여.
마땅히 빨리 은근하게 풀으세요.
강책을 안치한 자인
사냥꾼이 지금 오고자 하네.

그때 사슴왕은 곧 가타로서 대답하여 말하였다.

내가 지금 무슨 계책을 지어도
능히 이 밧줄을 끊을 수 없고
창애와 밧줄은 매우 견고하여
묶인 다리는 뼛속까지 사무치네.

그때 사냥꾼의 손에는 활과 화살을 지녔고 몸에는 가사(袈裟)를 입고서 이 사슴이 있는 곳에 이르렀다. 어미 사슴은 사냥꾼이 사슴왕을 해치고자 하는 것을 보았다. 이때 어미 사슴은 곧 사슴왕의 앞으로 나아가 게송을 설하여 말하였다.

큰 위덕의 사슴왕이여.
마땅히 빨리 은근하게 풀으세요.

---

10) 강은 창애로서 짐승을 꾀어서 잡는 틀의 하나이고 책은 울타리인 목책(木柵)을 뜻하므로 짐승을 유인하여 잡는 덫을 가리킨다.

강책을 안치한 자인
사냥꾼이 지금 오고자 하네.

그때 사슴왕은 게송으로 알려 말하였다.

내가 지금 무슨 계책을 지어도
능히 이 밧줄을 끊을 수 없고
창애와 밧줄은 매우 견고하여
묶인 다리는 뼛속까지 사무치네.

그때 어미 사슴은 마음에 헛된 두려움을 품고 사냥꾼에게 나아가서
가타로 설하여 말하였다.

그대는 큰 사냥꾼이시니
마땅히 활과 화살은 놓아두세요.
칼을 가지고 나를 먼저 죽이고서
그리고 뒤에 사슴왕을 죽이세요.

그때 사냥꾼은 이러한 말을 듣고서 마음에서 매우 놀라서 어미 사슴에게
물었다.
"이 사슴은 그대의 무슨 권속인가?"
어미 사슴이 대답하여 말하였다.
"나의 남편입니다."
사냥꾼이 이러한 말을 듣고 곧 가타를 설하였고 그녀에게 알려 말하였다.

내가 지금 그대를 해치지 않고
역시 사슴왕도 죽이지 않겠으니
그대들은 더욱 서로를 사랑하고

부부가 도리어 화합하라.

그때 어미 사슴이 가타를 설하여 말하였다.

나는 마땅히 남편과 함께 환락하겠고
남편을 더욱 사랑하고 서로를 돌보겠으니
바라건대 당신도 여러 권속들과 함께
항상 더욱 사랑하고 같이 환락하십시오.

그때 사냥꾼은 이러한 말을 듣고 마음에서 매우 놀랐고 괴이하게 생각하였으며, 희유한 말로 찬탄하였고, 곧 사슴왕을 풀어주어 어미 사슴과 함께 떠나보냈느니라.”

그때 세존께서 여러 필추들에게 알리셨다.

“그대들의 뜻은 어떠한가? 그 사슴왕이 어찌 다른 사람이겠는가? 곧 나의 몸이고, 그 어미 사슴은 아난타이며, 499의 사슴은 499의 필추들이니라. 그 499의 필추들은 나를 버리고 떠나갔으나 오직 아난타는 버리지 않고 머물렀느니라.”

이때 여러 필추들은 함께 모두가 의혹이 있었고 오직 세존께서 능히 의혹을 끊어줄 수 있었으므로 세존께 아뢰었다.

“대덕 세존이시여. 마땅히 관찰하였는데 제바달다는 냄새나고 더러운 이양(利養)을 까닭으로 그 몸을 손해시켰습니다.”

세존께서 여러 필추들에게 알리셨다.

“제바달다는 다만 지금의 세상에서 탐내고 더러우며 추악한 이양을 까닭으로 그 몸을 손해시킨 것이 아니니라. 그대들은 자세히 들을지니라. 지나간 오랜 옛날에 한 산중에 큰 화지(花池)가 있었느니라. 이때 큰 코끼리가 있어 연못의 주변에 머물렀고, 다시 연못의 다른 한쪽에는 야간이 있어 머물렀는데, 몸은 더러운 냄새가 많았느니라. 그때 코끼리는 연못을 따라서 물을 마시고자 나왔고, 그 야간도 물을 마시며 연못가에 머물렀다.

야간이 코끼리에게 알려 말하였다.

"당신은 길을 비키시오. 만약 그렇지 않다면 나와 함께 싸울 것이오."

코끼리는 이렇게 생각을 지었다.

'이 불쌍한 물건은 최고로 더럽고 냄새나는구나. 발로 밟아버릴까? 혹은 코로 혹은 이빨로 그를 해칠까? 모두가 냄새나고 더러우니, 내가 지금 도리어 더럽고 추악한 물건으로 곧 그놈을 해쳐야겠다.'

게송으로 설하여 말하였다.

역시 발로 그대를 밟지 않을 것이고
다시 코나 이빨을 사용하지 않겠으며
내가 더러운 물건을 사용하여 죽이리니
마땅히 더러움으로 더러움을 죽이겠노라.

그때 코끼리는 다시 이렇게 생각을 지었다.

'내가 한쪽의 방향으로 간다면 그놈은 반드시 나를 따라올 것이다.'

뒤에 곧 한쪽으로 빠르게 떠나갔고 그 야간은 이렇게 생각을 지었다.

'나의 말로 인해 그놈이 두려워서 도망치는구나.'

뒤를 따라서 쫓아갔다. 그 코끼리는 가까운 것을 보고 곧 최대의 노력으로 분뇨를 내갈겨서 그 야간을 때렸으며 곧바로 목숨을 잃었느니라."

세존께서 여러 필추들에게 알리셨다.

"그대들은 다르게 생각하지 말라. 그때의 그 야간은 곧 제바달다이니라. 마땅히 더러운 물건에 손해를 당함으로써 지금 때에도 역시 더럽고 악한 이양을 까닭으로 손해를 당하는 것이니라."

이때 필추들은 모두 마음에 의혹이 생겨났고 오직 세존께서 능히 끊어주실 수 있었으므로 세존께 와서 아뢰어 말하였다.

"만약 능히 세존의 가르침에 의지하는 자는 모두 생사의 고난에서 제도될 수 있으나, 만약 제바달다의 가르침에 의지하는 자는 괴로움의 가운데에 떨어지는 것입니까?"

근본설일체유부비나야파승사 제20권

삼장법사 의정 한역
석보운 번역

세존께서 여러 필추들에게 알리셨다.

"지나간 옛날에서와 같이 나의 가르침에 의지했던 자들이라면 모두가 큰 고난에서 벗어났으나, 만약 제바달다의 가르침에 의지하였던 자들이라면 모두가 괴로움의 가운데에 있었느니라. 그대들은 자세히 들을지니라. 나아가 지나간 옛날에 광야(曠野)의 가운데 가까이에 한 마을이 있었고, 그 마을에는 꽃나무와 과일나무가 무성하였으며, 근처를 따라서 두 무리의 원숭이들이 있었느니라.

한 무리마다 500의 원숭이가 있었고, 각자 하나의 원숭이왕이 있었다. 그 가운데에서 한 원숭이왕은 잠을 자면서 500의 원숭이들에게 이 두 원숭이왕이 잡혀서 끓는 가마솥의 가운데에 던져지는 꿈을 꾸었고, 이 꿈에 큰 놀라움이 생겨나서 몸의 털이 모두 곤두섰다. 곧바로 꿈에서 깨어났고 원숭이들을 불러모으고 이 꿈을 알려 말하였다.

"내가 지금 꿈에서 보았던 것은 좋지 않은 것이오. 우리들은 반드시 이곳의 주처를 버리고 다른 곳으로 거처로 옮겨야겠소."

여러 원숭이들이 알려 말하였다.

"대왕께서 말한 것과 같다면 마땅히 달아나고 떠납시다."

보살은 큰 위덕이 있었으므로 만약 꿈을 보았다면 반드시 마땅하게 현실로 나타났다. 그 원숭이왕은 곧 다른 원숭이왕을 불러 알려 말하였다.

"나는 지금 이와 같은 꿈을 보았소. 반드시 다른 주처로 가야 하오."

590

그 왕은 믿지 않으면서 알려 말하였다.

"일반적으로 꿈에서 보았고 곧 이것을 의지하여 믿는다는 것이오? 그대가 만약 가고자 한다면 뜻을 따라서 떠나시오. 나는 이곳의 경계에서 자유롭겠소. 나는 결국 떠나지 않겠소."

그 왕은 그가 자신을 믿지 않을 것을 알았고 스스로가 관할하는 500의 원숭이들을 데리고 다른 곳으로 옮겨갔다. 뒤의 다른 때에 그 마을 가운데에 한 천한 여노비가 보리를 볶고 있었는데, 하나의 양이 있어 여노비의 곁에 이르러 이 보리를 먹고자 하였다. 그 여노비가 곧 불이 붙은 나무로 양을 때렸고 그 몸에 불이 붙어서 다급하였으므로 왕가(王家)의 코끼리 우리(象坊)로 들어갔다. 우리에는 마른 풀이 가득 쌓여 있었는데, 양이 뜨거워서 몸을 털었고 불꽃이 곧 풀 위에 떨어져서 초목으로 옮겨 붙어 많은 코끼리들이 화상을 당하였다. 그 코끼리를 돌보던 사람이 왕에게 알렸고 이때 왕은 곧 의사를 불러 말하였다.

"많은 코끼리들이 화상을 입었으니, 그대들은 빠르게 무슨 치료든지 지으시오."

이때 그 의사는 곧 이렇게 생각을 지었다.

'지난날에 우리 밭의 농사가 그 원숭이 떼가 큰 피해를 입혔는데, 내가 지금 곧 마땅히 원수를 갚을 수 있겠구나.'

곧 왕에게 아뢰어 말하였다.

"이 코끼리의 화상에는 반드시 원숭이의 기름을 몸에 발라야 나을 수 있습니다."

이때 왕은 여러 신하들에게 칙명하였다.

"그대들은 빨리 가서 원숭이의 기름을 구해오시오"

신하들은 명에 의지하여 곧 사냥꾼을 불렀다.

"그대들은 빨리 가서 원숭이를 잡아오도록 하시오."

사냥꾼들은 명에 의지하여 곧 여러 방향으로 원숭이를 잡고자 갔다. 그 말을 믿지 않았던 다른 원숭이왕과 500의 원숭이들은 함께 잡혀서 왕의 처소로 끌려왔다. 그 의사는 그 원숭이들과 오랫동안 원한을 맺었으므로 살아있는 원숭이들을 끓는 가마솥에 던져넣었다. 이때 여러 천인들은 공중에서 게송으로 설하여 말하였다.

성(城)과 마을과 들의 가운데에서
원수와 가까이에 머물지 않을 것이니
여노비가 양이 보리를 먹는 것을 미워했는데
원숭이들이 솥에서 삶아졌다네.”

세존께서 여러 필추들에게 알리셨다.

“그대들은 다르게 생각하지 말라. 그때 꿈을 꾸었던 원숭이왕은 곧 나의 몸이고, 꿈을 믿지 않았던 원숭이왕은 제바달다이니라. 그 밖에 나의 말을 믿었던 원숭이들은 이러한 불의 두려움을 벗어났으나, 제바달다의 말을 따랐던 자들은 모두 극심한 고통을 만났느니라. 지금 때에도 내 말을 따르는 자들은 생사의 큰 두려움에서 해탈을 얻을 것이나, 제바달다의 가르침을 받아들이는 자는 모두 고난을 만나게 되리라. 다시 다음으로 나의 뜻을 소유하고 수순하는 자들은 모두 평안을 얻고 고난(苦難)에서 멀리 벗어날 수 있으나, 제바달다의 뜻을 따르는 자들은 모두 고난을 만날 것이니라.

그대들 필추들이여. 자세히 들을지니라. 지나간 옛날의 때에 다른 지방(方所)에 두 원숭이왕이 있어 각자 500의 권속이 있었는데, 그 중에서 한 원숭이왕이 500의 권속과 함께 인간세상을 유행하면서 한 취락에 이르게 되었느니라. 이 마을에는 금파가수(金波伽樹) 한 그루가 있었고, 그 나무에는 과일이 무성하였다. 이때 원숭이 떼가 이 과일나무를 보고 원숭이왕에게 알려 말하였다.

“저 나무에 과일이 매우 많으니 가지를 꺾고자 합니다. 우리들은 멀리서 왔고 피곤하므로 그 과일을 취하겠습니다.”

이때 원숭이왕은 이 나무를 보고 마침내 게송으로 설하여 말하였다.

이 나무는 취락의 근처에 있어도
동자들이 따먹지 않았으므로
그대들은 이 과일은 먹을 수
없음을 마땅히 알아야 하리.

이렇게 게송을 말하였고 여러 원숭이들은 곧바로 버리고 떠나갔다. 그 다른 원숭이왕도 500의 권속과 함께 인간세상을 유행하면서 점차 이 취락에 이르렀다. 그 여러 원숭이들도 역시 그 촌락에 들어가서 과일이 매우 많은 것을 보고서 곧 원숭이왕에게 알려 말하였다.

"우리들이 길을 걸으면서 피로하므로 그 과일을 먹고서 안은한 뒤에 떠납시다."

원숭이왕이 말하였다.

"좋소."

그때 500의 원숭이들은 곧 그 과일을 먹었다. 이때 여러 원숭이들은 그 과일을 먹고서 모두 죽음에 이르렀느니라. 그대들은 다르게 생각하지 말라. 그때 과일을 먹지 않았던 원숭이왕은 곧 나의 몸이고, 두 번째의 원숭이왕은 제바달다이니라. 나의 뜻에 수순(隨順)하였던 원숭이들은 평안을 얻었고 고난을 멀리 벗어났으나, 제바달다의 뜻을 따랐던 자들은 모두 고난을 만났느니라. 지금 때에도 여러 유정들이 내 말을 따른다면 생사의 가운데에서 해탈을 얻을 것이나, 제바달다의 말과 가르침을 받아들이는 자는 모두 고난을 만나게 되리라."

그때 제바달다가 돌로써 세존을 때리고자 하였고, 이때 여러 바라문과 거사들이 모두 진에(瞋恚)를 품고 함께 말하였다.

"저희들이 곧 제바달다를 죽이겠습니다."

그 가운데 한 사람이 있었는데 제바달다의 친구였으므로 곧 제바달다에게 알렸다. 제바달다는 듣고서 곧 한림(閑林)의 나무 아래에서 안선(安禪)하며 머물렀다. 이때 여러 바라문과 거사들은 제바달다가 나무 아래에 있으면서 안선에 머물러 있는 것을 보고 각자 서로에게 알려 말하였다.

“그대들은 마땅히 아십시오. 이 제바달다에게는 큰 위덕이 있는데 우리들이 어찌 그를 죽일 수 있겠는가? 어떻게 지금 우리들이 이러한 악한 일을 일으키겠는가? 마땅히 빠르게 각자 떠납시다.”

이때 여러 필추들은 제바달다가 이와 같은 위의로 머물러서 바라문과 거사들이 잠시 비록 진노(瞋怒)하였으나 살해하지 못하였다는 것을 들었다. 여러 필추들은 함께 모두가 의심이 있었으며, 오직 불·세존께서 능히 의혹을 끊어 주실 수 있었으므로 이 인연으로서 세존께 아뢰어 말하였다.

“대덕이신 세존이시여. 지금 제바달다를 관찰하였는데 비법(非法)의 죄를 많이 지었으나, 여러 사람들에게 선법(善法) 닦는 것을 보였습니다.”

세존께서 여러 필추들에게 알리셨다.

“그 제바달다는 다만 지금의 세상에서 이러한 비법을 짓고 정법을 나타내었던 것이 아니고, 늙은 쥐를 속이고 미혹하여 그의 목숨을 해쳤느니라. 그대들은 자세히 들을지니라. 내가 그대들을 위하여 설하겠노라. 지나간 옛날의 때에 다른 지방에 한 쥐왕(鼠王)이 있었고, 500의 권속이 있었는데, 한 고양이가 있어 화염(火焰)이라고 이름하였느니라. 그 고양이는 젊었던 때에는 그 마을의 쥐를 모두 잡아먹었는데, 뒤에 늙었으므로 곧 이렇게 생각을 지었다.

‘내가 옛날에 젊었던 때에는 기력(氣力)이 강성하여 힘으로써 쥐를 잡아서 먹었는데, 나는 지금 늙었고 기력이 없어져서 능히 잡을 수가 없구나. 무슨 방편을 베풀어야 쥐를 잡을 수 있을까?’

이렇게 생각을 짓고 그 주변을 두루 살펴보았고, 나아가 한 쥐왕이 500의 쥐와 권속이 되어 이 지역에 머무는 것을 보았다. 곧 쥐의 굴 앞에 나아가서 거짓으로 좌선(坐禪)을 하였고, 이때 여러 쥐들이 굴속에서 나와서 돌아다녔으며 나아가 늙은 고양이가 편안하게 좌선하는 것을 보고서 그 쥐가 물어 말하였다.

“아구(阿舅)여. 지금 무엇을 짓습니까?”

늙은 고양이는 대답하여 말하였다.

“내가 옛날에 젊어서 기력이 왕성하였을 때 무량한 죄를 지었으므로 지금 복을 닦아서 그 옛날의 죄를 없애고자 하네.”

이때 여러 쥐들은 이 말을 듣고서 모두 선한 마음을 일으켰다.

‘지금 이 늙은 고양이가 선법을 수행하는구나.’

곧 쥐들은 함께 늙은 고양이를 오른쪽으로 세 번을 돌고서 곧 굴속으로 들어가는데, 그 늙은 고양이는 그 가장 뒤의 쥐를 잡아먹었다. 많은 시간이 지나지 않았으나 그 쥐들은 점차 적어졌고, 쥐왕은 이미 이것을 보고서 이렇게 생각을 지었다.

‘우리 쥐들의 숫자는 점차 적어지고 그 늙은 고양이의 기력은 살찌고 왕성하다. 이 일에는 반드시 연유(緣由)가 있을 것이다.’

그 쥐왕은 곧바로 관찰하였고, 나아가 늙은 고양이 똥의 가운데에서 쥐의 털과 뼈가 섞여 있는 것을 보았으며, 곧 늙은 고양이가 자기의 쥐들을 잡아먹었다는 것을 알았다.

‘나는 지금부터 쥐를 잡는 것을 자세히 관찰해야겠다.’

이렇게 생각을 짓고서 곧바로 굴에서 늙은 고양이를 살폈고, 나아가 늙은 고양이가 가장 뒤의 쥐를 잡아먹는 것을 보았다. 쥐왕은 보고서 멀리 피하였으며 마침내 게송을 설하여 말하였다.

늙은 고양이의 몸은 점차 살찌고
쥐들은 점차 적어져 가는데
싹·열매·뿌리·잎 등을 먹었다면
똥에 마땅히 털과 뼈는 없으리라.

그대는 지금 선(禪)을 닦으며 선(善)을 말하지 않고
이익을 위해 거짓으로 수선인(修善人)을 짓고 있으며
그대에게 병이 없이 안은하게 머무는 것을 바랬으나
나에게 지금 쥐들은 그대에게 먹이로 없어졌네.”

세존께서 여러 필추들에게 알리셨다.

"그대들은 다르게 생각하지 말라. 그때의 그 화염(火焰)이라는 늙은 고양이는 제바달다이니라. 비법의 죄를 짓고서 여러 사람들에게 선을 닦는 것을 시현(示現)하였느니라."

이때 여러 필추들은 함께 모두가 의심이 있었고 오직 불·세존께서 능히 의혹을 끊어 주실 수 있었다.

"대덕이신 세존이시여. 깊이 생각하고 관찰하였는데 세존의 말씀과 가르침을 따르면 안온(安穩)함을 얻고 생사에서 해탈할 수 있으나, 제바달다의 말과 가르침을 따르면 큰 고난을 만나는 것입니다."

세존께서 여러 필추들에게 알리셨다.

"그대들은 마땅히 알지니라. 다만 지금의 세상에서 나의 말과 가르침을 수순하면 생사에서 벗어나는 것이 아니고, 지나간 옛날에도 역시 이와 같았느니라. 그대들 필추들이여. 자세하고 자세히 들을지니라. 내가 그대들을 위하여 설하겠노라. 지나간 옛날의 때에 두 도사(導師)가 있었는데, 각자 500의 수레에 타고서 모래톱의 가운데를 지나고 있었느니라. 혹은 물과 숲은 만났고, 혹은 물과 숲이 없었는데 나아가 며칠이 지났으므로 여러 소와 송아지들이 심한 고난을 만났다.

뒤에 한 지역을 보았는데 그곳에는 풀이 푸르고 무성하였으며 솟아나는 샘물도 있었다. 이때 여러 상인(商人)들은 소와 송아지를 데리고 물과 풀이 있는 곳으로 나아갔다. 이때 여러 상인들은 물에 들어가서 목욕하였고 여러 소와 송아지들은 물을 마셨고 곧 쉬며 머물렀다. 그 500의 소들 가운데에 한 우왕(牛王)이 여러 소들에게 알려 말하였다.

"이 지역에는 푸른 풀도 울창하게 무성하고 좋은 샘물도 있으므로 우리들은 마음대로 먹고 마시면서 머물 수 있소. 만약 상인들이 다시 우리들에게 멍에를 준비하더라도 곧 반드시 땅에 누워서 다시 그들이 시키는 것을 받아들이지 맙시다."

제2의 우왕은 여러 소들에게 알려 말하였다.

"그대들은 마땅히 아시오. 그 상인들은 큰 기력이 있어 조복하기 어려운 것도 능히 조복시키오. 마땅히 옛날에 의지하여 사람들에게 수순하여 수레를 운반해야 하오. 뒤에 손해가 있을 것이 염려되오.”

그 대우왕(大牛王)은 이러한 말을 듣고서 곧 제2의 우왕에게 성내었다.

“그대가 이전에 의지하여 다른 사람들이 시키는 것을 받아들이라고 말하는 것은 비법의 일이오. 어찌 사람들의 부류가 있다고 능히 스스로가 배반하는 것을 보이는가?”

다시 여러 소들에게 알려 말하였다.

“그대들은 나의 말과 가르침을 취하여 반드시 따라가지 마시오.”

그때 상인들이 그 소에게 멍에를 씌우려고 하였는데 그 여러 소들은 상인들을 보고 버티며 곧바로 진노하며 긁으면서 움켜쥐었으므로 땅이 갈라졌다. 사람들이 보고서 각자 몽둥이를 잡고서 때렸으므로 살갗이 터져서 피가 흘러내렸고 곧 멍에와 수레를 씌웠다. 나머지의 소들은 수레를 끌고 갔으므로 모두가 맞지 않았으므로 이때 공중에서 여러 천인들이 게송으로 설하여 말하였다.

지금 악한 우왕을 보건대
망어의 행이고 악행이며
여러 소들도 인연하여 이렇게 고통받고
배고프고 목마른 몸에 피까지 흘렸네.

다시 선한 소왕을 보건대
순화(淳和)하고 바르게 가르쳐서
이러한 여러 소의 부류들은
험한 몸을 벗어나 살찌고 배부르네.”

세존께서 여러 필추들에게 알리셨다.

“그대들은 다르게 생각하지 말라. 그때에 바르게 가르쳤던 최고로 수승한 우왕은 곧 나의 몸이고, 그때 그 우왕으로 악하게 교령(敎令)하여 그 여러 소들에게 고난을 만나게 하였던 자는 제바달다이니라. 옛날의 때에도 나의 가르침을 받아들인 자들은 모두가 안은함을 얻고 능히 위태롭고 괴로운 험난한 곳을 초월하였으나, 여러 번 제바달다의 말과 가르침을 능히 받아들인 자들은 모두 이와 같은 고난을 만났느니라.

다만 지나간 옛날이 아니고, 현재인 지금에도 능히 나의 정견을 따르고 그 교해(敎誨)를 받아들인다면 모두가 안은함을 얻고 생사번뇌의 대해를 벗어나겠으나, 만약 제바달다의 삿된 소견과 악행을 수순한다면 항상 이와 같은 여러 큰 고난을 만나느니라.”

이때 여러 필추들은 함께 모두가 의심이 있었고 오직 불·세존께서 능히 의혹을 끊어 주실 수 있었던 인연으로서 세존께 아뢰어 말하였다.

“오직 바라옵건대 세존이시여. 제바달다를 관찰하면 스스로도 어리석고 권속들도 역시 어리석습니다.”

세존께서 여러 필추들에게 알리셨다.

“제바달다는 다만 지금의 세상에서 어리석은 것이 아니고, 지나간 옛날에도 역시 이와 같았느니라. 자세히 들을지니라. 내가 그대들을 위하여 설하겠노라. 지나간 옛날에 하나의 한정(閑靜)한 임야(林野)가 있었고 많은 원숭이 무리가 있어 돌아다니면서 머물렀느니라. 이때 여러 원숭이들이 점차 돌아다니면서 한 우물가에 이르렀고, 나아가 우물 속을 들여다보면서 그곳에 달그림자를 보았는데, 이미 달을 보고 원숭이왕의 처소에 나아가 알려 말하였느니라.

“대왕이여. 마땅히 아십시오. 그 달이 우물 속에 떨어져 있는 것을 보았으니, 우리들은 마땅히 빠르게 가서 밖으로 건져내어 예전처럼 안치해야 할 것입니다.”

이 여러 원숭이들은 함께 칭찬하였고, 좋은 방편을 서로가 의논하여 말하였다.

“무슨 방편으로 달을 건져낼 수 있겠는가?”

그 가운데서 혹은 말하였다.

“다른 계책은 필요가 없습니다. 우리들이 계속하여 다리를 잡고 그것을 찾아 건져야 합니다.”

그때 한 원숭이가 우물가에 있는 나뭇가지 위에서 가지를 붙잡고 머물렀고, 그 나머지는 하나하나 차례로 손을 맞잡았다. 원숭이가 이미 많았으므로 나뭇가지가 아래로 부러지려고 하였다. 그때 그 가장 아래의 물에 가장 가까웠던 원숭이가 물을 휘저어서 달을 찾았고 물이 더러워진 까닭으로 달은 곧 사라졌으며, 나뭇가지는 곧 부러져서 일시(一時)에 물속에 빠져서 죽었다. 그때 여러 천인들이 게송으로 설하여 말하였다.

이 여러 어리석은 원숭이들은
그 어리석은 지도자를 위하여
모두 우물 속에 떨어졌고
달을 건지려다 빠져 죽었다네.”

세존께서 여러 필추들에게 알리셨다.
“지나간 옛날의 원숭이왕은 곧 제바달다이니라. 옛날의 때에도 스스로가 어리석었던 까닭으로 그 권속들도 어리석었던 까닭이며, 지금의 때에도 어리석은 권속이니라.”

이때 세존께서는 왕사성의 죽림원에 머무르셨다.
이때의 세상은 기근이 심하여 걸식하는 것이 어려웠다. 세존께서 여러 필추들에게 알리셨다.
“나는 3개월을 적정하게 머물고자 하느니라. 취식자(取食者)와 장정일(長淨日)을 제외하고는 한 사람도 곧 와서 나를 볼 수 없으니, 대덕들도 역시 마땅히 함께 밝은 제약을 세우도록 하라.”
이때 사리불(舍利弗)과 마하목건련(摩訶目乾連)은 남산(南山) 안에 있으면서 3개월을 안거(安居)하였다. 이때 제바달다도 역시 하안거의 가운데에서 3개월을 음식과 여러 일(雜事)을 공급하였고 3개월이 지났으므로 제바달다가 여러 대중들에게 널리 교묘한 법문을 말하였다.
“필추들이여. 마땅히 아십시오. 사문 교답마는 항상 설법하는 때에

'산의 고요한 곳에 있으면서 여러 번뇌를 벗어나 해탈하는 가장 빠르고 빠른 것으로는, 첫째는 걸식(乞食)할 것이고, 둘째는 분소의(糞掃衣)를 입을 것이며, 셋째는 삼의(三衣)를 입을 것이고, 넷째 드러난 곳에서 좌선하는 것으로, 이와 같은 네 종류의 사람은 여러 번뇌(塵垢)에서 해탈할 수 있다.'고 찬탄하였소. 만약 사람이 있어 이와 같은 네 종류의 수도(修道)와 해탈을 즐거워하지 않는 자는 곧 이 산가지(籌)를 합당하게 받고서 대중들의 밖으로 떠납시다."

이때 500의 필추대중들이 각자 산가지를 받고서 제바달다를 따라 대중들 밖으로 떠나갔다. 문 앞에 이르렀는데 라호라(羅怙羅)가 보고서 여러 필추들에게 알려 말하였다.

"어찌하여 여래를 버리고서 악당(惡黨)을 따라서 떠나가는 것인가?"

여러 필추들이 라호라에게 알려 말하였다.

"우리들은 3개월의 안거에서 굶주리면서 제바달다가 공급하는 음식을 먹게 하였고 아울러 여러 물건을 가지고 공양하였다. 만약 다만 구제되지 못했다면 우리들은 모두 죽었을 것이다."

제바달다가 승가를 나누고 파괴한 때에 대지(大地)는 진동하였고 유성(流星)이 빛나서 사방이 불타는 듯하였고, 일체의 여러 천인들이 북을 쳐서 벼락처럼 울렸으며 큰소리로 외쳐 말하였다.

"지금 이후부터는 열반의 도는 멈출 것이고, 도과를 얻는 자가 없을 것이며, 무루(無漏)의 자도 없을 것이고, 소달라(蘇呾羅)·비나야(毘奈耶)·아비달마(阿毘達磨)를 독송(讀誦)하는 자도 없을 것이다. 마음에서 또한 아란야(阿蘭若)의 처소에 애착하지 않을 것이고, 역시 성문(聲聞)과 벽지불(辟支佛)의 도를 닦는 자도 없을 것이며, 아뇩다라삼막삼보리(阿耨多羅三藐三菩提)를 닦는 자도 없어서 인간과 천상은 크게 혼란해지고 삼천대천세계에 법륜(法輪)도 구르지 않을 것이고, 중생들은 사람을 따르고 법을 따르지 않을 것이다."

사리자와 마하목건련은 이러한 기괴함을 보고 마음을 거두어서 정에 들어가서 제바달다가 화합승가를 파괴하는 것을 보고 곧 서로가 의논하여 말하였다.

"우리들이 마땅히 가서 여러 쟁론을 없애고 화합을 구하게 하세."

3개월을 채우고서 삼의(三衣)를 갖추고 곧 세존의 처소로 갔다. 점차 유행하여 왕사성 죽림원의 가운데에 나아가서 삼의를 안치하고 손발을 씻고 세존의 처소로 갔다. 라호라가 문밖에 서서 있으면서 보고 사리자에게 알려 말하였다.

"오파타야께서는 아십니까? 제바달다가 이미 승가를 파괴하였습니 다."

사리자가 말하였다.

"내 이미 알았던 까닭으로 이곳에 왔느니라. 그대는 근심하지 말라. 내가 마땅히 화합시키겠다."

곧 대중의 가운데에 들어가서 세존을 보고 계수정례(稽首頂禮)하고 곧 한쪽에 앉아서 세존께 아뢰어 말하였다.

"저는 이미 악인(惡人)인 제바달다가 승가 대중의 화합을 파괴하였다고 들었습니다. 저는 결정하지 않았으므로 화합시키고자 합니다. 세존께서는 자비로 허락하십니까?"

이때 세존께서는 곧바로 찬탄하여 말씀하셨다.

"옳도다. 옳도다. 만약 능히 이와 같이 승가를 화합시킨다면 무량한 복을 얻으리라."

그때 사리자와 대목건련은 이러한 일을 아뢰고서 세존께 하직하고 곧 남산으로 갔고 제바달다가 있는 곳으로 나아갔다. 이때 제바달다는 세존의 위의를 짓고 대중을 위하여 설법하였는데, 고가리가(孤迦里迦)는 오른쪽에 앉아 있었고, 건다달표(褰茶達驃)는 왼쪽에 앉아 있었다. 그때에 제바달다는 멀리서 대덕인 사리자와 목건련이 오는 것을 보고 곧 이렇게 생각을 지었다.

'내가 이미 일체지(一切智)를 성취한 사람이므로 이 대덕들도 나의 대중 의 가운데에 들어오는구나.'

이렇게 생각을 짓고서 곧 좌우로 보냈고, 시종을 일으켰으며, 곧 사리자와 대목건련을 좌우로 보내어 앉게 하였다. 이때 고가리가와 건다달표는 이미 강제로 자리가 옮겨진 것에 마음에서 진한(瞋恨)이 생겨났으나 스스로가 잘 사유하였다.

'우리들은 승가 대중을 파괴하는 일을 도운 큰 과실이 있는데 만약 일어나지 않는다면 성내면서 때리는 것이 두려우니 곧바로 자리를 옮겨야겠다.'

이때 대목건련과 사리자를 보내었고 좌우에 있으면서 앉게 하였다. 제바달다가 사리자에게 알려 말하였다.

"내가 지금 등이 아프니, 그대가 대중을 위해 묘법을 연설하시오."

이때 사리불은 묵연히 청을 받아들였다. 제바달다는 이렇게 말하고서 곧 승가지(僧伽胝)를 접어놓고 머리를 받치고 오른쪽 옆구리로 누웠다. 이때 사리자는 신통력(神通力)으로써 잠에 의지하게 하였고 알지 못하게 하였으며 여러 대중들에게 알려 말하였다.

"그대들의 대사는 어린애와 같이 잠이 들었네."

이때 사리자는 대목건련에게 알려 말하였다.

"그대는 대중을 위하여 빠르게 신통을 나타내어 마음을 돌이켜 세존께 향하게 하시오."

이때 대목건련은 곧 몸을 허공으로 날아가서 네 위의인 행(行)·주(住)·좌(坐)·와(臥)를 갖추고서 화광삼매(火光三昧)에 들어가서 청(靑)·황(黃)·적(赤)·백(白)의 여러 광명을 나타내었고, 혹은 몸 위로 물을 내뿜었고 몸 아래로 불을 내뿜었으며, 혹은 몸 위로 불을 내뿜었고 몸 아래로 물을 내뿜으면서 동·서·남·북 등에서 네 종류의 신통을 갖추었다. 신통을 나타내고서 허공에서 내려왔고 본래의 자리에 앉았다. 이때 대중들은 대목건련의 이러한 신통을 보고 마음에 슬픔과 번뇌를 품었다.

'우리들도 만약 세존을 모셨더라면 역시 신통과 도덕(道德)을 얻어 갖추었을 것이다.'

사리자가 대중들에게 알려 말하였다.

"여러 필추들이여. 그대들이 불·세존의 처소에 적심(赤心)[1]이 있다면 나를 따라서 떠납시다.”

이러한 말을 듣고서 곧 사리자의 뒤를 따라서 세존의 처소로 나아갔다. 승가 대중들이 떠나간 뒤에 고가리가 필추는 곧 제바달다를 불러서 일으켰고 사리자를 뒤쫓게 하였다. 이때 사리자는 염려하였다.

‘제바달다가 나와 도중(徒衆)들이 보이지 않는 까닭으로 반드시 오뇌하면서 피를 토하고 죽을 것이다. 마침내 곧 점차 대중들을 데리고 천천히 걸어가서 제바달다가 우리들을 보게 해야겠다.’

그때 제바달다는 잠에서 깨어나서 눈을 비비고서 쫓아갔다. 사리자는 신통력으로 마땅히 길에 넓고 깊은 구덩이를 만들었는데, 제바달다와 고가리가와 건다달표 등의 다섯 사람은 알지 못하고서 빠지고 말았다. 마음이 미혹되고 어지러워서 나갈 곳을 알지 못하였고, 다시 스스로가 사유하였다.

‘우리들은 지금 대중을 잃었고 찾을 길도 알 수 없으니, 잠시 본래의 처소로 돌아가야겠다.’

이때 사리자와 대목건련 및 승가 대중들은 점차 세존의 처소에 나아가서 난탁가(蘭鐸迦)의 죽림원의 주변에서 세존을 보고자 하였으나, 매우 부끄러워서 눈을 들지 못하였으며, 각자 스스로가 사유하였다.

‘우리들은 어찌하여 이와 같은 비법으로 부끄러워할 수도 없는 일을 지었는가?’

점차 세존의 앞으로 나아가서 서 있었고 이때 세존께서는 큰 자비심으로 애민하게 생각하시어 부드러운 음성으로 위로하시며 물으셨다.

“그대들 필추들이여. 나의 처소에 이르면서 매우 피곤하였겠구나. 오늘의 사람 몸은 얻기 어려운 것을 얻었고, 불법을 듣기 어려우나 이미 들었으며, 육근이 구족되기 어려우나 이미 갖추었고, 선악(善惡)의 일이 이미 갖추어진 그것을 알았느니라. 나는 이미 여래(如來)·응공(應供)·정변지(正遍智)·명행족(明行足)·선서(善逝)·세간해(世間解)·무상사(無上士)·조

---

1) 정성(精誠)되고 진실된 마음을 가리킨다.

어장부(調御丈夫)·천인사(天人師)·불세존(佛世尊)을 성취하였고, 나는 항상 적정(寂靜)한 열반과 구경(究竟)의 보리를 연설하였느니라.

무명(無明)을 인연하여 행(行)이 있고, 행을 인연하여 식(識)이 있으며, 식을 인연하여 명색(名色)이 있고, 명색을 인연하여 6입(入)이 있으며, 6입을 인연하여 촉(觸)이 있고, 촉을 인연하여 수(受)가 있으며, 수를 인연하여 애(愛)가 있고, 애를 인연하여 취(取)가 있으며, 취를 인연하여 유(有)가 있고, 유를 인연하여 생(生)이 있으며, 생을 인연하여 노사(老死)·우비고뇌(憂悲苦惱)가 생겨남을 설하였느니라.

만약 무명이 없어지면 곧 행이 없어지고, 행이 없어지면 곧 식이 없어지며, 식이 없어지면 곧 명색이 없어지고, 명색이 없어지면 곧 6입이 없어지며, 6입이 없어지면 곧 촉이 없어지고, 촉이 없어지면 곧 수가 없어지며, 수가 없어지면 곧 애가 없어지고, 애가 없어지면 곧 취가 없어지며, 취가 없어지면 곧 유가 없어지고, 유가 없어지면 곧 생이 없어지며, 생이 없어지면 곧 노사가 없어지고, 노사가 없어지면 우비고뇌가 없어짐을 설하였느니라.

그대들 필추들이여. 항상 스스로를 이롭게 하고 다른 사람을 이롭게 하는 법을 생각하고 수학(修學)해야 하느니라. 자기도 이롭고 다른 사람도 이롭게 하는 법이 만약 선하지 않는다면 이익도 없고 즐거움도 없어서 결국에는 선하지 않은 것이고, 또한 다른 사부대중이 얻은 음식·의복·와구·탕약 등도 스스로의 몸에 선한 것이 아니므로 마땅히 짓는 자를 짓지 못하게 하라. 다만 자신과 다른 사람에게 이익이 있는 것을 관찰하여 항상 반드시 수학할지니라.”

이때 여러 필추들은 이러한 법을 듣고 마음에 환희가 생겨나서 의혹의 그물이 모두 없어졌으며 안과 밖이 청정해졌다. 다른 필추 등이 있어 마음에 의혹이 생겨나서 세존께 물어 말하였다.

“무슨 업을 인연하여 지금 화합승가가 파괴되었습니까?”

세존께서 여러 필추들을 위하여 과거의 업을 말씀하셨다.

“내가 스스로 업을 짓고 쌓아서 지금에 스스로가 받은 것이고, 다른 것을 받는 것이 아니니라. 필추들이여. 마땅히 알라. 유정(有情)들이 지은 업은 유정들이 받는 것이고, 무정(無情)들이 받는 것이 아니니라."
게송을 설하여 말씀하셨다.

가령 백겁이 지나더라도
지은 업은 없어지지 않으며
인연이 모여 만나는 때에
과보가 돌아와서 스스로 받는다네.

그때 세존께서 여러 필추들에게 알리셨다.
"지나간 과거에 청정한 산림(山林)에 한 대선인(大仙)이 있었고 500의 소선인(小仙)으로 권속을 삼았느니라. 함께 모두가 수도하였는데, 어느 때에 나그네 선인이 와서 그 처소를 지나갔느니라. 주인이 여법하게 공급하고 살피고 모시며 대접하지 않았으므로, 나그네 선인은 마음에 오뇌가 생겨났고 한이 맺혀서 곧 화합한 선인 대중을 파괴하고자 하였다. 그 여러 소선인들을 유인하여 말하였다.
"나는 여러 종류의 도술(道術)과 오신통을 잘 이해하고 있고, 내가 마땅히 가르치고 보여주겠으니 그대들은 마땅히 나를 따르시오."
뒤의 때에 대선인이 이 일을 알고서 그 나그네 선인에게 권유하였다.
"우리 대중을 파괴하지 마시오. 묘하게 말하고 좋게 말하여 환희가 생겨나게 하는 이것은 선법(仙法)이 아니오."
비록 이와 같은 멸쟁(滅諍)의 말을 들었으나 유인을 멈추지 않은 까닭으로 방편을 베풀었다. 그때 세간에는 벽지불(辟支佛)이 있었는데, 대자비가 있었고 욕심이 적어 만족을 알았으므로 매우 수승한 복전(福田)이었다. 세간을 유행하면서 점차 대선인의 처소에 이르렀는데, 대선인이 벽지불의 단엄함과 수승함을 보고 마음에 환희가 생겨나서 그를 불러 공양하고 공경하면서 발원하여 말하였다.
"이렇게 세존을 공양한 공덕으로써 바라건대 내가 마땅히 미래에는 대지혜와 신통력을 얻게 하십시오. 나그네 선인이 비록 일체지(一切智)를 성취하더라도 나에게 화합승가를 파괴하게 하십시오”

옛날과 지금에 얽혀서 만났는데, 지나간 때의 나그네 선인은 나의 몸이고, 500선인 가운데에서 대선인은 제바달다의 몸이며 이러한 인연이니라. 흑업(黑業)이 있으면 흑업의 과보가 있고, 백업(白業)이 있으면 백업의 과보가 있으며, 비흑비백업(非黑非白業)이 있으면 비흑비백의 과보가 있느니라. 그대들 여러 필추들이여. 마땅히 알라. 그대들은 마땅히 일체의 선하지 않은 업을 버리고서 선업을 닦고 쌓을 것이고, 마땅히 수학할지니라.”

그때 여러 필추들은 다시 의심이 있었던 까닭으로 세존께 아뢰어 말하였다.

“세존이시여. 그 제바달다는 무슨 까닭으로 안을 밖으로 짓고 밖을 안으로 지었습니까?”

세존께서 알려 말씀하셨다.

“그 제바달다는 지금 안을 밖으로 짓고 밖을 안으로 지은 것이 아니고, 과거에도 역시 다시 이와 같은 악한 짓을 지었느니라. 여러 필추들이여. 나의 말을 자세히 들을지니라. 지나간 옛날에 한 야간이 있었는데, 그 성품이 식탐(食貪)이 많아서 취락의 여러 곳을 돌아다니면서 음식을 구하였느니라. 하루는 염색집(染家)에 들어갔는데, 알지 못하고서 남색(藍色)의 그릇의 가운데에 빠졌느니라.

염색집 주인이 보고 끌어내어서 땅바닥에 내던졌고, 이때 야간은 마침내 완전히 흙투성이가 되었다. 이미 몸을 모았는데 더럽혀져 깨끗하지 못하였으므로 곧바로 강물에 들어가서 목욕하고 떠나갔다. 몸과 털에 광택(光澤)은 남색과 같았으므로 그때 여러 야간들은 그 털의 색깔이 평소와 다른 것을 보고 괴이함이 생겨나서 대중이 모두 물어 말하였다.

“그대는 누구인가?”

그가 곧 대답하여 말하였다.

“나는 제석천왕의 사자(使者)이고 나를 책봉하여 짐승들의 왕으로 삼으셨다.”

이때 야간들은 이렇게 사유를 지었다.

‘몸은 야간인데 색깔은 본래의 부류와 다르구나.’

이때 여러 야간들이 함께 사자(獅子)에게 알려서 알게 하였다. 사자는 곧 대사자왕(大獅子王)에게 말하였고 사자왕은 마침내 곧 사자를 보내어 거짓과 진실을 살펴보게 하였다. 그 사자(使者)가 이르러 그 남색의 야간이 큰 백상(白象)을 타고 있고, 여러 새와 짐승들에게 널리 둘러싸고서 짐승의 왕처럼 섬기고 있는 것을 보았다. 그 사자는 보고서 왕의 처소로 돌아왔으며, [자세한 설명은 앞에서와 같다.]

대사자왕은 이러한 말을 듣고서 곧 군사들과 함께 그 대중이 있는 곳으로 갔으며, 야간왕이 큰 백상을 타고 있고 많은 짐승들이 둘러싸고 있는 것을 보았다. 호랑이(大蟲)와 표범 등의 힘센 짐승들은 직접 좌우의 시위가 되었고, 그 밖의 작은 야간들은 멀리 피하여 머물고 있었다. 마음에 오뇌(懊惱)가 생겨나서 곧 방편을 베풀어 야간 가운데에서 한 야간을 뽑아서 야간왕의 어미를 부르게 하였다. 그 어미가 물어 말하였다.

“우리 아이가 있는 곳에 어떤 반려와 권속이 있는가?”

야간이 대답하며 말하였다.

“안에는 사자·호랑이·코끼리가 있고, 우리들은 그 밖에 있습니다.”

어미가 말하였다.

“그대는 가서 반드시 내 아들을 죽이시오.”

아울러 게송을 설하여 말하였다.

나는 산골짜기 가운데에 있으면서 환희하며
때를 따라서 맑고 시원한 물을 마시고 있는데
자식은 이와 같이 야간의 소리를 짓지 않고서
코끼리의 위에서 기거하면서 몸이 안락하다네.

사자가 돌아와서 같은 부류들에게 말하였다.

"그놈은 야간이고 왕종(王種)이 아닙니다. 내가 산중에서 직접 어미를 만났습니다."

여러 반려들이 알려 말하였다.

"내가 시험해 보겠소."

곧바로 그에게 나아갔다. 그러나 야간의 법과 같다면 만약 한꺼번에 우는 때에 울지 않는다면 몸에 털이 빠지는 것이다. 나머지가 곧 울부짖었고 그 왕인 야간은 이렇게 생각을 지으며 말하였다.

'내가 만약 따라 울지 않으면 털이 곧 빠져서 떨어질 것이고, 만약 코끼리에서 내려서 소리를 지른다면 반드시 그들에게 죽을 것이다. 나는 지금 오히려 코끼리의 등 위에서 소리를 지어야겠다.'

곧바로 울부짖었고, 그 코끼리는 이것이 야간인 것을 알았으며, 곧 코로써 아래로 끌어내려서 두 발로 밟아서 죽였다. 공중에서 여러 천인들이 보고 가타로 설하여 말하였다.

안의 것이 뒤집혀 밖에 있고
밖과 합쳐져 가운데에 머무는데
이것의 모두가 합쳐질 수 없음은
야간이 코끼리를 탔던 것과 같다네."

세존께서 알려 말씀하셨다.

"그대들은 마땅히 알라. 지나간 때에 안을 뒤집어서 바깥으로 삼았고 밖을 그 가운데 거처시켜서 스스로가 그 몸을 스스로 없앴는데, 야간의 왕은 제바달다이니라. 그 과거에 전도(顚倒)된 업을 까닭으로 지금에도 역시 화합승가를 파괴하였고, 안을 뒤집어서 바깥으로 삼았고 밖을 그 가운데에 거처시켰느니라."

이때 제바달다는 이미 사리불 등을 쫓았으나 잡지 못하고서 본래의 처소로 돌아왔다. 큰 분노가 생겨나서 곧 고가리가 등의 따르던 도중들을 때리면서 그들에게 알려 말하였다.

"그대들을 까닭으로 나는 도중을 잃어버렸다."

이때 여러 필추들은 의혹이 있어 세존께 물었다.

"제바달다는 무슨 인연을 까닭으로 사리불과 도중 등에게는 마땅히 성내야 하는데 성내지 아니하고, 스스로를 따르는 무리에게는 죄도 없는데 곧바로 마구 때렸습니까?"

세존께서 여러 필추들에게 알리셨다.

"다만 지금 몸으로 사업(事業)을 잘못 지은 것이 아니고, 역시 일찍이 과거에도 다른 자에게 아내가 현혹되었으나 억울하게 다른 사람을 죽였느니라. 지나간 옛날에 부부였던 코끼리가 산의 늪지대에 살고 있었는데, 아내인 코끼리는 음란하고 방탕하여 다른 코끼리와 사통하였다. 다른 코끼리에게 이미 현혹되어 그 코끼리를 따라서 도망치고자 하였으나, 그 남편이 알아서 일이 어긋나고 다투는 것이 두려웠다. 그 남편 코끼리와 함께 연못에 들어가서 목욕을 하면서 남편 코끼리에게 말하였다.

"누가 물속에 들어가 오래도록 참고 나오지 않을 수 있을까요?"

남편이 외쳤다.

"나는 가능하다."

곧 함께 물속에 들어갔으며 그 두 마리는 나오지 않는 것을 살펴보고, 마침내 개인적으로 서로가 달아났다. 그 남편 코끼리는 물속에 오래 있었고 비로소 한참 뒤에 나왔는데 그 두 코끼리가 보이지 않았다. 다시 물속에 들어갔고 이와 같이 두·세 번을 하였으나 곧 피곤함에 이르러서 할 수가 없었다. 마침내 곧 물 밖으로 나와서 아내를 찾았으나 보이지 않았다. 그는 물속의 여러 곳을 뒤지면서 찾았고 이것을 인연하여 무량한 중생들이 억울하게 밟혀서 죽음에 이르렀다. 이때 공중에서 여러 천인들이 게송을 설하여 말하였다.

코끼리의 몸은 비록 크더라도
지혜는 매우 미천(微賤)하여
사랑하는 아내는 다른 자가 데려갔고

여러 함식(含識)들이 억울하게 죽었다네.”

세존께서 여러 필추들에게 알리셨다.

“그때의 남편 코끼리는 지금의 제바달다이니라. 지금에도 역시 이와 같이 다른 사람이 지은 업을 다른 사람이 액난을 받은 것이니라.”

이때 여러 필추들은 함께 모두가 의심이 있어 세존께 물었다.

“세존께서는 일체이십니다. 사리자와 대목건련은 어떻게 이와 같이 능히 선교(善巧)의 방편을 지었고, 이러한 500의 필추들을 권유하였으며 교화하였고 유도(導誘)하여 삿된 것을 버리고 바른 것에 귀의시켰으며, 와서 세존의 처소에 이르렀습니까?”

세존께서 여러 필추들에게 알리셨다.

“사리자와 대목건련은 다만 지금의 때에 그들을 광유(誑誘)[2)에서 해탈시킨 것이 아니고, 과거 세상에서도 역시 일찍이 광유에서도 인도하였느니라. 지나간 과거의 세상에서 이때에 한 장부(丈夫)가 있었는데, 항상 산에서 살았고, 능히 활을 잘 쏘았으며 여러 기예(伎藝)가 많았는데, 뒤에 한 딸을 낳았느니라. 점점 자라서 어른이 되었는데 그 사람은 마음에서 생각하였다.

‘지금 나의 딸을 곧 시집보내는 것은 마땅하지 않다. 만약 남자가 있어 활과 칼의 업과 기예가 나와 비슷하다면 비로소 그에게 주어 시집을 보내야겠다.’

뒤에 오래지 않아서 두 남자가 왔고 기예를 익혔다. 한 사람은 다섯 종류의 기예를 배워서 성취하였고, 다른 한 사람은 오직 한 종류를 성취하고 나머지의 네 종류는 성취하지 못했다. 그 사람은 마침내 곧 딸을 데리고 업을 성취한 사람에게 주어 시집을 보냈고, 기예를 이루지 못한 자는 마음이 곧 분한(忿恨)하여 버리고 떠나갔다. 곧 도로에서 겁박하는

---

2) 다른 사람을 속여서 꾀어내는 것을 가리킨다.

도둑들에 나아가서 모두의 반려(伴侶)가 되었고, 칼의 사용을 이해하여 도로의 중요한 길목에서 그 여인과 남편을 기다렸다가 서로를 살해(屠害)하고자 하였다. 뒤에 오래지 않아서 그 사람의 권속들이 수레를 타고 지나는데, 여러 상인(商人)들이 머뭇거리고 있는 것을 보고 곧 물어 말하였다.

"그대들 여러 사람들은 무슨 까닭으로 지나가지 않소?"

대답하여 말하였다.

"도둑이 마땅히 도로에 있습니다."

그 사람이 알려 말하였다.

"우리가 먼저 지나가겠소. 수고롭게 두려워 마시오."

여러 사람들이 알려 말하였다.

"그대가 만약 두렵지 않다면 먼저 지나가는 것을 청하겠습니다. 우리들 여러 사람들은 뒤를 따라서 가겠습니다."

이미 이러한 말을 듣고 수레를 몰아 곧 떠나갔다. 여러 도둑들은 나무 위에서 멀리 바라보고 있다가 그 수레가 오는 것을 보고 도둑의 두목에게 알렸다.

"지금 수레가 오고 있습니다."

그 도둑은 도리어 한 사람에게 시켰다.

"그대들은 지금 마땅히 돌아가라. 이곳에는 강건한 사내들이 있으니, 반드시 왔어도 나를 지나가지 못한다."

그 사람이 알려 말하였다.

"그대가 비록 매우 강건하여도, 나는 역시 매우 강건하다."

이때 도둑의 두목은 다섯 사람을 뽑았고 와서 함께 싸우게 하였으나 모두 죽고 말았다. 또한 스물한 사람을 보냈으나 역시 모두 죽고 말았다. 뒤의 때에 모두 와서 여럿이 싸웠으나 아울러 함께 피해를 당하였고, 오직 옛날에 함께 배웠던 사람이 살아남았다. 최후에 두 사람이 교전(交戰)하였는데, 그 여인의 남편이 활을 쏘면 모두 도둑은 칼로써 휘둘러서 끊었으므로 결국 해칠 수 없었다. 또한 500의 화살을 모두 쏘았고 오직 하나의 화살이 남았는데 머뭇거리며 머물렀다. 그 아내가 물어 말하였다.

"어찌 화살은 쏘지 않나요?"

그가 곧 알려 말하였다.

"지금 나와 당신 두 사람의 목숨이 이 화살에 달려 있소. 그러한 까닭으로 나는 이 화살을 남겨서 방호하는 것이오. 지금 만약 모두 쏜다면 저놈이 와서 그대와 나를 해치고 죽일 것이오."

아내는 이것을 보고 곧바로 일어나 춤을 추었다. 춤추는 사이에 그 도적은 즐거이 바라보았고 마침내 방어(防禦)하는 것을 잊었다. 그 남편은 그것을 보고 곧바로 화살을 쏘았고 화살이 명중하여 곧 죽었다. 목숨을 마치는 때에 게송을 설하여 말하였다.

그 수레의 주인이 나를
능히 죽인 것이 아니고
내가 염심(染心)을 일으킨 까닭으로
다른 사람을 보며 곧 목숨을 잃었다네."

세존께서 여러 필추들에게 알리셨다.

"그대들은 마땅히 알라. 그 수레 주인이 어찌 다른 사람이겠는가? 지금의 사리자이고, 그때의 그 부인은 지금의 대목건련이며, 그때의 도둑의 두목은 지금의 제바달다이니라. 그 과거에서 수레 주인과 그의 아내가 도둑의 휴식을 얻은 것과 같이 지금에도 사리자와 목건련이 능히 그 제바달다의 휴식을 얻은 것이며, 역시 다시 이와 같으니라."

이때 세존께서 왕사성의 왕자인 시박가(侍縛迦)의 암몰라원(唵沒羅園)에 머무르셨다.

그때 미생원은 일찍이 5월 15일 밤에 안거(安居)하였다. 이때에 밝은 달이 맑았고 하늘의 빛과 경치가 화려(華麗)하였으므로 여러 신하·왕후·후궁·음녀(婬女)들과 함께 높은 누각에 올라 여러 사람에게 알려 말하였다.

“지금은 이미 밤이고 달빛은 맑고 고요하며 원만하고 밝아서 사랑스럽구려. 나와 경들은 무엇을 짓고자 하는가? 마땅히 각자 술회(述懷)[3]를 열고서 그 일을 청하시오.”

이때 음녀가 있어 마땅히 소리로 알려 말하였다.

“대왕이시여. 인생의 행락(行樂)을 헛되게 헤아리지 마십시오. 지금 이러한 좋은 밤은 유희로서 마음대로 오욕락(五欲樂)을 받는 것이 곧 왕의 일이라고 생각합니다.”

다시 한 여인이 있어 말하였다.

“대왕이시여. 저의 지금 뜻에서는 이 왕사성의 일체의 도속(道俗)이 함께 즐겁게 모여서 같이 욕락을 받는 것이 곧 왕의 일이라고 생각합니다.”

이때 왕의 태자인 오타이(鄔陀夷)가 아뢰어 말하였다.

“대왕이시여. 지금 이렇게 밝은 밤에는 대왕께서 직접 사병(四兵)을 거느리고 굴복하지 않는 나라를 벌하여서 거친 변방을 정밀(靜謐)[4]하게 하시고 전투에 이기고서 돌아오는 것이 곧 왕의 일이라고 생각합니다.”

다시 대신이 있었는데, 그는 외도의 도당이었다. 그가 대왕에게 아뢰어 말하였다.

“대왕이시여. 이와 같이 달이 밝은 밤에는 눈도 맑고 고요하며 마땅히 15일은 장차 안거(安居)할 시기입니다. 존자(尊者) 포랄나(哺剌拏) 등의 여섯 명사(明師)는 사람들에게 존중받고 모셔지며 사물의 상수라고 불립니다. 각자 500명이 있으나, 옷이 없이 무리로 항상 서로를 따라다닙니다. 현재 왕사성에 있으면서 장차 안거하고자 하나 이익되는 물건들이 매우 부족합니다. 우리들은 마땅히 나아가서 그들의 발의 아래에 봉사(奉事)하고 공양하는 이것이 왕의 일입니다.”

다시 왕자인 시박가도 대중의 가운데에 앉아 있었으므로 왕이 알려 말하였다.

“그대 시박가여. 무슨 까닭으로 묵연하고 한마디도 없는가?”

---

3) 마음 속에 품고 있는 여러 가지의 생각을 말하는 것을 가리킨다.
4) 고요하고 편안(便安)하는 뜻으로서 세상(世上)이 태평(太平)한 상태를 가리킨다.

시박가가 대왕에게 아뢰어 말하였다.

"대왕이시여. 이렇게 꽃같은 때에 속하여 달이 밝고 깨끗하여 사람들이 모두 사랑하고 있습니다. 그러나 안거할 시기에는 불·세존께서 대위덕을 갖추셨고 성스러운 제자들이 있어 자비로 널리 펼치시므로 세상의 도사(導師)로 최상의 복전(福田)입니다. 나의 동산의 가운데에 계시면서 안거사(安居事) 하시므로 마땅히 직접 공양하는 것이 왕의 일입니다."

이때 미생원왕은 이러한 말을 듣고 곧 위엄(威嚴) 정리하고서 큰 향상(香象)을 탔고, 500의 궁인들과 500의 코끼리를 거느렸으며, 각자 밝은 횃불을 잡고 여러 권속들과 함께 암몰라원으로 나아갔다. 왕은 도중에 마음이 놀라서 털이 곤두섰으며 곧 이렇게 생각을 지었다.

'이것은 시박가가 변방의 적들과 서로 알고 와서 나를 유인하여 나의 목숨을 해치려는 것이 아닐까?'

곧 시박가에게 물어 말하였다.

"그대는 불·세존께서 얼마나 많은 사람들과 그 동산에서 좌선하며 머무는가를 아는가?"

알려 말하였다.

"1250의 필추들과 함께 계십니다."

왕이 또한 물어 말하였다.

"만약 그대에게 다른 마음이 있는 것은 아닌가? 이미 많은 사람이 있는데 내가 어찌 기침소리도 들을 수 없는가?"

시박가는 대답하여 말하였다.

"그 불·세존께서는 삼업이 적정하고 마음은 항상 정에 있으며, 제자들도 역시 그러합니다. 이러한 뜻을 까닭으로 시끄럽고 잡스러운 소리가 들리지 않습니다."

왕은 이러한 말을 듣고서 곧 마음을 결정하였으며 다시는 의심하지 않았다. 곧 세존의 처소에 이르러 코끼리에서 내려서 불·세존과 여러 대중들을 보았는데 여러 근(根)이 모두 적정하고 담연(湛然)하여 바다와 같았다. 마침내 곧 오체투지(五體投地)로 세존의 발에 정례하고 합장하고서 세존께 아뢰었다.

"크게 자비하시고 삼업이 적정(寂靜)하신 세존이시여. 오직 바라옵건대 저희들을 잘 유도(誘導)하고 가르치시어 세존과 비슷하게 항상 시끄러움과 혼란이 없게 하십시오."

그때 여래께서는 자비롭고 선한 마음으로 왕을 위로(慰喩)하며 말하였다.

"옳습니다. 대왕이시여. 우선 자리에 앉으시고 여러 의혹이 있다면 자유롭게 그것을 물으십시오."

이미 좌정(坐定)하고서 세존께 아뢰어 말하였다.

"세존이시여. 세간의 가운데에는 여러 종류의 업행(業行)이 있습니다. 꽃다발을 묶는 자도 있고, 대나무를 짓는 자도 있으며, 혹은 도회(屠膾)⁵⁾도 있고, 혹은 판매하고 코끼리와 말 등을 조복하기도 하며, 혹은 말을 잘 하고, 어떤 혹은 활을 잘 쏘기며, 혹은 구걸(乞求)을 짓고, 전투하고, 용감하고 힘이 있으며, 왕을 섬기기도 하고, 머리를 깎는 자, 옷감에 물들이는 자, 세탁하는 자, 옷을 짓는 사람 등의 이와 같은 부류들이 각자 스스로의 업으로 재물과 재산을 찾고 구하며, 마음을 따라서 복을 닦고 오욕락에 집착합니다. 세존이시여. 이와 같은 중생의 부류들도 현재 세상의 가운데에서 사문과(沙門果)를 증득할 수 있습니까?"

그때 세존께서 곧 왕에게 물으셨다.

"대왕이시여. 이와 같은 뜻으로 일찍이 다른 사람에게 질문하였습니까?"

왕이 세존께 아뢰어 말하였다.

"세존이시여. 이와 같은 뜻으로 제가 일찍이 외도인 포랄나(晡剌拏) 등에게 물었습니다. 그 여러 스승들은 대답하여 말하였습니다. '우리들의 경전의 가운데에서는 이와 같은 법을 설하였습니다. <선도 없고 악도 없으며, 선악보(善惡報)도 없습니다. 보시도 없고 제사도 없으며, 보시와

---

5) 축생 등을 도살하는 사람과 사형을 집행하는 사람을 함께 부르는 말이다.

제사의 업도 없습니다. 부모도 없고 부모의 은혜도 없으며, 이 세계와 다른 세계도 없고, 수도가 있어 성과(聖果)를 얻는 것도 없으며, 성인과 아라한이 있는 것도 없으며, 사대(四大)가 흩어지면 의지할 곳이 없습니다.> 만약 사람이 있어 금세(今世)와 후세(後世), 업인(業因)과 업과(業果)가 진실로 있다고 말한다면, 모두가 거짓말입니다. 지혜롭게 말하는 것도 어리석게 말하는 것도 두 가지 모두가 허무한 말입니다.'"

이때 미생원왕은 다시 아뢰어 말하였다.

"세존이시여. 저는 여섯 스승들에게 여러 종류의 진실한 이치를 들었으나, 그들 모두가 거짓된 대답이었습니다. 마땅히 사람이 암몰라과(唵沒羅果)를 물었다면, 곧 '배를 가지고 왔구려.'라고 대답하였고, 만약 사람이 배로써 물으면 그들은 곧 '암몰라과를 가지고 왔구려.'라고 대답하였습니다. 삿된 견해의 육사(六師)인 포랄나 등은 바른 질문에 거짓으로 대답하였고, 이 외도 등이 비록 이와 같은 여러 종류의 삿되게 대답하였으나, 모두 제 마음에 들어오지 않았으며, 역시 따라서 환희하지 않았고 버리고서 떠났습니다.

다시 여러 나머지의 육사외도인 말가리구사리자(末羯利俱賖離子) 등에게도 물었습니다.

'지금 세상에 있으면서 일체의 중생들은 여러 종류의 업을 짓고 여러 종류의 행을 지으며 여러 종류의 기예로 부모를 모시고 봉양하며 삼보를 공양하고 자비의 복전에 공급합니다. 이와 같은 중생의 부류 가운데에서도 이러한 업의 부류에 의지하는 인연으로 도(道)와 성과(聖果)를 얻을 수 있습니까?'

그들이 곧 대답하여 말하였습니다.

'우리들의 경전에는 이와 같이 설하고 있습니다. <인도 없고 과도 없으며, 선도 없고 악도 없으며, 번뇌도 없고 번뇌의 끊어짐도 없으며, 열반도 없고 증득할 것도 없다.> 삼세의 가운데에서 인과가 있다는 것은 모두가 헛되고 없습니다. 일체의 모든 것은 자연(自然)이고, 지혜로운 자는 자연스러운 지혜이며, 어리석은 자는 자연스러운 어리석음이고,

닦을 것도 없고 역시 얻을 것도 없으며, 역시 스스로를 이롭게 할 것도 없고 다른 사람을 이롭게 할 것도 없으며, 일체의 중생들은 인이 없이 생겨나고 인이 없이 멸합니다.'

이와 같이 육사 등은 모두가 이와 같은 거짓을 말하였으므로 선한 말도 아니고 이치의 말도 아니었습니다. 제가 동쪽으로 질문을 지으면 그들은 서쪽에 있다고 대답하였습니다. 제가 비록 이와 같은 여러 종류의 삿된 말을 들었으나, 제 마음에 들어오지 않았고, 역시 따라서 환희하지 않았으며, 버리고서 떠났습니다.

다시 거듭하여 그 산서이(散逝移)의 처소에 나아가서 역시 이와 같은 여러 종류의 의혹을 앞에서와 같이 물었습니다. '중생들은 여러 종류의 행업(行業)과 여러 종류의 기예(技藝)로 생사의 업을 행하는데, 이러한 업의 가운데에서 일체의 중생들도 이와 같은 업을 인연하여 능히 번뇌를 없애고 성과를 얻을 수 있습니까?'

그가 곧 대답하여 말하였습니다.

'대왕이시여. 마땅히 아십시오. 우리들이 설하는 것은 항상 중생들을 가르치는 것입니다. 스스로가 살생하고 다른 사람을 시켜서 살해하며, 스스로가 베고 다른 사람을 시켜서 베며, 스스로가 불로 지지고 다른 사람을 시켜서 지지며, 스스로 도둑질하고 다른 사람을 시켜서 도둑질하게 하며, 스스로가 음욕을 행하고 다른 사람을 시켜서 음욕을 행하게 하며, 스스로가 거짓말을 하고 다른 사람을 시켜서 거짓말하게 하며, 스스로가 술을 마시고 다른 사람을 시켜서 술을 마시게 하며, 스스로가 겁탈하고 다른 사람을 시켜서 겁탈하게 하며, 가정을 파괴하고 나라를 파괴하며, 만나는 중생이 땅으로 다니거나 공중으로 날아다녀도 모두 살해하라.

만약 무량하고 무변(無邊)한 중생들을 죽여서 능히 항하(恒河)의 이러한 언덕과 같고, 무변한 중생을 죽여서 무변한 악을 그 항하의 언덕과 같은 것, 무량하고 무변한 중생을 공양하여 무량하고 무변한 공덕을 짓는 것, 이것의 두 여러 행도 모두가 인도 없고 과도 없으며, 얻는 것도 없고 잃을 것도 없으며, 늘어나는 것도 없고 줄어드는 것도 없습니다.'

세존이시여. 저는 바른 이치를 물었는데 이와 같은 거짓을 말하였습니다. 제가 동쪽으로 질문을 지으면 그들은 나아가 서쪽을 대답하였습니다. 저는 이러한 말을 듣고 역시 환희하지도 않았고, 역시 따라서 즐거워하지도 않았으며, 곧 버리고서 떠났습니다.

다시 다른 처소인 아시다계사감발라(阿市多雞捨甘拔羅)의 처소에서 저는 앞에서와 같이 바르게 질문하였으나, 그들도 앞에서와 같이 삿된 대답으로 이와 같은 말을 지었습니다.

'모두 일곱 종류의 사물이 있는데, 이 일곱 종류의 사물은 본체가 자연이고, 역시 다른 사람이 지은 것도 아니고, 변화로 생겨난 것도 아니며, 변화를 따라 있는 것도 아니고, 모이는 것도 아니고 흩어지는 것도 아니며, 항상 자연입니다. 무엇이 일곱 가지인가? 땅(地)·물(水)·불(火)·바람(風)·괴로움(苦)·즐거움(樂)·목숨(命)입니다. 이 일곱 종류의 사물은 사람이 능히 만들 수 없고, 역시 서로를 방해하지도 않습니다. 선(善)에서, 악(惡)과 괴로움(苦)·즐거움(樂)·괴롭지도 않고 즐겁지 않은 것(不苦不樂) 등에서, 이러한 일곱 종류의 일과 짓고 짓지 않는 것, 모두가 기억된 경험도 없고 역시 과(果)도 없으며, 죽는 자도 없고, 역시 죽이는 자도 없습니다.

1만 4천 종류의 즐거움과 다시 6만 종류와 3업·2업·1업·반업(半業) 등의 악업이 있습니다. 만약 능히 이와 같은 여러 종류의 모든 악업을 갖춘다면 곧 생사의 고난에서 해탈을 얻을 수 있습니다.'"

회향 발원문

삼세에 상주하는 모든 불보살과 성문존자들께
지심(至心)으로 귀명(歸命)하고 정례하오니
출세간의 계상(戒相)을 널리 행하게 하시고
수승한 사문의 위의에 안주하게 하여 주십시오.

모니존께서는 유정의 수승한 자존(慈尊)이시고
무상(無上)의 정묘(靜妙)한 비니를 설하셨으므로
오랜 이숙을 벗어나고자 일념으로 귀의하옵나니
수승한 지혜로서 정행(淨行)을 열어서 보여주시고

유정들의 성품은 다양하여 헤아릴 수 없으나
익혀왔던 습기(習氣)를 인연하여 허상에 집착하고
혹은 사법(邪法)에 안주하며 비법(非法)에 애착하나니
원하건대 자비로서 지혜의 불꽃을 일으키게 하시며

여러 불보살께서 세간에 출현하시어 상주하거나
연화장의 장엄불토에서 유정계를 관찰하거나
연각과 성문으로 화현하여 유정을 제도하더라도
미묘한 보리행을 닦아 걸림없는 계위에 머물게 하십시오.

불보살과 성문존자들께 찬탄하며 머리숙여 예경하오니
무상한 비니의 대위덕과 대자재가 이 경계에 충만하여
쌓였던 거친 욕망은 사라지고 청정한 신심이 생겨나서
법계에 성품으로 회향되어 공덕이 구족되게 하십시오.

출판에 도움을 주신 분들

용주사 사경반 대중, 수원사·용주사·신륵사 신도님들, 행원재단 주영훈,
차재윤, 허완봉, 이성범, 양경태, 이승욱, 이윤승, 하연주, 이소원, 홍태희,
오치훈, 그 외의 사부대중 등.

옮긴이 | 釋 普雲(宋法燁)

대한불교조계종 제2교구 본사 용주사에서 출가
중앙승가대학교 문학박사
현재 대한불교조계종 교수아사리(계율), 중앙승가대학교 불교학부 겸임교수

논저 | 논문으로 「율장을 통해 본 주불전의 장엄과 기능에 대한 재해석」 등 다수. 번역서로『근본설일체
유부비나야약사』18권,『근본설일체유부비나야잡사』(상·하) 40권,『근본설일체유부비나야』50권,
『근본설일체유부필추니비나야』20권,『근본설일체유부백일갈마』외 19권,『안락집』(상·하) 등이
있다.

근본설일체유부비나야파승사 根本說一切有部毘奈耶破僧事

三藏法師 義淨 漢譯 | 釋 普雲 國譯

2019년 1월 31일   초판 1쇄 발행

펴낸이 · 오일주
펴낸곳 · 도서출판 혜안
등록번호 · 제22-471호
등록일자 · 1993년 7월 30일

주   소 · ☞ 04052 서울시 마포구 와우산로 35길3(서교동) 102호
전   화 · 3141-3711~2 / 팩시밀리 · 3141-3710
E-Mail · hyeanpub@hanmail.net

ISBN 978-89-8494-620-0 93220

값 36,000 원